고대 근동 시리즈 ⑪

고대 이스라엘 문화

LIFE IN BIBLICAL ISRAEL

더글라스 A. 나이트 Douglas A. Knight 편집
필립 J. 킹 Philip J. King   로렌스 E. 스태거 Lawrence E. Stager 공저
임 미 영 옮김

기독교문서선교회

기독교문서선교회(Christian Literature Center: 약칭 CLC)는 1941년 영국 콜체스터에서 켄 아담스에 의해 시작되었으며 국제 본부는 미국의 필라델피아에 있습니다.

국제 CLC는 59개 나라에서 180개의 본부를 두고, 약 650여 명의 선교사들이 이동도서차량 40대를 이용하여 문서 보급에 힘쓰고 있으며 이메일 주문을 통해 130여 국으로 책을 공급하고 있습니다.

한국 CLC는 청교도적 복음주의 신학과 신앙서적을 출판하는 문서선교기관으로서, 한 영혼이라도 구원되길 소망하면서 주님이 오시는 그날까지 최선을 다할 것입니다.

Life in Biblical Israel

Written by
Philip J. King
Lawrence E. Stager

Edited by
Douglas A. Knight

Translated by
Mi-Young Im

Copyright © 2001 by Philip J. King and Lawrence E. Stager

Originally published in English under the title as
Life in Biblical Israel
by Westminster John Knox Press

Translated and used by the permission of Westminster John Knox Press,
100 Witherspoon Street, Louisville, Kentucky 40202–1396.
United States of America

All rights reserved.

Korean Edition
Copyright © 2014, 2024 by Christian Literature Center
Seoul, Korea

고대 근동 시리즈는 홍수 이후의 수메르 문명에서부터 페르시아가 멸망하는 B.C. 331년까지를 주로 다루며, B.C. 27년 아우구스투스에 의해 로마제국이 시작되고 로마의 통치 아래 이스라엘 땅에서 예수님이 탄생한 내용까지 포함한다.

추천사

장영일 박사
전 장로회신학대학교 총장, 구약학 교수

할렐루야! 본서는 성경의 구약 시대, 특히 철기 시대의 이스라엘 민족과 그들의 문화에 대한 탁월한 연구와 해설을 독자들에게 제공해준다. 구약성경과 현대의 독자들 사이를 가로막고 있는 엄청난 시대적 간격을 감안할 때, 성경을 진지하게 공부하려는 독자들에게 있어서 이 둘 사이의 간격을 좁혀주는 이와 같은 훌륭한 참고서의 출간은 얼마나 반갑고 고마운지 모른다.

본서는 특히 신학자와 고고학자의 공동 작업을 통해 저술되었다는 점에서 이전의 여러 도서들과 차별화된다. 본서를 우리말로 번역한 임미영 박사 또한 신학과 고고학을 전공한 사람이기에 본서의 수준에 걸맞은 가장 적합한 번역자가 아닌가 생각한다. 임미영 박사가 최근에 이스라엘에서 활발하게 펼쳐 온 여러 고고학적 발굴과 연구활동들이 본서에 잘 배어 있음을 독자들은 확인하게 될 것이다.

본서는 초교파적으로 한국 교회와 국내의 여러 신학대학교에서 구약성서배경사 교육에 사용될 자료로서 손색이 없음을 확신하며, 모든 분에게 본서를 적극 추천한다.

왕대일 박사
감리교신학대학교 구약학 교수, 전 한국구약학회 회장

　임미영 박사가 번역한 본서는 고고학자의 끈기와 성경학자의 세심함이 만나서 이룬 해석학의 열매를 여실히 보여주는 귀한 책이다. 성경(聖經)을 문헌으로만 읽지 않고 삶을 향한 증언으로 읽게 만들며, 성지(聖地)를 흙으로만 대하지 않고 신앙을 향한 모판으로 대하게 만드는 감격이 있다. 무엇보다도 필립 J. 킹과 로렌스 E. 스태거가 함께 쓰고 임미영 박사가 홀로 번역한 『고대 이스라엘 문화』(Life in Biblical Israel)는 사실을 삶으로 재구성해주는 감동을 준다.

　성경학자와 고고학자의 이중주가 그리 쉬운 것은 아니다. 한 사람은 늘 텍스트와 대화하는 자리에 앉아 있고, 다른 한 사람은 언제나 콘텍스트를 관찰하는 자리에 서 있기 때문이다. 본서에서는 그처럼 쉽지 않은 성경학자와 고고학자의 이중주가 자아내는 진솔한 화음을 듣게 한다. 사실 텍스트의 증언이 고고학 발굴에서 얻어지는 자료와 늘 같은 방향의 소리를 내는 것은 아니다. 고고학 현장에서 얻고 깨닫는 정보가 성경학자의 사색을 반드시 풍성하게 하는 것도 아니다. 그럼에도 텍스트 해석은 콘텍스트의 소리를 무시할 수 없고, 콘텍스트에서 얻은 정보와 자료는 텍스트의 가르침을 외면할 수 없다. 그런 점에서 본서는 성경학자와 고고학자가 함께 걸어가는 해석학의 길을 오롯이 보여주는 작업이라는 성과를 거두고 있다.

　삶에서 소중한 것은 도반이다. 함께 길을 걷는 사람이 누구인지에 따라서 삶의 폭과 깊이는 달라진다. 학문에서도 마찬가지이다. 본서는 성경의 사실을 하나의 정보나 지식으로 다루지 않고 그 사실을 통해서 이스라엘적인 삶을 재건하고 있다. 고대 이스라엘에서 사람이 태어나서 살다가 죽기까지 거쳐 갔을 종교적인 삶의 모습을 성경학과 고고학의 잣대로 재어보고 달아보고 있다.

　늘 하는 이야기이지만 번역은 반역이다. 쉽지 않은 번역작업을 읽기 쉬운 우리말로 번역해놓은 번역자의 노고가 눈에 띈다. 번역자 임미영 박사가 고고학을 전공한 사람이기 때문이다. 아니, 임미영 박사 자신이 고고학을 학문의 수단으로 삼기 전에 성경의 가르침에 귀 기울이는 신앙인이기 때문이다. 친숙하지 않은 이런저런 고고학의 영역을 알아채기 쉬운 용어나 표현으로 다듬어 놓은 번역자의 재치가 돋보인다. 스승의 저서를 제자가 번역하는 기쁨을 누린 임미영 박사에게 축하의 말을 건넨다. 본서가 한국 구약학계에 길이 남을 또 하나의 이정표가 되기를 바란다.

김구원 박사
개신대학원대학교 구약학 교수

본서는 성경 시대 이스라엘 사람들의 일상생활에 관한 것이다. 성경 본문은 고대 이스라엘의 사회 문화를 전제하지만, 그것에 대해서 따로 설명해주지는 않는다. 성경 저자가 고대 이스라엘의 문화에 익숙한 사람들을 우선적 독자로 상정했기 때문이다. 따라서 고대 이스라엘과 전혀 다른 사회 문화 속에 사는 우리들은 성경의 올바른 이해를 위해 그 시대 사회 문화를 의도적으로 익히지 않으면 안 된다.

이번에 임미영 박사를 통해 번역된 킹과 스태거의 『고대 이스라엘 문화』(*Life in Biblical Israel*)는 한국 독자들에게 고대 이스라엘의 일상생활에 대한 최고의 참고서가 될 것이다. 독자들은 본서를 통해 고대 이스라엘인들의 매일의 삶을 여러 측면에서 꼼꼼히 살필 수 있을 것이다. 본래 일반인을 대상으로 하여 읽기 쉬운 문체로 되어 있지만, 그 내용에 있어서는 신학생은 물론 신학자들도 곁에 두고 참고해야 할 정도로 매우 가치 있는 책이다. 이 귀한 책을 번역 출판한 임미영 박사와 CLC에 감사와 축하의 말을 전한다.

추천사

에브라임 쉬테른(Ephraim Stern) 박사
전 히브리대학교 고고학 교수, 이스라엘고고학협회 의장

본서는 각 분야에서도 이미 정평이 나 있는 두 위대한 학자의 성공적인 합동작업의 소산이다. 필립 J. 킹(Philip J. King)은 성경학자이며 로렌스 E. 스태거(Lawrence E. Stager)는 성경의 땅에서 수십 년간 발굴을 진행해온 고고학자이다. 본서는 이스라엘에서 최근까지 연구된 고고학적 자료와 성경 본문을 잘 조합한 최고의 결과물이다. 이 합동작업의 노력은 독자로 하여금 고대 성경 시대로 돌아가 그때의 영웅들과 주변 환경을 더욱 바르게 이해할 수 있게 하였다.

로버트 R. 윌슨(Robert R. Wilson) 박사
예일대학교 구약학·종교학 교수

킹과 스태거의 작업은 포괄적이고 명백하다. 또한 항상 성경과의 대화를 시도함으로 본문과 고대 이스라엘 민족 모두 살아 숨쉴 수 있게 했다. 본서는 성경의 세계를 이해하고자 하는 누구에게나 반드시 필요한 책으로 향후 이와 관련된 작업들의 모범이 될 것이 분명하다.

조셉 블렌킨소프(Joseph Blenkinsopp) 박사
노틀담대학교 신학과 성경학 교수

본서는 고고학적 역사 조사나 과거를 이미지화하여 재현하는 것 이상의 열정을 담고 있다. 본서는 장기지속(longue durée)의 역사를 다루는 시도를 하였다. 다시 말해서 가정의 일상, 예술과 공예, 식생활, 성, 결혼, 자녀양육 등에 대한 자세한 사항들을 탐사하고 있다. 특별히 본서가 다룬 종교에 대한 부분은 더욱 가치 있는 작업이다. 본서의 관점에 따르면, "이스라엘의 종교"란 단순히 그리고 마땅히 종교적으로 살아야 했던 제사장이나 선지자 등의 모습일 뿐만 아니라 일반적인 사람들이 실제 삶에서 행한 종교적 영역의 실천 전반을 의미한다. 한편, 본서는 이전에 출판되지 않았던 여러 그림 자료를 풍성하게 제시하고 있어 성경 시대의 이스라엘 생활을 가르치는 이들에게 많은 도움이 될 것이다. 나는 지금까지 나온 어떤 책 중에서도 본서만큼 가치가 있는 책은 알지 못한다.

패트릭 D. 밀러(Patrick D. Miller) 박사
프린스턴신학교 구약학 교수

본서는 대단히 학문적이면서도 매우 쉽게 읽을 수 있는 최고의 작품이다. 본서의 저자들은 고고학과 성경학에서 수십 년 동안 연구된 자료들을 모아 고대 이스라엘 생활의 모든 요소들을 실질적으로 자세하게 묘사하고 있다. 고대 근동 지역 전체에서 가장 최근에 발견된 문헌과 유물들을 성경 구절 속에서 찾아내는 작업이 이루어졌다. 결국 이러한 작업은 고대 사람들이 어떻게 살았고 어떻게 일했으며 경제와 농업, 그리고 질병을 어떻게 다루었는지 심지어 그들이 탄생에서 죽음까지 어떻게 존재하였는가 그림을 그려낼 수 있게 하였다. 성경과 성경의 세계에서 살았던 사람들에 대해 이야기하는 저서들이 적기에 본서의 가치는 더욱 크다고 할 수 있다.

차례

추천사 … 장영일 박사(전 장로회신학대학교 총장, 구약학 교수) • 5
　　　　왕대일 박사(감리교신학대학교 구약학 교수, 전 한국구약학회 회장) • 6
　　　　김구원 박사(개신대학원대학교 구약학 교수) • 7

추천사 … 에브라임 쉬테른 박사 • 8　　　로버트 R. 윌슨 박사 • 8
　　　　조셉 블렌킨소프 박사 • 9　　　　패트릭 D. 밀러 박사 • 9

편집자 서문 … 14
저자 서문 … 17
역자 서문 … 19
그림 목록 … 21
레반트 연대기 … 30

CHAPTER 1. 머리글: 일상생활의 중요성 · 35

1. 문헌들의 문제점 … 37
2. 이스라엘 사회의 구조 … 39
3. 고고학자들의 작업 … 41
4. 생활의 리듬 … 44
　　1) 미가와 레위 족속 · 47　　2) 미가 가족의 하루 · 49

CHAPTER 2. 이스라엘 민족의 집과 가정 · 59

1. 일반 가정의 건축물 … 59
　　1) 건축 자재 · 59　　2) 기둥이 있는 집 · 68

2. 가족과 친족 … 77
　　1) 근족=속량자 · 80　　2) 아버지의 집 · 81

3) 아이들 · 83
4) 여성 · 93
5) 결혼 · 99
6) 노령 · 103
7) 가족 안에서의 죄와 벌 · 105

3. 가족과 손님을 위한 음식 ⋯ 107

1) 접대 · 107
2) 가구 · 109
3) 음식 준비 · 111
4) 빵/떡 만들기 · 112
5) 일상 음식 · 115

4. 질병과 치유 ⋯ 116

1) 위생 · 117
2) 건강 위협 · 120
3) 건강 자문 · 125
4) 의술 과정 · 128
5) 종교와 치유 · 132

CHAPTER 3. 삶의 수단 · 135

1. 농업과 목축업 ⋯ 137

1) 자연적 지형과 기후 · 137
2) 농사 달력 · 138
3) 농기구 · 143
4) 재배와 음식 가공 · 145
5) 다른 식물들 · 164
6) 축산업 · 171

2. 물 자원 ⋯ 182

1) 샘 · 183
2) 우물 · 184
3) 물웅덩이 · 186
4) 지하 물 저장고 · 188

3. 예술품과 수공품 ⋯ 191

1) 토기 · 195
2) 직물 · 211
3) 제혁 · 231
4) 야금술 · 233

4. 여행, 수송, 그리고 무역 ⋯ 248

1) 육로 · 248
2) 수로 · 251
3) 여행 · 260
4) 운송 · 261
5) 무역 · 265

CHAPTER 4. 세습 국가 · 279

1. 왕의 도시 … 279

1) 아크로폴리스 · 279
2) 이스라엘 건축물에 나타난 앗수르 제국의 영향 · 287
3) 왕의 식탁 · 289

2. 도시의 급수 시설 … 290

1) 지하 급수 시설 · 290
2) 예루살렘 · 294

3. 전쟁, 군대, 그리고 무기 … 305

1) 전쟁 무기 · 306
2) 요새 · 314
3) 군대 · 324
4) 신앗수르 제국의 전쟁 · 333
5) 신바벨론 전쟁 · 340

CHAPTER 5. 문화와 삶의 표현 · 349

1. 의복과 장신구 … 349

1) 의복 · 355
2) 보석과 장신구 · 368
3) 향수 · 372
4) 화장품 · 374
5) 머리 손질 · 376
6) 향료 · 378

2. 음악, 노래, 그리고 춤 … 379

1) 음악과 역할 · 379
2) 악기 · 386
3) 춤 · 395

3. 문자와 학교 … 398

1) 기록의 증거 · 398
2) 필기 도구 · 403
3) 읽고 쓰는 교육 · 411
4) 학교 · 417

CHAPTER 6. 종교적 관습 · 421

    1. 거룩한 장소들 ⋯ 422

        1) "산당" · 422   2) 성전과 지성소 · 434

    2. 제사 도구 ⋯ 444

        1) 제단 · 444   2) 제대 · 446
        3) 종교적 형상 · 456   4) 봉헌물 · 461

    3. 종교적 관습 ⋯ 462

        1) 연회 · 462   2) 마르제아흐 · 464
        3) 희생제물 · 467   4) 정한 것과 부정한 것 · 473

    4. 죽음, 무덤, 그리고 사후세계 ⋯ 474

        1) 무덤 형태와 매장 관습 · 475   2) 애도 · 487
        3) 사후세계에 대한 믿음 · 488   4) 죽은 자에 대한 제사 · 491
        5) 신접 · 497

에필로그 ⋯ 499
지도 ⋯ 509
약어표 ⋯ 513
참고문헌 ⋯ 516
색인 ⋯ 549

편집자 서문

　계몽운동 이후 성경학자들이 역사적 문서적 질문들에 대해 주로 관심을 가진 분야는 고대 이스라엘의 사건들과 지도자들, 야훼 종교의 관습과 신앙, 그리고 어떻게 구전에서 문서화되는 과정을 거쳤는가 등이었다. 3세기 전만 해도 고대 이스라엘과 심지어는 고대 근동 전체가 그다지 잘 알려지지 않았던 것을 생각한다면 지금까지 이루어진 대단한 성과들은 고고학자들이 뜻밖에 발견한 셀 수 없는 문서들과 유물들 덕분이다.

　최근에 성경 연구는 새로운 전환점을 맞이하였다. 우리는 자주 과거 학자들이 "확실한 결과"라고 말했던 것들에 대한 의심이 점점 커지고 있다. 동시에 인류학, 사회학, 언어학, 문헌비평과 같은 다른 분야의 학문들에 대한 방법론과 논쟁들에 대한 개방이 점점 더 늘어나면서 고대 물질문명에 대한 새로운 질문들을 하게 되었다. 역사학 분야에서 이미 잘 정립된 학문인 사회사(Social History)는 사회 요소들을 상세하게 분석하는 도구로서 상당히 훌륭한 수단임을 증명한 바 있다. 국가의 사건이나 지도자들 혹은 정치적 기관들과 "상류문화"에 주로 관심을 갖기보다는 사회사학자들은 더 넓고 근본적인 사항들, 즉 사회구조, 도시와 마을의 조건들, 삶의 단계들, 환경적 요소들, 계층과 신분에 따른 힘의 분배, 사회 안정과 불안정 등에 주의를 기울인다. 고대 이스라엘에 관련해서 이와 같은 방법으로 연구하기 위해서는 이제까지 권력층과 사건에 대해 주로 다루던 태도를 버려야 한다. 그보다 대다수 인구를 차지하는 이들이 매일 경험하고 있는 실제 생활과 사회적 요소들을 조사하고 다루어야 한다. 이러한 탐구는 이제 이데올로기적 비평과 자료 속에 숨겨졌던 정치적, 경제적, 사회적 관심을 찾아내도록 고안된 다른 방법론들의 다양한 형태로 적용하는 새로운 힘을 갖게 될 것이다.

본 기획의 시리즈물은 고대 이스라엘 사회 전반에 걸쳐 그리고 사회 변화에 있어 드러나는 요소들, 즉 사회적 구조, 정치, 경제, 종교, 문헌, 물질문화, 법, 지적 리더십, 민족적 정체성, 소외계층, 국제정세 그리고 법 구성과 같은 주요 주제들을 연구하기 위한 공동의 소산을 우리에게 선사하고 있다. 위의 몇몇 주제들 중에는 지금까지 심도 있게 다루어지지 않았던 분야도 있고 다른 주제들 중에는 이미 우리에게 익숙한 주제이긴 하지만 최근 다시 재조사를 요구하는 분야도 있다. 사회사적 접근이 본 기획의 대부분을 차지하는 관점이다. 저자들은 각각 주제를 다루는 데 있어 가장 적당하다고 보이는 방법으로 결정하여 사용하였다. 본 기획물은 고대 이스라엘 사회와 문화에 대한 우리의 견해를 좀 더 확장하는 데 그 목적을 두고 있다. 그러므로 이는 차후 역사에 영향을 주는 새로운 이해를 창출해낼 것이다.

필립 J. 킹(Philip J. King)과 로렌스 E. 스태거(Lawrence E. Stager)에 의해 저술된 본서는 고고학의 도래 이전만 해도 성경을 연구하는 사람들에게 거의 알려지지 않았던 사회적 생활상의 수준을 정확하게 알리는 데 기여하고 있다. 사실 고대 역사를 향한 이 가장 기본적인 태도에 대한 고고학자들의 훈련은 단지 최근에 와서야 이루어졌다. 이는 일반인부터 왕까지, 그리고 젊은이부터 노인에 이르기까지 뿐만 아니라 시골부터 도시에 이르는 이스라엘 민족의 매일의 생활상을 다루는 견해를 말한다. 아직도 정확하게 모두 발견된 것은 아니지만 우리는 이제 이스라엘 민족의 정착 형태라든가 삶을 위한 배치, 친척 구조, 집안 생활, 음식 생산과 준비과정, 건강과 질병, 의복, 노래와 춤, 필기도구 등에 대한 자세한 사항들을 상당 부분 가지고 있다. 도시라든가 왕실과 상류층의 생활, 군사와 군무기, 제사 장소와 제사 관습, 제사용 도구 등에 대한 정보들 역시 가지고 있다. 이 주제들에 관한 상세한 사항들을 풍성하게 해준 전문가들이 있었기에 연구는 가능했다. 그러므로 수많은 고고학자들의 결정적인 노력에 감사를 표한다. 킹과 스태거의 고고학 분야에서의 경험이 담긴 수많은 날들이 고대 이스라엘의 일상을 다각적인 측면에서 바라볼 수 있는 그림을 완성하게 해주었다. 성경 기록은 물론 성경 외적 기록과 유물 모두 저자들의 재료로, 하나가 다른 하나를 보조하고 설명을 도울 수 있는 방법으로 함께 기록하였다. 이전에 출판되지 않았던 그림과 사진을 자주 사용하여 이스라엘 민족의 생활상에 대한 자세한 부분들을 이해하는 데 큰 도움을 주었다. 그러므로 본서는 우리로 하여금 이전에 발표됐던 어떤 작업들보다 고대 이스라엘 민족의 문화와 정황에 가깝게 다가갈 수 있는 결과를 가져왔다.

더글라스 A. 나이트(Douglas A. Knight)

저자 서문

 본서의 저자들은 일련의 문헌들과 유물들을 사용하여 성경 세계의 주요 요소들의 윤곽 그리기를 시도하였다. 수많은 양의 자료들을 문서화하기 위해서 주로 철기 시대에 초점을 맞추긴 했지만 또한 고대 근동을 둘러싸고 있는 문화 전반을 다루었다. 이스라엘 민족은 혼자서 독립적으로 산 것이 아니다. 성경이 증명해주고 있는 것처럼 오히려 그들은 이웃들에게 상당한 영향을 받았다. 성경은 일상생활의 많은 부분들에 대해 당연한 것이라고 생각하고 소홀히 여기고 있기 때문에 이에 대한 설명을 위해서는 동시대에 존재했던 성경 외 문서들과 고고학적 자료들이 아주 중요하다.

 본서의 주제는 여러 세대에 걸쳐 퍼져 있어 상당히 방대하다. 결국 우리는 일상생활의 주요 부분들을 요약한 것만을 제공할 수밖에 없다. 선택된 참고문헌만을 제시하여 각 주제는 한 권의 책 그 자체로 사용될 수 있게 하였다. 그러므로 책을 쓰는 기간보다 주제를 연구하고 조사하는 시간이 더 많이 소요됐다. 책을 쓰기 위한 기획은 생각했던 것보다 더 오랜 시간을 필요로 했다. 더구나 탈고를 하자 우리는 이제 시작일 뿐이라는 것을 깨달았다. 각주는 우리가 우리의 학문적 동료들의 전문성에 의지하고 있음을 보여주고 있다. 본서의 목적이 전문가와 비전문가 모두에게 읽히는 데 있기 때문에 우리가 이들 모두가 필요로 하는 점들을 놓치지 않았기를 빌 뿐이다.

비록 본서는 두 사람이 완성한 기획이기는 하나 우리는 다른 사람들의 후원과 도움에 아직도 상당히 의지하고 있다. 각주에 등장하는 동료들에게는 물론 그 외에 다음 몇몇 분들에게 깊은 감사의 뜻을 표하고 싶다. 먼저 "고대 이스라엘 총서"(Library of Ancient Israel) 시리즈의 편집자인 반더빌트대학교(Vandervilt University), 더글라스 A. 나이트(Doughlas A. Knight) 교수에게 감사를 표한다. 본서는 그의 도움 없이는 결코 완성될 수 없는 것으로 보통 편집자들이 드리는 시간과 노력 이상의 것들을 본서의 편집에 공을 들였다. 또한 본서의 완성된 원고를 읽어준 예루살렘의 히브리대학교(Hebrew University, Jerusalem) 에브라임 쉬테른(Ephraim Stern) 교수에게도 깊은 감사를 표한다. 더불어 우리는 본서의 완성을 위해 자신들의 시간과 노력을 아낌없이 제공해준 다음의 젊은 세대들에게 감사한다. 참고문헌을 구성하고 형식을 짜준 크리스틴 던간(Christine Dungan), 전문적으로 컴퓨터 작업을 도와준 케빈 멕과이어(Kevin McGuire), 그리고 히브리어 문헌의 번역을 도운 제레미 휴톤(Jeremy Hutton)이 있다. 특별히 사진들을 배열하고 디지털화하며 다른 잡다한 모든 일들을 잘 해결하여 준 크리스틴 바글리아르도(Christine Vagliardo)에게 심심한 감사를 표한다. 이들의 도움이 없었다면 본서를 완성하는 것은 아마도 불가능하였을 것이다.

마지막으로 레온 레비(Leon Levy)와 쉘비 화이트(Shelby White)에게 무한한 감사를 보낸다. 이들이 없었다면 본서의 저자들이 지난 몇 년 동안 해오고 있는 다른 연구들과 함께 본서의 기획은 현실에서 이루어질 수 없었을 것이다. 이들은 본서가 앞으로 많은 독자들에게 읽힐 수 있도록 경제적인 후원을 아끼지 않았다. 본서의 저자들은 이들에게 본서를 깊은 감사와 함께 헌정하고자 한다.

필립 J. 킹(Philip J. King), 로렌스 E. 스태거(Lawrence E. Stager)

역자 서문

언젠가 한국어를 능숙하게 하는 미국인을 만난 적이 있다. 그는 황순원의 『소나기』에 대해서 한국인의 문화적 정서가 담겨 있는 세계적인 작품이라고 극찬했다. 그는 이 소설이 노벨상을 타지 못하는 것은 세계인들이 한국을 이해하지 못하기 때문이라고 했다. 그가 『소나기』를 이해할 수 있었던 것은 자신이 한국사를 공부하고 한국에 관한 전시와 박물관 등을 방문하여 한국의 과거와 현재를 깊이 탐구하였기 때문이라고 했다.

성경은 소나기처럼 소설은 아니다. 성경은 기독교의 정경으로 신앙을 담고 있다. 그러나 이 신앙의 발전은 한 민족의 흥망성쇠를 통해 드러나며 그들의 삶과 문화 역시 함께 성경 속에 녹아 들어가 있다. 그러므로 성경에 대한 좀 더 바른 이해를 돕기 위해서 그 배경이 되고 있는 문화를 고찰하는 것은 필수라고 할 수 있다. 성경은 세계에서 가장 많은 언어로 번역된 베스트셀러이다. 그러나 서로 다른 문화 배경을 가지고 있는 다른 언어로의 번역 과정 속에서 많은 오류들이 발견되곤 한다. 이는 분명 이스라엘 고대 문화와 고대 언어의 이해의 부족에서 온 결과일 것이다. 더불어 대부분의 성경학자가 성경의 문체적, 구조적 변화와 발전에 대한 연구에 주력하고 있으며 그들의 관심사는 이스라엘 지도자들의 종교적, 정치적 관행과 신앙의 관계성인 것으로 보인다. 그러나 최근 지도자들이 아닌 일반인들 혹은 민간인들 그리고 그들의 문화와 사회적 실체에 대한 관심은 커져 갔고 침묵 속에 있었던 그들의 삶에 대한 조명과 이해는 이제 성경을 이해하는 필수 조건이 되고 있다. 특별히 고고학적 발굴들은 이들의 문화와 관습을 재현해내는 데 상당히 유용한 자료들을 제공하고 있어 그 연구에 박차를 가하고 있다.

『고대 이스라엘 문화』(Life in Biblical Israel)는 바로 이러한 연구의 소산물이라고 볼 수 있다. 본서의 공동 저자 중 필립 J. 킹(Philip J. King)은 성경학자로서 여러 주제와 관련된 성경 구절과 해석을 제시하고 있으며 또 다른 저자인 로렌스 E. 스태거(Lawrence E. Stager)는 고고학자로서 자신의 경험과 더불어 고고학적 자료와 성경 외의 자료들로 설명을 돕고 있다. 본서는 이제까지 시도되었던 문헌을 통한 상상적인 재현이 아닌 고고학적 자료들을 226개의 유물과 그림의 컬러사진들을 근거로 당시의 문화를 구체적인 실체로 그려냄으로 각 주제에 대한 이해도를 한층 더 높여주고 있다. 더불어 히브리어와 헬라어 그리고 아카드어와 같은 원어적 의미를 강조하여 각 단어들이 생활상에 드러나고 있는 모습을 재현했다. 역자 역시 본서의 저자가 시도한 것처럼 원어 발음에 가까운 음역을 제시하면서 원어적 의미에 충실한 번역을 제안했다. 새로운 번역을 제안할 때마다 독자의 편이를 위해 기존 한국어 성경에서 번역된 내용은 역주로 본문에 삽입하였다. 본서는 현재 팔레스타인이라 불리는 이스라엘 땅을 주로 다루고 있지만 한 나라의 문화를 이해한다는 것은 주변 국가나 문화 등의 영향을 배제하고 다룰 수는 없다. 그러므로 본서는 고대 근동에서 발견된 성경 외의 자료들과 더불어 많은 유물들을 함께 설명하고 있어 주변 문화에 대한 이해의 장까지 넓히고 있다. 때문에 교회의 지도자들과 성도들뿐만 아니라 근동 문화에 관심 있는 사람이라면 누구나 쉽게 읽을 수 있는 책이라고 생각된다.

본서가 번역되고 출판되기까지는 긴 여정이었다. 본서의 저자이자 역자의 스승이고 고고학 동료이기도 한 스태거 교수님의 특별한 배려가 없었다면 본서를 번역하는 데 어려움이 많았을 것이다. 더불어 그림 저작권의 문제에 봉착했을 때 한국판에서 무료로 그림을 사용하도록 허락해주신 많은 고고학 교수님들께 감사를 표한다. 또한 본서의 가치를 먼저 아시고 기꺼이 추천을 해주신 장영일, 왕대일, 김구원 교수님께 감사의 인사를 드린다. 시간을 쪼개어 본서를 읽고 교정은 물론 코멘트까지 아낌없이 해주신 김인철 목사님과 장은혜 전도사에게 감사를 보낸다. 아울러 본서를 출간할 수 있도록 기회를 주시고 편집 등 출간을 위해 수고해 주신 CLC에 감사를 드린다. 마지막으로 한없는 기도와 사랑으로 밀어주시는 부모님과 바쁘다는 핑계로 가정에 소홀할 수밖에 없는 내게 따뜻한 눈빛으로 기다려준 남편 안일호 집사와 딸 희원이에게 무엇보다 감사의 뜻을 전하고 싶다.

국제성서박물관 학예연구실에서
임 미 영

그림 목록

1.	라기스 복원도	43
2.	라다나 유적지(R 지역)	46
3.	라다나 유적지(S 지역)	46
4.	라다나 유적지(T 지역)	46
5.	텔 엔 나스베 유적지의 전체 평면도(고대 미스바)	50
6.	텔 베이트 미르심 유적지의 전체 평면도	50
7.	텔 세바 유적지의 도시 평면도	51
8.	텔 에스 사이디에, 주전 8세기 후반	51
9.	멍에를 멘 소들이 형상화되어 있는 토기, 텔 엘 파라(북) 유적지	53
10.	이스라엘 소가족의 모습	57
11.	현무암 오토스타트에 조각된 사자	62
12.	레바논의 백향목	63
13.	앗수르 하인들 행렬	64
14.	발라왓에서 발견된 성문의 청동 테	65
15.	이스라엘 민족의 전형적인 기둥이 있는 집의 복원도	69
16.	창문에 있는 여인(니므롯)	71
17.	여성의 머리 모양을 한 야누스	71

18.	날름쇠(혹은 이집트식) 자물쇠	73
19.	이집트의 남자 아이들에게 할례를 행하고 있는 제사장들(싸카라)	86
20.	엄마와 아이를 묘사한 블레셋의 점토 형상 조각(아스글론)	94
21.	상아로 만든 보석상자(니므롯)	95
22.	앗수르바니팔 궁전의 벽부조(니느웨)	110
23.	토기로 만든 빵 틀	113
24.	욕조 안에서 목욕을 하고 있는 여인의 점토상(아크집)	118
25.	아히엘의 집(다윗 성)	120
26.	아히엘의 집(예루살렘)	121
27.	이(louse)	122
28.	석회석으로 만든 변기(다윗 성)	123
29a.	상아로 만든 빗(아스글론)	124
29b.	상아로 만든 빗(아스글론)	124
30a-b.	구멍이 난 두 개의 두개골(라기스)	129
31.	콜로신스	130
32.	개 무덤(아스글론)	133
33.	게셀 달력	139
34.	타작용 기계	140
35.	밀 타작 장면	141
36.	철로 제작된 여섯 농기구(텔 미크네 에그론)	144
37.	올리브기름 틀(텔 미크네 에그론)	149
38.	올리브기름 틀의 복원도(텔 미크네 에그론)	149
39.	나크트의 무덤(테베)	152
40.	진흙으로 만든 이동식 포도주 틀(아스돗)	153
41.	포도주 틀(아스글론)	153
42.	저장용 항아리(텔 미크네 에그론)	160
43.	라기스 물병	166
44.	발라왓에서 발견된 성문의 청동 테 하부	171
45.	점토로 만든 말머리 형상(아스글론)	173
46.	청동으로 만든 바퀴 멈추개(아스글론)	174

47.	청동 재갈(텔 하로르)	175
48.	낙타의 등에 소유물을 싣고 라기스에서 끌려가는 남왕국 유다인들(라기스)	177
49.	오닉스 돌로 만든 인장과 인장의 죽은 압인(텔 엔 나스베)	179
50.	청동 낚시바늘(아스글론)	180
51.	뼈로 만든 그물뜨기용 바늘(아스글론)	182
52.	철기 시대 우물(라기스)	185
53.	메사 왕의 모압 비석(디반)	190
54.	네스위의 장례용 비석	192
55.	상아로 된 게임판(므깃도)	194
56.	상아로 만든 병마개(라기스)	194
57.	작업의 흔적이 있는 상아 덩어리(아스글론)	194
58.	게임 말(아스글론)	194
59.	초기 이집트 도공, 5왕조 혹은 6왕조 시기	198
60.	토기를 만들고 있는 도공	199
61.	도예 작업실 밖의 진흙을 밟는 곳	200
62.	붉은 황토(아스글론)	200
63.	베니게의 물병	201
64.	블레셋 이색 토기 모음(아스돗)	204
65.	블레셋 이색 토기 모음	204
66.	블레셋과 이스라엘 거주지 지도	205
67.	블레셋 단색 토기(텔 미크네 에그론)	206
68.	철기 I 시대의 토기 모음(실로)	207
69.	그리스 동부 토기(아스글론)	207
70a-b.	고대 토기들의 가능한 형태	208-209
71.	가나안 항아리(아스글론)	210
72.	실톳대를 사용하여 털을 방적하여 실로 자아내고 있는 여인의 모습	219
73.	방적용 그릇	219
74.	그리스의 접시	220
75.	베틀 추(아스글론)	221
76.	날실 추가 달린 베틀 복원도	221

77.	쿠눔호텝의 무덤(베니 하산)	222
78.	갑각류	228
79.	구리로 만든 유물들(나할 미쉬마르)	235
80.	톱의 일부분(아스글론)	236
81.	베니게로 가는 앗수르 원정 모습(발라왓에서 발견된 성문의 청동 테 상부)	238
82.	베니게의 선원들(발라왓에서 발견된 성문의 청동 테 상부)	238
83.	벳세메스에서 발견된 금속 뭉치	243
84.	은으로 만든 송아지상과 점토로 만든 성체용기(아스글론)	244
85.	은 조각 뭉치, 학질버, 장신구(에그론)	245
86.	은 뭉치(에그론)	246
87.	세정된 은 뭉치의 일부(에그론)	246
88.	학질버(아스글론)	246
89a.	베니게 난파선(타닛)	253
89b.	베니게 난파선(엘리사)	254
90.	시돈의 왕 루리(니느웨)	256
91a.	마구간(므깃도)	261
91b.	구유(므깃도)	263
92.	아합 시대의 하술 평면도	266
93.	아르메니아로의 원정(발라왓에서 발견된 성문의 청동 테 상부)	267
94.	세겔의 무게를 재기 위한 저울의 복원도	272
95.	금속과 돌로 만든 무게 추들(아스글론)	273
96.	청동으로 만든 직육면체 무게 추(아스글론)	273
97.	베가 무게 추(아스글론)	274
98.	히스기야 시대 다윗 성 복원도	284
99.	대추야자나무 문양의 창문난간 장식(라맛 라헬)	285
100.	석회석으로 만든 대추야자나무 문양의 기둥머리(라맛 라헬)	286
101.	므깃도 평면도, III층	288
102.	예루살렘 지형도	295
103.	마리 벽화	297
104.	니느웨에 있던 정원	303

105.	두르 샤루킨(콜사바드)에 있던 사르곤 II세의 정원	304
106.	철 창끝(아스글론)	307
107.	청동 창끝(아스글론)	307
108.	궁수들(라기스)	308
109.	철 화살촉(라기스)	309
110.	청동 화살촉(아스글론)	310
111.	청동 화살(아스글론)	311
112.	물매돌(라기스)	313
113.	블레셋의 그림이 그려진 크레터 항아리(아스글론)	313
114.	갑옷 미늘들(라기스)	314
115.	게셀의 6방 성문	319
116.	시리아 원정(발라왓에서 발견된 성문의 청동 테 상부)	319
117.	솔로몬 시대의 하솔의 평면도	321
118.	대추야자나무 문양의 기둥머리(키르벳 엘 무다이비)	322
119.	대추야자나무 문양의 기둥머리(키르벳 엘 무다이비)	322
120.	시리아 원정(발라왓에서 발견된 성문의 청동 테)	323
121.	앗수르의 공성망치(니므롯)	323
122.	앗수르의 포위용 언덕(라기스)	325
123.	앗수르 원정(발라왓에서 발견된 성문의 청동 테 하부)	329
124.	라기스의 III 층(주전 701년)에서 발견된 토기	334
125.	국자들(라기스)	334
126.	산헤립(라기스)	336
127.	철 사슬(라기스)	338
128.	전리품을 나르고 있는 군사들(라기스)	339
129.	청동 시툴라와 청동 받침대(아스글론)	344
130.	주전 604년 아스글론 파괴층에서 발견된 여인 시신	344
131.	가나안의 귀족 남자(하솔)	349
132.	고위 직책의 사람이 의자에 앉아있는 모습(라맛 라헬)	350
133.	가나안/베니게 귀족 남자가 새겨져 있는 부조	350
134a.	블랙 오벨리스크(니므롯)	351

134b-e.	블랙 오벨리스크	352
135.	라기스의 포로와 그의 두 아들(라기스)	353
136.	상아판(므깃도)	354
137.	예라하조르의 석회석 조각상(암만)	357
138.	포로로 끌려가고 있는 유다 가족(라기스)	357
139.	람세스 III세의 궁전에서 발견된 유약을 입힌 타일(텔 엘 예후디예)	358
140.	람세스 III세의 궁전에서 발견된 유약을 입힌 타일(텔 엘 예후디예)	358
141.	람세스 III세의 궁전에서 발견된 유약을 입힌 타일(텔 엘 예후디예)	358
142a-b.	메르넵타의 벽부조	361
143.	북시리아 원정(발라왓에서 발견된 성문의 청동 테)	362
144.	왕 혹은 신의 두상(암만)	366
145.	베니게의 눈이 그려진 장식용 구슬(아스글론)	366
146.	이집트의 장관에게 공물을 바치고 있는 시리아인들(테베)	366
147.	목걸이(아스글론)	367
148.	홍옥수 구슬 혹은 펜던트(아스글론)	367
149.	라피스 라줄리 펜던트(아스글론)	367
150.	목걸이, 조개 박스, 옥합, 뼈로 만든 손잡이(아스글론)	367
151.	은 부적(케테프 힌놈)	368
152.	베스 신 모양의 파양스 형상(아스글론)	368
153.	금 귀걸이(아스글론)	368
154.	금 장신구들(텔 엘 아줄)	369
155.	블레셋의 금 귀걸이(아스글론)	369
156.	금 펜던트(아스글론)	370
157.	장신구들(케테프 힌놈)	370
158.	스카라베가 세팅되어 있는 반지(아스글론)	371
159.	피난민들(라기스)	375
160.	이집트 청동 거울(악고)	377
161.	악기 연주가들이 묘사된 점토 제대(아스돗)	385
162.	왕실 수금(우르)	387
163.	오르페우스 병(므깃도)	389

164.	이집트 신왕조 모습이 풍자적으로 묘사된 파피루스	390
165.	더블 피리를 불고 있는 남자를 묘사한 점토 형상(텔 말하타)	393
166.	어깨뼈에 줄을 그어 만든 소리 내는 악기(아스글론)	394
167.	원통형 인장(아바리스)	395
168.	단에서 발견된 무용수	396
169.	네바문의 무덤에서 발견된 연회 장면(테베)	397
170.	글자 표	399
171.	다윗의 집이 새겨져 있는 비석(텔 단)	403
172.	청동 화살촉	405
173.	왕실 헌정비(에그론)	406
174a.	히스기야 왕의 점토 불라	408
174b.	점토 불라 그림	408
175.	인장(므깃도)	408
176.	명문: "사반의 아들 그마랴에게 속함"(다윗 성)	408
177.	나무로 만든 기록판(울루부룬 앞바다의 난파선)	409
178.	앗수르의 서기들(니느웨)	410
179.	개인 인장(라기스)	413
180.	라멜레크(*lmlk*) 저장용 항아리(라기스)	413
181.	라멜레크(*lmlk*) 저장용 항아리(라기스)	413
182.	라멜레크(*lmlk*) 저장용 항아리(라기스)	414
183.	오스트라콘 XXI(라기스)	414
184.	바마의 복원도(벳세다)	422
185.	바알 하닷 신상 그림(벳세다)	423
186.	여로보암 II세 시대의 성역(텔 단)	427
187.	아합 시대의 성역(텔 단)	427
188.	여로보암 II세 시대의 성역 구상도	428
189.	콜로신스 열매 모양으로 생긴 받침대 2개(텔 단)	430
190.	석회석 제대(텔 단)	432
191.	철로 만든 부삽 3개(텔 단)	433
192.	청동과 은으로 만든 홀 머리(텔 단)	433

193.	파양스 주사위(텔 단)	434
194.	솔로몬의 성전 복원도	435
195.	청동 유물: 8개의 살이 있는 바퀴 3개(텔 미크네 에그론)	436
196.	상아 조각판(사마리아)	436
197.	상아로 만든 야자수 조각(사마리아)	437
198.	발견된 베니게의 상아 조각(살라미스)	437
199.	왕좌(살라미스)	437
200.	신전 평면도(아인 다라)	438
201.	신전을 북동쪽에서 본 전체 모습(아인 다라)	439
202.	현무암 판(아인 다라)	440
203.	신전을 출입하는 사람들의 발과 비교되는 신의 발자국(아인 다라)	440
204.	발자국들(아인 다라)	440
205.	신전 650의 평면도(텔 미크네 에그론)	441
206.	왕실의 평면도(텔 타이낫)	441
207.	신전으로 들어가는 계단(아인 다라)	442
208.	얼굴 없는 날개 달린 스핑크스와 사자상(아인 다라)	442
209.	양 혹은 염소의 복사뼈(아스글론)	445
210.	은닉한 상태로 발견된 양 혹은 염소의 복사뼈(아스글론)	447
211.	제대(다아낙)	448
212.	청동 제대의 4면의 일부(크레타의 이데안 동굴)	449
213.	사암으로 만들어진 향을 피운 제대(아스글론)	452
214.	사암으로 만들어진 향을 피우는 제대; 발견 당시 모습(아스글론)	452
215.	신상들(엔 하쩨바)	456
216.	점토 여인상(아스글론)	457
217.	점토 여인상(아스글론)	457
218.	기둥 몸통을 하고 있는 점토 여인상(유다)	458
219.	은으로 만든 목걸이 펜던트(텔 미크네 에그론)	458
220.	연주하고 있는 점토 여인상	459
221.	청동 대접(텔 단)	464
222.	청동 대접(살라미스)	466

223a.	도벳 혹은 베니게 타닛 여신의 성소(카르타고)	470
223b.	희생제물을 담았던 납골용 항아리들(카르타고)	470
223c-d.	희생제물이 담겨 있는 납골용 항아리(카르타고)	470
224.	인간형상의 관들(데이르 엘 발라흐)	478
225.	셉나의 무덤 비문	485
226.	청동 용기(아스글론)	494
227.	고대 근동 지도	510
228.	팔레스타인 지도	511

레반트 연대기

신석기 시대(Neolithic)	주전	8500-4500년
선토기 신석기 A(Pre-Pottery Neolithic A-PPNA)		8500-7300년
선토기 신석기 B(Pre-Pottery Neolithic B-PPNB)		7300-6300년
토기사용 신석기 A(Pottery Neolithic A-PNA)		6300-5000년
토기사용 신석기 B(Pottery Neolithic B-PNB)		5000-4500년
동석병용기(Chalcolithic)	주전	4500-3500년
초기청동기(Early Bronze-EB)	주전	3500-2250년
EB I		3500-3100년
EB II		3100-2650년
EB III		2650-2250년
초기청동기(Early Bronze) IV/중기청동기(Middle Bronze) I	주전	2250-1925년
중기청동기(Middle Bronze-MB) II	주전	1925-1550년
MB IIA		1925-1700년

MB IIB		1700-1600년
MB IIC		1600-1550년
후기청동기(Late Bronze-LB)	주전	1550-1200년
LB I		1550-1400년
LB IIA		1400-1300년
LB IIB		1300-1200년
철기(Iron Age–Iron)	주전	1200-586년
Iron I		1200-1000년
Iron IIA		1000-900년
Iron IIB		900-700년
Iron IIC		700-586년
신바벨론(Neo-Babylon)	주전	586-539년
페르시아(Persian)	주전	539-332년
헬라(Hellenistic)	주전	332-53년

Life in Biblical Israel

Life in Biblical Israel

CHAPTER
1

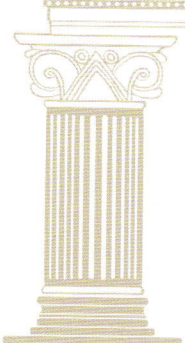

머리글: 일상생활의 중요성

    본서가 다루고 있는 주제는 일반 평민으로부터 왕에 이르기까지 고대 이스라엘인들의 일상생활과 사고방식에 대한 재조명이다. 이 주제와 직접적으로 관련이 있는 사회, 경제, 문화, 역사 등을 다루고 있는 고대문헌들이 부족하기 때문에 본서를 써 내려가는 것은 그리 쉽지 않았다. 2,500년 이전에 이미 사라져버린 어떤 세계의 일상생활을 다루는 디오라마를 만들어낸다는 것은 무수한 자료들을 필요로 한다. 다양한 장르의 고대 문헌들(성경을 포함), 명각된 글들, 고고학자들이 계속해서 발굴해 내는 셀 수 없이 많은 일상생활의 물건들(토기조각, 뼈 조각, 그리고 조각난 유물들), 도상(메소포타미아와 이집트에서 발견된 벽화와 부조들로부터 정교하게 새겨진 인장들에 나타나는 형상들까지 다양함), 그리고 민족학 등에서 얻어지는 정보들 속을 파헤치는 것이 필요하다.

    이렇듯 수 없이 다양한 자료들 중 어떤 것이 이스라엘의 문화를 구성하는 가치와 습관 그리고 의미를 보여주고 있는 규범적인 복합체인가를 생각하여 채굴해내야 한다. 그러기 위해 우리는 일상적인 것들, 즉 잊혀진 작은 유물들[1] 예를 들어, 건축, 식탁용 식기류, 가구, 장식품, 의복, 그리고 개개인의 장식품들이 보여주는 문화 역시 잊지 않고 다룰 것이다.[2]

---

    1. James Deetz, In Small Things Forgotten: *An Archaeology of Early American Life*, Anchor Books (New York: Doubleday, 1996).

    2. 고대 이스라엘의 생활상을 논하고 있는 다른 도서들, Roland de Vaux, *Ancient Israel* (New York: McGraw-Hill, 1965); Johannes Pedersen, *Israel: Its Life and Culture*, 4 vols. (London: Oxford University

우리가 이들의 생활상을 통합적으로 보는 시각을 잃지 않도록 주의해야겠지만, 우선 이들의 문화를 중요한 주제별로 나누어 본다면 좀 더 다양한 양상들을 쉽게 이해할 수 있을 것이다.[3] 다음에 나오는 각각의 주제들이 본서의 어느 부분에서 다루어지고 있는지 페이지를 언급해 놓았다.

가족생활: 가정과 가족의 구성과 기능(pp. 77-82)

성별 구분: 남성과 여성상의 사회적 관계를 규정하는 관습(pp. 93-98)

결혼생활: 구혼, 결혼 그리고 이혼(pp. 99-103)

자녀양육생활: 자녀의 가문과 성장(pp. 83-93)

성관계: 일반적인 성관계와 정상적이지 못한 성관계의 처리법(pp. 105-106)

연령: 연령에 대한 태도와 연령간의 관계(pp. 103-105)

사망: 애도의 관습과 매장 의식(pp. 474-498)

건축: 통속적인 건축물과 고급 건축물. 그리고 설계에 의해 지어진 건물과 설계 없이 지어진 주거형태에서 나타나는 이 건물들의 편성(pp. 59-76, 279-290, 421-444)

사회생활: 연합과 동맹의 형태들(pp. 77-134, 289-290)

음식생활: 일상 식품, 영양 공급, 요리, 식사, 축제와 금식(pp. 107-134, 145-163, 462-467)

의복생활: 의복, 행실, 그리고 개인적인 장식품들에 관한 관습(pp. 349-379)

일: 일의 성격과 그에 대한 태도(pp. 135-182, 191-247)

휴식생활: 오락과 휴식 생활: 게임과 스포츠(pp. 289-290, 379-398)

학문: 교육 방법, 문서와 학문에 대한 태도(pp. 398-420)

종교생활: 종교적 건축물과 제사 형태(pp. 420-498)

준법생활: 법을 지키는 것과 안 지키는 것에 대한 생각, 법을 지키도록 강요하는 것과 위법시의 처벌(pp. 77-82, 105-106, 279-348)

권력 행사: 권위와 권력에 대한 태도(pp. 77-97, 279-348)

Press, 1926-1940); Victo H. Matthews and Con C. Benjamin, *Social World of Ancient Israel 1250-587 B.C.E.* (Peabody, Mass.: Hendrickson, 1993); and Daniel C. Snell, *Life in the Ancient Near East 3100-332 B.C.E.* (New Haven, Conn.: Yale University Press, 1997).

3. 이 목록은 David Hackett Fischer의 *Albion's Seed: British Folkways in Amrerica* (New York: Oxford University Press, 1989), 8-9 에서 발췌된 것이다.

1. 문헌들의 문제점

우리가 성경 이스라엘의 생활상을 재조명하려고 할 때, "히브리어 성경으로 알려져 있는 문헌은 과연 어느 시대를 대표하고 있는 것인가?" 하는 난관에 직면한다.

가장 초기의 시, 예를 들어, 사사기 5장과 출애굽기 15장, 그리고 아브라함, 이삭, 야곱 그리고 그들의 가족들이 가나안과 다른 장소로 이동하는 족장들의 이야기들은 이스라엘 종교 시대, 즉 성경 상 사사기 시대 혹은 고고학적으로 봤을 때 철기 I시대(주전 1200-1000년) 이전의 시대로 보아야 할 것이다. 우리는 야훼 자료, 즉 모세오경으로 알려진 J(Jahweh〈야훼/여호와〉) 문헌은 주전 10세기에, J 문헌과 E(Elohim〈엘로힘〉) 문헌이 섞인 서사시 자료는 주전 9세기에 써졌다고 본다. 그리고 P(Priest〈프리스트, 제사장〉) 문헌은 포로기에 써지기는 했지만 이전의 많은 전통을 근거로 써졌으며 신명기와 두 열왕기서를 편집한 신명기 학자들이 처음에는 주전 7세기 후반(제1신명기) 그리고 후에는 주전 6세기 (제2신명기)에 썼다는 연대기를 바탕으로 이 글을 썼다고 본다. 역대사가의 대부분(역대상하, 에스라, 느헤미야)이 포로기 이후의 사람들이며, 열왕기상하에서 나오지 않는 이전의 정보(예루살렘에서 히스기야가 일으킨 건축 사업 등) 역시 포함하고 있기는 하지만 그것들은 이전의 역사적 자료들(신명기 학자들의 역사 등)을 바탕으로 기록되었다.[4] 신명기 역사 학자와 역대사가 모두는 이전의 자료들과 동시대 자료들을 재분석하고 새로이 그 형태를 만들어 그들이 살고 있던 당대와 관련되는, 또한 신세대들에게는 이해하기 쉬운 새로운 과거를 창조해내는 데 관심을 두고 있었다.

여러 방면에 있어 성경은 여러 시대를 거슬러 점차적으로 층 위에 다시 층이, 전통 위에 다시 전통이 쌓여 높이 축적되어 많은 층위를 이루고 있는 텔과 유사하다. 어떤 경우에는 이전 시대들에서 발견된 유물들이 새롭게 다른 형태와 배경으로 재사용되었고 재성형되었다. 우리가 다양한 의미를 가지고 있는 이 언덕(〈Tell/Tel 텔〉)에 보존되어 있는 신화, 전설, 연대기, 시, 그리고 예언들의 가지각색의 층들 속을 탐사하고 있는 동안, 우리는 성경의 주된 시대인 철기 시대(주전 1200-586년)와 그 시대 안의 더 작은 시대들 속에

---

4. Frank M. Cross, *Canaanite Myth and Hebrew Epic* (Cambridge: Harvard University Press, 1973); Richard E. Friedman, *Who Wrote the Bible?* (San Francisco: Harper, 1987); Theodore Hiebert, *The Yahwist's Landscape: Nature and Religion in Early Israel* (New York: Oxford University Press, 1996).

서 벌어지고 있는 대부분의 일상생활 모습을 명백히 드러내게 될 것이다. 이 기간의 문화 내에서 그리고 뉴저지 주의 크기 정도의 이 지역 내에서 우리는 성경적 전승과 동시대의 성경 외의 문헌들, 그리고 고고학이 수많은 상호 관계를 이루고 있음을 발견할 수 있다. 이로 인해 몇몇 비평가들에 의해 주장되었던 성경적 이스라엘이라는 것은 이 지역에서 주전 4-2세기경에 살았던 유대인들의 경험을 묘사하여 후대에 꾸며진 이야기일 뿐이라는 의견을[5] 우리는 이제 무시할 수 있다.

성경은 유대교와 기독교의 가장 핵심적 신앙을 다루고 있는 문헌으로 보존되어 왔고 보호되어 왔다. 이 성경 유산의 상속자로서, 또한 신앙공동체들에 의해 현재 진행되고 있는 성경 비평의 상속자로서 역사적 목적을 위하여 성경을 쓴 작가들과 편집자들이 분명 의도하지 않았던 목적을 위하여 성경의 부분들을 낱낱이 분석하고 전유하는 작업은 그리 쉬운 것이 아니다.

성경 전승 덕분에 고대 이스라엘인들에 대해서 더 쉽고 이미 널리 알려져 있어 우리에게 친밀한 성격들을 취할 수 있지만, 이러한 것들은 완전히 증명된 것들도 아닐 뿐더러 때때로 잘못 알려진 것들도 있다. 혹자는 주일학교에 널리 알려진 성경 세계의 시대 착오적 초상들이나 성경적 주제들이 고대 성경 시대가 아닌 예술가들의 동시대 환경과 습관에 의해 중세 시대와 르네상스 시대에 그려진 예술품들이라는 사실을 상기할 필요가 있다. 유대교와 기독교를 통하여 보여진 고대 전통과 함께 우리에게 이미 친숙해진 성격들은 자주 우리와 이스라엘 민족 사이의 차이점들을 불분명하게 만든다. 데빗 로웬탈(David Lowenthal)이 강조했듯이 "과거는 외국이다." 외국인들은 우리와 다르게 살아간다.[6] 이는 이국적이며 낯선 것으로 우리가 살고 있는 세계에서의 생각이나 작업 형태와는 확연히 다르다.

---

5. 예를 들어, Thomas L. Thompson, *The Mythic Past: Biblcial Archaeology and the Myth of Israel* (New York: Basic Books, 1999); Niels Peter Lemche, Early Israel Revisited, Currents in Research: *Biblical Studies* 4(1996): 9-34; idem, *Prelude to Israel's Past: Background and Beginnings of Israelite History and Identity* (Peabody, Mass.: Hendrickson, 1998); Philip R. Davies, *In Search of Ancient Israel*, JSOTSup 148 (Sheffield: Sheffield Academic Press, 1992). 이들 의견에 대한 우수한 비평들, Iain W. Provan, Ideologies, Literact, and Critical Reflections on Recent Writing on the History of Israel, *JBL* 114(1995): 85-606; 그리고 더 최근에 포괄적인 비평에는 William G. Dever, *What Did the Biblical Writers Know and When Did They Know It?: What Archaeology Can Tell Us about Ancient Israel* (Grand Rapids: Wm. B. Eerdmans, 2001); 또한 James Barr, *Hisroy and Ideology in the Old Testament: Biblical Studeis at the End of a Millennium* (New York: Oxford University Press, 2000).

6. David Lowenthal, *The Past Is a Foreign Country* (Cambridge: Cambridge Universtiy Press, 1985).

2. 이스라엘 사회의 구조

우리가 앞으로 보겠지만 고대 이스라엘 민족의 생활은 현대인들이 더 이상 경험할 수 없는 사회적 질서에 그 중점을 두고 있는 것 같다. 이스라엘 민족에 있어서 가족과 친지는 일상생활의 가장 기본적인 요소들을 제공했던 농경을 중심으로 구성되었다. 그리고 더 높은 지위-정치적인 그리고 우주적 영역-에서 내려지는 명령에 의한 상징으로 형성되었다는 것은 이미 알려졌고 설명되어 왔다.[7]

이스라엘 민족 자체에서 나온 용어를 복합적으로 보았을 때, 막스 베버(Max Weber)의 가산관료제 이론은 이들의 사회구조와 생활양식을 전반적으로 바라보게 하는 강력한 렌즈를 제공한다.[8] 가계를 기초로 했을 때 이들 사회는 세 단계로 축적되어 있는 것을 볼 수 있다. 가장 밑바닥에는 조상 혹은 족장의 단계로서 성경 상에 베트 아브(bêt 'āb), 즉 아버지의 집으로 알려진 단계이다. 다음은 족장국가로서 고대 이스라엘은 물론 주변 국가들에 있어서도 왕은 가장으로서 역할을 담당했다. 그리고 그의 국민들은 개인적으로 친족관계를 유지했고 왕에게 충성을 바침으로써 받는 보호와 구제를 기대했다. 왕은 이 땅의 군주이자 지배자로서 국가 전체에 소속된 가족들과 가계를 포함하며 그의 집(바이트〈bayit〉) 전부를 다스리게 된다. 그러므로 주전 9세기로 연대가 측정되는 단에서 발견된 비문과 모압 땅에서 발견된 비문은 남왕국 유다를 다윗의 집(비트 다비드〈byt dwd〉)으로 부르고 있으며 앗수르에서 발견된 연대기에는 북왕국 이스라엘을 오므리의 집(비트 후므리〈bīt Ḥumrî〉)으로 부르고 있다.

그러나 왕이 이 사회구조의 정점을 이루고 있는 것은 아니다. 오히려 그 정점에는 야훼(이스라엘의 경우), 즉 하나님이 세습사회의 최고 주인이 되는 것이다. 하나님은 그의

---

7. 여러 시대에 걸쳐 이스라엘의 사회구조 요소들에 대한 최근의 연구와 또한 이러한 요소들을 찾아내고 짜 맞추는 어려움들에 관해서 다음을 보라. Paula M. McNutt, *Reconstructing the Society of Ancient Israel*, LAI (Louisville, Ky: Westminster John Know; London: SPCK, 1999).

8. Lawrence E. Stager, The Archaeology of the Family in Ancient Israel, *BASOR* 260(1985): 25-28; 같은 저자, Forging an Identity: The Emergence of Ancient Israel, in *The Oxford History of the Biblical World*, ed. M.D. Coogan (New York: Oxford Unviersity Press, 1998), 149-51, 171-72, 세습사회 가계의 모델과 고대 사회 문화 전반에 걸쳐 이 모델이 어떻게 적용되었는지 가장 최근의 연구발표는 David Schloen, *The House of the Father as Fact and Symbol: Patrimonialism in Ugarit and the Ancient Near East* (Cambridge: Harvard Semitic Museum, 2001).

민족과 계약을 통해 이스라엘 자손을 다스리는 세습사회의 궁극적 주권자이다.[9] 인간이 왕권을 갖는 것과 신이 왕권을 갖는 것 모두 단순히 세습사회를 지배하고 있었던 형태들에 포함된다. 그러므로 우리는 사회 계급 제도의 단계에서 가계가 형성되어 있으며 각각의 단계는 좀 더 총괄적인 다음 단계로 넘어가는 것을 발견한다. 즉 가족의 단계에서 왕권으로 그리고 신의 단계로 변화해가는 것을 볼 수 있다. 동시에 이 전체 구조는 각각의 세 단계에서 가부장의 권위를 강화하고 합법화하고 있다.

이러한 구조가 계급사회 전반에 걸쳐 반복되고 있는 동안에도 세습사회의 다양한 단계로서 그 크기와 역할이 다른 영역들도 나타난다. 가족과 가계는 사회 구성원들 간의 관계와 또한 그들의 지도자들(사사들이나 후대의 왕들)과 신과의 관계를 표현하고 있는 세계 안에서 중심적 역할을 감당하고 있다.

이러한 렌즈를 통해 우리는 이스라엘의 군주제도는 외부의(예를 들면 가나안) 도시체제가 이식되어 마지못해 이루어진 평등주의적, 친족에 기반한 사회가 아니라는 것을 알 수 있다. 그러한 사회란 내부 갈등을 통해 억압적인 도시 엘리트에 의해 지배되던 사회의 계급이 찢겨짐으로써 발생하게 되는데, 왕권이 친족사회를 소멸 시켰으며 계급의식을 불러 일으켰다는 이러한 공상은 사회가 원시적 공동체 주의에서 고위층이 생산품들을 소유하는 노예사회로 변화하는 과정을 거친다는 칼 막스(Karl Marx)식 변증법의 현대식 생각일 뿐이다.

축적된 세 단계의 세습사회 모델로 이루어진 이스라엘 사회를 통하여 우리는 이스라엘은 물론 다른 장소들에 있어 어떻게 왕권이 족장사회와 양립할 수 있었는가 이해할 수 있다. 이러한 투시를 통해서 고대 이스라엘에서 농경지역과 도시를 확실하게 이분하는 것은 어렵다. 왕국이 세워지기 이전 시대든 이스라엘 왕국 시대든 불평등은 반드시 있었을 것이나 사회계층과 계급의식 등은 존재하지 않았다. 상위층에서 하위층으로 수직적, 이원적 관계들은 다른 것으로 계급 개념이 보여주는 것보다 더 많은 변화가 있다. 에베드('ebed)라는 단어는 노예에서부터 고급 관리직까지 지칭할 수 있는데 왕의 신하라고 기록된 인장에서 신하를 호칭할 때도 에베드를 사용하고 있다.[10] 이러한 예들의 사회적 배경은 용어를 이해하기 위해서 반드시 알아두어야 한다. 무한한 다양성이 가능한 세습사

---

9. Frank M. Cross, *From Epic to Canon: History and Literature in Ancient Israel* (Baltimore: Johns Hopkins University Press, 1998), 3–21.

10. 인장의 예들은 Nahman Avigad and Benjamin Sass, *Corpus of West Semitic Stamp Seals* (Jerusalem: Israel Exploration Society, 1997)에서 인장 번호 6-11을 보라.

회의 법규 안에서 사울 같은 농부나, 다윗 같은 목동도 왕이 될 수 있다는 것을 상상하는 것은 그리 어렵지 않을 것이다. 왕권이 외부에서 온 제도가 아니었기에 왕국이 멸망한 오랜 후에도 메시아적 종말론은 형성될 수 있었던 것이다.

3. 고고학자들의 작업

옛날 성경고고학자들은 사람이나 동물의 뼈, 식물의 잔여물, 혹은 지질학적 견본들을 모아야 하는 필요성을 몰랐다. 이러한 유물들을 발굴하고, 수집하고, 그리고 분석하는 것은 이미 고고학자들이 성경을 읽음으로 얻은 지식을 바탕으로 연구했던 당시의 고고학사에서는 비용이 많이 들고 과다한 작업일 뿐이었다. 고고학, 특별히 성경고고학은 우선적인 목적을 가지고 있었다. 즉 사본을 재조명할 뿐만 아니라 성경 안에 있는 사건의 역사성과 기록되어 있는 인물들을 증명해야 하는 것이 그 목적이었다. 신학적 메시지와 주장들을 진리로서 확고히 하는 것을 미묘한(혹은 확실한) 가정으로서 저변에 깔고 있었다. 유명한 성경고고학자인 어니스트 라이트(G. Ernest Wright)는 이 방법의 훈련과정을 이렇게 묘사하고 있다.

> 성경고고학은 일반적인 고고학의 특별한 이론적 변화이다. 성경고고학자는 고고학자 그 자체일 수도 있고 그렇지 않을 수도 있지만 그는 발굴에서 발견된 것들을 직접적이든, 간접적이든, 혹은 광범위한 것이라 할지라도 성경과 관련된 사실들을 찾아내는 연구를 해야 한다. 그는 현대 고고학자들이 기초로 하고 있는 층위학과 유형학과 관련된 지식을 반드시 소유해야만 한다. 그러나 그의 중요한 관심은 방법론이라든가, 토기, 혹은 무기 등의 유물 자체에만 있어서는 안 된다. 그가 중요시해야 하고 열광해야 할 호기심은 사본을 이해하고 설명하는 데 있다. 그러므로 성경고고학자의 이러한 집중적 연구는 성경이 우리에게 주입하고 있는 역사에 대한 생생한 관심의 산물이다. 그러므로 우리는 성경 역사의 지식이 신앙의 가장 내부에 있음을 추측할 수 있을 것이다. 만약 우리가 성경의 의미를 잘 이해하고 싶다면 성경신학과 성경고고학은 반드시 서로 손을

맞잡고 병행해야 한다.[11]

이 견해에 의하면, 성경고고학은 이스라엘 민족의 역사를 만들어낸 위대한 인물들과 사건들을 드러내는 것이 그 목적이었다. 물론 이러한 목적이 고고학에서 산출된 발굴둑(벌크〈bulk〉)을 구성하고 있는 대부분의 일상생활 유품들을 연구하는 것보다 더 값비싼 사업-예를 들어, 이 모든 쓰레기 속에서 금송아지를 발견하는 것-이었다. 이러한 서사시적 역사 속의 위대한 사건들과 인물들은 단지 가끔 고고학과 관련이 있을 뿐이다. 그리고 이러한 관련을 가능케 하는 것은 결정적인 사건-즉 파괴의 현장을 파헤친 고고학-뿐으로 예를 들어, 주전 925년 바로 시삭의 파괴 흔적들, 즉 주전 701년 앗수르 산헤립에 의한 라기스(제3층) 파괴 흔적들, 그리고 주전 604년 블레셋 진영에서 그리고 주전 586년 유다 땅과 예루살렘에서 바벨론 왕 느부갓네살의 초토화 정책 등이 있다.

현대 고고학의 역사에 있어 족장들, 전쟁 영웅들, 왕들, 이들의 군대와 적군들, 이스라엘 공동체와 하나님과의 절대적이면서도 특별한 관계, 그리고 이러한 것들을 모으는 작업은 최근까지도 연구의 핵심이 되어왔다. 영웅들, 대규모의 사건들, 그리고 특별한 집단 사회가 관심과 분석의 중심이 되곤 했다. 페르낭 브로델(Fernand Braudel)은 역사는 "기록의 역사"(*l'historie événementielle*)로서 단 기간 동안 사건들이 빠르게 변화한 것이며 주변의 소란들, 즉 거품의 최고조로서 역사의 조류는 이러한 소란들의 강력한 배경을 이끌어 나가고 있다고 말하면서, 역사는 정치, 군사, 종교에 중점을 두고 있다[12]고 주장했다. 그러나 본서에서 우리의 관심은 브로델이 말하는 인구학, 사회학, 경제학의 역사를 포함한 중간 길이의 시간을 가진 역사인 콘정츄어(conjuncture)와 지리, 기후, 환경의 조건들은 물론 이러한 조건들과 인류가 맺고 있는 관계 등은 변하지 않거나 천천히 변하는 장기지속(*la longue durée*)에 있다. 물론 여기에는 이러한 다른 기간들이나 시간의 척도가 방해를 받는 카이로스적 순간(고대 그리스어, 커다란 어떤 것이 모든 것을 바꾸어 놓기도 하는 순간-역주)들이 있는데 이때 장기간의 역사가 갑자기 단기간 역사의 사건들과 장기간의 역사의 결과를 일으키게 되는 영웅을 발생시키게 된다.

---

11. G. Ernest Wright, *Biblical Archaeology* (Philadelphia: Westminster, 1957), 17. 시대 발전 이후의 분석법을 발표하였던 성경고고학에 관한 그의 최근 견해는, The 'New' Archaeolgoy, *BA* 38(1975): 104-15.

12. Fernand Braudel, *The Mediterranean and the Mediterranean World in the Age of Philip II*, 2 vols., trans. Sean Reynolds, rev.ed. (London: Collins, 1972), 21.

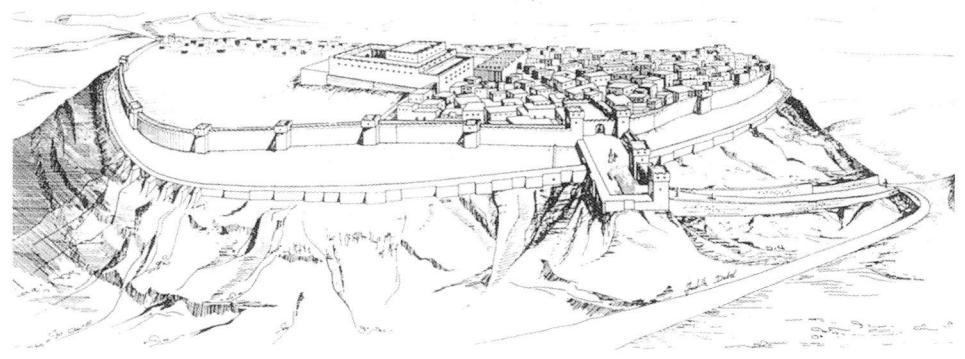

그림 1. 라기스 복원도, 3층 (라기스 발굴단, 담당자 **David Ussishkin**; 그림: **Judith Dekel**)

우리에게 성경의 사건들이 역사가들이나 성경학자들에게 긍정적인 사실로 부각되는가는 그리 중요하지 않다. 고대 이스라엘 민족이 이러한 사건들을 사실로 믿었는가를 아는 것으로 충분할 것이다. 전승된 이야기들은 분명 진실처럼 꾸며지는 과정을 거쳤을 것이며 이들이 실제로 보이도록 하는 것이 필요했을 것이다. 이러한 의미에 있어 이기적이며 고의적인 성경적 사건과 다른 많은 고대의 사건들은 문화 역사가들에게 좋은 자료로 이용되었다. 가장 유명한 문화 역사가는 제이콥 버크하르트(Jacob Burckhardt)로 그는 19세기에 그리스인들에 대해 쓰면서 이렇게 말했다. "유물들과 건물들에 대한 무의미하고 무관심적인 혹은 무의식적인 방법 속에서 얻어진 자료는 이들의 비밀스런 부분을 꾸며진 이야기를 통하여 무의식적으로, 심지어 역설적으로 무심코 드러나는데, 이는 자료의 상세한 부분들이 의도하고자 했던 기록과는 상당히 먼 것으로, 이들은 문화 역사가들을 위하여 이중으로 도움이 된다."[13]

버크하르트가 쓴 책의 머리말에, 고전문학자 오스윈 머레이(Oswyn Murray)가 버크하르트를 인용한 바에 의하면 다음과 같다.

> 만약 이야기들이 사실로 믿어지고 있다면 이 이야기들이 사실로 이용되었는가 그렇지 않은가는 그다지 중요하지 않다. 심지어 한 시대에서 만들어진 어떤 날조된 역사 역시 중요한 증거의 한 부분이 될 수 있는데 이는 이러한 날조된 역사가 과거에 이러한 위조품을 만들어낸 시대에 존재하던 실제적인 역사보다 더

---

13. Jacob Buckhardt, *The Greeks and Greek Civilization*, 번역 Sheila Stern and ed., with an introduction by Oswyn Murray (New York: St. Martin's pPress, 1998), 5.

당시 사건들과 신앙을 명백히 드러내고 있기 때문이다. 이처럼 설명 속에서 무의식 중에 드러내는 원리는…심리적인 면을 연구하는 현대 역사가들에게는 가장 강력한 도구 중의 하나이다. 버크하르트가 우리에게 명백히 말한 것처럼 이러한 원칙은 어떤 사건이 사실인가 아닌가에 대한 실증론의 단조로운 논쟁에 대해 해결 방안과 어떻게 이러한 명제가 성립될 수 있는가를 풀어주고 있다. 문화 역사는 사건들보다는 당시의 신앙과 습관에 관심을 두고 있다. 그러므로 허구성은 종종 진실보다 더 가치가 있을 경우가 있다.[14]

4. 생활의 리듬

우리가 농경에 뿌리를 둔 사회에서 멀어질수록 우리와 고대인들 사이의 간격은 점차 더 벌어지고 있다. 오늘날 미국의 경우 농부는 2퍼센트 미만이다. 고대 이스라엘과는 반대 현상이다. 거의 모든 사람들, 심지어 수도였던 예루살렘과 사마리아 같은 도시에 살던 사람들 조차도 어느 모로든 농경사회와 관련을 맺고 있었고, 그들이 어디를 가든지 동물들을 볼 수 있었다. 철기 시대 예루살렘으로 들어가기 위한 주요 성문들 중 두 곳의 이름은 이 성문에서 매매했던 동물들의 이름을 따서 지어졌다. 양문(느 3:1, 32; 12:39)과 어문(대하 33:14; 느 3:3; 12:39; 습 1:10).

농경 생활은 우리의 달력과는 매우 다른 달력을 만들어냈다. 우리의 일기장이나 약속을 기록하는 노트는 일, 월, 년 그리고 심지어 어떤 일이 끝나는 시간까지 기록하도록 되어 있다. 그러나 고대 사회의 시간은 여러 기간들로 나누어져 있었다. 즉 일출과 함께 일어나 일몰과 함께 일을 끝내는 하루와 농경과 유목과 관련하여 작업을 하게 되는 철들이 다였다. 고대인들은 시간과 분으로 상세히 나눈 시계를 필요로 하지 않았다. 고대의 시간은 다른 구조였다.[15]

---

14. Oswyn Murray, in Burckhardet, *The Greeks and Greek Civilization*, xxxi.
15. Jacques Barzun and Henry F. Graff, A Medley of Mysteries: A Number of Dogs That Didn't Bark, in *the Historian as Detective: Essays on Evidence*, ed. Robin W. Winks (New York: Harper, 1970), 213–31; esp. 229 쪽을 보라.

제3장에서 다시 보겠지만, 게셀에서 발견된 달력은 경작하는 한 해 동안 계절마다 농사 종류에 따라 표시가 되어 있다. 아마도 포도주 축제(사사기 21장의 실로의 예를 주목하라), 오순절(샤부오트⟨šābu'ôt⟩), 장막절(수코트⟨sukkôt⟩), 유월절(페사흐 마쪼트⟨pesaḥ-maṣṣôt⟩) 같은 축제일이나 양털 깎는 시기 등이 그 표시 방법이었을 것이다. 가장 중요한 축제 음식 중에 하나는 매년 드려진 희생제물로 친족 간의 결속을 돈독히 하기 위한 것이었다. 희생제사와 금식 같은 경우는 부계 세습에 근거한 사회법규를 정당화하고 지켜 나가기 위한 것이었고, 공동체에게 친족의 구성원들을 확연하게 입증하는 것이며, 희생제물의 배당 혹은 고깃점의 몫은 계층 간에 차별을 둠으로 상위층의 위치를 확고히 하는 것이었다.[16] 또한 이미 고인이 된 조상들도 여기에 참여하였던 것으로 보인다. 이 친족 식사의 중요성은 다윗의 이야기에서도 나타나는데 다윗은 사울 왕의 초대를 무시하고 베들레헴에 모여서 월삭에 매년 제를 드리는 친족들에게로 가는 것을 볼 수 있다(삼상 20:5-6; 28-29).

농경 생활, 친족 간의 관계, 가사 도구들, 하루와 한 해의 주기, 그리고 세속 세계의 다른 것들은 예전에 알던 것보다 히브리어 성경 속에서 더 많은 역할을 담당하고 있다. 이들은 이야기 속에서, 법률 속에서 역사적 사건들 속에서, 서사시 속에서, 예언적 비평 속에서 지혜를 담은 글귀에서 때때로 드러나 있기는 하나 대부분 극소화된 배경으로만 나타나고 있을 뿐이다. 특별히 성경을 읽는 독자는 이들을 거의 발견하지 못할 것이다. 그 이유는 이들이 우리와 배경이 다를 뿐더러 우리가 과거의 일상생활을 틀에 박힌 고정 관념 속에서 보고 있기 때문일 것이다.

제2-6장에서 우리는 일상생활의 상세한 부분들을 설명할 것이고 이러한 부분들을 도식적으로 더 쉽게 토론하기 위해 구성할 것이다. 그러나 이 시점에서 우리는 사회적, 가정적, 경제적, 정치적, 환경적 요소들이 이야기 속에 함께 나타나고 있는 가장 중요한 서사적 예만을 들 것이다. 우리는 고대 이스라엘 민족의 많은 사람들이 직면하고 있던 생활상의 개념들을 끌어내기 위해 한 가족을 선택하여 어떤 특별한 날을 설정하고 그날의 허구적인 묘사를 탐구해 나갈 것이다. 이렇게 하기 위해 우리는 고대 사회의 모든 사회 역사의 중심에 있는 자료들 중 같은 종류의 것들을 찾아내어 묘사해야 할 것이다. 대충 같은 시대의 문헌적 자료, 고고학자들에 의해 발견된 자료들, 환경에서 얻어진 지식들,

---

16. Joseph Blenkinsopp, The Family in First Temple Israel, in L.G. Perdue et al., eds., *Families in Ancient Israel* (Louisville, Ky.: Westminster John Knox, 1997), 79.

라다나(Raddana) 유적지(R 지역)

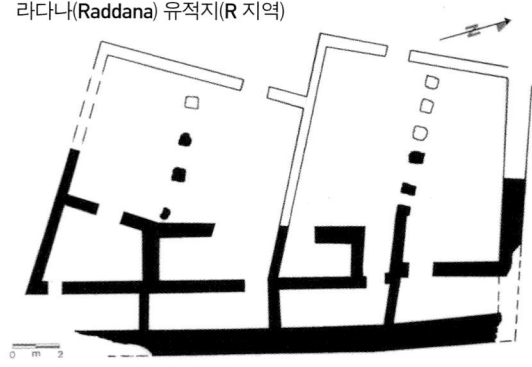

그림 2. 라다나(Raddana) 유적지(R 지역). 한 벽을 사이에 두고 지어진 기둥이 있는 두 집의 평면도. 뒤의 방은 마치 이 지역을 둘러싸고 있던 담을 이루는 구조물의 한 부분인 것처럼 보인다. 철기 I 시대(Z. Lederman 전재 허가; "An early Iron Age Village at Khirbet Raddana: The Excavations of J.A. Callaway" (박사학위 논문, 1999))

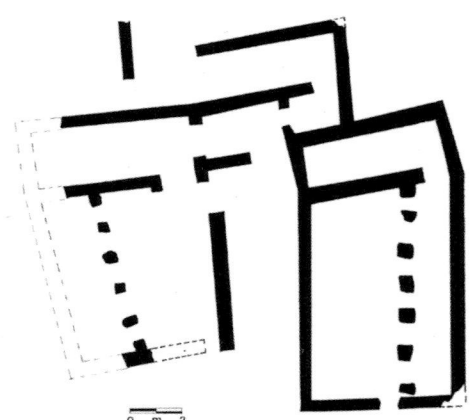

라다나 유적지(S 지역)

그림 3. 라다나 유적지(S 지역). 기둥이 있는 2-3개의 방으로 이루어진 집들로 구성된 소가족이 살던 집 구조의 평면도. 철기 I 시대(Z. Lederman 전재 허가; "An early Iron Age Village at Khirbet Raddana: The Excavations of J.A. Callaway" (박사학위 논문, 1999)).

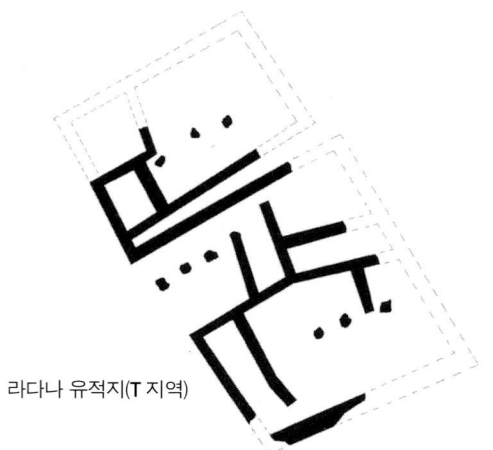

라다나 유적지(T 지역)

그림 4. 라다나 유적지(T 지역). 주전 12세기 말 혹은 11세기 초로 연대가 측정되는 3개 혹은 그 이상의 기둥들로 이루어진 집들의 평면도(Z. Lederman 전재 허가; "An early Iron Age Village at Khirbet Raddana: The Excavations of J.A. Callaway" (박사학위 논문, 1999)).

같은 배경에서 사용된 생활상의 도구의 더 최근의 정보들, 그리고 정보에 근거한 상상들이 그 자료들이 될 것이다.

1) 미가와 레위 족속

다른 시대상에서처럼 왕국이 세워지기 이전 시대의 한 가족과, 그 가족의 사회적 배경, 그리고 가사 생활의 요소들에 관한 서사시로서 좋은 예가 사사기 17-18장이다. 여기에서는 에브라임 산지에 부유한 지주였던 미가의 가계에 그 중점을 두고 있다. 그의 대가족은 과부된 그의 어머니, 아들들, 그리고 그의 아내들과 아이들, 그리고 한 젊은 제사장으로 구성되었는데, 그 제사장은 베들레헴으로부터 와서 거할 곳을 찾고 있던 레위인(나아르⟨na'ar⟩, 즉 소년이라고 묘사된 것으로 보아 아직 미혼이었을 것이다)으로 미가는 그가 자신의 신당(베트 엘로힘⟨bêt 'ĕlōhîm⟩)에서 제사장으로 일하게 했다. 이 신당에는 은을 부어 만든 신상과 함께 에봇과 드라빔 같은 제의적 도구들이 갖추어져 있었다. 미가는 이 제사장에게 일년 연봉으로 은 열을 주었고 의복과 다른 식물을 제공했다.

에봇과 드라빔에 관한 자료들은 분명하게 알려져 있다. 에봇은 성의이거나 어떤 상자 모양을 한 제의적 도구를 가리키는 것으로 추측된다. 후대의 자료에 의하면 에봇은 대제사장이 입었던 앞치마 모양으로 생긴 의복이었다(출 28:6). 에봇에는 흉패가 붙어 있었는데 그 안에는 예언할 때 사용된 성스러운 주사위로 생각되는 우림과 둠밈을 넣었다. 제사장들은 미래를 예언할 때 이 도구를 사용하였을 것이다. 드라빔이나 가신은 제사 목적으로 사용되었다. 때때로 이들은 사람 크기만한 것으로 보인다. 미갈이 우상을 가져다가 침상에 누이고 염소 털로 엮은 것을 그 머리에 씌우고 의복으로 그것을 덮었더니(삼상 19:13, 16). 때로는 작아서 휴대할 수도 있었다. "그 때에 라반이 양털을 깎으러 갔으므로 라헬은 그의 아버지의 드라빔을 도둑질하고⋯낙타 안장 아래에 넣고 그 위에 앉은지라"(창 31:19, 34).

미가 이야기의 주제는 다윗 왕의 고향이며 그의 조상들이 살았던 유다 땅 베들레헴에서 온 제사장이 어떻게 북쪽의 종교적 중심지였던 단에서 직무를 맞게 되었는지 말하는 것이다. 이는 이 성스러운 장소가 합법적이라는 이유를 들어 레위 족속의 제사장적 의무가 남쪽의 다윗 왕조와의 관계뿐만 아니라 북왕국과도 관련이 있었음을 보여주고 있다. 이 이야기는 왕국 분열 이후 북왕국의 관심하에 기록되었음이 명백하다. 그럼에도 불구하고 이 이야기에서 기억해야 할 것은 주전 12-10세기경의 산지 지역에서 일어났던 가족 간의 관계와 배치를 반영하고 있다는 것이다.

이 이야기에 의하면 단 지파는 미가의 신상을 훔치고 레위인을 취하여 북쪽에 있던 라이스라고 하는 새로 취한 영토로 가 그곳에서 여호와를 위하여 제사를 지냈다. 단 지파의 땅은 처음에 남서쪽에 위치하여 북으로는 에브라임 지파와 동으로는 베냐민 지파와, 남쪽으로는 유다 지파 그리고 서쪽으로는 해안 평야를 경계로 하고 있었다. 단 지파는 이 남서쪽 지역을 떠나 산악지대였던 가나안 땅의 북동쪽 구석에 자리를 잡았다. 텔 단에서 발굴된 제6층의 파괴 흔적은 단 지파가 라이스를 정복하고 단이라 이름 지었던 층으로 보여지며 주전 12세기 초기로 연대가 측정되었다. 여기에서 발견된 피토이(pithoi), 즉 물, 포도주, 기름, 곡물 등을 저장해 두었던 커다란 항아리들은 철기 시대 이스라엘 민족의 물질문화를 대표하는 것이다. 요하난 아하로니(Yohanan Aharnoi)가 후에 지지하게 되는(제3장을 보라) 윌리암 알브라이트(William F. Albright)의 의견은 이 토기 형태가 이스라엘 민족에게만 나타나는 것이라고 밝혔지만 사실 이러한 피토이는 북쪽은 물론 요단 계곡과 암몬 족속의 지역에서도 발견되었다. 토기의 입구가 한 번 말려있는 모양을 한 이러한 피토이(collared-rim pithoi)는 요단 동편의 사합(Sahab), 텔 데이르 알라(Tell Deir 'Alla), 텔 엘 마잘(Tell el-Mazar), 그리고 암만의 요새 등에서 발견되었다. 또한 많은 수의 피토이가 가나안인들의 거주지였던 므깃도에서도 발견되었다.

가장으로서 미가는 그의 아들(그리고 그의 가족들)을 포함하여 가족 공동체에 소속되어 함께 거주했던 자들을 다스렸다. 그의 아들은 이 공동체 안에 있던 집을 소유하였고 미가의 권위 아래 있었는데 미가의 가계 안에 속해 있던 사람들(삿 18:22, 한국어 성경은 "이웃집"으로 번역함)이다.[17] 우리가 제2장에서 좀 더 자세히 논의하겠지만 이 공동체는 벽이 둘러져 있거나 혹은 마을의 한 부분으로 울타리 없이 집들이 떼를 지어 모여 있는 것이다(그림 2, 3, 4). 이와 유사하게 사회적인 영향을 받은 건축의 형태는 신약성경 시대에도 나타났던 것으로 보인다. "내 아버지 집에는 거할 집들이 많도다"(요 14:2, 전통적으로 "방이 많은 집"으로 번역되어 "거할 곳이 많다"고 잘못 번역되었다).

또한 이 가족 공동체[18] 안에는 과부였던 미가의 어머니도 함께 살고 있었다. 보통 부

---

17. 임('im)을 '권위'로 해석한 것은 Ephraim A. Speiser, *Genesis*, AB 1 (Garden City, N.Y.: Doubleday, 1964), 170, 247을 보라. (한국어 성경에는 "미가의 이웃집 사람들이 모여서"라고 번역되었으나 이는 'im이라고 하는 히브리어 단어의 번역의 오류로 보인다. 'im의 원뜻은 전치사로서 with, '함께' 혹은 within, '의 안에'이다-역주)

18. 상상으로 그려진 이 미가의 가계는 사사기 17-18장을 근거로 하고 있다. 자세한 사항들은

인은 남편보다 10-15년 정도 어렸기 때문에 고대 이스라엘 사회에서 홀아비보다 과부를 더 많이 발견할 수 있는 것은 그리 놀랄만한 일은 아니며, 여성은 해산의 고통 속에서도 살아남았던 것을 알 수 있다. 한 남자가 자신의 부인과 아이들을 돌보는 것뿐만 아니라 그의 과부된 어머니를 봉양하는 것은 분명 주요 의무들 중 하나였을 것이다. 고고학자들이 발견한 철기 시대의 마을 속에는 "과부의 구역"이라고 불리는 구역이나 부속건물들이 있었을지도 모른다. 이 공동체 안의 다른 개인 소유의 집들은 형제들과 아들들과 그들의 가족들, 또한 미가의 아들 중 하나같이 되었던(삿 17:11) 게르(gēr, '피보호자' 주로 '체류자'라든가 '외부인'으로 번역된다)라 불리는 소년 제사장이 살았던 구역이 있었을 것이다.

2) 미가 가족의 하루

미가의 아버지는 70의 고령으로 죽었고 이제 47세가 된 그의 큰아들은 홀로 된 어머니를 돌보아야 하며 17명으로 구성된 가족과 두 명의 하인, 그리고 한 명의 젊은 제사장(미혼)으로 이루어진 가계의 우두머리가 되었다. 미가의 가계는 두 계보로 나누어진 모두 같은 족속 출신인 인구 250명의 마을에 가장 큰 구역을 차지하고 있었다. 미가의 베트 아브(bêt 'āb, 조상의 가계) 혹은 구역은 벽이 둘러쳐져 있지 않은 널따른 안뜰을 둘러싸고 있는 세 개의 기둥이 있는 집들로 구성되어 있다. 이 구역은 에브라임 산지 지역의 계단식 언덕 위에서 발견된 20개의 주택들이 모여 있는 마을들 중의 하나였다.

이 마을은 고대(그리고 현대) 근동에서 발견되는 다른 많은 거주지들과 마찬가지로 서양의 도시학자들에게는 궁금증으로 남아있다. 마을은 마치 합리적인 배열이 없는 것으로 보이는데, 집들은 촘촘히 붙어 있어 뒤쪽에 숨겨져 있는 안뜰의 벽처럼 사용되었고 도로와 골목들은 어떠한 곳으로도 도달하게 되어 있지 않으며 막다른 골목들의 연속이다. 외부인들에게는(서양의 도시학자들도 포함됨) 이것이 집들로 이루어진 미로와 막다른 길

성경 속에서 그리고 다른 고대 근동의 자료들, 고고학적 문헌들, 그리고 중동 지방의 공동체들에 관한 민족학적 연구에서 발췌되었다. 다음에 나오는 자료들은 산지에 살고 있었던 한 이스라엘 민족의 하루에 대한 상상들을 만들어 내는데 특별히 도움을 준 것들이다. Gustaf Hermann Dalman의 광범위한 작업, *Arbeit und Sitte in Palstina* (Gtersloh: C. Bertelsmann, 1928-42), 주후 20세기의 팔레스타인과 관련하여 8권의 책으로 이루어졌다. 민족학적 연구서에는 Louise E. Sweet, Tell Toqaan: *ASyrian Village* (Ann Arbor: University of Michgan, 1974) 그리고 A.M. Lutifiyya, *Baytin, a Jordanian Village: A Study of Socail Institutions and Social Change in a Folk Community* (The Hague: Mouton, 1966). 이 상상도로 그려진 하루에 나타난 많은 부분들의 자료들은 2-6장에서 발견할 수 있다.

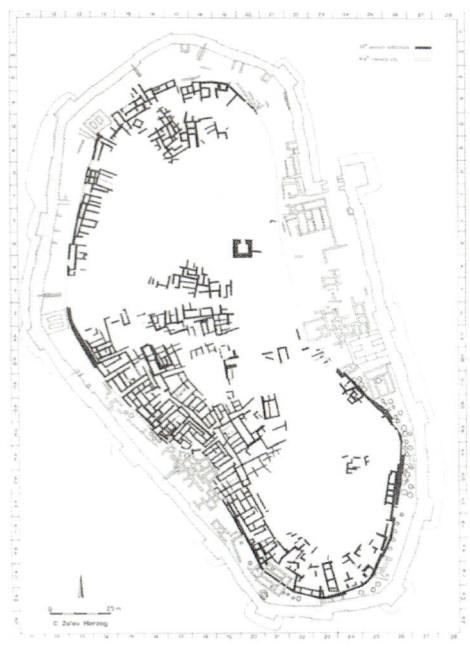

그림 5. 텔 엔 나스베(Tell en-Naṣbeh) 유적지의 전체 평면도(고대 미스바). 친족의 형태로 사회적 성장을 한 조직적인 도시의 예; 철기 II 시대(Z. Herzog 전재 허가; *Archaeology of the City*, Fig. 5.26, p.238).

그림 6. 텔 베이트 미르심(Tell Beit Mirsim) 유적지의 전체 평면도. 친족의 형태로 사회적 성장을 한 조직적인 도시의 예; 철기 II 시대(Z. Herzog 전재 허가; *Archaeology of the City*, Fig. 5.29, p.243).

그림 7. 텔 세바(Tel Sheva) 유적지의 도시 평면도, 주전 8세기, II층. 기획된 거주지의 예(Z. Herzog, *Archaeology of the City*, Fig. 5.31에서 발췌).

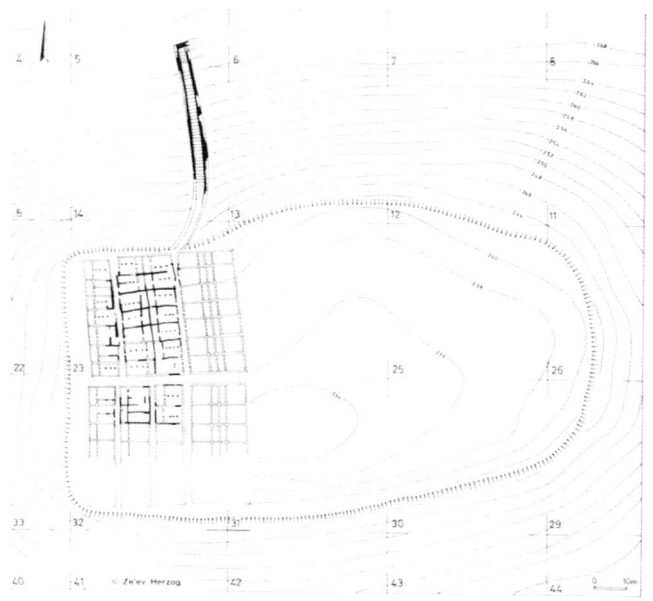

그림 8. 텔 에스 사이디에(Tell es-Sa'idiyeh), 주전 8세기 후반, 앗수르의 영향으로 인한 직교 도시 형태(Z. Herzog 전재 허가; *Archaeology of the City*, Fig. 5.24, p.233).

들로 보이겠지만 내부인들에게는 이러한 형태는 친족 집단의 명백한 모습을 보여주고 있는 것이다. 이는 일반적으로 사용되는 원리인 공간 활용 배치에서 벗어나 내부의 사회적 구성과 관련된 배치로서 가족과 좀 더 큰 단위의 친족들과 연계가 있는 이웃들, 보호자와 피보호자의 관계, 그리고 다른 인척관계에 근거한 배치인 것이다. 외부인들에게는 완전히 엉망으로 보일 수 있는 것이 그 내부에 살고 있는 이들에게는 가장 큰 의미를 줄 수 있는 형태인 것이다(그림 5, 6, 7, 8).

미가의 구역 내에서 그는 이 집안의 가장이 되었다. 그의 2층 집에서 아내와 60세가 된 어머니 그리고 결혼하지 않은 아버지의 이모와 함께 살고 있었다. 그의 결혼한 두 아들은 같은 구역 내의 기둥이 있는 다른 2층 집에서 각각 살고 있다. 이들에게는 모두 5명의 아이들이 있는데, 3살에서 10살까지 연령의 두 딸과 세 아들이 있다. 이 구역 내의 세 번째 집은 미가의 아직 결혼하지 않은 20살짜리 아들과 두 하인들, 그리고 결혼하지 않은 10대 소년으로서 우림과 둠밈으로 예언을 하고 종교적 제사를 주관하는 레위 지파 출신의 제사장이 살고 있었다(참조, 신 33:8-11).

에브라임 산지에서 가장 날씨가 좋은 때는 겨울의 폭우가 막 끝나고 파리와 모기떼를 몰고 오는 길고도 무더운 여름이 오기 전의 봄이다. 이스라엘 전체를 통해 친족과 지파 간의 결속을 새롭게 하는 새해 기념 축제에는 파티가 열렸고 희생제물이 바쳐졌다. 이 계절이 바로 새끼 양, 새끼 염소, 그리고 송아지들이 태어나고 마치 녹색의 융단처럼 겨울 밀이 계단식 언덕과 계곡 밑바닥을 채우고 있는 계절이다. 빨갛고, 노랗고 파란 야생화들은 인상파 화가의 도화지 마냥 대부분의 땅을 덮었다. 그러나 아직은 날씨가 차서 대부분의 연약하고 값비싼 가축들은 집의 일층에 두어야만 한다. 이 가축들의 온기와 냄새는 가족들이 주로 침식했던 2층으로 흘러 들어왔다.

새벽이 오면, 가족들은 움직이기 시작한다. 미가와 그의 세 아들들은 아래층으로 내려가 외양간에서 가축들을 풀어준다. 다른 동물들은 이미 안뜰에 있다. 가족들은 조반(요 21:12)으로 소량의 빵과 약간의 감람나무 열매를 먹는다. 그러나 아침 식사는 중요한 식사는 아니었고 좀 더 늦은 시간에 먹었다(전 10:16-17).

새끼 양과 새끼 염소는 이른 봄에 태어나 이들의 어미와 분리되었다. 미가의 결혼하지 않은 아들은 이 마을의 가족을 위한 목동이었다. 그는 미가의 양과 염소뿐만 아니라 그의 가족과 관련이 있는 이들의 가축도 푸른 잎이 무성한 초원이 있는 먼 산지까지 데리고 가서 풀을 먹였다. 그는 낮에 집으로 돌아오지 않았다. 그는 몇 개의 말린 무화과와, 볶은 밀, 피타 빵(중동 지방에서 주로 먹는 넓적하고 둥근 빵-역주), 그리고 포도주 한 병으로

그림 9. 좌: 안쪽에 멍에를 멘 소들이 형상화 되어 있는 나무 그릇(현대물)
우: 안쪽에 멍에를 멘 소들이 형상화 되어 있는 토기. 텔 엘 파라(Tell el-Far'ah〈북〉) 유적지, 아마도 초기청동기 시대(이스라엘 박물관 전재 허가; 사진: A. Hay).

이루어진 점심을 가지고 다녔다(룻 2:14; 삼상 25:18).

손자들은 당시 학교에 다니고 있지 않았기 때문에 이 분주한 구역 내에서 책임을 질 만한 많은 일들을 하고 있었다. 그들이 하루에 하는 가장 중요한 일은 이른 봄에 태어나는 새끼 양과 새끼 염소를 돌보고 암양과 암염소로부터 분리해 놓는 것이었다. 이들이 살고 있는 구역으로부터 그리 멀지 않은 장소에서 어린 동물들은 풀과 잡초 먹는 법을 배웠다. 이 동물들과 어린이들은 어른들의 간섭이 요구되는 모든 문제들을 일으킨다.

그의 결혼한 아들 중 하나는 콩, 편두, 그리고 채소들을 심는 봄 농사를 지으러 나갔다. 그는 두 마리의 소에 멍에를 씌웠고(암 6:12), 그중 가장 큰 소의 뒤에 나무로 된 쟁기를 드리워 아직 갈지 않은 가장 가까운 밭으로 나갔다. 고대 농부들이 가지고 있었던 농기구 중 가장 중요한 도구였던 쟁기는 상당히 단순한 것이었다. 참나무로 된 단단한 부분과 날카롭게 된 부분 혹은 하단 부분을 향하여 굽은 형태로서 끝에는 동이나 철로 된 칼이 물려 있었다.

이 단순한 도구는 흙보다는 돌을 함유하고 있을 때가 많은 산지의 딱딱한 테라로사(terra rosa) 토양을 갈기에는 이상적인 것이었다. 토양에 돌이 많고 주로 수분을 많이 함유했을 경우 현대에 사용되는 보습쟁기로 깊게 밭고랑을 파는 것은 비생산적이다. 오직 딱딱한 흙을 농기구로 부수고 고른 다음 씨들을 덮을 수 있도록 만들고, 바로 거기에 씨를 뿌리는 일이 필요할 뿐이다. 농부는 또한 소몰이용 막대기를 가지고 다녔다. 이 막대기는 한쪽 끝에는 소를 찔러가며 몰 수 있도록 포크 모양의 두 쇠고랑이가 달렸고 다른 쪽에는 밭을 갈고 나서 쓸어내는 데 사용된 철로 된 주걱 같은 것이 달려 있었다.

그 동안 구역 내에서는 미가와 그의 하인들 중 하나가 외양간을 치우고 있었다. 이들은 지난 밤 가축들이 사용한 지푸라기 안에 스며들어 있던 용변을 퍼냈다. 마을 안에서 헛간과 외양간의 구별이 있는 곳은 없었고 오직 큰 도시에나 가야 볼 수 있었다. 소, 나귀, 양들은 주로 집안의 일층에서 살았다. 기둥 사이에는 구유가 놓였고 일층의 한쪽 면은 돌로 포장되었는데 인간 보다는 가축을 위한 시설이었다. 대부분의 공동체를 볼 때 집 안이든 밖이든 화장실 시설이 갖추어져 있지 않은 것으로 보아 사람들은 밤에는 외양간이 있는 아래층을 떠나 위층에서 생활하는 것이 편리했다. 나무로 된 갈퀴와 삽을 이용하여 미가와 그의 하인은 외양간을 청소했고 그의 두 딸은 서쪽으로부터 바람이 불어오고 있는 안뜰의 남동쪽으로 이미 전에 버린 용변들이 쌓여 있는 곳에 이 쓰레기들을 갖다 버렸다. 저녁에 이 구역 내의 몇몇 구성원들이 쓰레기를 둥글거나 네모난 케이크 모양으로 다듬어 벽돌처럼 태양 아래 쌓아 말릴 것이다. 이 용변으로 만들어진 덩어리들은 난방과 요리에 사용되는 훌륭한 연료를 공급할 것이다.

분명 미가가 이 집안의 가장이긴 하지만 집안과 안뜰에서 일어나는 무수한 일들을 계획하고 관리하는 것은 그의 아내였다. 그녀와 다른 여인들은 음식을 준비하고 만드는 것은 물론 집안의 다른 핵심적인 일들을 도맡아 했다. 이러한 일들 중에 가장 일반적인 것은 가족의 주요 식량인 빵을 매일 만드는 것이다. 중앙의 퇴적더미 반대편의 안뜰에는 진흙을 쌓고 그 곁에 토기 조각들을 붙여 만든 벌통 모양의 화덕(탄누르〈*tannûr*〉 출 7:28)이 있었다. 짚과 나뭇가지들을 화덕의 밑 부분에 쑤셔 넣어 불을 지폈다. 불이 바닥의 뜨거운 숯으로 변해버리고 화덕의 측면들이 뜨거워졌을 때가 바로 화덕의 내부에 빵을 놓아 구울 시간이다.

일출 후 얼마 지나지 않아 미가의 아내는 이스트를 넣은 밀가루 반죽을 공 모양으로 만드느라 바쁘다. 공 모양의 반죽이 부풀어 오른 후 그녀는 돌 위에 이것을 올려놓고 양손을 이용해 빙빙 돌려가며 지름 25센티미터 정도의 평평한 원형으로 만든다. 그녀는 한 번에 이 반죽을 벌통 모양의 화덕 안으로 던져 화덕의 안쪽에 찰싹 달라붙게 하여 몇 분 안에 빵을 구어 낸다. 그녀의 방법은 마을에서 주로 사용되는 기술이기는 했지만 아마도 다른 방법들도 있었을 것이다. 어떤 이들은 토기로 만들어진 쟁반 같이 생긴 도구나 번철로 노출되어 있는 불 위에서 피타빵을 부쳤다. 또 다른 이들은 솥에 고운 가루와 기름을 섞어 만든 반죽을 기름에 튀기기도 하였다(레 2:4-7).

그동안 며느리들은 미가의 아내의 주의 아래 다른 일들을 하고 있었다. 그중 하나는 안 뜰의 바닥 밑으로 움푹 파여져 있는(아사밈〈'ăsāmîm〉)에서 열 달 전 거두어들인 밀을 꺼냈다. 또 다른 며느리는 이 밀을 가져다 맷돌에 갈았다. 맷돌은 두 개의 다듬어 지지 않은 현무암판으로 이루어져 두 판 사이에 곡식을 넣고 갈도록 되어 있다. 아래의 판은 "안장"이라고 불리고 위의 돌은 "기수-손잡이"라고 불린다. 두 돌판 사이에 놓인 곡식은 기수가 안장의 위아래로 오르락 내리락 하는 동안 갈려지고 부서진다. 또 다른 며느리는 세 개의 다리가 달린 절구에 성기게 갈아진 곡식을 넣고 방망이를 이용하여 좀 더 고운 밀가루로 빻아 내일의 빵을 만들 재료를 준비해 둔다. 부서진 밀은 쿠스쿠스(cous cous)라고 하는 밀가루보다 입자가 굵은 가루가 되어 요리에 사용된다(터키어로는 "불구르"라고 불린다).

빵이 다 만들어지고 나면 점심때가 되고 이제 좀 떨어져 있는 언덕에서 풀을 뜯고 있던 암양과 암염소의 젖을 짤 시간이 되었다. 두 여자가 흙으로 만든 길쭉한 토기 사발 안에 우유를 채워서 들고 온다. 이 신선한 우유는 마을 안의 무화과나무에 매달려 있는 염소 가죽으로 만든 교유기 속에 부어진다. 이 교유기는 특별히 석류껍질로 정화되었다. 어린 소녀 하나가 우유가 응고될 때까지 이 교유기를 앞뒤로 흔들었다.

가족의 몇몇 구성원이 점심식사를 위해서 돌아왔다. 미가의 아내는 신선한 피타빵, 양파, 레반(응고된 우유)을 점심으로 내놓았다. 그리고 난 다음 하루 중 가장 더운 시간대가 오면 미가와 다른 가족들은 안뜰의 덩굴 아래서 낮잠을 취한다. 오후가 되어 미혼인 아들이 밭갈이 소를 몰고 돌아온다. 그는 멍에와 농기구들을 벗겨 내고 안뜰의 중앙에 있던 돌로 된 구유에서 소들에게 물을 먹인다. 또 다른 아들이 오후의 남은 시간에 이 소들을 먹인다. 미가는 괭이를 가지고 집 근처의 작은 정원의 흙을 일궜는데(사 7:25) 다음 주에 이곳에 그의 아내는 오이, 멜론, 파, 마늘, 양파 같은 식물들을 심을 것이다.

그 동안 그녀는 불을 피우고 불 옆으로 세 개의 돌을 쌓아 다리를 만들어 그 위에 커다란 솥을 올려놓은 뒤 쿠스쿠스(부서진 밀을 볶은 것) 요리를 하였다. 저녁식사의 주요 메뉴는 양파, 미나릿과의 고수풀(코리앤더), 검은 커민 향료로 간을 맞춘 쿠스쿠스로 저녁해가 질 때까지 솥에 넣고 끓였다. 소년들은 목동들이 가축을 이끌고 마을로 들어올 때쯤 집안의 외양간에 짚을 깔았다. 저녁 식사 전에 소년들은 동물들을 그들의 숙소로 들여 놓았다. 이제 가족의 구성원들은 미가 집의 위층에 모여 저녁을 먹었다. 쿠스쿠스 요리는 저녁을 먹고 있는 방바닥의 한가운데 커다란 쟁반 위에 수북이 쌓여 있었다. 새로 구운 피타빵은 버들 가지로 만든 바구니 안에 담겨 있었다. 가장은 음식을 축복하고 가족별로 앉아있는 어른들 각자에게 빵을 나누어 주었다.

쿠스쿠스 위에 요구르트를 쏟아 부어 마치 밀 크림 같은 요리를 먹었다. 여기에는 칼도 포크도 숟가락도 없었다. 빵을 가지고 토기 쟁반에 부어져 있는 크림을 곁들인 쿠스쿠스를 떠 먹었는데 이때 단지 오른 손의 손가락만을 이용하여 음식을 먹는 것에 주의해야만 했다. 붉은 포도주 한 잔과 건포도 케이크가 식사에 더해졌다.

농부와 아이들은 짚으로 채워진 침구로 기어들어가 2층의 벽을 따라 나란히 누웠다. 이들은 매우 피곤했으며 내일 아침 또한 일찍 일어나야만 했다. 다른 이들은 중앙에 있는 방에 모여 저녁 동안 수다를 떨었다. 잠자러 가기 전 미가와 그의 아들들은 그들 구역의 문뿐만 아니라 개개인의 집들의 문이 잘 잠겼는지 확인하는 것을 잊지 않았다.

그림 10. 이스라엘 소가족이 모습. 기둥이 있는 두 집과 안뜰에서 이루어지는 다양한 생활 모습 (복원도: L.E. Stager 전체 허가; C.S. Alexander 그림).

Life in Biblical Israel

CHAPTER
2

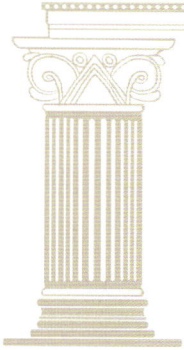

이스라엘 민족의 집과 가정

이스라엘 사회의 토대는 가족이었다. 세계 인구의 거의 대부분이 이와 같은 배경을 가지고 있었다. 인구의 80-90퍼센트가 살고 있었던 시골의 수많은 작은 마을들은 물론이거니와 엘리트들과 지배 계층이 살고 있었던 도시에서도 마찬가지의 현상이었다. 가족은 경제, 사회, 종교의 중심에 서 있었다. 서사적 성경과, 율법서, 예언서, 그리고 지혜문학 등의 성경 문헌은 가족생활의 양상을 자주 다루고 있다. 다행히도 고고학적 노력은 이 문헌들에서 묘사하고 있는 가족생활의 상세한 부분들을 설명하고 보충할 수 있는 충분한 자료들을 드러내주었다.

1. 일반 가정의 건축물

1) 건축 자재

고대 이스라엘에서 가장 흔하게 사용된 건축 자재는 돌, 나무, 갈대, 그리고 진흙이었다. 돌과 나무는 계층을 구분하는 용도로도 사용되었다. 즉 다듬지 않은 자연 그대로의 돌과 그 지역에서 생산되는 나무를 대강 자른 것은 일반인들의 거주지에 사용하였고, 전문가에 의해 다듬어진 돌과 정교하게 조각된 나무는 궁전, 신전, 지도층의 집을 짓는 데 사용되었다. 도시에 세워진 기념비적 건물들은 그 우아함에 있어 타의 추종을 불허했다. 이 지역에 퍼져있었던 많은 마을들과 소도시들에 세워진 건물들의 자재는 같았으나 수입된 나무와 돌을 사서 건물을 짓도록 명령을 내리는 이들의 집은 좀 달랐다. 지방의 마을에 사는 이들이 전통적인 방법과 자신들의 노력으로 집과 창고들을 짓는 데 반해 더 좋은 배경을 가진 이들의 건축을 위해서는 고도의 기술이 적용되었다.

나무나 진흙벽돌보다는 오래 사용할 수 있었던 돌이 건축자재로서 가장 인기가 있었다. 팔레스타인 지역에는 칼슘과 탄산을 함유하고 있는 침전석인 석회석이 풍부하였는데, 이것은 가장 흔한 건축 자재로서 특별히 산지 지역에서 많이 발견할 수 있다. 예루살렘 동쪽 지역에서 많이 발견되는 "나리"(nari)라고 불리는 돌은 연하고 작은 구멍이 많아 흡수성이 강하고 부서지기 쉬운 석회석이다. 그것은 쉽게 채석할 수 있고 다듬을 수 있어 건축용으로 네모나게 다듬어서 이스라엘의 중요한 건물들을 건축할 때 대추야자나무 문양의 기둥머리를 만드는 데 사용되었다. 이 우아한 건축 양식은 이스라엘과 유다 왕궁의 철기 II 시대(주전 10-7세기)의 지배층 신분의 건축물에 영향을 주었다.[1]

네모나게 돌을 잘 다듬어 건축을 하는 양식(Ashlar Masonry)은 가나안과 베니게 지방에 그 기원을 두고 있는데, 돌을 채석하여 6면을 잘 다듬어 입방형 모양으로 만드는 것이다. 이러한 건축 양식은 후기청동기 시대 이전에는 전혀 찾아 볼 수가 없다. 가나안 땅에서 첫 번째로 이 양식의 예가 발견되는 곳은 므깃도의 후기청동기 시대 신전과 도시 성문이다. 철기 시대에 와서 이 양식은 유다와 이스라엘의 왕실 중심지 역할을 한 장소들에 세워진 건축물들의 통례로 사용되었다. 아모스가 강력한 탄핵을 주장했을 때, "너희가 비록 다듬은 돌로 집(바테 가지트⟨bāttê gāzît⟩)을 건축하였으나 거기 거주하지 못할 것이요"(암 5:11)라고 말했다. 베니게 건축 양식에 상당한 영향을 받아 건물들을 지었던 솔로몬은 대규모로 이 건축 양식을 사용하였다.

이 다듬은 돌 양식은 유다 왕국보다는 이스라엘에서 더 광범위하게 사용되었다. 하솔, 사마리아, 므깃도, 게셀, 단, 다아낙, 벧산 등 북쪽 유적지에서 발견되었다. 남쪽의 유적지로는 예루살렘, 라기스, 라맛 라헬(Ramat Raḥel), 텔 세라(Tel Seraʿ), 아스글론(중기청동기 시대 A 성문) 등이 있다. 정교하게 다듬어지고 각이 잘 잡힌 돌들을 쌓은 이 양식의 가

---

1. Ronny Reich, "Building Materials and Architectural Elements in Ancient Israel," in A. Kempinski and R. Reich, eds. *The Architectue of Ancient Israel from the Prehistoric to the Persian Periods* (Jerusalem: Israel Exploration Society, 1992), 1-2; Ze'ev Herzog, "Building Materials and Techniques," *OEANE*, 1:360-63.

장 인상적인 예는 주전 9세기에 오므리와 아합에 의해 왕실 도시가 건설된 사마리아에서 발견되었다. 가장 최근에 발견된 석회석을 다듬은 돌 양식은 다음과 같다. 도르에서는 4개의 방으로 구성된 성문과 연결된 탑이 이 양식으로 지어졌다.[2] 에그론에서는 제 III-IB층의 도시의 북동쪽에 위치한 진흙벽돌로 지어진 탑이 다듬은 돌로 그 표면이 포장되어 있었는데, 이 다듬은 돌은 긴 면과 좁은 면이 번갈아 보이는 양식(header and stretcher construction)으로 쌓았다.[3] 이스르엘에서도 석회석을 이용한 다듬은 돌 양식으로 지어진 성문을 지키는 방에서 발견되었다.[4]

지중해변에서 발견되는 사암의 한 종류인 쿠르카르(kurkar)가 건축자재로서 자주 사용되었다. 사암을 다듬은 돌 양식에 사용한 예들은 텔 세라에서 발견되었다(다듬은 돌 양식을 기초로 한 진흙벽돌로 지은 건물들〈주전 8세기〉). 또한 아스돗의 성문(주전 10-8세기) 모퉁이 역시 이러한 사암으로 지어졌다. 아스글론의 왕실용 포도주 양조장도 이러한 양식으로 지어졌다.[5] 엘리에젤 오렌(Eliezer Oren)은 이 다듬은 돌 양식은 해변 지역에 "앗수르의 통치 당시 베니게인들에 의해" 전해졌다고 제시했다.[6] 이 의견은 텔 세라의 건축물에는 적용될 수 있으나 아스돗의 주전 10세기 건물에는 해당되지 않는다. 베니게인들이 아스돗에 다듬은 돌 양식을 소개한 이들일 가능성이 많지만 아마도 이들은 앗수르인들이 통치하기 훨씬 이전, 몇 세기 훨씬 이전에 이 양식을 이땅에 소개하였을 것이다.

공인들은 끌과 망치를 사용하여 돌의 겉 표면을 부드럽고 둥글게 가운데 부분이 돋아나오게 다듬었다. 철기 시대에 이러한 돋음 부분은 가장 기초석에 사용되어 거의 보이지 않도록 하였다. 이 돌을 다듬는 기술 중 하나는 돌의 가장자리를 파내고 매끈하게 다듬는 것이었다. 이렇게 가장자리가 다듬어진 돌들은 건설 현장에서 마무리 손질을 한 후 돌과 돌 사이에 공간이 없도록 밀착하여 쌓았다. 돌들을 연결하는 데 어떤 회반죽도 사용되지 않았다. 벽을 좀 더 강화하는 의미에서 이 다듬어진 돌들을 한 번은 넓은 면이 밖으로 보이고 한 번은 좁은 면이 밖으로 보이도록 하는 방법으로 쌓았다. 좁은 면이 보이

---

2. Ephraim Stern and Ilan Sharon, "Tel Dor, 1992: Preliminay Report, " *IEJ* 43(1993): 138-39.

3. Seymou Gitin, "Tel Miqne: A Type-Site for the Inner Coastal Plain in the Iron Age II Peiod, " in S. Gitin and W.G. Dever, eds., *Recent Excavations in Israel: Studies in Iron Age Archaeology*, AASOR 49 (Winona Lake, Ind.: Eisenbrauns, 1989), 25-26.

4. David Ussishkin and John Woodhead, "Excavations at Tel Jezreel 1994-1996: Thrid Preliminary Report," *TA* 24(1997): 20-22.

5. Lawrence E. Stager, "Ashkelon and the Arhcaeology of Destruction: Kislev 604 B.C.E.," in A. Biran et al., eds., *Eretz-Israel* 25 (Joseph Aviram Volume) (Jerusalem: Israel Exploration Society, 1996), 62-63.

6. Eliezer Oren, "Sera', Tel," *NEAEHL*, 4:1333.

는 돌(헤더⟨header⟩)은 벽의 길이와 수직을 이루고 있었다. 넓은 면이 보이는 돌(스트레쳐 ⟨stretcher⟩)은 벽의 길이와 평행을 이루고 있었다.[7]

유리 같은 겉 표면을 가지고 있으나 단단한 화산석인 현무암은 상부 갈릴리, 골란 고원, 그리고 바산 지역에서 흔히 발견된다. 현무암은 잘 닳지 않기 때문에 계단, 문지방, 하수관, 그리고 비석은 물론 "오토스타트"(orthostat, 커다란 돌판)라고 불리는, 주로 기념 건물들의 입구에 놓여진 조각품이나 벽의 아랫부분에 놓이는 돌로 사용되었다(예: 하솔의 신전들, 그림 11). 골란 고원의 기념비적 건물들은 현무암으로 지어졌다.[8]

고대 이스라엘에서 목재는 오늘날보다는 흔했었는데 지붕의 대들보(코로트⟨qōrôt⟩)와 창문 틀, 창이나 문 입구 등의 위에 댄 가로대, 문, 문설주 등에 사용되었다. 목재의 길이는 천정이나 지붕의 대들보로 사용하기 위해서 적어도 4-5미터 이상은 되어야 했다. 기둥들 사이의 거리는 큰 방일 경우 2.5-4미터 정도였고 작은 방의 경우 1.5-3미터였다.[9] 건물의 지붕(가고트⟨gaggôt⟩)은 편평했으며 목재 대들보가 양 끝이 벽에 의해 지탱되도록 가로질러 놓였다. 중간 중간에 세로로 이 대들보를 받치기 위한 기둥들이 세워졌다. 갈대와 나뭇가지들 또한 지붕을 회반죽으로 덮기 전 서까래(라히팀⟨rāhiṭim⟩)로 사용되었다. 작은 나뭇가지들과 진흙, 짚 등이 이 위에 얹혀졌고 돌로 된 굴림대로 고르고 단단하게 다져 비로 인한 피해를 줄이도록 하였다.

비록 팔레스타인에서 자라는 식물에 대하여 잘 알지 못했던 성경 번역자와 주석가들

그림 11. 현무암 오토스타트(orthostat, 커다란 돌판)에 조각된 사자. 주전 14-13세기, 하솔(이스라엘 박물관 전재 허가; 사진: D. Harris).

---

7. Yigal Shiloh, *The Proto-Aeolic Capital and Isaelite Ashlar Masonry*, Qedem 11 (Jerusalem: Institute of Archaeology, Hebrew University, 1979).

8. Claire Epstein, *The Chalcolithic Culture of the Golan* (Jerusalem: Israel Antiquities Authority, 1998) Report #4.

9. Lawrence E. Stager, "The Archaeology of the Family in Ancient Israel," *BASOR* 260(1985): 15.

그림 12. 레바논의 백향목

로 인해 자주 혼동을 겪기는 하나 고대 식물을 연구하는 학자들은 건축에 사용되었던 목재들을 밝혀낼 수 있었다. 이러한 관목들 중 밝혀진 것은 위성류의 나무, 아카시아나무, 백향목, 베니게산 로뎀나무, 테레빈나무, 오크나무, 알레포 소나무 등이다.

위성류의 나무(에셸⟨'ēšel⟩)는 10미터까지 자라는 사철나무로서 아라바 계곡이 그 원산지이다. 이 목재는 또한 해안 평야와, 요단계곡, 그리고 네게브에서도 발견되기도 한다.

아카시아나무(쉬타⟨šiṭṭâ⟩)는 사막에서 자라는 나무로서 5-8미터의 높이까지 자란다. 시나이 반도라든가 아라비아 사막같은 황무지 지역에서 발견되는데 재질의 영속성으로 인해 가구를 만드는데 이상적이다. 라기스에서는 철기 II 시대의 도시 성문을 건축하는 데 사용되었던 청동 경첩에 아카시아나무가 접착되어 있었던 흔적이 발견되었다. 아카시아나무는 성문을 만들기 위해 라기스로 수입되었을 것이다.[10]

백향목(에레즈⟨'erez⟩)은 사철나무로서 오랜 수명을 가지고 있으며 그 높이만 해도 35미터까지 자란다. 산에서 자라는 이 나무는 제1성전 시대와 제2성전 시대에 걸쳐 지어진 건축물에 많이 사용되었다. 이 나무가 대들보, 널판, 기둥, 천정에 사용되기 적합하

---

10. David Ussishkin, "Lachish," *NEAEHL*, 3: 906.

그림 13. 산헤립의 궁전 정원에 외국산의 나무를 심기 위해 항아리에 담아 이동하고 있는 앗수르 하인들 행렬(그림: A.M. Appa. S. Dalley, *Garden History* 12〈1993〉, p. 10, fig. 2 발췌).

였기 때문에 건축물에 다양하게 사용되었으며 심지어 배를 만드는 데에도 사용되었다. "너(두로)를 위하여 레바논의 백향목을 가져다 돛대를 만들었도다"(겔 27:5). 성경 시대에 백향목 숲은 레바논과 실리시안 타우루스 지방을 덮고 있었다(그림 12). 백향목은 환경을 보호한다는 차원에서, 예를 들어, 정원이나 묘지 등의 다른 지역으로 이식될 수 있다.[11] 산헤립을 위협하려던 히스기야의 기도에 대한 대답은 이사야의 조롱 섞인 연설에

---

11. Lawrence E. Stager, "Jerusalem and the Garden of Eden," in B.A. Levine et al., eds., *Eretz–Israel* 26 (Rank Moore Volume) (Jerusalem: Israel Exploration Society, 1999), 185.

서 나타나고 있다. "네가 사자들을 통하여 주(아도나이⟨'ădōnāy⟩)를 비방하여 이르기를 내가 많은 병거를 거느리고 여러 산꼭대기에 올라가며 레바논 깊은 곳에 이르러 높은 백향목(아라짜브⟨'ărāzâw⟩)과 아름다운 잣나무(베로샤브⟨bĕrôšâw⟩)를 베고 내가 그 가장 먼 곳에 들어가며 그의 동산의 무성한 수풀에 이르리라"(왕하 19:23). 위엄있는 로뎀나무/잣나무(유니페루스 엑셀사⟨Juniperus excelsa⟩, 히브리어로는 베로쉬⟨bĕrôš⟩)는 헬몬 산과 성경에 나오는 스닐(겔 27:5)에서 아직도 자라고 있다. 이 나무는 진이 많고 열매가 열리며 건축에 많이 사용되는데, 특히 지붕의 대들보와 가구는 물론 선박의 널판으로도 사용된다. 두로의 히람은 백향목과 로뎀나무/잣나무를 솔로몬의 궁전과 성전을 짓는 데 제공

그림 14. 발라왓에서 발견된 성문의 청동 테. 시리아에서의 원정, 주전 854년. 윗부분: 병거와 말을 타고 있는 앗수르인들이 하맛(Hamath, 시리아에 있었던 고대 도시국가의 이름-역주)땅의 적군을 학살하고 있는 장면. 아랫부분: 카르카르(Qarqar) 도시는 화염에 쌓여있고 앗수르의 군장교들은 관개수로가 흐르고 있는 과수원 근처에서 이 화재를 바라보고 있다. 이 장면은 아마도 도시 성벽 바로 밖에 있던 왕실의 정원을 보여주고 있는 듯하다 (대영 박물관 전재 허가).

한 바 있다(왕상 5:7-10).

이 지역의 나무를 잘 알지 못했던 번역가들은 테레빈나무와 오크나무를 혼동하여 비슷한 히브리어 이름으로 바꾸거나 혹은 일관성 없게 사용하였다. 이 학명상의 문제는 테레빈과 오크나무에는 수백의 종류가 있다는 사실에 의해서 무마되었다. 이 나무를 지칭하는 이름들은 모두 신성, 권력, 힘 등을 의미하는 엘(*'ēl*, 신)에 그 어원을 두고 있다.

테레빈나무(피스타키아 팔라이스티나⟨*Pistacia palaestina*⟩)를 지칭하는 엘라(*'ēlâ*)와 알라(*'allâ*)는 높이 10미터에 달하는 송진나무로도 알려졌다. 이 나무는 네게브, 하부 갈릴리, 그리고 단 골짜기 등에서 발견된다.[12] 몇몇 성경적 사건들이 이 테레빈나무와 연관이 있다. 기드온이 부름을 받았을 때도 오프라의 테레빈나무 아래에서였다(삿 6:11, 한국어 성경은 "상수리나무"로 번역함).

알론(*'allôn*)과 엘론(*'ēlôn*)은 성경 상의 오크나무/상수리나무이다. 다볼 오크나무(쿠에르쿠스 이트하부렌시스⟨*Quercus ithaburensis*⟩)는 낙엽수로 300-500년의 나이를 먹었으며 높이도 25미터까지 자라며 해안 평야, 하부 갈릴리, 단 골짜기, 훌라 평지, 그리고 골란 고원 등에서 자란다. 사철 오크나무(쿠에르쿠스 칼리프리노스⟨*Quercus calliprinos*⟩)는 팔레스타인 지역에서 가장 흔한 나무이다.[13] 성경에는 오크나무에 관련된 몇몇 자료들이 나온다. "이에 아브람이 장막을 옮겨 헤브론에 있는 마므레 상수리 수풀(엘로네 마므레⟨*'ēlônê mamrē*⟩)에 이르러 거주하며 거기서 여호와를 위하여 단을 쌓았더라"(창 13:18). "리브가의 유모 드보라가 죽으매 그를 벧엘 아래 상수리나무(알론⟨*allôn*⟩) 밑에 장사하고 그 나무 이름을 알론바굿이라 불렀더라"(창 35:8). 오크나무는 건축이나 선박에 사용되었고 형상을 만드는 데도 사용되었을 것이다(사 44:14-17).

알레포 소나무(피누스 할레펜시스⟨*Pinus halepensis*⟩)는 에쯔 쉐멘(*'ēṣ šemen*, 문자적으로 "기름나무")으로 성경에 5번 언급되어 있다. 팔레스타인 지역을 기원으로하는 단 하나의 소나무 종류로서 높이는 20미터에 달하고 100-150년의 수명을 가지고 있다. 성경 시대에는 소나무 숲이 울창하였다. 에쯔 쉐멘(*'ēṣ šemen*)은 때때로 감람나무로 잘못 번역되기도 한다.[14] 지성소에 있던 언약궤 측면을 장식했던 그룹의 거대한 형상은 감람나무가 아닌 소나무를 조각한 것이다. 이러한 조각상들은 커다란 소나무 한 통을 조각한 것이 아

---

12. Ct. Michael Zohary, *Plants of the Bible* (Cambridge: Cambridge University Press, 1982), 110-11.

13. Stager, "The Archaeology of the Family," 4; F. Nigel Hepper, *Baker Encyclopedia of Bible Plants* (Grand Rapids: Baker Book House, 1992), 33.

14. Zohary, *Plants of the Bible*, 114.

니라 여러 작은 조각들을 조립하여 만들어진 것으로 '감람나무'를 사용하여 만들었다 하더라도 같은 방법으로 만들어졌을 것이다.

공공 건물이나 벽돌 건물 모두를 건축하는 데 나무로 된 대들보(때때로 침목으로 일컬어졌음)는 다듬은 돌들의 층 사이에 끼워져 좀 더 튼튼하게 지탱하도록 하거나 지진이 발생했을 때 충격을 완화하도록 하였다. "또 다듬은 돌(가지트⟨gāzît⟩) 세 켜와 백향목 두꺼운 판자(케루토트 아라짐⟨kĕrutōt 'ărāzîm⟩) 한 켜로 둘러 안뜰을 만들었더라"(왕상 6:36; 참조, 왕상 7:12).

해안 평야와 계곡 지역에서는 목재와 단단한 돌은 드물지만 진흙만큼은 어디서고 쉽게 구할 수 있었기에 건물과 벽을 건축하는 주요 자재는 진흙 벽돌이었다. 진흙 벽돌은 돌로 된 주춧돌(조각상 등을 받치는 데 사용된 평범하고 높이가 낮은 돌 받침)을 기초로 하는 건축에 사용되었다. 산지에서는 돌이 기초로서 사용되기도 했고 또한 건물을 짓는 데도 사용되었다.

진흙은 벽돌과 회반죽을 만드는 데 사용되었다. 회반죽으로 사용된 가공하지 않은 진흙을 거푸집(정 혹은 직사각형)에 부어 햇볕에 말려 벽돌(레베님⟨lĕbēnîm⟩, 흰색을 의미하는 라반⟨lābān⟩에 어원을 두고 있음) 형태로 만들어 냈다. 햇볕에 말린 벽돌은 고대 근동에 있어 가장 흔한 건축 자재였다. 이렇게 굽지 않은 벽돌은 건물의 지상에 드러난 벽을 건축하는 데 사용되었다. 이 벽돌 건물은 매년 건물의 바깥 측면을 물로부터 보호하기 위하여 회반죽을 덧칠해줘야만 했다(겔 13:10-15).

다져진 짚을 진흙과 모래와 섞었는데, 진흙을 좀 더 점착력이 있도록 만들뿐 아니라 이 진흙이 사각형의 벽돌로 만들어지기 위해 거푸집에 부어졌을 때 거푸집에 들러붙지 않도록 하기 위함이었다. 이집트에 있던 이스라엘 민족의 노동을 좀 더 힘들게 하기 위하여 바로는 그들의 공사감독들에게 "너희는 백성에게 다시는 벽돌에 쓸 짚(테벤⟨teben⟩)을 전과 같이 주지 말고 그들로 가서 스스로 짚을 줍게 하라"(출 5:7)고 명령했다. 벽돌은 청동기 시대부터 거푸집에 부어 만들어지기 시작했다. 메소포타미아 지역에서는 이미 증거가 발견되었지만 이스라엘에서는 초기 로마 시대 이전에 가마에 구워져 만들어진 진흙 벽돌을 사용했던 증거가 없다.

이스라엘 민족은 기념 건물의 바깥벽을 짓는 데 베니게의 기술을 사용했다. 이 기술은 다듬은 돌로 벽의 기둥을 세우고 기둥들 사이에 작은 돌로 메꾸는 방식으로 지진에 의한 진동의 충격을 줄이기 위한 것이었다. 이러한 기둥과 작은 돌들로 건축을 하는 것은 솔로몬 시대의 므깃도에서 사용되었는데, 예를 들어, 건물 338(제 IVA층)과 궁전

1723(VA-IVB층)은 물론 다른 이스라엘 민족과 베니게인, 그리고 카르타고인들의 건물에서도 발견된다.[15]

2) 기둥이 있는 집

철기 시대 이스라엘 민족의 전형적인 집의 형태는 직렬로 둘, 셋, 혹은 네 개의 방으로 구성된 집으로 바깥뜰에서 나무로 만든 문(도시 성문과 유사했음)을 통과하여 안으로 들어갈 수 있었다(그림 15). 지붕이 없는 뜰에는 빵을 굽고 요리할 수 있는 진흙벽돌로 만든 화로가 있었다. 돌로 만든 기둥들이 이열로 서 있어 집안은 가운데의 큰 방과 양쪽에 나란히 놓이게 된 측면 방으로 이루어졌다. 이 나란히 있는 세 개의 방들은 건물의 후부에 옆으로 길게 펼쳐진 '가로로 넓은 방'(브로드룸⟨broadroom⟩)까지 쭉 뻗어 있다. 후부에 있는 이 방이 직사각형 모양의 건물의 네 면 중 한 면을 차지한다. 집의 입구는 짧은 벽면에 있었고 바깥 뜰에서 안으로 들어오면 중앙의 가장 큰 방으로 들어가게 된다. 후부에 있던 가로로 넓은 방은 주로 저장고로 사용되었다. "네 개의 방으로 이루어진 집"(포룸 하우스⟨four room house⟩)의 평면도는 현재 공공 건물이 네개의 방으로 이루어진 집의 예로서 복원돼 있는 세겜의 곡물창고 같은 대형 건물에 사용되기도 했다.[16] 이 건물 같은 경우는 행정을 담당한 건물로 쓰였던 것 같다.

확실치는 않지만, 아모스 선지자가 친척 집의 깊숙한 곳(개역한글 성경에서는 "내실"로 번역했다-역주)에 있는 자에게 가족 중 남은 자가 있는가를 물을 때 이 깊숙한 곳이 가로로 넓은 방(야르카⟨yarkâ⟩, 가장 안쪽의 부분)을 말하고 있을지도 모른다. "죽은 사람의 친척 곧 시체를 불사를 자가 그 뼈를 집 밖으로 가져갈 때에 그 집 깊숙한 곳에 있는 자에게 묻기를 아직 더 있느냐 하면 대답하기를 아주 없다 하리니"(암 6:10). 성전에도 유사한 표현이 나오는데 1층에 있던 이 방은 "성전 뒤쪽(야르케트 하바이트⟨yarkĕtê habbayit⟩)에서부터 이십 규빗 되는 곳에 마루에서 천장까지 백향목 널판으로 가로막아 전의 내소 곧 지성소를 만들었다"(왕상 6:16). 또 다른 유사한 표현은 "네 집 안방(야르케트 베테카⟨yarkĕtê bêtekâ⟩, 개역한글 성경에서는 "내실"로 번역했다-역주)에 있는 네 아내는 결실한 포도나무

---

15. Shiloh, *The Proto-Aeolic Capital*, 52; Stager, "The Archaeology of the Family," 13.
16. Lawrence E. Stager, "The Fortress-Temple at Shechem and the 'House of El, Lord of the Coveant," in Prescott H. Williams Jr. and Theodore Hiebert, eds., *Realia Die: Essays in Archaeology and Biblical Interpretation in Honor of Edward F. Campbell Jr. at His Retirement* (Atlanta: Scholars Press, 1999), 234.

그림 15. 이스라엘 민족의 전형적인 기둥이 있는 집의 복원도, 철기 I 시대; 마구간, 저장고, 음식을 준비하는 모습, 그리고 바닥에 파 놓았던 물 저장고가 보인다. 위층은 숙식이 이루어진 장소였다. 한 남자가 지붕에 회칠 한 것을 단단하게 하기 위해 롤러를 사용해 밀고 있다(**L.E. Stager** 전재 허가).

같으며"(시 128:3)에 나온다.

    장소와 문화마다 차이가 있기는 하나 이 전형적인 집은 태양열로 굳힌 진흙벽돌로 지어졌고 벽의 손상을 막기 위해 바깥벽을 회칠했다. 흙바닥은 땅을 밟아 고르게 다져졌다. 벽들은 2줄에서 3줄까지 돌로 기초가 쌓여있었다. 현대를 사는 우리에게는 좀 낮은 듯싶으나 1층의 높이는 2미터도 채 되지 않았다.

    벽에 있었을 창문들의 세부사항을 보여줄 수 있게 이 집들의 실재 높이가 보존되지 않았기 때문에 고고학자들은 상아 부조 장식판에 새겨진 창문을 보고 복구를 시도했다. 여호수아 2:15에 의하면 여호수아가 보낸 두 정탐꾼은 라합의 집 창문으로 밧줄을 드리웠다. 창문들(할로님⟨ḥallônîm⟩은 '구멍을 내다'라는 의미를 가진 ḥll을 어원으로 하고 있다)은 벽에 있는 단순한 틈새일 뿐이었다. 창문들을 고의적으로 작게 만든 이유는 안전과 더불어 여름에는 집을 시원하게 겨울에는 따뜻하게 하려는 것이었다. 남아있는 굴뚝이 없는 것으로 보아 창문들(그리고 열려있는 문들)은 집 안에서 불을 피워 생기는 연기를 내보내는 출구로서 절대적으로 필요한 것이었다. "이러므로 그들은 아침 구름 같으며 쉬 사라지는 이슬 같으며 타작 마당에서 광풍에 날리우는 쭉정이 같으며 굴뚝(아루바⟨'ărubbâ⟩, 연기를 나가게 하는 벽에 있는 구멍, 영어 성경은 이 단어를 "창문"으로 번역했다. 한국어 성경의 "굴뚝"이라는 번역은 잘못된 것으로 위에서도 언급된 것처럼 이스라엘에서는 굴뚝이 발견된 적이 없고 이 단어 역시 벽에 있는 구멍이란 뜻이다-역주)에서 나가는 연기 같으리라"(호 13:3). 창문들은 유리로 막혀있지 않았다. 한때 대부분의 고고학자들에 의해 생각되었던 것처럼 집 가운데 있던 방이 지붕이 없는 열린 공간이 아닌 이상 창문들(그리고 열려있는 문들)은 집안으로 자연광이 들어오게 하는 중요한 역할을 하고 있었다.

궁전과 귀족들의 집에 있던 창문들은 좀 더 장식이 되어 있었는데, 사마리아와 앗수르의 니므롯(Nimrud)과 콜사바드(Khorsabad), 시리아(수리아)의 아르슬란 타쉬(Arslan Tash), 그리고 키프루스 등에서 발견된 상아로 만든 부조 장식판에 새겨진 "창문에 있는 여인"에서 보면 알 수 있다. 이집트 스타일의 가발과 머리 장식을 하고 여인은 창문 밖을 응시하고 있는데, 이 창문은 소용돌이 모양의 머리 장식이 있는 기둥에 의해 지탱되고 있으며 발코니 창문 장식과 창문틀이 묘사되어 있다(그림 16). 이 장식판의 장면은 이세벨을 생각나게 하는데 그녀 역시 예후가 이스르엘에 이르렀을 때에 "눈을 그리고 머리를 꾸미고 창(할론⟨ḥallôn⟩)에서 바라보았다"(왕하 9:30).

동석병용기 때부터 이미 등잔용으로 대접들을 이용했으며 후대에는 토기 등잔들을 만들어 이용하였는데, 토기 안에 섬유로 만든 심지와 올리브기름을 담아 빛을 밝힐 수 있었다. 이 등잔들은 주로 벽감 안에 놓아두었다. 집안에 등잔대(메노라⟨měnôrâ⟩, 한국어 성경은 "촛대"로 번역함)를 두었다는 기록은 엘리사를 위해 준비된 장소를 꾸민 가구 중의 하나로 등장할 뿐이다(왕하 4:10). 일반적으로 등잔대들은 일반 가정집에서보다는 종교적 의식에서 사용되었다.

집문(델레트 페타흐⟨delet petaḥ⟩, '열린 구멍'이라는 뜻)은 인방(문 위에 댄 가로대-역주)과 문 아래 문지방에 구멍을 만들어 문을 끼우고 이 구멍을 축으로 하여 움직일 수 있게 되어 있었다. 안쪽으로 열리던 문은 때때로 안전을 위해 빗장과 자물쇠로 잠가두었다. 문간(페타흐⟨petaḥ⟩)은 두 문설주(메주조트⟨mězûzôt⟩)위에 놓인 인방(마쉬코프⟨mašqôp⟩)과 문

그림 16. "창문에 있는 여인"이라 불리는 베니게 상아 유물로 이 여인은 아마도 여신이었을 것이다. 니므롯과 라맛 라헬에서 발견된 창문난관의 예들과 유사한 것을 주목하라(그림 100, 대영 박물관 전재 허가).

그림 17. 여성의 머리 모양을 한 야누스(양면 얼굴을 가진 로마 신으로 문이나 출입구의 수호신-역주) 형태의 기둥머리; 석회석으로 만들어졌으며 눈을 박았다. 철기 II 시대. "창문에 있는 여인"이라 불리는 상아 유물들과 비교하라(P. Bienkowski 전재 허가).

지방/단 혹은 문턱(싸프〈*sap*〉, 미프탄〈*miptān*〉)으로 이루어졌다. 일반적으로 문지방은 한 토막으로 된 돌을 바닥보다 높게 놓이도록 하여 사용했는데 이는 건물 안으로 물이 넘쳐 들어오는 것을 방지하기 위함이었다. 가로로 놓인 인방은 문 위에 놓여 건물을 지탱하는 데 도움이 되었다. 출애굽기에 의하면 이스라엘 민족은 집 문 좌우 문설주와 인방에 양의 피를 발라 재앙을 피할 수 있었다(출 12:7〈P 자료〉, 22-23〈JE 자료〉). 또한 그들은 거룩함의 상징으로서 쉐마(*Shema*, 신앙 고백)를 문설주(메주조트〈*mězûzôt*〉)에 기록하라고 명령 받았다(신 6:9).

고대 이스라엘에서 궁전, 신전, 곡식 저장고, 그리고 일반 가정들은 문 안쪽에 나무로 만든 빗장과 자물쇠의 날림쇠로 문을 잠갔었다(삿 3:25; 사 22:22; 대하 9:27, 그림 18). 현대의 열쇠와 유사한 금속으로 만든 회전을 시켜 여는 열쇠는 로마 시대에 가서야 사용되었다. 이사야 선지자는 커다란 나무로 만들어 여는 장치를 말하고 있다. "내가 또 다윗의 집의 열쇠를 그의 어깨에 두리니"(사 22:22). 이 커다란 열쇠들은 이집트식 자물쇠로 알려져 근동에서는 자물쇠의 날림쇠로서 아직도 사용되고 있으며 어깨에 둘러메고 다닌다.

어떤 것은 길이가 25-50센티미터 정도이며 열쇠가 맞물리는 곳인 끝부분이 굽어져 있다. 이 열쇠는 마치 커다란 칫솔처럼 생겼다. 고정되어 있지 않은 핀들이 달린 나무로 된 상자가 문의 안쪽, 나무로 된 빗장 혹은 자물쇠 통 위에 붙여져서 빗장이 질러지면 이 핀들이 빗장 위로 드리워져 문을 완전히 잠그게 되는 것이다. 문을 열려면 열쇠를 빗장에 있는 구멍을 통해 안으로 넣어 열쇠의 이들을 핀들과 잘 맞추어 빗장을 열 수 있도록 핀들을 올려야 한다. 이 자물쇠의 날림쇠를 좀 더 어렵게 만들기 위해 이들을 문의 안쪽 높이 매달아 문을 열 때 문에 있는 구멍에 손을 넣어 어렵게 닿도록 하였다.

페르시아 시대에 써진 것으로 보이는 아가서에도 이런 열쇠 구멍이 언급되어 있다. 여인은 그녀의 애인이 그녀의 잠겨진 문을 열려고 하는 장면에서 성적인 즐거움을 느끼고 있다.

> 내 사랑하는 자가 문틈(하호르⟨*ḥaḥōr*⟩)으로 손(야도⟨*yādô*⟩)을 들이밀매 내 마음이 움직여서 일어나서 내 사랑하는 자를 위하여 문을 열 때 몰약이 내 손에서 몰약의 즙이 내 손가락에서 문빗장(카포트 하마눌⟨*kappôt hammanuûl*⟩)에 떨어지는구나 내가 내 사랑하는 자를 위하여 문을 열었으나 그가 벌써 물러갔네(아 5:4-6).

물론 여기서 시인의 이중 표현은 전체 내용에 드러나고 있다.

마침내 사사 시대의 이야기 속에서 우리는 자물쇠 날림쇠에 대한 새로운 의미를 발견하게 된다. 베냐민 지파 출신의 왼손잡이였던 에훗은 모압의 뚱뚱한 왕 에그론을 암살하는데, 당시 왕은 궁전의 이층에 있던 여러 방들 중에 "왕좌의 방"(한국어 성경은 "다락방"으로 번역함)에 있었고, 에훗은 칼로, 심지어 칼자루까지 날을 따라 들어가 찔러 왕을 죽였다. 에훗은 미스데론(*misdĕrôn*) 기둥이 있는 현관, 혹은 로지아(스데로트⟨*sĕdērōt*⟩, 한쪽에 벽이 없는 복도 모양의 방-역주, 왕상 6:8⟨중층 골방⟩; 왕하 11:8, 15⟨반열⟩; 대하 23:14⟨반열⟩)를 통과하여 도망가면서 2층의 이중문들을 잠그고는 궁전의 문지기에게 들키지 않은 채 빠져나갔다.

> 에훗이 나간 후에 왕의 신하들이 와서 2층 문들(한국어 성경은 "다락문들"이라 번역함)이 잠겼음을 보고 이르되 왕이 분명히 2층에 있는 방(한국어 성경은 "서늘한 방"으로 번역함)에서 발을 가리우신다 하고 그들이 오래 기다려도 왕이 2

층 문들을 열지 아니하는지라 열쇠(하마프테아흐⟨*hammaptēaḥ*⟩)를 가지고 열어 본즉 그들의 군주가 이미 땅에 엎드려져 죽었더라(삿 3:24-25).

만약 에그론의 궁전 2층의 문들이 자물쇠 날림쇠로 잠금장치가 되어 있었다면 우리는 바룩 할펀(Baruch Halpern)이 말한 것처럼 에훗이 변기용으로 뚫린 파이프를 통해 도망갔다는 어처구니없는 상상을 할 필요가 없어진다. 문에 있던 열쇠 구멍에 자신의 손을 넣어 에훗은 밖에서 빗장을 끼워 문을 잠글 수 있었다. 그러므로 신하들은 문을 열기 위해서는 열쇠가 꼭 필요했을 것이다.[17]

문지방(사프⟨*sap*⟩, 미프탄⟨*miptān*⟩)은 공공건물과 일반 가정용 건물 모두에서 발견되는데 바깥세상과의 경계선을 표시했다. 대부분의 자료들은 성전의 입구를 설명할 때 많이 나타나는데 이 자료들에서 문지방은 거룩한 장소를 가리키는 상징적 의미로 사용되었다. "(예레미야는) 여호와의 집에 이르러 (레갑인을) 익다랴의 아들 하나님의 사람 하난의 아들들의 방에 들였는데 그 방은 고관들의 방 곁이요 문지방(한국어 성경은 "문"으로 번역함)을 지키는(쇼메르 하사프⟨*šōmēr hassap*⟩) 살룸의 아들 마아세야의 방 위더라"(렘 35:4).

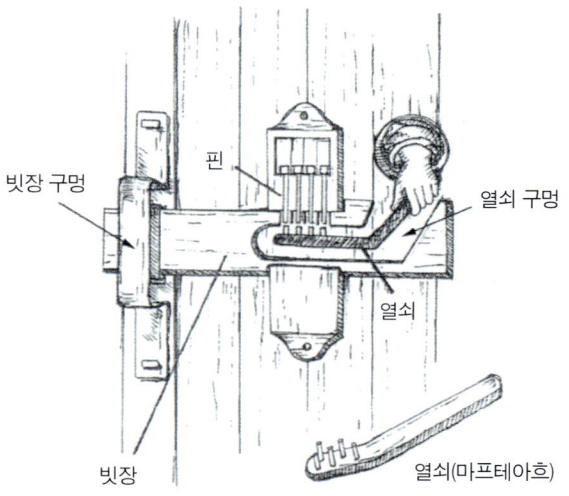

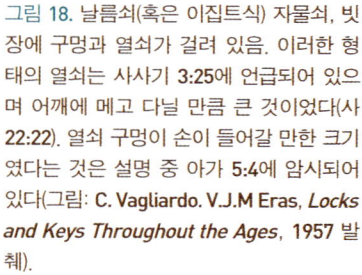

그림 18. 날름쇠(혹은 이집트식) 자물쇠, 빗장에 구멍과 열쇠가 걸려 있음. 이러한 형태의 열쇠는 사사기 3:25에 언급되어 있으며 어깨에 메고 다닐 만큼 큰 것이었다(사 22:22). 열쇠 구멍이 손이 들어갈 만한 크기였다는 것은 설명 중 아가 5:4에 암시되어 있다(그림: **C. Vagliardo. V.J.M Eras,** *Locks and Keys Throughout the Ages*, 1957 발췌).

---

17. 자물쇠와 열쇠에 관해서는 다음의 글들을 참조하라. Vincent J.M. Eras, *Locks and Keys Thoughout the Ages* (New York: Lips' Safe and Lock Mnufacturing Co., 1957), 18-23. Peter James and Nick Thorpe, *Ancient Inventions* (New York: Blntine Books, 1994). 사사기 3:15-30에 관한 다른 견해는 Baruch Halpern, *The First Historians* (San Francisco: Harper & Row, 1988), 39-75과 이 책의 제 4장을 참조하라.

'문지방을 지키는 자'라는 호칭은 특별히 성전의 제사장을 가리키는 것이었다. 일반 개인의 집에서 문지방은 집 내부와 바깥세상 사이에 경계선을 표시하는 역할을 하였다.[18] "그의 주인이 일찌기 일어나 집 문을 열고 떠나고자 하더니 그 여인이 집 문에 엎드러져 있고 그의 두 손이 문지방(사프⟨sap⟩)에 있는 것을 보고"(삿 19:27).

비록 때때로 집안의 가운데 방에도 화덕이 있기는 했지만, 대부분의 요리는 일반적으로 문밖 뜰에 있는 화덕에서 했다. 고고학자들은 가운데 방에서 요리용 그릇들과 화덕을 발견했는데, 가운데 방은 음식을 준비하는 장소의 역할을 하고 있었던 것으로 보인다. 일반 가정집에서는 불을 피우던 구멍들도 발견되었다. 이 화로(아흐⟨'āḥ⟩)는 때때로 바닥에 단순하게 만들어진 구멍으로 요나나 온기를 위해 불을 피웠다. 그러나 때때로 화로는 특별한 특징을 가진 것이기도 했다. "그 때는 아홉째 달이라 왕이 겨울 궁전에 앉았고 그 앞에는 불 피운 화로(아흐⟨'āḥ⟩)가 있더라"(렘 36:22). 이 경우 화로는 구리나 청동으로 만든 세 개의 다리로 받쳐진 화로였을 것이다. 세겜에서 발견된 건물 1727에는 중앙에 커다란 타원형의 화로가 있었다. 라다나(Raddana) 유적지에서 발견된 가장 큰 건물 XIV(철기 I 시대)의 중앙에도 커다란 불을 피우는 구멍이 있었는데 반해 건물 밖의 뜰에는 금속 물품을 만드는 데 사용된 작은 용광로가 있었다.

집안에 있던 가구들은 상당히 단순해서 대부분 침대, 부엌용 용기들(저장용 항아리, 물을 담던 주전자용 항아리, 요리용 단지, 대접), 베틀들, 그리고 곡식을 갈고 부수는 데 사용한 용기들이 전부였다. 양식은 모두 커다란 저장용 항아리에 담아 두었다. 수넴(현재 솔렘⟨Solem⟩이라는 마을로 이스르엘 도시 맞은 편에 있다)에 살던 한 부유한 여인의 집에 준비된 엘리사의 2층방에 묘사된 가구들은 우리에게 철기 시대의 집들이 어떻게 꾸며졌는지 정보를 제공하고 있다. "우리가 그를 위하여 작은 방을 담 위(알리야트 키르⟨'ăliyyat qîr⟩)에 만들고 침상과 책상과 의자와 촛대를 두사이다. 그가 우리에게 이르면 거기에 머물리이다"(왕하 4:10). 수넴 여인의 집은 포곽 성벽 위에 지어졌던 것으로 보인다.[19] 개인 집들이 때때로 포곽벽 안에 지어지기도 했었는데 이러한 집들의 바깥벽은 도시 성벽의 바깥벽 구실도 한다(텔 베이트 미르심⟨Tell Beit Mirsim⟩, 텔 세바⟨Tel Sheva⟩ 등이 그 예이다). 이스라엘과 유다 왕국의 철기 II 시대의 전형적인 요새시설이었던 포곽벽은 성을 둘러싼 벽들이 이열로 나란히 서 있고 그 사이의 공간들은 다시 벽이나 칸막이 등으로 나누어진

---

18. Carol Meyers, "Threshold," *ABD*, 6:544–45.
19. Stager, "The Archaeology of the Family," 16.

방들로 채워져 있었다.

저장고, 가축, 그리고 집안에서 작업은 기둥들이 있는 집의 1층 공간에서 이루어졌다. 더 좁은 측면의 방들이 가축의 우리 구실을 하였다. 엔돌에 사는 한 여인은 사울을 강권하여 "집에 있던 살진 송아지"(에겔–마르베크 바바이트〈'ēgel–marbēq babbayit〉)를 잡아 요리하여 그에게 대접했다(삼상 28:24; 또한 암 6:4). 가운데 방의 바닥이 회반죽을 입히거나 땅을 밟아 고르게 다진 바닥인 반면에 측면의 방들은 자주 자갈돌이나 판석으로 포장되어 있었다. 이러한 집안에 있던 우리는 공공 외양간의 모델로서 사용되기도 하였다. 동물들을 먹일 수 있도록 구유들이 기둥들 사이에 놓여져 있었고 기둥들은 지붕이나 2층을 떠받드는 가장 중요한 역할을 함과 동시에 방들을 나누는 구실도 하고 있었다.

기둥이 있는 집들은 전체가 지붕으로 덮여 있었다. 1층의 기둥들이 편평한 천장을 받치고 있었고 그 위에 2층이 있었다. 2층(알리야〈'ălyyâ〉)은 바깥쪽에 있던 층계나 집의 내부에 있는 나무로 된 사다리를 이용해 올라갈 수 있었다. 때때로 방의 중앙에 있던 정사각형의 기둥들에 층계를 대어 사용했던 흔적들이 있다. 나무로 만든 층계는 돌기둥의 각 면에 돌출되어 있는 작은 버팀목에 부착되었다. 이렇게 해서 직사각형 모양의 층계가 이층으로 올라가는 길을 만들었다. 세펠라 지역의 마레샤(Mareshah/Marisa) 유적지의 발굴자들은 '남쪽 집'(주전 3세기 중반)의 중앙에 있던 기둥(길이 2.8미터, 너비 2.3미터)을 둘러싸고 층계가 만들어져 있었던 것을 발견했다. 유사한 건축물들이 페르시아와 헬라 시대의 유적지들에서도 발견되었다. 도르(Dor) 유적지에서는 이렇게 중앙에 서 있던 기둥들이 이미 페르시아 시대에 사용되고 있었음을 보여주고 있다(주전 5세기).

모세 식의 건물 양식은 집에 지붕을 하고 난간(마아케〈ma'ăqeh〉)을 만들어 사람이 떨어지지 못하도록 한 것이었다. "네가 새 집을 지을 때에 지붕에 난간(마아케〈ma'ăqeh〉)을 만들어 사람이 떨어지지 않게 하라 그 피가 네 집에 돌아갈까 하노라"(신 22:8).

집의 지붕(가그〈gāg〉)과 2층(알리야〈'ălyyâ〉)은 주요 거주지로 사용되는 것 외에도 몇 가지 목적들을 충족시킨다. 성경 속에서도 증명되는 것처럼 날씨가 더울 때 사람들은 지붕 위에서 잠을 잘 수가 있었다. 사무엘과 사울이 산당(바마〈bāmâ〉)에서 내려왔을 때 사울은 성에 들어가 지붕에서 잤다(삼상 9:25–26). 엘리야가 과부의 아들을 살릴 때 그는 그 아들을 자기가 거처하는 2층(한국어 성경은 "다락"으로 번역함)에 올라가 "자기의 침상에 뉘었다"(왕상 17:19). 다윗이 낮잠에서 깨어난 후 궁전의 지붕을 거닐다가 예루살렘의 계단식의 경사면 아래를 내려다보았고 거기에 한 여인이 지붕에서 목욕하고 있는 것을 보니 그 여인의 이름은 밧세바였다(삼하 11:2). 지붕은 또한 제사 드리는 장소로서도 사용되었다.

"예루살렘의 집들과 유다 왕들의 집들이 그 집 위에서 하늘의 만상에 분향하고 다른 신들에게 전제를 부음으로 더러워졌은즉 도벳 땅처럼 되리라 하셨다 하라"(렘 19:13; 32:29; 왕하 23:12).

주전 8세기의 4개의 방으로 구성된 기둥이 있는 집(1727, 필드 VII〈필드는 발굴의 편의를 위해 임의적으로 고고학자들에 의해 나뉘어진 유적지 구역 단위이다-역주〉)이 북왕국 이스라엘의 첫 번째 수도였던 세겜에서 발굴되었다. 또한 목재로 천장을 했던 잔여물들이 발견되었다. 가운데 방에서 발견된 일반 가정용품들은 이 방이 가족의 일일 생활권에 있었다는 것을 보여준다. 이 용품들 중에는 작은 저장용 통 하나, 중앙에 있던 커다란 뚜껑이 없는 화로 하나, 커다란 맷돌의 아랫부분(손으로 곡식을 가는 데 사용했던 고대 맷돌) 하나와 윗부분들, 그리고 토기 항아리들(빻은 곡식을 담거나 동물의 사료를 담았음)이 있다. 후부의 길게 가로로 놓인 방은 저장실로 사용되었던 것으로 보이는데 이방의 북쪽 끝에는 입구를 돌로 쌓아 만든 구멍 하나와 곡식 저장용 사일로(사료, 곡식 등을 저장하기 위해 만든 원탑 형 건물-역주)가 있었다.

세겜의 집은 2층으로 되어 있었고 위층에는 사람들이 생활했는데 여기에서 베틀이 발견되었다. 건물 1727의 중앙에 있던 방은 처음에는 하늘을 향해 완전히 열려있었던 공간이라고 생각되었지만 지붕이 무너져 남은 최근의 증거에 의하면 "안뜰"이라고 불리던 중앙에 있는 방을 포함하여 이들 기둥이 있는 집의 모든 방들은 지붕으로 덮였었다.[20] 나아가 이를 증명하는 또 하나의 예가 암만(요르단) 근처의 텔 엘 우메이리(Tell el-'Umeiri) 유적지에서 발견되었다. 이곳에서 발견된 철기 I 시대의 기둥이 있는 집에서는 중앙의 방이 2층 바닥의 잔여물들로 덮여 있는 채 발견되었기에 다시 한 번 이 중앙의 방이 하늘을 볼 수 있게 열려 있던 안뜰이 아니었다는 것을 보여주었다.[21]

---

20. Stager, "The Archaeology of the Family," 16: Edward F. Campbell, "Archaeological Reflections on Amos's Targets," n M.D. Coogan et al., eds., *Scripture and Other Artifacts*(Louisville, Ky.: Westminster John Knox, 1994),39.

21. Elizabeth Bloch-Smith and Beth Alpert Nakhai, "A Landscape Comes to Life: The Iron Age I," *NEA* 62(1999): 113, Larry G. Herr and Douglas R. Clark, "Excavating the Tribe of Reuben," *BAR* 27(2001): 36-47, 64-66.

2. 가족과 친족

가족과 가정생활은 고대 근동에 있어 가장 기본적인 사회적 단위이면서 또한 문자적 은유로서 가장 널리 사용되었다. 대가족 혹은 2세대 이상의 소가족은 생물학적 가족의 의미보다는 하나의 사회적 단위로서 매우 중요했다. 때때로 대가족이 모여 살던 한 구역 안에는 3세대 이상이 살기도 했으며 이는 작은 베트 아브(bêt 'āb), 즉 아버지의 집 혹은 조상의 집을 이룬다. 바이트(bayit)는 히브리어로 집, 가정, 왕조를 의미한다. 나아가 이 단어는 더 큰 계보까지 올라가 가계를 의미하기도 한다. 더 큰 가족들 단위는 미쉬파하(mišpāḥâ)를 이루는데 이 단어는 주로 "씨족"이라는 의미로 번역되었다. 철기 II 시대의 후기에 가서 국가 체제는 고대 이스라엘의 모든 이들의 가장 큰 가족체계로 이루어졌다. 북왕국 이스라엘은 "오므리의 집"으로 남왕국 유다는 "다윗의 집"으로 불렸다.

가까운 친족 이상의 많은 사람들이 작은 가족 단위로 함께 거주하고 있었다. 십계명(출 20장과 신 5장)은 이웃의 집을 탐내지 말라는 금지법으로 이스라엘 가족의 개념을 간결하게 보여주고 있다. "네 이웃의 집을 탐내지 말찌니라 네 이웃의 아내나 그의 남종이나 그의 여종이나 그의 소나 그의 나귀나 무릇 네 이웃의 소유를 탐내지 말라"(출 20:17). 이 구절에서 아내, 종들, 그리고 가축 등을 포함한 한 집안의 소지품에 있어 가부장적 권위가 있었음이 확실하게 드러난다. 아버지의 말은 이스라엘 사회를 지배했으며 전통적 구조를 제공했던 관례들의 강제성이라는 조건하에서 절대적 명령권을 갖고 있었다.

2세대 이상 모여 사는 소가족을 포함한 친족의 모습을 우리는 종교 중심지였던 성경의 벧엘(엘 신의 집/신전이라는 뜻)이라고 생각되는 현재 "베이틴"(Beitin)이라 불리는 마을에서 발견할 수 있다. 열왕기상 12:29-33에 의하면 주전 10세기 말 이곳에는 다윗과 솔로몬의 단일왕국 체제에서 떨어져 나온 북왕국 이스라엘의 남단에 위치한 제단이 놓였었다. 현재 베이틴 마을은 아직도 2세대 이상 모여 사는 소가족 제도로 구성되어 있다. 오늘날 아랍인들은 성경이 말하는 '아버지의 집'(베트 아브⟨bêt 'āb⟩)과 유사한 "자일라" ⟨za'ila⟩라 불리는 가족을 구성하고 모여산다.

> 이는 아버지, 어머니, 그리고 미혼의 자식들은 물론 기혼의 자식들과 그들의 아내들, 그리고 아이들, 아직 결혼하지 않은 고모들과 때로는 심지어 미혼의 삼촌들까지도 포함하고 있다. 다시 말해서 이 구성체는 피를 나눈 이들과 더불어 결

혼을 통해 친족의 범위 안으로 들어오게 된 아내들과 더불어 이루어져 있다. 이 구성체는 하나의 거주지나 혹은 한 구역 안에서 거주하는 것을 토대로 하며 거주지는 서로 가깝게 때로는 서로 붙어서 지어졌다. 이는 사회적 구성체임은 물론 경제적 구성체이기도 했으며 조부나 가장 나이 많은 남자 어른이 통치했다. 2세대 이상 모여 사는 소가족은 대체로 조부의 죽음으로 해체된다. 그의 사망 전 조부에 의해 관리되던 땅은 이제 상속자들에게 나뉘어지고 상속자들 중 아들들은 각각 새로이 결성된 자일라〈za'ila〉의 수장이 된다.[22]

성경에서 장자(베코르〈bĕkôr〉)는 아버지의 소유 중 두 몫을 받고(신 21:17) 이삭이 에서 대신 실수로 야곱에게 축복 할 때 볼 수 있는 것처럼 장자에게는 특별한 지위와 권리가 부여된다. "네가 형제들의 주가 되고 네 어머니의 아들들이 네게 굴복하며"(창 27:29).

가정을 다스리는 권리는 가장에게 있었으며 그는 대체로 3세대에 걸쳐 구성된 가족의 조부일 것이다. 고대 이스라엘 민족의 한 마을에 한 가장이 3세대에 걸쳐 구성된 가족을 얼마나 자주 다스리고 있었는가 하는 것은 평균 수명과 남녀의 결혼 적령기 등을 알 때만이 측정 가능하다. 고대 이스라엘에 있어 두 가지 다 적당한 통계가 없다. 단지 왕가의 평균 연령만을 추측할 수 있을 뿐 일반 평민들의 경우는 불가능하다. 성경 기록을 기초로 하여 데이빗 노엘 프리드만(David Noel Freedman)은 왕이 평균 20세에 왕위에 올랐으며 26세 정도에 그의 아들/후계자가 태어났다고 계산했다. 24년을 재위에 있은 후 46세가 되어 죽었다.[23] 이와 비교해볼 때, 왕들보다 삶의 조건이 훨씬 더 어렵고 힘들었던 백성들의 수명은 더 짧았을 것이고 40세가 되기도 전에 죽음을 맞이했을 것이다. 수많은 임신과 출산을 거듭했던 여인들의 수명은 이 보다도 더 짧았을 것이다.

고대 이스라엘의 결혼 적령기에 대한 통계 역시 남아있는 것이 없다. 몇 가지 일화들과 후대의 풍부한 자료들에 의하면 여자는 어려서 결혼했는데 아직 10대였거나 10대가 되기도 전에 결혼하기도 했다. 남자는 20대에 심지어 30대 초반에 가서 결혼하기도 했

---

22. A.M. Lutfiyya, Baytin, *A Jordanian Village: A Sutdy of Social Institutions and Social Change in a Folk Community*(The Hague: Mouton, 1966), 142-43.

23. David N. Freedman, "Kingly Chronolgies: Then and Later(with an appendix by A. Dean Forbes)," in S. Ahituv and B.A. Levin, eds., *Eretz-Isael* 24 (Avraham Malamat Volume)(Jeruslaem: Israel Exploration Society, 1993), 41*-65*. 참조, Hans Walter Wolff, *Anthropology of the Old Testament*(Philadelphia: Fortress, 1974), 119-120에서는 평균 44세로 계산했다. Gordon Harris, "Old Age," *ABD*, 5: 11.

다. 이집트에서 소년들은 14-20세 사이에, 소녀들은 12-14세 사이에 결혼했다. 이스라엘 남자의 상당히 늦은 결혼은 결혼 첫해에 왜 군복무가 면제될 수 있었는지를 설명해준다(신 24:5). 자녀의 생산은 군인으로서 더 가치 있는 국가 방위수단이었다.

친족이 바로 이스라엘 사회의 기초이기 때문에 성경 역사에 있어 족보는 중요하게 열거된다. 큰 단위에서 작은 단위로 기록된 이 사회 구성체들은 쉬베트/마테(*šēbeṭ/maṭṭeh*)로서 일반적으로 "지파"라고 번역됐지만 문자적으로는 '막대기/홀'의 의미를 가지고 있다. 미쉬파하(*mišpāḥâ*)는 '족속'이라고 표현됐으나 문자적으로는 '가족'의 의미를 가지고 있으며 몇개의 가족들로 이루어졌다. 베트 아브(*bêt 'āb*)는 '아버지의 집' 혹은 '가족'의 의미로 2세대 이상의 소가족이나 한 혈통 가족을 말한다. 또 다른 친족이라는 단어는 암(*'am*, 암 야훼⟨*'am Yahweh*⟩, 즉 야훼의 백성을 의미할 때 사용됨)이라는 단어로, 프랭크 크로스(Frank M. Cross)는 "야훼의 종족"(the kindred of Yahweh)이라고 번역했다.[24] 이 포괄적인 구성체는 계약 공동체 혹은 크로스(Cross)의 표현을 빌자면 '법에 의한 친족사회'라 규정할 수 있다. 이 사회적 분류 체계는 아간이 죄를 지었을 때 여호와가 여호수아에게 내리시는 지시에서 볼 수 있다. "너희는 아침에 너희의 지파(쉬베트⟨*šēbeṭ*⟩)대로 가까이 나아오라 여호와께 뽑히는 그 지파는 그 족속(미쉬파하⟨*mišpāḥâ*⟩)대로 가까이 나아올 것이요 여호와께 뽑히는 족속은 그 가족(바이트⟨*bayit*⟩)대로 가까이 나아올 것이요 여호와께 뽑히는 가족은 각 남자들(그바림⟨*gĕbārîm*⟩)이 가까이 나아올 것이며"(수 7:14). 여기서 순서상의 마지막에 온 것이 게베르(*geber*), 즉 개인라는 것을 주목하자.

성경 상의 가족에는 여섯 가지 중요 요소들이 있다. 동족혼, 부계 상속, 부계 통치, 시댁 거주, 소가족, 그리고 일부다처제.[25] 동족혼은 족외혼과는 반대로 피를 나눈 가까운 친척끼리 혼인을 하는 것을 선호한다. 족외혼은 일반인보다는 정치적 지도자들 사이에 외교적 동맹 관계를 돈독하게 하기 위해 종종 행해졌는데, 예를 들어, 솔로몬은 바로의 딸과 결혼했다. 솔로몬이 애굽의 왕 바로의 사위(하탄⟨*ḥātān*⟩, 한국어 성경은 "바로와 더불어 혼인 관계를 맺었다"라고 번역함)가 되어 그 딸을 취하고"(왕상 3:1).[26] 부계중심은 상속과

---

24. Frank M. Cross, *From Epic to Canon: History and Literature in Ancient Israel*(Baltimore: Johns Hopkins University Press, 1998), 12-14.

25. Raphael Patai, *Sex and Family in the Bible and the Middle East*(Garden City, N.Y.: Doubleday, 1959), 17-19.

26. Jon D. Levenson and Baruch Halpern, "The Political Import of David's Marriages," *JBL* 99(1980): 507-18.

유산을 규정하는데 상속은 모계가 아니라 부계에 의해 결정된다는 의미이다. 부계 통치는 아버지(가장)가 가족의 우두머리가 된다는 것을 의미한다. 아버지라는 단어가 히브리어로는 바알(*ba'al*), 즉 '지배자, 주인'이다. 이처럼 아버지는 가족을 다스릴 권리를 가지고 있어 그의 아내, 혹은 아내들과 자녀들을 보호하고 먹였다. 그러나 아버지는 그의 자녀들에게 있어 절대적인 권위는 가지고 있지 않았으며, 죽일 수 있는 법적 권리 역시 가지고 있지 않았다. 가부장적 권위(*Patria Potestas*)는 한정되어 있었다(신 21:18-21 참조). 아브라함이 이삭을 제물로 바치려고 했던 것은 종교적 의식이었기 때문이지 결코 법적 효력은 가질 수 없는 것이었다. 부계중심사회에서 남자는 신부를 그의 아버지의 가족 안으로 데리고 와 시댁에 거주하게 한다. 이렇게 함으로 그녀는 이 가족의 한 구성원이 되고 남자는 그대로 자신의 가족 안에 남게 된다. 이 관습은 결혼예식에 있어 주요 의식이다. 소가족은 한 세대 이상의 가족을 의미하는 것이지만 성경 시대의 한정된 수명을 본다면 결코 3세대 이상을 의미하지는 않았을 것이다. 핵가족 혹은 생물학적 가족이 아버지, 어머니, 그리고 이들의 몇 안되는 자녀로 이루어진 반면에, 대가족은 아버지를 중심으로 그의 아내 혹은 아내들, 아내들의 아들들과 그들의 자녀들, 그리고 미혼인 자녀들로 이루어지며 심지어 노예들까지도 포함된다. 모두 함께 같은 집, 또는 여러 집들이 붙어 모여 있는 한 구역에 살았다. 재산은 주로 이 가족을 다스린 남자 우두머리가 관리했다. 일부다처제는 말 그대로 여러 명의 아내를 두는 것을 말한다. 일부일처제가 이상적이었지만 당시에는 다처제도 가능했었는데 주로 귀족들 사이에서 이루어졌다. 족장들은 이스라엘의 왕들이 그들의 하렘을 가지고 있었던 것처럼 여러 명의 아내들이 거느리고 있었던 것으로 묘사되어 있다. 이스라엘의 법은 일부다처제를 허락했었다.

1) 근족-속량자

성경 시대에 있어 가족 구조의 필수 요소이며 가족의 결속력을 나타내는 것으로서 "속량자"로 자주 번역된 고엘(*gō'ēl*)이라는 개념이 있다. 크로스(Cross)는 고엘(*gō'ēl*)의 어원인 가알(*gā'al*, '속량하다, 구제하다')이라는 동사를 "동족으로서 행하다"라고 번역하는 것이 가장 타당하다고 제시했다.[27] 고엘은 미쉬파하(*mišpāḥâ*, 가족) 안에서 한 가족 구성원의 정당성을 입증하는 가장 가까운 친척이다. 고엘의 책임은 형제에서 사촌형제들과 다른 피

---

27. Cross, *From Epic to Canon*, 4.

를 나눈 친척까지 확대된다. 그는 친척을 살해한 자에게 복수를 할 수 있었으며, 이때 그는 "피를 보복하는 자"라고 불리었다(민 35:19-27). 피의 복수는 친족 그리고 혈통과 매우 밀접한 관계를 맺고 있다. 이는 또한 서부 셈족 사이에 피의 희생의 중요성과 관련이 있을지 모른다. 레오 오펜하임(Leo Oppenheim)과 다른 학자들에 의하면 동부 셈족 사이에서는 그와 반대로 제사에 있어 피가 중요하지 않다.[28]

과부가 고인의 형제와 결혼하는 관습(룻 3:9, 12-13)에서도 고엘은 고인의 아들을 낳음으로 고인의 이름과 유산(나할라⟨*naḥălâ*⟩)을 가족 안에 머물게 할 의무가 있었다. 그는 또한 빚으로 인해 노예로 팔려간 친족을 속량할 의무도 있었다(레 25:48-49). 만약 한 동족이 가난하여 그 기업 얼마를 팔았다면 고엘 근족이 와서 그 판 것을 무름으로 가족 안에 그 기업이 남도록 해야 했다(레 25:25-33). 눈에 띄는 좋은 예는 예레미야가 아나돗에 있던 그 조상의 땅을 구입한 것으로 이 땅은 가족의 소유로 남아있어야 하기에 그냥 내버려 둘 수가 없었다. 예레미야의 사촌 하나멜이 고향에 있던 땅을 강제로 팔아야 했을 때 예레미야는 이를 다시 사들여야만 했던 것이다. 바벨론인들이 예루살렘을 포위하고 있는 동안(주전 588-586년), 하나멜은 예레미야에게 말하기를 "너는 베냐민 땅 아나돗에 있는 나의 밭을 사라 이 기업을 무를 권리(하게울라⟨*haggĕ'ullâ*⟩, 보상을 하고 되찾음-역주)가 네게 있느니라"(렘 32:8).

2) 아버지의 집

대가족(베트 아브⟨*bêt 'āb*⟩, 아버지의 집)은 피를 나눈 형제들과 결혼으로 엮인 여인들로 구성되었으며 이스라엘 사회의 가장 기본적인 단위였다.[29] 이 가족은 이스라엘 민족의 종교적, 사회적, 그리고 경제적 생활 영역의 핵심이었으며 이스라엘의 역사, 신앙, 그리고 전통의 중심에 위치했다. 각각의 대가족은 상속된 그들의 땅(나할라⟨*naḥălâ*⟩)이 있었다. 같은 조상의 계열로 이루어지고 같은 지역이나 혹은 마을에 사는 이러한 가족들이 바로 베트 아브(*bêt 'āb*)를 형성하는 것이다. 몇몇 대가족들은 미쉬파하(*mišpāḥâ*) 혹은 인

---

28. A. Leo Oppenheim, *Ancient Mesopotamia: Portrait of a Dead Civilization*, rev. ed. (Chicago: University of Chicago, 1964).

29. Stager, "The Archaeology of the Family," 29. '핵'가족은 아버지, 어머니 그리고 아이들로 구성되며 함께 살고 있는 하인들도 포함된다. '확대'가족은 핵가족에 다음 결혼한 단 한 세대만을 포함한다. '대'가족은 둘이나 그 이상의 핵가족들이 모인 것이다.

류학적 용어로 친족을 이룬다. 대가족 혹은 가계에서는 혈통의 관계가 중요할 수 있으나 친족에서는 모두가 피로 연결되어 있다고 증명하기는 너무 큰 단위이다. 이 경우 가공의 혈통이 이루어진다. 물론 이 단위는 암('am, 민족)의 단계를 구성하게 된다.

모든 사회적 용어들이 문맥상 전후관계를 따지고 봐야 하는 것이기 때문에 위의 전통적인 정의들이 적당한 것들은 아니다. 이 용어들은 불변하는 것이 아니라 오히려 유동적이다. 예를 들어, 만약 아버지 세대가 아직도 살아있다면 베트 아브는 확대가족이나 대가족보다 큰 가족이 될 수 없다(이 가족은 3세대까지 좀처럼 확장되지 않는다). 그러나, 만약 베트 아브가 죽은 조상들까지 센다면 여섯 세대까지의 자손도 포함될 수 있다.[30] 혈통의 관계가 증명됐을 때만 인류학자들은 '가계'(lineage)를 인정한다. 이 크기의 가족보다 더 큰 용어는 '씨족'(clan)이다. 이 단위에서는 실질적으로 피를 나눈 사이일 수도 있지만 그렇지 않아도 됐다.

부모와 결혼하지 않은 아이들을 제외하고 베트 아브(bêt 'āb)는 가족 구성원에 몇 세대를 포함하는데, 아버지의 가계를 따르고 있는 자들과 함께 그의 아내 혹은 아내들, 아들들과 그들의 부인들, 손자들과 그들의 아내들, 결혼하지 않은 아들들과 딸들, 노예들, 하인들, 게림, 이모/고모들, 삼촌들, 과부들, 고아들 그리고 가족의 구성원이 될 수 있는 레위인들을 포함한다. 게림은 비록 혈통을 따르는 자는 아니지만 보호해주어야 하는 자들을 말한다. 게르(gēr)는 가족이 보호할 그늘 아래 있던 자는 아니었지만 종종 '가신/부하' 혹은 '하인'이 되어 가족의 보호 차원으로 소속된 자이다. 예를 들어, 에브라임 산지에 살던 미가의 가족 안에는 그의 아내 혹은 아내들, 그의 과부가 된 어머니, 그의 아들들과 아마도 그들의 아내들, 고용된 제사장(레위인)과 하인들이 있었다(삿 17-18장). 이삭을 위해 아내를 얻을 때 아브라함은 그의 하인에게 이렇게 지시했다. "내 아버지의 집, 내 족속에게로 가서 내 아들을 위하여 아내를 택하라"(창 24:38).

크든 작든 이스라엘 가족은 각각의 구성원들을 그 안에서 교육하고 사회화시키는 중요한 역할을 감당했던 응집력 있는 조직이었다. 시편 저자가 말했던 것처럼 강한 가부장적 연결은 가족을 뭉치도록 하였다. "네 집 안방에 있는 네 아내는 결실한 포도나무 같으며 네 식탁에 둘러앉은 자식들은 어린 감람나무 같으리로다"(시 128:3). 그러나 이 전원적인 관계는 음모와 형제 살해 그리고 아버지 살해 등의 이야기로 팽배한 왕과 왕실의 이야기 속에서는 확실하게 드러나 있지는 않다.

---

30. 물론, 가공의 친족이 여섯 세대를 채울 가능성은 있다.

3) 아이들

필립뻬 아리에(Philippe Ariès)는 그의 어린 시절의 이야기와 비교하면서 고대에 어린 시절이라고 하는 것은 인생에 있어 그다지 중요한 시절은 아니라고 받아들였으며, 단지 유아에서 어른으로 가는 과도기로 아이들은 '어른들의 작은 단위'로 생각되었다고 말했다.[31] 조셉 블렌킨소프(Joseph Blenkinsopp)는 왕국 시대에 이스라엘의 어린이들에 대해 연구하면서 아리에의 이론이 이곳에서도 드러나고 있다는 것을 발견하는데, 예를 들어, 아이들을 가리키는 용어인 옐레드(*yeled*)와 나아르(*na'ar*, 아직 가장이 되지 않은 상태의 결혼하지 않은 남성)가 상당히 여러 가지 의미를 가지고 넓게 사용되고 있음을 말했다. 그는 성경 시대에 어린 시절이라고 하는 것은 인생에 있어 그다지 두드러지는 시기는 아니었으며 전도서(주전 300-200년)에서 처음 어린 시절 혹은 청년기(얄두트⟨*yaldût*⟩)라는 단어를 추상적인 의미에서 언급하고 있다(전 11:9-10)고 말했다.[32] 이스라엘인들이 그들의 아이들을 아이들로서 아니면 '작은 단위의 어른'으로서 다루었는지에 대한 해답은 아직 없다.

아이들은 이스라엘 가족에게 가치 있는 존재로 하나님이 주신 선물이며 축복이었다. 이스라엘 사회는 "생육하고 번성하라"(창 1:28)는 여호와의 명령을 중요하게 생각해 출산을 장려했다. 성교를 거절하여 다말을 임신하지 못하게 했던 오난의 경우처럼(창 38:8-10) 코이투스 인테룹투스(*Coitus interruptus*, 성교의 거절)는 비난 받아 마땅한 일이다. 산아 조절, 낙태, 그리고 영아 살해는 성경에서 직접적으로 다루고 있지는 않지만 분명 신의 율법에 어긋나는 행동으로 간주되었을 것이다. 그러나 당시 주변 민족들은 위의 행동들을 했던 것으로 보이는데 중앗수르의 법률(주전 12세기)에는 낙태를 금지하는 항목들이 있었다. "만약에 여인이 그녀 스스로 아이를 유산시켰다면 그녀를 심문하고 그녀의 유죄를 선언한 후 묻지 말고 말뚝에 꿰어 처형하라. 만약 그녀가 유산 중에 죽었다 하더라도 역시 묻지 말고 말뚝에 꿰어 처형하라"(*ANET*, 185). 주전 16세기의 의학 문서인 에버스(Ebers) 파피루스에는 3개월, 6개월 그리고 9개월 된 아이를 낙태하는 내용들이 적혀 있었으나 이 방법들은 대부분은 효과가 없었을 것이다. 사람이 서로 싸우다가 아이 밴 여인을 다쳐 낙태케 하였을 때(출 21:22-25)를 다루는 율법이 낙태에 대한 이야기를 하고

---

31. Philippe Ariès, *Centuries of Childhood: A Social History of Family Life*, 번역 R. Baldick(New York: Vintage Books, 1962), 58.

32. Joseph Blenkinsopp, "The Family in First Temple Israel," in L.G. Perdue et al., eds., *Families in Ancient Israel*(Louisville, Ky.: Westminster John Knox, 1997), 66-69.

있다고 종종 인용되지만 이 구절이 확실하게 낙태에 대한 처벌을 말하고 있지는 않다.

아이가 출생할 때 산파(메얄레데트⟨*mĕyalledet*⟩)가 산모를 도왔으며 산모는 아이가 세 살 혹은 더 많은 나이에 이를 때까지 수유했다. 한나는 사무엘을 세 살 때까지 돌봐주었다(삼상 1:22-24). 아이의 출산 이후 모유를 먹이면 배란 시기가 돌아오는 것이 늦어지기 때문에 자연적인 수유는 효과적인 피임의 방법이기도 하다. 아이는 보통 세 살 때까지 수유를 했고 이스라엘 여인들은 평균적으로 네 명의 아이를 낳았다.[33] 이 계산은 핵가족의 인원이 6명이 된다는 결과를 가져오는데 스태거(Stager)는 이 인원이 너무 많다고 본다.[34] 만약 네 명이 태어났다면 영아 때 죽는 확률이 높았던 시절이었기 때문에 그중 두 명 정도가 살아남아 어른이 되었을 것이다. 근동의 가족 데이터를 고려할 때 페니실린의 발명 이후 현대 가족이 더 많은 수의 가족을 이루고 있음을 감안해야 한다.[35]

개인의 이름은 종종 꽃이나 식물에서 많이 가져왔으며 아이가 태어난 즉시 이름이 붙여졌다. 아이들은 때때로 신의 이름을 딴 이름(신의 요소를 포함한 이름)을 갖기도 하였다. 어떤 이름은 조상의 이름을 딴 것도 있었는데, 즉 아이는 할아버지나 증조할아버지의 이름으로 불렸다. 성경에서 두 구절은 여인이 아이의 이름을 결정하는 장면을 보여주고 있다. 한나는 그의 아들을 사무엘이라 불렀고(삼상 1:20), 룻의 이야기에서 이웃의 여인들이 태어난 아이의 이름을 오벳이라고 지었다(룻 4:17).

경제적으로는 대가족이 좋았다. 남자 아이들이 가족의 이름을 물려받는다는 이유로 여자 아이들보다 선호되었다. 야곱이 요셉의 아들들을 축복할 때 "나를 모든 환란에서 건지신 여호와의 사자께서 이 아이들에게 복을 주시오며 이들로 내 이름과 내 조상 아브라함과 이삭의 이름으로 칭하게 하시오며 이들이 세상에서 번식되게 하시기를 원하나이다"라고 말했다(창 48:16). 또한 남자 아이들이 가족의 농업에 더 도움이 되었고, 여자 아이들은 집 주변에서 어머니를 도왔다.

"네 부모를 공경하라(카베드⟨*kabbēd*⟩). 그리하면 네 하나님 여호와가 네게 준 땅에서 네 생명이 길리라"(출 20:12; 21:15, 17; 레 19:3). 언뜻보면, 제5계명은 간단하면서도 직설적이다. 그러나 함축된 의미는 상당히 크다. 부모를 공경하라는 명령은 그들의 죽음 이

---

33. Mayer I. Gruber, "Breast-Feeding Practices in Biblical Israel and in Old Babylonian Mesopotamia," *JANES* 19(1989): 61-83.

34. Stager, "The Archaeology of the Family," 21.

35. Israel Finkelstein, "A Few Notes on Demographic Data from Recent Generations and Ethnoarchaeology," *PEQ* 122(1990): 49.

후에도 계속되는 것으로 요셉이 야곱의 시신을 가나안으로 가져와 막벨라굴에 묻은 것처럼(창 50:1-14) 자식들은 부모를 조상의 무덤에 묻고 애도의 의식을 지켜야 한다. 허버트 브릭토(Herbert Brichto)는 부모가 죽은 후 "공경"하는 것이 중요했으며 더 많은 주의를 요했다고 강조했다. 다시 말해서 자식들이 부모를 봉양하는 것은 생전에는 물론 사후에도 행해졌다는 것이다.[36] 브레버드 차일즈(Brevard Childs)는 이 명령을 부모를 집에서 쫓아낸다든가 그들이 더 이상 일을 하지 못할 때 자식들이 학대하지 못하도록 보호하기 위한 것이라고 이해했다.[37]

가족의 평안(샬롬〈šālôm〉)을 위협하는 행동이 제멋대로인 아들(청년)은 심각하게 다루어졌다. 도시 성문의 '재판'의 방에서 공동체가 함께한 가운데 장로들에 의해 집행되는 재판이 이루어졌고 화가 난 부모는 원고로 참여했다. 이 규정된 벌이 실제로 내려졌는가는 확실히 알려진 바 없다.

> 사람에게 완악하고 패역한 아들이 있어 그 아버지의 말이나 그 어머니의 말을 순종하지 아니하고 부모가 징계하여도 순종하지 아니하거든 그 부모가 그를 끌고 성문에 이르러 그 성읍 장로들에게 나아가서 그 성읍 장로들에게 말하기를 우리의 이 자식은 완악하고 패역하여 우리 말을 듣지 아니하고 방탕하며 술에 잠긴 자라 하면 그 성읍의 모든 사람들이 그를 돌로 쳐죽일지니 이같이 네가 너희 중에서 악을 제하라 그리하면 온 이스라엘이 듣고 두려워하리라(신 21:18-21).

반항적인 자식에 대한 법은 부모가 자식에게 보여줬던 정성을 다시 공경으로 보여주어야 한다는 중요성을 시사한다. 어떻게 부모가 자신들의 미래와 연결되어 있는 자식을 죽일 수 있었는가에 대해 브릭토는 "그의 부모를 거절한 아들은 부모의 죽음과 부모를 기억하여 보여주는 공경도 역시 행하지 않을 것이기에 차라리 죽이는 것이 낫다"[38]고 말했다. 부모에게 행해진 존경과 경의를 표하는 좋은 모델로 다윗과 친구가 된 길르앗 사람 바르실래가 있다. 그는 왕실에서 함께 살자는 왕의 초대를 거절하면서 대신 이렇게

---

36. Herbert C. Brichto, "Kin, Cult, Land and Afterlife-A Biblical Complex," *HUCA* 44(1973): 27-33.
37. Bervard S. Childs, *Book of Exodus*(Philadelphia: Westminster, 1974), 418.
38. Brichto, "Kin, Cult, Land, and Aferlife," 32.

요구했다. "청하건대 당신의 종을 돌려보내옵소서. 내가 내 고향 부모의 묘 곁에서 죽으려 하나이다"(삼하 19:37〈히브리어 성경 19:38〉). 이 구절의 의미는 그가 그의 공동체가 있는 도시 안에 위치한 가족의 무덤에서 그의 부모들과 함께 묻히고 싶다는 것이다.

(1) 할례

할례는 고대에 상당히 널리 행해졌던 관습이었지만 어디서 어떻게 무슨 목적으로 시작되었는지는 알려진 바가 없다. 주전 3000년에 만들어진 이집트의 부조품들은 이집트인들이 이 관습을 행했음을 증명하고 있다(그림 19). 성경 시대에 이스라엘, 암만, 모압, 에돔이 속하는 서부 셈족들은 할례를 했으나 아카드, 앗수르, 그리고 바벨론 같은 메소포타미아의 동부 셈족들은 할례를 하지 않았다. 에게 해나 그리스에서 온 것으로 보이는 셈족이 아니었던 블레셋인들은 생식기를 절단하는 형태의 이 관습을 행하지 않았다. 그리하여 이들은 이스라엘 민족에게 '할례 받지 않은 자'(아렐림〈*ārēlim*〉, 삿 14:3; 15:18; 삼상 18:25; Herodotus, *History*, ii.104)라고 무시당했다.

가나안인들이 할례를 했는지 안 했는지는 확실하게 알 수는 없다. 비극적인 이야기 하나가 세겜에 살던 가나안인들이 할례 받지 않았던 것을 말하고 있다. 야곱의 아들들은 그들의 딸들을 세겜인들에게 배우자로 주기 전에 그들이 할례 받을 것을 요구했다. "제 삼일에 아직 그들이 아파할 때에 야곱의 두 아들 디나의 오라버니 시므온과 레위가 각기 칼을 가지고 가서 몰래 그 성읍을 기습하여 그 모든 남자를 죽이고"(창 34:25).

만약 '피 남편'이 된 것이 할례를 인함이라는 해석이 맞는다면 모세의 아내였던 십보라가 "그의 아들의 양피를 베었다"(카라트〈*kārat*〉)는 표현으로 보아 미디안인들은 아마도 할례를 행했던 것으로 보인다. 그러나 사실 문맥상 그녀가 그의 아들의 양피를 벤 것인지 모세의 것을 벤 것인지는 확실하지 않다. 이 구절의 의미가 모호함에도 불구하고 할례와

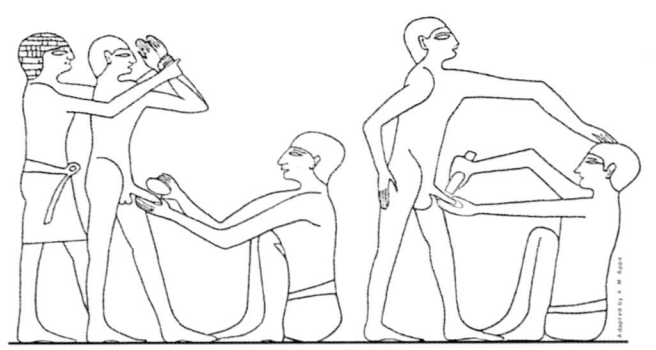

그림 19. 이집트의 남자 아이들에게 할례를 행하고 있는 제사장들. 싸카라(Saqqara)에서 발견된 제6왕조 시대의 부조(그림: A.M. Appa. H. Gressmann, *Altorientalische Texte und Bilder zum Alten Testament* (Berlin, 1927) 발췌)

이와 연관된 피의 의식의 중요성은 십보라가 말했던 것처럼 "할례를 함으로 피의 남편이 되었다"(하탄 다밈 람무로트⟨ḥătan dāmîm lammûlot⟩ 출 4:26, 한국어 성경은 "피 남편이라 함은 할례 때문이었더라"고 번역함)는 것으로 보아 상당히 중요했다고 보여진다.

이스라엘 영아는 출생 후 8일만에 할례를 받았다(창 17:12. 레 12:3). 할례의 과정은 제사장이 아닌 아버지에 의해 행해졌으며(창 21:4) 한 번도 거룩한 장소에서 행해진 적은 없다. 초기 이스라엘에서 이 고대의 관습은 부싯돌이나 돌칼을 사용하였다(출 4:25; 수 5:2-3). 이스라엘의 이웃에 살던 남자 아이들은 태어난지 8일 만에 할례를 받는 대신 어린 시절이나 사춘기에 할례를 받았을 것이다.

이스라엘 민족의 할례는 여호와와 이스라엘 사이의 친족-계약의 상징이었다(창 17:10-14). 브리트(běrît, 혹은 브리스⟨bris⟩), 즉 '계약'이라는 뜻의 용어를 현대 유대인들은 '할례'라는 뜻의 단어로 사용하고 있다. 히브리어로 '계약을 하다'는 카라트 브리트(kārat běrît, '계약을 자르다')로 '자르다'라는 의미로 다른 구절에서도 사용되었다. 창세기는 아브람(아브라함)이 어린 암소(에글라⟨'eglâ⟩), 암염소, 수양을 둘로 쪼개(바테르⟨battēr⟩) 계약식을 거행하는 모습을 보여주고 있다. 하나님은 연기 나는 풀무와 타는 횃불이 쪼갠 고기 사이로 지나가는 것을 통해 드러나고 있다. 누구든지 계약을 어기는 자는 이 동물들과 같은 처벌을 받을 것이다(창 15:9-19). 예레미야는 이 같은 의식을 암시하고 있다. "송아지(에젤⟨'ēgel⟩)를 둘로 쪼개고(카라트⟨kārat⟩) 그 두 조각 사이로 지나매 내 앞에 언약을 맺었으나"(렘 34:18). 유사한 계약 의식이 아모리인들 사이에도 행해졌는데 나귀, 염소, 강아지 등을 쪼갰다. 마리 문서가 써진 시기에 이 의식은 계약을 하는 데 중요했다. 동물을 죽이는 것은 양쪽 계약을 성립하는 자들을 사이에 협정을 맺는 것으로 히브리어로는 카라트 브리트(kārat běrît)로 '협정을 맺다'라는 의미를 가진다. 하로르(Haror, 중기청동기 II 시대) 유적지에서 발견된 요새의 안뜰에서 엘리에젤 오렌(Eliezer Oren)은 몇 개의 웅덩이들 안에 희생제사에 사용된 새들과 강아지들을 발견했다(목을 부러뜨려 죽임; 사 66:3). 한 커다란 웅덩이에는 두 마리의 나귀가 묻혀있었는데 그중 한 마리는 청동으로 만든 재갈과 함께 발견되었다.[39]

공동체의 일원이 되기 위해서는 성인이라 할지라도 할례를 받아야 했으며 이는 현재

---

39. Eliezer D. Oren, "The Kingdom of Sharuhen and the Hyksos Kingdom," in E.D.Oren, ed., *The Hyksos: New Hitorical and Archaeological Perspectives*(Philadelphia: University of Pennsylvania, 1997), 253-83.

도 지켜지고 있다. 남자 아이와 더불어 집안의 노예들과 이스라엘 민족과 함께 사는 게림(gērîm) 역시 할례를 받아야 했다. 할례 받은 남자만이 유월절 의식에 참여할 수 있는 자격이 부여되었다(출 12:48-49). 여호수아 5:2-9은 약간 궁금증을 시사하는 구절로 이스라엘 민족이 광야에서 배회하는 동안 여호와께서 여호수아에게 유월절을 축하하기 전에 이스라엘 자손들에게 '다시' 할례를 행할 것을 명하신다. 잭 사슨(Jack Sasson)은 이 구절을 이집트인과 이스라엘 민족의 할례 형식을 비교하여 해석하고 있다.

> 그러므로 혹자는 이스라엘 민족과 이집트인들의 할례가 외과의적 과정에서 보면 기본적으로 틀리다는 것을 볼 수 있다. 히브리인들은 표피를 잘라내고 성기의 중추부를 드러내는 반면 이집트인들은 표피 위에 수술을 가함으로 성기의 귀두를 자유롭게 한다. 여호수아 5장의 이 구절은 바로 이러한 문제에 봉착하고 있다. 2절에서는 여호수아에게 명령이 떨어진다. "너는 부싯돌로 칼을 만들어 이스라엘 자손들에게 할례를 행하라"(수 5:2). 몇몇 학자들은 이 구절이 성경 안의 다른 구절들과 함께 후대의 편집자에 의해 써진 것이라고 본다. 그러나 앞에서 본 것처럼 이 구절은 이집트식의 할례를 받은 자들이 의식을 통해 표피를 완전히 제거하는 이스라엘 방식의 할례를 받는 것을 의미한다. 9절에 와서 하나님이 (왜 다시 할례를 하게 했는지의) 의미는 명백해진다. 의식을 마친 후 그는 "내가 오늘날 애굽의 수치를 너희에게서 굴러가게 하였다"(수 5:9)고 말한다.[40]

한편 성경에 분명하게 외부적 할례는 내적 회심과는 상관이 없다는 것을 보여주는 장면이 있다. 은유적인 표현으로 신명기 10:16은 "그러므로 너희는 마음에 할례를 행하고 다시는 목을 곧게 하지 말라"(또한 레 26:41; 렘 4:4를 보라)고 명한다. 예레미야는 "여호와의 말씀이니라 보라 날이 이르면 할례받은 자와 할례받지 못한 자를 내가 다 벌하리니 곧 애굽과 유다와 에돔과 암몬 자손과 모압과 및 광야에 살면서 살쩍을 깎은 자들에게라"(렘 9:25-26; 히브리어 성경 9:24-25)라고 경고했다.

첫 번째 유대인 기록자였던 필로(Philo)는 위생적인 측면에서 할례가 행해졌다고 주장했다(De circumcisione 11:210). 역사가 헤로도투스(Herodotus, History, ii, 37)도 또한 이집트인들 사이에 사용되었던 것처럼 위생을 위한 과정이었다고 제안했다.

---

40. Jack M. Sasson, "Circumcision in the Ancient Near East," JBL 85(1966): 474.

(2) 아이들의 교육

이스라엘 아이들의 교육과 사회화는 몇 가지 주제로 정리가 되는데 두드러지는 것들은 종교, 직업, 그리고 군사적 교육이다.[41] 성경 기록자들은 종종 부모가 그들의 자녀에게 역사 속에 일어난 페울로트 야훼(*pěʻullôt YHWH*), 즉 '하나님의 큰 일'(라틴어로는 마그날리아 데이⟨*Magnalia Dei*⟩)의 의미를 교육할 의무가 있다고 말하고 있다. 이집트의 메뚜기 때의 수난에 대해 여호와께서는 "네게 내가 애굽에서 행한 일들 곧 내가 그 가운데서 행한 표징을 네 아들과 네 자손의 귀에 전하기 위함이라. 너희는 내가 여호와인 줄 알리라"(출 10:2)라고 말씀하셨다. 다시 무교절을 지키는 데 대해 "너는 그날에 네 아들에게 보여 이르기를 이 예식은 내가 애굽에서 나올 때에 여호와께서 나를 위하여 행하신 일로 말미암음이라"(출 13:8)고 말하라고 명령했다. 여호수아가 길갈에 열두 개의 돌을 세울 때 만약 자녀들이 부모들에게 이 돌들의 의미를 물으면 이렇게 대답하라고 했다. "이스라엘이 마른 땅을 밟고 이 요단을 건넜음이라"(수 4:21-22). 시편 저자들은 여호와께서 이스라엘 민족을 구원하셨다는 것에 대한 이야기가 전해졌던 명령(토라⟨*tôrā*⟩)을 언급하고 있다. "내 백성이여, 내 율법을 들으며 내 입의 말에 귀를 기울일지어다. 내가 입을 열어 비유로 말하며 예로부터 감추어졌던 말을 드러내려 하니 이는 우리가 들어서 아는 바요 우리 조상들이 우리에게 전한 바라"(시 78:1-3; 시 44:2).

부모들은 아이들을 성소와 성전에 데리고 왔다. 사무엘의 출생과 봉헌에 대한 이야기에서 중요한 역할을 한 사람은 남편 엘가나보다는 그의 아내 한나였다. 그녀는 아이를 실로에 있던 여호와의 집으로 데려왔고, 여호와를 섬기는 나실인으로 바쳤다(삼상 1:22-28). 사무엘은 실로의 성막에서 제사를 주관하던 대제사장 엘리에게 보내졌다. "아이(*naʻar*) 사무엘이 엘리 앞에서 여호와를 섬길 때"(삼상 3:1). 후에 이스라엘이 왕을 세우도록 요구했을 때 사무엘은 그렇게 되면 왕이 그들의 다음 세대들에게 확연히 다른 봉사를 요구하고 그들에 대한 대우를 달리 할 것이라고 강조했다. "이르되 너희를 다스릴 왕의 제도는 이러하니라 그가 너희 아들들을 데려다가 그의 병거와 말을 어거하게 하리니 그들이 그 병거 앞에서 달릴 것이며 그가 또 너희 아들들을 천부장과 오십부장을 삼을 것이며 자기 밭을 갈게 하고 자기 추수를 하게 할 것이며 자기 무기와 병거의 장비도 만들게 할 것이며 그가 또 너희의 딸들을 취하여 향료 만드는 자와 요리하는 자와 떡 굽는 자

---

41. 학교에 대한 더 구체적인 사항들에 대해서는 5장에서 이야기한 "읽고 쓰는 능력과 학교"에서 참고하기 바란다.

로 삼을 것이며"(삼상 8:11-13).⁴²

성별에 관계없이 부모들과 자녀들은 모두 집안일을 함께 맡아 했다. 다윗은 목동이었고(삼상 16:11) 라헬 역시 그의 아버지 라반의 양을 쳤다(창 29:9). 아들들은 아버지의 지도 아래 농사, 목축, 여러 가지 기술을 도왔다. 이스라엘인들이 대부분 농부였기 때문에 "그 아이(수넴 여인의 아들)가 자라매 하루는 추수꾼들에게 나가서 그 아버지에게 이르렀더니"(왕하 4:18)라는 구절은 자연스럽게 받아들여진다.

아버지와 함께 전쟁과 사냥에 참석했던 아들들은 활, 투석기, 칼 같은 무기를 다루는 법을 배웠다. 기드온은 그의 큰 아들 에델에게 그들의 적 미디안의 왕 세바와 살문나를 죽일 것을 명했으나 "그 소년(나아르〈na'ar〉)이 그의 칼을 빼지 못하였으니 이는 아직 어려서(나아르〈na'ar〉) 두려워함이었더라"(삿 8:20). 존 맥도날드(John MacDonald)에 의하면 이 사건은 어려서라기보다는 나아르는 왕을 죽일 만한 지위가 아니었기 때문이라고 주장한다.⁴³ 이새의 세 큰 아들들은(엘리압, 아비나답, 삼마) 블레셋과 싸우는 전쟁에 사울을 따라 참여했다(삼상 17:13). 성경 저자들은 군사 훈련을 이렇게 기록하고 있다. "(여호와는) 내(다윗의) 손을 가르쳐 싸우게 하시니 내 팔이 놋 활을 당기도다"(삼하 22:35). 이들은 기브온의 전쟁에서 다윗의 군사들과 이스보셋의 군사들이 어떻게 일 대 일로 맞대결했는지 기록하고 있다. "각기 상대방의 머리를 잡고 칼로 상대방의 옆구리를 찌르매 일제히 쓰러진지라"(삼하 2:16).

후기청동기 시대의 우가릿(라스 샴라)에서 발견된 문서에는 '이상적인 아들' 아캇('Aquat)이 가나안의 전설적인 왕이었던 그의 아버지 단엘(Danel)에게 행해야 할 의무들에 대해서 열거하고 있다.

> 아들(아캇)은 내게 마치 나의 형제들로서, 상속자로서, 나의 사촌들로서 태어날 것이다. 이들은 나의 조상신을 위한 비석을 세울 것이며 신전에 가족 신당을 세울 것이며 흙으로부터 나의 영혼을 자유롭게 할 것이며 암흑으로부터 나의 길을 지킬 것이며 나에게 대항하여 폭동을 일으키는 자들을 처부술 것이며 내게 반역하는 자들을 몰아낼 것이며 내가 술 취했을 때에 나의 손을 잡아줄 것이며

---

42. P. Kyle McCarter Jr., I Samuel, AB 8(Garden City, N.Y.: Doubleday, 1980), 161. "많은 학자들은 8장에서 신명기 학자들이 새로이 편집한 것을 찾으려고 노력한 바 있다…… (그러나) 우리는 여기에 신명기 학자들이 추가로 쓴 것은 상당히 적다는 결론을 내린다."

43. John MacDonald, "The Status and Role of the Na'ar in Israelite Society," JNES 35(1976): 158.

> 내가 포도주에 만취했을 때 나를 붙잡을 것이며 바알의 신전에서 나의 헌물을 먹을 것이며 엘 신의 신전에서 나의 할당량을 먹을 것이며 나의 지붕이 샐 때 고칠 것이며 나의 옷이 더러울 때에 빨아야 할 것이다.[44]

일반적으로 알려진 것처럼 어머니는 딸들에게 중요한 선생님이다. "어머니가 그러하면 딸도 그러하다 하리라"(겔 16:44). 종교적인 의무 외에도 딸들은 가정을 돌보는 집안일들을 배워야 했다. 보아스가 룻에게 지시했던 것처럼 여자 아이들은 또한 추수 시기에 역할을 분담하고 있었다. "내 딸아 들으라 이삭을 주으러 다른 밭으로 가지 말며 여기서 떠나지 말고 나의 소녀들과 함께 있으라"(룻 2:8).

(3) 장자 상속권

첫 아들에게 우선권이 주어졌던 장자 상속(베코라⟨běkōrâ⟩)의 관습은 고대 이스라엘에서 일반적인 것이었다. 여호와께서 모세에게 말씀하셨던 것처럼 사람에게서든지 동물에게서든지 첫 태생은 하나님의 소유로 간주되었다. "이스라엘 자손 중에서 사람이나 짐승을 막론하고 태에서 처음 난 모든 것(베코르⟨běkōr⟩)은 다 거룩히 구별하여 내게 돌리라 이는 내 것이니라"(출 13:2). 첫 아들(아버지의 가장 큰 아들)은 선호 받는 자리였다. 그는 아버지의 재산 중 두 배 분량을 상속받았고, 아버지로부터 특별한 축복을 받았으며, 아버지를 이어 가정의 우두머리가 되었고 가정의 다른 일원들을 다스리는 권리가 부여되었다. 리브가는 그의 아들 중 야곱을 그의 큰 형인 에서가 아버지 이삭으로부터 받아야 할 축복을 가로채도록 도왔다(창 27장). 야곱은 그의 아들들에게 남긴 유언(창 49:1-28) 중 르우벤의 장자의 권한을 네 번째 아들인 유다에게 주는데 이는 르우벤이 그의 아버지의 첩 빌하를 범했기 때문이다(창 35:22).[45] 장자 상속권은 혹자가 친족 중심의 사회와 계승의 정당성을 확고히 하는 위치에 있는가를 결정하며 그가 재산의 소유자로서 가정(부계사회)의 가장으로서 혹은 왕위 계승이 가족 간에 이루어질 때 국가적인 입장에서의 가장(즉 왕)으로서의 위치를 말해준다.

자녀가 없는 가족은 저주를 받은 것으로 간주되었다. 아브라함은 하나님에게 상속자

---

44. Michael D. Coogan, ed. and trans., *Stories from Ancient Canaan* (Philadelphia: Westminster, 1978), 34.
45. 정치적인 견해로 볼 때 족장 시대의 이야기로 돌아가 생각해본다는 것은 중요하다.(왜 유다가 이스라엘의 왕가인 다윗의 조상이 되어야 하는가의 정당성을 말해준다-역주)

가 있기를 바라는 마음을 표현했다. "주 여호와여 무엇을 내게 주시려 하나이까 나는 자식이 없사오니 나의 상속자는 이 다메섹 사람 엘리에셀이니이다"(창 15:2). 여인이 아이를 낳지 못하면 치욕적인 것으로 남편은 아이를 낳아줄 다른 여인을 취할 수 있었다. 이는 왜 아브람(아브라함)이 사래(사라)가 아이를 낳지 못하자 하갈을 아내로 취했는지 설명해 준다(창 16). 사래의 이집트 노예였던 하갈은 아브람에게 아들을 낳아 주었고 이름을 이스마엘이라 하였다. 그러나 사래가 아흔아홉 살이 되어 기적적으로 이삭을 낳았을 때 그는 자연스럽게 상속자가 되었다. 그러나 아브람과 사래 사이에 첫 태생이었던 이삭은 하나님께 첫 소산인 식물과 동물이 바쳐졌던 것처럼 인간 희생제물로서 바쳐질 위험에 처했었다. 물론 이런 관습은 종종 행해졌고 첫 태생의 아이들은 사회에서 살아남지 못했을 것이다. 이삭을 위해서는 다행히 어린 양을 대신 바치도록 준비되어 있었다. 예수님도 신약에서 하나님의 단 하나의 아들이자 첫 태생으로 기록되어 있기에 그는 유월절의 양 대신 희생당했다. 모압 왕 메사는 "자기 위를 이어 왕이 될 맏아들(베코르⟨*bĕkōr*⟩)을 취하여 성(호마⟨*ḥōmâ*⟩) 위에서 번제(올라⟨*ōlâ*⟩)를 드린지라"(왕하 3:27). 메사는 신을 달래기 위하여 인간 제물을 바쳤다.

이스라엘 사회에서 레위인들은 첫 태생을 대신하였다. "보라 내가(여호와) 이스라엘 자손 중에서 레위인을 택하여 이스라엘 자손 중에 태를 열어 태어난 모든 자를 대신하게 하였은즉 레위인은 내 것이라"(민 3:12). 그러나 레위인들은 희생제물이 된 것이 아니라 여호와를 섬기는 일을 했다는 것을 기억해야 할 것이다.

(4) 상속

토지 소유권을 다스리는 법은 상속권이 가족 안에 있으며 변경되지 않는다고 말하고 있다. 베트 아브(*bêt 'āb*)는 토지 소유권 제도에 있어 가장 기본적인 단위로서 각 가족과 가계는 자신들의 유산(나할라⟨*naḥălâ*⟩)을 가지고 있다(민 27:8-11). 한 남자가 아들이 없이 단지 딸들만을 가졌다면 그의 딸들은 토지를 같은 가족 안에 머무르게 한다는 약속 아래 아버지의 토지를 상속 할 수 있었다. 이 딸들은 친족(미쉬파하⟨*mišpāḥâ*⟩) 안에서만 결혼해야만 했다(민 27:1-11; 36:1-12). 그리하여 슬로브핫의 딸들이 모세 앞에 나와 이야기하는 장면이 연출되게 되는 것으로 단지 남성만이 재산을 상속받을 수 있다는 법 때문이었다.

상속에 관련된 좋은 예는 이스르엘의 왕실의 땅에 근접하게 있었던 나봇의 포도원에 관한 것이다. 아합 왕은 이 포도원을 갖기를 원했고 돈이나 다른 포도원과 바꾸기를 청했다. 그러나 나봇은 포도원 팔기를 거절했는데 그는 조상의 유업(나할라⟨*naḥălâ*⟩)이기 때문에 자신이 지켜야 할 의무가 있다고 말했다(왕상 21). 결국 이는 나봇의 생명으로 값을 치르게 되었다. 그러나 여기서 중요한 것은 이세벨과 아합은 장로들을 모아 나봇이 하나님과 왕을 저주했다는 거짓을 꾸밈으로써 이 통례적인 법(아마도 일찍이 사사 시대부터 발전되어 온 법일 것이다)을 충분히 합리화시켜야만 했다. 막벨라에 대한 이야기에서처럼(창 23장) 다른 친족과의 미래에의 화합을 위해 예외적으로 자신들의 땅을 다른 가족의 재산으로 인정하는 경우가 있기도 하다.

4) 여성

족장사회에서 여성은 일반적으로 재산으로 간주되었다. 크리스토퍼 라이트(Christopher Wright)는 성경에서 여인들에 대한 법과 이야기들을 연구하여 이러한 견해들을 증명하고 있다. 필리스 버드(Phyllis Bird)는 비록 여인들이 한 남자의 소유품으로 취급되고 있었던 것은 사실이나 재산으로서 간주되지는 않았다[46]고 주장했다. 출애굽기 20:17에는 남의 것을 탐내는(하마드⟨ḥāmad⟩) 것에 대한 법을 이야기하고 있는데, 이 남의 것 중에는 노예와 소, 그리고 나귀와 함께 가정의 물건으로서 아내를 취급하고 있다. 신명기 5:21은 여인은 가정의 소유로 취급하지는 않지만 아마도 이스라엘 민족의 생각이 발달한 이후에 써졌기 때문에 따로 분리하여 취급하고 있다(신명기가 후대에 써졌다는 것을 전제함-역주).

성경은 여인의 역할에 대해서는 어떤 관심도 없는 남자들에 의해 써지고 채워진 책이다. 이들은 전쟁이라든가 통치, 경제 그리고 예배 등 여인들이 관련되었다고 해도 아주 적은 부분을 차지했을, 혹은 직접적으로 전혀 관계를 하지 않았을 인생의 영역에 있어 남성의 역할들에 주로 초점을 맞추고 있다. 더불어 이스라엘의 법은 남성만을 위한 법이었다. 여성의 주요 활동 분야는 가정으로 어머니의 역할을 담당하고 있었다.

창세기의 창조이야기는 종속관계에 대한 언급 없이(창 5:2) 남성과 여성이 모두 하나님의 형상대로 만들어졌다는 것을 명백히 밝히고 있다(창 1:27). 여성은 "아담을 돕는 배필"(에제르 케네그도⟨'ēzer kĕnegdô⟩), 즉 "남자를 돕는 자"라고 표현되었다. 흥미롭게도 이

---

46. Christopher J.H. Wright, "Family," *ABD*, 2.766. 또한 Phyllis A. Bird, "Women(OT)," *ABD*, 6.596; Carol Meyers, *Discovering Eve. Ancient Israelite Women in Context*(New York: Oxford University Press, 1988); Phyllis Trible, *Texts of Terror. Literary-Feminist Reading of Biblical Narratives*(Philadelphia: Fortress, 1984).

그림 20. 엄마와 아이를 묘사한 블레셋의 점토 형상 조각, 철기 II 시대(아스글론 발굴을 위한 Leon Levy Expedition 전재 허가; 사진: I. Sztulman).

문장에서 남성형인 에제르('ēzer)가 여성형 명사인 에즈라('ēzrâ) 대신 사용되고 있는 것은 왜일까? 한 유대인 학자의 의견을 인용하면서 제임스 쿠겔(James Kugel)은 여기서 사용된 히브리어 에제르('ēzer)는 '처녀' 혹은 '젊은 여인'이라는 뜻을 가진 아랍어 아드라('adhra')의 동의어라고 했다.[47] 다른 성경 구절에서 언급되고 있는 '돕는 자'는 상하 관계가 아닌 동등한 관계에서 서로 돕는 것을 의미한다. 하나님조차도 인간을 '돕는 자'로 언급되고 있다(시 70:5 〈히브리어 성경 70:6〉; 121:2). 성경은 포로가 된 유다 백성들에 대한 하나님의 사랑을 어머니와의 관계로 암시하고 있다. "어머니가 자식을 위로함 같이 내가 너희를 위로할 것인즉 너희가 예루살렘에서 위로를 받으리니"(사 66:13; 49:15).

'여자'는 '남자'의 갈비뼈를 취해 만들어졌고 남자는 "이는 내 뼈 중의 뼈요 살 중의 살이라 이것을 남자에게서 취하였은즉 여자라 부르리라"(창 2:23)고 말했다. 다시 말해서 가족은 피의 동맹체인것이다.[48] 그러나 족장사회의 법적 제도는 여성을 부당한 위치에 배치하고 말았다. 결혼 전에 여성은 아버지의 소유였고 만약 아버지가 없다면 제일 큰 오빠의 소유였다. 결혼 후에는 남편의 소유가 된다. 상속법에서조차도 여성은 부당한 대우를 받는다. 이스라엘의 가부장적 제도에서는 아버지가 아들에게 재산을 물려주었기 때문에 단지 남자만이 상속을 받을 수 있었다. 위에서 언급한 것처럼 만약 아버지에게 아들이 없었다면 그의 재산은 즉시 딸들에게 상속되지만 이 딸들은 아버지의 이름을 공유하고 있는 친족 안에서만 결혼을 해야 할 의무가 있었다.

여성은 가족생활에서 우선 어머니로서 그 다음은 아내로서 중요한 역할을 맡고 있었

---

47. Jame L. Kugel, *The Great Poems of the Bilbe*(New York: Free Press, 1999), 143-45.
48. Cross, *From Epic to Canon*, 4.

다. 이러한 역할들의 중요성을 나타내는 표현들이 성경에서 하나님과 이스라엘 사이의 관계를 은유적으로 사용되었다(예, 호 1-3장). 어린 자녀들을 돌보고 교육하며 가르치는 것은 어머니의 책임이었다. 아이를 출산하는 것은 여성의 의무였다. 특히 전쟁이나 기근, 질병, 전염병 등의 위급한 상황에서는 더 많은 아이를 출산해야 했다.

어머니는 집안에서 권위를 가지고 있었다. 사라는 하갈과 아들 이스마엘을 내쫓았다(창 21:10). 수넴 여인은 엘리사에게 친절과 봉사를 다하였다(왕하 4:8-10). 리브가는 이삭을 속이고 형 에서가 받아야 할 장자의 축복을 야곱이 받도록 꾀하였다(창 27:11-17). 이 마지막 예와 다른 예들을 볼 때 비록 여인들이 남성이 다스리는 사회에 살기는 했으나 속임수와 거짓말은 필요했던 것으로 보이며 때로는 한 여성의 존경할 만한 가치로 평가되기도 했던 것으로 보인다.[49]

아이들을 키우는 것 외에도 여성은 음식과 의복을 제공해야 할 책임이 있었다. 아이를 키우면서 바구니를 짜거나, 실을 감거나, 매트와 옷감을 짜는 일들을 하였다. 다말은 밀가루를 가지고 반죽하여 과자를 만들어 구웠다고 묘사되고 있다(삼하 13:8). 미디안 제사장에게는 아비의 양 무리에게 먹일 물을 길어 구유에 채우던 일곱 명의 딸들이 있었다(출 2:16). 전통적으로 여인들은 집과 가축을 위해 물을 길어왔다(창 24:11). 여인들이 했던 다른 일로는 불을 지피고 치즈와 요구르트를 만들며 양과 염소의 젖을 짜는 일들이 있었다. 여인들은 또한 맷돌로 곡식을 갈아 가루로 만들었다. 이들은 집 밖에서는 밭에서 일하기도 했고(룻 2:21-23) 양들을 치기도 했으며(창 29:9) 전문적으로 애곡하는 일을 하기도 했다(렘 9:17). 잠언(31:10-29)에 언급되어 있

그림 21. 상아로 만든 보석상자. 우측에서 좌측으로 더블 피리, 손에 들고 치는 북, 치터(현이 30-40개 있는 기타와 비슷한 악기-역주)와 유사하게 직사각형 틀 안에 10개의 현이 있는 악기를 든 여성 연주가들의 행렬이 새겨져 있다. 니므롯, 시리아 스타일. 보석상자의 높이는 6.7센티미터, 주전 9세기(대영 박물관 전재 허가).

---

49. Toni Craven, "Women Who Lied for the Faith," in Douglas A. Knight and Peter J. Paris, eds., *Justice and the Holy. Essays in Honor of Walter Harrelson*(Atlanta: Scholars Press, 1989), 35-49.

는 '이상적인 아내'에 대한 유명한 표현을 보면 여성이 집안에서 다양한 역할을 담당했으며 특별히 경제적인 역할에 관여하고 있다는 것을 볼 수 있다. 그러나 이 이야기는 단지 상류층의 여인들만을 말하고 있을 뿐이다. 여기서 언급되고 있는 값비싼 의복을 보면 될 것이다. "자기 집 사람들은 다 홍색옷(샤님⟨šānîm⟩)을 입었으므로 눈이 와도 그는 자기 집 사람들을 위하여 염려하지 아니하며 그는 자기를 위하여 아름다운 이불을 지으며 세마포(쉐쉬⟨šēš⟩)와 자색옷(아르감만⟨'argāmān⟩)을 입으며"(잠 31:21-22). 여성은 제의를 비롯하여 공동체에서 일어나는 일상적인 활동에 참여했다. 율법을 선포할 때 모세는 말했다. "너희와 너희의 자녀와 노비와 함께 너희의 하나님 여호와 앞에서 즐거워할 것이요"(신 12:12; 16:10-11; 29:10-13; 31:12). 성경은 여인들이 춤추고 노래하고 악기를 연주하는 모습들을 기록하고 있다. 홍해를 성공적으로 건넌 후 미리암이 "손에 소고를 잡으매 모든 여인도 그를 따라 나오며 소고를 잡고 춤추었다"(출 15:20; 삿 21:21). 여인들은 포도를 발로 밟으며 축제에 가담했다. 여인들이 제물로 바쳐진 음식을 먹은 내용도 있다. 다윗이 여호와의 법궤를 다윗 성(예루살렘)으로 가져온 후 그는 "모든 백성 곧 온 이스라엘 무리에게 남녀를 막론하고 떡 한 개와 고기 한 조각과 건포도떡 한 덩이씩 나눠 주었다"(삼하 6:19).

하늘 여왕을 위해 유다인들이 제사를 드리는 장면에서 "자식들은 나무를 줍고 아버지들은 불을 피우며 부녀들은 가루를 반죽하여 하늘의 여왕을 위하여 과자(카바님⟨kawwānîm⟩)를 만들며 그들이 또 다른 신들에게 전제를 부음으로 나(여호와)의 노를 일으키느니라"(렘 7:18). 하늘 여왕을 모시는 제사는 주로 여인들이 하였다. 카바님(kawwānîm, 아카드어 캄마누⟨kamānū⟩)은 시리아와 메소포타미아에서 여신 이쉬타르를 섬기는 제사에 사용된 과자를 말한다. 이 과자는 가슴과 성기를 강조한 벌거벗은 여신의 모양을 하고 있다(그림 23).[50]

그러나 몇몇 여인들은 전통적인 역할보다는 다른 일에 종사하기도 했다. 예를 들어, 드보라는 사사였으며(삿 4-5장), 훌다는 선지자였고(왕하 22:14-20) 엔돌에는 신접한 여인이 있었다(삼상 28:7-25). 성경에 자주 언급되고 있는 가족의 범위 안에서 벗어난 또 다른 전통적인 여인의 역할로는 창녀가 있다. 그러나 이 역할이 얼마나 널리 행해졌는가를

---

50. Walter Rast, "Cakes for the Queen of Heaven," in A.L. Merrill and T.W. Overholt, eds., *Scripture in History and Theology. Essays in Honor of J. Coert Rylaarsdam*(Pittsburgh: Pickwick Press, 1977), 167-80. Lawrence E. Stager, "Another Mould for Cakes from Cyprus. In the Queen's Image," *Rivista di Studi Fenici*, 28/1(2000), 7.

알 수는 없다. 창녀는 사회에서 관대히 처분된 것으로 보이는데, 성경은 창녀에 대해 모호한 견해를 보이고 있고 법은 일관성이 없다. 여리고에서 이스라엘의 첩자들을 도와준 라합은 성경에 나오는 가장 유명한 창녀로서 어떤 가족을 갖게 되느냐에 따라 창녀도 사회적 경제적 위치를 차지할 수 있는 가능성을 보여주고 있다(수 2:14-16). 호세아의 아내 고멜은 결혼하기 이전에 창녀였다. 창녀는 구별되는 의상을 걸치고 있었다. 유다는 다말이 베일(짜이프⟨ṣāʻip⟩)로 "얼굴을 가리워" 창녀라고 생각했다(창 38:14-15).

(1) 출산과 산파

성경 시대에 산파(메얄레데트⟨měyalledet⟩)는 건강관리상 중요한 역할을 맡고 있었다. 산파가 없을 때는 친척이나 이웃들이 출산이 다가온 산모를 도왔다. 베냐민이 태어날 때 "그(라헬)가 난산할 즈음에 산파가 그에게 이르되 두려워하지 말라 지금 네가 또 득남하느니라"(창 35:17). 산파의 활동을 기록하고 있는 가장 유명한 일화는 이집트에서 출산을 억압받았던 때이다. "애굽 왕이 히브리 산파 십브라라 하는 사람과 부아라 하는 사람에게 말하여 이르되 너희는 히브리 여인을 위하여 해산을 도울 때에 그 출산 도구(오브나임⟨'obnāyim⟩, 한국어 성경은 "그 자리"로 번역함)를 살펴서 아들이거든 그를 죽이고 딸이거든 살려두라"(출 1:15-16).

이스라엘 여인들은 출산 시 출산 도구(오브나임⟨'obnāyim⟩) 위에 웅크린 자세로 있었던 것으로 보인다. 이 히브리어 단어가 쌍수형인 것으로 보아 이 도구는 두 개의 부분으로 이루어져 있었던 것으로 보인다. 오브나임('obnāyim)이라는 단어가 사용된 또 다른 한 예가 도공이 토기를 만들기 위해 사용한 두 개의 부분으로 이루어진 빠른 녹로뿐이다(렘 18:3). 아이가 태어난 후 탯줄을 끊고 아이를 씻고 소금으로 문지른 후 옷으로 둘러 싸맸다. 에스겔은 예루살렘을 하나님의 바람난 배우자로 은유적 표현을 사용하면서 위의 아이가 태어났을 때의 의식을 묘사하고 있다. "네가 날 때에 내 배꼽 줄을 자르지 아니하였고 너를 물로 씻어 정결하게 하지 아니하였고 네게 소금을 뿌리지 아니하였고 너를 강보로 싸지도 아니하였나니"(겔 16:4).

(2) 과부

정의를 내리자면 과부(알마나⟨'almānâ⟩)는 공동체의 일반적인 사회구조에서 벗어난 자로 쉽게 고통 받고 가난한 상태로 방치될 수 있었다. 남성이 보통 늦게 결혼했으므로 당연히 아내보다 나이가 많았을 것이다. 이렇듯 초혼의 나이 차가 컸기 때문에 상당히 많은 수의 과부들이 있었던 것으로 보인다. 남성의 보호 없이 사는 과부는 연명하는 것조차 힘들었으며 공동체 안에서의 위치는 상당히 미약했다. 과부는 과부임을 보여주는 구별된 옷을 입고 있었다. "그(다말)가 일어나 떠나가서 그 너울을 벗고 과부의 의복을 도로 입으니라"(창 38:19).

과부는 재혼도 할 수 있었고 고인이 된 남편의 형제와 결혼하여 보호를 받을 수 있었지만 사회 속에서 경멸받고 때로는 박해까지 받았다. "불의한 법령을 만들며 불의한 말을 기록하며 가난한 자를 불공평하게 판결하여 가난한 내 백성의 권리를 박탈하며 과부에게 토색하고 고아의 것을 약탈하는 자는 화 있을진저"(사 10:1-2). 성장한 아들이 없는 과부는 죽은 남편의 재산을 상속할 수 있었다. 만약 과부에게 아들이 하나 있다면 아들은 아버지의 재산을 상속받고 그의 어머니를 보살필 책임이 있었다. 앗수르의 법은 아들들은 과부가 된 어머니를 그들의 집으로 모셔야 한다고 명시하고 있다.

성경에서 과부는 나그네(게르⟨gēr⟩)와 고아(야톰⟨yātôm⟩)처럼 돌봄이 필요한 자로 자주 언급된다(신 10:17-19; 24:17-22; 27:19). 힘없고 무시당하는 이들은 지켜줄 가족이 없었기 때문에 불운한 상태에 있는 이로 생각되었다. 이사야는 여호와의 이름으로 바벨론 포로기 이후 재복구될 예루살렘에 대해서 이렇게 선포했다. "두려워하지 말라 네가 수치를 당하지 아니하리라. 놀라지 말라. 네가 부끄러움을 보지 아니하리라. 네가 네 젊었을 때의 수치를 잊겠고 과부 때(알마누트⟨'almānût⟩)의 치욕을 다시 기억함이 없으리니"(사 54:4). 고아가 된 딸의 위치는 이보다 더 비참했다. 이러한 상태의 딸들은 공동체의 일반적 사회 체계에 낄 수가 없었지만 왕과 공동체는 이들을 보살필 의무가 있었다. 이스라엘의 법은 과부와 고아에게 좋은 대우를 할 것을 요구하고 있다. "너의 중에 분깃이나 기업이 없는 레위인과 네 성중에 거류하는 객과 및 고아와 과부들이 와서 먹고 배부르게 하라"(신 14:29). 성경 기록자들은 과부와 고아를 보살필 것을 자주 말하고 있다. 여호와의 이름으로 이사야는 이스라엘 백성들을 권고했다. "선행을 배우며 정의를 구하며 학대 받는 자를 도와주며 고아를 위하여 신원하며 과부를 위하여 변호하라"(사 1:17; 참조, 렘 22:3). 여호와께서는 이들이 의지하는 분으로 그는 "고아(야톰⟨yātôm⟩)와 과부(알마나⟨'almānâ⟩)를 위하여 정의를 행하신다"(신 10:18; 렘 49:11).

5) 결혼

결혼을 하는 이유는 로맨틱한 동기보다는 경제적인 동기가 더 중요했다. 결혼의 가장 중요한 목적은 자녀 특히 아들을 낳고 키우는 것이었다. 다른 사회처럼 고대 이스라엘에서도 결혼은 가부장적이었으며 아버지에게 그 권위가 있었고 남성과 여성은 확연히 다른 사회적 위치에 있었다. 여성은 종속적인 위치에 있어 심지어 아내는 그녀의 남편을 바알(ba'al), 즉 "주인"이라든가 아돈('ādōn), 즉 "주"라 불렀다. 호세아에서 표현하고 있는 용어를 구별해보라. "여호와께서 이르시되 그날에 네가 나를 내 남편(이쉬〈īšî〉)이라 일컫고 다니는 내 주인(발리〈ba'lî〉, 한국어 성경은 이 단어를 그대로 읽어 "바알"로 번역함)이라 일컫지 아니하리라"(호 2:16〈히브리어 성경 2:18〉). 당시에 두 용어는 서로 바꾸어 쓸 수 있었던 것으로 보인다. "우리아의 아내는 그 남편(이샤〈īšāh〉) 우리아가 죽었음을 듣고 그의 남편(바알라〈ba'lāh〉)을 위하여 소리내어 우니라"(삼하 11:26). 남편은 그 아내를 부를 때 이쉬티(īštî, 나의 아내)라 불렀는데 이는 이쉬(īšî, 나의 남편)와 반대말이 된다.

딸을 결혼시킬 때 아버지는 신랑으로부터 적당한 양의 돈, 즉 신부를 위한 지참금, 모하르(mōhar)를 받았다(창 34:12; 출 22:15–17; 삼상 18:25). 이 값은 딸을 잃게 되는 대가로 치러졌다. 이 관습은 아직도 아랍 세계에 현존하고 있으며 마흐르(mahr)라 불린다. 신부의 아버지가 신부를 위한 지참금을 준비했었는지는 확실하게 알려진 바가 없다. 이스라엘의 법률에는 이에 대한 언급이 없으나 단지 열왕기상 9:16에 이집트의 바로가 그의 딸을 솔로몬에게 시집보낼 때 해안 중심 지역에 있던 게셀을 함께 준 것을 볼 수 있다.

신부와 신랑의 결혼 연령이 어떻게 되었는지 알기는 어렵다. 성경은 이에 대해 어떤 자세한 정보도 제공하고 있지 않다. 위에서 언급한 것처럼 신부가 신랑보다 나이가 한참 어렸을 것이며 사춘기가 지나면 바로 아이를 갖기 시작했을 것이다.

결혼으로 가는 과정에서 첫 번째 단계는 약혼으로 그 기간은 몇 개월 지속되었다. 결혼 전에 행해진 이 약속은 때론 결혼 자체만큼 구속력이 있다. 실제로 몇몇 문헌들은 약혼과 결혼을 거의 같은 것으로 다루고 있다(신 28:30; 삼하 3:14; 호 2:19–21〈히브리어 성경 2:21–22〉). 결혼 전에 성관계가 이루어질 기회는 주어지지 않았다. 신랑은 신부를 신방에 들어가기 전까지 결코 볼 수 없었다. 이 때문에 리브가가 들판에 있던 이삭을 결혼 전에 만나게 되자 얼굴을 너울/베일(짜이프〈ṣā'îp〉로 가리웠다(창 24:65). 여인은 결혼에 앞서 처녀여야 했지만 남자는 예외였다.

일처제가 이상적인 관습이었지만 다처제가 행해졌으며, 특별히 왕실이 번영할 때 '정략적 결혼'에 의해 더욱 그랬다(예, 다윗은 아람인 그술 왕의 딸과 결혼했고〈삼하 3:3〉; 이집트 바로는 그의 딸을 솔로몬과 결혼시켰고〈왕상 9:16〉; 오므리는 그의 아들 아합을 시돈 왕의 딸 이세벨과 결혼시켰다〈왕상 16:31〉). 그러나 창조의 이야기는 일처제를 지지하고 있다. "이러므로 남자가 부모를 떠나 그의 아내와 합하여 둘이 한 몸을 이룰지로다"(창 2:24). 그러나 성경에는 일부다처제의 모습이 종종 목격된다. 일처다부제는 결코 없었다. 여러 명의 부인을 얻는 것은 관습과 같았던 것으로 보인다. 가축 떼를 돌보고 밭에서 일을 해야 하는 일손이 많이 필요했던 농업사회에서는 많은 아이를 가질수록 이득이었다. 결혼은 친족 혹은 부족 내에서 이루어지는 것이 원칙이었으나 성경은 그렇지 않았던 몇 가지 예들도 보여주고 있다. 후자는 토지를 지속적으로 소유하기가 불가능해진다는 위협적인 요소를 가지고 있었다. 성경에서 사촌끼리 결혼하는 것은 흔한 일이었다. 이삭은 그의 사촌의 딸 리브가와 결혼했고(창 24:15, 24, 47) 야곱은 그의 어머니 쪽 삼촌의 딸인 라헬과 결혼했다(창 28:2, 5; 29:9-10).

근동의 관습에 의하면 일반적으로 결혼은 부모들이 맺어주었다. 성경에서 이 관습을 행하도록 지시한 법은 없다. 창세기에서 하갈은 아들 이스마엘을 이집트의 여인과 결혼하도록 했다. 그(이스마엘)가 바란 광야(유다의 남쪽)에 거주할 때에 그의 어머니(하갈)가 그를 위하여 애굽 땅에서 아내를 얻어 주었더라"(창 21:21). 아브라함은 아들 이삭을 위하여 하인을 친족이 살고 있는 아람 나하라임으로 보내 아내를 구해오도록 하여 리브가가 이삭의 아내가 되었다(창 24장). 그러나 에서는 자신의 아내를 아버지와 의논 없이 그의 친족 중에서 선택하였다(창 28:6-9). 삼손 역시 그의 아내를 스스로 택하였다(삿 14:1-10).

성경 속의 시들 중 특히 아가서와 시편 45편은 결혼 예식의 모습에 대한 힌트를 제공하고 있다. 아가서가 비록 다양하게 해석되고 있긴 하지만 메소포타미아의 성스러운 결혼에 대한 시들과 이집트의 사랑의 시들에서 볼 수 있는 연애시의 한 종류로서 보아야 할 것이다. 시편 45편은 왕의 결혼을 위한 왕실의 송시로서 결혼 예식의 특징들을 보여주고 있다. 이 시편의 초반 부분(3-9절)은 왕의 육체적 모습과 군사적 능력, 그리고 영웅적 성격에 대해 칭송하고 있다. 나머지 후반 부분(10-16절)은 여왕의 아름다움과 그녀의 결혼 예복을 찬양하고 있다.

예식은 신랑과 그의 친구들이 신부의 집으로 가는 것으로 시작되었는데(아 3:6-11) 신부는 얼굴에 베일을 쓰고 보석으로 장식하고 예복을 입고 있다(시 45:15-16; 사 49:18; 61:10; 렘 2:32; 겔 16:12-13). 신부는 노래를 부르고 춤을 추는 행렬과 함께 신랑의 집으로 인도되었다(렘 7:34; 16:9; 25:10). 신부가 신랑의 집으로 들어오는 순간이 중요했다. 이때 비로소 이들은 남편과 아내로 인정되었다. "이삭이 리브가를 인도하여 그의 어머니 사라의 장막으로 들이고 그를 맞이하여 아내로 삼고 사랑하였으니 이삭이 그의 어머니를 장례한 후에 위로를 얻었더라"(창 24:67). 그러나 묘하게도 기드온이 오브라에 살았던 반면 그에게 아들 아비멜렉을 낳아준 아내 수넴 여인은 세겜에서 살았다(삿 8:31).

값비싼 연회가 열렸고(창 29:22) 연회는 한 주 혹은 두 주까지 지속되었다. 삼손의 결혼식에서 그는 "잔치하는 칠 일"(삿 14:12)이라고 말한다. 야곱의 경우 "야곱이 라반에게 이르되 내 기한이 찼으니 내 아내를 내게 주소서 내가 그에게 들어가겠나이다. 라반이 그곳 사람을 다 모아 잔치하고 저녁에 그 딸 레아를 야곱에게 데려가매 야곱이 그에게로 들어가니라"(창 29:21-23). 특별한 혼례용 방(후파⟨ḥuppâ⟩)이 준비되었고 신부의 부모들은 신부를 이 방으로 인도했다. 이 관습은 다음 구절에서도 볼 수 있다. "하나님이 해를 위하여 하늘에 장막을 베푸셨도다. 해는 그의 신방(후파⟨ḥuppâ⟩)에서 나오는 신랑과 같고"(시 19:4-5⟨히브리어 성경 19:5-6⟩; 욜 2:16).

결혼은 종교적 의식이 아닌 사회적 계약으로 관주되었다. 결혼은 일반적인 삶의 한 부분이었다. 이스라엘에서 독신주의는 환영받지 못했고 결혼하지 못하는 것은 수치스러운 것이었다. "그날에 일곱 여자가 한 남자를 붙잡고 말하기를 우리가 우리 떡을 먹으며 우리 옷을 입으리니 다만 당신의 이름으로 우리를 부르게 하여 우리로 수치를 면케 하라 하리라"(사 4:1). 성경에서 예레미야만이 여호와의 명으로 아내와 가족을 갖지 않아도 되었다. "너(예레미야)는 이 땅에서 아내를 맞이하지 말며 자녀를 두지 말지니라"(렘 16:2). 유다가 망하고 포로로 끌려가기 전 예레미야는 부모들과 아이들에게 임박한 죽음과 파괴를 알렸다.

(1) 수혼

아버지의 재산을 보호하고 유지하는 것은 수혼(과부가 고인의 형제와 결혼하는 관습-역주)의 풍습을 보아서도 그 중요성을 알 수 있다. 브릭토(Brichto)가 말했던 거처럼 고엘(gō'ēl)의 의무는 피의 복수와 재산의 상환 이상이었다. "고엘(gō'ēl)은 고인이 했던 일을 지속함으로 사후에 있을 위험으로부터 고인을 구출했다."[51] 만약 결혼한 남자가 자녀 없이 죽었다면 그의 형제는 과부와 함께 잠자리를 해야 할 몇 가지 이유가 있다. 과부가 친족 밖의 사람과 결혼하는 것을 막고, 고인의 이름을 남길 수 있으며, 고인의 재산을 친

---

51. Brichto, "Kin, Cult, Land, and Afterlife," 21.

족 내에 남게 하기 위함이었다. 과부에게서 난 첫 아들은 죽은 남편의 자식으로 간주되었다. 이 관습이 바로 수혼이다(라틴어로는 레비르⟨levir⟩ '남편의 형제', 히브리어로는 야밤 ⟨yābām⟩, 신 25:5-10).

수혼의 경우 가장 오래된 것은 유다와 다말의 이야기에 나타난다(창 38:6-26). 다말은 유다의 장자 엘이 죽은 후 그의 시아버지 유다에게 수혼을 요구했다. 유다의 둘째 아들 오난은 수혼의 의무를 다하지 않고 "그 씨가 자기 것이 되지 않을 줄 알므로 형수에게 들어갔을 때에 그의 형에게 씨를 주지 아니하려고 땅에 설정한다"(창 38:9). 이 성교중절의 행위는 "오나니즘"이라 불리며 자위행위로 잘못 사용되기도 한다. 그러나 이 이야기는 가족의 번식을 피했다는 데 초점을 두고 봐야 하며, 이는 "생육하고 번성하라"(창 1:28)는 선포에 위반되는 행위였다. 그러자 유다는 그의 막내 아들 셀라를 이 수혼의 의무를 다하는 데서 제하였는데, 왜냐하면 "셀라도 그 형들같이 죽을까 염려"(창 38:11) 하였기 때문이다. 결국 다말은 창녀(조나⟨zônâ⟩)로 변장하고 얼굴에 베일(짜이프⟨ṣā'îp⟩)[52]을 쓰고 시아버지 유다를 속이고 잠자리를 같이한다(창 38:14). 결과적으로 그는 쌍둥이 베레스와 세라를 낳았고 베레스는 다윗(룻 4:12, 18-22)과 예수(마 1:3)의 조상이 되었다.

수혼의 관습은 보아스와 룻의 경우에는 확실하게 드러나지는 않지만 룻의 죽은 남편과 가까운 익명의 친척이 고엘의 역할을 감당하지 않았다고 말할 수 있다. 이 이야기는 세 가지 성경적 개념, 즉 수혼, 가계, 그리고 상속을 보여주고 있다. 언급한 것처럼 수혼은 가족의 계보(가계)를 이어주는 것이고 이는 가족 안에서 재산이 유지되는 것이다(상속). 먼 친척이었던 보아스는 룻과 결혼하여 수혼을 지켰고, 그녀의 죽은 남편 말론의 이름을 남겼다. 동시에 보아스는 가족의 재산마저 상환했다. "또 말론의 아내 모압 여인 룻을 사서 나의 아내로 맞이하고 그 죽은 자의 기업을 그의 이름으로 세워 그의 이름이 그의 형제 중과 그곳 성문에서 끊어지지 아니하게 함에 너희가 오늘 증인이 되었느니라"(룻 4:10). 보아스와 룻의 아들 오벳이 다윗의 할아버지였다는 것은 정확히 드러나고 있다(룻 4:18-22). 오랫동안 학자들은 룻기의 마지막 구절들이 제사장들이 덧붙인 구절이라고 생각했었다. 그러나 오늘날에는 이 구절들은 책 속의 한 부분으로 보고 있으며 특별히 가계와 상속의 문제가 이 책의 주요 주제이기 때문이다. 이 가계는 유다와 다말의 아들 베레스에서 시작하여 보아스, 오벳, 이세 그리고 다윗으로 끝맺는다.[53]

---

52. 창녀들은 베일을 썼으며 또한 여인들이 결혼하는 날 베일을 썼다(창 24:65).
53. Brichto, "Kin, Cult, Land, and Afterlife," 11-23. Katharine D. Sakenfeld, *Ruth*,

(2) 이혼

가족생활의 중요성 때문에 이혼은 아마도 자주 있었던 일은 아니었을 것이다. 이혼이 있기는 했지만 그 자체는 심각한 문제였고 일반적인 일로 간주되지는 않았다. 신명기 24:1-4은 아내가 아닌 남편만이 이혼할 권리가 있었고 어느 때든지 어느 이유에서든지 그녀를 부양할 의무는 지니지 않았다. 적어도 여인이 간음으로 취급받지 않고 다시 결혼할 수 있도록-재혼은 허락되었다-남편은 이혼 증서를 써야 했다. 이혼의 법은 모계가 아닌 부계 체계였던 이스라엘의 사회구조 안에서 해석될 수밖에 없다.

6) 노령

창조 때부터 성경적 전통은 인생의 유일한 방법으로서 이스라엘 사회가 공동체를 중심으로 살아갈 것을 강조했다. 모든 이들의 삶의 모든 단계는 유아, 청소년, 성인, 그리고 노령에 이르기까지 공동체에 소속되어 있었다. 노인을 포함한 각각의 구성원은 공동체 안에서 역할을 감당하고 있었다. 노인들은 그들의 지혜 때문에 존경을 받았던 동시에 공동체에 전통을 전수할 책임을 지고 있었다. "옛날을 기억하라 역대의 연대를 생각하라 네 아버지에게 물으라. 그가 네게 설명할 것이요 네 어른들(즈케님⟨zěqēnim⟩)에게 물으라 그들이 네게 말하리로다"(신 32:7). 율법은 공동체 내의 어른들에게 경의를 표하고 존경할 것을 말하고 있다. "너는 센 머리 앞에서 일어서고 노인의 얼굴을 공경하며 네 하나님을 경외하라 나는 여호와니라"(레 19:32). 반면에 이사야는 하나님의 심판이 유다 왕국에게 내려져 사회적 혼란이 일어날 것이라고 선포했다. "백성이 서로 학대하며 각기 이웃을 잔해하며 아이가 노인(자켄⟨zāqēn⟩)에게, 비천한 자가 존귀한 자에게 교만할 것이며"(사 3:5). 시온(예루살렘)이 재건될 것이라는 하나님의 예언 속에는 노인들이 묘사되고 있다. "예루살렘 길거리에 늙은 남자들과 늙은 여자들이 다시 앉을 것이라. 다 나이가 많으므로 저마다 손에 지팡이를 잡을 것이요"(슥 8:4). 요셉은 그의 늙은 부모를 위해 봉사한 좋은 예이다. 요셉은 그의 아버지 야곱이 이집트가 아닌 조상들이 묻힌 가나안 땅에 묻히고 싶다는 유언을 이루어줄 것을 약속했다. 요셉은 "내가 아버지의 말씀대로 행하리이다"(창 47:30)라고 응답했다. 여호수아가 가나안 땅을 정복한 이후 약속은 이루어졌다(수 24:32, 이 구절은 저자가 이름에 혼돈을 가져와 써진 것 같다. 야곱은 창세기 50:13-14에 의하

Interpretation(Louisville, Ky: John Knox, 1999), 70-76.

면 요셉에 의해서 가나안 땅 막벨라 밭 굴에 장사되었고 여호수아 24:32에는 요셉이 세겜에 묻혔다고 기록되어 있다-역주).

노인을 일컫는 가장 흔한 성경 용어에는 세바(*śêbâ*, '회색 머리')와 자켄(*zāqēn*, '노인', 문자적 의미로는 '수염을 기른 자')이 있다. 오래 살았다는 것은 성취물이 있다는 것, 탁월하다는 것, 그리고 하나님의 축복을 받았다는 상징이었다. 이사야는 하나님의 사람이 오랫동안 살 것이라고 시적으로 표현하고 있다. "백세에 죽는 자를 젊은이라 하겠고 백 세가 못되어 죽는 자는 저주받은 자이리라"(사 65:20). 아브라함(창 25:8)과 기드온(삿 8:32), 그리고 다윗(대상 29:28)은 "좋은 나이"(세바 토바⟨*śêbâ tôbâ*⟩, 한국어 성경은 "나이 많아"로 번역함)에 죽었다는 것은 하나님의 축복을 받았다는 것을 상징한다.

시편 저자는 수명을 이렇게 정의했다. "우리의 연수가 칠십이요 강건하면 팔십이라"(시 90:10). 성경 시대에 평균 수명은 40세로 단지 적은 수의 사람만이 시편 기자가 말한 수명까지 살았을 것이다. 족장 시대의 나이는 이상적인 나이일 뿐 상식적으로 가능하지 않다. 비록 하나님의 은혜로 어떤 사람이 장수할 수 있었다고는 하나 육체는 이미 쇠약해졌을 것이다. 성경에 등장하는 몇몇 인물들의 수명은 오히려 불가능하다. 다윗이 예루살렘에서 도망쳐 길르앗의 마하나임에 도착했을 때 다윗을 공궤하였던 바르실래는 함께 가자는 왕의 제안을 거절하는데 그의 이유는 성적인 불능을 포함하여 나이가 많아 할 수 없는 일들이 많기 때문이라고 말했다.[54] "내 나이 이제 팔십 세라 어떻게 좋고 흉한 것을 분간할 수 있사오며 음식의 맛을 알 수 있사오리이까 어떻게 다시 노래하는 남자나 여인의 소리를 알아들을 수 있사오리이까 어찌하여 종이 내 주 왕께 오히려 누를 끼치리이까"(삼하 19:35).

나이가 들면 청각이라든가 시력과 기운이 떨어지는 등 육체적으로 할 수 없는 일들이 많아진다. "이삭이 나이가 많아 눈이 어두워 잘 보지 못하더니 맏아들 에서를 불러 가로되, …… "내가 이제 늙어 어느날 죽는지 알지 못하니"(창 27:1-2). 다윗은 늙고 병들었을 때 저체온증으로 고생을 했고 그의 하인들은 그에게 이렇게 말했다. "우리 주 왕을 위하여 젊은 처녀 하나를 구하여 그로 왕을 받들어 모시게 하고 왕의 품에 누워 우리 주 왕으로 따뜻하시게 하리이다"(왕상 1:2). 나이가 많아 할 수 없는 일들 중에는 아브라함과 사라의 이야기를 통해 알 수 있는 것처럼 불임이 있다. "아브라함과 사라가 나이 많아 늙었고 사라에게는 여성의 생리가 끊어졌는지라. 사라가 속으로 웃고 이르되 내가 노쇠하

---

54. McCarter, *II Samuel*, 422.

였고 내 주인도 늙었으니 내게 무슨 즐거움이 있으리요"(창 18:11-12). 그럼에도 불구하고 시편 저자는 나이가 들었음에도 미래에 대한 기대를 저버리지 않았다. "하나님이여 내가 늙어 백발이 될 때에도 나를 버리지 마시며 내가 주의 힘을 후대에 전하고 주의 능력을 장래의 모든 사람에게 전하기까지 나를 버리지 마소서"(시 71:18).

7) 가족 안에서의 죄와 벌

잘못된 성관계는 공적인 그리고 사적인 위법 행위로 나뉘어진다. 전자의 행위들에는 근친상간, 짐승과의 관계, 그리고 동성애가 있고 후자에는 강간과 간통이 있다. 같은 아버지의 자식들끼리 결혼하는 것은 금지되었고 그 벌은 죽음이었다(레 18:9, 11). 암논은 그의 이복 여동생인 다말과 관계를 가졌고 결국 그녀의 오빠인 압살롬에게 살해당했다(삼하 13:14, 28-29). 사실 암논은 강간과 근친상간이라는 두 가지 죄를 지은 것이었다. 그러나 이 경우 다말의 말 때문에 혼란스럽다. "청하건대 왕께 말하라. 그가 나를 네게 주기를 거절치 아니하시리라"(삼하 13:13). 짐승과 관계를 갖는 것은 문란(테벨⟨*tebel*⟩)한 일로 질책 받았다(레 18:23; 20:15-16). 이 경우 인간이든 짐승이든 모두 죽음의 형벌을 받았다. 최근 연구에 의하면 농업사회에서 여성과의 접촉이 없이 떨어져 있는 젊은 남성들은 실제로 짐승과 관계를 가졌던 것으로 증명된 바 있다.

동성애는 롯에게 찾아온 두 방문객들(말아킴⟨*mal'ākim*⟩, '사자' 혹은 '천사')과 성관계를 맺게 하려 했다는 '소돔'의 시민들 이야기에서 남색(영어로는 소도미⟨sodomy⟩-역주)이 등장한다(창 19:1-11). 성경의 법은 남성 간의 동성애를 금지하고 둘 다 죽일 것을 명했다(레 18:22; 20:13). 성경에는 여성 간의 동성애는 언급된 바 없다.

강간은 단지 신명기에서 한 번 언급되고 있지만 강간과 유혹 사이에 어떤 정확한 구분은 언급되어 있지 않다. 강간을 한 자는 "처녀의 아버지에게 은 오십 세겔을 주고 그 처녀를 아내로 삼을 것이라 그가 그 처녀를 욕보였은즉 평생에 그를 버리지 못하리라"(신 22:29). 이 경우에 치러지는 값을 모하르(*mōhar*)라 말한다. 야곱과 레아의 딸 디나는 가나안 땅의 추장이자 하몰의 아들인 세겜에 의해 강간당했다. 야곱의 아들 시므온과 레위는 세겜의 모든 남자들을 죽임으로 그들의 누이를 위해 복수했다(창 34장).

간통은 간음과는 다른 종류이다. 제7계명은 결혼한 자가 다른 이의 배우자와 성관계를 맺지 말라고 했고 이에 대한 벌은 죽음이다(출 20:14; 신 5:18). 만약 결혼한 남자가 결혼한 여인과 간통했을 때 둘은 모두 죽음에 처했다(레 20:10; 신 22:22). 간통은 남자가 아닌 약혼하거나 결혼한 여성이 저질렀을 때 죄가 되었다. 결혼한 남자와 결혼하지 않은 여자 사이의 성관계는 간통으로 취급되지 않았다. 이 명령의 목적은 법적 권리가 없는 이에게 상속(나할라〈naḥălâ〉)이 넘어가는 것을 막기 위한 수단이었다. 게다가 간통에 대한 명령은 항상 지켜진 것은 아니었다. 다윗은 분명 이 법을 어겼다(삼하 11장).

(1) 장로회의

법의 조절은 마을과 친족의 장로들에 의해 세워졌다.[55] 각 마을에는 장로회(즈케님〈zĕqēnîm〉)가 구성되어 있었다. "사무엘이 여호와의 말씀대로 행하여 베들레헴에 이르매 성읍 장로들이 떨며 그를 영접하여 이르되 평강을 위하여 오시나이까"(삼상 16:4). 장로들은 성문이나 안뜰에 모여 둥글게 앉아 공동체의 정치적, 종교적 일들을 의논했다. 이들은 또한 법적 공무도 맡고 있었다. 마을의 의원들은 마을을 이끄는 가족들 중에서 선출되었다. 친족의 행정구역 중심지에서, 그리고 여러 마을에서 선출된 의원들이 회의를 했다. 몇몇 지역의 의원들은 친족을 대표하여 지파 회의에 참석했을 것이다. 지파의 의원들은 왕정이나 국가 체제 등의 더 큰 체제에서 모이는 회의를 위해 지파를 대표해 나갔을 것이다. 이 의원들이 아마도 왕의 식탁에 앉아 함께 먹던 자들이었을 것이다. 이 구조는 다른 역할을 맡고 있는 계급제를 이루고 있다. 예를 들어, 마을 단위의 의원들은 친족 체계나 지파 체계의 의원들과는 다른 법적 의무와 기능들을 가지고 있었을 것이다. 드보라의 노래에서처럼 전쟁에 나가고 군대를 보내는 것은 여러 지파들을 대표하는 장로들로 이루어진 의회에 의한 총지파의 결정으로 이루어졌을 것이며 이 의회는 또한 전쟁을 이끌 사령관도 선택했을 것이다. 장로회의는 이스라엘에 생성되기 이전에 이미 많은 근동 사회에서 볼 수 있었다.[56]

---

55. John S. Holladay, "The Kingdoms of Israel and Judah. Political and Economic Centralization in the Iron IIA-B(ca. 1000-750 B.C.E.)," in T.E. Levy, ed., *The Archaeology of Society in the Holy Land*(New York: Facts on File, 1995), 387.

56. Thorkild Jacobsen, *Toward the Image of Tammuz and Other Essays on Mesopotamian History and Culture*, ed. W.L. Moran(Cambridge: Harvard University, 1970), 157-72.

3. 가족과 손님을 위한 음식

1) 접대

손님 접대는 친족애에 그 뿌리를 두고 있다. 일반적으로 '체류자'라든가 '함께 거주하는 거류민', 혹은 '손님' 등으로 번역될 수 있는 게르(gēr, 복수는 게림⟨gērîm⟩)는 친족 밖이나 공동체에 소속되지 않는 자를 말하는 것으로 이들은 다시 말해서 방어능력이 없는 이였다. 게림(gērîm)은 공동체의 일원 중에서 후원을 받아 보호 아래 있어야만 했다. 손님 접대는 이스라엘 백성들에게는 거룩한 의무로서 모세의 법은 다음과 같이 규정한다. "거류민(게르)이 너희 땅에 거류하여 함께 있거든 너희는 그(게르)를 학대하지 말고 너희와 함께 있는 거류민(게르)을 너희 중에서 낳은 자같이 여기며 자기같이 사랑하라 너희도 애굽 땅에서 거류민(게림)이 되었었느니라. 나는 너희 하나님 여호와니라"(레 19:33-34). 이사야가 잘못된 경배와 진실한 경배를 구별할 때 말했던 것처럼 손님 접대는 금식을 동반했다. 하나님께서 기뻐하는 금식은 음식을 필요로 하는 자들을 도울 자세를 만들어 준다. "나의 기뻐하는 금식은 흉악의 결박을 풀어 주며 멍에의 줄을 끌러 주며 압제당하는 자를 자유하게 하며 모든 멍에를 꺾는 것이 아니겠느냐. 또 주린 자에게 네 양식을 나누어 주며 유리하는 빈민을 네 집에 들이며 헐벗은 자를 보면 입히며 또 네 골육을 피하여 스스로 숨지 아니하는 것이 아니겠느냐"(사 58:6-7). 함께 식탁에 앉아 음식을 나누도록 환대를 베풀어 서로 신뢰를 가졌다 생각했던 이였기에 시편 저자는 다음과 같이 고통스럽게 이야기한다. "내가 신뢰하여 내 떡을 나눠 먹던 나의 가까운 친구(이쉬 쉴로미⟨'îš šĕlômî⟩)도 나를 대적하여 그의 발꿈치를 들었나이다"(시 41:9⟨히브리어 성경 41:10⟩).

시편 23편은 키-아타 임마디(ki-'attâ 'immādî, 당신⟨하나님⟩께서 나와 함께 있기 때문에 ⟨4절⟩)에 확신을 둔 신앙의 시편이다. 이 시편은 또한 성경에 나오는 손님 접대의 좋은 예이기도 하다. 여기서 하나님을 묘사함에 있어 두 가지 다른 은유로 그려졌다. 첫 번째 부분은(1-4절) 여호와께서는 일을 열심히 하는 목자이시다. 두 번째 부분(5-6절)에서 하나님은 은혜가 풍성한 주인이다. 목자와 주인은 모두 세 가지, 즉 음식, 음료, 보호를 제공하고 있다. 목자는 양을 푸른 초장과 쉴만한 물가로 인도하며 음침한 골짜기를 잘 통과하도록 돕는다. 또한 주인은 손님을 위해 상을 베풀어 음식과 잔을 준비하고 그에게 거주지를 주어 보호한다. "주께서 내 원수의 목전에서 내게 상(슐한⟨šullḥān⟩)을 차려 주시고 기름을 내 머리에 부으셨으니 내 잔이 넘치나이다"(시 23:5). 슐한(šullḥān)은 '식탁'이라는 뜻을 가진 우가릿어 lḥn과 동의어로서 때때로 땅 위에 펼쳐 놓는 '자리'나 '가죽 조각' 등으로 번역되는데 '은신처를 드러내다'라는 뜻의 아랍어 slḥ와는 동의어가 아니라는 것을 염두해 두어야 한다.[57] 마지막 구절을 보면 "내가 여호와의 집에 영원히 거하리로다"라고 한 것으로 보아 우리는 이 시편이 감사를 위한 제사를 동반한 종교적이면서 기쁨이 가득한 연회에서 씌진 것으로 볼 수 있다.[58]

창세기 18장의 이야기에는 아브라함과 사라가 헤브론에서 대낮에 그들을 찾아온 낯선이들에게 얼마나 후한 대접을 하였는지를 이야기하고 있다. 아브라함은 손님대접의 관례로서 손님들에게 발 씻을 물을 먼저 제공했다. 그런 다음 부부는 떡과 요리한 송아지, 버터와 우유를 겸비한 고기와 야채로 잔치를 준비한다. 아브라함은 이 음식들을 준비하면서 "내가 떡(파트-레헴⟨pat-leḥem⟩)을 조금 가져오리니 당신들의 마음을 상쾌하게 하소서"(창 18:5)라고 말했을 뿐이다. 손님을 존중하는 입장에서 대접을 잘 하기 위해 새로 막 구운 빵을 손님들에게 대접했다. 빵은 칼로 자르는 것이 아니라 항상 손으로 여러 조각으로 잘랐다.

이 관습의 예들이 성경에는 여러 번 등장한다. 욥은 자신이 손님 접대를 잘한다는 것을 자랑했다. "나그네가 거리에서 자지 아니하도록 내가 행인에게 내 문을 열어 주었노라"(욥 31:32). 사르밧(베니게에 위치)의 과부는 그녀에게조차 적은 음식이었음에도 불구하고 엘리야와 나누어 먹었다. "그가 일어나 사르밧으로 가서 성문에 이를 때에 한 과부가 그곳에서 나뭇가지를 줍는지라 이에 불러 가로되 청하건대 그릇에 물을 조금 가져다가 나로 마시게 하라. 그가 가지러 갈 때에 엘리야가 그를 불러 가로되 청하건대 네 손의 떡 한 조각을 내게로 가져오라"(왕상 17:10-11). 과부는 엘리야에게 자신에게 적은 양의 가루와 기름이 있다고 말하자 엘리야는 그녀에게 자신을 위해 "작은 떡"(우가 케타나⟨'ugâ qĕtannâ⟩, 왕상 17:13) 하나를 만들어 오라고 말한다. 기름을 가루에 부어 빵의 형태로 만들어 화덕에 굽는 이 빵은 둥글고 넓적한 모양이며 '피타'라고 불렸다. 미디안 제사장 르우엘은 그의 딸들이 가축에게 물을 먹이는 것을 도와준 낯선 사람 모세를 대접하지 않은 것에 대해 놀라면서 말했다. "아버지(르우엘)가 딸들에게 이르되 그 사람이 어디에 있느냐 너희가 어찌하여 그 사람을 버려두고 왔느냐 그를 청하여 음식을 대접하라"(출 2:20).

---

57. Mitchell Dahood, Psalms I, AB 16(Garden City, N.Y.: Doubleday, 1966), 147.
58. Ernest Vogt, "The 'Place in Life' of Ps 23," Biblica 34(1953). 195-211.

식사를 함께 한다는 것은 식사에 참여한 이들로 하여금 도덕적 의무로 연결되도록 하는 끈을 만들어줬다. 일반적으로 식사를 통해 종종 우정은 강화되었다. 아브라함이 전쟁에서 승리한 이후 살렘(예루살렘?) 왕이자 엘 엘리온의 제사장이었던 멜기세덱은 빵과 포도주를 가지고 와 아브라함을 축복했다(창 14:17-20). 반면에 대접을 소홀히 한 자에게는 처벌이 따랐다. "암몬 사람과 모압 사람은 여호와의 총회에 들어오지 못하리니……그들은 너희가 애굽에서 나올 때에 떡과 물로 너희를 길에서 영접하지 아니하였다"(신 23:3-4). 같은 맥락의 이야기가 다윗과 그의 하인들에게 음식과 음료를 제공하기를 거절했던 나발의 이야기에도 나온다. 나발은 다음과 같이 말했다. "내가 어찌 내 떡과 물과 내 양 털 깎는 자를 위하여 잡은 고기를 가져다가 어디서 왔는지도 알지 못하는 자들에게 주겠느냐 한지라"(삼상 25:11).

2) 가구

가구는 영구적으로 한 곳에 거주를 했다는 상징으로 유목민들은 옮겨 다니기 거추장스러운 가구는 필요가 없었다. 모든 고대의 가구는 나무로 만들어졌고 다른 유기 물질들과 마찬가지로 나무는 쉽게 부식해 그 잔해가 소량뿐이다. 여리고에서 발견된 후기청동기 시대의 나무로 만든 가구가 보존된 것은 특별한 발견이다.

잔치 음식은 특별한 가구를 필요로 했다. 성경과 다른 동시대의 문서 외에 연회를 하는 장면은 부조품, 상아로 만든 유물과 다른 유물들에 새겨져 있어 적어도 고위층의 사람들이 연회장에서 사용한 가구에 대한 정보를 수집할 수 있었다. 니느웨의 궁정에서 발견된 한 벽부조에는 앗수르의 왕 앗수르바니팔이 정원에 설치된 높은 침상에 기대 앉아 왕비와 함께 연회를 즐기고 있는 모습이 있다(그림 22). 이렇게 기대어 앉는 자세는 신앗수르 제국의 예술품에 등장하는 독특한 묘사이다. 이 시기 전까지 승리를 축하하는 장면에서 왕은 똑바로 앉아있는 모습을 하고 있었다. 왕비 앞에는 탁자가 하나 놓여있고 또 다른 탁자 하나가 우편에 있는데, 왕의 화살과 칼과 화살 통이 놓여 있다. 주전 8세기의 갈그미스에서 발견된 부조품에 새겨진 연회 장면에는 하인들을 동반하고 있는 한 수염을 기른 이가 식탁을 앞에 두고 의자에 앉아 컵을 들고 있다(*ANEP*, 637).

이스라엘의 관습은 음식을 먹는 동안 앉거나 혹은 기대어 앉는 것이다. 물론 탁자는 음식을 놓기 위해 사용되었지만 의식을 행하기 위해 만들어지기도 하고 돈을 바꾸거나 필기하기 위한 도구로도 사용되었다. 식사를 할 때 카펫 위에 웅크리고 주저앉거나 한쪽으로 기대어 앉은 자세로 식사를 했기 때문에 탁자는 분명 낮았을 것이다. 이집트에서 발견된 탁자들은 높이가 30센티미터를 넘는 것이 거의 없다. 시편 기자는 부모와 아이들이 식탁에 둘러 앉아있는 모습을 묘사하고 있다. "네 집 안방에 있는 네 아내는 결실한 포도나무 같으며 네 식탁(슐한⟨šulḥān⟩)에 둘러 앉은 자식들은 어린 감람나무 같으리로다" (시 128:3). 유다 지파에 패한 가나안 왕 아도니 베섹은 슐한을 언급하고 있다. 비록 이 이야기의 출처가 의심스럽기는 하나 전쟁에서 승리한 이들에 의해 그의 수족의 엄지가락이 잘리고 나서 아도니 베섹은 이렇게 말했다. "옛적에 칠십 명의 왕들이 그들의 엄지 손가락과 엄지 발가락이 잘리고 내 상(슐한) 아래서 먹을 것을 줍더니 하나님이 내가 행한 대로 내게 갚으심이로다"(삿 1:7). 바벨론이 멸망할 것이라는 환상에서 귀족들은 잔치에 참여하고 있다. "그들이 식탁(슐한)을 베풀고 파숫꾼을 세우고 먹고 마시도다"(사 21:5). "식탁을 준비하는 것"은 시편 기자에게 신뢰의 행위를 상징하기도 했다. "주께서 내 원수의 목전에서 내게 상을 차려 주시고 기름을 내 머리에 부으셨으니 내 잔이 넘치나이다" (시 23:5). "그뿐 아니라 하나님을 대적하여 말하기를 하나님이 광야에서 식탁을 베푸실 수 있으랴"(시 78:19).

의자는 근동의 유물들에서 묘사된 것처럼 직사각형의 등 없는 의자임이 분명하다. 그러나 위에서 언급한 앗수르바니팔 왕과 그의 여왕이 정원에서 연회를 즐기고 있는 장면에서는 왕이 높은 침상에 기대어 앉아있고, 여왕은 이 침상의 끝에 높고 화려하게 장식된

그림 22. 니느웨의 앗수르바니팔 궁전의 벽부조, 주전 7세기. 정원의 퍼골라(덩굴을 지붕처럼 얹은 정자-역주) 아래에서 연회를 즐기고 있는 장면. 이 정원 장면에는 왕이 침상에 기대어 있고 왕비는 발을 발판 위에 올려놓고 왕좌에 앉아있다. 이들의 좌우 양측에 수행원들이 서 있다. 좌측에 좀 더 많은 수행원들이 서 있는데 이들 중에는 진미를 담은 쟁반을 들고 있는 자들과 연회를 위해 수금을 연주하고 있는 이가 서 있다. 왕과 왕비는 마르제아흐(marzēaḥ)에 사용되었던 전형적인 대접/컵으로 포도주를 마시고 있다. 연주자 옆 소나무에는 전쟁에서 진 엘람 왕의 머리가 걸려 있다(대영 박물관 전재 허가).

왕좌에 앉아있는 것을 볼 수 있다. 히스기야에게서 공물을 받고 있는 산헤립은 침상과 의자 모두에 앉아있는 모습으로 묘사되어 있다(*ANET*, 288).

아모스는 상아로 장식된 침상(미토트 쉔⟨*miṭṭôt šēn*⟩)에 누워 자는 게으른 상류층을 꾸짖고 있다(암 6:4). 단지 상류층만이 화려한 침대를 쓸 수 있었고, 일반인들은 성기게 짠 자리(rush mat)에서 잠을 잤다.

3) 음식 준비

성경은 요리법에 대해 적은 정보만을 제공하고 있다. 집안일을 돌보던 여인들이나 하인들이 요리를 하는 부엌으로 사용했던 곳은 안뜰이었다. 고기를 요리할 때는 주로 끓였다. 바샬(*bāšal*)이라는 히브리어는 일반적인 요리를 뜻한다. 다말이 오라비 암논의 집에 갔을 때 그녀는 그를 위해 밀가루로 만든 음식(레비보트⟨*lěbibôt*⟩)을 끓였다(바샬⟨*bāšal*⟩)(삼하 13:8, 한국어 성경은 이 과정을 "과자를 만들고 그 과자를 구웠다"로 번역함).[59] 향연에서 일반인들이 고기를 먹을 때는 때로 구워 먹기도 했다. 실로의 대제사장 엘리의 아들들이 타락했을 때 이런 말까지도 한다. "기름을 태우기 전에도 제사장의 사환이 와서 제사 드리는 사람에게 이르기를 제사장에게 구워드릴(리쯔로트⟨*liṣlôt*⟩) 고기(바싸르⟨*bāśar*⟩)를 내라 그가 네게 삶은 고기(바싸르 메부샬⟨*bāśar měbuššāl*⟩)를 원하지 아니하고 날 것을 원하신다"(삼상 2:15).

제사법은 동물을 요리하기 전에 준비해야 할 사항들을 제시하고 있다. 동물의 목을 따고 피를 흐르게 한 후 껍질을 벗기고 잘랐다. 작은 동물들, 예를 들어, 유월절 양 같은 동물은 꼬챙이에 꿰어 장작불에 그대로 구웠다(쩰리 에쉬⟨*ṣĕli-'ēš*⟩, 출 12:8). 아모스가 상류층의 음악과 유희를 동반한 사치스러운 연회였던 마르제아흐(*marzēaḥ*)를 비난하면서 이들이 "양 떼에서 어린 양과 우리에서 송아지를 취하여 먹는다"고 말했다. 후자는 우리에서 길러진 육질 좋은 송아지 고기를 먹는 식도락가의 즐거움을 말하고 있다.

성경은 요리에 사용된 몇 가지 용기를 언급하고 있다. 제사장 엘리의 욕심 많은 아들들의 행위에서 네 가지 용기들이 등장한다. "그 제사장들이 백성에게 행하는 습관은 이러하니 곧 어떤 사람이 제사를 드리고 그 고기를 삶을 때에 제사장의 사환이 손에 세 살 갈고리를 가지고 와서 그것으로 남비(두드⟨*dûd*⟩)나 솥(칼라하트⟨*qallaḥat*⟩)이나 큰 솥(파

---

59. McCarter, *II Samuel*, 322.

루르(*parûr*))에나 가마(키요르(*kiyyôr*))에 찔러 넣어서 갈고리에 걸려 나오는 것은 제사장이 자기 것으로 가지되"(삼상 2:13-14, 그림 71b). 가정에서 사용한 것과 달리 예루살렘 성전 같은 곳에서 제사를 지낼 때 사용된 용기들은 아마도 금속으로 만들어졌을 것이다. 같은 용기가 한 가지 이름이 아닌 여러 가지 이름으로 불리기도 했기 때문에 이러한 용기들을 구별하는 것은 어려울 뿐만 아니라 여기에 나열된 용기들도 섞여 있어 구별하기가 힘들다. 키요르(*kiyyôr*)는 깊이가 얕고 그릇 입구가 넓은 용기이다. 두드(*dûd*)는 깊이가 깊고 바닥이 둥글며 양쪽에 손잡이가 달린 요리용 그릇이다. 칼라하트(*qallaḥat*)는 손잡이 하나 달린 요리용 그릇이며 파루르(*parûr*) 역시 같은 형태의 그릇이다. 씨르(*sîr*)라는 용기는 입구가 넓은 요리용 그릇을 말한다. 철기 시대에 음식은 작은 대접에 덜어 먹었다. 입구가 넓은 요리용 그릇은 고기와 스튜 등을 요리할 때 사용했고 목이 좁고 손잡이가 하나 달린 요리용 그릇은 스프와 죽을 끓일 때 사용했다.

4) 빵/떡 만들기

빵을 만드는 것은 선사시대부터 시작된 고대 기술의 하나이다. 히브리어로 레헴(*leḥem*)은 빵을 말하나 때로는 일반적인 음식을 의미하기도 한다. 여인들이 주로 빵을 만들었으며 일과 중 하나였다. 하늘 여왕(일반적으로 이쉬타르라는 여신으로 봄)의 제사를 위해 만든 과자/케이크인 카바님(*kawwānîm*)을 준비하기 위해 일을 나누었다고 예레미야는 말한다. "자식들은 나무를 줍고 아버지들은 불을 피우며 부녀들은 가루를 반죽하였다"(렘 7:18). 가루[60]를 물과 섞어 큰 그릇에서 반죽으로 만들었다. 반죽을 발효시키기 위해 적은 양의 발효성 물질이 첨가되었고 소금으로 간을 맞췄다. 어떤 학자는 카바님(*kawwānîm*)을 재나 혹은 타다 남은 과자라고 보고 있다.[61] 그러나 실제로, 이 과자들은 꿀이나 무화과 등으로 달콤하게 한 밀가루로 만든 과자를 말한다. '반죽을 하다'(루쉬⟨*lûš*⟩)라는 동사는 다른 유명한 성경 속의 이야기들에서 세 번 더 나온다. 사라는 가루를 반죽하여 과자를 만들어 세 나그네를 대접했다(창 18:6). 길보아 산에서 블레셋인들에게 패배하기 전날 밤 엔돌의 신접한 여인은 사울을 위하여 가루를 뭉쳐 과자를 만들어 주었다(삼상 28:24).

---

60. 제3장에 곡식을 가루로 만드는 과정을 설명하고 있다.
61. Moshe Greenberg, *Ezekiel 1-20*, *AB* 22(Garden City, N.Y.: Doubleday, 1983), 107. Edward Robonson이 묘사한 인분을 모아 불을 지펴 빵을 만드는 과정을 인용하고 있다.

다말은 이복형제인 암논이 그녀를 강간하기 전에 그를 위해 반죽을 해서 과자를 만들었다(삼하 13:8).

과자/케이크(우곳⟨'ugôt⟩)는 현대 사회에서 말하는 제과를 말하는 것은 아니다. 고대 이스라엘인들은 꿀과 포도, 대추야자, 혹은 무화과 등으로 만든 잼을 먹었다. 우가('ugâ)는 히브리어로 '둥글게 하다'라는 어원을 가지고 있으며 고대에 번철 위에 구운 케이크를 말하며 한쪽 면만을 굽거나 뒤집어 양쪽 면을 다 구웠을 것이다. 은유적인 표현으로 "에브라임은 뒤집지 않은 전병(우가 블리 하푸카⟨'ugâ bĕli hăpûkâ⟩)"(호 7:8)이라고 비유되었다. 에루살렘의 포위와 바벨론 포로로 끌려가리라는 임박한 일들의 상징으로서 에스겔은 여섯 가지 야채와 곡물을 한 그릇에 담고 섞으라고 명령받고 있다. "너(에스겔)는 밀과 보리와 콩과 팥과 조(도한⟨dōhan⟩)와 귀리(쿠쎄밈⟨kussĕmîm⟩)를 가져다가 한 그릇에 담고 떡(레헴⟨leḥem⟩)을

그림 23. 키프루스에서 발견된 토기로 만든 빵 틀(높이 30.4센티미터, 넓이 18.5센티미터, 두께 4.2센티미터). 아마도 여신 아프로디테-아세라, 이쉬타르, 하늘 황후를 묘사하고 있는 듯하다. 이 빵 틀로 빵을 찍으면 코, 가슴, 그리고 여성의 음부가 도드라져 강조된다. 철기 II 시대 혹은 키프로-아케익(**Cypro-Archaic**) 시대(주전 약 8세기경)로 연대가 측정될 것이다(니코시아, 키프루스 박물관, **V. Karageorghis** 전재 허가).

만들라"(겔 4:9). 이 특이한 섞은 음식은 사실 율법적으로는 정결하지 못한 것이었으며(레 19:19; 신 22:9) 전쟁으로 인한 식량 부족으로 만들어진 전쟁 음식이다.[62] 에스겔은 이것을 보리떡(우가트 쎄오림⟨'ugat śĕ'ōrîm⟩)처럼 만들어 먹으라고 명령받았다(겔 4:12).

성경 시대에 빵을 굽기 위해 여러 가지 방법들이 사용되었다. 가장 간단하면서도 가장 일찍 사용되었던 방법은 넓적한 돌 위에 불을 지피고 나서 재를 제거한 뒤 반죽을 달구어진 돌 위에 놓고 그 위에 다시 재를 덮는 것이다. 재를 제거하면 빵을 먹을 수가 있

---

62. Greenberg, *Ezekiel 1-20*, 106.

다. 이러한 방법이 아마도 이집트에서 이스라엘 백성이 나올 때에 사용하던 방법인 것으로 보인다(출 12:39). 서둘러 빵을 구웠던 엔돌의 신접한 여인도 이 방법을 사용했을 것이다(삼상 28:24). 엘리야도 역시 뜨겁게 달궈진 돌 위에 재로 덮은 빵을 먹었다. 엘리야가 로뎀나무 아래 누워 있을 때 머리맡을 본즉 "숯불에 구운 떡"(왕상 19:6)[63]이 있었다. 빵을 굽는 철판(마하바트⟨maḥăbat⟩)은 진흙이나 철로 만들어졌으며(겔 4:3) 불을 지피는 구멍을 파고 구멍을 둘러 돌들을 쌓은 후 그 위에 번철을 올렸으며 반죽을 번철 위에 놓고 구웠다. "철판(하마하바트⟨hamaḥăbat⟩)에 부친 것으로 소제의 예물을 드리려거든 고운 가루에 누룩을 넣지 말고 기름을 섞어라"(레 2:5, 그림 70b).

빵을 굽는 화덕은 가정집들이 있는 구역에서 많이 발견되는데 주로 안뜰에 위치해 있다. "타분"(tabun)과 "탄누르"(tannûr)라 불리는 두 가지 종류의 화덕이 사용되었다. 각각의 종류는 또 다양하게 여러 가지 변형 형태들이 있다. 팔레스타인인들의 아랍어인 타분(tabun)은 성경에는 나오지 않는 단어이고 탄누르(tannûr)는 화덕을 칭하는 일반적인 성경 단어이다. 두 종류 다 진흙과 다진 짚을 섞어 만든 것으로 벌집 형태로 만들어졌다. 꼭대기에 있는 입구는 뚜껑으로 덮었다. 짚으로 반죽하여 말린 똥거름을 납작한 케이크처럼 만들어 연료로 사용했는데 타분(tabun)의 바깥쪽에 쌓아서 화덕의 안쪽에 깔아 놓은 돌들을 달구어 이 돌 바닥 위에 있는 빵을 굽는 구조였다. 심지어 인분마저도 연료로 사용하기도 하였다. 에스겔이 말한 것을 빌자면 여호와께서는 이렇게 지시하셨다. "너는 그것을 보리떡처럼 만들어 먹되 그들의 목전에서 인분 불을 피워 구울찌니라"(겔 4:12). 탄누르(tannûr)는 화덕의 아래쪽에 나무로 불을 피우는 것으로 빵의 반죽은 화덕의 달구어진 내부 벽에 붙여서 구웠다(54쪽을 보라). 분으로 만든 연료는 이 화덕에는 사용되지 않았다. 몇몇 사전 편집자들에 의하면 성경(겔 5:16; 레 26:26)에 나오는 마테-레헴(maṭṭeh-leḥem, '막대빵')이 우리가 일반적으로 알고 있듯이 양식, 즉 생명을 의미하는 것이 아니라 이 히브리어 단어는 막대 형태의 빵 혹은 쥐 같은 것들이 갉아 먹지 않도록 반지처럼 만들어 천장에 걸어놓았던 빵을 말한다.[64]

---

63. Greenberg, *Ezekiel 1-20*, 107.
64. Ludwig Koehler and Walter Baumgartner, *Hebräisches und aramäisches Lexikon zum Alten Testament*, 3d ed.(Leiden: E. J. Brill, 1974), 2. 543.

5) 일상 음식

작은 대접들이 먹고 마시는 데 사용되었다. 성경 시대에 사람들은 세 번 식사를 했고 각 식사의 양은 눈에 띄게 달랐다. 아침은 상당히 적은 양으로 빵이나 과일만을 먹었다. 점심식사는 빵, 곡물, 올리브, 그리고 무화과로 간단하게 먹었다. 룻의 점심식사를 예로 보면 빵 조각을 초(호메츠⟨ḥōmeṣ⟩)에 찍어 먹었고 볶은 곡식(칼리⟨qālî⟩)을 조금 먹었다(룻 2:14). 일을 마치고 해가 진 후 저녁 식사를 했는데 전 가족이 함께 모여 먹었다.[65] 음식의 양은 그 가정의 경제적 형편에 따라 달랐다. 음식은 기본적으로 한 남비의 스튜가 그릇에 담겨 나오는데 여기에 빵을 흠뻑 적셔 먹었다. 걸쭉한 죽(나지드⟨nāzîd⟩)이나 때로는 고기가 섞인 야채 스튜가 성경에 여러 번 언급되어 있다. 편두(아다쉼⟨ʿădāšîm⟩)나 야채를 넣은 스프는 허브로 간을 했다. 야곱은 에서의 장자권을 속여 뺏을 때 편두 스튜(네지드 아다쉼⟨nēzîd ʿădāšîm⟩, 한국어 성경은 "팥죽"으로 번역함)를 만들고 있었고 에서는 이를 "그 붉은 것"(하아돔 하제⟨hāʾādōm hazzeh⟩)이라고 불렀다. 이 '붉다'라는 단어는 후에 에서가 차지한 땅을 "에돔"('붉다')이라고 부르는 데 활용되었다. 이는 언어유희로 보인다. 엘리사는 큰 솥(씨르⟨sîr⟩)에서 끓인 비슷한 스튜(나지드⟨nāzîd⟩)를 선지자의 생도들에게 제공했다(그러나 이 스튜에는 독이 있었다. 왕하 4:38-41).

일반 가정에서는 잔치가 열렸을 때에만 고기를 먹었다. 아브라함과 사라가 세 명의 낯선 사람들을 위해 음식을 준비했던 것처럼 중요한 손님이 오면 고기를 대접했다. 사울이 엔돌의 신접한 여인을 만났을 때 그녀는 우리에서 키워 살진 송아지(에겔 마르베크⟨ʿēgel marbēq⟩)를 잡고 무교병(마쪼트⟨maṣṣôt⟩)을 만들어서 그를 대접했다(삼상 28:24-25). 히브리어 마르베크(marbēq, '우리')는 동물을 가두어 살지게 키우는 축사를 말한다. 누가복음에 등장하는 "방탕한 아들"은 이와 같은 음식을 받았다(눅 15:23-27). 마르제아흐(marzēaḥ, '연회')에서도 "우리에서 송아지"(아갈림 미토크 마르베크⟨ʿăgālîm mittôk marbēq⟩)를 취하여 먹었다(암 6:4).

다른 몇몇 성경 문헌들이 이스라엘 백성이 먹은 음식에 대해 정보를 제공하고 있다. 다윗이 압살롬을 피해 달아날 때 마하나임(요단 건너편)에 있던 그에게 가져온 음식은 "밀

---

65. 오늘날 전통적인 아랍 가정에서 여성은 남성과 함께 식사를 하지 않고 기다렸다가 나중에 먹는다. 창 18:8-9를 보았을 때 유사한 관습이 성경 시대에도 지켜졌던 것으로 보이는데 이는 어쩌면 손님이 있을 때만 행해졌을지도 모른다. 아브라함을 방문한 세 남자들이 마므레 상수리나무 곁에서 식사를 할 때 아브라함은 그들 곁에 서 있었으나 사라는 장막 안에 있었다.

과 보리와 밀가루와 볶은 곡식과 콩과 팥과 볶은 녹두와 꿀과 버터와 양과 치즈"였다(삼하 17:28-29). 솔로몬의 궁정에서 먹은 하루분의 식물은 가는 밀가루(솔레트⟨sōlet⟩) 삼십 석(약 5.4리터/약 97말), 굵은 밀가루(카마흐⟨qāmaḥ⟩) 육십 석(약 10.8리터/약 195말), 살진 소(바카르 베리임⟨bāqār běri'îm⟩) 열 마리, 초장의 소(바카르 레이⟨bāqār rě'î⟩) 스무 마리, 양(쫀⟨ṣō'n⟩)이 백 마리였으며, 그 외에 수사슴(메아얄⟨mě'ayyāl⟩)과 노루(쯔비⟨ṣěbî⟩)와 암사슴(야흐무르⟨yahmûr⟩)과 살진 새들(바르부림 아부심⟨barburîm 'ăbûsîm⟩)이 있었다(왕상 4:22-23⟨히브리어 성경 5:2-3⟩). 양털을 깎을 때는 잔치가 열렸는데 나발은 이 잔치 음식을 다윗과 그의 신하들에게 나누어 줄 것을 거절했으나 아비가일은 친절하게 "떡 이백 덩이와 포도주 두 가죽 부대와 잡아서 요리한 양 다섯 마리와 볶은 곡식 다섯 세아와 건포도 백 송이와 무화과 뭉치 이백 개" 등의 음식을 들고 와 상황을 완화시켰다(삼상 25:18). 이 음식들은 일반적으로 이스라엘 민족이 일상적으로 먹던 음식은 아니지만 어쨌든 이러한 음식들을 먹었다는 것을 보여주고 있다.

계약을 성사할 때 음식을 먹었던 예가 성경에 세 번 정도 등장한다. 이삭과 그랄 왕 아비멜렉은 서로 미워하지 않는 평화의 조약을 맺으면서 잔치를 베풀어 함께 먹고 마신다(창 26:26-33). 유사한 예로 야곱과 라반 사이에 조약이 성립될 때 제사를 드리고 음식을 나눈다(창 31:43-54). 시내 산의 계약을 승인할 때 이스라엘의 칠십 명의 장로들은 모세와 아론과 나답과 아비후와 함께 산으로 올라가 하나님 앞에서 먹고 마셨다(출 24:9-11). 또한 그들의 결합의 상징으로 모세의 장인 이드로는 아론과 이스라엘의 장로들과 함께 먹었다(출 18:12).

4. 질병과 치유

고대 문헌에 묘사되어 있는 질병이 사실 정확히 어떤 병이었는가를 판단하는 것은 거의 불가능하다. 우리가 말할 수 있는 것은 단지 고대인들이 겪었던 거의 모든 질병이 현대에도 있는 질병이고, 당시에 위생과 예방이 발달되지 않았기 때문에 우리보다 더 많은 질병을 가지고 있었을지도 모른다는 것이다. 성경에 몇몇 전염병이 언급되어 있는데 예를 들어, 이집트에서 가축을 공격한 다섯 번째 재앙과(출 9:3-7) 산헤립의 군대가 겪은 질병(왕하 19:35; 사 37:36)이 있다. 후자의 경우 싸움터에서 군사들이 흔히 겪는 병인 이질/

혹은 설사병이었을지도 모른다.

약을 처방하는 것은 이미 주전 3000년경 메소포타미아와 이집트에서 발달되어 있었다. 메소포타미아에는 치유의 여신 굴라(Gula)가 있었는데 이 여신은 개를 상징으로 했으며 신전마저 "개 집"이라고 불렀다. 이집트의 고왕국 시대에는 전문적인 의사들이 의술을 행했다. 이집트와 메소포타미아는 고대 이스라엘에 비해 그 기술이 상당히 발달해 있었으나 제사장이 진단하고 선지자가 치유의식을 행하던 이스라엘은 철기 시대에도 여전히 초보적인 수준만을 답습하고 있었을 뿐이다.

고고학을 통해 발견된 의학 관련 건물이나 유물 등은 소수에 불과하다. 대부분의 치명적인 질병은 뼈나 두개골에 그 흔적을 남기지 않는다. 그러나 몇 가지 질병-관절염, 결핵, 부패성 전염병, 악성 종양-이 신체 인류학자들에 의해 검증된 바 있다. 두개골은 나이와 성별, 질병의 상태, 식사와 영양의 상태, 그리고 외상과 절단 상태 등에 대한 정보를 보여준다.[66]

고대 작가들(특히 P문헌은 종교적 정결에 집중하고 있다)이 과학적 기술과 질병의 분류법 등에 전혀 신경을 쓰고 있지 않았기에 성경 문헌은 의학에 대한 정보를 그다지 제공하고 있지 못하고 있다. 따라서 예술이나 유물들이 상당히 도움이 되고 있다. 이 기술적인 정보의 부족은 성경에 나오는 질병들이 무엇이었는지 밝히는 것을 매우 어렵게 하고 있다. 질병이라는 가장 흔한 히브리어는 홀리(ḥŏlî, '아픔')와 할라(ḥālâ, '쇠약해짐')이며 반대로 좋은 상태를 샬롬(šālôm, '완전', '평안')이라 한다.

1) 위생

레위기에는 개인적으로 위생 상태를 돌보라는 의학 관련 내용이 있는데 육체적 깨끗함보다는 종교적/의례적 정결에 치중하고 있다. 속죄일에 대제사장 아론은 "거룩한 곳에서 물로 몸을 씻고 자기 옷을 입었다"(레 16:24). 적어도 하나님이 군대와 함께 있기 때문에 군대 야영장 역시 청결을 유지해야 했다. 신명기에서 이렇게 명하고 있다.

> 네 기구에 작은 삽(야테드⟨yātēd⟩)을 더하여 밖에 나가서 대변을 볼 때에 그것으

---

66. Richard N. Jones, "Palepathology," *ABD*, 5. 62; and Robert North, *Medicine in the Biblical Background*, AnBib(Roma: Editrice Pontificio Istituto Biblico, 2000).

로 땅을 팔 것이요 몸을 돌려 그 배설물을 덮을지니 이는 네 하나님 여호와께서 너를 구원하시고 적군을 네게 넘기시려고 네 진영 중에 행하심이라. 그러므로 네 진영을 거룩히 하라. 그리하면 네게서 불결한 것을 보시지 않으므로 너를 떠나지 아니하시리라(신 23:13-14).

고대에 있어 위생은 상당히 중요한 것이었다. 일반적으로 쓰레기는 거리에 버려져 동물들이 먹거나 비에 씻겨 처리할 수 있었다. 므깃도와 게셀 같은 도시의 철기 시대 성문들에서는 거리 아래 하수구가 뚫려 있는 것을 볼 수 있지만 집에는 하수구가 드물었다. 물 저장고가 많았는데 이는 쉽게 오염될 수 있었다. 오염된 물과 상한 음식 등 모든 불결한 상태를 초래하는 것들을 미연에 방지하는 것은 치명적인 질병 외에도 영아들의 높은 사망률을 줄이는 데도 효과적이었다. "내(다윗)가 그들(적들)을 땅의 티끌같이 부스러뜨리고 거리의 진흙(티트⟨*tit*⟩) 같이 밟아 헤쳤나이다"(삼하 22:43; 미 7:10).[67] 병든 자를 밖에 내보내지 않는 것 또한 병을 퍼뜨리지 않는 방법으로 많이 사용되었다.

그림 24. 욕조 안에서 목욕을 하고 있는 여인의 점토상. 아크집 유적지, 주전 7세기(이스라엘 박물관 전재 허가).

성경에는 종교적 정결과 무관하게 목욕하는 모습이 등장한다. 다윗은 왕궁 지붕 위에서 거닐다가 밧세바가 목욕하는 것을 보게 되고, 결국 그녀와 간통을 저지르고 말았다(삼하 11:2). 고고학 역시 목욕하는 관습을 증명해주고 있다. 지중해변 악고 북쪽에 위치해 있는 아크집 유적지의 에르 라스(er-Ras) 묘지의 한 무덤에서 여인이 타원형의 욕조에서 목욕하고 있는 장면의 점토상이 발견되었다(아마도 주전 8-7세기, 그림 24). 때때로 목욕은 서서 물동이로 물을 머리와 몸에 부어 하기도 했을 것이다.

발을 씻는 것은 성경 시대에 상당히 강조되던 관습이었다. 사마리아, 므깃

---

67. Edward Newfeld, "Hygiene Conditions in Ancient Israel," *BA* 34(1971). 42-66.

도, 그리고 라기스 등의 여러 유적지에서 발을 씻는 도구가 발견되었다. 이 도구는 토기로 제작된 수반으로 발을 올려놓을 수 있게 되어 있었고 바닥에 주둥이가 달려 있어 더러워진 물이 흘러나가게 되어 있었다. 발을 씻는 것은 고대 사회에 손님을 접대하는 요소였으며, 당시 사람들이 맨발에 발가락이 드러나는 샌들이나 슬리퍼를 신었기에 중요한 관습이었다(그림 134). 아브라함은 헤브론에서 그를 방문한 세 나그네에게 "물을 조금 가져오게 하사 당신들의 발을 씻으시고 나무 아래서 쉬소서"라고 말했다(창 18:4; 19:2). "그 사람(아브라함의 하인)이 그 집으로 들어가매 라반이 낙타의 짐을 부리고 짚과 사료를 낙타에게 주고 그 사람의 발과 그의 동행자들의 발 씻을 물을 주고"(창 24:32).

여호와께서는 예레미야를 통해 유다 백성들을 꾸짖으신다. "네가 잿물(네테르⟨neter⟩)로 스스로 씻으며 네가 많은 비누(보리트⟨bōrit⟩)를 쓸지라도 네 죄악이 내 앞에 그대로 있으리니"(렘 2:22). 세제는 주로 잿물 성분과 탄산소다를 함유한 식물로 만들었는데, 그 식물은 팔레스타인 특히 아라바와 네게브와 해안가에서 자랐다. 성경 시대의 세제는 현대의 비누 모양과 유사했을 것이다. 네테르(neter)는 알칼리와 지방이 섞인 포타슘이었다. "비누"라는 번역은 시대착오적인 것으로, 이 단어는 헬라 시대(약 주전 300년)에 가서야 사용되었다. 식물성 알칼리성인 보리트(bōrit)는 탄산성분과 포타슘을 함유한 나무나 풀을 태운 재로 만들었다.[68] 식사 전후에 손을 씻었고 매일 다른 때에도 손을 씻었을 것이다. 음식을 준비하고 먹는 과정은 아마도 우리가 오늘날 비위생적이라고 생각하는 상태에서 이루어졌을 것이다. 그릇은 모래로 문질러 씻었다.

건조한 기후에 피부가 마르고 갈라지는 것을 방지하기 위해 올리브기름을 몸에 바르는 것은 일반적인 관습이었다. 기름은 보통 목욕 후에 발랐다. 나오미는 그녀의 며느리 룻에게 이렇게 명했다. "그런즉 너는 목욕하고 기름(수크⟨sûk⟩)을 바르고 의복을 입고"(룻 3:3). 다윗은 아이가 죽었다는 소식을 듣자 "땅에서 일어나 몸을 씻고 기름(수크⟨sûk⟩)을 바르고 의복을 갈아입었다"(삼하 12:20).

---

68. 텔 엘 헤시(Tell el-Hesi) 유적지에서 W.M. Flinders Petrie는 "알칼리성을 태운 장소"에서 재와 모래가 두껍게 쌓여져 있는 것을 발견했다. Albright는 이를 이스라엘에 의해 파괴된 에그론 도시라고 생각했다. 최근의 발굴자들은 재가 얇게 쌓여 있는 층들은 타작마당이 탄 것이라고 주장했다. 청동기 시대 말기에 오히려 널리 나타나는 이 현상을 확실한 설명이라고 말할 수는 없다. 그렇다고 해서 Petrie의 "알칼리성을 태운 장소" 역시 완전히 무시할 만한 의견은 아니다.

2) 건강 위협

(1) 기생충

뜨거운 기후와 비위생적인 환경 그리고 오염된 물이 합쳐져 기생충이 득실거리는 땅으로 만들었다. 다윗 성(예루살렘)을 발굴한 고고학자들은 느부갓네살이 이 도시를 파괴하기 바로 이전에 사용했던 재래식 화장실 두 개를 발견했다. G구역에 위치해 있던 "아히엘의 집"의 작은 방에서 변기 하나가 발견되었다(그림 25, 26, 28). 이 지방의 석회석으

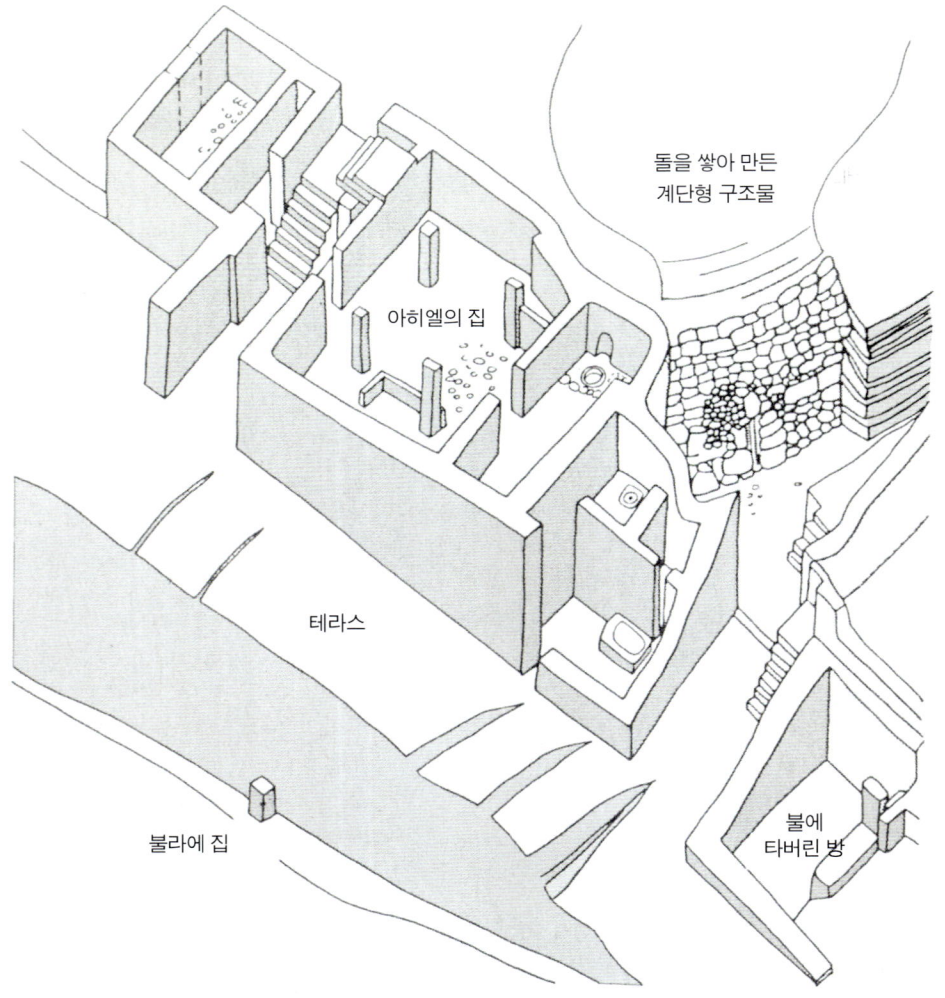

그림 25. 계단식 구조물 아래에 위치한 철기 II 시대의 건물 그림: 위쪽 테라스에는 아히엘의 집과 타버린 방이 보이고 아래쪽 테라스에는 불라에 집이 있다(다윗 성 발굴 프로젝트, **Alon de Groot** 전재 허가).

그림 26. 계단식 구조물 아래에 위치한 철기 II 시대의 건물 그림: 위쪽 테라스에는 아히엘의 집과 타버린 방 Burnt Room이 보이고 아래쪽 테라스에는 불라에 집이 있다(다윗 성 발굴 프로젝트, Alon de Groot 전재 허가).

로 만들어진 변기는 석회로 칠을 한 구덩이 위에 얹혀 있었다. 꼭대기에는 두 개의 구멍이 있었는데 더 큰 것은 대변을 위한 것이었고 작은 것은 남성의 소변을 위한 것이었다. 당시에 여성과 남성이 다른 화장실을 사용했다고는 상상할 수 없다.[69] 일반인들의 집에는 화장실 같은 시설이 없었으나 상류계층의 예루살렘인들은 이런 위생 시설을 가지고 있었다. 얕게 판 구덩이들 위에 구멍을 뚫은 돌을 덮어 사용한 철기 II 시대의 화장실 시설들이 에돔 땅 보즈라(Bozrah) 유적지와 요단 건너의 텔 에스 사이디에(Tell es-Sa'idiyeh) 유적지에서 발견되었다.

분석(화석화된 배설물)에서 발견된 인간에게 있던 기생충은 고대의 질병, 음식물, 그리고 영양상태 등에 대한 정보를 제공한다. 이 정보는 여전히 현대 사회에 비해 성경 시대의 위생 시설의 질이 상당히 낮다는 것을 보여 주고 있다. 화석화된 배설물을 분석해 본 결과 사람의 장에는 두 가지 회충 알들-소나 돼지의 촌충과 편충-이 있었다. 소의 생고기를 잘 익혀 먹지 않는 것은 위험하다. 돼지고기 뼈는 발견된 바가 없다. 돼지고기는 율

---

69. Jane Cahill et al., "It Had to Happen—Scientits Examine Remains of Ancient Bathrooms," *BAR* 17(1991). 64–69.

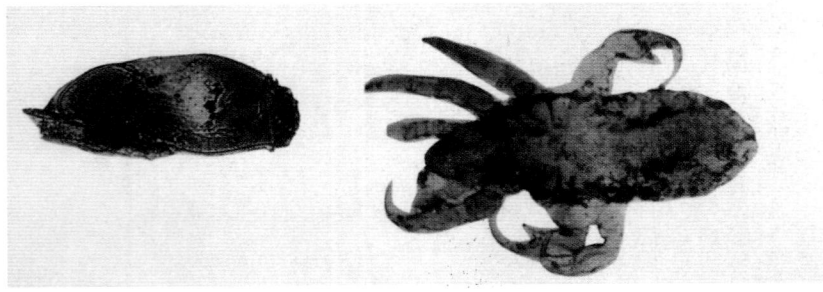

그림 27. 이

법에서 금한 음식이었기 때문에 이스라엘의 유적지들에서 발견하기란 어렵다. 조셉 지아스(Joseph Zias)에 의하면 촌충은 미처리 하수로 논밭을 개간하는 비위생적인 관습과 관련이 있다. 이는 아마도 다윗 성에서 주변의 골짜기들로 흘러가게 둔 하수로 설명이 될 것이다. 편충은 배설물로 인해 더러워진 음식을 먹거나 비위생적인 주변 환경으로 인해 생겨난다.[70] 다윗 성의 고대 화장실에서 발견된 배설물은 화장실을 소독하고 냄새를 제거하기 위해 사용된 재와 섞여 있었다. 바벨론이 이 도시를 포위하고 있었을 때 이 장소는 위생 상태를 그다지 잘 유지할 수 없었을 것이다.

예레미야는 느부갓네살이 이집트를 정복할 것이라는 예언을 하면서 이렇게 말했다. "목자가 그의 몸에 옷(혹은 이)을 두름같이 (느부갓네살은) 애굽 땅을 자기 몸에 (이를) 두르고 평안히 그곳을 떠날 것이라"(렘 43:12). 가장 오래된 머릿니(페디쿨리 카피티스 ⟨pediculi capitis⟩)의 흔적은 토기가 만들어지기 이전의 신석기 시대(주전 7300-6300년) 유대 광야 남쪽 끝에 위치한 나할 헤마르(Nahal Hemar) 동굴 유적지에서 발견되었다.[71] 성경 시대에 이의 만연은 상당히 큰 문젯거리였음이 증명된다(그림 27). 이가 있었다는 가장 좋은 증거물은 이의 알들을 긁어낼 수 있게 고안된 촘촘한 빗이다. 머리빗으로 이를 잡는 것은 효과적인 고대 기술이다. 다야기-멘델스(M. Dayagi-Mendels)에 의하면 이러한 빗이 등장한 것은 이미 나투피안 시대로 이후 수천 년 동안 그 모양이 그다지 많이 변하지는 않았다. 가장 초기의 빗들은 상아와 뼈로 만들어졌고 앞의 재료들이 계속 사용되

---

70. Joseph Zias, "Health and Healing in the Land of Israel-A Palepathological Perspective," in O. Rimon, ed., *Illness and Healing in Ancient Times*, Reuben and Edith Hecht Museum Catalogue 13(Haifa: University of Haifa, 1996), 14*.

71. Joseph Zias and Kostas Mumcouoglu, "Pre-Pottery Neolithic B Head Lice from Nahal Hemar Cave," *'Atiqot* 20(1991), 167-68.

그림 28. 석회석으로 만든 변기. 작고 큰 구멍이 두 개 있는데 작은 구멍이 남성용이다. 다윗 성, 아히엘의 집에서 발견; 주전 586년 느부갓네살에 예루살렘을 파괴한 때 (전재 허가; 예루살렘).

기는 했지만 역사시대에 와서는 회양목으로도 만들어 사용했다. 현대의 빗처럼 한쪽 면은 촘촘한 빗이고 다른 쪽 면은 전자보다 넓은 공간으로 짜여진 빗이었다. 아스글론에서 발견된 상아로 만든 정교한 빗에는 페르시아 시대로 연대가 측정되는 사냥하는 모습이 장식되어 있었다(그림 29a, b). 쿰란과 맛사다에서 발견된 후대의 빗에는 수많은 이와 알들이 박혀 있는 채로 발견되었다.[72]

이를 잡는 다른 방법은 기름을 머리에 적시는 것이다. 이 방법은 머리에 산소가 공급되는 것을 막아 이가 질식하도록 만든다. 토르킬드 야콥센(Thorkild Jacobsen)은 왕(메시아)의 머리에 기름을 붓는 의식의 기원은 단지 부자들만이 할 수 있었던 것으로 이를 없애는 방법이라고 주장했다. 형제의 연합을 칭찬하면서 시편기자는 다음과 같은 비유를 사용한다. "머리에 있는 보배로운 기름(쉐멘⟨šemen⟩)이 수염 곧 아론의 수염에 흘러서 그의 옷깃(피⟨pi⟩ 문자적 의미는 '입'으로, 옷을 입을 때 머리가 통과하는 부분을 말한다)까지 내림 같고"(시 133:2, 머리부터 수염 그리고 머리가 지난 자리인 옷깃까지 기름을 부어 이를 없앤다는 의미로 저자는 이 구절을 인용한다-역주).

성경에 나오는 가장 흔한 병은 눈이 멀게 되는 것으로 결막과 과막의 염증으로 인해 생기는 과립성 결막염이 원인이었다. 이 과립성 결막염은 비위생적인 환경, 특히 파리에 의해 전염된다. 이 병은 세계에서 가장 오래된 병인데 오늘날에는 항생제로 고칠 수 있다.

---

72. Kostas Mumcuoglu and Joseph Zias, "How the Ancients De-Loused Themselves," *BAR* 15(1989). 66–69; Michal Dayagi-Mendels, *Perfumes and Cosmetics in the Ancient World*, Israel Museum Catalogue 395(Jerusalem: Israel Museum, 1993), 74–86.

그림 29a. 아스글론에서 발견된 그림이 새겨져있는 상아로 만든 빗. 페르시아 시대, 말에 타고 있는 사냥꾼이 새겨짐. 말 밑에는 몸을 눕히고 있는 산양이 보임. 빗살 바로 위의 칸에는 사자들이 한 방향으로 걸어가고 있다 (Leon Levy Expedition 전재 허가; 그림: C. Andrews).

그림 29b. 아스글론에서 발견된 그림이 새겨져있는 상아로 만든 빗의 반대편. 두 용사들이 사자의 몸에 칼을 찌르고 있다. 빗은 윗부분이 부러져 있으며 가장자리 부분은 고대에 손상되었다(Leon Levy Expedition 전재 허가; 그림: C. Andrews).

(2) 불임

성경 시대에 있어 불임은 질병의 일종으로 보았고 신체 기능장애라고 정의 내렸으며, 애통과 수치와 비난을 불러 일으켰다. 족장들의 아내였던 사라(창 16:1), 리브가(창 25:21), 그리고 라헬(창 30:1) 같은 유명한 여인들도 일시적으로 아기를 갖지 못했다. 하나님이 자궁을 열고 닫는다고 믿었기에 기도만이 불임을 극복할 수 있는 수단이었다. 예를 들어, 이삭은 그의 아내 리브가가 아이를 낳지 못했을 때 하나님께 기도하여 바로 아이를 가질 수 있었다.

그랄 왕 아비멜렉은 아브라함이 사라를 아내가 아니라 여동생이라고 거짓말을 했기 때문에 자신의 집으로 데리고 와 취하려 했다. 나중에 사실을 알게 된 아비멜렉은 사라를 아브라함에게 돌려보내면서 많은 선물을 보냈다. 그러자 아브라함은 하나님께 기도했고 "하나님이 아비멜렉과 그 아내와 여종을 치료하사 생산케 하셨다"(창 20:17).

이러한 믿음은 단지 족장 시대에만 그치는 것이 아니다. 우리는 엘가나의 아내 한나가 얼마나 오랫동안 아이를 갖지 못한 채로 있었던가를 안다. 이로 인해 너무 괴로와하던 한나는 여호와께서 아이를 주시면 그 아이를(나실인으로) 실로의 여호와 전에 바치겠다고 서원(네데르⟨neder⟩)을 한다. 한나는 실로의 전에서 불임 때문에 "여호와 앞에"(리프네 야훼⟨lipnê YHWH⟩) 기도했다(삼상 1:12). 사무엘이 태어난 후 한나는 서원을 지키기 위해 그를 실로로 데려왔다. "나(한나)도 그(사무엘)를 여호와께 드리되 그의 평생을 여호와께 드리나이다 하고 그가 거기서 여호와께 경배하니라"(삼상 1:28).

3) 건강 자문

(1) 의사

많은 성경 저자들, 특히 신명기 저자는 질병이 죄에 대한 하나님의 벌로서 여호와와 이스라엘 백성 사이에 계약이 파기되었을 때 생긴다고 말했다. "여호와께서 폐병과 열병과 염증과 학질과 한재와 풍재와 썩는 재앙으로 너를 치시리니 이 재앙들이 너를 따라서 너를 진멸하게 할 것이라"(신 25:22). 비록 미스터리로 남았지만 의로운 욥이 질병으로 고생했던 것은 하나님의 뜻이었다.[73]

질병이 하나님의 죄에 대한 형벌이라고 믿었던 자들과 그렇게 믿지 않은 자들 모두에게 하나님은 가나안 신 레쉡(Resheph)처럼 질병과 역병을 주는 자인 동시에 치료하는 이였다. 욥의 애가에서 그가 아무런 잘못을 하지는 않았음에도 "전능자의 화살이 내게 박히매 나의 영이 그 독을 마셨다"(욥 6:4)고 표현한다. 이 구절 앞에서 그의 친구 엘리바스는 "사람은 고난을 위하여 났나니 '레쉡의 아들들이'(보통 '불씨'로 번역됨. 한국어 성경도 "불꽃"으로 번역함, 레쉡은 가나안 신의 이름이다-역주) 위로 날음 같으니라"(욥 5:7)고 그를 꾸짖었다. 그러나 시편 76:3(히브리어 성경 76:4)은 하나님이 "거기에서 그가 화살(리쉬페-케쉐트⟨rišpê-qešet⟩)과 방패와 칼과 전쟁을 없이 하셨도다"라고 기술했다. 하박국 3:5에서 레쉡(한국어 성경은 "불덩이"로 번역함)은 죽음의 사자로 어설프게 변장하고 나타난다. 여호와 앞으로 행진해오는 전쟁의 신은 "온역"(데베르⟨Deber⟩, 역병)과 "불덩이"(레쉡⟨Resheph⟩, 전

---

73. Hector Avalos, Illness and Health Care in the Ancient Near East, *HSM* 54(Atlanta: Scholars Press, 1995), 372-74.

염병/흑사병)이다.74 이스라엘 민족이 홍해를 건너 수르(오아시스가 있던 장소) 광야로 들어 간 후, 여호와께서는 이스라엘 민족 모두의 병을 치료할 것을 약속하셨다. "내가 애굽 사람에게 내린 모든 질병 중 하나도 너희에게 내리지 아니하리니 나는 너희를 치료(로페⟨rōpē⟩)하는 여호와임이라"(출 15:26). 또한 시편 저자 역시 여호와를 "네 모든 병을 고치시는(라파⟨rāpā⟩) 이"라고 칭송한다(시 103:3).

로페(rōpē)는 의사를 말하는데 이집트와는 달리 고대 이스라엘에서 전문적인 의술은 수준이 상당히 낮았다. 치료라는 일반적인 단어는 라파(rāpā)로 그 의미는 '전체로 만들다'이고 명사는 마르페(marpē)로 '치유'를 뜻한다. "우리가 평강(샬롬⟨šālôm⟩)을 바라나 좋은 것이 없으며 고침(마르페⟨marpē⟩)을 입을 때를 바라나 놀라움뿐이로다"(렘 8:15). 이 구절에서 샬롬/라파(šālôm/rāpā)가 대구법으로 사용된 것을 주목하자. 예레미야는 그의 기도 속에서 하나님을 진정한 의사 혹은 치료자로서 자주 언급하고 있다. "여호와여 주는 나의 찬송이시오니 나를 고치소서(라파⟨rāpā⟩) 그리하시면 내가 낫겠나이다(라파⟨rāpā⟩)"(렘 17:14). 예레미야를 통해 여호와께서는 이스라엘과 유다를 회복할 것을 약속하셨다. "내가 너의 상처로부터 새 살이 돋아나게 하여 너를 고쳐(라파⟨rāpā⟩) 주리라"(렘 30:17; 33:6). 예레미야에게 있어 오직 여호와만이 진실한 치료자(로페⟨rōpē⟩)이시며 인간적인 의사는 효과가 없었다. 선지자들의 활동이 마무리 지어졌던 때, 즉 포로기 이후에 와서야 전문적인 의사가 중요해졌고 존경받았다. 주전 2세기경 의사는 건강을 돌보는 중요한 사람이 되었다. 벤 시라는 당시 의사를 대하는 태도에 대해 이야기하고 있다. "의사들의 하는 일을 보아 의사들을 존경하라. 이는 여호와께서 이들을 창조하셨음이라. 그들의 치료의 능력은 전능자에게 온 것이며 그들은 왕에게서 칭송을 받는다"(Sir. 38:1-2). 초기의 성경 기록자들에게 여호와가 유일한 치료자(로페⟨rōpē⟩)로 추앙을 받았기에 인간적인 의사에 대한 태도는 부정적이었다는 것을 말해주고 있다.

(2) 합법적인 건강 상담자

성경에 등장하는 합법적인 건강 상담자들은 단지 제사장들과 선지자들이었다. 그러나 많은 다른 문화들에서처럼 이스라엘도 '전통 의술'을 행하는 자들이 있었을 것이다. 의술과 종교는 서로 맞물려 있었기 때문에 환자가 제사장들이나 선지자들에게 도움을 요청

---

74. William F. Albright, *Yahweh and the Gods of Canaan*(Garden City, N.Y.: Doubleday, 1968), 136. Frank M. Cross, *Canaanite Myth and Hebrew Epic*(Cambridge. Harvard University, 1973), 102-3.

했던 것은 그다지 놀라운 사실이 아니다. 제사장들은 환자를 공동체로부터 격리할 것인지 아닌지를 결정했으며 병을 치료하기 위해 정결 의식을 주관했던 정결 상태로 병을 진단했다.

레위기 13-14장에서 짜라아트(ṣāra'at, 일반적으로 "나병"으로 잘못 번역됨)라 진단 받은 병자를 위해서는 정결 의식을 처방했다. "피부가 벗겨지는 병(하짜루아⟨haṣṣārûa'⟩, 한국어 성경도 "나병"이라 번역함)의 환자는 옷을 찢고 머리를 풀며 윗 입술을 가리고 외치기를 부정하다 부정하다 할 것이요. 병 있는 날 동안은 늘 부정할 것이라 그가 부정한 즉 혼자 살되 진영 밖에서 살지니라"(레 13:45-46).[75]

짜라아트(ṣāra'at)는 오늘날 문둥병이라고 진단되는 병과는 전혀 관계가 없는 병이다. 레위기에서는 이 병이 종교적으로 부정한 병으로 간주되는 온갖 종류의 피부병을 말한다. 진짜 문둥병은 손과 발 그리고 얼굴의 뼈가 부식되는 병으로 알려져 있다.[76] 성경 시대로 연대가 측정되는 두개골의 분석 결과 기술적인 측면에서 볼 때 문둥병의 흔적은 발견할 수 없었다. 짜라아트(ṣāra'at)는 P문헌에 의하면 하나님의 벌로 인해 생기는 병이며 부정하기에 이스라엘의 제사에 참석할 수 없었다. 비록 아무도 당시에 어떤 피부병 혹은 얼마나 많은 피부병이 이 병명으로 불리었는지 모르지만 헬라 시기 이전의 팔레스타인 땅에 없었던 문둥병은 이 병에 속하지는 않는다. 피부 의학자들은 성경에서 묘사하고 있는 짜라아트(ṣāra'at)와 그나마 가장 유사한 병을 마른 버짐/건선이라고 보고 있지만 이 병도 확실한 것은 아니다. 짜라아트(ṣāra'at)를 번역할 가장 좋은 용어는(밀그롬⟨Milgrom⟩이 명명한 것을 따라서) '피부가 벗겨지는 병'이라 해야 할 것이다.[77] 엘리사의 치유 능력은 시리아 장군 나아만의 '피부가 벗겨지는 병'(짜라아트⟨ṣāra'at⟩)을 치료한 것으로 증명되었다. "엘리사가 사자를 그(나아만)에게 보내어 가로되 너는 가서 요단 강에 몸을 일곱 번 씻으라 네 살이 회복되어 깨끗하리라"(왕하 5:10).[78] 선지자 이사야는 예루살렘 성전에서 '부스럼/종기'(쉐힌⟨šěhîn⟩)로 고통받고 누워있는 히스기야 왕을 고치기 위해 무화과 반죽(찜질약으로 사용)을 상처에 놓아 고쳤다(왕하 20:1-7).

---

75. Jacob Milgrom, Leviticus 1-16, AB 3(New York: Doubleday, 1991), 771, 802-9.
76. Claudine Dauphin, "Leprosy, Lust, and Lice. Health Care and Hygiene in Byzantine Palestine," Bulletin of the Anglo-Israel Archaeological Society 15(1996-97). 55.
77. Milgrom, Leviticus 1-16, 771-826; E.V. Hulse, "The Nature of Biblcial 'Leprosy' and the Use of Alternative Medical Terms in Modern Translations of the Bible," PEQ 102(1975). 87-105.
78. 오늘날 사해에서 목욕을 하고 진흙 팩을 하는 것은 건선이라든가 다른 피부병을 고치는 데 도움이 되고 있다.

음악가들 역시 건강을 돌보는 일을 했다. 사울은 "하나님의 부리시는 악령(루아흐 라아 ⟨rûaḥ rā'â⟩)"에 의해 사로 잡혔는데 아마도 정신적인 질병을 말하고 있는 것으로 보이며, 이때 악기 연주자가 불려와 그의 고통을 낫게 했다. "하나님의 부리시는 악령이 사울에게 이를 때에 다윗이 수금을 들고 와서 손으로 탄주 사울이 상쾌하여 낫고 악령이 그에게서 떠나더라"(삼상 16:23; 참조, 18:10; 19:9).

(3) 가정 요법

고대 이스라엘에서는 주로 가정에서 치료가 이루어졌다. 비록 신전에는 치료하는 기관이 딸려 있긴 했겠지만 당시에 병원은 없었다. 암논은 병든 척하며 누워 다윗에게 말했다. "내 누이 다말이 와서 내가 보는 데서 과자 두어 개를 만들어 그의 손으로 내게 먹여 주게 하옵소서"(삼하 13:6).

엘리야와 엘리사가 집에서 치료를 행한 기적적인 두 가지 이야기가 있다. 엘리야는 베니게 해변에 위치한 사렙다 출신 과부의 아들을 살렸다. 그는 자신의 다락방으로 아이를 데려가 그의 침상에 눕혔다. "그 아이 위에 몸을 세 번 펴서 엎드리고 여호와께 부르짖어 이르되 내 하나님 여호와여 원하건대 이 아이의 혼으로 그 몸에 돌아오게 하옵소서"(왕상 17:21). 이 치료법은 '접촉에 의한 마술'(contactual magic)이라 불리며 고대 근동 지방에서 흔하게 사용되었다. 한 어머니가 일사병으로 죽은 아이를 엘리사에게 데리고 오는 유사한 이야기도 있다. 엘리사는 아이가 누워 있던 다락방(2층 방으로 번역해야 옳음-역주)으로 올라가 엘리야가 했던 방법을 사용해 아이를 살려냈다(왕하 4:18-37).

4) 의술 과정

(1) 수술 과정

고대 수술 과정 중에는 뇌의 부드러운 조직을 건드리지 않는, 두개골 일부를 제거해내는 천공 수술이 있다. 두개골 뼈를 간다거나 직사각형의 구멍을 잘라낸다든가 구멍을 낸다든가 하는 다양한 기술들이 사용되었다. 이 수술은 두개골에 염증으로 발생한 고통을 덜어주거나 두개골에 들어가 있는 어떤 물체를 빼낸다든가 악령을 나가게 하기 위한 수단으로도 사용되었다. 이 수술 후에도 환자가(2년에서 그 이상을) 꽤 오랫동안 살 수 있었던 증거가 있다. 만약 필요하다면 이 수술은 반복될 수도 있었다. 두개골 천공 수술은 고대 근동에서 이미 주전 4000년에 시작되었던 수술이었지만 그다지 많이 행해진 것은 아니다. 구멍이 뚫려 있는 두개골 하나가 시나이 반도 남쪽에 위치한 와디 헤브란(Wadi Hebran) 유적지의 한 묘지에서 발견되었다. 아조르(Azor) 유적지에서 발견된 동석병용기 시대의 두개골에는 천공 수술 중 생긴 자국들이 남아있었다. 초기청동기 II 시대의 도시인 아랏의 한 동굴 무덤에서 발견된 한 남성의 두개골에는 커다랗게 좌우 대칭을 이루고 있는 침몰 부분이 남아있었다. 철기 II 시대(III층) 라기스의 거대하고 혼잡하게 섞여 있던 무덤에서는 직사각형의 구멍이 뚫려 있는 세 개의 두개골이 발견되었다(그림 30a-b).[79]

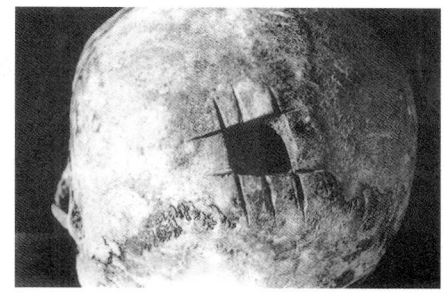
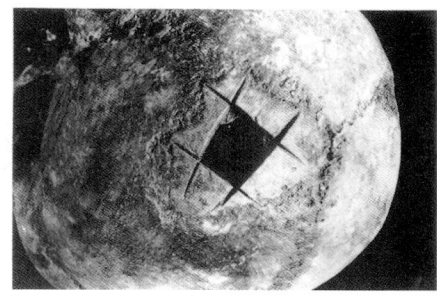

그림 30a-b. 관상 톱으로 수술을 하여 직사각형의 구멍이 난 두 개의 두개골이 철기 II 시대의 한 집단 무덤에서 발견됨, 라기스(David Ussishkin 전재 허가; 대영박물관의 보관소 허락).

여호와께서는 모세의 율법을 지키지 못했기 때문에 믿음 없는 유다 왕국이 치명적인 공격의 희생이 될 것이라고 말씀하신다. "발바닥에서 머리까지 성한 곳이 없이 상한 것과 터진 것과 새로 맞은 흔적뿐이거늘 그것을 짜며 싸매며 기름으로 부드럽게 함을 받지 못하였도다"(사 1:6). 이 구절은 아마도 고대에 행해진 의술 과정을 암시적으로 묘사하고 있는 것일 것이다. 주전 588년 느부갓네살의 군대가 이집트 바로 호프라를 패배시킬 것이라고 여호와께서는 선포하신다. "인자야 내가 애굽의 왕 바로의 팔을 꺾었더니 칼을 잡을 힘이 있도록 그것을 아주 싸매지도 못하였고 약을 붙여 싸매지도 못하였느니라"(겔 30:21). 이 구절은 미흡하나마 치료의 과정을 암시하고 있다.

---

79. Israel Hershkovitz, "Trphination. The Earliest Case in the Middle East," *Mitekufat Haeven* 20(1987). 128*–35*. Patricia Smith, "The Trephined Skull from the Early Bronze Age Period at Arad," in A. Eitan, R. Gophna, M. Kochavi, eds., *Eretz–Israel* 21 (Ruth Amiran Volume)(Jerusalem: Israel Exploration Society, 1990), 89*–93*. Joseph Zias, "Three Trephinated Skulls from Jericho," *BASOR* 246(1982). 55–58.

그림 31. 콜로신스(*Citrullus colocynthis*과). 솔로몬 신전의 내부 장식은 이 호박류 식물을 본떠 만들어졌다. 텔 단의 성문에 세워져 있는 차양건물의 기둥 받침에도 응용되었다(D. Darom 전재 허가).

(2) 자연 요법

성경은 치유를 위해 사용된 몇 가지 자연 요법을 묘사하고 있다. 쪼리(*ṣŏrî*, 일반적으로 '방향제'로 생각되나 '테레빈나무의 송진'이라고 보여짐)라는 단어는 성경에 여섯 번 등장하는데 요단 건너편에 위치한 길르앗과 관련되어 있다(창 37:25; 렘 8:22; 46:11). 이 단어가 등장하는 문헌을 살펴보면 쪼리는 수출품이며 약품으로 사용된 것을 알 수 있다. 요셉의 형제들이 앉아 음식을 먹다가, "눈을 들어 본즉 한 무리의 이스마엘 사람들이 길르앗에서 오는데 그 낙타들에 네코트(*nĕkōʾt*, 트래거캔스 고무〈향품〉), 쪼리(*ṣŏrî*, 테레빈나무 송진〈유향〉), 그리고 로트(*lōṭ*, 아편제〈몰약〉)를 싣고 애굽으로 내려가는지라"(창 37:25; 43:11). 쪼리(*ṣŏrî*)가 "길르앗의 향품"으로 불려진 것으로 보아 쪼리는 길르앗에서 이집트와 베니게로 수출되었던 것으로 보인다. 만약 쪼리가 피스타키아 아틀란티카(*Pistacia atlantica*) 혹은 팔라이스티나(*palaestina*) 나무에서 추출된 테레빈나무 송진이라면 이 나무는 길르앗은 물론 다른 여러 곳에서도 자랐을 것으로 생각된다. 에스겔 27:17에 의하면 이스라엘과 유다는 두로로 쪼리를 수출했다. 쪼리는 이집트로 수출되는 고가의 수출품이었다. 예를 들어, 우가릿의 여왕은 이집트의 여왕에게 한 항아리의 쪼리를 보냈는데 이를 "향료 항아리"(우가릿어로 DUG riq-qu로 표기됨), 수-우르-와(*su-ur-wa*, 향료/테레빈 송진?)라 불렀다. 수-우르-와(su-ur-wa)는 히브리어 쪼리와 같은 어원을 가지고 있다.[80] 울루부룬(Uluburun)의 후기청동기 시대의 난파선에서는 7.8리터와 13리터짜리 항아리들에 담긴 테레빈 송진이 발견되었다.

예레미야는 길르앗과 쪼리를 연관시켜 말하고 있다. "길르앗에는 쪼리(ṣŏrî, 한국어 성경은 "유향"으로 번역함)가 있지 아니한가 그곳에는 의사(로페⟨rōpē⟩)가 있지 아니한가 딸 내 백성이 치료를 받지 못함은 어찜인고"(렘 8:22). 이 구절은 풍자적이면서 수사학적 표현이다. 하나님은 이집트를 이렇게 비웃었다. "처녀 딸 애굽이여 길르앗으로 올라가서 쪼리를 취하라 네가 치료를 많이 받아도 효력이 없어 낫지 못하리라"(렘 46:11). 바벨론이 무너질 것이라는 예언에서 여호와께서는 이렇게 말씀하신다. "바벨론이 갑자기 넘어져 파멸되니 이로 말미암아 울라 그 상처를 위하여 쪼리를 구하라 혹 나으리로다"(렘 51:8). 이 구절들은 욥이 말한 "쓸데 없는 의원"(로페 엘릴⟨rōpē ĕlîl⟩, 욥 13:4)과 연관시켜 볼 때 세상의 의학자들과 그들의 의술이 아무런 효과가 없으며 여호와만이 오직 진정한 치료자(로페⟨rōpē⟩)임을 강조하고 있다.[81]

고대에 유향(레보나⟨lĕbōnâ⟩, '흰색')과 몰약(모르⟨mōr⟩)은 건강 관리를 위해 사용되었다. 그러나 이 물품들은 화장품과 향수 그리고 대부분 종교적 행사에 자주 사용되었다(출 30:34). 유향(고대 불어로는 프랑 엉성⟨franc encens⟩, '순수 향')은 남부 아라비아, 인디아와 그 밖의 장소들에서 자라는 보스웰리아 나무에서 축출된 향기 있는 고무 송진이다. 스바에서 유다로 수입된(사 60:6; 렘 6:20) 유향은 테레빈과 향유와 몰약을 생산하는 액체와 관련이 있다. 몰약은 코미포라(Commiphora)종의 여러 나무의 껍질을 칼로 도려내어 송진을 모은 것이다. 몰약은 화장품뿐만 아니라 약품의 재료로도 사용되었다.

호박류인 야생 조롱박/들외(paqquʻōt śādeh)는 작고 씨트루루스 코로킨티스(Citrullus colocynthis)과의 멜론 열매처럼 생겼으며 모래에서 자란 덩굴에 열매를 맺는다(그림 31). 이 들외는 사해 근처 사막에서 자라는데, '소돔의 사과'로 알려진 열매가 아마 이 열매일 것이다. 이 열매는 독성이 있으나 씨는 먹을 수 있다. 적은 양의 과육을 섭취했을 때는 변비에 효과적이나 다량을 섭취하면 치명적일 수 있다. 흉년 중에 엘리사의 생도들이 무엇인지 모른 채 들외를 솥에 넣어 국(씨르 하나지드⟨sîr hānnāzîd⟩)을 끓인 재미있는 이야기가 있다. 생도들 중 하나가 채소를 캐러 들에 갔을 때 실수로 들외(쓴 사과)를 가져와

---

80. William L. Moran, *The Amarna Letters*(Baltimore. Johns Hopkins Unversity, 1992), 120.
81. Avalos, *Illness and Health Care*, 287–90.

국에 넣어 이런 일이 일어났다. "이에 퍼다가 무리에게 주어 먹게 하였더니 무리가 국을 먹다가 그들이 외쳐 이르되 하나님의 사람이여 솥(씨르⟨sir⟩)에 죽음의 독이 있나이다 하고 능히 먹지 못하는지라. 엘리사가 이르되 그러면 가루(케마흐⟨qemaḥ⟩)를 가져오라 하여 솥에 던지고 이르되 퍼다가 무리에게 주어 먹게 하라 하매 이에 솥 가운데 독이 없어지니라"(왕하 4:40-41). 엘리사는 국에 케마흐(qemaḥ, 물과 소금과 효모를 섞은 밀가루)를 넣어 희석시킴으로 생도들에게 치명적인 영향을 끼칠 만큼의 '독 사과'의 양을 희석시켜 통변만을 할 수 있는 적은 양으로 만들었다.[82]

5) 종교와 치유

(1) 기도와 치유

성경에서 우리는 기도와 치유가 관련이 있는 모습을 볼 수 있다. 시편은 치유를 위한 청원으로 특별히 질병 중에 애원의 기도를 하면 효험을 보는 것이 증명되고 있다. 시편 30편은 심각한 질병에서 회복됨에 대한 감사를 말하고 있는데 기도와 질병의 관계는 명백하게 드러나 있다. "여호와 내 하나님이여 내가 주께 부르짖으매 나를 고치셨나이다"(2절⟨히브리어 성경 3절⟩). 시편 38편은 혹자가 은유적이 아닌 실제로 질병을 겪고 있어 이를 치유해 달라고 하는 청원이다. "주의 진노로 말미암아 내 살에 성한 곳이 없사오며 나의 죄로 말미암아 내 뼈에 평안함이 없나이다"(3절⟨히브리어 성경 4절⟩). "내 상처가 썩어 악취가 나오니 나의 우매한 까닭이로소이다"(5절⟨히브리어 성경 6절⟩). "내 허리에 열기가 가득하고 내 살에 성한 곳이 없나이다"(7절⟨히브리어 성경 8절⟩).

히스기야의 질병과 치료를 위한 기도에 대한 이사야의 묘사는 유명하다. 히스기야가 아파 거의 다 죽어갈 때에 여호와께서는 이사야를 통해 그에게 일어날 일을 이렇게 말씀하셨다. "네가 죽고 살지 못하리라." 그러자 히스기야는 여호와께 기도했고 여호와께서는 "내가 네 기도를 들었고 네 눈물을 보았노라 내가 네 수한에 십오 년을 더하리라"(사 38:1-5)고 답하셨다.

(2) 치유 제사

몇몇 고대 문화권에서 개는 치유 의식과 관련이 있다. 아스글론의 발굴자들은 부분적

---

82. Hepper, *Baker Encyclopedia of Bible Plants*, 152.

인 것도 있고 전체 적인 것도 있지만 자그마치 1,500구의 개가 묻힌 묘지를 발견했는데 아마도 베니게 신과 관련이 있던 것으로 보인다. 각각의 개는 조심스럽게 묻혔으며 개의 옆 부분이 드러나도록 얕은 구덩이에 묻혀 있었다(그림 32). 개들과 함께 섞여 묻힌 토기 조각들 덕에 이 무덤들은 주전 5세기경의 연대로 측정되었다. 이 개들은 현재 베두인의 양치기 개들과 유사하게 생겼으며 성스러운 동물로 추앙되었다. 자신들의 상처를 혀로 핥아 치료하는 개들의 본능이 이들이 치료 능력을 가졌다고 간주되었다. 스태거는 아스글론의 제사에 개들이 있었는데, 메소포타미아의 굴라(치료의 여신) 신의 제사와 키티온에서 행해진 베니게 제사와 같다고 주장한다. '개'와 '강아지'는 베니게의 치유 제사의 한 부분이었다. 키프루스의 키티온 유적지에서 발견된 주전 5세기 중기의 베니게 문자로 새겨진 석회석 판에는 강아지가 언급되어 있다(출처: *Corpus Inscriptionum Semiticarum* 86-90). 이 '치유'의 개들은 베니게 신전 주변을 자유롭게 돌아다녔다.[83] 신명기는 키티온에서 행해진 이러한 제사를 비난하고 있는 듯하다. "창기의 번 돈과 개 같은 자의 소득은 어떤 서원하는 일로든지 네 하나님 여호와의 전에 가져 오지 말라 이 둘은 다 네 하나님 여호와께 가증한 것이니라"(신 23:18〈히브리어 성경 23:19〉). 이 비난은 예루살렘 성전 주변에 치유의 개와 관련된 어떤 의식이 현존하고 있었음을 보여준다.

또 다른 치유 의식은 히스기야가 유다에서 종교개혁을 일으키는 이야기에 암시되어 있다. "(히스기야는) 여러 산당(바모트〈bāmôt〉)을 제거하며 주상(마쩨보트〈maṣṣēbōt〉)을 깨뜨리며 아세라 목상(아쉐라〈ʾăšērâ〉)을 찍으며 모세가 만들었던 놋뱀(네하쉬 하네호

그림 32. 아스글론 베니게인들의 개 무덤, 주전 5세기(Leon Levy Expedition 전재 허가; 사진: L. Stager).

---

83. Lawrence E. Stager, "Why Were Hundreds of Dogs Buried at Ashkelon?" *BAR* 17(1991)" 26-42.

쉐트⟨nĕḥaš hannĕḥōšet⟩)을 이스라엘 자손이 이때까지 향하여 분향(메카테림⟨mĕqaṭṭĕrîm⟩) 하므로 그것을 부수고(키타트⟨kittat⟩) 느후스단이라 일컬었더라"(왕하 18:4).

이 놋뱀을 만든 이유는 치유를 위해서였다. 히스기야의 종교개혁이 있기 전에 예루살렘 성전에는 치유 의식이 거행되었다. 이스라엘 민족은 히스기야가 놋뱀에게 명한 이름인 느후스단에게 제사를 드렸다. '느후스단'은 수사학적인 단어로 청동/구리라는 뜻의 네호쉐트(nĕḥōšet)와 뱀이라는 뜻의 나하쉬(nāḥāš)가 합친 말이다. 이 놋뱀이 숭배의 대상이 되자 부술 수 밖에 없었다. 느후스단은 이스라엘 민족이 광야에서 뱀에게 물렸을 때 해독을 위해 모세가 만든 장대로 유다의 전통이었다(민 21:4-9). 이 이야기에 의하면 독 있는 뱀(네하쉼 쓰라핌⟨nĕḥāšîm śĕrāpîm⟩)에게 물렸을 때 모세가 만든 놋뱀(네하쉬 네호쉐트 ⟨nĕḥaš nĕḥōšet⟩)을 바라보는 자는 여호와께서 살려주셨다.

'독 있는' 뱀은 쓰라핌(śĕrāpîm, '태우다'라는 뜻의 싸라프⟨śārap⟩가 어원임)이라 불렸다. 이사야 14:29과 30:6에서 싸라프(śārap)는 나는 불뱀이다. 오트마 킬(Othmar Keel)은 쓰라핌을 날개가 달린 코브라라고 보았다.[84] 이사야 6장은 말하길 날개달린 코브라인 쓰라핌 (śĕrāpîm, 한국어 성경은 "스랍들"로 번역함)은 하나님의 보좌(밈마알 로⟨mimmaʿal lô⟩) 위에서 "거룩하다 거룩하다 만군의 여호와여 그의 영광이 온 땅에 충만하도다"(사 6:3)라고 노래했다. 이들은 신의 광채로부터 자신들을 보호하기 위해 날개를 이용했다. 각각 6개의 날개를 가지고 있어 한 쌍은 얼굴을 가리고 또 다른 한 쌍은 발을 가리고 나머지 한 쌍으로 날았다. 그러므로 존 레벤슨(Jon Levenson)은 이사야의 '부르심'은 성전의 모습을 눈으로 본 것을 살아있게 설명하고 있으며 여기서 쓰라핌은 코브라로 아마도 느후스단(날개가 달린 놋뱀)과 싸라프(śārap)와 관련이 있을 것이라고 말한다.[85] 만약 싸라프가 '날개 달린 코브라'와 느후스단과 일치한다면 에덴 동산의 뱀(나하쉬)도 말하고 노래할 수 있었던 쓰라핌처럼 원래는 날개가 달려 있는 것이었을지도 모른다. 하나님이 뱀을 저주했을 때 뱀의 날개를 잘라버렸고 뱀으로 하여금 배로 기도록 했을 것이다. 느후스단은 히스기야가 부수기 전까지 성전 뜰에 서 있었다.

---

84. Othmar Keel, *Jahwe-Visionen und Siegelkunst*(Stuttgart. Verlag Katholisches Bibelwerk, 1977), 70-115.

85. Jon D. Levenson, *Sinai and Zion*(Minneapolis. Winston, 1985), 122-24.

CHAPTER

3

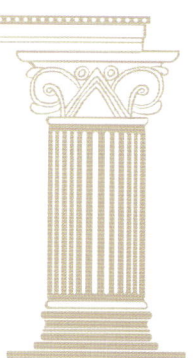

삶의 수단

　성경은 가나안 땅을 "밀과 보리의 소산지요 포도와 무화과와 석류와 감람나무와 꿀의 소산지라 네(이스라엘 민족)가 먹을 것에 모자람이 없다"(신 8:8-9)라고 묘사하고 있다. 에스겔 27:17에 의하면 유다와 이스라엘 땅은 밀과 무화과(한국어 성경은 "과자"로 번역함)와 과일에서 나는 꿀[1]과 올리브기름과 쪼리(ṣŏrî, 테레빈나무에서 나오는 송진 혹은 테레빈기름, 한국어 성경은 "유향"으로 번역함)를 수출했다. 창세기 43:11은 요셉의 형제들이 이 땅의 소산 중 가장 좋은 것을 선물로 가지고 이집트로 내려갔다고 기록하고 있다. 이 좋은 것들은 쪼리(ṣŏrî), 꿀(드바쉬⟨dĕbaš⟩), 네코트(nĕkōt, 트래거캔스 고무⟨제약/염색용에 사용된 수액⟩, 한국어 성경에는 "향품"으로 번역함), 로트(lōṭ, 아편, 한국어 성경은 "몰약"으로 번역함), 보트님(boṭnîm, 피스타치오 땅콩류, 한국어 성경은 "유향나무 열매"로 번역함), 쉬케딤(šĕqēdîm, 아몬드, 한국어 성경은 "감복숭아"로 번역함).[2]

　약속된 땅의 과일들을 묘사한 것은 시누헤(Sinuhe)의 이야기 속에 나오는 야아(Yaa)라는 땅에서 생산되는 과일들과 유사해 상당히 놀랍다. 시누헤는 아메넴헷 I세 시대 이집트의 한 정부 관리로서 그의 나라를 떠나 "야아"(Yaa)라 불리는 비옥한 땅(아마도 가나안 땅)에 정착하는 데 자원했다. 그는 주전 2000-1900년 경 당시의 정치적, 사회적 자료들

---

　1. Jacob Milgrom, *Leviticus 1-16*, AB 3(New York: Doubleday, 1991), 189-90.
　2. Harold N. Moldenke and Alma L. Moldenke, *Plants of the Bible*(New York: Ronald Press, 1952), 51-52, 77. F. Nigel Hepper, *Baker Encyclopedia of Bible Plants*(Grand Rapids: Baker Book House, 1992), 147-48.

을 우리에게 공급하고있다. "야아라 불리는 이 땅은 비옥했다. 무화과와 포도가 생산되었다. 이곳에는 물보다는 포도주가 더 흔할 정도이다. 꿀이 풍요했고 올리브가 풍성했다. 모든 (종류의) 과일은 나무에서 나는 것들이었다. 보리와 에머(곡물 종류-역주)가 생산되었다"(*ANET*, 19).

성경은 이스라엘의 땅이 하나님께 속한 것이라고 강조하지만 이 땅은 왕들과 그들의 지배를 받도록 위임되었다. 지상의 왕은 하늘이 선택한 왕의 상징처럼 농사짓는 땅의 주인으로 여겨진다. 고대 이스라엘의 경제적 기초가 되었던 농업은 사실 일상생활, 특별히 종교적, 경제적, 법률적 그리고 사회적 영역 모든 면에 영향을 끼쳤다. 일상생활의 다양한 국면들을 설명하는 데 있어 성경은 농업을 지속해서 언급하고 있으며, 이 언급들은 농업에 대해 조형적, 비유적, 그리고 상징적으로 표현하고 있다. 아모스는 농사가 너무 잘 돼 다음 해까지 거두어들일 수 없을 만큼 곡식이 풍부할 때가 땅이 비옥하여 새로운 시대가 도래된 때라고 말하고 있다. "여호와의 말씀이니라 보라 날이 이를지라 그 때에 파종하는 자가 곡식 추수하는 자의 뒤를 이으며 포도를 밟는 자가 씨 뿌리는 자의 뒤를 이으며 산들은 단 포도주(아시스⟨*āsîs*⟩)를 흘리며 작은 산들은 녹으리라"(암 9:13).

오경에는 다양한 이스라엘의 종교적 달력이 나오는데, 기본적으로 축제가 동반되는 이 전통적 달력은 농경 생활과 관련이 있다. 신명기(16:16-17)의 달력은 순례적 축제의 성격을 가지고 있다. 원래 두 개의 다른 의식이었던 유월절(페사흐⟨*pesaḥ*⟩)과 무교절은 보리 추수 시에 지켜졌다. 장막절(수코트⟨*sukkôt*⟩)은 가을 축제로서 농사가 모두 마친 것을 축하했다. 이 명절의 처음 이름은 수장절이었다(출 23:16). '장막절' 혹은 '초막절'이라는 명칭은 칠 일 동안의 축제 기간에 장막에서 기거하는 데서 유래된 이름이다. 이러한 연중 지켜지는 명절 외에도, 제사에 바쳐진 많은 희생과 제물은 농업적 성격을 가지고 있다(민 18:8-32).

1. 농업과 목축업

1) 자연적 지형과 기후

일상생활 속의 습관들, 특히 농업에 있어 기후는 굉장히 중요한 역할을 한다. 팔레스타인의 기후는 아열대성 기후로 성경 시대 이후 변한 것이 거의 없다. 팔레스타인의 바람은 지중해 서쪽에서 불어온다. 일반적으로 강우량은 북쪽에서 남쪽으로 갈수록 그리고 서쪽에서 동쪽으로 갈수록 줄어든다. 그러나 바다에서 멀면 멀수록 강우량이 감소되는 법인데도 불구하고 요단 골짜기 동쪽에 있는 길르앗, 암몬, 모압 등의 지중해성 지역들은 골짜기의 서쪽 지역만큼 강우량이 많다.

이렇듯 변덕스러운 강우량도 중요하지만 농업사회에서는 비가 오는 시기도 중요하다. 농부가 이미 알고 있는 비가 오는 적당한 시기는 예레미야가 말했던 것처럼 중요하다. "또 너희 마음으로 우리에게 이른 비와 늦은 비를 때를 따라 주시며 우리를 위하여 추수 기한을 정하시는 우리 하나님 여호와를 경외하자"(렘 5:24). 팔레스타인에는 단지 두 계절이 있을 뿐이다. 비가 전혀 오지 않는 5, 6월부터 9월까지의 여름 건기와 10월 중순부터 3월까지의 우기로 팔레스타인의 대부분의 비는 11월에서 2월 사이에 내린다.

히브리어에 비를 명칭하는 여러 개의 단어가 있는 것을 보아 농업을 위한 강우량이 매우 중요했음을 알 수 있다. 일반적으로 비는 마타르(*māṭār*)이다. 이른 비는 요레(*yôreh*), 늦은 비는 말코쉬(*malqôš*)로 함께 묶어서 사용되었다. "여호와께서 너희 땅에 비(메타르 〈*mĕṭar*〉, 한국어 성경은 이 단어를 번역하지 않았다) 이른 비(요레〈*yôreh*〉), 늦은 비(말코쉬 〈*malqôš*〉)를 적당한 때에 내리시리니 너희가 곡식과 포도주와 기름을 얻을 것이요"(신 11:14). 이른 비(요레〈*yôreh*〉)는 가을에 내려 땅을 부드럽게 만들어 땅을 갈고 씨뿌릴 수 있는 조건들로 만든다. 겨울의 폭우인 게쉠(*gešem*)은 땅을 적시고 물 저장고를 채운다. 늦은 비 말코쉬(*malqôš*)는 밀과 보리가 자라도록 돕는다.

대기 중의 습기가 모인 결정체인 새벽 이슬(탈〈*tal*〉)은 강우량에 큰 보탬이 되고 있는데 특히 비가 오지 않는 건기와 강우량이 많지 않은 지역에 일조하고 있다. 성경에 기록되기도 했고 네게브 사막 지역에서 실행된 과학적 실험을 통해서 증명된 바에 의하면 식물들은 이슬을 먹고 산다. 신명기 33:28은 이슬의 중요성을 말하고 있다. "이스라엘이 안전히 거하며 야곱의 샘은 곡식과 새 포도주의 땅에 홀로 있나니 곧 그의 하늘이 이슬을 내리는 곳에로다"(신 33:28).

풍부한 비에도 불구하고 선지자들이 종종 언급한 것처럼 곡식들은 가뭄, 질병, 그리고 메뚜기 떼 등으로 인해 흉작이 되었다. 메뚜기 떼들은 그들의 이동 경로에 있는 거의 모든 식물을 먹어버리고 이들이 죽은 시체들은 우물과 시내들을 막아 버렸다.[3] 아모스(7:1)와 요엘(1:4; 2:5)은 메뚜기 피해로 인해 황폐한 경우를 말하기도 했다. 다음은 요엘의 예언에 나오는 경우이다. "팥중이(가잠⟨gāzām⟩)가 남긴 것을 메뚜기(아르베⟨'arbeh⟩)가 먹고 메뚜기가 남긴 것을 느치(얄레크⟨yāleq⟩)가 먹고 느치가 남긴 것을 황충(하실⟨ḥāsîl⟩)이 먹었도다"(욜 1:4, 이 구절에 나오는 곤충들은 약간씩 다르기는 하나 모두 메뚜기과의 곤충들일 것이다-역주). 성경은 '메뚜기'라 명칭할 수 있는 수십 개의 단어들을 열거하고 있는데, 아르베('arbeh)가 가장 일반적으로 쓰이는 단어이다. 그러나 이들 하나하나가 어떻게 생겼는가는 대부분이 추측일 뿐이다. 예를 들어, 주석가들 사이에 위의 요엘서에 나오는 네 가지 종류의 단어들이 모두 다른 성장 단계에 해당하는 메뚜기인지 아니면 서로 다른 종류를 말하고 있는지 의견이 분분하다.

이스라엘 지파들에게 가나안 땅을 할당할 때 여호수아는 '산지(하르⟨har⟩)'를 요셉의 자손에게 준다(수 17:18). 이 지역이 산지라 표현된 것을 볼 때 이는 해안 평야와 요단 골짜기 사이에 위치한 팔레스타인의 중앙 산맥 혹은 척추 부분을 말하고 있다. 이스라엘 민족이 산지 지형에 정착했을 때 이들은 농사를 위해 좀 더 많은 땅을 확보하는 수단으로 경사면의 나무를 베고 계단식 경작지를 만들었다. 계단식 경작지는 흙을 보존하는 동시에 빗물을 고이게 하기 때문에 이 경작지를 만들고 보존하는 데 집약적인 노동이 필요했다. 나무들과 덩굴식물들은 좁은 계단식 경사지에 심기 좋았지만 곡물은 넓은 평원과 골짜기들에 심어야 했다.

2) 농사 달력

고고학과 고대 식물학은 고대 이스라엘의 농경생활에 대해 가치 있는 정보를 제공하고 있다. 멕칼리스터(R.A.S. Macalister)는 게셀을 발굴하다가 석회석으로 만든 작은 돌판 하나를 발견했는데 현재 "게셀 달력"이라고 불리고 있다(그림 33). 주전 10세기 중반 이후

---

[3]. 메뚜기 중 어떤 종류는 식용이기도 하다. 굽거나 심지어 날것 그대로 먹었는데 진미 식사로서 생각된다.

그림 33. 게셀 달력. 게셀에서 발견된 히브리어 문자가 새겨진 석회석판, 주전 10세기(Z. Radovan 전재 허가).

(솔로몬의 재위 시대) 시대로 연대가 추정되는 이 돌판은 가장 오래된 히브리어 비문들 중 하나이다. 여기에는 일곱 줄의 글자들이 새겨져 있는데 그 내용은 12개월을 계절별로 나누어 농경이 어떻게 행해지는가 적은 것이다. 한 해의 달들은 그 달의 이름으로 불리지 않고 그 달에 행해진 추수와 관련되어 있으며 가을부터 시작되는 12개월을 주기로 하고 있다. 가을에 거둬들인 과일들부터 시작하여 총 여덟 개의 기간들이 열거되어 있다. 네 기간은 두 달씩 그리고 나머지 네 기간은 한 달씩으로 이루어졌다.

학자들은 문자적 문제와 더불어 게셀 달력의 용도에 대해서도 끊이지 않는 토론을 벌이고 있다. 이집트와 메소포타미아의 유사한 예들을 보고 윌리엄 알브라이트(William Albright)는 이 돌판의 크기가 기껏해야 청소년의 손에나 쥐어질 만큼 작았기 때문에 게셀 달력은 "학생들의 문자를 쓰기 위한 학습 연습용"이었다고 주장했다. 그는 또한 돌판의 구석이 둥글어진 것은 이것이 일상적으로 사용되었음을 말해주며 돌판에 글을 새긴 이는 상당히 느리고 서툰 솜씨를 가졌다고 주장했다.[4]

알브라이트는 그 내용을 다음과 같이 번역했다.

    그의 두 달은 (올리브) 추수를 위함이며
    그의 두 달은 (곡물을) 심기 위함이며
    그의 두 달은 철늦은 곡식을 심기 위함이며
    그의 한 달은 아마 섬유를 괭이로 파고
    그의 한 달은 보리를 추수하고
    그의 한 달은 추수와 축제를 열고

---

4. William F. Albright, "The Gezer Calender," *BASOR* 92(1943): 16–26.

그림 34. 나무로 된 틀에 현무암 돌들을 끼워 만든 타작용 기계로서 텔 엘 파라(Tell el-Far'ah〈북〉) 유적지에서 현대에도 사용되고 있다(L. Stager 전재 허가).

> 그의 두 달은 포도나무를 손질하고
> 그의 한 달은 여름 과일을 딴다(*ANET*, 320).

'그의 달'이라는 표현은 혹자가 어떤 특정한 일에 종사 할 때의 달을 의미하는 히브리어 숙어라고 알브라이트는 말했다. "그 관장들은 각각 그의 달(호드쇼〈ḥodšô〉, 한국어 성경은 "자기가 맡은 달"로 번역함)에 솔로몬 왕과 왕의 상에 참여하는 모든 자를 위하여 먹을 것을 공급하여 부족함이 없게 하였다"(왕상 4:27〈히브리어 성경 5:7〉). 이 달력이 올리브 추수를 하는 가을에 시작되는 것에 주의하자(참조, 월삭의 축제).

10-11월에 첫 비가 내리고 땅이 충분히 부드러워지면 농부는 긁개용 쟁기로 땅을 부셔 갈았다. 동시에 그는 바구니에 담아온 씨를 뿌리고 흙을 덮었다. 추수 시기에 농부는 한 손으로 곡물의 줄기를 잡고 다른 손에 쥔 작은 세석기 칼날이 끼워져 있는 굽은 모양의 낫으로 잘라냈다. 후대에 가서는 나무 손잡이가 달린 철로 만든 낫이 사용되었다. 이 농사 과정을 암시하고 있는 표현들을 성경의 여러 구절에서 발견할 수 있다. "일곱 주를 셀지니 곡식에 낫(헤르메쉬〈ḥermēš〉)을 대는 첫날부터 일곱 주를 세어"(신 16:9). "파종하는 자와 추수 때에 낫(막갈〈maggāl〉)을 잡은 자를 바벨론에서 끊어 버리라"(렘 50:16).

그림 35. 밀 타작 장면으로 소들이 타작용 기계를 끌고 있다. 뒤 배경에 언덕 위에 위치한 마을이 보인다(복원도: L. E. Stager 전재 허가; 그림: C. S. Alexander).

추수 때에 곡물 줄기들은 단으로 쌓아 수레에 실어 타작마당으로 가져갔다. 요셉이 그의 형제들에게 그의 꿈에 대해서 이야기하길, "우리가 밭에서 곡식 단(알루밈⟨'ălummim⟩)을 묶었다"(창 37:7)라고 한다. 시편 저자는 이렇게 읊었다. "울며 씨를 뿌리러 나가는 자는 반드시 기쁨으로 그 곡식 단(알루모타브⟨'ălummōtâw⟩)을 가지고 돌아오리로다"(시 126:6). 곡식의 타작은 넓고 편평한 마당 같은 데서 했는데, 종종 곡물의 키질을 위해 바람이 부는 좀 높은 장소가 선택되었다. 때때로 타작마당(고렌⟨gōren⟩)은 성문 옆에 위치해 있기도 했다. "이스라엘의 왕과 유다의 여호사밧 왕이 왕복을 입고 사마리아 성문 어귀 타작 마당(고렌⟨gōren⟩, 한국어 성경은 "광장"으로 번역함)에서 각기 왕좌에 앉았고"(왕상 22:10). 타작용 기계는 나무로 된 널판에 세석기를 박아 넣거나 현무암을 끼워 넣은 것으로 황소나 나귀로 끌게 하여 곡식 단에서 곡물을 떨어냈다(신 25:4). 짚과 겨는 키질을 하여 곡물과 분리해냈는데, 다시 말하면 타작된 곡물을 공중으로 흔들어 바람이 겨를 떨어내도록 하였다 이사야는 이스라엘이 어떻게 적들을 걸러낼 것인가를 타작으로 비유하여 표현하고 있다. "보라 내가 너를 이가 날카로운 새 타작기계로 삼으리니 네가 산들을 쳐서 부스러기를 만들 것이며 작은 산들을 겨 같이 만들것이라"(사 41:15). 전통에 의하면 다윗은 모리아 산에 있던 여부스 사람 아라우나의 타작 마당을 사서 여호와께 단을 쌓았고(삼하 24:16-25) 후에 여기에 솔로몬은 성전을 지었다(대하 3:1).

사일로와 창고들에 곡물이 저장되었다. 이들은 땅 아래나 위에 지어졌고 어떤 것은 공공을 위한 것이기도 했지만 어떤 것은 개인 소유이기도 했다. 저장을 위한 웅덩이들은 돌로 쌓아 만들거나 회칠을 하였는데 주로 후기청동기 시대와 철기 시대에 많이 사용되었다. 철기 I 시대 때에는 음료든 마른 것이든 음식은 토기 목 부분에 줄이 있는 커다란 "피토스"(pithos)라 불리는 항아리와 다른 커다란 용기들에 담겨 있었다. 게셀에서는 청동기 시대와 철기 시대에 사용된 작지만 회칠이 되어 있는 지하 곡식 저장고들이 발견되었다. 앗수르의 통치 아래 있었던 므깃도의 III층(주전 725년)에서는 벽면을 따라 소용돌이 모양으로 내려가게 되어 있는 층계가 만들어져 있는 커다란 지하 사일로가 발견되었다. 존 할라데이(John Holladay)는 이 저장용 웅덩이 1414에는 일년에 1,178명을 먹일 수 있는 346 미터톤을 저장할 수 있었다고 측량했다.[5] 므깃도에서 발견된 이 커다란 사일로는 앗수르의 정부용 저장고였지 일반 이스라엘인들이 사용했던 것은 아니다. 할라데이는 텔 베이트 미르심(Tell Beit Mirsim) 유적지에서 발견된 사일로들에는 각각 1미터톤 정도가 저장될 수 있었다고 측량했다. 만약 발굴 구역 SE 12-22-33이나 23에 위치한 집들이 이 구덩이로 파진 34개의 사일로들을 통제했다면 34미터톤의 곡식이 이 집을 위해 사용되었다고 추정할 수 있다. 텔 엘 헤시(Tell el-Hesi) 유적지의 페르시아 시대 층(VA층)에서는 지름 2미터, 깊이 2미터 가량의 진흙벽돌로 구덩이 안을 쌓아 만든 커다란 밀 찌꺼기들이 남아있던 저장고들이 발견되었다. 텔 제메(Tell Jemmeh) 유적지에서는

---

5. John S. Holladay, "The Kingdoms of Israel and Judah: Political and Economic Centralization in the Iron IIA-B(ca. 1000-750 B.C.E.)," in T.E. Levy, ed. *The Archaeology of Society in the Holy Land*(New York: Facts on File, 1995), 377-378,398.

헬라 시대로 연대가 추정된 거대한 곡식 저장고가 발견되었다. 텔 제메에서 발견된 둥글게 진흙벽돌을 쌓아 만든 저장고들 중 10개 이상이 각각 132미터톤의 양을 저장할 수 있다고 측량되었다.

철기 II 시대에 사용되었던 기둥이 세워져 세 공간으로 나뉜 건물들이 텔 엘 헤시(Tell el-Hesi), 므깃도, 하솔, 벧세메스, 그리고 텔 세바(Tel Sheva) 등의 여러 유적지들에서 발견되었다. 이들은 저장용 건물, 마구간, 시장, 혹은 요새 등 다양하게 해석되었다. 스태거(L. Stager)의 견해에 의하면 이 건물의 기능이 여러 가지로 해석되는 이유는 이들 모든 해석이 맞을지도 모르기 때문이라는 것이다. 두 줄로 서 있는 기둥들은 건축의 목적에 상응하는 것이다. 이 건물들에 서 있는 기둥들 사이의 넓은 공간을 잇기 위해서는 상당히 긴 목재가 필요했을 것이다. 그러므로 이 건물들의 기능은 유적지들의 경우에 따라서 달리 해석해야 할 것이다. 모세 코카비(Moshe Kochavi)는 성경의 그술 땅이라 생각되는 갈릴리 호수 동쪽 만에 위치한 텔 하다르(Tel Hadar, '화려한 언덕'이라는 의미) 유적지에서 유사한 건물을 발견하고 상업용 시장이라고 주장했다.[6] 코카비는 서로 벽 하나를 사이에 두고 있는 두 공공건물들(주전 11세기)을 발견했다. 하나는 기둥들이 세워져 세 공간으로 나뉜 건물이고 또 하나는 견고한 벽을 가진 건물로 불 탄 밀들이 발견되어 곡식 저장고로 생각되었다. 이 서로 붙어 있는 두 건물에는 하나의 입구가 있었다. 또 다른 건물은 벽으로 세 공간이 나뉘어졌는데, 이곳은 저장용 건물로 생각되었다. 코카비는 열두 유적지에서 발견된 총 35개의 기둥에 의해 세 공간으로 나뉜 건물들은 '고대 쇼핑몰의 역할'을 했다고 주장했다.

3) 농기구

농부들의 가장 중요한 기구는 쟁기(마하레샤⟨*maḥărēšâ*⟩ 혹은 마하레쉐트⟨*maḥăresēt*⟩)로서 이미 5000년 전에 발명되어 사용했다. 20세기 초반에도 팔레스타인에서는 이 고대에 발명된 기구를 거의 개발하지 않은 채 사용하고 있었다. 고대의 쟁기는 오크나무 같은

---

6. Larry G. Herrr, "Tripartite Pillared Building and the Market Place in Iron Age Palestine," *BASOR* 272(1988): 47-67. Moshe Kochavi, "Divided Structures Divide Scholars," *BAR* 25(1999): 44-50. Compare Moshe Kochavi, "The Eleventh Century B.C.E. Tripartite Pillar Building at Tel Hadar," in S. Gitin, A. Mazar, and E. Stern, eds., *Mediterranean Peoples in Transition*(Jerusalem: Israel Exploration Society, 1998), 468-78.

그림 36. 은닉처에 숨겨둔 저장물. 철로 제작된 여섯 농기구로서 좌측과 중앙 후면에 두 갈래 진 쟁기 끝이 보인다. 우측 후면에는 날이 하나 달린 쟁기 끝이 있고 이 쟁기에 기대고 있는 칼에는 대갈못이 박혀 있다. 칼 앞 좌우에는 각각 낫으로 사용된 칼이 하나씩 있다. 주전 604년 파괴 층, 텔 미크네 에그론 **Tel Miqne-Ekron**, IB 층(텔 미크네 에그론 발굴/출판 기획 전재 허가; 사진: **I. Sztulman**).

단단한 나무로 만든 작대기와 손잡이, 그리고 금속으로 만든 끝날이나 보습(에트〈'ēt〉), 그리고 수평으로 된 멍에로 이루어졌다. "긁개용 쟁기"라고 불렀듯이(하라쉬〈ḥāraš〉, '새기다'라는 의미를 어원으로 함) 이 기구는 중동 지방과 메소포타미아 환경과 토양에 잘 어울리는 것으로서 특히 산지 지형의 얇게 깔린 토양을 긁어서 갈기에 유용했다. 이른 비(요레〈yôreh〉)가 내려 땅이 젖어 부드러워진 10월 말-11월에 씨를 뿌리기 전에 땅을 갈아야 한다. 논밭은 두 번 갈았는데 한 번은 씨를 뿌리기 전에 토양을 부수기 위해 갈았고 두 번째는 씨를 뿌린 후 처음 갈은 흙으로 씨를 덮기 위해 쟁기를 사용했다. 이 금속으로 만든 끝날이 달린 긁개용 쟁기는 불도저 같은 보습용 기계들이 하는 것처럼 땅을 뒤엎지는 못했고 단순히 땅을 긁어 부수고 흐트러뜨려 얕은 밭고랑을 만들 뿐이었다. 주전 11세기로 연대가 추정되는 철로 만든 쟁기 끝들이 기브아(텔 엘 풀, Tell el-Ful)에서 발견되었고 텔 제메(Tell Jemmeh), 벳산, 텔 엔 나스베(Tell en-Nasbeh)에서는 주전 10세기로 연대가 추정되는 철로 만든 보습들이 발견되었다.[7]

---

7. Jane C. Waldbaum, *From Bronze to Iron* (Göteborg: Paul Åströms Förlag, 1978), 27: "팔레스타인의 철기 I 시대의 층들에서 발견된 철로 만든 이러한 유물들은 총 290점이 있다. 그중 20점은 주전

성경 시대에 일반적으로 수레를 끌었던 동물은 소로서 쟁기가 달린 멍에(모타⟨môṭâ⟩/ 올⟨ōl⟩)를 메었는데 멍에는 나무로 만든 가로 대로 소들의 목에 밧줄로 묶었다. 때때로 더 많은 소가 사용되기도 했지만 레반트 땅에서는 주로 한 쌍의 소들이 멍에를 함께 멨다. 엘리야가 엘리사를 찾아왔을 때 엘리사는 밭을 갈고 있었다. "그는 멍에를 씌운 열두 마리 (한국어 성경은 "열두 겨리"로 번역함) 소를 앞세우고 밭을 가는데 자기는 열두째 겨리와 함께 있더라"(왕상 19:19). 모세의 법률에는 소(쇼르⟨šôr⟩)와 나귀(하모르⟨ḥămôr⟩)를 함께 멍에를 씌우지 말라고 했는데(신 22:10), 이는 아마도 서로 다른 종의 것을 함께 섞는 것은 창조 질서에 어긋나기 때문이었을 것이다. 나무로 만든 소를 모는 막대에는 때로 한쪽 끝에는 쟁기 청소기가 달려 있고 다른 끝에 금속으로 만든 박차가 달려 있어 가축을 찔러 자극을 주는 데 사용되었다. 소들은 수레를 끄는 데 더욱 용이한 동물로 사용하기 위해 거세했다.

성경에서는 쟁기로 가는 행위를 많은 비유에서 사용한다. 가장 유명한 예로는 평화의 상징으로 칼들이 쟁기 끝날로 변할 것이라는 것이며(사 2:4) 전쟁의 날들에는 반대의 현상이 일어날 것이라는 예언이다(욜 3:10⟨히브리어 성경 4:10⟩). 또한 삼손은 밭 가는 행위라는 표현을 사용해 성적 풍자를 하며 블레셋인들에게 응답한다. "너희가 내 암송아지로 밭 갈지 아니하였더라면 나의 수수께끼를 능히 풀지 못하였으리라"(삿 14:18).

4) 재배와 음식 가공

이스라엘의 식품은 주로 곡물, 채소, 과일 그리고 조미료로 이루어져 있다. 성경 시대의 주된 곡식은 밀(히타⟨ḥiṭṭâ⟩), 보리(세오라⟨śᵉ'ōrâ⟩), 올리브(제팀⟨zêtîm⟩), 그리고 포도(아나빔⟨'ănābîm⟩)이다. 곡물 재배는 과일 나무 재배보다 먼저 시행되었다. 주요 식품이었던 곡물은 가장 먼저 토지에 심었다. 곡물 낟알을 날것으로 먹을 수도 있었으나 대부분은 빵이나 죽(예, 보리로 크림같이 만든 것) 같은 형태로 먹었다. "너희는 너희 하나님께 예물을 가져오는 그 날까지 빵(레헴⟨leḥem⟩, 한국어 성경은 "떡"으로 번역함)이든지 볶은 곡식(칼리⟨qālî⟩)이든지 생이삭(카르멜⟨karmel⟩)이든지 먹지 말지니"(레 23:14; 왕하 4:42). 칼리(qālî)는 밀과 보리를 번철에 굽던가 아니면 그냥 아무런 가공도 하지 않고 먹을 수 있

12세기로, 78점은 주전 11세기로 보이며 192점 이상이 주전 10세기의 물건들이다. 주전 12세기에서 11세기로 넘어가 4배로 증가하였고 다시 2배 이상이 10세기에 와서 더 사용된 것을 볼 수 있다."

었다는 것을 말해주고 있다. "이새가 그 아들 다윗에게 이르되 지금 네 형들을 위하여 이 볶은 곡식(칼리⟨qālî⟩) 한 에바와 이 빵(레헴⟨leḥem⟩, 한국어 성경은 "떡"으로 번역함) 열 덩이를 가지고 진영으로 속히 가서 네 형들에게 주라"(삼상 17:17).

콩 종류로는 편두(아다쉼⟨ʿădāšîm⟩), 잠두(폴⟨pôl⟩), 이집트 콩/병아리 콩(힘메찜⟨ḥimmĕṣîm⟩, 아랍어로는 후무쯔⟨ḥummuṣ⟩) 등이 있다. 채소에는 오이(키슈임⟨qiššuʾîm⟩), 수박(아브티힘⟨ʾăbṭṭiḥîm⟩), 양파(베살림⟨bĕṣālîm⟩), 파(하찌르⟨ḥāṣîr⟩), 그리고 마늘(슘밈⟨šûmîm⟩)이 있다.

주요 과일 나무는 올리브(자이트⟨zayit⟩)와 포도나무(게펜⟨gepen⟩)였고 이 두 가지 과일이 경제를 돕는 중요한 역할을 하였다. 다른 과일 나무에는 대추야자나무(타마르⟨tāmār⟩), 석류나무(림몬⟨rimmôn⟩) 무화과나무(테에나⟨tĕʾēnâ⟩) 그리고 이집트산의 시카모르나무(쉬크마⟨šiqmâ⟩)가 있다.

(1) 곡물

식료품 중 주요한 곡물이었던 밀은 몇 가지 다른 종류들이 재배되었다. 에인콘(리트쿰 무코쿰⟨Triticum moococcum⟩), 에머(트리티쿰 디코쿰⟨Triticum dicoccum⟩, 성경 상의 쿠쎄메트⟨kussemet⟩), 빵용 밀(트리티쿰 아이스티붐⟨Triticum aestivum⟩), 그리고 단단한 밀(트리티쿰 두룸⟨Triticum durum⟩). 빵용 밀은 에머에서 파생된 종류로 주로 철기 II 시대에 자랐다. 단단한 밀은 지중해 지역의 중요한 밀이 되었다. 메소포타미아의 요리법까지 포함한 식단이 아주 잘 알려진 데 반해 성경은 내용들을 아주 조금 제공하고 있기 때문에 밀을 명하는 각각의 종류를 의미하는 다양한 단어들을 정의 내리기는 어렵다. 밀보다 거칠고 품종이 떨어지는 보리(호르데움 불그레⟨Hordeum vulgre⟩)는 가난한 자의 빵을 만드는 데, 또한 동물을 사육하는 데 사용되었다(왕상 4:28⟨히브리어 성경 5:8⟩). 이 풍부한 곡물은 4월 말-5월 초에 밀보다 2주 전에 수확되었다. 보리는 소금에 더 잘 견뎠고 반 건조 지역에서 자랄 수 있었다. 또한 보리는 빨리 영글고 환경의 변화에도 빨리 적응한다. 밀은 보리보다 많은 물과 적은 소금기를 필요로 한다.

곡물을 가공하는 것은 여자들, 하인들 혹은 노예들이 주로 하던 일이었다. "맷돌을 가지고 가루를 갈고(타한⟨ṭāḥan⟩) 너울을 벗으며 치마를 걷어 다리를 드러내고 강을 건너라"(사 47:2). "애굽 땅에 있는 모든 처음 난 것은 왕위에 앉아있는 바로의 장자로부터 맷돌(레하임⟨rēḥāyim⟩) 뒤에 있는 몸종의 장자와 모든 가축의 처음 난 것까지 죽으리라"(출 11:5). 블레셋인들이 삼손을 잡은 후 그의 눈을 뽑은 후에 삼손을 가사로 데려가 놋줄을 메고 "그에게 옥에서 맷돌(타한⟨ṭāḥan⟩)을 돌리게 하였더라"(삿 16:21). 이렇게 맷돌을 돌리도록 하는 것은 전쟁 포로에게 모욕을 주는 당시의 일반적인 행위였다. 예레미야애가 5:13에는 바벨론인들이 주전 586년 예루살렘에서 잡아온 포로들을 어떻게 다루었는지를 보여주고 있다. "청년들이 맷돌(테혼⟨ṭĕḫôn⟩)을 지며 아이들이 나무를 지다가 엎드러졌다"(애 5:13).

철기 시대 집들의 1층은 음식을 준비하고 저장하는 데 사용되었다. 곡물은 매일 요리와 빵을 굽기 위해 밀가루로 갈도록 하였다. 빵을 만들기 위해 곡물을 가는 것은 매일의 일상에서 중요한 부분으로 성경의 법은 맷돌을 저당잡을 수 없는 것으로 규정하고 있다. "사람이 맷돌(레하임⟨rēḥāyim⟩)이나 그 위짝(라케브⟨rākeb⟩)을 전당잡지 말지니 이는 그 생명을 전당잡음이니라"(신 24:6). 예언은 말하기를 바벨론으로 포로로 끌려갈 때에 "맷돌 소리(콜 레하임⟨qôl rēḥāyim⟩)와 등불 빛"이 끊어지게 될 것이라고 했다(렘 25:10). 다른 말로 하면 삶에 가장 필요한 요소인 빵과 빛이 없어질 것이라는 것이다.

맷돌 혹은 말 안장처럼 옴폭한 맷는(레하임 rēḥāyim)은 모두 두 개의 돌판들로 되어 있다. 펠라흐 타흐티트(pelaḥ taḥtît)는 아래에 놓이는 커다란 돌이고 펠라흐 레케브(pelaḥ rekeb)는 위에 얹는 더 작은 돌로 곡물을 가는 자의 손에 잘 맞았고 때로는 말을 탄 "기수"(rider)라고도 불려졌다. 아래에 놓이는 돌은 직사각형이고 약간 안으로 옴폭하게 패였다(이래서 "말 안장 맷돌"이라고 불린다). 곡물은 아래 돌의 위에 얹었고 곡물을 가는 이는 이 돌 앞에 무릎을 꿇고 앉아 위의 작은 돌을 수평으로 앞뒤로 움직여 곡물을 갈았다. 맷돌들은 주로 검은 현무암으로 만들어졌다. 맷돌은 또한 치명적인 무기로도 사용되었다. 한 여인은 맷돌 윗짝(펠라흐 레케브⟨pelaḥ rekeb⟩)을 아비멜렉의 머리 위에 내려 던져 그의 두개골을 깼다(삿 9:53).

케마흐(qemaḥ)는 곡물을 갈아 만든 일반적인 밀가루를 말하고 있다. 밀가루는 주로 밀을 갈아 만들었지만 보리를 갈아 만들기도 했다. 주석가들에 의하면 솔레트(sōlet)는 밀 낟알의 핵을 갈아 만든 더 값비싼 좋은 밀가루로서 희생제사와 특별한 경우에만 사용되었다고 보고 있다. 그러나 밀그롬(Milgrom)은 솔레트(sōlet)를 체질하여 좋은 밀가루를 고른 후에 남는 거친 밀가루나 밀가루의 잡티로 보고 있다.[8] 사라는 케마흐 솔레트(qemaḥ sōlet, 여기서 솔레트⟨sōlet⟩는 가루 위에 윤기가 흐르는 것을 말한다⟨한국어 성경은 "고운 가루"로 번역함⟩)을 가져다가 헤브론 오크 (한국어 성경은 "나무"로 번역함) 나무 아래 있던 아브라함을 방문한 세 명의 나그네에게 케이크(우고트⟨'ugôt⟩, 한국어 성경은 "떡"으로 번역함)를

---

8. Milgrom, *Leviticus*, 3, 179.

만들어 대접한다(창 18:6). 솔로몬의 매일의 음식에도 역시 솔레트와 케마흐가 있었다(왕상 4:22⟨히브리어 성경 5:2⟩). 아람인들이 사마리아를 포위했을 때 솔레트는 보리보다 두 배 이상이나 비쌌다. 솔레트는 한 스아(약 7리터)에 한 세겔에 팔렸고 보리 두 스아가 한 세겔에 팔렸다(왕하 7:16, 18). 힐데가르트 레비(Hildegard Levy)는 고대 앗수르 곡물 이름들을 설명하면서 이렇게 말했다. "근동에 있어 고대는 물론 현대에서도 밀과 밀로 만든 생산품들은 중요한 음식이지만, 보리와 보리로 만든 음식은 저소득층의 사람들이 먹는다."[9]

(2) 올리브나무

아비멜렉의 비유(삿 9:8-9)를 보면 올리브나무(한국어 성경은 "감람나무"로 번역함. 감람나무는 중국산 나무로 생긴 모양은 비슷하나 다른 종류의 나무이며 일반적으로 한국인들에게도 올리브 열매가 잘 알려져 있기에 본서에서는 모두 "올리브나무"로 번역함-역주)가 나무들 중 왕이 되도록 처음으로 부탁받는다. 내구력이 있어 장수하는 올리브나무는 사철 푸른 나무로서 줄기의 굵기는 지름 1미터에까지 이르며 5-8미터 높이까지 자란다. 주로 해안 평야와 중앙 산맥 사이의 고지와 언덕에서 발견되는 올리브나무들은 덥고 건조한 여름과 춥고 비가 많이 오는 겨울의 조건을 갖춘 지중해 지역의 토양이 깊지 않은 바위가 많은 산지에서 잘 자란다. 이 나무들이 자라는 데 연평균 섭씨 15도(화씨 59도)를 필요로 한다. 올리브나무들이 흙이 깊지 않은 토양의 산지에서 자라기 때문에 비옥하고 경작이 가능한 토양을 필요로 하는 곡물들과는 함께 자라지 않는다. 올리브 열매들이 익는 데는 어느 정도 추운 기후를 필요로 하기 때문에 이 나무들은 레반트 땅에서만 자랄 뿐 따뜻한 기후의 지역인 이집트나 메소포타미아에서는 자랄 수가 없다. 올리브나무들이 열매를 생산할 만큼의 나무로 성장하는 데는 수년의 시간이 걸리며 열매를 맺게 된다 해도 격년을 주기로 한다. 그러므로 일반적으로 어떤 이가 올리브나무를 심는 것은 그 자신을 위함이 아니라 손자 세대를 위함이라고 말하곤 한다. 나무들을 심고 나서 5년 혹은 6년이 지나야 꽃을 볼 수 있다.

하이파 남쪽 해안 아틀릿('Atlit) 유적지는 아마도 세계적인 홍수로 인해 주전 6000년 중반 침수되어 해저에서 발견된 유적지로 토기 사용 이전 신석기 시대의 야생 올리브를 재배했던 모습이 증명되었다.[10] 인간이 재배한 올리브 열매가 화석화 된 것이 이미 동석

---

9. Hildegard Lewy, "On Some Old Assyrian Cereal Names," *JAOS* 76(1956):203.
10. Ehud Galili, "Prehistoric Site on the Sea Floor," *NEAEHL*, 1:120-22.

그림 37. 올리브기름 틀, 열매 분쇄용 큰 통과 두 개의 압축용 통들 그리고 4개의 구멍이 뚫려 있는 돌 추들을 볼 수 있다(텔 미크네 에그론 발굴/출판 기획 전재 허가; 사진: **D. Guthrie**).

병용기 시대의 여리고에서 가까운 텔에이랏 엘 가술(Teleilat el-Ghassul) 유적지에서 발견되었다. 올리브는 나무를 흔들거나 기다란 막대로 나무를 두들겨 열매를 떨어뜨려 손으로 주워 담았다. "네가 네 올리브나무를 떤(하바트〈ḥābaṭ〉) 후에 그 가지를 다시 살피지 말고 그 남은 것은 객과 고아와 과부를 위하여 남겨두라"(신 24:20). 돌을 깎아 만든 올리브를 짜는 기구들이 올리브 숲 근처에서 자주 발견된다.

올리브기름의 생산은 이 지역의 경제적 부를 산출할 만큼 중요한 산업이었다. 남은 기름은 이집트, 베니게, 심지어 그리스까지 수출되었다. 호세아는 올리브나무가 자라지 않는 이집트에 기름을 수출했던 것을 언급하고 있다(호 12:1〈히브리어 성경 12:2〉). 두 주요 블레셋 유적지들-에그론(텔 미크네〈Tel Miqne〉)과 딤나(텔 바타쉬〈Tel Batash〉)-의 발굴 결과는 철기 II 시대 당시의 올리브기름 생산에 대해 상당히 가치 있는 정보들을 제공하였

그림 38. 올리브기름 틀의 재현 모습, 텔 미크네 에그론. 압축용 통 위에 짚으로 만든 바구니를 두고 돌로 만든 추를 달아 나무 막대기로 누르고 있다(텔 미크네 에그론 발굴/출판 기획 전재 허가; 그림: **E. Cohen**).

다. 두 도시의 주민들은 올리브기름 산업에 종사했다. 팔레스타인 해안 평야 내부, 유다 왕국과의 경계선에 위치해 있던 블레셋의 도시국가 에그론은 고대 근동에 있어 최고의 올리브기름 생산지였던 것으로 보인다.[11] 올리브기름을 짜는 기구만 해도 100개 이상 발견된 것을 보고 고고학자들은 에그론에서 매년 주로 수출을 목적으로 한 천 톤의 기름을 생산했을 것이라고 추정한다(그림 37, 38). 구멍이 뚫려있는 돌덩어리들은(이 돌들이 텔 베이트 미르심에서 발견되었을 때 섬유를 염색하는 데 사용했다고 잘못 해석되었었다) 올리브기름을 짜는 데 사용된 도구로 확인되었다.

주워 담은 올리브 열매들을 먼저 눌러 으깨서 꼭 짰다. 처음으로 짜서 얻어진 순수한 기름을 얻기 위해서 열매들을 눌러 으깨야지 빻아서 가루로 만들면 끈적거리는 과육 덩어리들이 기름에 들어갈 수 있기에 빻아서는 안된다. 눌러 으깰 때는 평평하게 바위를 깎아 직사각형의 대야처럼 만든 설비나 비슷한 모양으로 집 바닥에 만든 웅덩이(얌〈yām〉이라 불림)에 올리브 열매를 흩어놓고 커다란 돌(눌러 으깨는 돌, 혹은 메멜〈memel〉로서 이 돌은 지붕을 덮은 진흙을 평평하게 하는 굴림대로도 쓰였다)을 그 위에 굴렸다. 처음으로 눌러 으깨 짜내 얻어진 순수한 기름이 사마리아에서 발견된 오스트라카(ostraca, 글씨가 새겨지거나 잉크로 써져 있는 토기 조각-역주)에 쉐멘 라하쯔(šmn rḥṣ), '씻겨진 기름'이라는 뜻의 이름으로 몇 번 언급되어 있다. 이 기름은 눌러 으깬 올리브 열매 위에 뜨거운 물을 부어 섞고 잘 저은 다음 위에 뜬 기름을 손으로 걷어낸 것이다. '눌러 으깨고 씻었다'는 의미의 쉐멘 라후쯔(šemen rāḥūṣ)와 '단지 눌러 짰다'는 의미의 쉐멘 자이트 자크 카티트(šemen zayit zāk kātît, 출 27:20; 레 24:2)는 모두 이 처음에 짜서 얻어진 순수한 기름(virgin oil)을 말한다. 기름의 종류들 중 이 첫 번째 기름이 가장 좋은 것이다. 계속 몇 번 더 짤 때 마다 기름의 가치는 떨어진다.

이렇게 처음으로 짠 순수한 기름을 거른 후에 다음 단계의 기름은 가로로 놓인 막대기를 이용하여 과육을 짜내서 얻는다. 이미 으깨진 올리브들은 짚을 엮어 짠 바구니(아칼림〈āqālîm〉)에 담기는데 이때 바구니의 밑바닥에는 구멍이 나 있다. 바구니들을 쌓아서 짜는 기구(홈이 뚫려있는 돌로 만든 통처럼 생김, 그림 37과 38과 아래 참조-역주) 위에 올려놓는데 바구니들의 꼭대기에는 돌을 하나 얹었다. 이제 이 돌 위에 한쪽 벽에 뚫린 구멍에 꽂은 긴 나무 막대기가 얹히고 막대기의 다른 쪽 끝에는 돌들을 매달아 이 무게로 인해

---

11. Seymour Gitin, "Ekron of the Philistines, Part II: Olive Oil Supplies to the World," *BAR* 16/2(1990): 32–42, 59.

막대기가 내려가면서 바구니 속의 올리브들로부터 기름이 나오게 된다. 올리브기름은 곧바로 바구니의 구멍에서 흘러나와 위의 짜는 기구의 홈 안으로 흘러들어간다. 이 홈이 있는 돌로 만든 원통형 통(기토트⟨*gittôt*⟩) 위에 이 바구니들을 쌓았다. 철기 II 시대에는 이렇게 기름을 짜내는 것이 널리 사용되었다.

실제로 부자든 가난한 사람이든 일상생활 중 모든 면에 있어서 올리브나무와 관련이 있었다. 올리브기름은 여러 가지 용도를 위해 사용되었다. 주로 식품으로, 약품으로 그리고 토기로 만든 등잔의 기름으로 사용되었다. 그리고 화장품이나 향수나 다른 기름들, 즉 왕의 즉위식 중 왕을 기름 부을 때나 봉헌제물을 바칠 때나 성소의 등잔을 피울 때 등 의식용으로도 사용되었다. 텔 단의 성소에서 발견된 기름 짜는 기구는 신전에서 등잔에 불을 피우고 봉헌제물을 바칠때 사용된 기름을 만들었을 것이다. 현재 올리브나무는 가구, 널판, 그리고 조각상 등을 만드는 데 사용되고 있다.

(3) 포도나무

포도나무가 재배된 가장 초기의 증거는 초기청동기 I 시대에 발견되었다. 레반트에서는 이미 주전 3000년경에 암반을 파서 만든 포도를 짜는 장소가 있었다.

노아는 아라랏 산이 있었다고 믿어지는 아나톨리아 지방에 도착해 처음으로 포도나무를 심었는데, 이곳은 포도 재배가 기원된 장소이기도 하다. 사실 레반트와 에게 해 지역은 포도 재배가 가장 먼저 행해진 두 지역이다. 앗수르인들의 청동기 시대의 기록 속에는 포도에 대한 언급이 없다. 그러나 후대 주전 9세기경 신-앗수르인들은 포도 재배를 왕성하게 발전시켰지만 가격은 상당히 비쌌다.[12] 주전 1000년경에 "시리아에서뿐만 아니라 시리아와 경계 지역들, 즉 북쪽의 터키와 시리아와 이라크의 남쪽 지역들에서도 상당히 진보된 포도 경작지가 있었다"[13]고 증명되었다. 덥고 건조한 기후는 포도를 재배하는 데 도움이 되지 못한다. 메소포타미아에서 포도나무는 단지 갈그미스 지역 같은 단지 북쪽에서만 가능하다. 이집트에서도 오아시스 주변 지역을 제외하고는 포도나무가 잘 자랄 수 없었기에 이집트인들은 레반트와 그리스에서 포도주를 수입했다.

---

12. David Stronach, "The Imagery of the Wine Bowl: Wine in Assyria in the Early First Millenium B.C.," in P.E. McGovern, S.J. Fleming, and S. H. Katz, eds., *The Origins and Ancient History of Wine*(Amsterdam: Overseas Publishers Association, 1995), 192.

13. Marvin, A. Powell, "Wine and the Vine in Ancient Mesopotamia: The Cuneiform Evidence," in McGovern, Fleming, and Katz, eds., *The Origins and Ancient History of Wine*, 121.

그림 39. 이집트 테베(Thebes)에서 발견된 나크트(Nakht)의 무덤, 주전 15세기 말경. 거위를 잡아 털을 뽑고 자르는 장면(하단 우측), 포도를 모아 밟아 포도주로 만들어 마개로 덮은 '가나안의 항아리'에 포도주를 저장하는 모습(바로 위의 장면, 메트로폴리탄 박물관 이집트 조사, Rogers Fund 전재 허가; 1915).

포도나무가 양질의 포도를 맺기까지는 5-6년의 세월이 걸리기 때문에 안정적인 사회만이 포도를 재배하고 생산하는 데 성공했고 이를 통해 경제적 이익, 특히 수출을 통한 이익을 얻을 수 있었다. 여름의 가뭄에도 잘 자라도록 포도 농원은 산기슭에 경사지를 깎아 계단 모양으로 만든 단지에 있었고 이 단지를 만들고 유지하기 위해서는 집중적인 노동이 지속적인 시간을 두고 필요했다. 다 익은 과일을 망보기 위해 돌로 만든 망대들(미그달림⟨migdālîm⟩)이 포도 농원에 만들어졌다. 추수 시기에 이스라엘 민족은 포도나무 가지들로 초막을 짓고 근처에 머물렀는데 여기서 초막절에 초막을 짓는 것이 유래했다.

에나브('ēnāb, 복수로 아나빔⟨'ănābîm⟩)가 일반적으로 '포도'를 명칭하는 히브리어 단어다. 소렉(śōrēq)은 예루살렘의 남서쪽 기슭에 있는 소렉 골짜기에서 생산되는 검붉은 색의 특이한 종류의 포도를 말한다(사 5:2; 렘 2:21). 아시스('āsîs)는 포도를 쌓아 올린 더미의 무게에 의해 스며나온 즙을 말할 것이다. 아시스('āsîs)는 "산들은 단 포도주를 흘리며"에서 말하는 단 포도주를 말한다. 이 포도주는 바로 포도에서 나온 처음 짠 기름과 같은 것이

그림 40. 진흙으로 만든 이동식 포도주 틀(아레바〈'arevah〉), 아스돗 발견, 주전 8세기(이스라엘 박물관 전재 허가; 사진: A. Hay).

그림 41. 회칠하여 방수 처리한 포도주 틀, 주전 7세기, 아스글론. 후대에 지어진 벽이 지나가고 있지만 우측에 포도를 밟던 장소가 보이며 좌측에는 포도주를 모으던 큰 통이 보인다(Leon Levy Expedition 전재 허가; 사진: I. Sztulman).

라 생각된다.

　포도 경작은 씨로 하는 것이 아니라 나무줄기를 잘라낸 후 심어 새싹이 돋아나면 여러 가지 방법으로 교배하였다. 포도는 격자 구조물에 걸쳐 드리워지거나 나무를 따라 올라가도록 길을 들였지만, 땅 위에 넝쿨로 뻗게 하거나 포도원(케렘〈kerem〉)에서 키우기도 했다. 포도원을 만들어 나무를 심는다는 것은 영구적인 정착생활을 의미하기도 했다. 유다 왕국의 복구에 대한 약속으로 여호와께서는 "사람이 이 땅에서 집과 밭과 포도원을 다시 사게 되리라"(렘 32:15)고 선포하셨다. 이사야는 '극상품 포도'(소렉〈sōrēq〉)를 심었으나 들포도를 맺고 만 포도원에 대한 비유를 통해 포도 재배가 어떻게 이루어졌는지 설명하고 있다(사 5:1-7). 조심스럽게 재배를 했음에도 불구하고 포도원은 '들포도'(베우쉼〈bĕ'ušîm〉, 문자적으로는 '썩은 포도'라는 의미로서 베쉬〈b'š〉, '고약한 냄새가 나다'를 어원으로 함)를 맺었을 뿐이다. 예언자는 이 예화에서 쓸모없어진 포도원이 좋은 포도 맺기를 기다렸던 포도원 주인의 기대를 저버린 이스라엘의 믿음 없는 집과 같다고 표현하는데, 여기서 여호와가 바로 포도원 주인이다.

　6월 혹은 7월에 일찍 익는 포도가 있기도 하지만 포도 수확의 계절은 8월과 9월이다. 고대 이스라엘에 있어 포도를 수확하는 것은 가족 구성원들이 맨발로 포도를 밟아 으깨는 동안 축하와 연회, 환호성과 기쁨을 동반하는 즐거운 시기였었다. 모압의 포도원이 파괴된 것을 보고 애통하면서 이사야는 이렇게 말한다. "즐거움과 기쁨이 기름진 밭에서 떠났고 포도원에는 노래와 즐거운 소리가 없어지겠고 틀에는 포도를 밟을 사람이 없으리니 이는 내가 그 소리를 그치게 하였음이라"(사 16:10; 렘 48:33). 사사기 21장에 기록된 이야기는 실로에서 포도 수확이 있을 때 이 도시의 젊은 여인들이 포도원 주변에서 춤추고 있었다고 볼 수 있다. 실로에서 있었던 이 축제는 포도원 주변에 숨어 있다가 나타난 베냐민 지파 사람들에 의해 이 여인들이 납치당했고 결국 그들의 아내가 되어버리는 광경으로 바뀌고 말았다. "보다가 실로의 여자들이 춤을 추러 나오거든 너희는 포도원에서 나와서 실로의 딸 중에서 각각 하나를 붙들어 가지고 자기의 아내로 삼아 베냐민 땅으로 돌아가라"(삿 21:21).

　포도 수확은 포도나무에 매달려 있던 포도송이들을 가지치기용 칼을 가지고 잘라내는 것이다. 포도는 바구니에 담아 때로 도시 안에 있기도 했지만 일반적으로는 포도원 안에 있던 포도 짜는 틀로 가지고 온다. 포도 짜는 틀은 기초 암반을 깎은 것으로 밟기 편하도록 평평한 바닥으로 되어 있었다. 이 설비는 큰 통같이 깎인 한 쌍의 틀로 이루어졌는데 모양은 직사각형이거나 둥근 모양이었으며(히브리어로는 가트⟨gat⟩ 그리고 예케브⟨yeqeb⟩로 불렸다) 각각 다른 높이에 있었고 관으로 서로 연결되어 있었다. 포도는 보다 큰 편평한 포도를 밟는 틀(가트⟨gat⟩)에서 맨발로 밟아 으깨졌고 더 깊은 용기같이 생긴 낮은 장소에 있던 틀(예케브⟨yeqeb⟩)로 새 포도주가 되어 흘러들어 갔다. 모압에 대한 심판에 있어 여호와께서는 예레미야에게 선포하신다. "내가 포도주 틀(예카빔⟨yĕqābîm⟩)에 포도주가 끊어지게 하리니 외치며 밟는 자가 없을 것이라"(렘 48:33). 막대기를 이용해 포도를 짜는 것은 후대의 것으로 그리스인들에 의해서 주전 6세기에 발명되었다. 막대기의 한쪽이 벽에 단단하게 걸려있었고 또 다른 쪽에는 무거운 돌을 매달아 무게를 주어 중간에 바구니에 담겨 있는 포도들을 눌러 짜게 되어 있었다. 이처럼 막대기를 이용해 포도주 짜는 기구는 이스라엘에서는 헬라 시대(주전 3세기)에 가서야 나타난다. 올리브 짜는 설비와 유사하게 보이는 이 설비는 포도를 짤 때는 올리브보다 적은 압력이 필요하다는 것이 차이일 뿐이다.

　포도를 밟아 으깬 후 여기서 나온 즙은 기초 암반을 깎아 만든 더 낮은 곳에 있던 틀로 흘러들어가거나 벽에 회칠을 하여 인공적으로 만든 틀 안으로 흘러들어간다. 이 즙을 발효시키기 위해 시원한 장소에 두었다. 아스글론에서는 발효와 저장을 위해 사용된 배 부분이 불룩한 철기 II 시대의 항아리들이 발견되었다. 이 유적지에서는 도시 한복판에 다듬은 돌로 지은 건물 혹은 포도주 양조장으로 볼 수 있는 커다란 건물에서 포도즙을 짰다. 이 커다란 건물 안에는 포도즙을 짜는 방들과 저장용 방들이 섞여 있다(그림 41).

포도가 주로 포도주를 만드는 데 사용되기도 했지만 또한 멍석에 흩뿌려 놓고 태양빛에 말려 건포도 케이크(찌무킴 혹은 아쉬숏⟨ṣimmuqîm, 'ăšîšôt⟩)을 만드는 데도 사용되었다. 또 다른 용도로는 포도즙을 끓여 과일 꿀인 '딥스'(dibs)로 만들어 케이크를 달콤하게 만드는 재료로 사용했다.

(4) 음료수

히브리어 미쉬테(mišteh)는 '마시다'라는 의미의 샤타(šâtâ)를 어원으로 하며 알콜이 들어간 음료가 축제의 핵심이 되는 '잔치'라든가 '연회'로 주로 번역되었다. 여호와께서는 예레미야에게 먹고 마시는 것을 동반한 애곡의 의식(마르제아흐 marzēaḥ)이 행해지고 있는 '상가'(베트 마르제아흐⟨bêt marzēaḥ⟩)에 들어가지 말 것을 당부하셨다. "너는 잔칫집(베트 마르제아흐⟨bêt marzēaḥ⟩)에 들어가서 그들(유다 백성들)과 함께 앉아 먹거나(레에콜⟨le 'ĕkōl⟩) 마시지(리쉬토트⟨lištôt⟩) 말라"(렘 16:8). 여기서 '상가'와 '잔칫집'은 먹고 마시는 것이 병행되는 같은 종류의 것이다(렘 16:5-9, 히브리어로는 같은 용어로 쓰였지만 각각의 다음 구절에 나오는 내용으로 인해 달리 번역된 것으로 보인다-역주).

히브리어 성경에서 185번 언급된 포도주는 쉽게 오염되는 물 때문에 고대 이스라엘의 주요 음료수로 쓰였다. 비록 이들 전부가 서로 다른 종류를 가리키고 있다고 말할 수는 없지만 히브리어 성경에는 9가지 포도주 이름들이 있다. 몇몇 이름들은 포도가 생산된 곳의 이름을 딴 것이거나 포도주의 특성을 딴 것으로서 유다 지방의 '어두운 색깔의 포도주'는 카홀(kāḥôl)이라고 불렸는데 '눈을 화장하다'라는 의미를 가진 카할(kḥl)을 어원으로 한다. 또 다른 여러 가지 이름들은 단지 동의어들이었을 것이다. 포도주를 가리킬 때 가장 많이 쓰이는 용어는 야인(yayin)으로 성경에 140번 이상 나온다. 야인(yayin)의 어원은 셈어족의 단어가 아닌것으로 보이는 지중해 동부의 몇몇 언어들에서 찾을 수 있다. 히브리어 티로쉬(tîrôš, '새 포도주' 혹은 그냥 '포도주' 자체를 의미하기도 했다)는 38번 등장한다. 아시스('asîs, 어원은 아싸스⟨'āsas⟩로 '눌러 으깨다'는 의미)는 문자적으로는 '과즙'이라는 뜻으로 발효시키지 않은 것을 말하는 반면 티로쉬는 발효시킨 것을 말한다. 아람어 헤메르(ḥ *emer*)는 신명기 32:14에 단 한 번 나오는 단어로 시적 표현에 있어 '붉은 포도주'를 가리 킨다. 70인역 성경에서는 포도주를 칭할 때 오이노스(*oinos*) 한 단어로만 불렀다.

포도 즙을 짜고 난 찌꺼기는 증류시켜 브랜디를 만든다. 이 술을 생산하는 간단한 기술은 이미 청동기 시대 때부터 발달되어 있었다. 성경에 19번 나오는 브랜디는 알콜 농도가 20-60퍼센트 정도로 '술에 취하다'라는 의미를 가진 샤카르(*šākar*)는 히브리어로 쉬카르(*šēkar*)라 불렸던 술의 어원일 것이다. '나실인'('성스럽게 하다, 구별하다'라는 의미의 나짜르⟨*nāzar*⟩ 단어에서 파생)은 남자든 여자든 1) 포도주와 다른 독주(야인 베쉬카르⟨*yayain wěšēkar*⟩)를 멀리하고 2) 삭도를 그 머리에 대지 말고 3) 죽은 자를 가까이 하지 말 것을 서원한 자이다(민 6:1-8). 이 서원은 영구적으로 수행되거나 시한부로만 지켜지기도 했다. 민수기의 이 구절을 기초로 볼 때 쉬카르는 맥주를 가리키는 것일 수는 없으며(메소포타미아에서는 맥주도 쉬카르에 포함되었다) 포도에서 생산된 것을 말하고 있다. 성경에서 쉬카르는 포도주와 병행하여 나타난다. 아스글론에서 발견된 음료수 목록에 의하면 쉬카르는 적포도주(야인 아돔⟨*yayin 'ādōm*⟩) 다음으로 기록되어 있다.[14]

포도주는 커다란 항아리에 저장해 두었고 손잡이가 하나 달린 작은 토기 병(저글렛⟨juglet⟩)이 포도주를 퍼내는 데 사용되었다. 주전자 모양으로 손잡이가 하나 달린 병(저그⟨jug⟩)과 침실 옆에 놓이는 물병같이 생긴 병을 이용해 컵같이 생긴 대접(코소트⟨*kōsôt*⟩)에 포도주를 따랐다. 포도주를 마시기 전에 앙금이나 다른 이물질들을 걸러내기 위해 사용된 여러 가지 형태의 여과기가 달린 병들이 발견되기도 했다. 주전 7세기 초반 프리기아에서 발견된 주전자처럼 주둥이가 달린 병들에 여과기가 부착되어 있었는데 이 병은 커다란 대접에서 포도주를 담아 포도주용 대접으로 따르는 역할을 했다. 이 병들은 식탁이나 침실용의 물병으로 사용되기도 했다. 블레셋인들의 유물들 중에는 이러한 포도주 용기 세트들이 중요하게 발견되었고, 이 용기들로 보아 블레셋인들은 맥주 보다는 포도주를 즐겨 마셨던 것으로 추측할 수 있다. 철기 I 시대의 블레셋인들의 포도주 용기 세트는 크레터(커다란 단지-역주), 스키포스(마시는 컵, 그리스 용기-역주), 그리고 주전자 모양으로 주둥이와 병의 벽면에 여과기가 달린 병(그림 65)이 있었다. 가나안인들과 이집트인들의 청동으로 만든 포도주 용기 세트들은 대접, 병, 그리고 여과기로 이루어졌었다. 요르단에

---

14. Lawrence E. Stager, "The Fury of Babylon: Ashkelon and the Archaeology of Destruction," *BAR* 22(1996): 66. 포도 재배에 대한 더 자세한 자료들은 다음을 보라. Carey Ellen Walsh, *The Fruit of the Vine: Viticulture in Ancient Israel*, HSM 60(Winona Lake, Ind.: Eisenbrauns, 2000).

있는 텔 에스 사이디에(Tell es-Sa'idiyeh) 유적지에서 주전 13세기의 것으로 보이는 이러한 세트가 발견되었고, 텔 엘 파라(Tell el-Far'ah 남쪽) 유적지의 페르시아 시대의 무덤에서도 여과기, 국자, 그리고 대접이 발견되었다. 때로는 금속 판으로 만든 작은 여과기가 갈대(당시 빨대로 사용됨-역주) 끝에 부착되어 사용되기도 했다.

포도주는 식탁용 음료수로 사용된 것뿐만 아니라 희생제사를 위한 예물로 드려지기도 했고(출 29:40) 약품으로도 사용되었다. 이집트와 메소포타미아에서 맥주는 음료로 널리 애용되었으나 포도주는 종교적인 목적과 부유한 자들의 향연을 위해서만 특별히 사용되었다. 성경의 악습에 대한 경고에서 술을 먹고 취하는 것(쉬카론⟨šikkārôn⟩)은 불명예스러운 것으로 간주되었다. "묵은 포도주(yayin)와 새 포도주(티로쉬⟨tîrôš⟩)가 마음을 빼앗느니라"(호 4:11). 이사야는 "아침에 일찍이 일어나 쉬카르(šēkar⟨보통 모호한 표현인 "독주"로 잘못 번역이 되었다⟩, 한국어 성경에도 역시 "독주"로 번역되어 있다)를 마시며 밤이 깊도록 머물러 포도주(야인⟨yayin⟩)에 취하는 자들은 화 있을진저"(사 5:11)라고 비난하고 있다.

맥주(영어의⟨beer⟩는 '마시다'라는 뜻을 가진 라틴어 비베레⟨bibere⟩에서 유래되었을 것이다)는 이 지역에서 가장 오래된 음료로 주전 4000년 이전으로 그 연대가 거슬러 올라간다. 주로 보리와 밀로 만든 것으로 메소포타미아와 이집트에서는 일반적인 음료였다. 메소포타미아에서 발견된 가장 초기의 문서들에는 이미 맥주가 언급되어 있어서 어떻게 맥주를 양조했는지 자세하게 묘사하고 있다. 초기 메소포타미아에서 발견된 부조판들과 원통 모양의 인장들에는 짚이라든가 이물질들을 걸러내도록 한쪽 끝에 여과용 체가 부착된 갈대나 관을 통해 맥주를 마시고 있는 모습이 묘사되어 있었다. 메소포타미아에는 많은 종류의 맥주가 있었다. "바바리아(바이에른, 독일 남부-역주)처럼 바빌로니아의 본질적 문화의 성격도 맥주를 마시는 것이었다."[15] 그러나 이와는 달리 이스라엘에서 맥주는 인기 있는 음료는 아니었다. 만약 쉬카르(šēkar)가 포도의 즙을 짜고 난 찌꺼기를 증류시켜 만든 술을 일컫는 것이라면 히브리어에는 맥주를 가리키는 단어 조차도 없다.

우유(할라브⟨ḥālāb⟩)는 주요 식품의 하나로서 성경 시대에는 응유(우유가 엉긴 것-역주)와 치즈의 형태로 먹었고 종종 음식과 함께 마시기도 했다. 고대 근동에서 주로 우유를 생산하는 동물은 염소들로서 염소의 젖은 양이나 소의 젖보다 단백질과 지방이 더 풍부하다. 가나안 군대 장관 시스라와 겐족의 여인 야엘의 이야기에 나오는 것처럼 우유는 가죽부대(노드⟨no'd⟩, 삿 4:19)에 보관되었다. 시스라에게 친절을 가장하여 컵(쎄펠⟨sēpel⟩)

---

15. Powell, "Wine and the Vine in Ancient Mesopotamia," 106.

에 우유를 담아주고는 갈증을 해소시킨 뒤 그녀는 그의 머리를 쪼개어 죽였다. "시스라가 물을 구하매 우유(할라브⟨ḥālāb⟩)를 주되 곧 엉긴 우유(헤마⟨ḥem'â⟩)를 귀한 그릇에 담아 주었고"(삿 5:25)[16]

엉긴 젖/우유(헤마⟨ḥem'â⟩)와 우유(할라브⟨ḥālāb⟩)는 함께 성경에 몇 번 더 나온다. 아브라함과 사라를 방문한 세 나그네들도 헤마(ḥem'â)와 할라브(ḥālāb)를 대접받는다(창 18:8; 신 32:14; 삿 5:25). 헤마(ḥem'â)는 아마도 요구르트와 유사한 것으로서 엉긴 젖/우유로 다양하게 묘사되었으며 신선한 우유를 교유기에 담아 만들어내는 것이었다. 교유는 젖부대(노드 할라브⟨nō'd ḥālāb⟩)를 흔들거나 매달아 놓고 막대기로 때려서 한다. 이사야가 모든 백성들이 메시아의 연회에 초대하는 연설에 포도주와 우유는 함께 언급되었다. "너희 모든 목마른 자들아 물로 나아오라 돈 없는 자도 오라 너희는 와서 사 먹되 돈 없이 값 없이 와서 포도주(야인⟨yayin⟩)와 젖(할라브⟨ḥālāb⟩)을 사라"(사 55:1).

치즈는 암양이나 염소의 젖으로 만든 일상적인 음식이었다. 다윗과 골리앗의 이야기에서 이새는 다윗에게 "이 치즈(하리세 헤할라브⟨ḥărisê heḥālāb⟩, 문자적으로는: '얇은 우유 조각들'이라는 의미) 열 덩이를 가져다가 그들의 천부장에게 주라"(삼상 17:18)고 지시했다. '얇은 우유 조각들'은 얇게 썰 수 있을 만큼 부드러운 치즈를 의미하고 있다.

(5) 다른 과일들

대추야자나무(한국어 성경은 "종려나무"라고 번역함) 열매인 타마르(tāmār)는 종종 여자 이름이나 지명으로도 사용되었다. 대추야자나무는 우아하고 기품이 있는 것이 특징으로 멋있게 잎들이 늘어져 있으며 높이 18-20미터까지 자라는 나무이다. 여리고는 '대추야자나무의 도시'(이르 하테마림⟨'îr hattĕmārîm⟩, 신 34:3, 한국어 성경은 "종려 성읍"이라고 번역함)로도 유명했다. 대추야자나무가 밀집해서 자라는 장소는 요단 계곡, 아라바 만 그리고 해안 평야의 몇 곳이다. 야자수(티모라⟨timōrâ⟩, 소형의 타마르⟨tāmār⟩, 한국어 성경은 "종려"라고 번역함)의 모양은 예술품에 많이 사용된 문양으로서 예루살렘 성전에서는 성스러운 나무로 그룹들이 측면에 서 있었다(왕상 6:29, 32, 35, 그리고 겔 41:18-20). 하솔, 므깃도, 예루살렘, 사마리아, 단, 라맛 라헬 유적지들에서 발견된 철기 시대의 왕실 건물들에서는 이 대추야자나무의 가운데 잎들이 떨어지는 모양을 본떠 만들어진 기둥머리

---

16. Frank M. Cross, *From Epic to Canon: History and Literature in Ancient Israel*(Garden City, N.Y.: Doubleday, 1959),142-43.

와 벽면에 붙은 기둥의 장식들이 발견되었다.[17] 또한 이 대추야자나무의 모양을 본뜬 나무가 성경에 나오는 "생명나무"(창 2:9)처럼 우주적 의미를 지닌 나무로서 풍요(그리고 아세라 여신)의 상징으로 사용되었는데 베니게 양식으로 만들어진 상아 유물들, 제대, 부적, 스카라베(scarab, 풍뎅이 모양으로 새긴 왕의 이름이 새겨진 이집트식 인장-역주), 원통형 인장들, 벽화, 그리고 토기 등에 새겨지거나 그려졌다. 실제로 대추야자나무의 모든 부분들이 일상생활의 풍요를 위해 사용되었다. 나무 몸체는 목재로 잎들은 지붕을 씌우고 바구니를 짜는 재료로 사용되었고, 단맛의 과일이 제공되었으며, 그 씨는 동물의 사료로 사용되었다. 기초 식량이면서 높은 열량을 제공하는 과일이었던 대추야자는 여름이 끝날 무렵 익어 날 것으로도 먹을 수 있었고 말려서 작은 케이크처럼 먹기도 했다. 대추야자는 또한 술과 꿀을 만드는 데도 사용되었다. 대추야자의 꿀은 달콤한 시럽으로 딥스(*dibs*)라고 불렀는데 포도로 만든 꿀인 딥스(*dibs*)와 같은 것이었으며 포도주처럼 발효시켜 술로도 만들 수 있었는데 이집트와 메소포타미아에서 일반적으로 마시는 술이었다.[18]

석류(림몬〈*rimmôn*〉)는 아름답게 좌우 대칭의 조화가 잘 맞는 모양으로 생긴 진홍빛을 띤 과일이다. 과즙이 가득한 과육의 작은 씨들로 가득 찬 이 과일은 명백하게 풍요의 상징으로서 사용되었다. 거대한 석류가 성전의 기둥머리를 장식했다(왕상 7:20). "(성전의) 기둥 위에 놋머리가 있어 그 높이가 다섯 규빗이요 머리 사면으로 돌아가며 꾸민 망사와 석류가 다 놋이며 또 다른 기둥에도 이런 모든 것과 석류가 있었더라"(렘 52:22). 또한 석류와 종으로 제사장의 옷을 장식하기도 했다(출 28:33-34).

포도 다음으로 가치 있는 과일은 무화과(테에나〈*tĕ'ēnâ*〉)로서 성경에 53번 언급되었다. 지름이 무려 8미터에 이르는 무화과나무의 무성한 잎들은 넉넉한 그늘을 제공하기도 한다. 수명이 상당히 길며 높이는 적어도 5미터에 이른다. 무화과는 높은 당도 덕분에 영양분이 많은 과일이 되었다. 무화과는 일 년에 여러 번 수확하는데 첫 번 수확은 6월로 특히 달콤하며 여름 무화과는 8월과 9월에 수확하고 겨울 무화과는 11월 말경 수확한다. 무화과는 그냥 날것으로도 먹었거나 말리거나 케이크(데벨림〈*dĕbēlim*〉) 속에 넣어 먹었을 것이다. 말린 무화과로 만든 케이크는 여행자들이나 전사들에게 유용한 음식이었을 것이다. 사무엘상 25:18에 나오는 것처럼 나발의 아내 아비가일은 "건포도(찌무킴〈*ṣ*

---

17. Yigal Shiloh, *The Proto-Aeolic Capital ad Israelite Ashlar Masonry*, Qedem 11(Jerusalem: Institute of Archaeology, Hebrew University, 1979), 26-30.
18. Benno Ladsberger, *The Date Palm and Its By-Products according to the Cuneiorm Sources*(Graz: Weidner, 1967).

그림 42. 숯이 된 수백 개의 무화과가 담겨 있는 채로 발견된 저장용 항아리, 곡식들이 숯이 되어 발견된 다른 항아리들과 함께 저장고 지역에서 발견됨. 이 저장 지역은 1미터 가까이 되는 파괴 흔적으로 뒤덮여 있었다. 이 파괴는 VII층 후기청동기 II 시대를 종식시킨 것으로 주전 12세기 초반을 말한다(텔 미크네 에그론 발굴/출판 기획 전재 허가; 사진: I. Sztulman).

immuqîm〉) 백 송이와 무화과로 만든 이백 개의 케이크(데벨림〈děbēlîm〉, 한국어 성경은 "무화과 뭉치"로 번역함)"를 다윗의 화를 달래기 위해 제공했다. 3일 동안 먹지도 마시지도 못했던 한 이집트인에게 물과 더불어 "무화과로 만든 케이크(데벨라〈děbēlâ〉) 한 조각(한국어 성경은 "무화과 뭉치에서 뗀 덩이 하나"로 번역함)과 건포도(찌무킴〈ṣimmuqîm〉) 두 송이"를 주니 그가 먹고 정신을 차렸다(삼상 30:12). 에그론에서 발견된 철기 II 시대의 저장용 항아리에는 그 속에 들어 있던 것을 가리키는 문자가 쓰여져 있었는데, 문자는 dbl, '무화과 덩어리'였다. 실제로 후기청동기 시대 층에서 말린 무화과들이 실에 꿰어져 있는 채로 항아리에 보관되어 있는것이 발견되었는데, 주전 12세기 초에 에그론 도시가 불에 타서 무너질 때 함께 타 숯이 되어 굳어진 것이다(그림 42).

이집트산 무화과(쉬크마〈šiqmâ〉, 한국어 성경에서는 "뽕나무"로 번역되었으나 열매는 무화과처럼 생겼지만 작고 단단하여 "돌무화과"라고도 불린다-역주)는 해안 평야에서 자생하며 무화과나무의 한 종류로서 일 년에 여러 번 과일을 생산해낸다. 이 나무에서 열리는 작고 검푸른 빛깔의 무화과는 확실히 집에서 재배하는 무화과나무의 열매에 비하여 그 질이 떨어져 가난한 자들을 위한 음식으로 사용되었다. 사실 이 나무는 무게가 가볍고 통기성이 강해 건축용 목재로서 사용되었다. 성경에 나오는 이 나무의 종(피쿠스 시코모루스〈Ficus Sycomorus〉)을 북미의 플라타너스나무(플라타누스 옥키데탈리스〈Platanus occidetalis〉)라든가 영국의 단풍나무(아케르 프슈도플라타누스〈Acer pseudoplatanus〉) 등과 혼동해서는 안된다. 피쿠스 시코모루스(Ficus Sycomorus)가 "이집트산 무화과"로 불리는 이유는 이집트에서 상당히 많이 자라기도 하고 미라의 관을 이 나무로 짜기도 했기 때문이다.[19] 이

---

19. Hogah Hareuveni, *Nature in our Biblical Heritage*(Kiryat Ono: Neot Kedumim, 1980), 128.

나무는 15미터 높이까지 자랐고 구약성경에서는 특별히 아모스 선지자와 관련하여 나오는데, 그는 자신의 직업을 볼레 쉬크밈(bôlē šiqmîm, 암 7:14), 즉 과일을 절개하여 그 익는 과정을 빠르게 하는 일을 하는 자로 소개한다(한국어 성경은 "뽕나무를 재배하는 자"로 번역함). 과일에 상처를 입힘으로써 에틸렌 가스가 생성되어 과일이 익는 속도를 빠르게 한다. 이 기술은 아직도 중동 지방에서 사용되고 있다.

피스타치오(보트님⟨boṭnîm, 한국어 성경은 "비자"로 번역함)와 아몬드(쉬케딤⟨šĕqēdîm⟩, 한국어 성경은 "파단행"이나 "살구나무"로 번역함)는 성경에 언급된 주요 견과류들이긴 하지만 자료가 부족하다. 이 견과들은 야곱이 이집트에 있던 요셉에게 보낸 선물이었다(창 43:11). 피스타치오나무는 10미터 높이까지 자란다. 쉬케딤⟨šĕqēdîm⟩은 히브리어 šqd를 어원으로 하며, 그 의미는 '지켜보다', '깨어있다'이다. 이 나무는 빠르면 1월 말경 화려한 흰색 꽃을 피워 봄을 알린다고 해서 "봄의 전조"라고도 불린다. 예레미야는 šqd라는 단어를 가지고 언어의 유희를 시도했다. "여호와의 말씀이 또 내게 임하니라 이르시되 예레미야야 네가 무엇을 보느냐 하시매 내가 대답하되 내가 아몬드나무(샤케드⟨šāqēd⟩, 한국어 성경은 "살구나무"로 번역함) 가지를 보나이다. 여호와께서 내게 이르시되 네가 잘 보았도다. 이는 내가 내 말을 지켜(쇼케드⟨šōqēd⟩) 그대로 이루려 함이니라"(렘 1:11-12).

이스라엘 민족이 광야를 유랑할 때 만나만 먹는 것에 싫증 났고 이집트에서 즐겨 먹었던 부추파(하찌르⟨ḥāṣîr⟩, 한국어 성경은 "부추"로 번역함. 우리의 부추와는 약간 다르며 파와 유사하다-역주)와 양파(베쌀림⟨bĕṣālîm⟩, 한국어 성경은 "파"로 번역함), 그리고 마늘(슈밈⟨šûmîm⟩)을 그리워했다(민 11:5-6). 부추(하찌르⟨ḥāṣîr⟩는 ḥṣr가 어원으로 '녹색을 띠다'라는 의미)는 양파보다 쏘는 맛으로 이집트에서 재배되며 마늘 역시 주전 3200년부터 이집트에서 재배되었다. 이 세 채소들은 약용으로도 사용되었다.

(6) 조미료

터키의 울루부룬(Uluburun) 유적지 근처에서 발견된 주전 1300년경 난파된 배에 실려 있던 무역용 토기들 안에는 올리브, 무화과, 석류, 다양한 향신료, 견과류(아몬드, 도토리, 소나무 열매, 야생 피스타치오 등), 코리앤더(미나리과 식물-역주), 검은 커민(미나리과 식물-역주), 케이퍼 베리(지중해 연안의 관목의 씨-역주), 슈막 씨(옻나무과의 나무-역주) 등이 있었다. 마리 유적지에서 발견된 문서에도 역시 많은 양의 코리앤더, 검은 커민과 흰 커민, 사프란, 아미(아마도 민트 종류?), 호로파(회향풀의 씨, 콩과 식물-역주), 그리고 정향 등이 기록되어 있다.[20] 식사의 주요 요리는 다양한 조미료를 가미한 음식이 곁들여졌다. 소금(멜라흐⟨melah⟩)은 조미료가 될 뿐 아니라 방부제 역할도 하였고 희생제사에도 사용되었다. "네 모든 소제물에 소금을 치라 네 하나님의 언약의 소금을 네 소제에 빼지 못할지니 네 모든 예물에 소금을 드릴지니라"(레 2:13). 소금은 바닷물을 증발시켜 얻거나 사해의 소금 기둥을 증류해서 추출해냈다. 마지막 날, 즉 천국의 종말론적 비전을 통해 에스겔은 성전의 문지방 밑에서 흘러나온 물이 생명수가 되어 사해까지 흘러들어 가 이 소금물을 달게 할 것이라고 말했다. 그러나 "그 진펄과 개펄은 되살아나지 못하고 소금 땅이 될것이다"(겔 47:11).

성경 시대의 감미료로 꿀(드바쉬⟨dĕbaš⟩)은 여러 가지 다른 공급원들이 있었는데, 벌에서 얻어내는 것은 물론 포도나 대추야자나 무화과 등의 과즙으로도 만들어졌다(삿 14:8에서 삼손은 사자의 시체에서 벌의 꿀을 발견하기도 했다). 꿀은 에스겔 27:17에 의하면 두로에 수출된 품목이기도 했다.

식초는 발효된 포도주로 만들었는데 보아스가 룻에게 가까이 와 그녀의 떡 조각을 초(호메쯔⟨ḥōmeṣ⟩)에 찍으라고 말했다(룻 2:14). 물을 타 희석시킨 식초는 마치 신맛이 나는 포도주와 유사해 가난한 이들이나 군인들이 술처럼 마시기도 했다.

커민은 좋은 냄새가 나는 씨를 맺는 작은 풀로서 이 씨들은 빵, 케이크 그리고 다른 음식들을 조미하는 데 사용되었다. 검은 커민 씨는 흰 커민 씨보다 조금 더 달았다. 커민에는 톡 쏘는 맛이 있기 때문에 많은 양념이 곁들여지는 요리인 수프, 스튜, 양고기 요리에 사용되었다. 커민기름은 향수로 사용되었다. 이 씨는 또한 복통, 위장에 가스가 찼을 때, 배가 뒤틀렸을 때, 설사했을 때 치료약으로도 사용되었다. 다양한 씨들을 심고 추수하는 예화에서 이사야는 검은 커민(케짜흐⟨qeṣaḥ⟩)과 흰 커민(카몬⟨kammōn⟩)을 언급하고 있다. "검은 커민(한국어 성경은 복통의 약으로 쓰이는 "소회향"으로 번역함)은 도리깨로 떨지 아니하며 흰 커민(한국어 성경은 "대회향"으로 번역함)에는 수레바퀴를 굴리지 아니하고 검은 커민은 작대기(마테⟨maṭṭeh⟩)로 떨고 흰 커민은 막대기(샤베트⟨šābeṭ⟩)로 떨며"(사 28:27). 이 구절에서 말하고 있는 것은 각각에 맞는 적당한 도구를 사용하라는 것으로 이 경우에는 작대기와 막대기가 사용되었다.

육계(키나몬⟨qinnāmôn⟩, 상급의 계피-역주)는 성스러운 향기를 풍기는 기름으로서 제사장들이 사용하였다(출 30:23). 성경의 계피는 셀리온(스리랑카)과 인도 해변이 자생지였으

---

20. Stephanie Dalley, *Mari and Karana: Two Old Babylonian Cities*(London: Longman, 1984), 83.

며 음식, 향, 향수와 같이 다양한 용도로 사용되었다. 계피는 두 개의 히브리어 단어로 묘사되었는데 하나는 케찌오트(qěṣîôt, 시 45:8, 한국어 성경은 "육계"로 번역함), 또 하나는 키다(qiddâ, 출 30:24)로서 키나몬(qinnāmôn)보다는 질이 떨어지는 것으로 향신료와 향수로 사용되었다. 키다(qiddâ) 또한 성스러운 기름 붓는 데에 사용되었다. 시편 저자는 왕의 결혼 예복이 "몰약과 침향과 계피(케찌오트⟨qěṣîôt⟩)"로 향기를 내었다고 기록하고 있다(시 45:8⟨히브리어 성경 45:9⟩). 계피는 동아시아에서 수입되었다.

코리앤더(가드⟨gad⟩)는 이스라엘에서 자생하는 것으로 쓴맛을 내는 유월절용 잎이기도 하고 강한 냄새가 난다. 잎들을 가지고 수프와 포도주의 맛을 내게 하고 씨들은 음식과 채소를 조미하는 사용된다.

케이퍼(아비요나⟨'abiyyônâ⟩)는 독한 맛이 나는 조미료로 전도서 12:5에 단 한 번 언급되는데 성욕을 촉진시키고 맛에 대한 자극을 불러 일으키는 것으로 묘사된다(한국어 성경은 "정욕"으로 번역함). 케이퍼는 둥글고 두꺼운 잎을 가진 관목의 꽃봉오리이다. 케이퍼는 따뜻한 지중해성 기후에서 잘 자란다. 케이퍼를 따서 하루 동안 놔두어 시들게 한 다음 포도주를 발효시켜 만든 식초(호메쯔⟨ḥōmeṣ⟩)나 올리브기름 안에 넣어둔다. 맛을 보존하기 위해서 케이퍼는 반드시 절여두어야만 한다.

사프란(카르콤⟨karkōm⟩)은 노란색 염색약으로 약용이나 요리용 조미료로서 상당히 가치 있는 것이며 크로쿠스 사티부스(Crocus sativus, 노란색의 사프란과의 가을 크로커스) 종이다. 사프란은 구약성경 중 페르시아 시대에 쓰인 아가서(아 4:14, 한국어 성경은 "번홍화"로 번역함)에서 단 한 번 나오는데 창포와 육계와 함께 기록되어 있다. 사프란은 소아시아에서 생산되었던 것으로 보인다.

정향은 인도네시아의 모루카스(향료 군도)에서 자란 사철 푸른 정향나무의 꽃봉오리이다. 정향은 고기와 단 음식에 맛을 더하는 데 사용되었고 정향으로 만든 기름은 입안을 닦는 데 사용되었거나 치통의 마취제로도 사용되었다. 정향은 유프라테스 강 어귀 테르카(Terqa, 현대 아샤라⟨Ashara⟩) 유적지에서 발견되었다.

회향풀은 지중해에서 자생한 것으로 사철 향기가 나는 파슬리과 식물이다. 아니스 식물보다 부드러운 향을 가지고 있어 빵, 반죽, 케이크, 그리고 양고기와 돼지고기 등을 요리하는 데 향신료로 사용된다. 회향풀 씨와 기름은 약용으로도 사용된다.

5) 다른 식물들

성경 속의 자세하지 못한 식물들에 대한 설명과는 다르게 종을 구별하는 식물학의 제도로 인해 식물들의 이름을 정확하게 밝혀내는 것은 상당히 복잡하다. 혹자가 여러 다양한 성경 번역본을 비교해보면 식물에 대한 자료가 일치하는 않다는 것을 알 수 있다. 이사야는 성경 기록 중 식물 이름에 대해 가장 많은 어휘를 사용하고 있다. 주전 200-180년, 예루살렘의 스승이었던 벤 시라(Ben Sira)가 쓴 지혜를 찬양하는 아름다운 시에는 많은 식물들이 열거되어 있다.

> 레바논의 백향목처럼 나(지혜)는 높이 올려진다
> 헬몬 산의 삼나무처럼
> 엔게디의 야자수처럼
> 여리고의 장미덩쿨처럼
> 광야의 아름다운 올리브나무처럼
> 물가에 자라는 플라타너스처럼
> 계피처럼 혹은
> 좋은 향기가 나는 향유처럼 혹은
> 값비싼 몰약처럼 나는 향내를 낸다
> 갤버넘(고무 수지-역주)과 나감향(지중해 조개껍질을 갈아 만든 향-역주)
> 그리고 달콤한 향신료처럼
> 지성소의 향내처럼
> 나는 테레빈나무처럼 나의 가지를 뻗는다
> 나의 가지는 너무나 밝고 너무나 고귀하다
> 나는 포도나무처럼 기쁨을 싹 틔우고
> 나의 꽃봉오리들은 탐스럽고 기름진 과일이 된다(Sir. 24:13-17).

성경에는 15종 이상의 나무들이 언급되어 있는데 그중 몇몇은 다른 나무들보다 자주 언급되었다. 가장 많이 등장하는 나무가 오크나무, 테레빈나무, 소나무, 삼나무, 로뎀나무 그리고 백향목이다. 오크나무와 테레빈나무의 몇 종류들은 레반트에서 많이 자라는 나무들이지만 성경 번역가들이 이러한 나무들에 익숙하지 않아 정확하게 이들이 어떻게 다른지 묘사하는 데 실패하고 종종 이들을 혼동하거나 그 이름마저 바꿔서 사용하기도 하였다. 이사야(6:13)는 엘라/알라(*ēlâ*/*allâ*)와 알론/엘론(*'allôn*/*'ēlôn*)을 한 구절에서 같이 사용하고 있는데 전자는 "테레빈나무"(한국어 성경은 "밤나무"로 번역함)를 후자는 "오크나무"(한국어 성경은 "상수리나무"로 번역함)를 말한다. 이 네 개의 단어들은 모두 엘(*'ēl*), 엘라(트)(*'ēla<t*), '신'과 '여신')를 어원으로 하고 있어 신 숭배와 관련이 있었던 것으로 보인다. 외형적인 모습뿐만 아니라 다른 요소에 있어서도 두 나무는 확연히 다르다. 예를 들어, 오크나무는 상수리를 맺는 데 반해 테레빈나무는 피스타치오(보트님⟨*boṭnîm*⟩)와 테레빈 송진(수액)을 생산한다.

오크나무의 많은 종류들 중에서 팔레스타인에서는 사철 푸른 혹은 쿠에르쿠스 오크나무(쿠에르쿠스 칼리프리노스⟨*Quercus calliprinos*⟩)와 타볼 오크나무(쿠에르쿠스 이트하부렌시스⟨*Querrcus ithaburensis*⟩)가 자란다. 전자는 갈멜 산에서 헤브론까지 산지 지역에서 주로 자라며 오늘날 상부 갈릴리 지역과 길르앗에서도 발견된다. 타볼 오크나무는 높이가 25미터까지 이르는 나무로서 한때 해안 평야, 하부 갈릴리 지역, 단 계곡, 훌라 평야, 그리고 골란 고원까지 덮었었다.[21] 해안 평야의 중앙에는 타볼 오크나무보다는 사철 푸른 혹은 쿠에르쿠스 오크나무가 주를 이루고 있다.[22] 사철 푸른 혹은 쿠에르쿠스 오크나무는 25미터 높이를 유지하며 300년 동안 살 수 있다. 오크나무는 건축자재로 배를 만들거나 각종 도구와 무기를 만드는 데 사용되었다.

오크나무의 높은 키와 긴 수명 그리고 나무의 단단함은 이 나무에 행운의 의미를 부여하여 종교적인 현상이나 제사양식과 관련하여 사용되었다. 이집트 힉소스 왕조의 수도였던 아바리스(Avaris) 유적지에서 발견된 가나안인들의 신전 안뜰에는 제단 하나와 함께 두 그루의 사철 푸른 오크나무가 서 있었다. 제단 위의 상수리들과 제단 양쪽에 푹 들어간 구멍들은 여기에 성스러운 나무들이 세워져 있었던 것을 증명한다. 이 나무들은 이집트로 옮겨와 심어졌음에 틀림이 없다. 오크나무/테레빈나무는 종종 엘랏/아세라 여신과 관련이 있는 성스러운 나무로 여겨진다.[23] 라기스의 "해자 신전"(포세 템플⟨Fosse Temple⟩)이라 불리는 바깥 쓰레기장에서 주전 13세기로 연대가 추정되는 주둥이가 넓은 물병이 발견되었다. 물병은 양식화된 동물들과 나무들이 일렬로 서 있는 모습이 그려져 있으며,

---

21. Michael Zohary, *Plants of the Bible*(Cambridge: Cambridge University Press, 1982), 108.
22. Nili Liphschitz, Simcha Lev-Yadun, and Ram Gophna, "The Dominance of Quercus Cailliprinos(Kermes Oak) in the Central Coastal Plain in Antiquity," *IEJ* 37(1987): 43-50.
23. Manfred Bietak, *Avaris: The Capital of the Hyksos*(London: British Museum Press, 1996).

더불어 고대 문자로 "마탄(Mattan). 나의 여신 엘랏에게 바치는 제물"이라고 써져 있다 (그림 43). 아마도 이 물병은 엘 신의 배우자인 엘랏이라는 여신에게 바쳐진 제물일 것이다.[24] 꽤 멀리 떨어진 장소이긴 하지만 그리스 남서쪽에 위치한 도도나(Dodona)라는 유적지는 제우스가 유적지에서 자라는 오크나무의 가지들을 통해 예언을 말한다고 믿어져 고대 그리스에서 유명한 유적지가 되었다.

성경 저자들은 족장 시대에 지붕이 없는 넓은 공간의 성소들에 대해 묘사하고 있다. 이 성소들은 고대 가나안 신전들이 서 있긴 했으나 족장들이 이미 그들의 시대에 신전들을 세워 전통적인 거룩한 장소가 된 곳으로 주장되며 여기에는 단지 몇그루의 거룩한 나무들과 돌들만이 있을 뿐이었다. 그러므로 아브라함은 "헤브론에 있는

그림 43. 라기스 물병, 주전 13세기. 네 발 달린 짐승 두 마리가 성스러운 나무의 양쪽 측면에 서 있고 그 위에는 비명이 쓰여있다. '마탄(Mattan). 나의 엘랏(아세라 여신) 여신에게 바치는 제물' (이스라엘 박물관 전재 허가; 사진: A. Hay).

마므레 오크나무숲(엘로네 마므레⟨*ēlōnê mamrē*⟩, 한국어 성경은 "상수리 수풀"로 번역함)"(창 13:18) 근처에 정착을 했고 바로 여기서 그는 '세 방문객'으로 나타난 하나님과의 만남을 경험했다(창 18:1-22). 이러한 종교적 장소들은 마쩨보트(*maṣṣēbôt*, 입석)와 제단으로 꾸며져 있었다. 비록 신전용 건물들이 고대 서사시에는 언급되어 있지 않지만 안뜰에 거룩한 나무들과, 제단들, 그리고 입석들이 세워져 있는 모습들은 찾아볼 수 있다. 중기청동기 II 시대부터 철기 I 시대까지 사용된 세겜의 요새 신전(성약의 신인 엘의 신전)에는 거룩한 나무(들), 제단 하나, 그리고 입석들이 있었다. 벧엘의 성소에는 입석(들)과 하늘문(샤아르 하샤마임⟨*šaʻar haššāmāyim*⟩)으로 연결되는 기념 사다리(혹은 신전)가 있었는데, 다시 말하면 신전이 바로 지상의 천국과 동일시되기 때문에 이 성스러운 문을 통과하는 것은 천국으로 들어가는 것과 같았다. 이렇듯 야외에 있던 신전들은 신의 출현과 제사의 배경을

---

24. Ruth Hestrin, "The Lachish Ewer nd the 'Asherah," *IEJ* 37(1987): 212-23.

만들어가는 데 도움이 되었다.

때로 10미터의 높이까지도 자라는 테레빈나무(히브리어 표기 엘라〈'ēlâ〉-역주)는 다윗이 골리앗을 죽였던(삼상 17:19) 엘라 골짜기 이름의 기원이 되었다. 테레빈나무는(피스타키아 팔라이스티나〈Pistacia Palaestina〉) 네게브, 하부 갈릴리, 단 계곡 그리고 산지에서 발견된다. 테레빈나무는 또한 노란 갈색의 끈적이는 테레빈 송진의 원료로서 회반죽으로 만들어 창틈이나 이음새들을 메우는 데 사용되기도 하고, 미라를 만들 때 사용되기도 했으며, 벽화를 보호하기 위해 겉에 바르는 셸락으로 사용되었다. 나무의 줄기(둥치)와 가지들을 칼로 깊숙히 베어 흘러나오는 진을 용기에 모아 테레빈 송진을 거둬 들였다.[25] 울루부룬(Uluburun) 유적지에서 발견된 난파선에는 100개 이상의 가나안에서 만들어진 항아리 안에 테레빈 송진 1톤이 들어 있는 채 발견되었다.[26] 이 나무의 작은 핵과(核果, 씨가 굳어서 된 단단한 핵으로 싸여 있는 열매로 복숭아, 살구, 앵두 같은 과일이 있음-역주)들이 텔 세바(Tel Sheva)와 아랏 유적지에서 발견되었고, 테레빈 송진 특유의 자극적인 냄새가 난다. 테레빈나무는 성경에도 종종 나타난다. 야곱은 세겜에서 테레빈나무(한국어 성경은 "상수리나무"로 번역함) 아래 자기 집 사람들의 이방 신상들과 귀고리들을 묻었다(창 35: 4). 야곱의 아들들이 이집트에 가져간 선물들 중에는 테레빈나무에서 난 피스타치오(보트님〈boṭnîm〉)가 있었다(창 43:11). 여호수아는 세겜에 있던 테레빈나무(한국어 성경은 "상수리나무"로 번역함) 아래 마쩨보트(maṣṣēbôt, 한국어 성경은 "큰 돌을 취하여 세웠다"로 번역함)를 세웠다(수 24:26). 압살롬의 긴 머리는 테레빈나무(엘라〈'ēlâ〉, 한국어 성경은 "상수리나무"로 번역함)에 걸려 공중에 매달리게 되었다(삼하 18:9).

삼나무 혹은 시프루스나무를 호칭하는 데는 다양한 히브리어 단어들이 사용되었는데 예를 들어, 테아슈르(tĕ'aššûr)와 베로쉬(bĕrôš)가 있다. 테아슈르는 거의 확실하게 시프루스나무(쿠프레수스 셈페비렌스〈Cupressus sempevirens〉)를 일컫는다. 조하리(Zohary)는 베로쉬(bĕrôš)가 시프루스나무 모든 종들을 말하고 있다고 주장하는데 반해, 디아코노프(Diakonoff)는 베로쉬를 백향목과 유사한 침엽수인 유니페루스 엑셀사(Juniperus excelsa)라

---

25. John A. Selbie, "Terebinth," in J. Hastings, ed., *A Dictionary of the Bible*(Edinburgh: T. & T. Clark, 1898; reprinted by Hendrickson), 4: 718-19.

26. Çemal Pulak, "The Uluburun Shipwreck" in S. Swiny, R.L. Hohlfelder, and H.W. Swiny, eds., *Res Maritime: Cyprus and the Eastern Mediterranean from Prehistory to Late Antiquity*(Atlanta: Scholars Press, 1997), 233-62.

고 주장한다(제2장을 참조하라).[27]

알레포 소나무(피누스 할레펜시스⟨*Pinus halepensis*⟩)는 오늘날보다 구약성경 시대에 더 많이 울창하게 번성했었다. 테아슈르는 종종 "소나무"와 "시프루스나무"로 번역되기도 했다. 에쯔 쉐멘(*'ēṣ šemen*, 문자적으로 '기름나무'라는 뜻)은 성경에 다섯 번 나오는데(사 41:19과 그 외) 죠지 포스트(George Post)와 조하리(Zohary)의 주장에 의하면[28] '소나무'로 번역되어야지 성경에 자주 나타나는 '올리브나무'(한국어 성경 역시 "감람나무"로 번역함)로 번역되어서는 안된다. 솔로몬은 에쯔 쉐멘(*'ēṣ šemen*)을 성전 장식에 사용하였다. 그는 지성소에 에쯔 쉐멘(*'ēṣ šemen*)으로 만든 각각 높이 열 규빗(약 5미터)의 두 그룹을 두었다(왕상 6:23). 성전의 문과 문설주도 에쯔 쉐멘(*'ēṣ šemen*)으로 만들어졌다(왕상 6:31-33).

좋은 향을 내고 피라미드 모양으로 생긴 산에서 자라는 멋있는 백향목(에레즈⟨*'erez*⟩)은 성경에 70번 이상 등장한다. 성경에서 언급될 때마다 주로 '레바논 나무 숲의 집'(케드루스 리바니⟨*Cedrus libani*⟩)으로 표현되는데 이 나무는 높이가 35미터까지 자란다. 성경 시대에 이 목재는 레바논의 산들이 주 산지였다(겔 31:3-7). 이 백향목 종은 타우르스와 아마누스 산지에서도 번성했다. 백향목이 수천 년을 산다는 설에도 불구하고 고대에 사용된 것들은 300-500년 정도 된 것들이었다. 거대한 나무 둥치와 수평으로 뻗은 가지들은 강인함, 풍요, 번영, 영원의 상징이었다. 내구성으로 유명한 백향목은 첫 번째 성전과 두 번째 성전 건축에 모두 사용되었다. 나무의 송진과 기름은 미라를 만들 때, 시체를 방부 처리하는 데 그리고 향수로 사용되었다. 이 송진은 부패를 막아주고 벌레들을 쫓아주었다. 두로 왕 히람은 다윗과 솔로몬에게 백향목을 제공했다. 백향목 통나무들은 지중해에 띄워져 320킬로미터를 내려와 욥바에 도달하게 되고 다시 40킬로미터 떨어진 예루살렘까지 수송되었다(대하 2:16). 다윗(삼하 5:11)과 솔로몬의 궁전들은 모두 백향목으로 지은 궁전을 가지고 있었다. 솔로몬의 유명한 '레바논 나무 숲의 집'(한국어 성경은 "레바논 나무"로 왕궁을 지었다고 번역함)은 바로 이 수입된 백향목으로 지은 것으로(왕상 7:2-5) 이렇게 불리게 된 것은 백향목으로 만든 45개의 기둥들이 15개씩 3줄(70인역에 의하면 4줄)씩 서 있어 마치 백향목 숲처럼 보였기 때문이다.

철기 II 시대 베니게(레바논)와 이스라엘 사이의 목재 무역은 이 시대의 건축뿐만 아니

---

27. Zohary, *Plants of the Bible*, 106-7.
28. George Post, "Oil Tree," in Hastings, ed., *A Dictionary of the Bible*, 3:592-93. Zohary, Plants of the Bible, 114.

라 이처럼 풍부한 양의 고급 목재를 취급하고 소유할 수 있었던 고대 이스라엘의 경제, 부, 상업, 그리고 행정적 체계까지도 알 수 있는 정보를 제공한다. 백향목의 잔재들이 이스라엘의 몇몇 유적지들에서 발견되었다. 텔 아펙(Tel Aphek), 텔 거리사(Tel Gerisa), 예루살렘, 라기스. 더불어, 우자('Uza), 텔 세바(Tel Sheva), 마소스(Masos), 아랏, 그리고 텔 세라(Tel Sera') 같은 네게브에 있는 변두리 유적지들에서도 이 백향목 잔재들이 발견된 것은 중요하다.[29] 일반적으로 백향목은 상류계급의 건물이나 국가의 지원을 받는 건물에만 사용되었다. 나무들은 고대 이스라엘의 왕실과 종교적 목적으로 만들어져 특별히 보호를 철저히 한 정원에 이식되어 길러졌다. "의인은 종려나무같이 번성하며 레바논의 백향목같이 성장하리로다. 이는 여호와의 집에 심겼음이여 우리 하나님의 뜰 안에서 번성하리로다"(시 92:12-13〈히브리어 성경 92:13-14〉).

유적지에서 고고학적인 발굴을 통해 나무라든지 가죽, 상아 같은 유기 물질들이 잘 보존되어 발견되는 일은 상당히 드물다. 캐더린 케넌(Kathleen Kenyon)은 여리고에서 중기 청동기 II 시대의 무덤에서 아주 잘 보존된 나무로 만든 가구 조각들을 발견했다. 여기에는 등 없는 의자들과 침대의 조각들, 그리고 양끝의 두 다리와 함께 길고 좁은 탁자(이 탁자는 다리가 본래 세 개 있었다-역주) 등이 있다. 세 개의 다리가 달린 이런 가구는 평평하지 않은 바닥에 잘 지탱하고 서 있다. 또한 나무로 만든 접시, 대접, 컵, 병 같은 용기들도 함께 발견되었다. 커다란 유물들은 수입된 백향목으로 만들어졌고 작은 유물들은 이 지역에서 흔히 자라는 위성류의 타마리스크나무(에셀〈*ēšel*〉)와 포플라나무(아라바〈*ārābâ*〉)로 만들어졌다.[30]

(1) 숲의 생성과 제거

고대 이스라엘의 숲은 오늘날보다 훨씬 더 크게 퍼져있었다.[31] 고지대의 자연 산림은 주로 위에서 언급한 세 종류의 나무들로 이루어져 있었다. 사철 푸른 오크나무(쿠에르쿠스 칼리프리노스〈*Quercus calliprinos*〉), 알레포 소나무(피누스 할레펜시스〈*Pinus halepensis*〉), 그리고 테레빈나무(피스타키아 팔라이스티나〈*Pistacia palaestina*〉). 이 지역은 인간이 거주하기 이전에는 불모지 언덕이 아니었다. 그러나 우리가 인지해야 할 것은 숲(아아르

---

29. Nili Liphshit and Gideon Biger, "Cedar of Lebanon(Cedrus libani) in Israel during Antiquity," *IEJ* 41(1991):167-75.
30. Kathleen Kenyon, *Digging Up Jericho*(London: Ernest Benn, 1975), 240-52.
31. John D. Currid, "The Deforestation of the Foothills of Palestine," *PEQ* 116(1984): 1-11.

⟨ya'ar⟩)이라는 히브리어 단어가 기리얏 여아림('숲의 도시'라는 뜻) 같은 이름에 사용되어 때때로 그 의미가 모호하다는 것이다. 성경에는 몇몇 숲들이 언급되어 있는데 레바논, 갈멜, 그리고 헤레(유다지방)가 있다. 시편 저자는 나무들마저도 하나님을 찬양한다고 말하고 있다. "그 때 숲의 모든 나무들이 여호와 앞에서 즐거이 노래하리니"(시 96:12).

시간이 지나면서 사회는 변화했고 삼림을 벌목해야 할 만한 많은 이유들이 생겨났다. 인구가 성장함에 따라 삼림지역은 주거지를 만들기 위해 사라져야 했다. 주전 1200년 이후 인구의 성장은 토기를 만들고 석회를 소화하고 철 제조 등 불을 필요로 하는 기술에 많은 나무 숯이 필요하도록 만들었다. 실제로 바로 이 시기가 청동에서 철을 사용하는 시기로 변화해가는 중간 단계로 철이 청동보다 물론 더 단단하고 우수하지만 철을 제조하는 데 더 많은 연료를 필요로 한다.

고지대의 주요 자연 산림을 훼손시켜야 했던 더 중요한 이유는 아마도 더 많은 경작지가 필요했기 때문일 것이다. 그래서 산지의 많은 경사면들이 계단식 경작지 형태로 바뀌어 갔다. 산기슭이 농사를 지어 먹고사는 마을들을 위한 농경지로 변화된 것은 이미 주전 12세기로 거슬러 올라간다. 산지를 농경지로 바꿈으로 늘어나는 생계로 인해 생태학적 균형 유지가 위협받게 되었다. 결론적으로 인구가 성장하면서 농경지를 만들고 불을 사용하는 다양한 기술이 증가하면서 이 지역의 천연 자원들이 곤경에 처하게 되었다.

청동기에서 철기로 바뀌는 중간 시기에 불을 사용하는 기술은 불을 피우기 위한 나무가 필요해 숲을 고갈시킬 수밖에 없었다. 쟁기 끝에 달린 철로 만든 땅 가는 도구들, 철로 만든 도끼들, 그리고 전쟁을 위한 무기들은 숲이 제거된 데에 대한 책임이 있다. 배를 만들고 집을 짓는 데도 역시 나무가 사용되었고 수많은 숲을 감소시켰다. 게다가 양과 특히 염소의 가축 떼들도 숲이 있는 땅을 줄어들게 한 요인이기도 하다. 철기 시대에 이렇게 숲을 줄어들게 할 수밖에 없었던 모습을 여호수아와 요셉 자손 사이의 대화 내용을 통해볼 수 있다.

> 요셉 자손이 이르되 그 산지는 우리에게 넉넉지도 못하고 골짜기 땅에 거주하는 모든 가나안 족속에게는 벧스안과 그 마을들에 거주하는 자(바노트⟨bānôt⟩, 문자적 의미는 '딸들')이든지 이스르엘 골짜기에 거주하는 자이든지 다 철 병거가 있나이다. 여호수아가 다시 요셉 족속 곧 에브라임과 므낫세에게 말하여 이르되 너는 큰 민족이요 큰 권능이 있은즉 한 분깃만 가질 것이 아니라 그 산지도 네 것이 되리니 비록 삼림(야아르⟨ya'ar⟩)이라도 네가 개척하라. 그 끝까지 네

것이 되리라. 가나안 족속이 비록 철 병거를 가졌고 강할지라도 네가 능히 그를 쫓아 내리라(수 17:16-18).

6) 축산업

레반트에 있는 전형적인 마을경제는 신석기 시대부터 오늘날까지 농업과 목축(농목축)이 혼합되어 발전하였다. 가족들은 농사짓는 마을에 함께 모여 살았지만 몇몇 구성원들은 종종 집에서 좀 떨어진 곳에서 가축을 키웠다. 가족 전체가 계절마다 이동하여 목축을 하는 것은 아니었다.

동물을 사육하기 이전에 식물을 먼저 심었다. 토기가 만들어지기 이전 A 시대에 곡물과 콩 등의 식물이 이미 심어졌고 양, 염소, 그리고 돼지 등의 동물이 토기가 만들어지기 이전 B 시대에 사육되었다. 이 순서는 상당히 합리적인 것으로 보이는데, 먼저 곡식이 심어졌을 때 초식 야생 동물이던 양과 염소들이 곡식을 먹기 위해 다가왔을 것이고 이렇게 해서 동물을 소유하여 사육할 수 있었기 때문이다. 성경에는 백 가지 이상의 동물들이 등장하지만 성경의 불완전한 묘사는 식물과 마찬가지로 그 동물이 무엇이었는지 확실히 밝혀내는 것을 어렵게 만든다. 청동기 시대와 철기 시대의 고고학적 유적지들에서 드러난 바로는 가장 자주 사육된 동물들은 양과 염소로 주로 보스(*Bos*, 소를 포함한 규모가 큰 가축 떼)와 동행한다. 팔레스타인에서 사육된 가장 중요한 동물들이며 이들 주인의 경제

그림 44. 발라왓에서 발견된 성문의 청동 테 하부. 주전 850년 북시리아에서 있었던 원정 중 시리아 군영으로 끌려가고 있는 가축 떼(대영박물관 전재 허가).

적 신분을 지침해주기도 하는 쫀(ṣō'n, 양과 염소로 이루어진 규모가 작은 가축 떼)은 근동의 건조하고 더운 기후에 잘 맞는다. 겨울과 봄에는 비를 맞고 자란 풀들을 뜯고 여름과 가을에는 식물과 곡물 껍데기를 먹는다.

양은 주로 양모 생산 때문에 길러졌다. 양모의 생산은 무역에 있어 꽤 가치 있는 상품으로서 모압 왕 메사는 "새끼 양 십만 마리의 털과 숫양 십만 마리의 털을 이스라엘 왕에게 바쳤었다"(왕하 3:4). 연중 봄에 행해진 양털 깎는 날은 축제의 날로서 헤브론 남동쪽에 있던 부유한 목장주였던 나발이 양털을 깎는 축제를 벌이고 있을 때 다윗과 그의 추종자들이 나타났다. "(나발에게는) 양이 삼천 마리요 염소가 천 마리이므로 그가 갈멜에서 그 양털을 깎고 있었다"(삼상 25:2). 양모 생산은 실을 짜고 염색하는 작업을 동반했다.

양은 고기와 가죽도 제공한다. 양을 죽여 손님을 대접하는 것은 환대의 표현이었다. 밧세바를 취한 다윗의 죄를 꾸짖을 때 나단은 한 부자가 자신의 손님을 대접하기 위해 자신의 양과 소를 아껴 가난한 이웃의 하나밖에 없는 암양을 잡아 대접하는 예화를 든다(삼하 12:1-7). 양은 야생 짐승들에게 쉽게 잡아먹히기 때문에 신중한 보호를 필요로 한다. 목동은 양들의 유일한 부양자이며 보호자이다. 목동 다윗은 골리앗을 물리칠 수 있다는 것을 사울에게 확신시키기 위해 "주의 종이 아버지의 양을 지킬 때에 사자나 곰이 와서 양 떼에서 새끼를 물어가면 내가 따라가서 그것을 치고 그 입에서 새끼를 건져 내었고"(삼상 17:34-35)라고 말했다. 이집트와 다른 근동의 문화에서 왕은 그의 소유물, 즉 양 떼를 돌보는 '좋은 목동'으로 간주되기도 하였다. 시편 23편 같은 경우의 문헌에서 좋은 목동은 하나님과 동일시되기도 하였다.

염소는 고기, 옷 그리고 젖(또한 응고시킨 우유와 치즈)을 제공한다. 염소의 젖 산출은 양보다 두 배나 많다. 염소들은 농작물을 훼손하기 때문에 이들을 먹이기 위해 식물을 공급하는 것은 문제가 되었다. 염소의 털과 가죽은 천막과 옷을 만드는 데 좋았다. 거친 염소의 털은 부대자루와 천막용 천을 제조하는 데 사용되었고, 양탄자를 짜는 데도 사용되었고 염소젖을 굳혀 요리용 버터를 만드는 교유기를 만드는 데도 사용되었다. 염소의 가죽은 물과 기름을 담아두는 용기로서 사용되었다. 양이 그랬던 것처럼 염소도 제사용 제물로 사용되었다. 여호와께서 아브라함과 언약을 세우실 때 말하시기를, "나를 위하여 삼 년 된 암소와 삼 년 된 암염소와 삼 년 된 수양과 산비둘기와 집비둘기 새끼를 가져올지니라"(창 15:9). 주전 18세기에는 양 한 마리, 강아지 한 마리, 염소 한 마리가 언약을 세울 때 희생제물로서 사용되곤 했다.

말(수스⟨sûs⟩)은 이미 주전 2000년경에 가나안 땅에 성행했었고, 곧 병거의 발전이 뒤

따랐다. 가나안인들은 말과 병거를 이집트에 소개하였는데, 바로 '힉소스' 시대에 등장하게 되며 이로 인해 이집트의 신 왕조 시대에 말과 병거는 전쟁과 제사 행렬에 있어 가장 중요한 형태로 발전하게 되었다. 성경에서 말은 농사와 운송과는 관계가 없었고 전쟁과 사냥에 사용되는 것으로서 권위와 부유의 상징이다(신 17:16).

만약 존 할라데이[32]가 주장한 것처럼 고대 이스라엘에서 발견된 기둥이 세워져 있던 많은 건물들이 실제로 마구간이었다면 말들은 경제적인 면에 있어 상당히 중요한 역할을 하였다. 말들은 아마도 사람보다 비쌌을 것이다. 그러나 다윗과 솔로몬의 말에 대한 대조되는 행동을 보자. 다윗은 아람 왕 하닷에셀의 마병 천칠백 명과 보병 이만 명을 사로잡고, "병거 일백 대의 말만 남기고 그 외의 병거의 말은 다 발의 힘줄을 끊었다"(삼하 8:4). 이 특이한 행동에 대한 설명은 다윗이 전쟁에서 말의 빈번한 사용을 반대했다는 것밖에 없다. 성경에 기록된 바 솔로몬에게는 이집트와 쿠에(Kue, 고대 아다나. 한국어 성경은 이 지역을 번역하지 않고 이집트만을 명시하고 있다-역주)에서 수입한 천사백 대의 병거와 만 이천 명의 마병이 있었는데 "병거성에도 두었고 예루살렘 왕에게도 두었다"(왕상 10:26). 말과 병거는 솔로몬의 군사적 힘을 더욱 증가시켰다. 이스라엘의 왕 아합은 주전 853년 오론테스의 카르카르에서 앗수르의 왕 살만에셀 III세에 저항하여 싸운 수리아-팔레스타인 연합군을 위해 병거 이천을 제공했다(ANET, 279).

선지자들과 시편 저자들은 말에 대해 부정적인 입장을 취했다. 여호와께서는 호세아를 통해 유다 왕국을 구원할 것을 약속하시면서 인간의 군사무기를 비난하신다. "내가 유다 족속을 긍휼히 여겨 그들의 하나님 여호와로 구원하겠고 활과 칼이나 전쟁

그림 45. 점토로 만든 말머리 형상, 주전 604년, 아스글론 파괴층(Leon Levy Expedition 전재 허가; 사진: I. Sztulman).

---

32. John S. Holladay, "The Stables of Ancient Israel: Functional Determinants of Stable Reconstruction and the Interpretation of Pillared Building Remains of the Palestinian Iron Age," in L. T. Geraty and L. G. Herr, eds., *Archaeology of Jordan and Other Studies*(Berrien Springs: Andrews University Press, 1986).

옆   앞

그림 46. 마차 바퀴에 사용된 청동으로 만든 바퀴 멈추개, 블레셋 여신("아쉬도다"라 불림)의 머리로 장식됨, 아스글론, 철기 I 시대(Leon Levy Expedition 전재 허가; 사진: I. Sztulman).

이나 말과 마병으로 구원하지 아니하리라"(호 1:7; 또한 암 2:15).[33] "구원하는 데에 군마는 헛되며 군대가 많다 하여도 능히 구하지 못하는도다"(시 33:17; 또한 시 147:10). 아모리인의 말에 대한 반감은 마리 문서에 기록된 공식적인 문서교신에서도 드러나 있다. 주전 18세기 카트나 왕국의 왕은 앗수르의 왕에게 은 육백 세겔의 가치가 있는 말들을 보냈다. 이에 대해 앗수르 왕은 9킬로그램의 주석이라는 하찮은 선물로 보답했다. 카트나의 왕은 육백 세겔이 5-7배 정도(주석 45-63킬로그램) 더 많은 가치가 있다는 것을 알고 있었다.[34]

이스라엘의 왕들은 공식적인 역할을 수행할 때 말 대신 나귀와 노새를 탔다. 마리 궁전의 총독으로부터 짐리-림(Zimri-Lim) 왕에게 보내진 충고를 담은 편지에서도 나오는 바 이러한 전통은 상당히 오래 된 것 같다. "당신이(짐리-림⟨Zimri-Lim⟩) 카나(Khana) 족속의 왕이기 때문에…나의 주는 말을 타서는 아니되옵니다. 대신 작은 개인용 마차나 노새를 타는 것이 마땅합니다."[35] 신약성경에서 마태(21:5)와 요한(12:15)은 하나님의 백성의 왕이 되시는 예수님이 예루살렘 입성하는 모습을 스가랴서를 인용해 묘사하고 있다. "보라 네 왕이 네게 임하나니 그는 공의로우시며 구원을 베푸시며 겸손하여서 나귀를 타시나니 나귀(하모르⟨ḥămôr⟩)의 작은 것(아이르⟨'ayir⟩) 곧 나귀 새끼니라"(슥 9:9). 그러나 마태는 여기서 이 구약성경의 구절이 두 다른 짐승을 칭하는 것으로 잘못 생각하였다.

고대에 있어 말은 전쟁용 병거를 끄는 것이 가장 중요한 용도였다. 이집트에서는 주전 10세기에 말을 타기 시작했다. 비록 이때에 안장이나 등자 등이 사용되지는 않았지만 주전 9세기 말에 와서 기마는 메소포타미아의 앗수르인들과 우라르투인들 사이에 그 중요

---

33. Shalom M. Paul, *Amos, Hermeneia*(Minneapolis: Fortress, 1991), 98.
34. Niels Peter Lemche, "The History of Ancient Syria and Palestine: An Overview," *CANE*, 2: 1204.
35. Ibid.

그림 47. 텔 하로르(Tell Harror)의 중기청동기 II 시대의 요새 신전의 마당에서 발견된 나귀 무덤 속에서 발견된 청동 재갈(E. Oren 전재 허가).

성이 커졌다. 이스라엘 왕국 시대에 말은 주로 병거에 사용되었고 기마에는 사용되지 않았다. 병거의 축에 바퀴를 고정시키는 역할을 한 바퀴 멈추개가 두 블레셋 유적지인 아스글론과 에그론에서 발견되었다(그림 46).

전쟁에서 말을 좀 더 잘 통제하기 위한 재갈과 고삐 그리고 마구 장비들이 발전했다(그림 47). 고대 근동에서는 등자가 없었다. 등자는 주전 2세기 말 인디아에서 처음 나타나 주후 7세기에 아랍 세계에 알려졌다. 안장이 없이는 전쟁 중에 기수가 달리다가 떨어질 위험이 따른다. 편자 역시 주후 9세기에나 가야 발명되었다.

성경 시대 이스라엘의 소는 농사에 사용되었고 나귀는 주로 짐을 나르고 사람을 운송하는 데 사용되었다. 나귀는 주전 3500년에 처음 사육되었다. 야생 나귀(페레〈pereh/pere〉)는 에쿠스 헤미오누스(*Equus hemionus*)라는 다른 이름으로 불리고 근동에서만 자라는 토착 나귀다. 가젤처럼 야생 나귀도 성질 때문에 결코 사육되는 일이 없었다.[36] 그러나 이라크의 텔 아그랍(Tell Agrab) 유적지에 있는 샤라(Shara) 신전에서 발견된 주전 2800년경의 4두 이륜 전차(4열로 야생 나귀들이 있고 두 개의 바퀴가 달린)는 수염을 기른 마부가 나귀를 몰고 있다.[37] 텔 헤스반(Tell Hesban)에서 발견된 얇은 발가락 뼈들은 철기 시대에 이 유적지에 야생 나귀가 있었음을 말해주고 있다.[38] 야생 나귀를 이용한 은유를 예레미야

---

36. Juliet Clutton-Brock, *A Natural History of Domesticated Mammals* (Cambridge: Cambridge University Press, 1987), 97-101.
37. Seton Lloyd, "Excavating the Land between the Two Rivers," *CANE*, 4: 2739-40.
38. Joachim Boessneck and Angela vo Den Driesch, "Preliminary Analysis of the Animal Bones from Tell Hesban," *Andrews University Seminary Studies* 16(1978): 259-287, esp. 275.

에서 볼 수 있다. "너는 광야에 익숙한 야생 나귀(페레⟨*pereh*⟩, 한국어 성경은 "들암나귀"로 번역함)가 그들의 성욕이 일어나므로 헐떡거림 같았도다. 그 발정기에 누가 그것을 막으리요 그것을 찾는 것들이 수고하지 아니하고 그 발정기에 만나리라"(렘 2:24).

노새(페레드⟨*pered*⟩)는 숫나귀와 암말을 교배한 잡종이다. 말이나 나귀보다 확실하게 발바닥을 잘 딛고 서는 노새는 체력이 강하고 무거운 짐들을 잘 나를 수 있는 것으로 유명하다. 성경 시대에 노새는 왕가의 사람들이 타는 동물이었다. 압살롬은 노새를 타고 있다가 테레빈나무에 그의 머리가 걸렸다(삼하 18:9). 솔로몬은 왕좌를 계승할 때 다윗의 노새를 탔다(왕상 1:38).

낙타에는 박트리아산 쌍봉 낙타와 아라비아산 단봉 낙타 두 종류가 있다. 낙타의 사육은 주전 3000년경 남동아라비아에서 시작된 것으로 보이나 사실 이렇게 이른 시기에 사육되었다는 확실한 증거는 없다. 서부 셈족 사이에 낙타는 마리문서나 아마르나문서 어디에도 나타나지 않았고 후기청동기 시대까지도 이 지역에서는 상당히 찾아보기 힘들다. 알브라이트[39]는 그러므로 낙타가 서부 셈족에게 아주 사육되지 않았거나 주전 2000년 말 12세기 전까지는 필요한 동물이 아니었다고 결론지었다. 그의 이 가설은 아직도 받아들여지고 있다. 그러므로 창세기에 나오는 족장들의 낙타에 관련된 이야기들은 사실 시대착오적인 이야기이거나 이 이야기들이 주전 12-11세기 이후에 일어난 것이라고 생각할 수 있다. 가데스 바네아, 이즈벳 짜르타('Izbet Ṣarṭah), 아스글론, 텔 제메(Tell Jemmeh) 등의 유적지들에서 발견된 유물들에 의해 증명된 바 낙타들은 철기 시대에 가서 그 숫자가 늘어났다. 니느웨의 산헤립 궁전을 꾸몄던 부조에 묘사된 라기스의 모습에는 집에서 기른 낙타 한 마리가 짐을 지고 가는 것을 볼 수 있다(그림 48). 라기스를 떠나 포로로 끌려가는 유다 백성들은 한 마리의 낙타에 물을 담은 항아리들을 실었다. 리차드 바넷(Richard Barnett)은 팔레스타인 남부와 남서부에서 주전 8세기부터 낙타가 짐을 운반하는 동물로 사용되었다고 주장했다.[40]

주전 2000년 말 낙타는 사바와 예멘 땅을 거쳐 아라비아 서쪽 해안으로 향신료와 향

---

39. William F. Albright, "Midianite Donkey Caravans" in H.T. Frank and W.L. Reed, eds., *Translating and Understanding the Old Testament*(Nashville: Abingdon, 1970), 197-205.

40. Richard D. Barnett, "Lachish, Ashkelon and the Camel: A Discussions of Its Use in Southern Palestine," in J.N. Tubb, ed., *Palestine in the Bronze and Iron Ages*(London: Institue of Archaeology, 1985), 15-28.

그림 48. 니느웨에서 발견된 라기스 벽부조: 낙타의 등에 소유물을 싣고 라기스에서 끌려가는 남왕국 유다인들 (The Expedition to Lachish 전재 허가; 발굴 지휘자 D. Ussishkin; 사진: A. Hay).

들을 운반하는 데 사용되었다.[41] 낙타는 젖, 고기, 그리고 낙타털을 제공한다. 그러나 이 동물의 장점은 광대한 사막을 지날 때 나귀로 이동하는 것보다 더 많은 물을 아낄 수 있다는 것이다. 낙타는 하루에 한 번 28갤런의 물을 마시고 낙타를 타고 하루에 95-120마일을 여행할 수 있다. 이러한 유용성 때문에 낙타에 향신료와 방향제(특히 몰약과 유향)를 싣고 광대한 아라비아 사막을 지나며 무역을 했던 자들, 즉 처음에는 미디안인들을 후에는 아라비아인들을, 좀 더 후에는 나바티아인들을 부자로 만들었다. 낙타는 '사막의 배'로서 아라비아 남부에서부터 가나안과 지중해까지 무역 통로를 열었다.

고대 이스라엘에서는 나귀가 짐을 나르기 위한 중요한 동물로 사용된 반면 앗수르 군대는 낙타를 운송용 동물로 사용했다. 전쟁 장면에서 낙타가 전사들을 운송하고 있기는 했지만 낙타가 좁은 공간에서는 이동하기 어렵다는 점과 그 키와 부피가 쉽게 목표물이 될 수 있었기 때문에 실제 전쟁에서는 사용되지 않았다.[42] 벽부조품에는 낙타를 타고 있는 이들의 모습도 보이는데 이들을 자세히 보면 전쟁으로부터 도망가고 있다(이들은 앗수

---

41. Ibid.
42. M.C.A. Macdonald, "North Arabian in the First Millenium B.C.E.," *CANE*, 2: 1363.

르인들의 적의 모습이다-역주).

　개는 늑대에서 진화된 동물로 11000년 이전부터 이미 사육되었다. 개들은 썩은 고기를 먹는 동물이었기 때문에 성경 저자들로부터 멸시를 당했다. 다윗은 사울에게 수사학적으로 묻는다 "이스라엘 왕이 누구를 따라 나왔으며 누구의 뒤를 쫓나이까 죽은 개나 벼룩을 쫓음이니이다"(삼상 24:14〈히브리어 성경 24:15〉). 전도서 저자는 마음이 내키지 않는 칭송으로 "산 개가 죽은 사자보다 낫다"(9:4)고 말한다. 한때 존경받았지만 후에 대중의 비난을 받았던 욥은 그의 통곡 속에서 자신의 양 떼를 지키던 개를 언급하고 있다. "이제는 나보다 젊은 자들이 나를 비웃는구나 그들의 아비들은 나의 보기에 내 양 떼를 지키는 개 중에도 둘 만하지 못한 자니라"(욥 30:1). 성경에서 언급되는 개들과 철기 시대의 양 떼를 지키는 개들의 당시의 역할은 양 떼를 지키기 위해 굉장한 육체적 노력을 쏟는 현대 베두인들의 개들의 모습과 유사했을 것이다. 메소포타미아에서 개들은 치료의 여신인 굴라(Gula)와 관련된 동물이었다. 아마도 이러한 이유 때문에 아스글론에 주전 5세기로 연대가 측정되는 1500마리 이상의 개들이 묻힌 묘지가 형성되었을 것이다(그림 32). 이 묘지는 베니게인들의 것으로 보이는데 그들은 치료 의식과 관련하여 개를 성스럽게 여겼다.

　성경에는 '육축'에 대한 다양한 어휘가 나오는데 여기에는 베헤마(*běhēmâ*), 미크네(*miqneh*), 바카르(*bāqār*)가 있으며 이 단어들은 보스(*Bos*), 양, 염소, 말, 나귀, 그리고 낙타 같은 동물들까지 포함하기도 한다. 소는 주전 7000년 말 혹은 주전 6000년 초에 이미 아나톨리아에서 사육되었다. 젖소는 우유와 유제품을 공급받기 위해 사육되었다. 일반적으로 소는 고기를 먹기 위해 사육되지 않았다. 특별히 어린 숫소와 함께 양과 염소 등의 발굽이 있는 이 동물들은 희생제물로 길러졌다. 앞에서 논의한 것처럼 고대 이스라엘에서는 창세기에서 언급된 것처럼 얼마나 많은 가축떼를 가지고 있느냐가 부를 결정하는 수단이 되었다. "아브람에게 가축(미크네〈*miqneh*〉)과 은과 금이 풍부하였더라"(창 13:2)

　돼지는 주전 7000년 말경 고대 시리아와 팔레스타인에서 사육되었다. 양과는 달리 돼지는 우유도 털도 제공하지 못했지만 풍부한 단백질의 근원이 되는 많은 양의 고기를 제공했다. 돼지에게는 땀샘이 없기 때문에 그늘이 많은 환경이나 습지대에서 키우지 않으면 열기 때문에 쉽게 죽어버린다. 이스라엘 민족이 살던 고지대의 산지는 오크나무 덕에 그늘이 많고 나무에서 떨어지는 열매를 돼지가 좋아했기 때문에 돼지를 키우는 완벽한 환경이었다. 종교적, 위생상태, 생태학적, 그리고 문화적 문제 때문에 이스라엘 민족에게 돼지는 금기시되었다는 설명이 제시되었다. 마빈 해리스(Marvin Harris)는 돼지를 키우는 것은 돈이 많이 든다는 생태학적 이유 때문에 금기시되었다고 주장한다.⁴³ 그러나 그 보다는 이스라엘 민족이 돼지고기를 먹지 않은 것은 문화적 이유, 특별히 할례 받았느냐 안 받았느냐의 차이, 그리고 돼지고기를 먹느냐 안 먹느냐의 차이에 있었던 것 같다. 그 차이는 두 민족 사이에 거리를 두게 하는 문화적 경계선 역할을 하였던 것 같다. 블레셋인들은 철기 I 시대에 상당히 많은 양의 돼지를 키워 먹었지만 이스라엘 민족은 그렇지 않았다(블레셋인들의 유적지에서는 많은 양의 돼지 뼈가 발굴되었다-역주).

닭을 키우는 것은 페르시아와 헬라 시대에 가야 성행하지만 이전에 이미 키우고 있었다. 라기스에서 철기 II 시대의 수탉(갈루스 도메스티쿠스⟨*Gallus domesticus*⟩) 뼈들이 발견되었다. 비록 이곳의 발굴자 우쉬시킨(Ussishkin)이 VI층을 주전 12세기로 가장 빠르게 보는 연대 측정에 동의하지 않긴 하지만 뼈들은 대부분이 V층과 IV층에서 발견되었다(VI층을 주전 12세기로 보게 되면 V층이 주전 1000년경으로 측정되기 때문에 닭을 키운 연대가 빨라진다-역주). 비둘기와 오리는 라기스의 후기청동기 II 시대 층에서는 발견되지만 철기 시대 층에서는 발견되지 않는다.⁴⁴ 주전 7-6세기로 연대가 측정되는 집에서 닭(갈루스 갈

그림 49. 오닉스 돌로 만든 인장(좌)과 인장의 최근 압인(우). 싸움 닭과 레야아자니야후 에베드 하멜레크(*ly'znyhw 'bd hmlk*, 야아자니야후에 속함, 왕의 하인)과 명문이 새겨져 있음. 텔 엔 나스베(Tell en-Nasbeh), 주전 600년; 왕하 25:23를 참조하라(Z. Radovan 전재 허가; 예루살렘).

---

43. Marvin Harris, *Cows, Pigs, Wars, and Witches: the Riddles of Culture*(New York: Random House, 1975), 35-57.
44. David Ussishkin, "Excavations at Tel Lachish-1973-1977, Preiminary Report," *TA* 5(1978): 88-89.

루스 도메스티쿠스〈*Gallus gallus domesticus*〉)을 키운 흔적이 텔 헤스반(Tell Hesban) 유적지에서 발견되었다. 가족의 문장으로 보이는 동일한 싸움닭의 모습이 새겨진 인장 두 개가 발견되었다.[45] 첫 번째 것은 텔 엔 나스베(Tell en-Nasbeh〈미스바〉)에서 발견된 것으로 주전 7세기 말로 연대가 측정되었다(그림 49). 이 반구형의 인장에는 "야아자니야후, 왕의 신하"(Ya'azanyahu, servant of the king)라는 인장 주인의 이름과 그의 직함이 새겨져 있다. 또 다른 유사한 인장은 이집트의 풍뎅이 모양으로 생긴 인장 형태로, 발견된 장소는 알 수 없지만 주전 7세기 후반으로 연대가 측정되며 "여호아하스, 왕의 아들"(Yeho'ahaz, son of the king)이라고 새겨져 있다. 두 공직자들은 아마도 같은 가족이었을 것이다.[46] 성경에는 "닭"이라는 히브리어 단어가 나오지 않는다.

솔로몬의 화려한 식단에는 문자적 의미로는 살진 새(바르부림 아부심〈*barburîm 'ăbûsîm*〉, 왕상 4:23〈히브리어 성경 5:3〉)이지만 영어 성경에서는 "거위"로 번역되었다. 그러나 몇몇 학자들은 이 살진 새가 거위라기보다는 뻐꾸기나 영계였을 것으로 보고 있다.[47]

텔 제메(Tell Jemmeh) 유적지에서 발견된 해골을 근거로 브라이언 헤시(Brian Hesse)는 후기청동기 시대에 네게브 북쪽에 타조가 있었다고 보았다. 그는 뼈가 도살된 모습으로 보아 타조는 음식으로서 사용되었다고 밝혔다. 타조 알은 목걸이용 구슬과 다른 보석류를 만드는 데 사용되었다.[48] 베니게와 카르타

그림 50. 아스글론에서 발견된 청동 낚시바늘 (Leon Levy Expedition 전재 허가; 사진: Carl Andrews).

---

45. Boessneck and von Den Driesch, "Preliminary Anaylsis of the Animal Bones from Tell Hesban," 266.
46. P. Kyle McCarter, *Ancient Inscriptions*(Washington, D.C.: Biblical Archaeology Society, 1996) 144–45.
47. William L. Holladay, *A Concise Hebrew and Aramaic Lexicon of the Old Testament*(Grand Rapids: Wm. B. Eerdmans, 1971), 47.
48. Brian Hesse, "Animal Husbndry and Human Diet in the Ancient Near East," *CANE*, 1:220. 또한 Othmar Keel and Christoph Uehlinger, *Gods, Goddesses, and Images of God in Ancient Israel*(Mineapolis: Fortress, 1998)에서 Horvat Qitmit 유적지에서 발견된 타조의 형상을 보려면 384–85를, 이스라엘/유다

고 유적지들에서는 장식된 알들이 발견되었다. 현대 이스라엘에는 이디오피아산 타조가 사육되고 있다.

"우리가 애굽에 있을 때에는 값없이 생선을 먹었다"(민 11:5)는 것은 이스라엘 민족이 광야에서 불평한 목록 중 하나이다. 생선은 고대 이스라엘 민족에게 단백질을 제공했던 중요한 식료품이었다. 적어도 최근까지 발견된 생선뼈를 분석한 글들이 적었기 때문에 성경 시대의 생선에 대한 정보는 상당히 부족하다. 또한 성경의 저자들은 생선의 종류들을 구분하기보다는 다그/다김(*dāg/dāgim*⟨복수⟩)이라는 일반적으로 생선을 지칭하는 단어만을 사용했다.

제1성전 시대 동안 예루살렘 성으로 들어가는 주요 문들 중에는 생선을 사고 팔았던 장소로 보이는 어문이 있었다(습 1:10). 어문은 포로기 이후 시대에 다시 건설되었다(느 3:3). 다윗 성에서 있었던 최근의 발굴에서 드러난 철기 시대의 생선뼈들은 이곳에 생선 거래처가 있었다는 것을 증명했다.[49] 이 시대 예루살렘에서 거래된 바다 생선은 서쪽으로 50킬로미터 떨어져 있는 지중해로부터 왔고 민물고기는 동쪽으로 30킬로미터 떨어져 있는 요단 강으로부터 제공되었다. 신선한 생선을 위해서 어부들은 생선을 잡은 그날로 운송하여 팔아야만 했다. 예루살렘 시장으로 운송된 대부분의 생선은 아마도 건조한 것이거나 소금으로 절이거나 그 외 다른 방법들로 보존된 것일 것이다.

왕국 시대 동안 예루살렘 시민들은 일곱 종류의 다른 생선을 먹었다(이중에는 금기된 생선인 메기도 있었다). 민물이 흐르는 강과 해안가의 개펄에서 커다란 나일 강 농어(라테스 니로티쿠스⟨*Lates niloticus*⟩)가 잡혔다.[50] 이 생선은 이집트가 고향이었지만 철기 시대에 팔레스타인의 해안에 서식했던 것으로 보인다. 위와 같은 장소들과 요단 강에서 나일 강 메기(클라리아스 그리피누스⟨*Clarias griepinus*⟩)가 잡혔다. 세 번째 민물고기 종류는 틸라피아 생선으로 지금까지도 식용되고 있다. 바다물고기인 흰색의 농어과의 생선(에피네펠루스⟨*Epinephelus*⟩), 도미류 생선(스파루스 아루라타⟨*Sparus aurata*⟩)이 블레셋 해안으로부터 예루살렘으로 수출되었다. 회색의 숭어(무길 세파루스⟨*Mugil cephalus*⟩)와 미거 생선

왕국의 내륙지방의 이미지를 보려면 139-40을 참조하라.

49. H. Lerau and O. Lernau, "Fish Remains," in A. de Groot and D.T. Ariel, eds., *City of David Excavatios Final Report III*(Jerusalem: Institute of Archaeology, Hebrew University,1992), 131-48.

50. Ibid., 135. 이 금기된 생선은 식용으로 사용되었던 것으로 보인다. 머리부분은 발견된 바 없다. 이 생선 종류의 머리는 몸 전체 무게의 삼분의 일을 차지하지만 먹을 수 있는 것이 아니었기 때문에 어부들은 예루살렘에 이 생선을 운송하기 전에 무거운 머리 부분을 잘라냈을 것이다.

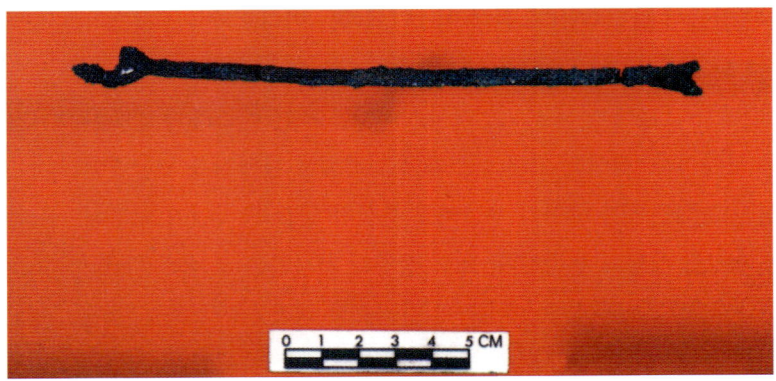

그림 51. 뼈로 만든 그물 뜨기용 바늘(Leon Levy Expedition 전재 허가; 사진: I. Sztulman).

(*meager*) 등이 제1성전 시대 예루살렘에서 식용되던 생선 목록에 들어간다.

아모스는 북왕국 이스라엘의 귀족 출신의 여인들을 꾸짖을 때 이렇게 말한다. "때가 너희에게 이를지라 사람이 그물바구니(찌노트⟨*ṣinnôt*⟩, 한국어 성경은 "갈고리"로 번역함)로 너희를 끌어가며 물고기를 잡는 통발(씨로트 두가⟨*sîrôt dûgâ*⟩, 한국어 성경은 "낚시"로 번역함)로 너희의 남은 자들도 그리하리라"(암 4:2). 그물바구니는 물고기를 잡거나 운송할 때 사용하였다. 이 구절을 신중히 분석한 샬롬 폴(Shalom Paul)은 여기에 상당히 어려운 사전적 의미가 내포되어 있다고 주장했다.[51] 욥기서의 저자는 바다 포유동물(한국어 성경은 "리워야단"으로 번역함)을 절단하고 "동물의 머리를 고기잡이 창살로 찌르고 가죽을 배에 실었던"(욥 41:6-7⟨히브리어 성경 40:30-31⟩) 베니게인들의 모습을 암시하고 있다.[52] 성경은 물고기 잡이를 위해 망(헤렘⟨*ḥērem*⟩)과 다른 도구들이 사용되었다고 언급하고 있으며, 발굴을 통해서도 이런 도구들이 발견된 바 있다.

2. 물 자원

물은 생존을 위해 필수적인 것으로, 성경에 나오는 은유들도 물을 가장 많이 사용하고 있다. 성경의 땅에는 인간과 동물의 생존에 필요한 물 자원이 한정되어 있기 때문에 이

---

51. Paul, *Amos*, 129-35.
52. Lawrence E. Stager, "Haggling over Levathan"(unpublished manuscript).

스라엘의 일상생활 속에서 물을 얻고 보호 관리하는 것은 중요한 일이었다. 농사에 많이 의존하는 경제를 바탕으로 한 사회에서 물을 관리하는 것은 매우 중요하다. 나일 강 물을 끌어와 농사짓던 이집트와는 달리 가나안 땅은 겨울비에만 의존해야 했다. 장기간 계속되는 건기에 비해 우기는 상대적으로 짧은 기간이었다. 11월에서 3월까지의 연중 강우량은 지중해 지역에서만 평균 750밀리미터이고 수목이 없는 지역과 사막 쪽으로 가면서 그 양은 더 줄어든다. 실제로 연중 강우량이 낮아서 문제가 된다기보다는 겨울에 집중적으로 4-6개월 동안만 비가 오는 것이 문제다. 비가 드물게 오기 때문에 물을 추가적으로 공급할 수 있는 온갖 시설들이 사용되었다. 주요 물자원으로는 강줄기, 샘, 우물, 물웅덩이, 물 저장고 등이 있다.[53]

예레미야서에서는 물 사용에 대한 은유를 볼 수 있는데, 예레미야는 하나님을 일컬어 샘에서 흘러나온 "생수의 근원"(마임 하임⟨*mayim ḥayyîm*⟩, 렘 2:13)이라고 말하다가 뒤에서는 반대되는 표현을 사용한다. "주께서는 내게 대하여 물이 말라서 속이는 시내(아크자브⟨*'akzāb*⟩) 같다"(렘 15:18). 정의로운 선지자 아모스는 "오직 정의를 물(마임⟨*mayim*⟩)같이 공의를 마르지 않는 강(나할 에탄⟨*naḥal 'êtān*⟩)같이 흐르게 할지어다"(암 5:24)라고 말했다.

1) 샘

샘(아인⟨*'ayin*⟩)은 자연적으로 생긴 것으로 인공적으로 만든 우물이나 물웅덩이와는 다르다. 팔레스타인의 흡수성이 강한 석회석은 샘이 쉽게 형성되기 때문에 유리한 조건으로 많은 장소들의 이름이 샘이라는 어원을 가진 것만 보아도 알 수 있다. 사해의 서쪽 해변에 있는 엔게디("야생 염소의 샘")가 좋은 예이다. 시편 저자에 의하면 샘은 하나님의 자비의 표현 방식이다. "여호와께서 샘을 골짜기에서 솟아나게 하시고 산 사이에 흐르게 하사 각종 들짐승에게 마시게 하시니 들나귀들도 해갈하며"(시 104:10-11). 예루살렘에 침입하는 산헤립을 막기 위해 히스기야는 주변의 모든 샘들을 막았다. "(히스기야는) 그의 방백들과 용사들과 더불어 의논하고 성 밖에 모든 물 근원(메메 하야노트⟨*mêmê ha'ăyānôt*⟩)을 막고자 하매 그들이 돕더라. 이에 백성이 많이 모여 모든 물 근원(함마 야노트⟨*hamma'yānôt*⟩)과 땅으로 흘러가는 시내(나할⟨*naḥal*⟩)를 막고 이르되 어찌 앗수르 왕들로 와서 많은 물(마임 라빔⟨*mayim rabbîm*⟩)을 얻게 하리요"(대하 32:3-4).

---

53. Tsvika Tsuk, "Hydrology," *OEANE*, 3: 132-33.

예루살렘에 있는 샘은 기혼샘과 '욥의 우물'이라는 뜻인 "비르 아윱"(Bir Ayyub)이라고도 불리는 엔 로겔('En-Rogel)뿐이다. 샘이 있는 곳에는 거주지가 형성되기 마련이며, 사람들이 살았던 흔적인 언덕, 즉 텔이 대부분 샘 근처에 서 있는 것도 바로 이런 이유에서다.

2) 우물

우물은 지하수면에 닿을 때까지 인공적으로 판 수갱을 말한다. 예루살렘이 멸망하는 심판의 날에 대한 예언에서 예레미야는 "우물(베에르⟨$be'\bar{e}r$⟩)이 계속 신선한 물을 냄 같이 (예루살렘도) 악을 계속 발한다"(렘 6:7, 한국어 성경은 "샘이 그 물을 솟쳐 냄같이 그가 그 악을 드러내니"로 번역함)고 말한다. 강우량이 적기 때문에 고대 이스라엘은 생존을 위해 우물을 매우 많이 중요하게 사용하였다. 우물은 사실 매우 오래된 것으로 예를 들어, 주전 6000년경 이미 아틀릿('Atlit) 유적지에도 우물이 지어졌고 성경 시대에는 라기스와 텔 세바 등의 유적지에서 돌로 벽을 쌓아 만든 깊은 우물을 볼 수 있다(그림 52). 우물을 지칭하는 데 가장 많이 사용된 히브리어는 베에르($be'\bar{e}r$)로 브엘세바처럼 지명에 사용되기도 했다. 하솔, 게셀, 므깃도, 기브온, 그리고 예루살렘에서는 수갱이 바로 샘까지 뚫려 있었다. 아스글론에는 블레셋 시대부터 현대에 이르기까지 우물이 100개 이상 있다.

지하수면까지 수갱을 파는 것은 살기 좋은 장소를 찾아 돌아다니는 것보다 나았다. 물이 흐르다 마른 와디(wadi, 사막에 비가 오면 흐르는 물줄기로 건기에는 골짜기로 파여져 있다-역주)의 지면 속으로 가라앉은 곳에 판 우물은 지하수층에 닿을 확률이 높다. 고대 도시 안에 우물을 팔 때 어디를 파야 지하수층에 닿게 되리라는 것을 어떻게 고대 우물을 판 자들이 알고 있었는지는 아직도 명백한 해답이 없다. 물론 후대에 우물을 판 자들은 이미 파져 있는 것들을 예로서 팠을 것이다. 실제로 우물을 팠을 때는 우리가 고고학 발굴장에서 우물을 파 들어가는 것과는 다르다. 지하수면까지 수갱을 파 들어감으로 지하수층이나 지하에 흐르는 샘까지 도달할 수 있다. 여기에 이르기까지 땅을 파는 자들은 처음에 1.5미터에서 2미터까지의 원을 만들어 파기 시작한다. 수갱이 무너지는 것을 막기 위해 수갱을 다듬지 않은 자연석으로 촘촘하게 쌓아 벽을 보호했다. 종종 우물을 지키는 집이나 우물 위에 돌판으로 만든 지붕을 씌워 사람이나 동물이 빠지지 않도록 하였고 물이 오염되는 것도 막았다.

우물은 마을 사람들이 모이는 장소로 공동체의 사회적 경제적 중심지 역할을 하였다. 다윗은 목마를 때에 자신의 고향에 있는 우물물을 마시길 고대하며 "베들레헴 성문 곁

그림 52. 라기스에서 발견된 철기 시대 우물(The Expedition to Lachish 전재 허가; 발굴 지휘자 D. Ussishkin).

우물물을 누가 내게 마시게 할까"(삼하 23:15)라고 말한다. 매일 우물에서 밧줄에 묶어 놓은 그릇으로 물을 길어 올려 항아리(카딤⟨kaddim⟩)에 담아 머리나 어깨에 이고 운반 하는 것은 여인들의 일이었을 것이다. 우물가에서 일어난 일들이 여인들과 관련하여 고대 서사시들에 많이 나타나고 있다. 이삭과 리브가(창 24:1-67)의 이야기도 우물가에서 일어났으며, 유사한 일이 야곱과 라헬(창 29:1-14) 사이에서도 일어났다. 아브라함이 이삭의 아내를 구하기 위해 그의 종을 아람 나하라임으로 보냈을 때 그 종은 리브가를 나홀이 사는 성 밖에 있던 우물가에서 만났다. 그녀는 물을 청하는 그에게 자비롭고 친절하게 응답했다. 심지어 특별히 그녀가 항아리(카드⟨kad⟩)만을 가지고 있었기 때문에 낙타들에게 물을 다 먹이는 것은 상당히 시간이 소요되는 귀찮은 일이었을 것이다. 그럼에도 불구하고 그녀는 그의 10마리 낙타들에게도 물을 먹였다. 야곱과 라헬이 만났을때도 아브라함의 종과 리브가의 만남과 별로 다르지 않은 일이 벌어진다. "야곱이 그의 외삼촌 라반의 딸 라헬과 그의 외삼촌의 양을 보고 나아가 우물 아귀에서 돌을 옮기고 외삼촌 라반의 양 떼에게 물을 먹이고"(창 29:10). 사울이 사무엘을 찾아가다가 역시 물 길러 나오는 소녀들을 만나는 장면이 있다. "그들(사울과 그의 종들)이 성읍을 향한 비탈길로 올라가다가 물을 길으러 나오는 소녀들을 만나 그들에게 묻되"(삼상 9:11). 모세도 미디안 땅에 머물 때 우물가에 있던 십보라를 만났다. 그가 우물곁에 앉았을 때 미디안 제사장의 일곱 딸들이 물을 길러 나왔다. 모세는 여인들을 쫓아내려던 무례한 목자들로부터 보호하고 함께 양 떼에게 물을 먹였다(출 2:15-22). 우물을 사용함에 있어 자주 논쟁이 따르기도 했다. 아비멜렉과 아브라함이 우물의 소유에 대한 권리를 위해 화해할 때에 둘 사이에는 계약이 맺어졌다. "두 사람이 거기서 서로 맹세하였으므로 그곳을 브엘세바('언약의 샘')라 이름하였더라"(창 21:31).

우물은 인간에게 물을 제공하는 것 외에도 가축 떼를 먹이는데도 사용되었다. 동물들에게 물을 먹이기 위해서 우물 옆에 못을 만들었다. 못은 비와 자연 샘에서 흘러나오는 물을 모아 둔 물웅덩이나 물 저장고와 같은 기능을 하였다. '못'으로 번역되는 히브리어 단어들에는 베레카(bĕrēkâ)와 아감('ăgam) 같은 단어가 있다. 아합 왕이 요단 강 동쪽 길르앗 라못 전쟁에서 심하게 부상당한 이후 그는 사마리아에 묻혔고, 그의 병거는 "사마리아 못"(베레카)에서 씻겨졌다(왕상 22:38). 사마리아를 발굴한 죠지 라이즈너(George Reisner)와 클라렌스 피셔(Clarence Fisher)는 "사마리아 못"이 성채 안 왕실 구역의 북서쪽 구석에 성곽벽을 기대고 지어진 커다란 물 저장고라고 밝혔다.[54] 못의 긴 면은 북쪽 벽과 나란히 서 있었다. 후대에 가서 못은 작은 규모로 다시 지어졌다.

라기스에서는 몇 개의 우물들이 발견되었다. 유적지의 북동쪽 구석에 있던 우물은 깊이가 44미터나 됐다. 이 우물들 덕에 라기스는 물이 풍부한 도시로서 유다 왕국의 두 번째로 중요한 도시가 되었다.

3) 물웅덩이

성경에 자주 언급되어 있는 물웅덩이(보르⟨bôr, bō'r⟩)는 인공적으로 만든 물 저장고로 주로 암반을 파서 만들어 지붕과 안뜰에서 흘러나오는 빗물을 받아 모아두기 위한 것이다. 물은 또한 댐이나 못에도 저장되었다. 물웅덩이는 뚜껑으로 덮어두어야 했고 매년 침전물들을 걷어내어야 했다. 이 지역의 암반이 흡수성이 강하기 때문에 물웅덩이의 벽

---

54. George A. Reisner, Clarence S. Fisher, and David G. Lyon, *Harvard Excavations at Samaria*(Cambridge: Harvard University Press, 1924), I. Text, 112-13. "사마리아 못"이 처음 지어진 층의 안쪽 규격을 재보면 가로 10미터, 세로 5미터이다. 만약 적어도 한쪽 끝의 깊이가 1미터이고 반대쪽의 깊이가 1.75미터라고 가정한다면 그 면적은 68.75평방미터로 18,150갤론의 물을 저장할 수 있다. 이 측정은 이 못을 상당히 적은 면적으로 본 것 같다. 물론 못을 둘러싸고 있던 벽들이 아합의 안뜰보다 1미터만 더 올라와 있었다면 총 면적은 두 배가 될 것이다. 그러나 못의 언저리까지 물이 찼을리가 없었고 못을 둘러쌌던 측면 벽들이 안뜰보다 1미터 이상 올라가 있었으리라고 확신할 수는 없다.

들과 바닥은 석회석을 갈아 만든 진흙으로 회칠을 하여 누출을 막았다. 그러나 산지의 세노마니안 침전물 같은 단단한 석회석 암반은 침투가 안되기 때문에 이런 암반을 뚫어 만든 물웅덩이는 특별히 회칠을 할 필요가 없었다. 예레미야는 "물을 가두지 못할 금이 간(한국어 성경은 "터진"으로 번역함) 웅덩이"를 말했다(렘 2:13). 이러한 물웅덩이들은 주로 흡수성이 있는 암반을 깎아 만들었기 때문에 물을 저장하기 위해서는 벽면에 석회칠을 해야 했을 것이나 때로 이 칠이 깨져 웅덩이에서 물이 샜을 것이다.

물 웅덩이들은 그 크기와 모양이 다양했다. 대부분이 병 모양으로 파졌고 작은 입구는 돌로 막았다. 목 부분은 좁은 갱으로 밧줄을 이용해 그릇을 내려 물을 퍼냈다. 다른 몇몇 물웅덩이들은 종 모양이었다. 중기청동기 시대의 하솔에는 병 모양의 물웅덩이가 많았다. 예루살렘에서 16킬로미터 북쪽에 위치한 라다나(Raddana) 유적지에서는 철기 I 시대의 기둥이 있는 집과 연관된 종 모양의 물웅덩이들이 발견되었다. 철기 II 시대에 가서 게셀, 벧세메스, 텔 베이트 미르심(Tell Beit Mirsim) 같은 유적지들에서는 물웅덩이의 숫자가 증가했다. 텔 엔 나스베(Tell en-Nasbeh) 유적지에는 50개의 물웅덩이들이 있었다. 에돔 중앙에 있으며 후대 페트라를 지은 나바티안의 도시가 되기도 하는 움 알-비야라(Umm al-Biyara, '물웅덩이들의 모체'라는 뜻) 유적지에 물을 공급한 것은 바로 깊게 판 수많은 물웅덩이였다. 모세가 약속된 땅을 묘사할 때 그는 이스라엘 민족이 "파지 아니한 물웅덩이(한국어 성경은 "우물"로 번역함)"(신 6:11)를 소유할 것이라고 말했다. 물웅덩이들은 사마리아, 아이, 그리고 예루살렘 등 다른 많은 유적지들에서도 발견되었다.

물웅덩이들은 자연 샘이나 다른 물 자원이 부족한 지역에서는 필수적이었다. 철기 II 시대에 대부분의 이스라엘 집에는 물웅덩이가 있었다. 주전 701년 유다 왕국을 침략한 이후 산헤립은 예루살렘의 사람들에게 만약 그들이 항복한다면 "너희는 각각 그 포도와 무화과를 먹고 또한 각각 자기의 물웅덩이(보르⟨bôr⟩, 한국어 성경은 "우물"로 번역함)의 물을 마시라"(왕하 18:31; 사 36:16)고 선전했다. 또한 공공 물웅덩이가 도시 성채 안에 있기도 했다.

가뭄에 물웅덩이는 물론이거니와 다른 수자원들도 말라버린다. 이러한 가뭄의 상태에서 게빔(gēbim)이라는 단어가 예레미야 14:3(한국어 성경은 "우물"로 번역함)과 왕하 3:16(한국어 성경은 "개천"으로 번역함)에서 사용되었는데 보통 성경 번역자들은 "물웅덩이"로 번역하기도 하고 다른 용어를 사용한 이들도 있다. 아마도 다음의 설명이 가장 타당한 것으로 보인다. "게빔(gēbim)이란 와디의 바닥에 자연적으로 파여져 웅덩이가 형성된 곳으로 급류가 흐를 때에 채워져 주변 지역이 말라도 여전히 물이 남아있는 곳이다".[55] 성경에 이 설명과 들어맞는 경우가 세 번 있다. 예레미야는 "(유다 왕국의) 귀인들은 사환들을 보내어 물을 길으라 하나 그들이 게빔에 갔어도 물을 얻지 못하여 빈 그릇으로 돌아온다"(렘 14:3)고 말했다. 이스라엘의 왕 여호람이 모압 왕 메사와 싸우려고 출정할 때 그 군대와 동물들을 위해 마실 물이 없었으나 엘리사는 물을 주겠다고 약속하면서 이렇게 말했다. "여호와의 말씀이 '이 골짜기가 게빔 위에 게빔을 형성할 것이다'"(왕하 3:16, 한국어 성경은 "이 골짜기에 개천을 많이 파라"로 번역함). 에스겔은 예루살렘 성전 아래서 흘러나와 사해를 향해가는 종말론적 강물을 묘사하면서 이르기를 "그러나 (사해의) 습지(한국어 성경은 "진펄"로 번역함)와 염전(게바아브⟨gēbā'âw⟩, 한국어 성경은 "개펄"로 번역함)이 되살아나지 못하고 소금 땅이 될 것이다"(겔 47:11). 이 구절은 사해 해변에 있던 습지대와 물을 증발시켜 소금을 얻던 전들이 염화될 것을 의미한다. 물웅덩이는 종종 물 저장 외에도 다른 목적에 사용되기도 했는데 예레미야는 물웅덩이에 갇혀있었다. "그들이 예레미야를 끌어다가 감옥 뜰에 있는 왕의 아들 말기야의 물웅덩이(보르⟨bôr⟩, 한국어 성경은 "구덩이"로 번역함)에 던져 넣을 때에 예레미야를 줄로 달아내렸는데 그 웅덩이(보르)에는 물이 없고 진창(티트⟨tît⟩)뿐이므로 예레미야가 진창(티트⟨tît⟩) 중에 빠졌더라"(렘 38:6). 성경에 의하면 이 웅덩이의 침전물에서 예레미야를 끌어내는 데 네 명의 남자가 있어야 했다(렘 38:11-13). 물웅덩이들은 비록 그 위치에 있어 율법에는 어긋나나 때때로 무덤으로 사용되기도 했다. "이스마엘이 그다랴에게 속한 사람들을 죽이고 그 시체를 던진 웅덩이(보르, 한국어 성경은 "구덩이"로 번역함)는 아사 왕이 이스라엘의 바아사 왕을 두려워하여 팠던 것이라"(렘 41:9).

4) 지하 물 저장고

철기 시대 아랏에 살던 이들은 물웅덩이 하나와 물 저장고 하나로 물을 공급받았다. 둥글고 내부 벽을 돌로 쌓은 웅덩이(한때 우물로 생각되었음)는 요새가 서 있는 언덕의 바닥까지 닿도록 파져 있었다. 이 원통 모양의 웅덩이에 땅으로 흘러가는 빗물과 하늘에서 내리는 빗물을 모아 두었다. 물웅덩이로부터 요새의 벽에 낸 수로로 물을 운송하였다. 이렇게 해서 물이 닿는 곳은 요새의 안뜰 밑 암반을 파고 만든 지하 물 저장고였다. 이

---

55. Morchai Cogan and Hayim Tadmor, *II Kings*, AB 11(New York: Doubleday, 1988), 45.

저장고는 250평방 미터 혹은 66,000갤론의 물을 저장했다.[56] 텔 세바(Tel Sheva) 유적지에도 역시 철기 II 시대에 지어진 거대한 물 저장고가 있었는데 땅위를 흐르는 빗물과 주변 지역의 범람하는 와디들의 물을 모으도록 되어 있었다.

가장 크고 정교한 지하 물 저장고가 벧세메스에서 즈비 레더만(Zvi Lederman)과 쉴로모 부니모비츠(Shlomo Bunimovitz)에 의한 최근 발굴에서 드러났다. 솔로몬의 지방 중심지들 가운데 한 곳으로 이 도시가 재건축되었을 때(왕상 4:9), 도시를 건설한 자들은 집들 밑에 있는 암반을 뚫어 지붕, 거리, 그리고 공터에서 흐르는 물과 빗물로 채워지는 커다란 물 저장고를 팠다. 도시 전체에 뻗어 있는 수로들은 이 십자 모양의 물 저장고를 빗물로 채웠는데 그 양은 800평방미터 혹은 211,000갤론 정도에 달한다. 암반에 파져 있는 이 십자 모양 물 저장고의 네 개의 방에 도달하기 위해서는 계단 세 개로 이루어진 수갱을 지나야 한다.[57]

이런 형태의 지하 물 저장고는 모압 왕 메사에 의해 디본(현재 요르단의 디반)에 세워진 그의 승리를 기념하는 메사 비문(Moabite Stone 그림 53, 메사 비문은 히브리어와 가장 유사한 모압어로 기록되었다. 히브리어의 음가와 비슷하기는 하나 정확한 음을 알지 못하기 때문에 각 단어들의 음가만 표기하였다-역주)에서 보면 왕실이 있던 도시들 밑에도 있었다. 여기서는 *'šwh*로 언급되고 있고 텔 시란(Tell Siran)에서 발견된 주전 600년경 재위했던 암몬 왕 아미나답의 청동으로 만든 대접에는 *'šht*이라고 새겨져 있다.[58]

메사 왕이 언급한 많은 건물들 중에는 "카르호"(Qarhoh, *qrḥḥ*)가 있는데 비문을 번역한 학자들은 대부분 이 단어가 수도 디본과 가까운 지역 어느 곳의 한 도시라고 이해했다.[59] 우리는 *qrḥ*의 어원이 '머리가 벗겨짐'이라는 의미로 보아 이 단어를 디본 도시 안의 '민둥지역'을 말한다고 본다. 즉 왕은 이곳에 모압의 최고 신인 그모스(Chemosh)에게 바치는 신전('산당' = *bmt*)이 있던 장소, 궁전(*bt mlk*), 삼림을 둘러싼 벽들(*hy'rn*, 전 2:6 참조), 요새

---

56. Ruth Amiran and Ornit Ilan, "Arad," *NEAEHL* 1:79.

57. Shlomo Bunimovitz and Zvi Lederman, "Beth-shemesh: Culture Conflict on Judah's Frontier," *BAR* 23/1(1997): 46-47. Zvi Lederman and Shlomo Bunimovitz, "The State at Beth-Shemesh: the Rise and Fall of an Iron II Border Tow at the Philistine Frontier of Judah." 2000년 11월 16일에 미국 테네시 주 내쉬빌에서 있었던 the America Schools of Oriental Research의 연례 모임에 제출된 글.

58. McCarter, Ancient Inscriptions, 98-99. Henry O. Thomson and Fawzi Zayadine, "The Tell Siran Inscription," *BASOR* 212(1973): 5-11, *'šht*을 "물웅덩이"로 번역함.

59. Andrew Dearman, ed., *Studies in the Mesha Inscription and Moab*(Atlanta: Scholars Press, 1989). 메사의 아버지 이름 Chemosh-yat이 봉헌용 비문의 한 부분이었을 것으로 보이는 비문 조각에 나타나있다. John C.L. Gibson, *Textbook of Syrian Semitic Inscription*(Oxford: Clarendon Press, 1973), I: 83.

의 벽들(*h'pl*, 사 32:14에 나오는 예루살렘의 '오펠'과 왕하 5:24에 나오는 사마리아의 언덕을 참조), 문들과 탑들도 짓고 지하 물 저장고를 위한 수로들(*kl'y h'šw(h)*, 창 8:2과 겔 31:15 참조)도 지었다.

그림 53. 현재 디반이라 불리는 장소(성경 상 디본)에서 1888년 발견된 메사 왕의 모압 비석 주전 840년경으로 연대가 추정됨; 검은 현무암(Z. Radovan 전재 허가; 예루살렘).

메사 비문에 의하면 모압인들은 공공으로 사용한 지하 물 저장고(*'šwh*)와 각자의 집에 있던 좀 더 작은 물웅덩이(보르〈*bôr*〉)를 구분하여 사용하고 있다.⁶⁰ 메사 비문은 "도시의 신전이 있는 성채 안에는 물웅덩이가 없었기 때문에 나는 모든 백성들을 불러 말하길 '너희 각자 자신의 집에 물웅덩이를 하나씩 만들라'. 나는 성채를 위해서 바위를 깎아 만든 수로를 이스라엘 포로들을 이용해 파게 했다"라고 기록하고 있다. 메사 왕은 또한 바알-메온(Ba'al-Meon)의 도시 안에 *'šwh*를 만들었다.

텔 시란(Tell Siran)에서 발견된 글에는 암몬 왕 아미나답을 건축자로서의 업적을 칭송하는 내용이 있다. 그가 지은 왕실용 건물들에는 포도원(*hkrm*), 정원(*hgt*), 삼림 공원(*h'shr*) 그리고 지하 물 저장고(*'sht*)가 있다.

---

60. Kent P. Jackson, "The Language of the Mesha' Incription," *Studies in the Mesha Inscription and Moab*, 110: *'šwh*(line 9): "이는 아마도 물웅덩이를 의미하는 *br*(line 24)와는 달리 '물 저장고'를 의미한다고 본다. 이 단어는 히브리어의 '침몰하다'라는 의미의 *šwh*와 유사한 단어이거나 아니면 같은 단어일 것이다. 같은 기원의 성경 히브리어는 *šûhâ*이다(렘 2:6). 또한 *'šyh*(Sir. 50:3)를 참조." Yigael Yadin은 *'šwh*를 므깃도, 하솔, 그리고 기브온에 있는 물 공급시설과 관련하여 생각했지만 그러나 이 시설들은 지하수에 닿는 것들이다. *'šwh*는 차라리 물을 모아놓는 수반이나 지하 물 저장고로 보는 게 더 타당하다. Yigael Yadin, "Excavations at Hazor, 1968-1969: Preliminary Communique," *IEJ* 19(1969): 18.

3. 예술품과 수공품

기록된 문헌 외에도 고고학, 건축학 그리고 형상학들이 예술품과 수공품들에 대한 풍요로운 정보를 제공하고 있다. 이집트인들은 특별히 셀 수 없이 많은 부조품들과 그림 등에 예술품과 수공품들의 모습을 남겨두었다. 시라크(Sirach〈집회서〉, 외경 중 하나-역주)를 쓴 벤 시라는 고대에 손으로 물건을 만드는 이들, 즉 예술가, 농부, 조각가, 대장장이, 그리고 도공 등을 눈여겨 보았다. "이들 모두는 그들의 손에 의존하며 자신의 일에 매우 능숙하다. 이들이 없이는 도시가 생겨날 수도 없고 이들이 사는 곳은 어디나 배고픔이 없다…그러나 이들이 세계의 조직을 유지하며 이들의 관심은 이들의 일을 수행하는 것이다"(Sir. 38:31-32, 34).

이스라엘 민족은 주변 국가들과 비교했을 때 예술과 수공에 있어 그리 뛰어난 독창성을 발휘하지는 못했다. 대부분이 빌려온 기술로서 주변 국가의 기술자들에 비하면 그다지 눈에 띌만한 것들을 생산하지는 못했다. 우상(페셀〈pesel〉)을 만들지 말라는 십계명의 제2 계명의 금지 명령은(창 20:4; 신 5:8, 또한 모든 고대 이스라엘의 법적 명령) 이스라엘의 공식적인 종교 활동에 영향을 미쳤고 이로 인해 예술품과 수공품들을 창작하는 데 공을 들이지 않았을지도 모른다. 그럼에도 불구하고 이스라엘의 역사 전반에 걸쳐 포로기 이후 시대까지 형상이 만들어진 것은 사실이다. 성경의 기록자들은 이러한 예가 있었음을 말해주고 있다. 기드온은 금으로 에봇을 만들었고(삿 8:27), 미가의 어머니는 은으로 새긴 상(페셀〈pesel〉)을 만들기 위해 돈을 후원했다(삿 17:3).[61] 조셉 구트만(Joseph Gutmann)이 지적한 것처럼, 솔로몬의 성전에도 새긴 상들(그룹 등)이 있었다는 것은 제2계명을 어긴 것임에도 불구하고 성경 저자들은 이에 대해 비난하고 있지 않다.[62]

페셀(pesel, psl, '깎아서 형상으로 만들다'라는 의미)은 사람이나 신 형태를 나무나 돌로(또한 금속으로) 만든 것을 말한다. 성경의 명령은 페인트로 칠한 형상에 대해서는 언급하고 있지 않다. 이 금지 명령은 예술 자체에 대한 금지가 아니라 예술에 의해 나타날 수 있는 우상숭배(수공하여 만든 형상을 신으로 섬기는 행위)를 금지하는 것이었다. 이스라엘 민족

---

61. Moshe Weinfeld, Deuteronomy 1-11, AB 5(New York: Doubleday, 1991), 291.
62. Joseph Gutman, "The 'Second Commandment' and the Image of Judaism," in J. Gutmann, ed., *No Graven Images*(New York: KTAV, 1971), 3-14.

그림 54. 프톨레미 시대 네스위의 장례용 비석으로 꼭대기에 바(이집트의 사후세계에서의 영혼-역주)새가 날개를 펼치고 있다. 날개가 달려 있는 태양 원반은 풍뎅이를 감싸고 있는데 이 풍뎅이는 떠오르는 태양을 상징하고 있다. 날개가 달려 있는 두 뱀(코브라)들이 위의 원반에 달려 있고 측면에는 자칼이 몸을 낮게 하고 앉아있다. 이 날개가 달려 있는 코브라들은 아마도 성경에 등장하는 스랍일 것이다(대영 박물관 전재 허가).

은 사실 선지자들과 다른 신명기 학파의 학자들이 '우상'으로 간주한 형상들을 만들었다. "또 너희(이스라엘 민족)가 너희 조각한 우상(페실림〈pĕsîlîm〉)에 입힌 은과 부어 만든 우상(마쎄코트〈massēkōt〉)에 올린 금을 더럽게 하여"(사 30:22). "이제도 그들(이스라엘 민족)은 더욱 범죄하여 그 은으로 자기를 위하여 우상(마쎄카〈massēkâ〉)을 부어 만들되 자기의 정교함을 따라 우상(아짜빔〈'ăṣabbîm〉)을 만들었으며 그것은 다 은장색(하라쉼〈ḥārāšîm〉, 장인)이 만든 것이거늘"(호 13:2).

우상을 만드는 것에 대한 금지에는 조건들이 따른다. 확실히 그룹, 스랍 그리고 '자연'과 '신화'에 관련된 형상들은 당시 금지조항에서 예외적이었다. 금지 되었던 것은 남성신을 묘사하는 것인데 예를 들어, 다아낙에서 발견된 제대에 있는 송아지 위에 날개 달린 원 모양의 태양이 여호와를 위한 상징으로 묘사되었고, 유다 왕의 소유를 알리는 인장이 찍혀있는 저장용 항아리들을 보면 lmlk(라멜레크, '왕에게 속함')이라는 글자와 함께 날개 달린 풍뎅이가 새겨져 있었다.

형상을 새기는 것을 반대하는 것(안아이코니즘⟨aniconism⟩)과 우상숭배를 금지하는 것(아이코노클라즘⟨iconoclasm⟩)의 의미를 가진 이 두 단어를 비교해보면 확실히 새겨 만든 형상들에 대한 주제를 이해하기 쉬워진다. 트릭베 메팅게르(Tryggve Mettinger)는 전자를 "지배적으로 혹은 중심이 되는 의식의 상징으로서의 신의 모습(사람과 동물 모양을 한 신의 모습)이 존재하지 않는 제사"라고 정의했다.[63] 후베르트 칸식(Hubert Cancik)은 후자를 "종교적으로 유발된 우상을 적극적으로 싫어하는(빌더파인트샤프트⟨Bilderfeindschaft⟩, 독일어로 '우상적대'란 의미-역주), 즉 주어진 종교에 있어 종교적 형상을 만들거나 숭배하는 것을 금지함···심지어 다른 종교의 형상마저도 부수고 파괴하는 것"이라고 말했다.[64]

이스라엘 민족에게는 장인들(하라쉼⟨ḥārāšîm⟩)이 있었으며 성경에 30번 언급되었다. 이들은 특별히 건물을 짓고 성전과 장막을 장식할 때 주로 언급되는데, 출애굽기 31:1-11과 35:30-35에서 보면 브살렐과 오홀리압은 장막을 짓고 이를 장식하는 데 선택되었다. 하라쉬(ḥārāš)라는 단어는 '자르다, 갈다, 새기다'라는 의미로 처음에는 나무를 다루는 자와 관련하여 사용되었으나 후에는 금속을 다루는 이들을 의미했다. 이 단어는 종종 특별한 재료를 다루는 자와 함께 나타난다. "씰라는 두발가인을 낳았으니 그는 동철로 각양 날카로운 기계를 만드는 자요(로테쉬 콜-호레쯔 네호쉐트 우바르젤⟨lōṭēš kol-ḥōrēš nĕḥōšet ûbarzel⟩)"(창 4:22). "두로 왕 히람이 다윗에게 사절들과 백향목과 목수(하라쉐 에쯔⟨ḥārāšê 'ēṣ⟩)와 석수(하라쉐 에벤⟨ḥārāšê 'eben⟩)를 보내매 그들이 다윗을 위하여 집을 지으니"(삼하 5:11).

이스라엘인들이 만든 예술품보다는 베니게인들이 만든 예가 훨씬 더 많다. 장인들 중에는 목수, 뼈와 상아를 조각하는 자, 대장장이, 베짜는 자, 옷감 수공자, 가죽을 다루는 자, 바구니 만드는 자, 나무를 다루는 자, 금속을 다루는 자, 도공, 유리를 만드는 자, 그리고 돌을 깎고 다듬는 자들이 있었다.[65] 비록 이러한 장인들이 느부갓네살 II세가 유다의 왕 여호야긴을 포로로 끌고 가면서 천명의 기술자들을 함께 끌고 갈 만큼 기술이 뛰어났음에도 불구하고 당시 이스라엘 사회 내에서 장인들이 어떤 지위와 역할을 가지고 있었

---

63. Tryggve Mettinger, *No Grave Image?*(Stockholm: Almqvist & Wiksell International, 1995), 19, 195.
64. Hubert Cancik, "Ikooklasmus," in H. Cancik et. al., eds., *Hanábuch religionswissenschaflicher Grudbegriffe*(Stuttgart: W. Kohhammer, 1993), 217-18.
65. 대부분이 이스라엘의 이웃인 가나안인들과 베니게인들이 훨씬 더 발달된 기술을 갖고 있었기 때문에 이 장에서는 단지 한정된 소수의 장인들만을 다루었다.

그림 55. 므깃도에서 발견된 상아로 된 게임판, 후기청동기 시대(이스라엘 박물관 전재 허가; 사진: A. Hay).

그림 56. 구멍이 관통하는 상아로 만든 병마개, 야생 숫염소 모양으로 생김. 라기스의 남왕국 유다 층(Level IV)의 집에서 발견됨(The Expedition to Lachish 전재 허가; 발굴 지휘자 D. Ussishkin).

그림 57. 아스글론에서 발견된 작업의 흔적이 있는 상아 덩어리(Leon Levy Expedition 전재 허가; 사진: I. Sztulman).

그림 58. 아스글론에서 발견된 뼈로 만든 게임 말, 철기 II기 (Leon Levy Expedition 전재 허가; 사진: I. Sztulman).

는지는 잘 알려져 있지 않다. "용사 칠천 명과 장인과 대장장이 천 명을(헤하라쉬 베함마스게르 엘레프⟨heḥārāš wĕhammasgēr 'elep⟩) 바벨론으로 사로잡아 갔다"(왕하 24:16). 이 정복자는 장인들을 노예가 아닌 가치 있는 전리품으로 생각했다. 그러나 이들은 모두 유대인이 아니었을 것이며 아마도 유다에서 일하고 있던 외국인 장인들이었을 것이다.

포로기 이후 시대를 제외하고는 장인들에 대해서 상당히 적은 자료밖에 없기 때문에 단지 다음과 같이 보편화 할 수 밖에 없다. 기술은 가족 안에서 주로 세습되었다. 한 마을은 한 가지 기술에 필요한 흙이라든가 나무 같은 재료 공급이 가능한가에 따라 한 가지 산업에 전문화되었을 것이다. 같은 일에 종사하는 장인들은 도시 안에 그들만의 구역에 모여 살았다. 예를 들어, 예레미야는 "떡 만드는 자의 거리"(렘 37:21)를 언급하고 있고 마리 문서, 우가릿 문서 그리고 누지 문서 역시 장인들의 구역에 대해 언급하고 있다. 작업장들의 흔적들도 발견된 바 있다. 장인들의 작업장이 움집이었는가 아니면 공장이었는가 하는 것은 경제적으로 크게 다른 대우를 받게 한다. 즉 이들이 풀타임(full-time)으로 일했는가 파트타임(part-time)으로 일했는가를 알 수 있다. 많은 경우에 있어 장인들은 그들의 작업을 집, 주로 문밖에서 했다. 예를 들어, 섬유는 일반적으로 집에서 만들어졌다. 특별한 작업들, 특히 지독한 냄새를 유발하는 일 등은 도시의 변두리에서 이루어졌다.

1) 토기

레반트에 토기[66]가 등장한 것은 이미 주전 6000년 이전이었다.[67] 흙을 빚어 만든 그릇이 매일의 일상에 실제적으로 필요하다는 이유는 도공이 팔레스타인에서 가장 오래된 직업 중의 하나가 되게 했다. 토기(헤레스⟨*ḥeres*⟩)는 진흙을 물질적 특질과 화학적 구성이 바뀌어지도록 돌처럼 단단하게 적당히 높은 온도의 불로 구워 만든다. 토기 제작은 이미 고대에 행해졌음에도 불구하고 오랜 시간 동안 기술적으로 약간의 변화가 있었을 뿐이다. 토기는 진흙으로 만들어지고 불로 단단하게 구워진 모든 유물들, 즉 용기, 점토 형상, 물레 가락 바퀴(실을 자을 때 사용하는 막대기에 달리는 바퀴-역주), 베틀 추, 벽돌, 그리고 기와 등을 포함한다. 고고학 조사와 발굴들을 통해 주전 6000년 전부터 현대에 이르기까지 토기는 현저하게 발견되며 주로 쉽게 부서질 수 없는 상태의 조각들로 발견된다.[68]

도공의 원료는 진흙이다. 호메르(*hōmer*)는 '작업을 한 진흙'이고 티트(*ṭîṭ*)는 '작업하지

---

66. 특별히 다음 자료들이 이 주제에 대한 도움이 될것이다. Robert H. Johnston, "The Biblical Potter," *BA* 37(1974): 86-106; Nancy L. Lapp, "Pottery Chronology of Palestine,' *ABD*, 5: 433-44; Anna O. Shepard, *Ceramics for the Archaeology*(Washington, D.C.: Carnegie Institution, 1956).

67. Yosef Garfinkel, *Neolithic and Chacolithic Pottey of the Southern Levant*, Qedem 39(Jerusalem: Hebrew University, 1999), 16-18, 307. Lawrence E. Stager, "The Periodization of Palestine from the Neolithic to EB Times," in R. W. Ehrich, ed., *Chronologie in Old World Arhcaeology*, 3d ed.(Chicago University of Chicago Press, 1992), 1: 22-41; 2: 17-60).

68. 의심할 여지없이 현대 문화의 가장 넘치는 잔해들은 분명 플라스틱일것이다.

않은 진흙'(젖은 상태의 흙)이다. 이사야가 언급한 바에 의하면, "그(고레스)가 이르러 고관들을 석회 같이, 토기장이가 진흙(티트⟨*ṭîṭ*⟩)을 밟아 진흙(호메르⟨*ḥōmer*⟩)을 만듦같이 밟을 것이니"(사 41:25, 한국어 성경은 "진흙을 밟음같이"라고 한 구절로 번역함). 진흙으로 토기를 만드는 데는 두 가지 조건이 있다. 첫째, 형체를 빚을 수 있어야 하는데 다시 말하면 진흙이 물과 섞였을 때 영구적인 형태로 빚어질 수 있어야 한다. 둘째, 불에 구웠을 때 단단해져야 한다.[69] 때로는 '첨가물'이 진흙을 적당한 농도 혹은 형체를 빚을 수 있는 상태로 만들어준다. 석영, 방해석, 그로그 등이 가장 흔한 진흙 속의 첨가물들이다. 로버트 존스톤(Robert Johnston)은 다양한 첨가물들을 목록으로 만들었다. "타작마당에 버려진 짚, 동물의 변, 부들풀의 털, 조개, 혹은 모래."[70] 태양 열로 말려 만든 벽돌을 차지게 하기 위하여 짚이 자주 첨가되기는 하나 언제나 진흙에 섞는 것은 아니다. "바로가 그 날에 백성의 감독들과 기록원들에게 명령하여 가로되 '너희는 백성에게 다시는 벽돌에 쓸 짚을 전과 같이 주지 말고 그들이 가서 스스로 짚을 줍게 하라'"(출 5:6-7). 동물의 변도 역시 같은 용도로 사용된다.

신석기 시대 가장 초기에 손으로 만든 토기는 단순하면서도 조잡했으나 신석기 중반과 후반에 가서 상당한 발전을 보였다. 동석병용기에 가서는 이미 여러 가지 다양한 형태의 토기가 제작되었고, 그중에는 색깔이 칠해진 것도 있었다. 형태를 만들어 덧붙이거나 박아 넣은 장식들도 더욱 흔해졌다. 동석병용기의 토기(손으로 만듦)는 골풀/갈대나 풀로 만든 받침 위에 얹어 돌려가면서 만들었는데 토기의 밑바닥에 받침 자국이 남아있는 채 발견되기도 한다. 다양한 사람 모양으로 빚어진 점토 유골함도 만들어졌으며 피킴(Piqi'im) 동굴에서 발견된 것 중에는 얼굴 모양을 한 것들이 많다.

점토로 만들어진 용기들은 몸통(주요 부분), 바닥 혹은 발, 목, 입구 그리고 손잡이로 이루어졌다. 가장 초기의 용기들은 대접들과 항아리들이다. 초기청동기 I 시대에는 지역별로 다른 특이성을 보인 것으로 보아 아마도 당시 지역별로 토기를 만드는 중심지들이 있었을 것이다. 초기청동기 II 시대에 가서 가마가 등장하면서 토기의 형태는 이전보다 훨씬 동일성을 보이게 되었다. 녹로(토기용 돌림판-역주)가 발명된 이후에도 토기는 여전히 주로 손으로 만들어졌다. 커다란 용기(예, 피토스⟨저장용 항아리-역주⟩)들은 진흙을 고리로 만들어 쌓아 만들었다. 손잡이들도 역시 고리로 만든 진흙을 덧붙여 만들었다.

---

69. Shepard, *Ceramics for the Archaeologist*, 370.
70. Johnston, "The Biblical Potter," 90–91.

도공들은 일을 하기 위해 충분한 공간을 필요로 했다. 그들의 작업장에는 녹로, 진흙을 밟을 수 있는 공간, 가마, 장작과 용기를 둘 수 있는 공간, 망친 것들을 버릴 수 있는 공간, 그리고 물웅덩이나 시내 같은 물자원이 필요했다. 므깃도에서는 후기청동기 시대와 철기 시대에 사용된 거대한 공간의 작업장이 발견되었다. 동쪽의 경사면이 토기 생산을 위해 사용된 장소였다. 이 지역에 있던 동굴들은 동굴 내부의 낮은 온도가 토기를 천천히 마르게 하는 조건을 갖추고 있어 도공들에게는 이상적인 작업장이었다. 라기스와 하솔에서도 도공들의 작업장으로 사용된 동굴들이 발견되었다. 철기 I 시대(주전 12세기)로 연대가 측정되는 라기스의 동굴 4034 안에 있던 두 얕은 구덩이들(C와 D)은 '녹로가 놓여 있던 장소였을 가능성'이 크다.[71]

하솔(C구역)의 건물 6225의 중앙 안뜰인 방 6225에는 이중 벽으로 지어진 시설이 있었다. 이 시설 내부의 바닥층부터 40센티미터 정도 위에서 현무암으로 만들어진 녹로 한 쌍(위짝과 아래짝)이 발견되었는데, 위짝은 원뿔 모양으로 생긴 돌로 아래짝 돌에 움푹 파여진 곳에 끼워져 돌아가도록 되어 있었다. "아마도 이 시설은 도공이 일하는 장소로 사용되었을 것이며 이 방(6225) 전체가 도공의 작업장이었을 것이다." 이 가정을 도와주는 또 다른 증거는 근처에서 '상당히 많이 문지른 흔적이 있는 토기 조각'이 발견되었는데, 이 조각들은 토기의 표면을 문질러 더 부드럽게 하기 위해 사용되었을 것이다.[72] 로렌스 스태거(Lawrence Stager)와 사무엘 볼프(Samuel Wolff)는 하솔의 C와 H구역을 신전 안뜰에서 토기의 생산과 거래가 이루어진 예라고 설명하고 있다. C구역에는 도공의 작업장들(건물 6063과 6225)이 있었는데 두 건물 모두 "스텔레 템플"(Stelae Temple, 비석 신전)이라고 불리는 신전 근처에 있으며 신전과 관련된 일들을 했을 것이다. H 구역은 후기청동기 I 시대의 신전 바깥 안뜰에 있던 토기 제작 장소였다. 신전 제단의 서쪽에 위치해 있던 가마의 불 피우는 방들 중 하나에서 스물 두 짝의 작은 대접들이 발견되었다.[73]

점토의 준비는 도공에게 있어 상당히 중요한 일이다. 도공이 첫 번째 해야할 일은 적절한 점토를 찾아 모으는 것이다. 다음에는 점토안의 공기를 빼기 위해 비벼 눌러줘야

---

71. Olga Tufnell, *Lachish IV: The Bronze Age* (London: Oxford Unversity, 1958), 292: "예를 들어, 1미터 깊이의 구덩이 C가 평평하지 않은 것은 구덩이의 벽쪽에 도공이 앉으려고 놓은 돌이나 돌판이 그 이유일 것이다"

72. Yigael Yadin, *Hazor II* (Jerusalem: Hebrew University, 1960), 101-102.

73. Lawrence E. Stager and Samuel R. Wolff, "Production and Commerce in Temple Courtyards: An Olive Press in the Sacred Precinct at Tel Dan," *BASOR* 243(1981): 97-98.

한다. 이를 위해 점토를 반죽하거나 발로 밟아 준다. 도공들은 점토가 그릇 모양으로 만들어 불에 구워지기에 적당할 때까지 일반적으로 그 자신이 점토를 밟는다. 그런 다음 점토를 구덩이에 놓고 물을 붓고 침전물이 가라앉도록 한다.

녹로는 두 종류이다. 천천히 손으로 돌리는 녹로가 있고 급하게 발로 차 돌리는 "이중 녹로"(오브나임〈'obnāyim〉)로 불리는 녹로가 있다. 천천히 돌리는 녹로는 점토, 나무 혹은 돌로 만들어졌으며 토기

그림 59. 손 녹로를 사용하고 있는 초기 이집트 도공, 5 혹은 6왕조 시기(주전 약 2500-2200년경, 시카고 대학교 근동 연구소 전재 허가).

를 만드는 마무리 작업을 위해 사용되는 것으로 초기청동기 시대에 시리아-팔레스타인 지역에 처음 소개되었다. "투르네"(Tournette)라 불리는 천천히 돌리는 녹로는 세로의 받침대 위에 가로로 놓이는 탁자로 이루어져 있다(그림 59). 그릇이 다 만들어지면 끈을 가지고 용기의 밑을 지나가게 하여 녹로에서 용기를 떼어낸다.

발로 차 돌려 빨리 돌아가는 녹로가 언제 어디서 발명되었는지는 확실하지 않다. 이 빠른 녹로는 '대량 생산'(혹은 공장 생산) 이 시작될 즈음인 주전 2000년경에 이미 널리 사용되고 있었고, 토기의 획일성은 청동기 II B-C시대에 더 두드러지게 나타났다. 빠른 녹로는 두 부분으로 이루어졌는데, 아래짝은 중앙에 꽂는 구멍이 있고 위짝은 중앙에 돌출부가 있어 아래짝에 끼워 돌려지게 되어 있다. 토기가 빠른 녹로에서 만들어졌다는 것은 용기가 원심력을 이용하여 형태가 만들어졌다는 것을 의미한다. 예레미야는 그의 예언 중 자주 도공과 그의 일에 대해서 언급하고 있다. 그는 성경에서 녹로(오브나임〈'obnāyim〉)를 '한 쌍의 돌들'이란 의미를 가진 히브리어의 이중 복수형태로만 사용하고 있다. "여호와께로부터 예레미야에게 임한 말씀에 이르시되 너는 일어나 토기장이의 집(베트 하요쩨르〈bêt hayyôṣēr〉)으로 내려가라. 내가 거기에서 내 말을 네게 들려 주리라라

하시기로 내가 토기장이의 집으로 내려가서 본즉 그가 녹로(알-하 오브나임 〈'al-hā'obnāyim〉)로 일을 하는데"(렘 18:1-3).

도공이 토기 모양을 만들 때 이동하기 쉽게 얹어놓는 받침은 갈대, 골풀, 혹은 풀로 만들어졌다. 받침은 이미 원심력을 이용해 토기의 형태를 만들 수 있는 빠른 녹로에는 사용되지 않았고 천천히 돌리는 녹로에만 사용되었다. 받침 위에 놓인 토기는 천천히 손으로 돌려가면서 형태가 만들어졌기 때문에 원심력의 도움은 받지 않았다.

그림 60. 여리고 근처의 작업실에서 전통적인 방법으로 토기를 만들고 있는 도공(D. Knight 전재 허가).

도공은 작고 회전하는 녹로의 위짝 돌 위에 점토를 놓고 손으로 제작한다. 이 위짝은 빠른 속도로 돌아갈 수 있도록 더 크고 무거운 원판인 아래짝 돌 위에 끼워져 있다. 도공은 일반적으로 녹로가 놓여진 얕은 구덩이의 끝에 앉아 아래의 원반 돌을 발로 돌렸다. 원심력을 만들어내기 위해 이러한 원반 돌들을 충분히 빠르게 찰 수가 없어 나무로 된 더 큰 틀이 원반돌 위에 끼워졌다. 다시 말해서 원반 돌들은 빠른 녹로의 굴대축이 되는 것이다. 벤 시라는 앉아서 빠른 녹로(트로코스〈trochos〉, 그리스어-역주)를 발로 차는 도공의 모습을 말하고 있다. "그는 항상 그의 생산품들에 대해서 염려하여 이들이 좋은 품질로 나오도록 한다. 그의 손으로 점토 모양을 만들고 발은 점토를 부드럽게 한다. 그는 조심스럽게 색깔을 입히고 가마에서 구워지는 토기를 지켜본다"(Sir. 38:29-30).

점토로 만든 용기들은 여러 가지 방법으로 장식되었다. 도공은 때때로 매우 곱게 갈은 점토 입자에 물을 섞어 만든 액체인 현탁액을 토기에 입히기도 했다. 붉은 오커(ochre) 돌이 붉은 오렌지 현탁액을 만드는 데 사용되었을 것이며, 이 현탁액이 입혀진 토기들이 철기 II 시대 이스라엘 토기의 특징이기도 하다(그림 62). 토기가 불에 구워지기 전에 토기 표면을 단단하고 부드러운 도구(돌, 조개껍질, 뼈)로 갈아 광을 내거나 부드럽게 만들어 광택을 내는 방법은 용기 표면의 구멍들을 막기도 한다. 철기 시대에는 녹로 위에서 돌리면서 광택을 내는 기술이 많이 사용되었다. 토기를 색칠하는 것은 또 다른 장식 방법으로 예를 들어, 철기 시대 초기 블레셋인들의 토기는 물새와 기하학적인 문양들을 독특

그림 61. 여리고 근처의 도예 작업실 밖의 진흙을 밟는 곳(D. Knight 전재 허가).

하게 사용하였다.

후기 신석기 문화부터 철기 시대 전반에 걸쳐 토기를 금속 용기처럼 만들기 위한 노력을 보였던 시대가 있었다. 토기를 각이 진 용골 모양으로 만든다든가, 현탁액을 입히고 표면을 갈아 광택을 내는 기술들이 금속 용기처럼 만들기 위한 수단들이었다. 구리나 청동으로 만들어진 식탁용 고급 식기류들을 모방하기 위해 토기의 표면을 붉은 색이나, 오렌지 빛깔, 또는 밤색 등으로 현탁액을 입히고 갈아서 광을 냈다(그림 63). 다양한 색깔을 입힌 금, 은, 그리고 철로 만든 용기 등을 모방한 것들도 있었다. 점토로 금속 못, 손잡이

그림 62. 아스글론에서 발견된 광주리 내부에 남겨져 있는 붉은 황토, 녹로를 빙글빙글 돌려 생겨난 원의 반복이 보인다 (Leon Levy Expedition 전재 허가; 사진: I. Sztulman).

그리고 부품들을 모방하여 만들었다. 값비싼 금속 용기들(스케오몰프스〈*skeuomorphs*〉, 그리스어로 *skeuos*는 '그릇'이라는 의미)을 모방하여 만든 토기들이 초기청동기 II-III 시대, 중기청동기 II 시대, 철기 II 시대에 가장 많이 나타난다.

신석기, 동석병용기, 초기청동기 I 시대, 그리고 후기청동기 시대에 토기에 기하학적인 문양을 그리거나 새겨서 장식하였는데 이 같은 문양들이 섬유와 바구니의 문양과 관련이 있다. 스태거(Stager)는 요단 계곡과 중앙 산지 지역의 초기 청동기 I 시대의 채색된 토기를 연구하였다. 이 토기의 특징은 자연스러운 토기 색깔을 배경으로 하여 붉은 색이나 밤색을 이용하여 나란히 여러 줄로 그룹을 지어 색칠한 것이다. 그는 이렇게 채색된 토기는 바구니 자리가 짜여진 모양을 본따 그린 것이라고 말했다.[74]

그림 63. 붉은 유약을 바르고 반짝거리도록 겉 표면을 갈은 베니게의 물병(그리스어로 오이노코에〈*oinochoe*〉), 청동으로 만든 물병을 모조함, 주전 8세기 혹은 7세기(H. Seeden 전재 허가).

(1) 가마

처음에 토기는 구덩이에 놓고 구워졌으나 후에 뚜껑이 없는 구덩이보다 높은 온도로 구울 수가 있는 가마가 사용되었다. 토기를 굽는 것은 점토를 말리기 위한 과정이며 점토 입자들을 밀착시키기도 한다. 히브리 단어 탄누르(*tannûr*, '화덕')와 키브샨(*kibšān*, '용광로')이 가마로 사용되었을 것이다. 탄누르(*tannûr*)는 작은 빵 굽는 화덕과 커다란 토기용 가마를 의미했을 것이다.[75] 초기의 가마는 땅에 얕게 파진 불구덩이 같은 것으로 연료를 토기들 위에 놓고 불을 지폈다. 전통적으로 두 종류의 화로가 있는데 하나는 통풍이

---

74. Lawrence E. Stager, "Painted Pottery and Its Relationship to the Weaving Crafts in Canaan during the Early Bronze Age I," in A. Eitan et. al., eds., *Eretz-Isrrael* 21 (Ruth Amiran Volume)(Jerusalem: Israel Exploration Society, 1990), 83*-88*.

75. 더 자세한 사항은 본서 제2장 "빵/떡 만들기" 부분을 보라. 탄누르(*tannûr*)는 또한 타분(*tabun*)과는 별개이다. 탄누르(*tannûr*)는 북쪽에서 좀 더 많이 사용되었는데 안쪽에 연료를 두고 불을 피웠으나 타분(*tabun*)은 남쪽에서 많이 사용되었고 불은 밖에서 피웠다. 두 기구 모두 뚜껑은 없다.

수직으로 상향되는 것이고 또 다른 종류는 수평으로 하향되는 것이다. 화로들은 세 가지 요소로 구성된다. 연료를 태우는 화실, 화실 위의 용기들을 두는 곳, 연기가 빠져나가는 굴뚝. 일반적으로 많이 사용된 연료는 기름기가 있어 불을 지피는 데 도움이 될 만한 것으로 건초, 가시나무 가지들, 동물 변을 말린 것, 나무, 그리고 올리브 씨들(이미 기름을 짠 것)이 있다. 섭씨 800도(화씨 1472도)가 필요하며 불은 2-3일 정도 지펴진다.

가장 초기의 토기 공장은 분명 사렙다(Sarepta, 현재 사라판드〈Sarafand〉, 성경의 사르밧) 유적지에 있었다. 두로와 시돈 사이 중간 지점에 위치한 이 베니게 항구도시는 제임스 프리차드(James Pritchard)가 발굴했는데 1.3미터에서 3.8미터까지 다양한 크기의 22개의 둘로 갈라진 모양의 토기 가마를 발견했다. 이 공장 지대에 백 개 이상의 많은 가마들이 있었던 것으로 추정된다. 가마들이 발견된 이 '산업 구역'은 도공들만을 위한 것이 아니라 기름을 짜는 이들과, 염색하는 이들, 그리고 금속 작업을 하는 이들도 이용했던 장소였다.[76] 윌리엄 앤더슨(William Anderson)은 사렙다 유적지의 토기 공장에서 발견된 가마들이 "두 층으로 이루어져 둘로 갈라진 물갈퀴 모양을 하고 있으며 달걀 모양의 아래층에 있는 공간은 중간 벽에 의해 다시 갈라져 콩팥 모양의 두 공간으로 나뉘어졌다"고 말했다.[77] 열기를 유지하기 위하여 불을 피우는 방은 지하에 위치해 있었고 점토를 발라 단열시켰다. 불을 피우는 방의 천장은 점토로 만들었지만 구멍이 뚫려있고 이 위에 만들어진 토기들이 올려졌다.

사렙다는 베니게 형식의 토기를 만드는 주요 장소였다. 발굴자들은 후기청동기 II 시대(주전 1400년) 초기부터 페르시아 시대까지 15개 이상의 토기 작업장들이 있었다고 밝혔다. 저장용 항아리들, 두 가지 색깔로 칠해지고 표면에 광택을 낸 대접들, 일반 접시들, 병들이 발견되었다. 사렙다에서 발견된 침전물용으로 사용된 커다란 수반들과 가마들 그리고 작업장들을 볼 때 이곳이 단지 작은 부락의 공장이 아닌 상당히 큰 규모의 생산이 이루어진 장소였음이 증명된다. 철기 시대 전반에 걸쳐 생산의 수준은 상당히 높았을 것이며 도공들은 포도주와 올리브기름의 수출을 위해 사용된 항아리들을 제공하였다.[78]

---

76. Jame B. Pritchd, Recovering Sarepta, a Phoenician City(Princeton: Princeton University Press, 1978).

77. William P. Anderson, "The Kilns an Workshops of Sarepta(Sarand, Lebanon): Remnants of Phoeician Ceramic Industry," Berytus 35(1987): 42.

78. 주전 8세기 이러한 수출에 대한 예는 "베니게 상선"을 보라.

(2) 철기 시대 토기

후기청동기 말기에 키프루스와 미케네로부터 토기 수입은 더 이상 레반트 지역에 등장하지 않았다. 그러나 이집트인의 주둔지들이었던 가나안 땅 내부의 도시들과 주변 도시들은 주전 12세기경에도 여전히 계속해서 존재했다. 이집트인들의 존재는 "맥주 병"이라 불리는 그들의 특이한 토기와 점토로 만든 사람 형태의 관이 발견되어 증명되고 있다[79](그림 224).

철기 I 시대 블레셋인들이 정복한 남서쪽의 가나안 땅에서는 새로운 다른 형태의 토기 종류가 등장했다. 처음 이곳에 도착한 1세대 블레셋인들은 가나안 지방의 흙을 가지고 그들이 떠나온 고향-아마도 미케네 문화를 가지고 있던 장소 어딘가-에서 사용하던 토기 형태를 빚었다. 이러한 용기들에는 에게 해 형식의 손잡이가 하나 달린 요리용 단지, 검은 색으로 물새와 기하학적 문양이 그려진 크레터, 등자 모양으로 생긴 단지, 크고 작은 종 모양의 대접, 검은 색 하나만으로 장식된 각이 진 모양의 접시 등이 있다(그림 67). 3세대 째 블레셰인들은 1세대가 사용하던 토기의 종류에 가나안 지방의 것들 중 몇 가지를 인용하였다. 그들은 그들의 기하학적 문양과 동물 문양을 붉은 색과 검은 색으로 칠했다(블레셋 이색 토기〈Philistine Bichrome Ware〉, 그림 64, 65).

반면에 산지에서 이스라엘 민족은 그들의 작은 농업사회에서 상대적으로 적은 양의 토기 형태를 사용하고 있었다. 두 개의 손잡이가 달리고 입구가 단면을 잘라 보았을 때 점토를 덧붙이거나 삼각형 모양인 요리용 항아리, 항아리 목 부분을 점토코일로 덧붙인 저장용 항아리(혹은 피토이〈pithoi〉, 피토스의 복수-역주), 그리고 장식이 없는 대접들과 작은 병들이었다.

주전 1000년경 혹은 그 이전에 새로운 형태의 토기가 나타나기 시작했는데, 처음에는 베니게와 블레셋 평야에 있던 해변 도시들에서 나타났다. 붉게 현탁액을 입히고 손으로 토기 표면을 긁어 광택을 낸 대접들과 병들이 그것이다. 확실히 도공은 더욱 화려하게 구리와 청동으로 만든 그릇들을 모방하려고 노력했다. 토기는 녹로로 만들어졌고 잘 구어졌으며 그 질이 뛰어났다. '정교한 베니게 토기'(Phoenician Fine Ware)는 이 시대에 격조 높은 토기였다. 예를 들어, 베니게, 블레셋 평야, 북왕국 이스라엘에서 발견되는 소위 "사마리아 토기"(Samarian Ware)라고 불리는 토기는 붉은 현탁액을 입히고 광택을 낸 질이

---

79. Lawrence E. Stager, "Forging an Identity: The Emergence of Ancient Israel," in M.D. Coogan, ed., *The Oxford History of the Biblical World*(New York: Oxford University Press, 1998), 160-61.

그림 64. 아스돗에서 발견된 블레셋 이색 토기 모음; 주전 1150년경; 그림 113 또한 참조(Trude Dothan 전재 허가; 히브리대 학교).

그림 65. 블레셋 이색 토기 모음; 이 중 그릇 세 개는 포도주용 세트이다. 크래터(좌측 끝)는 포도주와 물을 섞을 때 사용하는 그릇; 크래터 앞에 있는 포도주용 잔/대접 그리고 여과기가 달려 있는 물병(우측 끝)은 포도주를 따르는 데 사용한다. 향수나 의료용으로 사용했던 올리브기름을 담을 때 사용했던 등자 모양의 병(중앙 좌측). 향수와 향유 등을 담았던 병(중앙 우측). 주전 12 혹은 11세기의 그릇들(이스라엘 박물관 전재 허가).

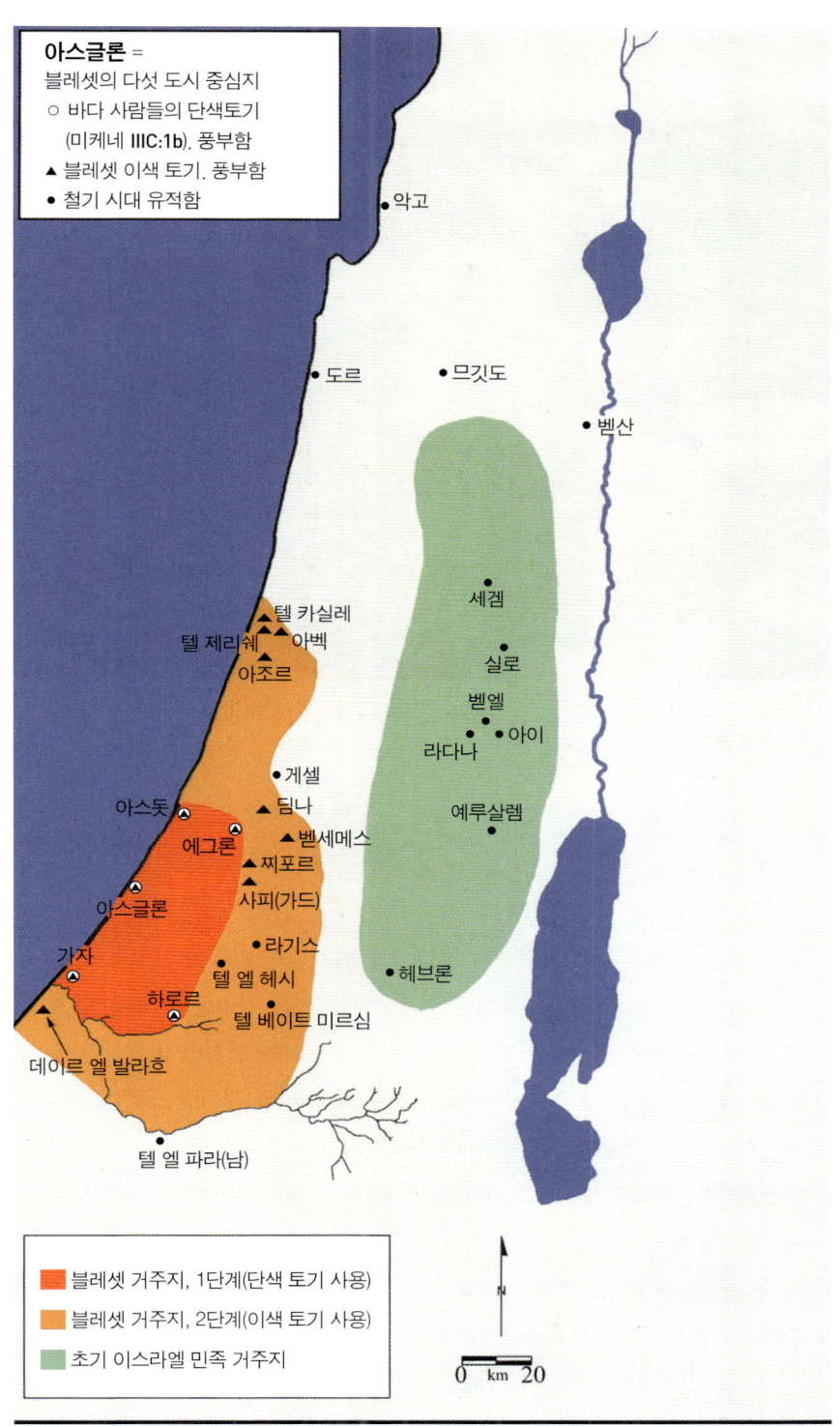

그림 66. 블레셋과 이스라엘 거주지 지도(L. E. Stager 전재 허가; K. Vagliardo 그림).

그림 67. 블레셋 단색 토기(미케네 IIIC:1b) 모음. 텔 미크네 에그론에서 발견, VII층, 주전 12세기 초(텔 미크네 에그론 발굴/출판 기획 전재 허가; 사진: I. Sztulman).

우수한 토기였다. 가정에서 사용되는 토기 외에도 벽돌, 형상, 보석, 뚜껑, 장난감, 등잔, 제사용 유물들, 제대, 빵을 굽는 화덕, 베틀 추, 물레가락바퀴, 그리고 필기도구(봉인) 등이 점토로 만들어졌다.

성경에 나오는 토기들과 발굴장에서 발견되는 토기들의 이름을 서로 연관시켜 추정하려 할 때 문서로만 알려진 토기 형태를 결정한다는 것은 어려운 일이다. 단지 일반적으로 사용된 소수의 용기들만이 어느 정도 히브리어 용어와 연결하여 생각할 수는 있다(그림 70a, b). 점토로 만든 병(바크부크⟨*baqbuq*⟩)은 침실이나 식탁용으로 사용된 표면에 광택을 낸 손잡이 하나가 달린 물병이다. 가비아(*gabîa*)는 점토로 만든 피쳐 모양 주전자로 20-25센티미터 높이이며 포도주나 물을 담았다. 코스(*kôs*)는 마실 때 사용하는 용기로 컵이나 대접을 말하며 손잡이가 달려 있거나 없었으며 깊이가 얕은 대접이었고 크기는 다양하다. 네벨(*nēbel*)은 커다란 저장용 항아리로 특별히 포도주(네벨⟨*nēbel*⟩, 의미는 포도주 부대)를 담거나 기름과 곡식들을 담기도 했다. 가장 커다란 크기의 용기는 달걀형의 저장용 항아리로 목욕물(32.5리터)을 담았고 4개의 손잡이가 달려있었다. 카드(*kad*)는 더 작고 낮은 저장용 항아리로 밀가루와 물을 담았다. 엘리야의 이야기 속에서(왕상 17:12), 사르밧 과부는 카드(*kad*)에 가루 한 움큼만을 가지고 있었다. 리브가가 어깨에 지고 있던

그림 68. 실로의 이스라엘 거주지 층에서 발견된 철기 I 시대의 토기 모음, 뒷줄에 토기의 입구가 말려 있는 모양의 저장용(collared-rim store jar) 항아리가 보인다(I. Finkelstein 전재 허가).

그림 69. 아스글론의 주전 604년경 파괴된 층에서 발견된 그리스 동부 토기, 수사슴과 거위를 포함한 야생 염소 스타일의 토기. 고린도에서 수입된 스핑크스 얼굴과 다리들이 보이는 두 개의 키오스 그릇 조각들과 부채 모양의 연속무늬가 있는 조각 하나(Leon Levy Expedition 전재 허가; 사진: I. Sztulman)

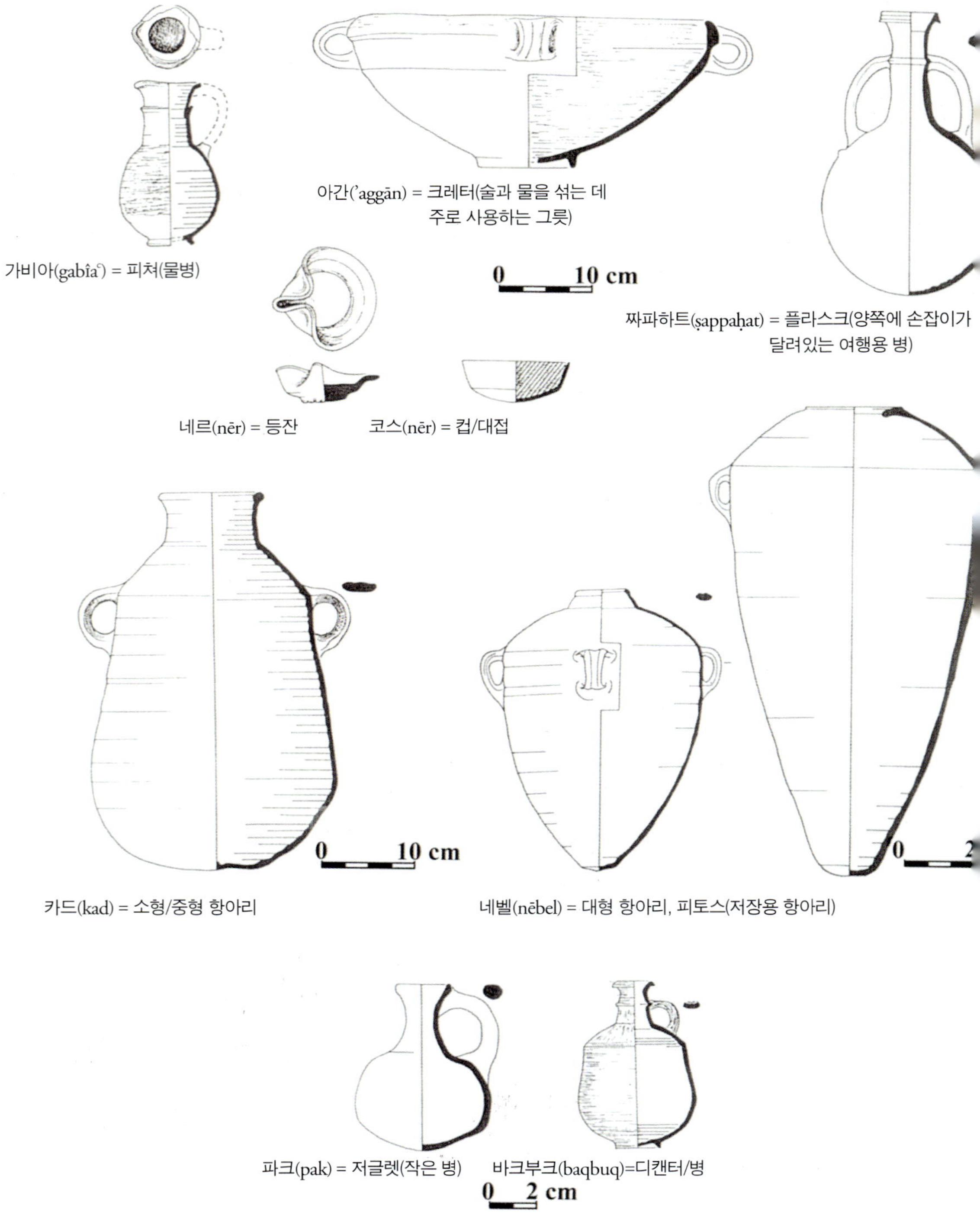

가비아(gabîaʿ) = 피쳐(물병)

아간(ʾaggān) = 크레터(술과 물을 섞는 데 주로 사용하는 그릇)

0   10 cm

짜파하트(ṣappaḥat) = 플라스크(양쪽에 손잡이가 달려있는 여행용 병)

네르(nēr) = 등잔   코스(nēr) = 컵/대접

카드(kad) = 소형/중형 항아리

0   10 cm

네벨(nēbel) = 대형 항아리, 피토스(저장용 항아리)

파크(pak) = 저글렛(작은 병)   바크부크(baqbuq) = 디캔터/병

0   2 cm

그림 70a. 성경 히브리어에 등장하는 고대 토기들의 가능한 형태.

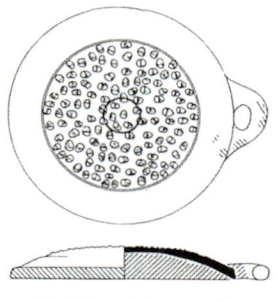

마하바트(maḥăbat) = 번철

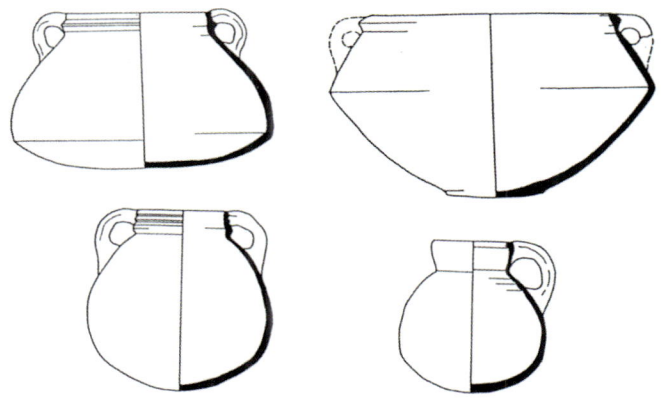

다양한 형태의 철기 II 시대 요리용 항아리들. 두드(dûd), 씨르(sîr), 칼라하트(qallaḥat), 파루르(parûr) 등의 여러 가지 이름으로 불렸다.

0 ___ 10 cm

그림 70b. 성경 히브리어에 등장하는 고대 토기들의 가능한 형태.

물 항아리도 카드(kad)였다(창 24:15).[80]

 패트릭 멕거번(Patrick McGovern)과 가만 하보틀(Garman Habottle)은 고대 가나안(시리아-팔레스타인 해변)에서 유래한 것으로 보이는 "가나안 항아리"를 "고대 그리스의 손잡

---

80. Jame L. Kelo, "The Ceramic Vocabulary of the Old Testament," *BASOR* Supplemetary Studies(New Haven: ASOR, 1948).

그림 71. 아스글론에서 발견된 "가나안 항아리", 주전 1700년 경. 이 항아리에 포도주와 올리브기름을 담아 지중해 전역에 수출했다(Leon Levy Expedition 전재 허가; 사진: I. Sztulman).

이가 둘 달린 "암포라"라 불리는 항아리 같은 것으로 달걀형이며 손잡이가 둘 달렸고 바닥은 원형이거나 약간 평평하며 좁은 목을 가졌다"(그림 71)고 정의했다. 이들은 30리터의 양을 담을 수 있으며 그 크기와 모양, 입구, 바닥, 세공에 있어 "놀랍게도 규격화"되어 있었다고 밝혔다. 이들은 이 항아리를 "지중해 무역에 사용된 수출용 항아리"라 명명하고 "4000년 동안" 계속해서 사용되었다고 말했다. 이 항아리는 포도주, 올리브기름, 송진, 향, 꿀 등을 저장하고 운송하는 데 사용되었다. 이미 주전 1800-1600년 사이에 수많은 "가나안 항아리"는 포도주나 올리브기름을 싣고 레반트에서 힉소스 국가의 수도인 아바리스(Tell el-Dabʿa)로 운송되었다.[81]

철기 시대의 베니게 암포라들은 "가나안 항아리"의 후예이다. 암포라들이 상선을 위해 사용되었는데 이들을 배 안에 세워 놓기 위해 받침대가 사용되었을 것이다. 이 저장용 항아리들은 음식과 음료들을 담는 데 사용되었다.

17-19리터의 양을 저장할 수 있는 수백 개의 항아리들이 두 척의 베니게 상선에 실렸던 것(그림 89a, b)이 발견되었는데, 이러한 항아리들을 규격화하여 만들었던 큰 규모의 공장이 있었던 것으로 보인다. 이 특별한 목적을 위해 대규모로 생산된 토기는 전체 토기 생산의 10퍼센트를 차지하고 있었으며, 이는 현대에 생산되는 저장용 항아리들의 수

---

81. Patrick E Mcgovern and Garman Harbottle, "'Hyksos' Trade Connection between Tell el-Dabʿa(Avaris) and the Levant: a Neutron Activation Study of the Canaanite Jar," in E. D. Oren, ed., *The Hyksos: New Historical and Archaeological Perpectives*(Philadelphia: University Museum, 1997), 143. "가나안 항아리"라는 개념은 처음에 Virginia R. Grace, "The Canaanite Jar," in S.S. Weiberg, ed., *The Aegean and the Near East: Studies Presented to Hetty Godlman on the Occasion of Her 75th Birthday*(Locust Valley, N.Y.: Augusin, 1956), 80-109에서 사용했다. Peter Parr는 이 단어에 대해 좀 더 자세한 사항들을 덧붙였다. Peter Parr, "The Origin of the Canaanite Jar" in D. E. Strong, ed., *Archaeological Theory and Practice*(London: Seminar Press, 1973), 173-81.

치와도 맞물린다. 이러한 토기들은 특별히 포도주나 올리브기름을 저장하여 무역선에 실어 해외로 내보낼 필요에 의해 제작되었을 것이다.

2) 직물

직물 산업은 농업 다음으로 중요한 산업이다. 직물, 즉 실을 꼬거나 자아서 만든 섬유는 매일의 생활, 제사, 경제, 그리고 무역과 관련이 있다.[82] 직물은 옷, 커튼, 장식, 바구니, 부대, 텐트, 양탄자, 벽걸이, 덮개, 그리고 다른 목적들을 위해 사용되었다. 이집트의 건조한 기후와는 달리 지중해 동부의 습한 기후는 이 쉽게 부식하는 유물을 보존하는데 방해가 되었기 때문에 고대 팔레스타인에서 발견된 직물은 거의 없다. 고대에 울이 기본적인 동물성 섬유였고, 아마와 면화는 식물에서 얻었다. 아마와 면화는 이집트에서 수입하기도 했지만 팔레스타인에서 재배하기도 했다. 면화는 이미 주전 8-7세기 이전에 재배되었음이 증명되었다.[83] 울(쩨메르⟨ṣemer⟩)과 아마(피쉬타⟨pištâ⟩, 한국어 성경은 "삼"으로 번역함) 그리고 그다지 널리 사용되지는 않았던 염소 털은 대부분 실을 자아내어 만든 섬유였다. 이 섬유들은 또한 의복과 내의를 만들기 위해 실을 엮어 떠서 만든 옷감에 사용되었다. "내(여호와)가 그들(믿음이 없는 이스라엘)의 벌거벗은 몸을 가릴 내 양털(짬리⟨ṣamrî⟩)과 내 아마(피쉬티⟨pištî⟩, 한국어 성경은 "삼"으로 번역함)를 빼앗으리라"(호 2:9⟨히브리어 성경 2:11⟩). 흰 양의 털은 일상용으로 사용되었을 뿐만 아니라 고급스런 용도에도 사용되었다. 염소 털은 거친 덮개용 천, 밧줄, 그리고 천막을 만드는 데 사용되었다.

성경의 율법(민 19:19; 신 22:9-11)은 울과 아마 등의 두 가지 실을 섞어 짜는 것을 금지했다. 이 고대의 율법이 왜 정한 것이었는가 이유는 확실하지 않지만 마틴 노트(Martin Noth)는 혼합에 대해서 일반적인 법률이 신의 법률을 위반하는 것으로 간주했다고 보았다. 다른 동물을 섞어 멍에를 메게 하는 것이 금지된 것처럼 실을 혼합하여 짜는 것도 금지되었다. 메나헴 하란(Menahem Haran)은 성경적 전통에 있어 혼합은 일반적인 일상생

---

82. 다음의 글들이 상당히 도움이 될 것이다. Elizabeth W. Barber, *Prehistoric Textile: The Developmen of Cloth in the Neolithic and Bronze Age with Special Reference to the Aegean*(Princeton: Princeton University Press, 1991); id., *Women's Work: The First 20,000 Year*(New York: W. W. Norton 1994); Carol Bier, "Textile Arts in Ancient Western Asia," *CANE*, 3: 1567-88; Grace M. Crowfoot, "Textiles, Basketry, and Mats," in C. J. Singer, E.J. Homyard, and A. R. Hall, eds., *A History of Technology*(Oxford: Clarendon Press, 1954), 1: 413-55.

83. Zohary, Plant of the Bible, 78.

활의 사용을 위해서는 금지되었지만 제사의식에 있어서는 오히려 이질적 혼합이 '거룩함의 상징'으로 표현되었다고 주장했다.[84]

(1) 울

울(쩨메르〈ṣemer〉)은 중요한 섬유였다. 성경 세계의 경제는 큰 범위 안에서 볼 때 양모에 의지하고 있다. 이집트에서는 아마가 사용된 반면 울은 메소포타미아에서 중요한 섬유였다. 우룩의 남동쪽으로 32킬로미터 떨어져 있는 고대 바벨론의 수도중에 하나였던 라르사(Larsa, 현대 센케레〈Senkereh〉) 유적지에서 발견된 문서에 의하면 양 한 마리는 1킬로그램의 털을 생산했다. '고대 양'의 흔적이 발굴된 바 있는데 고대에는 양이 고기 때문에 길러진 것이 아니라 섬유 때문에 길러졌고 우유의 생산은 덜 중요했다.[85] 오비스(Ovis, 양) 혹은 카프라(Capra, 염소)의 뼈는 지금까지 가장 많이 발견되었다. 이들은 보스(Bos, 가축 떼)에서 중요한 부분이었다. 후기 신석기 시대부터 철기 시대까지 양과 염소에 대한 의존도는 점차 증가했다.[86]

"흰 양털"(쩨메르 짜하르〈ṣemer ṣāḥar〉, 겔 27:18)은 가장 좋은 울 종류였던 것으로 보인다. 이 울의 고급성은 확실하게 드러나 있다. 다메섹의 '흰 양털'은 값비싼 상품이었다. 에스겔(27:18)은 쩨메르 짜하르(ṣemer ṣāḥar, 이 단어는 '흰 양털' 혹은 '자카르의 양털'로 추측하여 번역되었다)를 다메섹에서 두로로 수입된 물품들 중에 포함시키고 있다. 주석가들은 자카르가 다메섹의 북서쪽 "에스 사하라"(es-sahara)라 불리는 사막 지대에 위치했을 것이라고 추정한다.[87]

성경의 언급과 은유에 양과 목동이 자주 등장하는 것으로 보아 고대 팔레스타인 지역의 경제생활에 양털이 차지하는 중요성을 알 수 있다. "네가 처음 깎은 양털"은 첫 소산으로 간주되어 제사장에게 주어야 했다(신 18:4). 이스라엘의 아합 왕은 모압의 메사 왕에게 공물로 양털을 받았다. "모압 왕 메사는 양을 치는 자라 새끼 양 십만 마리의 털과 숫양 십만 마리의 털을 이스라엘 왕에게 바치더니"(왕하 3:4). 이 숫자는 과장한 것으로 보

---

84. Menahem Haran, *Temples and Temple-Service in Ancient Israel*(Winoa Lake, Ind: Eisenbrauns, 1985), 160–62.

85. Hesse, "Animal Hasbandry and Human Diet in the Ancient Near East," *CANE*, 1: 203–22. Brian Hesse와 Paula Wapnish의 이에 대한 글은 상당히 많다.

86. Caroline Grigson, "Plough and Pasture in the Early Economy of the Southern Levant," in T.E. Levy, ed., *The Archaeology of Society in the Holy Land*(New York: Facts on File, 1995), 250.

87. Walther Zimmerli, *Ezekiel 2, Hermeia*(Philadelphia: Fortress, 1983), 67.

인다. 다윗은 그의 아버지 이새의 양들을 쳤다(삼상 16:11). 나발은 갈멜(현대 텔 엘 키르밀(Tell el-Kirmil)로서 헤브론의 남쪽으로 11킬로미터 떨어져 있는 유다 왕국의 작은 도시)에서 양과 염소를 쳐 부자가 되었다. "한 사람(나발)이 있는데 그의 생업이 갈멜에 있고 심히 부하여 양이 삼천 마리요 염소가 천 마리이므로 그가 갈멜에서 그의 양털을 깎고 있었으니"(삼상 25:2). 이 갈멜 지역은 좋은 목축장소로 십(Ziph, 여호수아 15:55에 등장하는 유다 자손의 지역에 할당된 장소-역주)과 마온 근처에 있다. 이 지역은 좋은 목초가 자라는 땅인 반면에 농사에는 적합하지 않은 곳이다.

(2) 아마

아마(린눔 우시타티씨뭄〈*Linum usitatissimum*〉)는 습지대에서 자라며 적어도 주전 8000년경부터 재배가 시작된 가장 오래된 섬유일 것이다. 좋은 아마 실로 짠 섬유가 토기를 만들기 이전 신석기 B 시대(주전 7300-6300년)의 연대로 추정되는 유대 광야에 있는 나할 헤마르(Nahal Hemar) 동굴에서 발견되었다. 아마도 이 동굴에서는 신석기 시대의 베틀을 이용해 섬유를 짜는 간단한 기술이 있었던 것으로 보인다.[88] 동석병용기(주전 약 3500년)로 연대가 측정되는 아마 조각이 나할 미쉬마르(Nahal Mishmar) 유적지의 보물 동굴(Cave of Treasure)에서도 발견되었다. 이집트에서 아마는 주전 4500년경에 재배되기 시작한 것으로 보인다.

성경에 나오는 피쉬타/페쉐트(*pištâ/pēšet*, 복수는 피쉬팀〈*pištim*〉)는 아마 풀과 이 풀로 만든 실, 그리고 실을 자아 만든 아마 섬유를 의미한다. 아마 풀은 성경에 단 한 번 언급되고 있는데 이집트의 재해와 관련하여 등장한다. "그 때에 보리는 이삭이 나왔고 삼(피쉬타)은 꽃이 피었으므로 삼(피쉬타)과 보리가 상하였으나"(출 9:31).

아마는 이집트와 다른 성경 외의 문서들이 증명하는 바에 의하면 이집트 나일 강가에서 잘 자랐고 이집트에서 가장 값비싼 아마를 생산해 냈다고 이야기하고 있다. 잠언에도 수입된 고급 아마가 나온다. "내(음녀) 침상에는 요와 애굽의 무늬 있는 아마(에툰〈*'ēṭûn*〉, 한국어 성경은 "이불"로 번역함)를 폈고"(잠 7:16). 강우량 적은 지역에서 아마를 재배하기 위해서는 관개수가 필요하다. 관개수로 재배한 아마는 자연 비로 재배한 아마보다 더 질이 좋았던 것으로 보인다. 나일 강이 말라버리고 아마가 시들어 마르는 모습을 통해 이사야는 이집트의 멸망을 묘사하고 있다. "세마포(피쉬팀〈*pištim*〉)를 만드는 자와 베 짜는

---

88. Ofer Bar-Yosef, Tamar Schick, and David Alon, "Nahal Hemar Cave," *NEAEHL*, 3: 1082-84.

자들이 수치를 당할 것이며"(사 19:9). 나일 강변의 밭들은 아마를 생산하기 위해 관개수를 끌어들일 수밖에 없었기에 이는 굉장한 재해를 말하고 있다.

이집트에서뿐만 아니라 가나안 땅에서도 아마 풀이 자라고 섬유로 만들어졌다. 신석기 시대 여리고에서는 기름을 짜내기 위해 아마 풀이 재배되었는데 아마도 아마 섬유를 만드는 데도 사용되었을 것이다. 나할 헤마르(Nahal Hemar) 동굴에는 토기 사용 이전 신석기 B 시대로 연대가 추정되는 많은 섬유, 밧줄, 바구니 등의 유기물질로 만든 유물들이 발견되었다(아래 참조). 섬유의 대부분은 좋은 아마 실로 만든 것이었다. 아마 섬유의 유물들 중에는 그물로 만든 머리 두건이 두드러진다. 나할 헤마르 동굴에서 발견된 아마 섬유 공급원은 여리고일 것이다. 사해 해변의 절벽 위에 위치한 나할 헤마르의 보물 동굴에서 동석병용기 시대의 섬유들이 발견되었다. 여기에는 37개의 아마 섬유와 8개의 양털로 짠 섬유 조각들이 있었다. 색깔은 노란색, 붉은색, 녹색, 그리고 검은색이었다. 수평 베틀과 베틀 추 역시도 남아있었다. 고고학자들은 섬유에 사용된 아마 풀은 아마를 재배할 수 있는 풍부한 물이 있었던 엔게디에서 재배되었을 것으로 본다.

게셀 달력(주전 약 900년)에는 "아마를 뽑는 달(아달-니산)"이 언급되어 있다. 고대식물 연구가들은 요단 계곡의 강 동쪽에 있는 데이르 알라(Deir 'Alla) 유적지에서 철기 I 시대에 이미 아마가 자라기 시작했으며 주전 7세기에 가서는 중요한 식물로서 재배되었다고 밝혔다. 빌렘 반 자이스트(Willem van Zeist)와 요한나 헤레스(Johanna Heeres)는 "데이르 알라(Deir 'Alla) 유적지에서 재배된 모든 아마는 관개한 밭에서 자랐고, 이 관개는 적어도 주전 1200년경부터 시작되어 계속해서 진행되었다"고 결론지었다.[89]

아마는 섬유를 만들어내기 위해 그리고 씨를 위해 재배되었다. 아마 실로 짜서 섬유를 만들었고 씨는 아마기름을 짜는 데 사용되었다. 아마는 올리브기름이 널리 사용되기 이전에 중요한 기름이었다.

아마를 공정하여 섬유를 만들기 위해서는 풀로 실을 잣고 옷감으로 짜기 이전에 줄기를 먼저 물에 담가 부드럽게 하고 말려서 눌러 뭉개고 두드려줘야 한다. 물에 담가 부드럽게 한 후에 아마 줄기는 말리고 하얗게 표백하기 위해 주로 지붕 위에 벌여 놓았다. 그리고서 아마 줄기를 다듬어서 실로 만들고 엮어 짜서 옷감으로 만든다. 이 과정의 한 단계를 살짝 살펴보면 우리는 여호수아가 정탐군들을 여리고로 보낸 이야기를 떠올리게

---

89. Willem van Zeist and Johanna A. Heeres, "Paleobotaical Studies of Deir 'Alla, Jordan," *Paleorient* 1(1973): 27.

될 것이다. 여리고 왕의 사람들로부터 정탐군들을 숨겨준 라합은 "그들을 이끌고 지붕에 올라가서 그 지붕에 벌여 놓은 삼대(피쉬테 하에쯔⟨*pištê hā'ēṣ*⟩)에 숨겼더라"(수 2:6). 여기서 "삼대"가 바로 섬유로 만들어지기 전의 아마를 말하는 것이다.

아마 생산은 고대 팔레스타인의 두드러지는 산업이었다. 역대기는 "세마포 짜는 자의 집(미쉬페홋 베트-아보다트 하부쯔⟨*mišpĕḥôt bêt-'ăbōdat habbuṣ*⟩) 곧 아스베야(도시나 혹은 민족 개념-역주)의 집 종족"(대상 4:21)을 언급하고 있다. 아마는 아마 풀의 질에 따라 달리 사용되었다. 아마 풀의 긴 섬유질로 가장 좋은 실을 만드는 반면 짧은 섬유질은 램프의 심지 등으로 사용되었다. 여호와의 기뻐하는 종의 성격을 묘사할 때 선지자는 이렇게 말한다. "꺼져 가는 등불의 심지(피쉬타⟨*pištâ*⟩, 한국어 성경은 "등불"로 번역함)를 끄지 아니하고"(사 42:3).

아마 섬유에는 몇 가지 종류와 품질이 있다. 히브리어에서 아마 섬유는 세 가지 용어, 즉 바드(*bād*), 부쯔(*bûṣ*), 쉐쉬(*šēš*)로 지칭되었는데, 이들은 대부분 왕실과 종교 지도자들이 사용하는 가장 좋은 것이었다. 그러나 이 종류들 각각의 등급을 매기는 것은 쉽지 않다. 바드(*bād*)는 성경에 20번 이상 언급된 아마 섬유로 아마도 일반적인 것이었을텐데, 순수한 흰색이어야만 했던 대제사장의 세마포 옷(비그데 하바드⟨*bigdê habbād*⟩)에 사용되었다(레 16:23, 32).

부쯔(*bûṣ*)와 쉐쉬(*šēš*)는 모두 '좋은 아마 섬유'를 의미한다. 쉐쉬는 포로기 이전의 히브리어로서 이집트에서 차용한 외래어였을 것이며 이집트에서 수입된 아마 섬유를 지칭했을 것이다.[90] "바로는 그(요셉)에게 세마포 옷(비그데 쉐쉬⟨*bigdê-šēš*⟩)을 입히고"(창 41:42). 성막과 안의 장식들은 같은 종류의 "좋은 아마 섬유"(쉐쉬)로 짠 것이었고(출 25:4, 한국어 성경은 "가는 베실"로 번역함) 거룩한 의복 역시 이 실로 짰다(출 35:25). 부쯔(*bûṣ*)는 후대의 히브리어로 아마도 아람어나 아카드어에서 차용한 외래어일 것이며 질이 좋은 아마 섬유를 일컬었다. 이 용어는 후대에 써진 성경에만 한정적으로 나온다. 예루살렘으로 언약궤를 가져올 때 다윗은 "다윗과 및 궤를 맨 레위 사람과 노래하는 자와 그의 우두머리 그나냐와 모든 노래하는 자도 다 세마포 겉옷(메일 부쯔⟨*mĕ'îl bûṣ*⟩)을 입었으며"(대상 15:27). 이때 다윗은 여호와 앞에서 제의적 춤을 춘 것으로 묘사되며 아마 섬유로 만든 에봇(에포트 바드⟨*'ēpôd bād*⟩, 한국어 성경은 "베 에봇"으로 번역함)을 입고 있었다(삼하 6:14). 주석가

---

90. Avi Hurvitz, "The Usage of *šēš* and *bûṣ*, in the Bible and Its Implications for the Date of P," *HTR* 60(1967): 117–21; "The Evidence of Language in Dating the Priestly Code," *RB* 81(1974): 33–35.

들은 이 에봇이 그저 단순히 아마 섬유로 만든 것인지 아니면 특별히 제사장용 의복인지 논의 중이다. 이들은 역대기가 써진 시기에는 단지 제사장들만이 아마 섬유로 만든 에봇을 입었기 때문에 사무엘하와 역대상 사이에 차이점이 있다고 보고있다. 어찌됐든 각 경우에 다윗이 부쯔(bûṣ)이든지 바드(bād)이든지 아마 섬유로 된 옷을 입고 있었다는 것은 더 이상 질문할 필요가 없다.

아마는 여러 가지 종류의 옷으로 사용되었다. 가격 때문에 아마는 주로 부유한 지배층의 사람들에게만 사용되었다. 지혜문서에 의하면 현숙한 여인의 선행을 묘사할 때 다음과 같이 말한다. "그는 양털과 삼(피쉬팀⟨pištîm⟩)을 구하여 부지런히 손으로 일하며 베로 옷을 지어 팔며"(잠 31:13, 24). 예루살렘을 신앙 없는 여호와의 신부로 비교하면서 에스겔은 신부의 옷 중에 "좋은 아마 섬유"(쉐쉬, 한국어 성경은 "가는 베"로 번역함)가 있다고 말했다(겔 16:10, 13). 바벨론에 의해 멸망할 두로에 대한 예언에서 에스겔은 베니게의 도시를 당당하게 항해하는 배로 비유한다. 이 배를 묘사하면서 그는 이렇게 말했다. "애굽의 수놓은 아마 섬유(쉐쉬-베리크마⟨šēš-běriqmâ⟩, 한국어 성경은 "가는 베"로 번역함)로 돛을 만들어 깃발을 삼았음이여"(겔 27:7). 에스겔은 또한 에돔이 두로와 무역한 상품 중 "좋은 아마 섬유(부쯔, 한국어 성경은 "가는 베"로 번역함)"를 목록에 넣고 있다(겔 27:16).

이스라엘의 제사장들은 아마로 만든 속옷을 비롯하여 아마로 만든 의복을 입었다. "제사장은 세마포 긴 옷(미도 바드⟨middô bad⟩)을 입고 세마포 속바지(미크네세-바드⟨miknĕsê-bad⟩)로 하체(베샤로⟨běśārô⟩, 성기에 대한 완곡어-역주)를 가리우고"(레 6:10⟨히브리어 성경 6:3⟩). 에스겔은 제사장들의 과도한 아마 의복의 사용에 대해 노골적으로 지적하고 있다. "그들(제사장들)은 베 바지를 입고 땀이 나게 하는 것으로 허리를 동이지 말 것이며"(겔 44:18). 아마는 또한 제사장들의 부속품들에도 사용되었다. 에봇 혹은 긴 조끼는 "좋은 아마(쉐쉬)"로 만들어졌고(출 28:6), 여러 색으로 짜여진 옷과 관 역시 이 "좋은 아마"로 만들어졌다(출 28:6, 39).

여호와와 '그의 아세라'가 함께 섬겨졌던 시나이 반도 북쪽의 쿤틸렛 아즈루드(Kuntillet 'Ajrud 혹은 호르밧 테만⟨Horvat Teman⟩) 유적지는 요새용 성소이자 대상인들의 휴식처였다. 이 유적지가 건조한 사막에 위치해 있었기에 왕국 시대의 연대로 측정되는 100개 정도 되는 옷감 조각들이 보존되어 발견되었다. 이 중에는 아마 섬유와 털로 짠 섬유 조각들이 있었다. 베틀 추들과 아마도 베틀로 사용된 것으로 보이는 나무 막대기들은 물론 아마 실, 섬유로 자은 실, 끈 실 등이 발견된 것으로 보아 이 유적지에서 섬유 제조가 행해졌다는 것을 알 수 있다. 섬유들을 비롯하여 이곳에서 발견된 유물들은 주전 800년 정도로 연대가 추정된다. 아마와 양털을 섞어 짜면 안되는 금지령(레 19:19; 신 22:11)과는 반대로 이 유적지에서는 붉은 색으로 염색한 양털 실과 밝은 푸른색으로 염색한 아마 실을 함께 짠 섬유 조각들이 발견되었다. 매일 일상에서 입는 옷에 혼합이 금지되어 있기 때문에 이렇게 섞어 짠 섬유(양털과 아마)는 단지 제사장의 옷이었을 것이라고 추측된다.[91] 우리는 이미 쿤틸렛 아즈루드(Kuntillet 'Ajrud) 유적지에 제사의식과 관련된 다른 유물들이 발견되었음을 알고 있다.[92]

직물을 짜는 것은 때때로 제사 장소에서 이루어졌다. "그(요시야)는 또 여호와의 성전 가운데 젊은 성직자들(케데쉼⟨qĕdēšim⟩, 한국어 성경은 "남창"이라 번역함)의 집을 헐었으니 그곳은 여인이 아세라를 위하여 아마 의복(바딤⟨baddim⟩, 한국어 성경은 "휘장"으로 번역함)을 짜는 처소였더라"(왕하 23:7). 스태거(Stager)와 볼프(Wolff)는 바팀(bāttîm, 집들) 대신에 바딤(baddim, 아마 의복)이라고 읽는다.[93] 제사용 조각상이나 형상을 옷 입힌다는 의미는 메소포타미아 신들의 조각상들을 의복으로 꾸미는 것과 유사한 것으로 이러한 관습은 주전 9-8세기에 나타난다(렘 10:1-16).[94]

아마는 또한 사해(쿰란) 사본이 발견되었을 경우처럼 사본들을 감싸는 데 사용되었을 것이다. 쿰란 1동굴에서는 수많은 아마 섬유 조각들이 발견되었는데 그중 몇몇은 사본을 감싸는 데 사용되었다.

(3) 면화

면화(카르파스⟨karpas⟩)는 주전 3000년경 인도에서 처음 재배되었다. 메소포타미아에는 주전 1000년 이후에 등장하였고 에게 해 지방에서는 주전 6-5세기에 사용되기 시작했다. 아랏 골짜기의 동쪽 끝에 위치해 있는 호르밧 우자(Horvat 'Uza) 유적지에서 주전 7세기에 면이 사용되었던 증거가 발견되었다. 성경에서 면은 단 한 번 언급되고 있다. 에스더서(1:6)에서 언급하고 있는 아하수에로 왕의 수산 궁(페르시아)에 걸려있던 '백색(카르

---

91. 대제사장이 지성소에 들어갈때는 전체가 아마로 된 옷을 입어야만 했다. 일반적인 아마로 만들어진 제사장의 의복은 "거룩한 옷"(비그데-코데쉬⟨bigdê-qōdeš⟩)이라고 불렸다(레 16:4).

92. Ze'ev Meshel, *Kuntillet 'Ajrud: A Religious Cetre from the Time of the Judean Monarchy on the Border of Sinai*(addendum: Scheffer, Avigail, "The Textiles"), Catalogue 175(Jerusalem: Israel Museum, 1978), no page numbers: "이 유적지의 수많은 문자 기록들은 유적지의 독특한 성격과 중요성을 보여주고 있으며 제의적 기능도 제시하고 있다. 그려진 형상들과 장식적 요소들 역시 같은 맥락을 제시하고 있다."

93. Stager and Wolff, "Production and Commerce in Temple Courtyard," 100, n. 5.

94. A. Leo Oppenheim, "The Golde Garments of the Gods," *JNES* 8(1949): 172-93.

파스〈karpas〉 휘장'이 바로 면이다. 산헤립의 일대기(OIP 2 116 viii 64)는 앗수르 왕이 "양털이 나는 나무"를 심었고 "사람들은 이를 따서 옷감으로 짰다"고 기록하고 있다. 이 이상한 나무는 면화나무를 말하고 있다. 아마도 면화나무를 지칭하는 단어가 아카드어에는 없었던 것으로 보인다.

(4) 방적과 직물 짜기

방적과 직물을 짜는 섬유를 만드는 기술은 토기 사용 이전 신석기 B 시대(주전 7300-6300년)까지 거슬러 올라간다. 이 일은 주로 여성들이 집에서 아이들을 키우면서 하는 일로 간주되었다. 이들의 기술은 성막에 걸고 덮는 모든 장식들을 만들어냈다. "모든 방적(타부〈ṭāwû〉)의 기술을 가진 여인들은 손으로 자아낸 청색, 자색, 홍색실과 좋은 아마실을 가져왔고 모든 방적(타부〈ṭāwû〉)의 기술을 가진 여인들은 염소 털로 실을 자아 가져왔다"(출 35:25-26, 한국어 성경은 "마음이 슬기로운 모든 여인은 손수 실을 빼고 그 뺀 청색 자색 홍색 실과 가는 베실을 가져왔으며, 마음에 감동을 받아 슬기로운 모든 여인은 염소 털로 실을 뽑았으며"로 번역함). 회전을 통해 실을 잣는 방적 기술은 고대의 것으로 주로 양털, 염소 털, 그리고 아마 풀 등에서 실을 뽑아내어 꼬아 섬유용 실로 만드는 과정이다. 아마 풀에서 가장 쉽게 실을 뽑아낼 수 있다. 실을 뽑아내는 과정은 실을 길게 뽑아내는 것이며 실을 꼬는 과정은 직물을 짜기 위한 실들을 만드는 데 필수과정이다. 이렇게 회전을 통해 뽑아낸 실은 직물을 짜는 데 사용되는 반면, 방적 과정을 거치지 않은 실은 바구니 거적을 만드는 데 사용되었다.

방적은 실을 자으면서 감아두는 실톳대와 이 대 위에 붙어 실을 자아 감는 데 도움을 주는 방추로 이루어졌다. 실톳대(커다란 막대)의 갈라진 틈이 있는 한 끝에 방적하지 않은 아마실이나 양털실이 감긴다(그림 72). 오늘날에도 사용되고 있는 손으로 쥐고 하는 물레는 회전하는 막대나 자루 같은 것으로 섬유용 실이 여기에서 꼬아져 실 형태를 갖추어 감겨진다. 방추는 "물레가락 바퀴"라고도 불리는데 둥근 형태의 것으로 구멍을 뚫어 막대에 부착되었으며, 이러한 유물들이 팔레스타인의 발굴장 어디에서고 쉽게 발견되고 있다. 방추는 여러 가지 재료로 만들어졌는데 둥글고 구멍이 뚫려 있는 것으로 토기, 뼈, 상아, 그리고 나무 등으로 만들어졌다. 가장 초기의 방추는 신석기 시대로 연대가 측정되며 이스르엘 골짜기 남서부에 위치한 에인 엘자르바('Ein el-Jarba)에서 발견되었다. 방추로 방적을 하는 것은 같은 시기에 여리고에서도 사용되고 있었다. 잠언은 간단하게 이를 묘사하고 있다. "그녀(현숙한 여인)는 손으로 실톳대(키쇼르〈kišôr〉, 한국어 성경은 "솜뭉치"로 번역함)를 들고 손가락으로 가락(팔레크〈pālek〉)을 잡으며"(잠 31:19).

직물 짜기(오레그〈'ōrēg〉, 호쉐브〈ḥōšēb〉, '베틀')는 방적한 실을 날실(세로줄)과 씨실(가로줄)을 바른 각도로 번갈아 교차하여 직물을 짜는 것이다. 날실은 직물을 짜기 위한 베틀에 세로로 펴서 끼워지고 씨실은 이 놓여진 날실 사이를 위 아래로 교차시킨다. 북은 가로로 놓인 씨실을 세로로 놓인 날실 사이로 지나는 도구로 사용된다. 북들은 몇몇 유적지에서 발견된 바 있다. 잉아 막대(마노르〈mānôr〉)는 베틀과 나란히 놓여져 있는 채로 날실을

그림 72. 실톳대를 사용하여 털을 방적하여 실로 자아내고 있는 여인의 모습. 실톳대에 물레가락 바퀴가 있는 것을 주목하라(L. E. Stager 전재 허가).

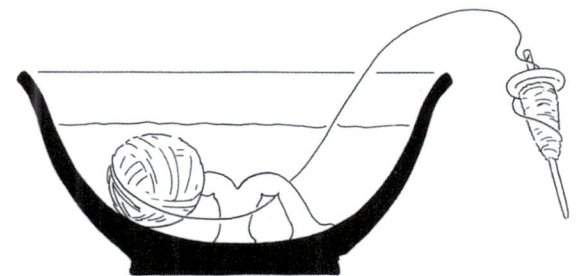

그림 73. 아마/린넨을 실로 자아내기 위한 방적용 그릇(그림: Catherine S. Alexander).

서로 떨어져 구분되게 하여 직물을 짤 때 날실을 위로 올리고 내리는 기능을 돕는다. 잉아 막대는 "베틀 채"라고도 불린다. 사무엘상 17:7과 사무엘하 21:19은 골리앗의 창 자루와 베틀 채(메노르 오르김〈měnôr'ōrgîm〉)를 비교하고 있다. 잉아 막대처럼 창 자루에는 투석을 위한 고리로 가죽 끈이 달려 있었다. 이 가죽 끈의 목적은 창을 던졌을 때 속력이 더 나게 하기 위한 것이었다. 잉아 막대는 베틀에서 그다지 큰 부분을 차지하는 것은 아니기에 창과의 생김새와 모양을 비교해볼 때 크기는 작았다.[95] 히브리어에 이 근사한 무기의 적당한 이름이 없어 성경 저자는 이스라엘 민족의 물질 문화 속에 이미 알려져 있는 베틀 채라 불려지는 유사한 유물로 묘사해야만 했다(그림 74).

베틀은 수평형과 수직형 두 가지 종류가 있다. 수평형 베틀은 둘 중에 더 많이 사용되었고 더 오래된(신석기 말기) 것이며 또한 이동이 가능한 것으로 두 개의 막대로 이루어져

---

95. Yigael Yadin, "Goliath's Javelin and the menor 'orgim," *PEQ* 86(1955): 58–69.

그림 74. 주전 5세기 그리스의 접시(킬릭스 〈kylix〉). 창을 던지고 있는 모습의 그리스의 용사가 묘사되었는데 창 자루에 가죽 끈이 달려 있다. 성경의 골리앗이 들고 있었던 "베틀채" 같은 창 자루가 이렇게 생겼을 것이다(삼상 17:7). 이 창 자루에 가죽 끈으로 된 손잡이가 달려 있으므로 보다 멀리 더 정확하게 창을 던질 수 있었다(대영 박물관 전재 허가).

이들을 양쪽으로 벌려놓고 땅에 4개의 말뚝을 박아 각 끝을 고정시킨 후 날실을 막대기 사이에 펴서 고정시켜놓는다. 가장 오래된 수평형 베틀은 나할 미쉬마르(Nahal Mishmar)와 나할 헤마르(Nahal Hemar) 동굴에서 발견되었다.[96] 이 베틀의 모양을 보여주고 있는 가장 초기의 것은 상부 이집트에 위치한 바다리(Badari) 유적지에서 발견된 대접에 그려져 있다(주전 4000년 말). 유목민들은 지금도 이 수평 베틀을 이용하고 있다.

수직형 베틀은 기본적으로 실을 바른 각도로 서로 맞물리게 꼬아 옷감으로 만드는 나무로 된 틀을 말한다. 수직형 베틀은 두 개의 수직으로 놓이는 막대와 가로로 놓이는 한 개의 막대로 이루어져 있다. 날실은 이 가로 막대에 꿰어져서 밑으로 드리워지는데 이때 날실의 끝은 점토나 돌로 만들어진 구멍이 뚫린 추에 묶어 팽팽하게 당겨진다. 때때로 벽 근처에서 발견되는 일렬로 놓여져 있는 점토로 만든 베틀 추들을 볼 때 이들이 수직형 베틀에 어떻게 묶여져 있었는지 알 수 있다. 무게가 실린 날실(세로로 실이 팽팽하게 죄어져 있음) 베틀은 이미 주전 3000년 중반경부터 사용되었다(그림 76). 고대의 베틀 짜는 사람들은 항상 수직형 베틀 앞에 앉아있는 것으로 묘사되었다.

---

96. Pessah Bar-Adon, *The Cave of the Treasure*(Jerusalem: Israel Exploration Society, 1980), 177-85.

그림 75. 아스글론에서 발견된 진흙으로 만들고 굽지 않은 원형 베틀 추. 이 베틀 추는 항아리 마개로도 사용되었다. 철기 II 시대((Leon Levy Expedition 전재 허가; 사진: I. Sztulman).

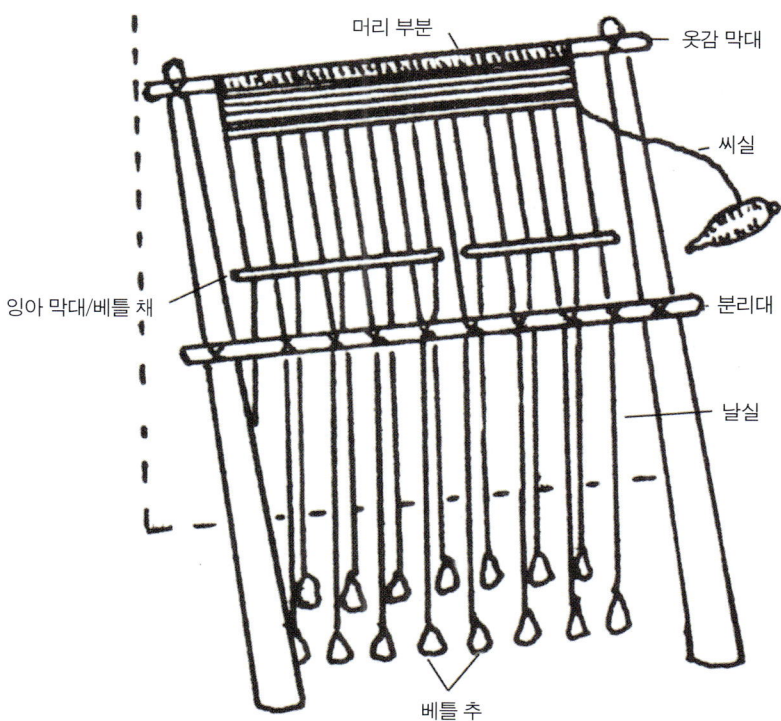

그림 76. 날실 추가 달린 베틀 복원 모습(그림: M. Vostral, *Prehistoric Textiles* E. J. W. Barber).

그림 77. 베니 하산의 쿠눔호템의 무덤, 주전 1900년경. 좌: (위에서 볼 때) 수평형 베틀을 작동하고 있는 두 여인. 우: 물레바퀴와 실톳대를 사용하여 실을 잣고 있는 여인들; 감독관 하나가 뒤 배경으로 서 있다(메트로폴리탄 박물관 뉴욕 전재 허가: Rogers Fund, 1933).

딤나(텔 바타쉬〈Tel Batash〉)와 다른 철기 시대 유적지들에서 수많은 베틀 추가 집안에서 발견된 것으로 보아 직물을 짜는 작업은 집에서 이루어진 것으로 보인다. 다양한 베틀 추가 날실을 팽팽하게 잡아당기기 위해 사용되었다. 레반트에서 사용된 베틀 추들은 날실을 연결하기 위해 구멍이 뚫려있었고 모양도 다양했다. 꼭짓점 근처에 구멍이 뚫려 있는 피라미드 모양의 베틀 추, 가운데 구멍이 뚫려있는 원형의 베틀 추, 또한 굽지 않은 점토로 만들어진 구멍이 없는 원통형 베틀 추(그림 75)가 사용되었다. 원통형의 경우 베틀 추의 마치 허리처럼 잘록하게 들어간 부분에 실이 묶여졌고 블레셋인들의 유적지인 아스글론, 에그론, 아스돗에서 발견되었다.[97] 이러한 베틀 추는 에게 해 지방의 실을 감아 사용하던 베틀 추이다.

삼손과 들릴라의 이야기에는 직물을 짜는 과정이 묘사되어 있다. 들릴라는 삼손의 힘을 약하게 하기 위해 그의 머리를 베틀의 날실과 섞어 짠다. 삼손은 들릴라에게 이렇게 말했다. "그대가 만일 나의 머리털 일곱 가닥을 베틀의 날실에 섞어 짜면(타아르기〈ta'argi〉) 되리라"(삿 16:13). 잠든 삼손의 머리를 그녀의 무릎에 놓고 수직형 베틀 옆 바닥에 앉아 들릴라가 그의 긴 머리를 날실과 섞어 짜는 것은 쉬운 일이었다.

직물을 짜고 방적하는 일은 다아낙(Ta'anach) 유적지에서 발견된 주전 10세기경의 제사용 건물 근처에서 행해졌다. 60개의 점토로 만든 베틀 추와 한 개의 방추, 양의 복사뼈들 140개, 그리고 곡물이 들어있는 저장용 항아리들이 발견되었다.[98] 다아낙 유적지와 형태와 연대가 유사한 므깃도(VA-IVB층, Locus 2081)의 제사용 방에서는 양/염소 복사뼈가 가득한 대접 하나와 향을 피우는 제단들, 방추 혹은 베틀 추 등의 직물을 짰음을 보여주는 유물들이 발견되었다.[99]

나할 미쉬마르(Nahal Mishmar)의 보물 동굴 안에서 발견된 동석병용기의 유물들 중에

---

97. Stager, "Forging an Identity: The Emergence of Ancient Israel," 165-66. Margaret Wheeler, "Loomweights and Spindle Whorls," K.M. Kenyon and T.A. Holland, eds., *Excavation at Jericho*(London: British School of Archaeology in Jerusalem), 4:623: "여리고에서 발견된 점토로 만든 베틀 추들은 두 가지 종류가 있다. 구멍이 뚫린 원뿔 혹은 작은 공 모양의 것으로 종종 구멍에는 실이 감겨있었던 흔적이 홈이 되어 남아있으며, 또 다른 종류는 구멍이 뚫려있는 원형의 추이다."

98. Paul W. Lapp, "The 1963 Excavations at Ta'annek," *BASOR* 173(1964): 4-44; "Th 1966 Excavations at Tell Ta'annek," *BASOR* 185(1967): 2-39; "Taanach by the Waters of Megiddo," *BA* 30(1967): 2-27; "The 1968 Excavations at Tell Ta'annek," *BASOR* 195(1969): 2-49. 복사뼈가 돼지의 것이 아닌 양/염소의 것으로 보는 견해에 관해서는 다음을 보라. Lawrence E. Stager and Sam Wolff in "Production and Commerce in Temple Courtyards," 100, n.7.

99. Gordon Loud, *Megiddo II: Seasons of 1935-39*(Chicago: Oriental Institute, University of Chicago Press, 1948), 44-45, 161-62.

는 직물 짜는 것과 관련이 있는 것들이 있었는데, 예를 들어, 두 개의 날카롭게 다듬은 뼈로 된 바늘 형태의 북들과 바닥에 놓고 사용한 수평형 베틀의 부분들이 있다.[100]

타마르 쉬크(Tamar Schick)는 토기 사용 이전 신석기 B 시대의 나할 헤마르(Nahal Hemar) 동굴에서 수백 개의 밧줄, 거적, 바구니 조각들을 발견했다. 밧줄은 방적하지 않은 줄로 만들어졌다. 밧줄로 만들어진 용기들은 안과 밖을 아스팔트(헤마르⟨ḥēmār⟩) 접착제로 몇 겹씩 발라져 있었다. 꼬아서 만든 바구니와 코일을 감아 만든 바구니의 예들도 발견되었다.[101]

직물을 짜고 바구니와 거적을 만드는 일은 유대 광야 여리고 지역에서 주전 4000년의 연대로 추정되는 병사의 동굴에서 발견되었다. 이곳에서 발견된 중요한 유물들 중에는 세 가지가 있다. 커다란 포장용 천, 중간 크기의 직사각형의 옷감과 길고 좁은 띠가 있다. "포장용 천"이라고 불리는 유물은 길이 7미터, 너비 2미터의 넓게 아마 실로 짜진 덮개로 장식용 줄과 세로 술로 장식되어 있다. '띠'는 길이 2미터, 너비 20센티미터로 아마 실로 만들어졌다.[102] 이 띠는 성경에서 말하는 '허리띠'나 '띠'같은 것으로 초기청동기 I 시대 이전 것이었다. 비록 증거물이 부족하기는 하나 여리고 근처에서 관개하여 자란 아마가 이 아름다운 섬유들을 짜는 데 사용되었을 것이다. 더불어, 이 '용사'는 킬트, 허리띠를 입고 있었고 그의 샌들과 커다란 덮개, 그리고 나무로 만든 제물을 담은 대접, 그의 활, 엮어 만든 거적과 함께 묻혔다.[103]

(5) 자수

자수(로켐⟨rōqēm⟩, 수놓는 사람) 혹은 바늘로 장식을 하는 것은 성막의 휘장들처럼 다

---

100. Bar-Adon, *The Cave of the Treasure*, 185: "동굴내에서 발견된 몇몇 섬유 조각들이 적어도 이곳에서 제조되었다고 볼 때 베틀이 현존했다고 볼 수 있다. 대부분의 섬유들은 아마로 만들어졌는데 아마는 아마도 엔게디에서 만들어졌으리라 생각된다. 이는 엔게디가 이 주변(나할 미쉬마르는 엔게디 오아시스에서 남쪽으로 10킬로미터 떨어져있다)에서 유일하게 아마를 재배할 수 있을 만큼의 풍부한 물이 공급되는 장소이기 때문이다."

101. Tamar Schick, "Cordage, Baketry and Fabrics," in O. Bar-Yosef and D. Alon, *Nahal Hemar Cave*, 'Atiqot 18(Jerusalem: Israel Exploration Society, 1988), 31-43. 다음과 비교하라. Elizabeth Crowfoot, "Textiles, Matting and Basketry," in Kenyon and Holland, eds., *Excavations at Jericho*, 2: 662-63. 또한 Bar-Adon, *The Cave of he Treasure*, 190: "초기와 후기의 층들 모두에서 발견된 유물들에는 거적, 쟁반처럼 엮은 것, 바구니, 밧줄들이 있다. 동석병용기 유물은 특별히 많고 다양했으며 유물의 숫자와 크기 그리고 보존 상태는 예외적으로 좋았다."

102. Tamar Schick, *The Cave of the Warrior*(Jerusalem: Israel Antiquities Authority, 1998)

103. 아마도 '덮개'는 겉옷이었을 것이며 킬트는 속옷이었고 띠를 둘렀을 것이다.

양한 색깔의 실로 어떤 특정한 패턴을 짜 넣는 것을 말한다. 바늘은 청동, 뼈, 상아로 만들어졌다. 에스겔은 이집트와 에돔이 자수를 생산했다고 언급했다(겔 27:7, 16). 수놓은 의복은 사치품의 상징으로서 왕실과 대제사장이 입었다(출 28:39). 시편 45편에서 왕의 결혼에 대해 묘사하면서 왕비에 대해 이렇게 말한다. "수놓은 옷(레카모트⟨rĕqāmôt⟩)을 입은 그녀가 왕께로 인도함을 받으며"(시 45:14⟨히브리어 성경 45:15⟩). "내(여호와)가 너(예루살렘, 음녀)를 수놓은 옷(리크마⟨riqmâ⟩)을 입히고"(겔 16:10; 26:16).

성막 휘장은 상세하게 묘사되어 있다. "너는 성막을 만들되 가늘게 꼰 베실과 청색 자색 홍색 실로 그룹을 정교하게 수 놓은 열 폭의 휘장을 만들지니(마아쎄 호쉐브⟨ma'ăśēh ḥōšēb⟩, 문자적으로는 베짜는 사람의 일)"(출 26:1). 성막을 건설하도록 지명된 기술자들은 브살렐과 오호리압으로 그들의 기술 중에는 수놓는 것도 있었다. "지혜로운 마음을 그들(브살렐과 오호리압)에게 충만하게 하사 여러 가지 일을 하게 하시되 조각하는 일과 공교로운 일과 청색 자색 홍색 실과 가는 베실로 수놓는 일과 짜는 일과 그 외의 여러 가지 일을 하게 하시니"(출 35:35; 38:23).

정교하게 수가 놓인 것은 상당히 가치가 높았다. 시스라가 승리하여 돌아오기만을 기다리는 그의 들뜬 어머니는 그가 전쟁의 약탈물을 챙기느라고 늦어진다고 생각했다. "그들이 어찌 노략물을 얻지 못하였으랴, 그것을 나누지 못하였으랴, 사람마다 한두 처녀를 얻었으리로다. 시스라는 채색옷(쩨바임⟨ṣĕbāîm⟩)을 노략하였으리니 그것은 수놓은 채색옷(쩨바임 리크마⟨ṣĕbāîm riqmâ⟩)이리로다. 곧 양쪽에 수놓은 채색옷(쩨바임 리크마타임⟨ṣĕbāîm riqmātayim⟩)이리니 노략한 자의 목에 꾸미리로다"(삿 5:30).

(6) 축융

옷감의 축융은 새로운 옷감을 줄이고 손질하고 풀을 먹여 더 좋게 보이도록 하는 과정을 말한다. 손질하는 과정은 섬유를 밟거나 두드리거나 문질러서 이루어진다. 코베스(kōbēs)라고 하는 분사는 '축융자'를 일컫는 말로 히브리어의 kbs를 어원으로 하며 그 의미는 '옷감을 밟고 문지르고 두들겨 손질하다'이다. 옷감을 통에 넣고 밟은 후 이를 샘, 물 저장고, 못 같이 물이 풍부한 곳에서 씻는다.

여호와께서는 이사야에게 유다 왕 아하스와 "위 못 수도 곁(테알라트 하베레카⟨tĕ'ālat habbĕrēkâ⟩) 축융자(한국어 성경은 "세탁자"로 번역함)의 밭 큰길(쎄데 코베스⟨śĕdēh kôbēs⟩)"에서 만나라고 말씀하셨다. 여기서 선지자는 왕에게 르신과 베가의 임박한 공격을 두려워 말라고 말했다. 바로 같은 장소에서 앗수르의 장관들과 히스기야 왕의 신하들이 만났다(사 36:2; 왕하 18:17). 비록 많은 추측들이 있긴 하지만 지형학적으로 자세한 사항들이 부족한 관계로 "위 못"이나 "축융자의 밭"이 어디였는가는 확실하게 알 수 없다. 단 바핫(Dan Bahat)은 (또한 다비드 우시쉬킨〈David Ussishkin〉도) 이 축융자의 밭과 못을 예루살렘 북쪽으로 보고 있다.[104]

양털을 손질하고 짠 옷감에서 기름을 빼고 원재료에서 묻어나온 고무수액 등을 깨끗이 하는 축융 작업 이후 염색을 할 수 있다. 비누는 후대에 만들어진 것이기 때문에 비누를 제외한 다양한 물질들이 옷감을 씻는 데 사용되었다. 예레미야는 두 가지 세정제 네테르(neter)와 보리트(bōrît, '깨끗게 하다'라는 의미의 바라르〈bārar〉를 어원으로 함)를 언급했다. "네가 네테르(neter, 한국어 성경은 "잿물"로 번역함)로 스스로 씻으며 수다한 보리트(bōrît, 한국어 성경은 "비누"로 번역함)를 쓸지라도 네 죄악이 오히려 내 앞에 그대로 있으리니"(렘 2:22). 네테르(neter, 소다석)는 천연 나트륨의 함수 탄산염 광물이다. 알칼리 수액은 잿물(포타슘 카보네이트〈potassium carbonate〉)과 소다(소듐 카보네이트〈sodium carbonate〉)를 물에 희석시킨 것이다. 잿물은 염분이 있는 사막의 풀을 태워 얻어진다.

보리트(bōrît)는 식물성 알칼리를 말하며 정확하게는 비누가 아니다. 네테르와 보리트 모두는 세정제로 사용될 만하다. 한때 실수로 라기스라고 추정되었던 텔 엘 헤시(Tell el-Hesi) 유적지에서 페트리(Petire)는 '널리 퍼져 있는 잿더미'를 발견했는데 알칼리를 얻기 위해 식물을 태운 흔적으로 보인다. 브리스(Bliss)는 이 잿더미를 '네 번째 도시' 연대, 즉 주전 1300년경으로 추정하고 이 잿더미를 아궁이로 보았지만 그 용도는 밝히지 못했다.[105]

(7) 염색

옷감을 염색하는 것은 미라를 감쌌던 아마 섬유에서 증명된 바 이집트에서 주전 2500년경 이미 실행되었다.[106] 아카드어의 가부(gabu, 알룸〈alum〉)는 이집트어에서 온 외래어

---

104. Dan Bahat, "The Fullers' Field ad the 'Conduit of the Upper Pool,'" in A. Ben-Tor, J.C. Greenn Field, and A. Malamat, eds., *Eretz-Israel* 20 (Yigael Yadkin Volume)(Jerusalem: Israel Exploration Society, 1989), 253-255 (영어로는 203*-204*).

105. W.M. Flinders Petrie, *Tell el Hesy(Lachish)*(London: PEQ, 1891), 16. Frederick J. Bliss, A Mound of Many Cities(London: PEQ, 1894), 64-67.

106. Alfred Lucas and J.R. Harris, *Ancient Egyptian Materials and Indutries*, 4th ed.(London: E. Arnold, 1962).

일 것이며 염색, 가죽작업, 유리제작에 사용되었다.[107] 염색의 재료는 미네랄, 식물, 동물성 등이 있다. 색깔이 지위를 상징하기도 했기 때문에 염색은 중요한 산업이었다. 가장 단순한 염색 방법은 마감한 옷감을 염색 통에 담그는 것이다. 통들은 매우 작았다. 구멍이 뚫려 있는 통들이 한때 실수로 염색에 사용된 통이라고 해석되었지만 이들은 올리브기름을 짜는 데 사용된 압축용 돌이라는 것이 밝혀졌다(예, 텔 베이트 미르심〈Tell Beit Mirsim〉). 아마와 면 실은 옷감으로 짜지기 전에 염색을 한다. 염색은 염착제 등을 사용하여 이루어졌다(주전 2000년 초기 이집트에서). 알룸(*alum*)은 가장 인기 있는 염색제였다. 염색은 상당히 비싼 작업이었기 때문에 염색 후 남은 염색제는 다시 통에 부어졌다. 옷감을 헹구기 위해서는 많은 양의 물을 필요로 했다.

상당히 발달했던 색상에도 불구하고 성경 원어에 대한 부족한 어휘력 때문에 주석가들은 확실하게 각각의 색깔을 밝히기 어려웠다. 그러나 종종 성경은 여전히 색깔이 풍부하게 가미된 비품은 물론 염색된 실로 자수를 할 수 있었던 브살렐과 오홀리압 같은 장인들을 언급하고 있다(출 35:35).[108]

자주색은 성경 시대에 가장 값비싼 색깔로서 부유한 이들과 상류층만이 특별히 사용하였다.[109] 이 색은 대제사장의 의복을 장식했고(출 28:6, 15, 31), 성막(미쉬칸〈*miškān*〉) 안에 드리워진 휘장 역시 장식했다. 이스라엘 주변 국가의 제사에서는 신들의 형상이 보라색으로 장식되었다. "청색(테켈레트〈*tĕkēlet*〉, 푸른 보라색)과 자색(아르감만〈*'argāmān*〉) 옷을 입었나니"(렘 10:9).

아르감만(*'argāmān*)과 테켈레트(*tĕkēlet*)[110]는 제사 장소의 장식으로 사용되었다. 세 가지 염색된 울이 성경에 언급되어 있는데 이들은 테켈레트(*tĕkēlet*), 아르감만(*'argāmān*), 토라아트 샤니(*tôla'at šānî*, 주홍색실)이다. 이사야는 '주홍색'과 '진홍색'을 죄스런 행위를 은유할 때 사용하였는데, 아마도 이 색들이 피 색깔과 유사하였기 때문일 것이다. "너희의

---

107. *CAD*, 5:7.
108. Benno Lansberger, "Über Farben in Sumerisch-Akkadischen," *JCS* 21(1967): 147-49.
109. Waldo H. Dubberstein, "Comparative Prices in Later Babylonia(625-400 B.C.)," *American Journal of Semitic Languages* 56(1939): 29: "울의 가격은 1파운드의 무게에 1세겔이었다. 염색된 울은 더 비쌌다. 1파운드의 보라색으로 염색된 울을 사려면 15세겔이 지불됐다."
110. Baruch A. Levine, *Numbers 1-20*, AB(New York: Doubleday, 1993), 400-401: "아카드어로는 *takiltu*로 이 단어는 '불변하는, 흔들리지 않는'이라는 의미를 가진 아카드어 형용사인 *taklu*와 관련이 있다. 이 어원은 염색이 오랫동안 불변하거나 영구적인 색깔을 유지했음을 반영하고 있는 것인지도 모른다. 팔레스타인 탈무드(브라콧 1:5)는 이 색깔을 바다의 색깔로 표현하고 있고 우가릿에서는 라피스 라줄리를 칭하는 단어인 *uqnu*가 이 색깔을 지칭하는 데도 사용되었다."

죄가 주홍 같을지라도 눈과 같이 희어질 것이요. 진홍(톨라⟨tôlaʻ⟩)같이 붉을지라도 양털 같이 희게 되리라"(사 1:18). 붉은색은 쉽게 인식될 수 있는 색이기에 많이 사용되었다. 성전 건물을 짓기 위해 준비할 때 솔로몬은 두로 왕 히람에게 성전을 "자색(아르게반⟨ʼargĕwān⟩, 후대 히브리어는 아르감만⟨ʼargāmān⟩을 사용했다-역주), 홍색(카르밀⟨karmîl⟩), 청색(테켈레트⟨tĕkēlet⟩) 실로 직조하며 또 아로새길 줄 아는 재주 있는 사람 하나를 내게 보내어" 꾸미도록 하였다(대하 2:7⟨히브리어 성경 2:6⟩). 아르감만과 테켈레트는 국제적 무역과 공물의 목록에도 언급되어 있는 항목들이다. 주전 1000년 전에 자주색으로 염색된 울은 대상인들이 서쪽 지방에서 신상들의 옷으로 종종 사용되었던 메소포타미아로 가져왔다. 디글랏빌레셋 III세가 수리아와 팔레스타인 지방에서 펼친 전쟁에서 가져온 전리품에는 다음과 같은 것들이 포함되어 있었다. "다양한 색깔로 된 의복, 린넨 의복, 청색과 자색의 울…털이 자색(아르감마누⟨ʼargamanu⟩)으로 염색된 살아있는 양, 날개가 청색(타킬테⟨takilte⟩)으로 염색된 하늘을 나는 새들".[111]

베니게 해변은 고대에 자주색 염색 산업으로 유명했다. 이미 주전 2000년에 베니게인들은 자주색 염색을 시작했으며 이들은 자주색으로 염색된 옷감을 거래했다. '가나안'과 '베니게' 라는 이름들은 사실 아마도 자주색을 의미하는 동의어였을지도 모른다. '가나안'이라는 단어는 아카드어의 키나후(kinaḫḫu)에서 유래됐는데 이는 "자색"을 의미하고 반면에 '베니게'라는 단어는 아마도 그리스어 "진홍"의 의

그림 78. 갑각류: 뮤렉스 트룬쿨루스(*Murex trunculus*, 좌)와 뮤렉스 브란다리스(*Murex brandaris*, 우).

미를 가진 포이노스(*phoinos*)에서 유래되었을 것으로 보인다. 베니게인들은 아르감만과 테켈레트 두 색깔 다 만들어냈다. 아르감만과 테켈레트를 정확히 구별한다는 것은 어렵

---

111. Hayim Tadmor, *The Inscriptions of Tiglath-pileser III King of Assyria*(Jerusalem: Israel Academy of Science and Humanities, 1994), 69: Tadmor는 "오랜 기간 동안 앗수르의 왕을 기쁘게 하기 위한 자색으로 물들인 살아있는 양과 청색으로 물들인 새들 같은 엄청난 선물들을 고안해낸 사람은 아마도(70쪽의 n. 4) 베니게의 왕이었을 것이라고 생각했다. *argamanu*와 *takiltu*에 대해서는 Landsberger, "Über Farben im Sumerisch-Akkadischen," *JCS* 21(1967): 147-49를 보라.

지만 이들은 같은 색은 아니다. 성막과 성전에 드리워진 휘장의 묘사에서 아르감만과 테켈레트가 함께 언급되었고(출 26:1; 대하 2:7〈히브리어 성경 2:6〉) 제사장의 의복의 장식을 설명할 때도 함께 나타난다(출 28:4-5, 31-33).

이 값비싼 색들은 레반트(고대 베니게) 해변의 바위에서 서식하는 고둥 껍질에서 얻었다. 이 껍질들이 쌓여 있는 더미들이 발견될 때 고고학적으로 이곳에 자주색 염색 산업이 있었음을 추측할 수 있다. 염료 생산을 위해 쓰고 버려진 이 껍질들의 더미들이 여러 유적지에서 발견된 바 있다. 지중해 뿔 고둥의 아가미 밑선에서 나오는 분비물은 염료를 생산한다. 이러한 염료들을 만드는 데 사용된 갑각류는 뮤렉스 트루쿨루스(*Murex trunculus*)와 뮤렉스 브란다리스(*Murex brandaris*)이다(그림 78). 껍질들을 부수어 소금을 넣고 끓인 다음 태양 아래 두면 후에 분비물들이 자주색으로 변한다. 1그램의 자주색 염료를 생산하는 데 팔천 개의 고둥이 필요하다.

이 고둥들은 두로, 시돈, 우가릿, 아스돗 그리고 쉬크모나(Shiqmona) 같은 몇몇 유적지들에서 집중적으로 발견되었다. 에스겔(27:7)은 엘리사 섬(현 키프루스)이 아르감만과 테켈레트의 원산지라고 언급하고 있다. 고대의 자주색 염료를 생산했던 중요한 유적지는 베니게의 사렙다(현 사라판드〈Sarafand〉)이다. 주전 13세기의 도시에 있던 산업 구역들에서 프리차드(Pritchard)는 자주색이 묻어 있는 저장용 항아리의 토기 조각 세 개와 자주색 흔적이 남아있는 주둥이가 달린 토기로 만든 큰 통을 함께 발견하였다. 그는 또한 웅덩이 하나에서 고둥 껍질들이 모여 있는 것을 발견하였다. 사렙다가 지중해만에 걸쳐 자주색으로 염색된 섬유를 수출했음이 틀림없다.

하이파와 악고 사이에 위치한 텔 케이산(Tell Keisan 혹은 텔 키손〈Tel Qison〉) 유적지에서는 고대 팔레스타인에서 자주색 염료 산업이 일찍이 발전하였음을 보여주는 증거가 발견되었다. 주전 11세기(철기 I 시대)로 연대가 측정되는 한 커다란 용기 안에는 자주색 염료가 담긴 채 발견되었다. 악고의 지중해변 항구에서는 많은 양의 부서진 고둥조각은 물론 주전 13세기 말경부터 주전 12세기 초까지의 연대로 측정되는 가마들도 발견되었는데 이곳에 자주색 염료 산업이 발전해 있었음을 보여주고 있다. 자주색 염료 산업의 흔적들은 또한 지중해변, 갈멜 산의 남서쪽에 있는 텔 쉬크모나(Tel Shiqmona)에서도 발견되었다. 순수한 자주색 염료의 흔적들이 묻어있는 상당히 많은 양의 토기 조각들이 발견되었다. 이 염료는 쉬크모나 유적지에서 적어도 주전 9세기에 생산되었다.[112] 부서진

---

112. Nira Karmon and Ehud Spanier, "Remains of a Purple Dye Industry Found at Tel Shiqmona," *IEJ*

조개껍질들과 자주색이 남아있는 흙이 담긴 웅덩이 하나와 염색용 도구로 사용된 액체를 흘러나가게 만든 도관이 연결된 웅덩이의 일부분이 지중해변의 도르(Tel Dor) 유적지에서 발견되었다. 페르시아 시대(주전 6세기 후반)와 아마도 좀 더 이전 시대에 도르에는 자주색 염료를 생산하는 자가 있었을 것이다.[113]

아스글론과 다른 장소에도 도시 안에 한정된 구역에 염색을 하는 장소가 있었던 것으로 보인다. 이는 냄새뿐만 아니라 불을 사용한다는 점 때문이었다. 단지 아스칼론(아스글론)의 율리우스라 알려진 서적에 따르면 아스칼론의 한 건축가는 구역제도법 혹은 건축가들의 관례를 정해 염색자들의 구역이 있었음을 시사하고 있다. 후기 비잔틴 시대의 법률 편집자 하르메노푸루스(Harmenopulus)는 이 서적을 주후 12세기 혹은 14세기의 것으로 본다. 율리우스가 단지 이 서적에서만 언급되어 있기 때문에 이 아스칼론의 율리우스라는 서적의 연대는 확실하게 밝힐 수 없다. 떼르마브로코이(Thermobrochoi, 열을 가하는 염색자)와 바페이스(Bapheis, 염색자)에 관한 그의 법조문은 다음과 같다.

> 떼르마브로코이(Thermobrochoi, 열을 가하는 염색자)와 바페이스(Bapheis, 염색자)의 산업은 이 산업이 상당 부분 불을 사용하고 지속적인 사용으로 인해 주변의 높은 집들을 훼손한다. 그러므로 만약 혹자의 집이 낮아 그 옆의 집이 더 높아진다면 이 집에서는 가열의 행위가 행해져서는 안된다. 위에서 언급된 것처럼 가열이 많이 사용되고 지속적으로 사용되기 때문에 주변의 높은 집들이 훼손되는 것뿐만 아니라 이 집들을 불로 태우는 위험도 야기하고 있다. 그러므로 이 산업을 위한 공인들은 다른 이들의 집주변에서 일을 하는 것을 중지할 뿐만 아니라 나아가 공인들은 각 측면을 6과 3분의 2규빗(3미터) 떨어진 곳에서 일해야 하는데 이는 이 거리에서는 연기가 흩어지기 때문이다.[114]

38(1988): 184-86.

113. Ephrahim Stern and Ilan Sharon, "Tel Dor, 1986," *IEJ*(1987): 208.

114. Constantinus Harmenopulus, *Manuale Legum sive Hexabiblos*(Leipzig: T.O. Weigel, 1851), 247: Johan Pairman Brown, *The Lebanon and Phoenicia: Ancient Texts Illustrating the Physical Geography and Native Industries, vol. 1, The Physical Setting and the Forest*(Beirut: American University, 1969), 50.

3) 제혁

제혁은 타닌산을 이용하여 동물의 가죽을 다듬어 피혁으로 준비하는 과정으로 먼지와 피, 지방 그리고 살 등을 제거하기 위해 세탁하고 담가두는 과정을 말한다. 식물 추출물과 라임열매와 나무껍질에서 얻은 용해물은 이 과정을 용이하게 하고 동물의 가죽으로부터 털을 제거하기 위해서는 소금물이나 소변에 담가두면 된다.

제혁은 비록 히브리어 성경에 기록되어 있지 않지만 고대 기술의 하나로서 주전 4000년 전으로 그 역사가 거슬러 올라간다. 히브리어로 '제혁하다/무두질하다'는 메오다밈(mĕ'oddāmim)으로 '붉게 하다'라는 의미를 가지고 있다. 아마도 제혁 과정에 가죽을 붉게 하는 것을 의미할 것이다. 신구약 중간시기와 신약시대에 제혁에 관한 자료들을 찾아 볼 수 있는데, 욥바(현대 얍보)에서 베드로가 머문 집은 피장이(비르세우스⟨byrseus⟩) 시몬의 집이었다(사도행전 9:43; 10:6, 32). 피장이들은 작업에 의해 생겨나는 불쾌한 냄새 때문에 도시의 외곽에 머물러야만했다.

가죽은 다양한 용도로 사용되었다. 타하쉬(taḥaš, 돌고래 가죽, 한국어 성경은 "해달의 가죽"으로 번역함)는 성막의 웃 덮개로 사용되었다(출 26:14). 성막에는 다른 세 가지 덮개가 있었다. 가장 내부의 덮개(미쉬칸⟨miškān⟩)는 그룹들로 장식된 린넨, 염소 털로 만든 덮개, 그리고 붉게 물들인 수양의 가죽이다. 증거궤는 돌고래 가죽으로 덮고 그 위에 청색(테켈레트⟨tĕkēlet⟩) 천으로 덮었다(민 4:6; 또한 4:10, 12, 14).[115] 돌고래의 뼈는 이미 초기청동기 시대, 지중해변에서도 꽤 떨어져 있는 아이 유적지에서 발견된 바 있다.[116]

돌고래 가죽은 광야의 성막에서 사용되기에 생소한 가죽이었을 것이다. 그러나 타하쉬(taḥaš)라는 가죽의 의미를 다른 가죽으로 해석한 제안들은 타당성이 없는 것으로 밝혀졌다. 이 히브리어 단어는 아랍어의 홍해에 많은 돌고래를 칭하는 투하스(tuḥas)와 같은 어원을 가지고 있을 것이 분명하다. 에스겔 16:10에서 여호와는 예루살렘의 창녀에게 돌고래 가죽(한국어 성경은 "물돼지 가죽"으로 번역함)으로 만든 신을 신겼다.[117] 돌고래 문양은 아바리스(Avaris) 유적지에서 발견된 가나안인들의 원통형 인장(중기청동기 II 시대)에 산들을 뛰어 넘고 있는 바알 짜폰 신(Ba'al Ṣaphon)과 함께 나타나고 있다(그림 167). 철기

---

115. Cross, *From Epic to Canon*, 88.
116. Paula Wapnish와의 개인적인 대화로 알게됨.
117. G.A. Cooke, *Ezekiel*, ICC(Edinburgh: T. & T. Clark, 1936), 164.

II 시대의 뱃사람 쉐멜(Shem'el)의 부적이었던 베니게 양식의 인장에도 돌고래가 새겨져 있다.[118] 베니게 양식의 봉헌 기념비와 동전들에도 돌고래가 지중해의 상징으로서 사용되었다. 그렇다면 왜 광야에 세워진 성막을 장식하는 데 돌고래의 가죽으로 만든 덮개가 사용되었을까? 프랭크 크로스(Frank Cross)는 여호와의 성막이 가나안의 엘 신의 거주지를 흉내낸 것으로 보고 있다. 엘 신의 거주지가 이중으로 깊은 못에 있던 바다의 가장 중앙에 위치해 있던 장막 성소였고, 이러한 신화가 옮겨와 비록 성막이 광야에 지어졌다 할지라도 물과의 관련성에 의해 돌고래의 가죽이 사용되었을 것이라고 주장했다.[119]

가죽은 또한 의복으로도 사용되었다. 가죽(양가죽)으로 만든 의복의 일부분들이 나할 미쉬마르의 보물 동굴에서도 발견되었다. 엘리야는 "털이 많은 사람인데 허리에 가죽띠"를 띠었던 사람으로 묘사되었다(왕하 1:8). 투구, 방패들의 일부분, 다른 무기들의 부분들과 때때로 끈과 수면용 담요들이 가죽으로 만들어졌었다. 액체를 담는 가죽부대가 만들어지기도 했다. 창세기 21:14은 아브라함이 "아침에 일찍이 일어나 떡과 물 한 가죽 부대(헤메트⟨ḥēmet⟩)를 가져다가 하갈의 어깨에 메워 주고" 있는 모습을 보여주고 있다. 메소포타미아 지역에서 가죽은 샌들에서부터 조리에 이르기까지 여러 용도에 사용되었다. 가죽으로 만든 샌들은 보물 동굴과 병사의 동굴에서 이미 그 흔적들이 발견되었다. 전자의 동굴에서는 하나의 완전한 형태의 샌들과 다른 샌들 조각 하나가 발견되었다. 후자의 동굴에서는 거친 가죽(아마도 소가죽)으로 만든 한 켤레의 샌들이 발견되었다.

이집트에서는 주전 3000년 전에 이미 무두질한 가죽들이 글씨를 쓰는 용도로 사용되었다. 성경은 가죽에 써진 문서에 대한 언급이 없지만 예레미야서 36:4에서 한 가지 가능한 예를 볼 수는 있다. "예레미야가 네리야의 아들 바룩을 부르매 바룩이 예레미야가 불러 주는 대로 여호와께서 그에게 이르신 모든 말씀을 두루마리 책(메길라트-세페르⟨mĕgillat–sēper⟩)에 기록하니라". 그러나 예레미야가 바룩에게 받아쓰게 한 이 두루마리는 파피루스였을 것이 더 타당하다. 사해 사본의 대부분의 문서들은 가죽(우리는 "양피지"라고 보통 부른다-역주)에 기록되어 있다.[120]

---

118. N. Avigad and B. Sass, *Corpus of West Semitic Stamp Seals*(Jerusalem: Israel Exploration Society, 1997), 278; N. Avigad, "A Phoenician Seal with Dolphin Emblem," *Sefunim* 3(1969–71): 49–50.

119. Cross, *From Epic to Canon*, 88-89; 참조 Nelson Glueck, *Deities and Dolphins: The Story of the Nabateans*(New York: Farrar, Strauss & Giroux, 1965).

120. Philip J. King, *Jermiah: An Archaeological Companion*(Louisville, Ky,: Westminster/John Knox, 1993), 87: "고대 이스라엘에서는 필기용으로 사용된 몇 가지 종류들이 있는데 그중에는 파피루스, 동물의 가죽과 양피지(정교한 가죽 형태), 나무판들, 토기조각들(부서진 항아리의 조각들),

4) 야금술

욥기 28장은 탁월하면서 도달하기 어려운 지혜를 구하는 모습을 묘사하고 있다. 슬기로운 자인 인간이 값비싼 금속을 찾을 수는 있으나 신의 지혜는 찾을 수 없으며 지혜는 오직 하나님께만 속한 것이다.

은이 나는(모짜〈*môṣā*〉) 곳이 있고 금을 제련하는 곳이 있으며(1절)
철은 흙에서 캐내고 동은 돌에서 녹여 얻느니라(2절)
그 (흙)돌에는 라피스 라줄리(청금석, 한국어 성경은 "청옥"으로 번역함)가 있고 사금도 있으며(6절)
순금으로도 (지혜의) 보호(타흐테이하〈*taḥteyhā*〉, 한국어 성경은 이 단어를 번역하지 않음)와 바꿀 수 없고,[121] 은을 달아도 (지혜의) 값을 당하지 못하리니(15절)
(지혜는) 오빌의 금(케템〈*ketem*〉)이나 귀한 홍옥수(쇼함〈*šōham*〉, 한국어 성경은 "청옥수"로 번역함)와 라피스 라줄리(한국어 성경은 "남보석"으로 번역함)로도 살 수 없다(16절)

일반적으로 금속은 보석, 장식물, 그리고 다른 악세서리 등을 제조하는 데 사용되었으며 여기에는 구리/청동, 철, 금, 그리고 은이 있다.[122]

(1) 구리/청동

구리는 고대에 처음 사용되었던 금속이다. 비소 구리는 합금된 것으로 주전 4000-

오스트라카(토기 조각에 새겨진 글), 점토판, 돌, 그리고 금속 등이 있다…더 중요한 문서들을 위해서는 파피루스나 가죽이 사용되었을 것이다".

121. Nahaman Avigad, "Tw Hebrew 'Fiscal' Bullae," *IEJ* 40(1990): 265-66. "Fiscal"(회계) 인장들은 파피루스 문서들을 묶는 데 사용되지 않고 다양한 물건들을 묶어 찍는 인장에 사용되었다. 이는 주전 7세기 말경의 인장으로 "타핫(인장 주인), 베사이(그의 아버지 이름)의 아들"이라 찍혀있었다. 타핫이라는 이름은 성경의 타하트(tahath) 단어에서 나온 이름으로 이 단어는 욥 28:15에서처럼 "-아래", "-대신", "-의 보호 아래"로 번역될 수 있다.

122. 다음의 자료들이 상당히 도움이 될 것이다. P. Roger Moorey, *Ancient Mesopotamian Materials and Industries*(Winona Lake, Ind.: Eisenbrauns, 1999); James D. Muhly, "How Iron Technology Changed the Ancient World–And Gave the Philistitnes a Military Edge," *BAR* 8(1982): 40-54; idem, "Metals," *OEANE*, 4: 1-15; Paula M. McNutt, *The Forging of Israel*(Sheffield: Almond Press, 1990); R. F. Tyercote, *A History of Metallurgy*(Avon: Bath Press, 1992).

3000년경에 사용되었다. 과학자들은 적어도 동석병용기에 채광의 흔적이 있었음을 발견했다. 브엘세바 골짜기는 주전 4000년 구리 야금의 중심지였다. 아랏에서는 이미 주전 4000년에 구리 야금이 있었던 것이 증명되었지만 여기서 발견된 유물들은 대부분이 초기청동기 II 시대의 것이었다. 초기청동기 II 시대 아랏에서 채출된 구리의 상당한 양은 시나이 반도가 아닌 페이난(Feinan) 지역에서 온 것으로 보인다. 페이난은 아랏과 훨씬 더 가깝다(단지 70킬로미터 거리에 있다). 유물들에는 도끼, 끌, 송곳, 그리고 구리 덩어리들이 있다. 안드레아스 하우프트마(Andreas Hauptmann)은 팀나(Timna', 아라바만의 서쪽 지역)와 페이난(Fenan, Phion, Punon이라 불리는 아라바만 동쪽 경계 지역)에서 구리를 캐내는 것은 초기청동기 시대 때 이미 널리 잘 알려진 일이었으며 이미 동석병용기에 이곳에서 구리를 제련했다고 주장한다.[123]

하우프트만(Hauptmann)[124]은 페이난에서 250개의 고대 광산과 150,000-200,000톤의 광석 용재가 발견되었다고 밝혔다. 토기 사용 이전 신석기 시대에는 구리 광석이 구슬과 장식품으로 사용되었다. 주전 4000년에 불을 이용한 야금술이 발달했다. 구리는 브엘세바 지역으로 옮겨져 다양한 물품으로 제련되었다. 나할 미쉬마르(Nahal Mishmar)의 보물 동굴에서 발견된 금속품들(아래를 보라)은 아마도 동석병용기 시대의 거주지에서 만들어졌을 것이다. 페이난에서 채광의 절정은 초기청동기 시대로 보이며 12개의 제련 장소들이 이 시대의 것으로 연대가 측정되었다.

팀나(Timna') 발굴의 지휘자였던 베노 로덴버그(Beno Rothenberg)[125]는 이곳에 주전 4000년-주후 2세기까지 구리 산업이 있었다고 기록하고 있다. 팀나의 채광 기술에는 갱(어떤 것은 깊이가 35미터에 이른다)들과 주랑들을 판 것이 있다. 팀나에서는 구리를 제련한 용광로들도 발견되었다. 구리를 제련하는 데 있어 광석은 용광로나 도가니에 넣고 숯으로 열을 가하면서 풀무나 풍구(용광로 안으로 공기를 불어넣기 위해 사용되는 관) 등을 이용하여 공기를 안으로 불어넣었다.

---

123. Andreas Hauptmann et al., "Copper Objects from Arad-Their Compoition and Provenance," *BASOR* 314(1999): 5: "Timna'와 Feinan에서 캐낸 구리 광석은 의심할 여지없이 초기청동기 시대에 잘 알려진 것이었다. 이 광석들은 이미 토기 사용 이전 신석기 시대 때부터 레반트에서 수집되었고 거래되었던 것으로 금속은 이 지역에서 적어도 동석병용기 시대 때부터 제련되었다…Feinan지역에서는 광범위한 구리 채광이 있었고 제련도 하였는데 여기서 채취된 예들은 탄소14 측정법으로 초기청동기 시기 중 주전 3045-2300년으로 연대가 측정되었다."

124. Andreas Hauptmann, "Feinan," *OEANE*, 2: 310-11; Hauptman et al., "Early Copper Produced at Feinan, Wadi Araba, Jordan: The Composition of Ores and Copper," *Archaeomaterials* 6(1992): 1-33.

125. Beno Rothenberg, *Timna': Valley of the Biblical Copper Mines*(London: Thames & Hudson, 1972).

그림 79. '보물 동굴'(the Cave of the Treasure)에서 발견된 구리로 만든 유물들, 나할 미쉬마르, 주전 4000년(이스라엘 박물관 전재 허가; 사진: D. Harris).

고고학자들은 사해 근처의 나할 미쉬마르의 보물 동굴에서 동석 병용기 시대의 구리로 만든 놀랄만큼 훌륭한 유물들을 발견했다(그림 79). 짚으로 만든 거적으로 싼 400개 이상의 금속 유물들 중에는 20개의 구리 끌들과 도끼들, 240개의 구리 철퇴 머리들, 80개의 구리 막대기들, 그리고 10개의 구리 관들이 있다. 이 유물들 중 많은 것들이 종교적 의식에 사용되었던 것으로 보인다. 나할 미쉬마르에서 발견된 금속품들은 비소 구리(주석 구리가 아님)의 합금이었다.[126]

히브리어의 네호쉐트(*něḥōšet*)는 구리나 청동 둘 다를 일컫는데 후자는 구리(90퍼센트)와 주석(베딜 〈*bědîl*〉, 10퍼센트)의 혼합물이다. 주석은 금속을 좀 더 강하고 부식으로부터 더 잘 견디도록 만든다. 고대 근동 어디에서 주석이 채취되었는지는 아직도 알려진 바가 없다. 아프가니스탄이 원료를 제공한 장소로 제시되었지만 아직 확실한 것은 아니다. 주석은 키프루스를 제외하고 화강암 지역에서만 발견된다. 최근 발견에 의하면 타우르스 산지(아나톨리아 남쪽 해변의 볼카르닥〈Bolkardag〉 채광 지역)가 가장 중요한 주석 근원지로 알려졌다. 이 광산에서 발견된 주석은 반연광과 아연을 함유한 제1주석이다. "볼카르닥(Bolkardag) 지역 전체에서 채취한 광석의 용재는 상당 양의 주석을 함유하고 있다. 16개의 다른 장소에서 채취한 27개의 용재 중 16개의 용재가 500p.p.m(parts per millon, 100만 분의 1, 미소 함유량의 단위-역주) 이상의 주석을 함유하고 있었다(가장 높은 농도는 1540p.

---

126. Bar-Adon, The Cave of the Treasure; Pessah Bar-Adon, "The Nahal Mishmar Caves," *NEAEHL*, 4: 822–27.

그림 80. 청동으로 만든 톱의 일부분; 아스글론, 중기청동기 시대로 추측(Leon Levy Expedition 전재 허가; 사진: I. Sztulman).

p.m에 달했다). 단지 6개의 용재만이 주석을 함유하고 있지 않았다."[127]

주석은 타우루스 산지 중앙에 있는 골테페(Goltepe) 유적지에서 주전 3000년부터 공정의 과정을 거쳤다. 충적주석(주석원광)은 이집트의 동쪽 사막에서 왔으나 넉넉한 양이 제공되었는가를 알 수 있는 증거가 충분치 않다. 에스겔은 주석이 다시스에서 왔다고 기록하고 있다. "다시스는 각종 보화가 풍부하므로 너와 거래하였음이여 은과 철과 주석과 납을 가지고 네 물품을 무역하였도다"(겔 27:12). 타르수스(Tarsus) 유적지가 과달키비르(Guadalquivir) 강가의 베니게 식민지였던 스페인 남서쪽에 위치한 타르테수스(Tartesssus) 유적지보다 다시스로 보는 것이 더 타당할 것이다.[128]

야금술이 발달했음에도 불구하고 구리는 쟁반, 솥 모양의 큰 대접, 일반적인 대접 등을 만드는 데 계속 사용되었다. 더 강한 금속인 청동과 철은 무기를 만드는 데 더 적합했다. 열왕기상 7:45-46에 의하면 솔로몬은 두로의 대장장이인 히람에게 성전의 청동으로

---

127. K. Aslihan Yener and Hadi Ozbal, "Tin in the Turkih Taurus Moutains: The Bolkardag Mining District," *Antiquity* 61(1987): 223-24.

128. James A. Montgomery, *Arabia and the Bible*(New York: KTAV, 1969), 177, n. 30: "다시스의 배는 커다란 항해용 도구였다. "헷 족속"이라는 용어는 시리아인을 일컫는 것으로 산헤립은 페르시아 만에서 메소포타미아의 항해를 위해 베니게인들을 동원해 자신을 위한 배를 만들게 했다." H.L. Lorimer, *Homer and the Mouments*(Lodon: MacMillan, 1950), 66: "에스겔서(27:12)에 나오는 다시스에서 온 금속들(은, 철, 주석, 납)은 동부 아나톨리아에 풍부한 것들이다. 이 금속 무역은 앗수르인들로 하여금 길리기아(소아시아 동남부-역주)를 통치하도록 만든 중요한 이유이다." Tarsis=Tarsus라는 결론의 문제점에 대해서는 다음을 보라. André Lemarie, "Tarshish-Tarsisi: Probléme de Topographie Hitorique Biblique et Assyriene," in Gerhon Galil a Moshe Weinfeld, eds., *Studies in Historical Geography and Biblical Historiography*(Leiden: Brill, 2000), 44-62.

만든 기둥, 바다, 10개의 대와 다른 부속품들을 만들도록 하였다. 성전의 이 기둥들과 다른 부속품들의 크기는 상당히 과장되게 표현한 것으로 생각된다.

(2) 철

구리가 땅속 깊이 파묻혀 있는 것에 반해 철 광석은 땅 표면에 깔렸다. 이는 신명기에서 묘사한 가나안의 모습과 일치한다. "그 땅의 돌은 철(바르젤⟨*barzel*⟩)이요 산에서는 동(네호쉐트⟨*nĕḥōšet*⟩)을 캘 것이라"(신 8:9). 성경에서 철은 바르젤(*barzel*)로 지칭되는데 이 용어는 외래어로 아마도 헷 족속의 언어에서 유래한 것으로 보인다. 주전 12세기와 11세기에 청동과 구리 유물들은 철보다 더 많았다. 청동은 주전 10세기경 점차 철에게 그 자리를 내주었고 철이 중요한 금속이 되면서[129] 청동은 후에 동상, 형상, 그리고 용기들을 만드는 데 사용되었다. 팔레스타인은 철 광석이 적었기 때문에 대부분은 시리아, 소아시아, 그리고 주요 철생산지였던 길르앗에서 수입해왔다. 얍복(제르카⟨Zerqa⟩)강 북쪽 아즈룬(Ajlun) 지역에는 철광산이 있었다. 아즈룬(Ajlun) 계곡에서 철광석이 많은 지역은 로버트 쿠게누어(Robert Coughenour)가 발굴한 무가랏 엘 와르데(Mugharat el Wardeh)와 아부 따왑(Abu Thawab) 유적지들이다.[130] 철 작업장이 텔 제메(Tell Jemmeh), 텔 데이르 알라(Tell Deir 'Alla), 그리고 텔 카실레(Tell Qasile)에서 발견되었다.

주조는 점토나 돌 혹은 금속으로 만든 거푸집에 금속액을 부어 이루어진다. 순수 철을 녹이는 온도는 섭씨 1534도(화씨 2793도)로 주후 19세기 이전에는 도달하기 어려운 온도였다. 당연히 고대에는 철을 주조하지는 않았다.

철은 그 단단함과 견고함에 가치가 있다. 가공한 철(망치질로 형태가 잡힘)은 청동보다는 연하지만 끝과 날카로움은 유지한다. 이러한 기법은 주로 작은 물품들, 예를 들어, 도끼, 끌, 쟁기끝, 그리고 칼 등을 만드는 데 사용되었다. 철로 만들기 불가능한 사람 크기만한 동상들은 청동으로 만들어졌다. '전쟁, 군대, 그리고 무기'의 주제 아래 논의한 것처럼 가나안인들의 '철병거'(수 17:16)는 병거 전체를 지탱해주는 병거의 굴대가 철로 만들어졌다는 것을 말한다.[131]

---

129. Waldbaum, *From Bronze to Iron*.
130. Robert A. Coughenour, "Preliminary Report on the Exploration and Excavations o Mugharat el Wardeh and Abu Thawab," in *Annual of the Department of Antiquities, Jordan* 21(1976): 71–77.
131. Stager, "Forging and Identity," 169.

그림 81. 발라왓에서 발견된 성문의 청동 테 상부. 주전 859년 베니게로 가는 앗수르 원정 모습. 두로와 시돈에서 온 베니게의 공물을 들고 오는 자들. 우측을 향해 금속 괴를 든 자들, 머리 위에 청동으로 만든 솥을 뒤집어쓰고 있는 자들, 이 손에 든 자들 우측으로 불확실한 물건들을 쟁반에 바쳐 이고 가는 자들이 있다. 모든 베니게인들은 긴 옷을 입고 끝이 뾰족하고 머리에 딱 맞는 모자를 쓰고 있다. 높은 지위에 있는 자들은 겉옷을 몸에 딱 붙게 두르고 있다. 몇몇은 옷의 가장자리에 술이 달려 있다(대영박물관 전재 허가).

대장장이는 그의 모루 근처에 서서 가공하지 않은 철을 제조한다. 불의 열기는 그의 살을 태우지만 그는 용광로의 열기 속에서 여전히 열심히 일한다. 망치의 두드리는 소리는 그의 귀를 멀게 한다. 그의 눈은 그가 지금 형태를 만들고 있는 도구에 고정되어 있다. 그의 관심은 그의 일을 마치는 데만 있고 그는 상세한 점까지 완성할 그 순간까지 계속해서 신중하게 일한다(Sir. 38:28; 참조, 사 44:12).

높은 온도의 숯에 데어 달구어진 가공한 철은 주조된 철보다 펴서 늘릴 수 있는 탄소화된 철 혹은 강철/스틸을 생산한다. 강철은 담금 과정(이미 주전 10세기에 시행됨)을 거쳐

그림 82. 발라왓에서 발견된 성문의 청동 테 상부. 베니게의 선원들이 공물을 히포이(*hippoi*, 뱃머리와 끝을 말머리로 장식한 배)에 싣고 좌측의 톱니 모양의 탑과 아치 형태의 성문을 한 두로의 바위섬을 떠나 육지로 가고 있는 모습. 인부들은 그들의 무릎까지 닿는 바다 속을 걸어가면서 말머리 모양의 뱃머리에 묶여 있는 끈을 당겨 배들을 해변으로 이끌고 있다. 어깨 보호대를 두른 인부들이 베개 모양의 금속 괴들을 어깨에 메고 가고 있다(대영박물관 전재 허가).

단단해졌는데, 즉 뜨겁게 달궈진 시뻘건 철을 갑자기 차가운 물에 담구어 열을 식히는 과정을 말한다. 담금 과정을 통해 철 물품은 단단해지고 날카로운 소리를 내게 된다. 이 단단한 성분은 "마텐자이트"(담금질 강철의 중요 경도 성분-역주)라고 불리는데 이 명칭은 독일 야금학자였던 아돌프 마르텐스(Adolf Martens)의 이름에서 따온 것이다. 날카로운 소리를 내는 것은 손질과 재가열로 줄어든다. 달구어서 서서히 식히는 과정을 통해 연하고 소리가 덜 나는 금속이 되면 망치로 두들겨 금속을 단단하게 한다. 낮은 온도로 달구는 것은 두들길 때 금이 가는 것을 방지해준다.

상부 갈릴리의 하르 아디르(Har Adir) 유적지의 주전 11세기 요새에서 상당히 잘 보존된 '강철 곡괭이'가 손잡이를 끼우는 구멍에 오크나무 손잡이가 달린 채 발견되었다. 곡괭이는 탄소화된 철(강철)로 만들어진 것으로 담금질 과정을 거쳤다. 이 예외적인 유물은 강철로 만들어진 가장 초기의 유물들 중에 하나이며 고대 팔레스타인 장인들의 기술을 알게 해준다.[132] 주전 10세기로 추정되는 다아낙에서 발견된 철 유물들에는 도구들(낫들, 쟁기끝들, 칼날들)과 무기들(화살촉들, 갑옷미늘들)이 있다. 물리(Muhly)[133]는 발견품 목록과 성경의 구절이 서로 유사하다고 말하고 있다. "온 이스라엘 사람들이 각기 쟁기끝(한국어 성경은 "보습"으로 번역함)이나 삽이나 도끼나 괭이를 고치려면(한국어 성경은 "벼리려면"으로 번역함) 블레셋 사람에게로 내려갔다"(삼상 13: 20).

물리(Muhly)[134]는 구리에서 철로 바뀌게 된 것은 국제 무역로의 붕괴 위기로 인한 청동의 부족으로 인함이라고 설명하고 있다. 스태거(Stager)는 청동(구리와 주석의 합금)에서 철로 바뀌게 된 것은 생태학적 변화, 특별히 삼림 벌채에 의한 것이라고 설명한다. "철 생산은 구리를 녹이고 제련하는 과정보다 연료를 절약할 수 있다. 구리는 철보다 2-4배의 목탄을 필요로 한다."[135]

(3) 금

주전 3000년은 성경 시대에 가장 가치 있는 금속이었던 '황금의 시대'였다. 성경은 거의 400번이나 금에 대해서 언급하고 있고 종종 은을 선두로 함께 나열된다. 성경에 의하면 이 두 금속은 성전을 꾸미는 장식품에 사용되었다. 열왕기상 6-7장은 솔로몬이 건축

---

132. David Davis et al., "A Steel Pick from Mt. Adir in Palestine," *JNES* 44(1985): 41-51.
133. Muhly, "Metals," *OEANE*, 4:4.
134. Muhly, "How Iron Technology Changed the Ancient World," 44.
135. Lawrence E. Stager, "The Archaeology of the Family in Ancient Israel," *BASOR* 260(1985): 11.

과 비품에 금을 사용하고 있음을 강조하고 있다. 바벨론이 이스라엘을 정복한 후 성전에서 가져간 약탈물 중에는 금 물품들이 있다. "또 작은 대접들(한국어 성경은 "잔들"로 번역함), 부삽들(한국어 성경은 "화로들"로 번역함), 주발들, 솥들, 촛대들, 숟가락들, 헌주를 위한 대접들(한국어 성경 "바리들"로 번역함), 곧 금과 은으로 만들어진 물품들"(렘 52:19). 이스라엘 민족은 "금송아지"를 만들기 위해 아론에게 그들의 금 귀걸이(니즈메 하자하브 〈nizmê hazzāhāb〉)를 바쳤다(출 32:1-6). 제사장의 앞치마 같은 형태의 의복인 에봇을 만들 때(적어도 후대 성경 자료에 있어서) 출애굽기의 저자는 어떻게 장인들이 금을 두들겨(라카〈rāqaʿ〉) 금잎 모양(파헤 하자하브〈paḥê hazzāhāb〉)으로 만들었는지 그리고 어떻게 실로 잘랐는지 묘사하고 있다. "금을 얇게 쳐서 오려서 실을 만들어 청색(테켈레트〈tĕkēlet〉), 자색(아르감만〈ʾargāmān〉), 홍색 실과 가는 베실에 섞어 정교하게 짰다"(출 39:3; 28:6).[136]

자하브(zāhāb)는 금을 지칭하는 일반적인 히브리어 용어이지만 다른 용어들(파즈, 오피르, 케템, 타호르〈paz, ʾôpîr, ketem, tāhôr〉)이 이 값비싼 금속의 가치를 구별하기 위해 사용되었다.[137] 이사야는 희망이 담긴 예언을 할 때 이 용어들을 사용하여 "내(여호와)가 사람을 순금(파즈〈paz〉)보다 희소하게 하며 오빌의 금(케템〈ketem〉)보다 희귀하게 하리로다"(사 13:12)라고 말했다. 시편 저자는 왕에게 왕실의 결혼식에 대한 시를 읊어준다. "왕후는 오빌의 금(케템〈ketem〉)으로 꾸미고 왕의 오른쪽에 서도다"(시 45:9〈히브리어 성경 45:10〉). 이 "오빌의 금"(왕상 9:28)은 특별히 상당히 가치가 높은 것이었지만 오빌의 지형적 위치는 밝혀진 바 없다. 오빌이 그다지 멀지 않은 장소에 위치하고 있다는 것은 어느 정도 확신할 수 있다. 욥바 근처 텔 카실레(Tell Qasile) 유적지에서 발견된 커다란 항아리의 조각에는 다음과 같이 쓰여져 있었다. "오빌의 금을 베트-호론(가나안의 신인 호론 신의 신전)에…30세겔을(342그램)." 주전 8세기로 연대가 측정되는 이 글은 금의 높은 가치와 금이 출토된 장소를 암시하고 있다.[138]

금은 자연 그대로 순수한 형태로 발견되기 때문에 가장 오랫동안 알려진 값비싼 금속일 것이다. 그러나 고대 팔레스타인에는 금이 산출되는 자연 자원이 부족했다. 이 지방

---

136. Oppenheim, "The Golden Garments of the Gods," 172: "이 글은 단지 다음의 주제만을 다루고 있다. '금으로 만든 의복'은 앗수르에서 종교적 의복으로 사용된 것처럼 신의 거룩한 옷으로서 사용되었다."

137. Benjamin Kedar-Kopfstein, "zahab" TDOT, 4:35: "실제 사용을 근거로 한 분석은 '금'을 지칭하는 특별한 용어들이 기술적인 측면을 말하고 있는 것이 아니라 생김새를 근거로 하고 있다고 밝혔다."

138. Benjamin Maisler(Mazar), "Two Hebrew Ostraca from Tell Qasile," JNES 10(1951): 265-67.

에서 산출되는 것이 없었기에 고대 이스라엘은 금을 수입해야만 했다. 이집트는 동부와 누비아 사막에서 금을 채취했다. 아라비아만은 고대에 금을 제공한 유명한 장소로서 '오빌의 금'도 아마 이 장소 어딘가에서 산출되었을 것이다.[139]

베델리움(진주일 가능성이 높음-역주)과 홍옥수(쇼함⟨šōham⟩, 한국어 성경은 "호마노"로 번역함)[140]처럼 금은 창세기에서 하윌라와 관련하여 등장한다. 성경의 하윌라에 대한 자료들은 모호한 것으로 그 위치를 확실하게 꼽을 수 없다(창 2:11; 10:29; 25:18). 그러나 성경은 에덴 동산과 연결된 비손 강(사우디 아라비아)이 하윌라 땅을 둘렀다고 말하고 있다.[141] 비손은 하윌라를 둘러 흘렀는데 하윌라 땅에는 "금이 있고 그것도 정금이 있고 베델리움과 홍옥수(쇼함⟨šōham⟩)가 있다"(창 2:11-12). 최근 마하드 엘 다합(Mahd edh-Dhahab, '금의 요람')에 접해 있는 쿠웨이트 강이 사우디 아라비아에서 가장 풍부한 금광 중 하나였다는 것이 밝혀졌다. 금, 베델리움, 그리고 홍옥수가 남부 아라비아에서 발견되어 아라비아 반도에 있는 금광들이 하윌라의 위치로 추정되고 있다.

현재까지 알려진 가장 오래된 금 제품은 사마리아 산지 서쪽 끝에 위치한 동석병용기 시대의 유적지인 나할 카나(Nahal Qanah) 동굴에서 발견되었다. 금으로 만들어진 유물들은 모두 주조한 후 두들겨서 마무리한 것으로 매장용 유물들이었다. 금으로 만들어진 커다란 반지들은 30퍼센트의 은을 함유하고 있었다. 고대 근동의 대부분의 금은 호박금(금과 은을 혼합한 것)이었다.[142] 가장 유명한 금 생산지는 이집트의 누비아 사막이다. 금으로 만들어진 유물들을 볼 때 이 무덤에 매장된 이가 유력인사였음을 알 수 있다.[143]

고대 수메르의 우르에서 발견된 왕실의 무덤에서 발견된 금은 주전 3000년 중반으로 연대가 추정되었다. 여기에서 발견된 용기들은 여과기 하나, 금잔 하나, 길쭉한 대접

---

139. Montgomery, *Arabia and the Bible*, 38-39, n.5.

140. Jeremy Black et al., eds., *A Concise Dictionary of Akkadian*(Wiesbaden: Harrassowitz, 1999), 315: 아카드어의 *sâmtu*는 *šōham*과 같은 단어로 "홍옥수"(carnelian, 칼세도니⟨chalcedony⟩, 칼케돈을 기원으로 하는 돌, 칼케돈은 아나톨리아의 고대 그리스 도시로 현재 소아시아 북서부에 위치한다-역주))를 말하며 이 단어의 어원은 "붉음"을 의미한다.

141. James A. Sauer, "The Rivers Run Dry: Biblical Story Preserves Historical Memory," *BAR* 22(1996): 52-57, 64. 고대 근동의 역사에 걸쳐 기후가 변화한 것을 주장하면서 Sauer는 쿠웨이트 강의 말라버린 강바닥이 바로 에덴 동산과 관련된 성경에 나오는 네 강중 비손 강이었다고 주장하고 있다.

142. 특별히 만들어진 토기 그릇(회추접시)에 금을 납과 혼합하면 금과 은은 그대로 남는다. 은과 소금을 섞으면, 은은 금과 분리(야금의 침탄법)되고 금은 순수한 상태로 남는다.

143. Avi Gopher et al., "Earliest Gold Artifacts in the Levant," *Current Anthropology* 31(1990): 436-43; Avi Gopher and Tsvika Tsuk, *The Nahal Qanah Cave*(Tel Aviv: Institute of Archaeology, Tel Aviv University, 1996).

들, 그리고 주둥이가 달린 용기들이다.¹⁴⁴ 니므롯(성경의 칼라, 이라크 북부)의 앗수르나시르팔 II세의 북서 궁궐에서 발견된 신앗수르의 왕실 무덤에는 귀걸이, 팔찌 그리고 목걸이 등을 포함하여 수천 개 이상의 금으로 만들어진 절묘한 보석들이 발견되었다. 22.5킬로그램의 무게가 나가는 보석을 측정한 결과 이 보석은 주전 8세기 중반 것으로 추정됐다. 이 유물들 중에는 금으로 만든 대접들과 사슬이 달려있는 금으로 만든 알라바스트롱(alabastron, 눈물방울 모양의 작은 용기-역주) 하나가 있었다.¹⁴⁵ 무리(Moorey)는 앗수르 왕실의 식탁용 식기류가 금으로 만들어졌다고 설명했다. 아마도 이스라엘과 유다 왕국의 왕들의 식탁 식기류도 금이었을 것이다. 이집트 왕 투탄카멘(주전 약 1331년)의 무덤에서 발견된 금을 입힌 상을 포함하여 이스라엘의 이웃 국가였던 이집트와 메소포타미아에서 사용된 상당히 많은 금의 양을 볼 때 성경이 제공하고 있는 솔로몬 왕이 사용한 금의 양은 고대 근동에서 흔하게 사용되는 양이었을 것이다.¹⁴⁶

가자 남서쪽에 위치한 텔 엘 아줄(Tell el-'Ajjul) 유적지에서 중기청동기 IIC 시대/후기청동기 시대의 금으로 만든 수많은 보석들이 발견되었다. 저장해둔 물건과 무덤에서 발견된 것들 중에는 금을 초승달 모양으로 만든 것, 펜던트, 귀걸이, 앞자락을 여미는 데 사용된 핀, 팔찌들이 있다. 벧세메스의 후기청동기 층인 IV층에서도 금 보석을 모아둔 저장고가 발견되었다(그림 83). 보석들 중에는 두들겨서 얇게 만든 8개의 금판들, 보석을 끼우는 홈이 달린 금반지 두 개, 그리고 얇은 금속으로 만든 과일 모양의 금 귀걸이 3개가 있다. 그중 3가지 특이한 유물들이 눈에 띈다. 그것들은 금박을 입힌 청동 핀 하나, 적철광으로 만든 고대 바벨론(주전 17세기)의 원통형 인장 하나, 그리고 펜던트 구슬이 달린 금 사슬 한 줄이다.¹⁴⁷ 이와 견주어 비교할 만한 보석 저장고가 므깃도, 벧산과 다른 유적지들에서도 발견되었다.

예루살렘의 고대 성벽 밖에 위치한 힌놈의 골짜기(케테프 힌놈⟨Ketef Hinnom⟩, 케테프⟨ketef⟩는 어깨라는 뜻-역주)의 한 무덤에는 총 95구의 시신이 다양한 유물들과 함께 묻혀 있었다. 수많은 보석 중에는 6개의 금으로 만든 물품과 95개의 은제품, 그리고 준보석

---

144. Moorey, *Ancient Mesopotamia Materials and Industries*, 223; C.Leonard Woolley and R.Roger Moorey, *Ur 'of the Chaldees'*, rev. ed.(Ithaca: Cornell University Press, 1982).

145. Spencer P. Harrington, "Royal Treasures of Nimurd," *Archaeology* 43(1990): 48-53; Moorey, *Ancient Mesopotamian Materials and Industries*, 224.

146. Alan R. Millard, "Does the Bible Exaggerate King Solomon's Wealth?" *BAR* 15(1989):20-34.

147. Miriam Tadmor and Osnat Misch-Brandl, "The Beth Shemesh Hoard of Jewellery," *Israel Meseum News* 16(1980): 71-79.

의 구슬들이 있었다. 예루살렘의 부유층이 착용했을 이 화려한 보석들은 주전 7-6세기경의 사회의 부유함을 시사하고 있다. 유물의 형태가 외국풍인 것으로 보아 예레미야 시대의 유다 왕국의 백성들은 특별히 앗수르, 바벨론, 시리아, 우라르투 같은 외국 문화와 접촉이 있었던 것으로 보인다. 정교한 보석들 외에도 발굴자들은 여기서 신의 이름이 포함된 "제사장의 축복문"(민 6:24-26)이 축약되어 적혀있는 은으로 만든 부적도 발견했다[148](그림 151, 157).

그림 83. 벳세메스에서 발견된 금속 뭉치, 후기청동기 II 시대. 금 장신구와 값비싼 보석들이 토병에서 발견되었다(이스라엘 박물관 전재 허가; 사진: A. Hay).

(4) 은

은으로 장식된 좋은 예는 해안도시 아스글론에서 발견된 은 송아지 상이다(그림 84). 주전 1600년으로 추정되는 이 송아지상은 한때 11개의 순은으로 된 얇은 조각으로 전체가 덮여 있었다. 은(케세프〈*kesep*〉)은 주전 4000년경 말기에 많이 사용되었으며 주전 3000년에 가서는 빈번히 사용되었다. 성경에는 300번 이상 언급되고 있다. 출애굽기는 은과 금으로 된 제품들을 몇 번 언급하고 있으며(출 3:22; 11:2; 12:35), 특별히 성막을 건축하는 데 사용되었다(출 26:19; 36:24). 은은 펴서 늘이기 쉬운 재질이어서 보석, 부적, 제사용 용기들, 지도층을 위한 고급 식탁용 식기들을 꾸미고 장식하는 데 아주 좋다. 그러나 은은 잘 보존되지 않고 염분이 있는 흙에 쉽게 부식된다. 더구나 은과 금은 계속해서 재생하여 이용되었다.

순수한 은은 땅 속 깊이 묻혀 있다. 소아시아는 은을 채광한 주요 장소로서 특별히 타우르스 산지는 아카드의 사르곤 왕에 의해 "은 산지"라고까지 불려졌다. 아나톨리아에서 처음 은을 사용한 것은 동석병용기 시대였다. 초기청동기 시대에는 아나톨리아 지역에서 많은 은 제품들이 발견되었고 중기청동기 시대에는 많은 문서들이 은을 언급하고 있

---

148. Gabriel Barkay, *Ketef Hinnom—A Treasure Facing Jerusalem*(Jerusalem: Israel Museum, 1986).

그림 84. 아스글론에서 발견된 은으로 만든 송아지 상과 점토로 만든 성체용기, 주전 1600년. 이 송아지 상은 금속 형상(페셀 우마쎄카 〈*pesel ûmassekâ*〉)이다. 11개 조각의 은으로 본체를 덮었는데 다리와 머리 부분에 아직까지 조금씩 붙어 있다. 이 상은 아마도 가나안의 폭풍의 신 바알 사폰 혹은 뱃사람들의 신 바알 하닷의 상징물이었을 것이다. 송아지와 이 성체용기는 아스글론의 성벽 바깥의 작은 신전에서 발견되었다(Leon Levy Expedition 전재 허가; 사진: C. Andrews).

었다. 카이 프락(Kay Prag)[149]은 비블로스에서 발견된 동석병용기 시대의 무덤들에서 수많은 은 제품들이 발견되었다고 밝혔지만 이 은이 어디에서 온 것인지는 알 수 없다고 말했다. 비블로스는 레반트에 은을 들여오는 거래에 있어 중요한 역할을 한 것으로 보인다. 에게 해 지방의 라우리움(Laurium, 현재 아테네 근처의 라브리온) 유적지의 은 광산들은 주전 1000년경에 이미 채광이 시작되었다. 은 광산들은 고대 이베리아의 리오 틴토(Rio Tinto) 유적지에도 있었다.

순수한 형태 그대로 잘 발견되지는 않지만 은은 납의 황화물 광석에서 추출해낸다. 예레미야(6:29-30)와 에스겔(22:18-22)은 야금 회취법을 통해 가공하지 않은 납에서 추출한 순수하지 않은 은을 정제하는 과정에 대해 암시하고 있다. "풀무불을 맹렬히 불면 그 불에 납이 살라져서 단련하는 자의 일이 헛되게 되느니라. 이와 같이 악한 자가 제거되지 아니하나니 사람들이 그들을 내어 버린 은이라 부르게 될 것은 여호와께서 그들을 버렸음이라"(렘 6:29-30). 여기서 예레미야는 그의 실패한 사역을 은을 채취하고 내어버린 불순물 찌꺼기로 묘사하고 있다. 납을 섭씨 900-1000도(화씨 1632-1832도)로 산화하는 야금 회취법은 회취접시(얇고 흡수성이 강한 골회 혹은 점토로 만들어

---

149. Kay Prag, "Silver in the Levant in the Fourth Millennium B.C.," in P.R. Moorey and P.J. Parr, eds., *Archaeology in the Levant*(Warminster: Aris & Phillips,1978), 36-45.

진 컵-역주)에서 행해지는 정제과정으로 납에서 은을 분리한다. 납은 은을 정제하기 위해 불순물을 제거하는 산화 대리인 역할을 한다. 금속이 도가니에서 달구어질 때 납은 산화하고 합금 상태를 풀어 순수한 은만을 남긴다. 천연 은은 상대적으로 드물기 때문에 야금 회취법은 초기의 은을 생산하는 데 필요했다. 제임스 물리(James Muhly)[150]는 야금 회취법이 "우룩 지대의 팽창" 구역에 들어가는 시리아에 위치한 하부바 카비라(Habuba Kabira) 유적지에서 이미 주전 4000년 말경부터 사용되었다고 생각한다. 그러나 무리(Moorey)[151]는 주전 6세기 이전에는 야금 회취법이 행해졌다는 어떤 증거도 발견되지 않았다고 생각한다. 그는 사르디스(Sardis) 유적지에서 증거를 발견하고 또한 나보니두스(Nabonidus) 문서를 "메소포타미아에서 (은을) 정제했다는 것을 가장 명백하게 밝히고 있는 문서"라고 인용했다.

그림 85. 주전 604년 파괴된 IB층의 에그론에서 발견된 59개의 은 조각 뭉치, 세정 후 괴 하나, 33개의 학질버, 그리고 25개의 부러지거나 해진 다양한 장신구 조각들이 포함되어 있었다(Tel Miqne-Ekron Excavation/Publication 전재 허가; 사진: I. Sztulman).

결국 은은 상거래의 중요한 수단으로 사용되었다. 메소포타미아에서는 주전 2400-2000년경 '은 막대'를 사용했는데 이 당시 은 유통 양이 증가되었다.[152] 후기청동기 시대부터 철기 II 시대 전역을 거쳐 화폐 통화가 이루어졌는데 주전 7세기에 은을 저장해두는 저장고가 증가했다. 고대 근동에서는 동전을 발명하기 이전에 금속(특별히 은)의 무게를 재어 상거래를 위한 '돈'으로 사용했다.

---

150. Muhly, "Metals," *OEANE*, 4: 7.
151. Moorey, Ancient Mesopotamian Materialsand Industries, 218.
152. Muhly, "Metals," *OEANE*, 4: 9.

그림 86. 주전 604년 파괴된 IB층의 에그론에서 발견된 (더 큰 병 속에 담겨져 있던) 병 속에 있는 은 뭉치. 19개의 은괴를 비롯 66개의 잘려진 은 조각들 그리고 2개의 작은 은 조각들, 금(본서에는 은으로 쓰여 있으나 이는 저자의 실수로 보인다)구슬 하나 등 총 87개의 금속들이 있었다(Tel Miqne-Ekron Excavation/Publication 전재 허가; 사진: I. Sztulman).

그림 87. 그림 86에서 묘사된 에그론의 세정된 은 뭉치의 일부; 꼭대기의 은괴 하나와 17개의 잘려진 은 조각들(Tel Miqne-Ekron Excavation/Publication 전재 허가; 사진: I. Sztulman).

그림 88. 동전처럼 사용되었던 잘려진 55그램의 은 조각(학질버) 뭉치를 싸고 있는 헝겊 지갑, 아스글론(Leon Levy Expedition 전재 허가; 사진: I. Sztulman).

잡동사니처럼 보이는 은을 자른 조각들을 모아둔 두 개의 저장고(주전 약 1100년)가 블레셋 도시인 아스글론에서 발견되었는데 각각 아마 섬유로 만든 작은 주머니 안에 들어있었다. 블레셋 도시 에그론이 주전 604년 바벨론에 의해 포위되기 이전에 77개의 은괴들이 작은 병안에 숨겨져 다시 안전한 보호를 위해 또 다른 용기 안에 들어가 있었다(그림 85, 86, 87). 이 굉장한 은 보물은 주전 7세기 건물 바닥 밑에서 발견되었다. 에그론에서는 부러진 보석과 잡동사니처럼 보이는 은을 자른 조각들이 가득한 주전 7세기의 또 다른 저장고들이 발견되었다. 이 저장고 안에는 부러진 은 보석들과 잡동사니처럼 보이는 은을 자른 조각들 그리고 부러지지 않은 온전한 보석들도 있었다. 대부분 이 저장고들은 지도층이 살았던 신전 구역의 한 부분이었던 하부 도시의 중앙에서 발견되었으며 에그론 도시 시민들의 부를 보여주고 있다.[153] 유사한 저장고들이 다른 유적지들에서도 발견된 바 있다. 에쉬테모아(Eshtemoa)에서 고대 팔레스타인에서 가장 큰 규모의 은 저장고가 발견되었다(주전 10/9, 8세기도 가능함).[154] 엔게디(주전 7세기 말) 유적지에서도 발견되었다. 도르(Dor) 유적지의 바닥 밑에서는 점토로 만든 항아리 안에 8.5킬로글램의 잡동사니처럼 보이는 은을 자른 조각들(주전 11세기 말 혹은 10세기 초)이 발견되었는데 작은 동전과 유사하며 아마 섬유로 만든 자루에 들어 있었다. 후자의 발견물은 아마도 베니게 상인의 것이었다고 생각된다.[155]

---

153. Seymour Gitin, "Philistines in Transition: The Tenth Century B.C.E. and Beyond," in Seymour Gitin, Amichai Mazar, and Ephraim Stern, eds., *Medierranean Peoples in Transition, Thirteenth to Early Tenth Centuries B.C.E.: In Honor of Trude Dothan*(Jerusalem: Israel Exploration Society, 1998), 162–83. Amir Golani and Benjamin Sass, "Three Seventh-Century B.C.E., Hoards of Silver Jewelry from Tel Miqne-Ekron," *BASOR* 311(1998): 57–81.

154. Ze'ez Yeivin, "The Mysterious Silver Hoard from Eshtemoa," *BAR* 13(1987):38–44.

155. Ephraim Stern, "Buried Treasure: The Silver Hoard from Dor," *BAR* 24(1998): 46–51, 62.

4. 여행, 수송, 그리고 무역

1) 육로

오늘날 팔레스타인은 성경의 땅이었다는 이유로 현저히 중요한 장소로 다루어지기는 하나 고대에 이 지역은 다른 여러 가지 이유 때문에 의의가 있었다. 이 지역은 주목할 만한 유산을 가지고 있는 여러 민족들, 한때 이집트를 다스리기까지 했던 가나안인들, 베니게인들(주전 1000년경에 그리스인들에 의해 가나안인들이라고 불렀다), 이스라엘 민족, 암몬족, 그리고 그 외의 민족들의 거주지였다. 즉 동시대에 이 지역은 이집트와 메소포타미아를 잇는 육교로서 아프리카로부터 아시아를 지나 그리고 유럽까지 연결하는 전쟁용 그리고 무역용 교차로였다. 이러한 위치 때문에 이 지역은 전략상 중요한 요충지였고 공격을 자주 받는 장소였다.

지형학은 고대의 길들이 성경의 땅을 지났음을 보여주고 있다. 주요 무역로들[156]은 북쪽과 남쪽 방향으로 있었고 보조적인 길들이 동쪽과 서쪽 방향으로 퍼져 있었다. 국제적인 도로들이 북왕국 이스라엘을 가르고 있었던 반면 남왕국 유다는 이러한 도로에서 크게 벗어나 있었다. 팔레스타인을 통과하는 두 중요한 국제적인 도로들은 바닷길(비아 마리스〈Via Maris〉)과 왕의 대로가 있다.

여러 작은 간선 도로들과 함께 바닷길은 남쪽에 위치한 베니게, 수리아, 그리고 메소포타미아를 이집트까지 연결하는 해변 도로를 말한다. 이 도로는 나일 강의 삼각주에서 시작하여 지중해 동쪽 해안을 따라 가다가 갈멜 산에서 내륙지방으로 꺾어져 므깃도에서 이스르엘 평야를 지나 북쪽으로 연결되어 갈릴리 호수의 서쪽면을 지나다가 북쪽의 하솔과 다메섹으로 방향을 바꾸어 달려 메소포타미아에 와서 멈춘다. 바닷길, 즉 데레크 하얌(*Derek hayyām, Via Maris*)이라는 용어는 이사야 9:1에 단 한 번 언급된다. 바닷길은 또 다른 두 가지 이름으로도 불렸는데 하나는 "블레셋 사람의 땅의 길"이고 다른 이름은 "호루스 신의 길"이었다. 첫 번째 이름은 출애굽기 13:17에 언급되어 있다. "바로가 백성을 보낸 후에 블레셋 사람의 땅의 길(데레크 에레쯔 펠리쉬팀〈*Derek 'ereṣ pělištim*〉)은 가까

---

156. David A. Dorsey, *Roads and Highways of Ancient Israel*(Baltimore: Johns Hopkins Press, 1991). 이 책은 상당히 가치 있는 자료들을 제시해주고 있다.

울지라도 하나님이 그들을 그 길로 인도하지 아니하셨으니". "블레셋 사람의 땅의 길"이라는 표현은 좀 모호하기는 하나 당시 이 길이 중요한 도로였던 것으로 보인다.[157] "호루스 신의 길"은 이집트 이름으로 "이집트와 팔레스타인을 잇는 바닷길의 남쪽 부분이다."[158]

왕의 대로(데렉 하멜레크⟨Derek hammelek⟩, 민 20:17)는 요단 건너편 평원 전체를 통과하여 사막까지 이른다. 이 도로는 아카바 만에서 시작하여 북쪽의 다메섹에 이르기 전 에돔, 모압, 암몬, 길르앗과 바산 땅들을 통과한다. 여러 간선도로들(동쪽과 서쪽)이 바닷길과 왕의 대로와 연결되어 있다.

세 번째 남쪽과 북쪽 방향의 도로는 사마리아와 유다의 산지들을 통과하는 것으로 예루살렘에서부터 베들레헴, 헤브론, 그리고 남쪽의 산봉우리들을 연결한다. 이 도로는 예루살렘 북쪽의 세겜과 이스르엘 평야로 연결된다. "벧엘 북쪽 르보나 남쪽 벧엘에서 세겜으로 올라가는 큰 길(메실라⟨mĕsillâ⟩) 동쪽 실로에 매년 여호와의 절기가 있도다"(삿 21:19). 또한 네게브, 유다, 에브라임 산지, 갈릴리 하부와 상부, 그리고 요단 건너편에도 여러 길들이 있었다(그림 228을 참조).

고고학은 고대 도로들에 대한 신빙성을 증명할 만한 증거로서 단지 제한적이면서 간접적인 것들만을 제시한다. 철기 시대 도시 내부의 주요 도로들이 돌로 포장되어 있던 반면 거리의 대부분의 도로들은 포장도로가 아니었다.[159]

복잡한 도로망이 있었던 로마 시대 이전 팔레스타인 땅의 도로들은 사람들이 자주 밟고 지나가 생긴 흔적으로 된 도로였다. 1852년 미국의 탐험가이자 역사적 지리연구가였던 에드워드 로빈슨(Edward Robinson)은 그의 팔레스타인 땅을 탐지한 두 번째 여행에서 울퉁불퉁하게 정비되지 않았던 도로의 상황을 잘 묘사하고 있다.

> 사리스(Saris)를 떠나 우리는 와디 알리('Aly)를 향해 내려가 예루살렘으로 가는 도로에 다다랐다. 이 도로는 북쪽의 능선을 넘어 두 번째 와디의 남쪽 산마루까지 감아 올라간다…도로 전 지역이 돌투성이에 황량하고 황폐한 상태였다. 도로의 열악함은 주로 도로를 포장하는 데 사용된 돌이 아닌 그냥 쌓이도록 내버

---

157. William H.C. Propp, *Exodous 1–18*, AB 2(New York: Doubleday, 1998), 485.
158. Yohanan Aharoni, *The Land of the Bible*, rev. ed.(Philadelphia: Westminster Press, 1979), 46–47.
159. Avraham Biran, "Dan," *NEAEHL*, 1:323–32.

러둔 돌들이 많아 심각했다. 이 돌들을 제거했다면, 도로는 이 지역에서 사용하기 좋았을 것이다.¹⁶⁰

로빈슨은 헤브론에서 예루살렘까지의 도로를 이렇게 설명하고 있다.

이 도로는 언제나 헤브론과 예루살렘을 잇는 도로였음이 모든 흔적들을 통해 알 수 있다. 이는 직통 도로로서 많은 부분들이 고대에 인공적으로 만들어진 도로였다. 그러나 이곳으로는 바퀴들이 결코 지나간 적이 없었던 것으로 보이는데 주변의 언덕들이 워낙 경사가 급하고 가팔랐고 도로의 표면은 두꺼운 층의 자갈로 온통 뒤덮여 있어 인공 도로를 까는 수고 없이는 이 산으로 둘러싸인 지역에서 교통수단을 사용한다는 것은 어려웠고 실제로 이전에는 한 번도 이러한 도로가 없었다.¹⁶¹

히브리어로 '도로'를 칭하는 단어는 몇 가지가 있다. 즉 넓은 의미로 데레크(derek)는 일반적으로 '발로 밟고 지나가 생긴 곳'을 말하고 있다. 이 단어는 교통수단에 의해 그 표면이 다져진 것을 의미하고 있다. 데레크(derek)와 실재로 유사한 단어는 오라흐(ʾōraḥ)로 시에 자주 등장하고 또 다른 단어인 나티브(nātîb)는 시에서만 사용되었다. 메실라(měsillâ)는 돌을 치우고 땅의 거친 표면을 다져 도로로 만든 주요 도로를 말한다. 이 단어는 '도로 공사를 수행하다' 혹은 '대로를 내다'라는 의미를 가진 sll 동사와 어원이 같다.¹⁶²

제2이사야에서는 메실라(měsillâ)와 데레크(derek)를 사용하여 유다인들이 바벨론에서 돌아오는 길을 묘사하면서 이 단어들의 정확한 의미를 파악하는 데 도움을 주고 있다. 신상이나 혹은 신의 상징들을 옮기는 행진과 유사한 모습 속에 이 단어들이 등장한다. 이사야는 바벨론에서 팔레스타인 땅까지 여호와가 대로를 놓을 것을 것이라고 생각했다. "너희는 광야에서 여호와의 길(데레크⟨derek⟩)을 예비하라. 사막에서 우리 하나님의 대로(메실라⟨měsillâ⟩)를 평탄케 하라"(사 40:3). 여기서 메실라는 데레크와 유사한 의미를 가진 병행구로 사용되고 있다. 제3이사야는 다시 이 단어들을 사용하고 있다. "성문으

---

160. Edward Robinson, *Biblical Researches in Palestine and the Adjacent Regions*(Jerusalem: Universitas Booksellers, 1970), 3:156.
161. Robinson, *Biblical Researches in Palestine and the Adjacent Regions*, 1: 214-15.
162. Klaus Koch, *"derekh," TDOT*, 3: 278.

로 나아가라 백성의 올 길(데레크⟨derek⟩)을 닦으라 큰 길(메실라⟨mĕsillâ⟩)을 수축하라(솔루⟨sōllû⟩) 돌을 제하라 만민을 위하여 기치를 들라"(사 62:10; 또한 57:14).

2) 수로

(1) 해양 선박

이집트에서 발견된 자료들에 의하면 *kbn*(이집트어의 정확한 발음을 알 수 없어 음가만 기록하였다-역주)이라 불리는 선박이 있는데 이는 '비블로스의 배'라는 의미를 갖고 있다. 비블로스(현재 쥬바이, 성경의 그발)는 고대 이집트에서 "쿱나"(Kubna)로 불려졌고 여기서 *kbn*이 파생되었다. 이 명칭이 비블로스에서 지어진 배인지 아니면 비블로스로 항해하기 위해 지어진 배인지 정확한 용도는 알 수가 없다. 이집트의 고왕국(주전 2664-2180년) 말기에 사용된 *kbn*이라는 단어는 예정된 목적지와는 상당히 멀리 떨어져서 사용되었기에 당시의 어떤 커다란 원양업용 선박이었던 것으로 보인다.[163] 이집트인들이 바다보다는 강에 접한 국가였기 때문에 이 *kbn* 선박을 지은 자들은 베니게인들이었을 것이다.[164] 물론, 시리아와 길리기아(소아시아 동남부에 있던 고대 국가) 등의 국가들 중 하나가 이집트에서 필요로 하는 목재, 특히 레바논의 백향목과 다른 침엽수로 된 긴 목재를 공급하였을 것이다. 이러한 목재는 육로로는 쉽게 운반할 수 없었고 지중해에 배를 띄워 수로로 운반하는 것이 관례였다. 이집트와 레반트 남부에서 백향목이 발견되는 것으로 보아 이러한 선박들이 이미 주전 4000년 전에도 사용되었던 것을 증명해주고 있다. 아마도 비블로스의 항해와 *kbn* 식의 선박의 역사가 이 시간대까지 거슬러 올라갈 수 있다고 보아야 할 것이다.[165]

성경은 배와 항해에 대해 자주 언급하고 있지는 않는데, 그 이유는 이스라엘인들이 지중해와 가까운 위치에 있었음에도 불구하고 해양 민족이 아니었으며 농업에 종사하였기

---

163. Torgny Säve-Söderbergh, *The Navy of the Eighteenth Egyptian Dynasty*(Uppsala: Lundequistska Bokhandeln, 1946), 48-49; Shelly Wachsmann, *Seagoing Ships and Seamanship in the Bronze Age Levant*(London: Chatham Publishing, 1998), 19.

164. Richard D. Barnett, "Early Shipping in the Near East," *Antiquity* 32(1958): 223.

165. Lawrence E. Stager, "Port Power in the Early and Middle Bronze Age: The Organization of Maritime Trade and Hinterland Production," in S.R. Wolff, ed., *Studies in the Archaeology of Isarel and Neighboring Lands In Memory of Douglas L. Esse*(Chicago: Oriental Institute SAOC and ASOR, 2001), 611-24, 백향목의 흔적에 대해서는 초기청동기 I 시대 아스글론을 보라.

때문이다. 그러나 드보라의 노래는 단과 아셀 지파가 해변과 관련이 있음을 말하고 있다(삿 5:17). 이 성경 구절을 주석하면서 스태거(Stager)는 단 지파가 가나안인들이나 블레셋인들 선박의 고용인(게림⟨gērîm⟩ '경제적 고용인')이었다고 말하고 있다. 그는 아셀 지파인들은 악고 항구에서 '뱃사람과 선원'이었다고 제시하고 있다.[166]

대부분의 해양 고고학자들과 역사가들은 고대에 지중해변에 배들이 정박하고 있었다고 말하고 있다. 그러나 이 의견은 심해 연구에 의해 그 추측이 문제시되고 있다. 예를 들어, 주전 8세기의 연대로 측정되는 두 베니게 배들이 최근 아스글론에서 서쪽으로 50킬로미터 정도 떨어진 장소에서 발견되었는데 이 배는 이집트로 항해하여 가던 것이거나 카르타고에 있던 베니게 식민지로 가던 것이었다(그림 89a, b). 이 배들은 400미터 수심에 가라앉아 있었다.[167]

블레셋인들, 베니게인들, 수리아인들이 레반트 해변의 대부분을 통제하고 있었다. 이집트의 룩소르에 위치한 메디낫 하부(Medinat Habu)의 람세스 III세(주전 1182-1151년)의 매장지에 있던 신전 벽에 새겨진 부조에는 나일 강 삼각주의 입구 부분에 있었던 이집트인들과 해양 민족 사이의 전쟁이 묘사되어 있다. 블레셋인들의 배들은 선두와 선미가 위로 치켜 올라가 있고 돛대는 단지 하나뿐이다. "해양 민족의 배는 선체가 부드럽게 곡선을 이루다가 양 끝부분에 가서 직각을 이루는 기둥이 서 있고 기둥머리는 선체 밖을 향하고 있는 새머리 모양으로 되어 있다. 선두와 선미 양쪽 끝에는 높게 도드라져 있는 단이 있었다."[168] 메디낫 하부에 묘사되어 있는 해양 민족의 배들은 뱃머리가 말의 머리 모양이어서 그리스인들이 '히포스'(hippos)라고 부르던 베니게 배의 원형이었다(그림 82).

해양 민족은 해양 기술에 몇 가지 혁신을 일으켰는데 그중에는 돛의 밧줄을 고정시켜 묶어 놓지 않으므로 배를 바람에 따라 나아가게 하고 그다지 좋지 않은 바람 속에서도 항해할 수 있는 기술을 가지고 있었다. 그리고 그들은 돛대 꼭대기에 까마귀의 둥우리를 두었고 나무로 된 닻가지를 이용하여 모래펄에서 정박하기 쉽게 되어 있는 쇠와 나무로

---

166. Lawrence E. Stager, "The Song of Deborah—Why Some Tribes Answered the Call and Others Did Not," *BAR* 15(1989): 63–64.

167. 1999년 Robert Ballad와 Lawrence Stager 등의 해양 학자들과 고고학자들은 2700년의 나이를 먹은 두 대의 베니게 해양선들을 발견했는데 배 안에는 한때 포도주로 차있었던 암포라 항아리들이 적하되어 있었다. 이 해양선들은 심해에 파선된 배들이 발견된 것 중 가장 오래된 것들이다. 이 배들의 적하물 중에는 위의 암포라 항아리들 외에도 돌로 된 닻들, 토기, 향을 피우는 향대 하나, 포도주를 담았던 손잡이가 달린 병(decanter)이 있다.

168. Wachsmann, *Seagoing Ships and Seamanship in the Bronze Age Levant*, 171–72.

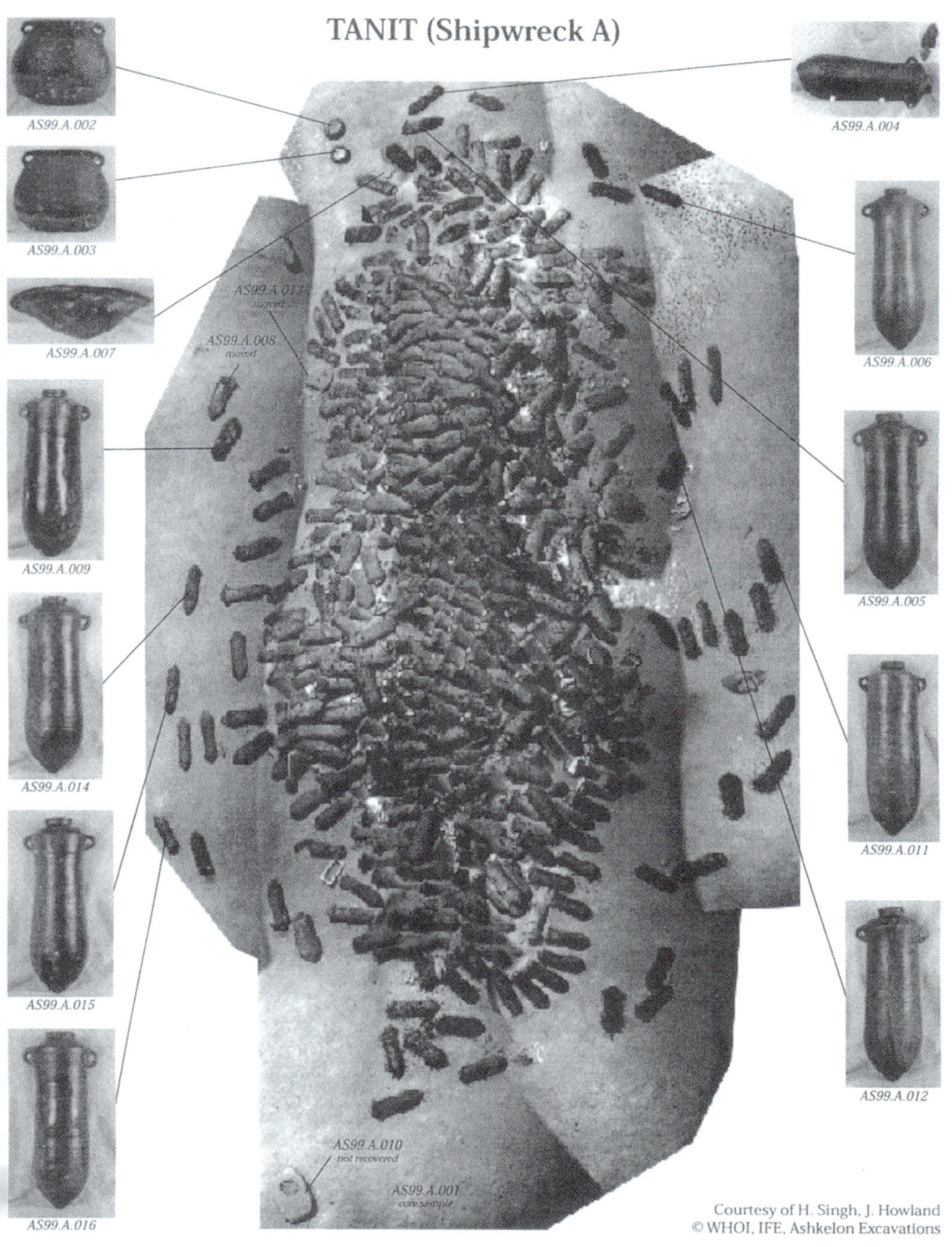

그림 89a. 타닛의 앞 바다에서 발견된 베니게 난파선, 주전 8세기 중후반, 포도주가 배에 실려 있다. 양 옆 빈 공간에 발굴된 유물들의 모습이 있다(H. Singh and J. Howland 전재 허가; ⓒ WHOI, ISE, and Ashkelon Excavations).

ELISSA (Shipwreck B)

만든 닻을 사용했다.[169]

　노 젓는 사람들이 두 줄로 앉아 노를 저었던 배들은 베니게인들이 발명해낸 것이었다. 해양 민족이 베니게인들의 해양 기술에 영향을 주었는지 아니면 반대의 현상이 있었는지를 밝혀내는 것은 어렵다. 베니게인들은 고대에 상당히 뛰어난 해양인들로서 배를 만드는 데 있어 그리고 해양 무역을 하는 데 있어 잘 알려진 민족이었다. '히포스' 배 형태 외에도 베니게인들에게는 다른 형태의 배들, 즉 상인들의 배로 사용된 선두와 선미가 비대칭을 이루는 둥근 모양의 배와 전쟁에 사용된 뾰족한 충각(고대에 군함의 이물에 붙인 쇠로 된 돌기-역주)이 달려 있는 긴 모양의 배도 있었다.[170] 베니게의 배들은 선체와 돛대가 높았고 위층과 아래층 갑판이 있었다. 주전 8세기 말과 7세기 초에 새겨진 앗수르의 벽들에 새겨진 부조에는 두 줄로 노를 젓고 있는 베니게 상인의 배들이 묘사되어 있다. 이 배들에는 돛대도 있었다(그림 90).

(2) 에스겔과 두로

　에스겔은 두로에 대한 애가에서 도시를 공인들에 의해 우수한 재료만을 선택하여 지어진 두로의 상인들의 배와 비교하고 있다. 그는 선체와 돛대, 노, 그리고 갑판 등이 어떤 목재로 만들어졌는지, 그리고 돛과 차일에 사용된 섬유까지 묘사하고 있다.[171]

> 스닐(헬몬산)의 잣나무(베로쉼⟨*bĕrôšîm*⟩, 유니페루스 엑셀사⟨*Juniperus excelsa*⟩)로 네 판자를 만들었음이여 너를 위하여 레바논의 백향목(에레즈⟨*'erez*⟩)을 가져다 돛대를 만들었도다. 바산의 상수리나무(알로님⟨*allônîm*⟩)로 네 노를 만들었음이여 깃딤 섬 황양목(테아슈림⟨*tĕ'aššurîm*⟩)에 상아로 꾸며 갑판을 만들었도다. 애굽의 수놓은 가는 베로 돛을 만들어 깃발(네스⟨*nēs*⟩)을 삼았음이여 엘리사 섬(키프루스)의 청색 자색 베로 차일을 만들었도다(겔 27:5-7).

---

169. Avner Raban and Robert R. Stieglitz, "The Sea Peoples and Their Contributions to Civiliztion," *BAR* 17(1991): 34-42, 92; Wachsmann, *Seagoing Ships and Seamanship in the Bronze Age Levant*, 175.
170. Barnett, "Early Shipping in the Near East," 226.
171. Igor M. Diakonoff, "The Naval Power and Trade of Tyre," *IEJ* 42(1992): 168-93. 이 글은 에스겔 27장을 가장 잘 분석하고 있다. 어떤 누구보다도 Diaknonoff는 이 27장의 문서적 문제점들을 잘 직시하고 있다.

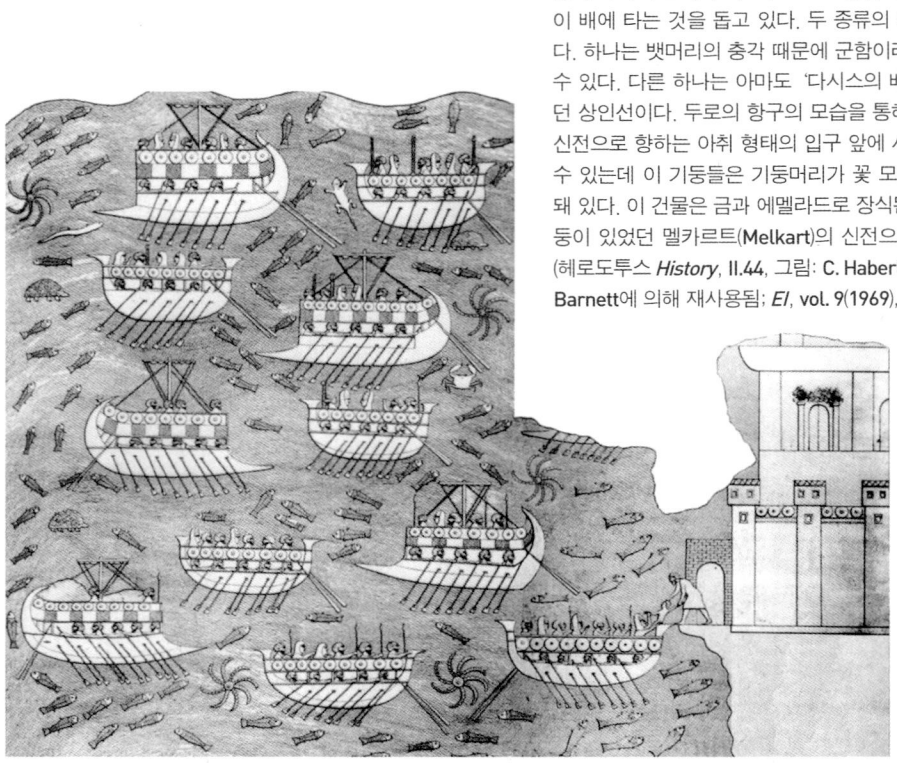

그림 90. 니느웨의 산헤립의 궁전 벽부조 그림, 시돈의 왕 루리가 두로에서 키프루스로 도망갈 때 그의 가족이 배에 타는 것을 돕고 있다. 두 종류의 배들이 보인다. 하나는 뱃머리의 충각 때문에 군함이라는 것을 알 수 있다. 다른 하나는 아마도 '다시스의 배'라고 불렸던 상인선이다. 두로의 항구의 모습을 통해 두 기둥이 신전으로 향하는 아치 형태의 입구 앞에 서 있음을 볼 수 있는데 이 기둥들은 기둥머리가 꽃 모양으로 장식돼 있다. 이 건물은 금과 에메랄드로 장식된 쌍둥이 기둥이 있었던 멜카르트(Melkart)의 신전으로 생각된다 (헤로도투스 History, II.44, 그림: C. Haberl, Richard D. Barnett에 의해 재사용됨; EI, vol. 9(1969), Pl. 1:1).

에스겔은 해양에서 두로의 영향력을 말하면서 두로의 무역에 관해서도 말하고 있다. 디아코노프(Diakonoff)는 선지자가 어떻게 두로의 항구 기능을 자세하게 알고 있었는가를 설명하기 위해서 에스겔이 주전 588년에서 585년 사이에 두로로 여행을 했거나 아니면 이러한 자세한 정보를 알 수 있었던 자료가 있었다고 보고 있다.[172]

(3) 솔로몬의 함대

솔로몬의 시대 이전에 이스라엘은 해양 무역에 있어서는 그다지 알려지지 않았었지만 솔로몬 시대에 와서 이스라엘에게 해양 무역이 얼마나 중요한 것이 되었는지 성경에서도 언급되어 있다. "솔로몬 왕이 에돔 땅 홍해 물가의 엘롯 근처 에시온게벨에서 배들을 지은지라"(왕상 9:26). 솔로몬의 해양 활동은 홍해의 북동쪽 측면인 아카바 만을 중심으로

---

172. Diakonoff, "The Naval Power and Trade of Tyre," 192.

이루어졌다. 그는 에시온게벨에 항구를 지어 국제 무역의 기초로 삼았는데 현재 아카바 만의 북쪽 해변의 텔 엘 켈레이페(Tell el-Kheleifeh)를 이 항구로 추정한 것은 맞지 않다. 에시온게벨 자리였다고 추정되는 다른 유적지들이 있는데 그중에는 제지랏 파룸(Jezirat Farum, '바로의 땅') 같은 현재 에일랏 남쪽에 11킬로미터 떨어져 있는 섬으로 보기도 하는데 확실하지는 않다.

솔로몬과 두로의 왕 히람은 공동으로 해양 산업을 벌였다. 솔로몬의 함대에는 항해에 능숙한 베니게인들이 승선하고 있었다. 솔로몬과 히람은 함께 홍해의 동쪽인 아프리카와 아라비아에서 행해진 무역을 통제했을지도 모른다. "그들(솔로몬과 히람의 선원들)이 오빌에 이르러 거기서 금 사백이십 달란트(14,400킬로그램)를 얻고 솔로몬 왕에게로 가져왔더라"(왕상 9:28). 금으로 유명했던 오빌의 위치는 잘 알려져 있지 않고 단지 여러 가지 상상들이 동원되고 있다. 스바의 여왕이 아라비아의 금을 가져왔던 것으로 보아 오빌의 위치로 추정되는 장소로서 좋은 후보는 아마도 아라비아 일것이다. "이에 그(스바 여왕)가 금 일백이십 달란트(4,112킬로그램)와 심히 많은 향품과 보석을 왕(솔로몬)에게 드렸으니"(왕상 10:10). 아프리카의 동쪽 해변과 극동 지역의 유적지들을 조사한 후 이라 프라이스(Ira Price)는 오빌의 가능한 위치를 다음과 같이 말하고 있다. "오빌은 아라비아 남동쪽, 즉 오만과 페르시아 만 지역에 위치했었을 가능성이 가장 크다." [173]

솔로몬은 상선을 짓고 '다시스 배'(오니 타르쉬쉬⟨ŏnî taršîš⟩)라고 이름 지었는데 이는 상당히 비중있는 해상인들이 있었음을 보여 주고 있다. 이 구절에 의하면 이 배들은 장거리 항해를 할 수 있었다. "왕(솔로몬)이 바다에 다시스 배(오니 타르쉬쉬⟨ŏnî taršîš⟩)들을 두어 히람의 배와 함께 있게 하고 그 다시스 배로 삼 년에 한 번씩 금과 은과 상아와 원숭이와 공작을 실어 왔음이더라"(왕상 10:22). 비록 '다시스'가 성경에 30번 이상 언급이 되어 있기는 하지만 그 위치는 불확실하며 여러 학자들이 나름대로 제안을 하기도 한다.[174] 다시스 배들은 자주 해양 무역과 금속과 관련하여 나타난다. 다시스라는 이름으로 봐서는 스페인 남서쪽 카디즈의 북쪽 구아달키피르 강 어귀의 타르테수스라고 하는 베니게의 식민지였던 장소였을지도 모른다. 타르테수스 주변 지역은 금속과 관련이 있다.

---

173. Ira M. Price, "Ophir," in J. Hastings, ed., *A Dictionary of the Bible*(Peabody, Mass.: Hendrickson, 1988), 3: 628.

174. Moshe Elat, "Tarshish and the Problem of Phoenican Colonisation in the Western Mediteranean," *Orientalia Lovaniensia Periodica* 13(1982): 55-69, 이 장소에 대한 의견들을 잘 조사해 놓고 있다. 또한 André Lemaire, "Tarshish-Tarsisi: Problème de Topographie Historique Biblique et Assyrienne," 44-62.

반면에 알브라이트는 다시스(타르쉬쉬〈taršîš〉베니게 차용어)가 '나무를 제련하다' 혹은 '제련소'라는 의미를 가진 단어이고 아카드어의 '녹이다' 혹은 '제련시키다'의 의미를 가진 라샤슈(rašāšu)와 연관시켜 생각했다. 이 의견은 다시스의 배들이 원료를 제련공에게 운송하거나 제련공에게서 이미 제련된 금속을 운반하는 일을 했음을 상상하게 한다. 다시스가 어디였는가 정확한 지역적인 위치를 밝혀내는 것 대신 위의 의견에 의하면 다시스는 타르테수스 같은 지역을 포함하여 제련이 이루어진 여러 장소들을 동시에 일컫고 있었다고 볼 수도 있다.[175]

소아시아(현재 터키) 남동쪽에 있는 시드누스 강 어귀에 위치한 규모가 큰 상업도시이면서 사도 바울의 고향으로도 유명한 타르수스(다소)는 특별히 근처의 타우루스 산지에서 광산들이 발견된 이후 다시스로서 추정되는 가장 유력한 도시이다. 시리아에서 소아시아 중심부로 가는 주요 무역 도로가 이 해안 평야를 지나갔다. 두로에 대한 예언을 말하면서 이사야는 다시스의 배들을 두로와 시돈의 베니게 항구들과 함께 언급하고 있다(사 23:1-17). 두로는 철, 주석, 납, 그리고 은을 다시스에서 수입했다(겔 27:12; 렘 23:1-17). 앞서 말한 것처럼 이사야, 예레미야, 그리고 에스겔은 다시스를 금속과 관련하여 언급하고 있다. "다시스의 배들이 먼저 이르되 먼 곳에서 네 자손과 그들의 은금을 아울러 싣고 와서"(사 60:9). "다시스에서 가져온 은박과 우바스에서 가져온 금으로 꾸미되"(렘 10:9). "다시스는 각종 보화가 풍부하므로 너와 거래하였음이여 은과 철과 주석과 납을 가지고 네 물품을 바꾸어 갔도다"(겔 27:12).

요세푸스는 다시스와 타르수스를 연결시켜 말했다(Ant. i.6.1 (127)). 바넷(Barnett)은 타르수스를 다시스가 위치했던 곳으로 보고 있는데 그 이유는 배의 노를 제조하는 것으로 이 도시가 유명하기 때문이다.[176] 세실 토르(Cecil Torr)는 일찍이 그리스인들 사이에서 배의 노는 타르소스라고 불렸고 이 이름은 분명 수많은 노를 저어 움직였던 해양선을 일컫는다고 주장했다.[177] 창세기 10장에 나오는 국가의 목록을 보면 다시스(한국어 성경은 "달시스"로 번역함)는 엘리샤와 깃딤과 도갈마다님과 함께 야완의 아들로 나오는데 이들 모두는 지중해 동쪽에서 살았다(창 10:4; 대상 1:7). 이는 다시스가 스페인의 타르테수스이기보다는 실리시아의 타르수스일 가능성을 보여준다. 다시 말해서 '다시스 배들'과 '비블

---

175. William F. Albright, "The Role of the Canaanites in the History of Civilization," in G.E. Wright, ed., *The Bible and the Ancient Near East*(London, Routledge & Kegan Paul, 1961), 347과 360, n. 96.

176. Barnett, "Early Shipping in the Near East," 226.

177. Cecil Torr, *Ancient Ships*(Cambridge: Cambridge University Press, 1894), 2.

로스 배들'이라는 명칭은 이집트와 메소포타미아의 강에 띄우는 배들과는 달리 해양선으로서 그들 고유의 이름들이 그대로 남겨져 일반적인 이름이 되어 사용되었음을 알수가 있다.

유다의 여호사밧 왕(주전 873-849년)과 이스라엘의 아하시야 왕(주전 850-849년)은 에시온게벨에 오빌로 가는 다시스 배를 만들기 위해 서로 협력했으나 이 배는 파선하고 말았다(왕상 22:48-49; 대하 20:35-37). 북왕국 이스라엘과 베니게 사이의 밀접한 관계성 때문에 이스라엘은 남왕국 유다보다 해상 무역과 선박 제조에 더 익숙했다. 성경 시대에 비록 이스라엘이 팔레스타인에 있던 주요 항구들을 항상 통제했던 것은 아니지만 이스라엘에는 악고, 도르, 욥바, 아스글론, 그리고 가자 등이 있었다. 열왕기상 4:11에 의하면 이스라엘 민족은 이미 솔로몬의 통치 시기에 도르를 발전시켰고 아합 왕 시기에 와서 주요 항구로 사용하였다. 도르와 욥바는 베니게의 영토가 되었다.

(4) 베니게 배

이제 우리는 철기 시대의 베니게 배들의 실제 모습을 복구할 수 있게 되었다. 1999년 아스글론에서 레온 레비 탐사단(The Leon Levy Expedition to Ashkelon)의 로버트 발라드(Robert Ballard)와 로렌스 스태거(Lawrence Stager)는 심해 탐사를 지도했는데 아스글론 항구 서쪽으로 약 50킬로미터 떨어진 지점에서 수심 400킬로미터의 깊이에 침몰한 두 척의 고대 해양선을 발견했다. 이 두 척의 배들은 주전 750-700년 사이에 베니게에서 항해를 시작했었다. 선두에서 선미까지 약 16미터의 길이였고 그 너비는 약 6미터에 달한다. 이 배들은 둥글고 폭이 넓은 선체를 가지고 있었고 한때 레반트에서 수출되는 좋은 포도주를 담았던 암포라 항아리들을 가득 싣고 있었다. 한 척의 배가 각각 12톤 이상의 포도주를 싣고 있었다[178](그림 89a, b).

좋은 포도주를 싣고 있었던 이러한 커다란 선박들은 주로 바로의 식탁과 이집트의 포도주 저장고 아니면 더 서쪽에 위치해 있었던 최근 카르타고에서 발견된 30개의 두로 식민지들을 향하여 항해하고 있었을 것이다. 이 두 척의 배들은 아마도 더 큰 함대의 일부

---

178. Robert D. Ballard, Lawrence E. Stager, et al., " Iron Age Shipwrecks in Deep Water off Ashkelon, Israel," *AJA*(in press). 참조 겔 27:18-19에서 보면 다메섹 근처의 헬본에서 포도주를 가져왔고 쐐기문자로 기록된 문서들에 보면 "왕을 위한" 포도주가 아나톨리아의 마르딘 근처의 이즐라 유적지에서 생산되었다고 기록되어 있다. Alan Millard, "Ezekiel XXVII. 19: The Wine Trade of Damascus," *JSS* 7(1962): 201-3; Diakonoff, "The Naval Power and Trade of Tyre," 188, n. "t".

분이었을 것이며 에스겔과 시편 저자가 다시스의 배를 깨뜨렸다는 매서운 '동풍'(루아흐 카딤⟨rûaḥ qādîm⟩, 시 48:7⟨히브리어 성경 48:8⟩; 참조 겔 27:26)과 같은 태풍에 의해 침몰했을 것이다. 그리스인들의 부두가에서 사용되는 은어에서 '욕탕'(그리스어 가울로이⟨gauloi⟩)은 지중해에서 배가 침몰하여 바닷속에서 서쪽을 향해 머리를 두고 앉아있는 베니게 상인들을 부르던 말일지도 모른다. 베니게인들과 이스라엘인들의 항구에서 침몰한 이 배들은 '다시스의 배'로서 유명했던 배들이었을지도 모른다.[179]

3) 여행

팔레스타인에서의 도보 여행은 험한 지세 때문에 어려운 일이었다. 이스라엘 민족은 사업상, 상거래, 군사적 의무, 연례 성지에서 보내는 명절(유월절, 오순절, 장막절), 가족 방문, 그리고 기아가 있을 때 등의 여러 가지 이유로 여행을 하였다. 성경은 자주 사자(말아킴⟨mal'ākim⟩), 여행을 돕는 종자(라찜⟨rāṣîm⟩), 그리고 무역상들(소하림⟨sōḥārîm⟩) 등 그들의 직업상 정기적으로 여행을 하는 자들을 언급하고 있다.

성경 시대에 하루 여행 가능거리는 평균 27-37킬로미터였다. 하루에 32킬로미터를 행진한 앗수르의 군대는 주전 701년 니느웨에서 라기스까지 두 달 이상의 시간이 걸렸다. 직업군인들은 우기 이후 팔레스타인의 산지를 걸어서 행진했을 것이다.

낮과 밤을 가리지 않고 도보 여행이 행해졌기 때문에 잠복하고 있던 산적들과 야생 짐승들을 만나게 되는 위험이 따랐다. 안전을 위해 사람들은 무리를 지어 대상의 형태로 여행하기를 즐겼으며 특히 장거리 여행일 경우는 더욱 그러하였다. 도로에서 여행자들은 여행 중 만나는 이들의 후한 환대를 기대하게 되는데 이는 여행자들의 안녕(샬롬⟨šālôm⟩)을 위한 고귀한 의무이며 실제로 필요했던 부분이었다.

나귀(하모르⟨ḥămôr⟩)를 타고 여행을 하는 것은 성경 시대에 일반적인 여행 수단이었

---

179. 주전 8세기로 연대가 추정되는 풍뎅이 모양의 히브리어로 인장을 찍은 흔적에는 항해하고 있는 상선도 새겨져 있는 것이 발견되었다. 이 인장의 주인의 이름은 오니야후('Oniyahu)로 "메랍의 아들 오니야후"라고 기록되어 있었다. 이 상선은 말 머리 모양의 선두와 돛대 노들은 없으나 키를 잡는 노 하나가 있는 모습으로 묘사되어 있었다. 히브리어 이름으로 오니야후는 성경에는 나오지 않지만 "야훼는 나의 힘"이라는 뜻이기도 하다. 그러나 ŏnî는 배라는 뜻을 가진 ŏnyyâ에서 파생된 단어일지도 모른다. "솔로몬 왕이 에돔 땅 홍해 물가 에롯 근처 에시온게벨에서 배들(ŏnî)을 지은지라"(왕상 9:26; 사 33:21). 이 인장의 주인은 분명 그의 이름이 두 가지 뜻을 가질 수 있다는 것을 알고 그의 개인 인장에 배의 모양을 새기도록 했을 것이다. Nahman Avigad, "A Hebrew Seal Depicting a Sailing Ship," *BASOR* 246(1982): 59-62.

다. 다윗이 사울의 손자 므비보셋(메리바알 혹은 므립바알⟨*Meribaal*⟩)에게 왜 그가 다윗이 요단 강을 건너 도망갈 때 함께하지 않았는가 물었을 때 그는 이렇게 대답했다. "내 주 왕이여 왕의 종인 나는 다리를 절므로 내 나귀에 안장을 지워 그 위에 타고 왕과 함께 가려 하였더니 내 종(시바)이 나를 속이고"(삼하 19:26). 노새를 타고 여행하는 것은 나귀를 타는 것보다 훨씬 더 적었지만 성경에서는 특별한 경우로 보여진다. 노새(페레드⟨*pered*⟩)는 한 시간에 5킬로미터 정도를 달렸던 것으로 보인다. "왕(다윗)이 그들에게 이르되 너희(사독, 나단, 그리고 브나야)는 너희 주의 신하들을 데리고 내 아들 솔로몬을 내 노새에 태우고 기혼으로 인도하여 내려가고"(왕상 1:33). 이스라엘 민족은 아마도 말을 승마용으로 쓰지는 않았던 것으로 보인다(아래의 "운송" 부분을 참조).

4) 운송

몇 종류의 동물들이 두 가지 목적, 즉 운송과 여행용으로 사용되었다. 동석병용기 시대부터 발을 단단히 딛고 섰던 나귀(에쿠스 아시누스⟨*Equus asinus*⟩)는 운송과 여행용 동물로서는 물론 경작을 위해 쟁기를 메는 동물로도 이용되었다. 나귀가 운송을 담당했다는 증거가 이스라엘의 기밧타임(Giv'atayim) 유적지에 있는 동굴 1호에서 발견되었다. 동굴은 동석

그림 91a. 므깃도 IVA층의 마구간, 아합의 시대. 기둥들에 동물을 메기 위해 뚫린 구멍을 보라(Z. Radovan 전재 허가; 예루살렘).

병용기에 무덤으로 사용된 것으로 이곳에서는 두 개의 광주리를 등에 메고 있는 나귀 형상이 발견되었다. 이미 주전 3000년에 소는 쟁기와, 수레, 그리고 썰매를 끄는 견인용 동물로 사용되었다.

레반트에서 낙타의 사육은 철기 시대 이전에는 이루어지지 않았다. 위에서 언급한 것처럼 운반용으로 이용된 낙타의 초기 증거는 라기스 벽부조(주전 8세기)에서 찾아 볼 수 있는데 이 부조는 산헤립이 니느웨에 지은 그의 궁전에 주전 701년에 라기스에서의 전쟁에서 승리하였음을 기념하기 위해 만들어진 것이었다. 라기스 성을 떠나고 있는 한 가

족은 그들의 소유물들을 낙타의 등에 얹고 가고 있다[180](그림 48). 이스라엘 민족은 낙타를 여행에 이용했던 것으로 보이지는 않는다. 낙타는 하루에 40킬로미터 정도를 여행할 수 있고 3일 동안 물 없이 견딜 수가 있어 아라비아 사막을 횡단할 수 있었고 이 특징 때문에 새로운 무역로가 열리게 되는 계기를 만들었다. "허다한 낙타, 미디안과 에바의 어린 낙타가 네 가운데 가득할 것이며 스바 사람들은 다 금과 유향을 가지고 와서 여호와의 찬송을 전파할 것이며"(사 60:6).

팔레스타인에서 말의 흔적은 주전 2000년 초기 이전에는 나타나지 않는다. 말은 짐을 나르는 데 사용된 동물이 아니었고 더구나 농사를 위해서는 전혀 사용된 바가 없다. 말은 군사적인 목적에만 사용되었다. 성경에는 전쟁에서 말과 병거를 사용하는 것에 반대하는 의견들을 보여주고 있지만 이 부분들은 편견에서 나온 것일 뿐이다. 이사야는 이스라엘의 거만으로 인해 "그 땅에는 마필이 가득하고 병거가 무수"(사 2:7)하게 된다고 표현하고 있다. 이스라엘 왕이 이집트로부터 말들을 수입해오는 것을 금하는 것은 왕의 착취로 백성들이 고난을 겪게 될까 염려하는 데서 나온 표현이었다. "왕 된 자는 병마(수씸 〈sûsim〉)를 많이 두지 말 것이요 병마를 많이 얻으려고 그 백성을 애굽으로 돌아가게 하지 말 것이니"(신 17:16).

근동 지역에서 기마는 주전 1000년경에 처음 시작되었다. 앗수르인들의 기마는 앗수르나시르팔 II세(주전 883-859년) 시대에 시작되었다. 비록 이스라엘에서 말을 탔다는 증거는 없지만, 이스라엘에 마차가 있었다는 증거는 므깃도에서 발견된 공공 마구간으로 사용된 두 거대한 건축물들로 알 수 있다(그림 91a). 주전 9세기의 마구간 밑에는 주전 10세기 솔로몬 시대의 마구간의 흔적이 있었다. "솔로몬이 병거와 마병을 모으매 병거가 천사백 대요 마병이 만 이천 명이라 병거성에도 두고 예루살렘 왕에게도 두었으며"(왕상 10:26). 주전 9세기의 건물은 이열로 서 있는 기둥들로 인해 세 방으로 나누어져 있었다. 다듬은 돌을 깎아 만든 구유들은 기둥들 사이에 위치해 있었고 몇몇 기둥들에는 말을 묶어 놓을 수 있는 구멍이 뚫려 있었다. 이 건물들은 아합 왕의 재위 시절인 주전 9세기로 추정되었다. 그러나 이 건물이 어떤 용도로 사용되었는가에 대한 의문은 아직도 논쟁 중에 있다. 므깃도의 이 건물들은 창고나 시장 혹은 요새로 쓰였다고 설명되기도 한다.

---

180. David Ussishkin, *The Conquest of Lachish by Sennacherib*(Tel Aviv: Institute of Archaeology, Tel Aviv University, 1982), 109: "이 낙타는 당시에 아직까지 유다지역에서 그리 많이 사용되지 않고 있었으며 이 부조품의 낙타는 낙타가 사용된 예들 중 가장 초기의 모습들 중 하나이다."

현재 이 건물이 450마리의 말들을 수용할 수 있었던 마구간이라고 해석하는 것이 타당하다고 보는 이들이 많다. 아합 왕이 살만에셀 III세와 카르카르(시리아에 위치)에서 주전 853년에 전쟁을 했을 때(*ANET*, 278-279) 전쟁에 내 보낸 말들을 끌어올 수 있었던 병거성들 중에 하나였을 것이다. 아합은 앗수르인들에게 대항하기 위해 병거 이천과 만 명의 보병을 보냈다. 이 숫자는 서쪽에서 전쟁에 연맹한 국가들 중 가장 많은 숫자를 보낸 것이다. 그러나 여기

그림 **91b**. 므깃도 마구간의 (부러진) 두 기둥들 사이에 놓여 있는 구유. 구유 안쪽의 이빨 자국을 주시하라(Z. Radovan 전재 허가; 예루살렘).

서 아합이 기마병은 보내지 않은 것을 주목해야 할 것이다. 그래서 이 연맹국가들은 하맛의 이르훌레니 왕이 이끌던 아람 군대에 의존했다.

므깃도의 이 기둥들로 인해 세 공간으로 나뉘어진 건물들을 마구간으로 해석하는 데 많은 증거를 제시한 이는 존 할라데이다.[181] 그는 양 켠의 자갈돌로 포장된 복도가 견고하고 침투성이 좋은 바닥을 가지고 있다고 보았다. 이 거친 자갈돌 바닥이 말발굽을 단단하게 한다고 말했다(편자는 이 시기에는 발명되지 않았었다). 이 바닥은 말의 침구용으로 깐 짚과 매일 나오는 오물을 치우는 데 용이했다. 짚이 빨아들이지 못하는 소변은 자갈돌 틈 사이에서 여과될 수 있었다.

반더빌트대학에서 성경학을 공부하고 있는 미국 테네시 출신의 말 전문가인 데보라 칸트렐(Deborah Contrell)은 므깃도의 건물들을 조사하고 이 건물들이 마구간이었다는 새롭고 예리한 증거들을 제시했다. 마구간에는 석회석 기둥들 사이에 석회석으로 만든 구유가 놓여 있었다(그림 91b). 여기서 칸트렐은 말의 흔적을 증명할 수 있는 결정적인 증거를 발견하였다.

---

181. John S. Holladay, "The Stables of Ancient Israel," in L. Geraty and L. Herr, eds., *The Archaeology of Jordan and Other Studies: Presented to Siegfried Horn*(Berrien Springs, Mich.: Andrew University Press, 1986), 103-65.

(돌로 만든 구유의) 안쪽에는 말이 구유를 뜯어 먹은 흔적이 선명하게 드러나 있었다. 이러한 흔적은 말의 나쁜 습관에 의한 것으로 마구간에서 일반적으로 나타나는데 몇몇 말들이 구유에서 여물을 먹으면서 동시에 공기를 마시기 때문에 앞니로 구유의 안쪽을 씹게 된다. 또한 말의 발굽이 닿아져 있던 구유의 앞부분은 약간 패여 낡아있다. 말의 이빨 자국이 구유의 안쪽 가장자리에 남아있으며 이 구유들은 말을 먹이는 데 사용되기에 적당히 얕게 파여져 있다.[182]

그녀는 또한 마구간의 중앙에 부드러운 흙으로 포장된 공간이 "곡물과 건초를 나르는 나귀와 수레가 한쪽 면에 있는 구유에 여물을 넣고 건물의 끝에서 돌아 다른 한쪽에 여물을 나를 만큼"[183] 적당히 넓다고 주장했다. 몇몇 사각 기둥들 중에는 중앙 부분에서 세 마리의 말을 함께 묶어 놓고 돌볼 수 있게 구멍이 뚫려 있었다(한 병거에는 세 마리의 말이 한 팀이었다).

말들의 중요한 기능은 사륜이나 이륜의 마차를 끄는 것이었다. 말이 끄는 마차들이 평원과 계곡들을 달렸다. 블레셋인들은 '철로 만든 병거들'(레케브 바르젤⟨rekeb barzel⟩)을 가지고 있어 이스라엘 민족에게 결정적으로 그들이 우세하다는 것을 보여 주었는데 이러한 병거는 차륜의 굴대가 철로 만들어진 것을 말한다(삿 1:18-19). 청동으로 만든 마차의 바퀴를 고정시키는 멈추개 하나는 아스글론(그림 46)에서, 또 하나는 에그론에서 발견되었는데, 모두 연대가 철기 I 시대로 추정되었다. 아스글론에서는 같은 시대의 블레셋인들의 층에서 마차용 도구-멍에용 안장의 끝-가 발견되었다. 이스라엘 민족은 다윗 이전에는 병거를 사용하지 않았던 것으로 보인다. "(다윗은 하닷에셀의) 마병 천칠백 명과 보병 이만 명을 사로잡고 병거 일백 대의 말만 남기고 다윗이 그 외의 병거의 말은 다 발의 힘줄을 끊었더니"(삼하 8:4).

라기스가 부조되어 있는 벽에는 유다의 마차가 조각되어 있는데 8개의 살이 있는 바퀴가 달려 있다. 이 마차는 앗수르의 의식용 마차와 유사하며 산헤립의 군사들이 전리품으로 가지고 가고 있다. 산헤립의 왕정 의식용 마차와 그의 전쟁용 마차와의 차이점은 바퀴에 있는데 전자는 커다란 8개의 살이 있는 바퀴가 달려 있고 후자에는 좀 더 작고 6

---

182. Deborah Contrell, "Horse Troughs at Megiddo?" in *Revelations from Megiddo: The Newsletter of the Megiddo Expedition*(Nov. 2000, no.5), 1-2.
183. Ibid., 2.

개의 살이 있는 가벼운 바퀴가 달려 있다. 전쟁뿐만 아니라 일반적인 여행에도 마차는 자주 사용되었다.

동물의 등에 싣고 운송하기 어려운 큰 물건이나 불편한 물건 등은 황소, 나귀, 노새 등으로 끄는 수레로 운송했다. 수레는 이륜도 있었고 사륜도 있었다. 시간이 지나면서 가벼운 바퀴가 달린 수송수단이 발달했다. 하루에 한 사람이 마차나 수레로 45킬로미터 정도를 여행할 수 있었다. 벽부조들에는 때로 지붕이 씌워져 있는 짐마차들도 조각되어 있었다.[184] 수레(아갈로트⟨'ăgālôt⟩)는 메디넷 하부에 있는 람세스 III세의 신적 벽들에 묘사되어 있다. 니느웨의 산헤립 궁전에서 발견된 라기스 부조에는 수소가 끄는 수레에 여인들과 아이들이 타고 있는 것을 볼 수 있다. 특별히 인상적인 장면은 포로로 잡힌 한 여인이 작은 아이를 자신의 무릎에 앉히고 수레에 타고 있는 것이다. 성경은 자주 수레와 짐차를 언급하고 있다. 블레셋인들은 두 젖소에게 수레의 멍에를 메고 언약궤를 싣고서 이스라엘 영토로 가게 했다(삼상 6:7). 다윗과 그의 백성들도 새 수레에 언약궤를 싣고 예루살렘으로 갔다(삼하 6:3).

5) 무역

히브리어로 '상인' 혹은 '무역인'을 일컫는 말에는 여러 가지가 있는데, 그중에는 소헤르(sōḥēr)와 로겔(rōgēl)이 있으나 성경 시대에 가장 많이 사용된 것은 케나아니(kěna'ănî), 즉 '가나안인'으로서 이는 '상인'과 동의어가 되었다. "그는 상인(케나안⟨kěna'an⟩)이라 손에 거짓 저울을 가지고 속이기를 좋아하는도다"(호 12:7⟨히브리어 성경 12:8⟩). 처음에 케나안(kěna'an)은 자색 염색(아르감만⟨'argāmān⟩)이나 자색 염색된 양털을 거래했던 베니게인을 일컬었다. 이스라엘인들은 주로 농업에 종사하였고 바벨론인이나, 아람인, 가나안인, 베니게인, 그리스인, 블레셋인들과 비교했을 때 상인으로서는 유명하지도 않았다. 이스라엘 민족은 최소한 그들의 선전(propaganda)에 있어서는 무역과 상업에 대해 업신여기는 태도를 취했다.

에스겔의 두로에 대한 애도에는 이 베니게 도시가 무역 활동상 선두를 달리는 것에 자만하여 죄를 범하고 있다고 비난하고 있다(겔 27:28-36, 그림 93). 선지자의 부정적인 생각은 아마도 유다 왕국에 대한 베니게의 착취에 기인한 것일지도 모른다. 에스겔의 시대

---

184. David A. Dorsey, "Carts," *OEANE*, 1: 433-34.

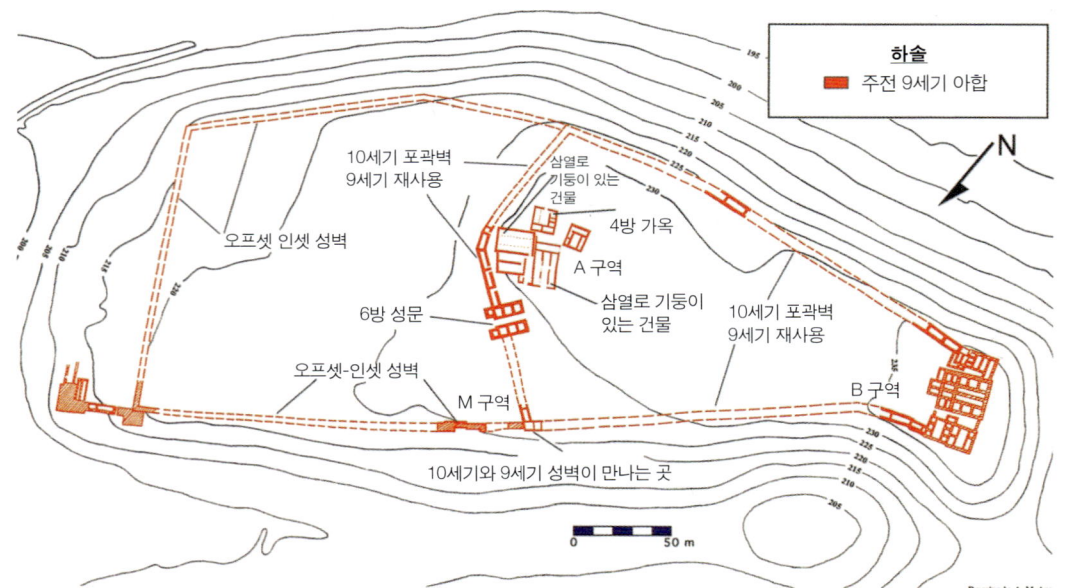

그림 92. 아합 시대의 하솔 평면도(주전 9세기). 도시는 성 대부분을 둘러싸고 있으며 10세기 때보다 두 배로 그 크기가 증가했다. 10세기의 성벽과 성문은 계속해서 이용되었지만 하나로 두껍게 단단히 세워진 벽이 동쪽에 보충되었다. B 구역에 성채가 하나 보충되었고 A 구역에는 4방 가옥들과 기둥이 이열로 세워진 건물들도 세워졌다(A. Ben-Tor 전재 허가; 그림: A.M. Appa).

에 국제 무역이 활발했다는 것은 애도의 목록에 이스라엘과 유다 왕국이 농산물을 두로와 거래하는 것을 통해볼 수 있다. "유다와 이스라엘 땅 사람이 네 상인(로켈아이크⟨rōkĕ lāyik⟩)이 되었음이여 민닛 밀[185]과 기장[186](판나그⟨pannag⟩, 한국어 성경은 "과자"로 번역함)과 꿀과 올리브기름과 테레빈 송진(한국어 성경은 "유향"으로 번역함)을 가지고 그들이 네게 팔고(나테누⟨nātĕnû⟩) 수입(마아라베크⟨ma'ărābēk⟩)할 것이다(한국어 성경은 "물품과 바꾸어 갔도다"로 번역함)."(겔 27:17).[187] 두로 왕 히람은 솔로몬에게 성전을 짓는 데 백향목과 잣나무를 보내고 이스라엘의 왕은 "그 궁정의 음식물로 밀 이만 고르와 처음 짠 기름(쉐

---

185. 민닛은 암몬족의 마을인지는 분명치 않다. 어떤이들은 ḥiṭṭê minnit, "민닛의 밀"을 ḥiṭṭîm zayit, "밀, 올리브"로 읽어야 한다고 주장하고 있다.

186. pannang의 의미는 확실하지 않다. 이는 인도에서 자생하는 기장(Panicum miliacem)의 한 종류인지도 모른다. Agriculture in Iron Age Israel (Winona Lake, Ind.: Eisenbrauns, 1987), 93. Oded Borowski는 팔레스타인의 철기 시대에는 어떤 기장의 흔적도 고고학적으로 발견하지 못했다고 주장한다. pannag의 의미가 확실하지 않기 때문에 Diakonoff("The Naval Power and Trade of Tyre," 185)는 대신 dônag, "밀랍"(wax)라고 읽는다.

187. 이 구절의 번역은 Diakonoff, "The Naval Power and Trade of Tyre," 185를 기초로 한다.

그림 93. 발라왓에서 발견된 성문의 청동 테 상부. 주전 860년 아르메니아로의 원정. 우라르투의 정복된 도시에서 가져오는 노획물과 수레에 실려오는 피토스 항아리. 이러한 피토스 항아리들은 포도주를 육로로 이동할 때 사용되었다. 주전 9세기 우라르투의 이잘라(Izalla)에서 다네 야인(danê yayin)을 육로를 이용하여 다메섹으로 들여왔던 예가 있는데 두로로의 수출을 위해 배에 옮겨졌다. 겔 27장을 비교하라(대영박물관 전재 허가).

멘 카티트〈šemen kātît〉, 한국어 성경은 "맑은 기름"으로 번역함) 이십 고르를 준다"(왕상 5:11〈히브리어 성경 5:25〉).

시장은 아마도 성문 곁에 있었을 것이다. 성문 바로 옆의 커다란 광장은 상인들이 상품들을 거래했던 시장 역할을 했다. "엘리사가 이르되 여호와의 말씀을 들을지어다. 여호와께서 이르시되 내일 이맘때에 사마리아 성문에서 고운 밀가루 한 스아를 한 세겔에 매매하고 보리 두 스아를 한 세겔에 매매하리라 하셨느니라"(왕하 7:1; 7:18). 히브리어 후쪼트(ḥûṣōt)는 장터를 위해 정렬된 거리를 일컫는다. 사울과 요나단을 위한 애가에서 다윗은 이렇게 말했다. "이 일을 가드에도 알리지 말며 아스글론 거리(후쪼트〈ḥûṣōt〉)에도 말지어다"(삼하 1:20). 여기서 후쪼트(ḥûṣōt)는 현재 아스글론의 발굴을 통해 드러난 바와 같이 '장터'로 이해해야 한다. 장터 혹은 시장으로 설명되는 곳이 발견되었다고 스태거는 말하고 있으며 이곳은 길 양쪽으로 가게들이 줄지어 서있다. 첫 번째 가게는 포도주 가게로 이곳에서는 포도주 항아리들과 국자용 작은 병들이 발견되었다. 또 다른 가게에서는 작은 새들의 뼈들이 발견되었다. 마지막 가게는 정육점으로 고깃덩어리들이 발견되었다.[188] 수리아의 벤하닷이 아합 왕의 승리를 인정하면서 그의 아버지가 사마리아에서 그랬던 것처럼 다메섹에 장터(후쪼트〈ḥûṣōt〉)를 세우도록 했다. 벤하닷은 이렇게 말했다. "내 아버지께서 사마리아에서 만든 것같이 당신도 다메섹에서 당신을 위하여 거리(후쪼트〈ḥûṣōt〉)를 만드소서"(왕상 20:34). 아브라함 비란(Avraham Biran)은 다메섹의 후쪼트(ḥûṣōt)가 성 밖에 있었다는 것을 강조하면서 단의 도시 성벽 밖에서 발굴된 건물(주전 9-8세

---

188. Stager, "Ashkelon and the Archaeology of Destruction: Kislev 604 B.C.E.," 65*.

기)과 성문 구조가 후쪼트(ḥûṣōt)라고 보았다.[189]

칼 폴라니(Karl Polanyi)는 고대 경제를 분류하면서 거래에 있어 중요한 종류 세 가지, 즉 상호교류, 분배, 그리고 교환이 있다고 주장했다. 그는 고대 사회에 있어 시장 지향의 반응이 생겨날 만한 적당한 동기가 없었기에 시장은 그다지 중요한 역할을 하지 않았다고 보았다. 만약 이러한 반응이 있었다면 다른 사회 관습과 기관들에서는 확실하게 자리 잡을 수 있었겠지만 여전히 현대 경제 이론으로는 그 기준을 인식하기에 어려운 부분이 있다. 그럼에도 불구하고 고대에도 위의 세 가지 거래 종류들이 존재했으며, 아마도 많은 사회 속에서 자주 동시에 세 가지가 나타났을 것이다. 그렇다면 문제는 경제 상호작용에서 이 세 가지 중 하나가 존재하는가를 찾아내는 것이 중요한 것이 아니다. 오히려 다른 종류들이 여전히 사회의 다른 부분에 반영되고 있다는 것을 인지하고 있는 가운데 세 가지 중 어느 것이 두드러지는가 혹은 어느 것이 그 사회의 경제를 규정 짓는가를 결정하는 것이다. 피터 테민(Peter Temin)에 의하면 시장경제는 다음과 같이 말할 수 있다. "사람들은 시장 교환의 타당성 때문에 이 제도를 필요로 한 것이 아니라 전혀 관계가 없는 개인들과 기업 사이의 거래에 있어 시장 교환이 현저해진 것이며 이러한 거래가 경제 전체에 있어 중요했기 때문에 생겨난 것이다."[190]

고대 이스라엘이 오랫동안 유지해왔던 것 같은 농경유목경제에서는 주요 경제 활동이 크고 작은 가족 안에서 일어난다. 물물교환은 일반적인 것이었다. 시장 교환보다는 가족 간의 교환이 주를 이루었다. 이러한 경제가 왕국 이전에도 그랬지만 왕국이 현존하는 동안에도 대부분의 백성들 사이에 행해졌을 것으로 보인다. 그 독특성은 지방과 도시의 환경과 철기 I-II 시대에 지속적으로 나타나는 피를 나눈 가족끼리 거주하는 3-4개의 방으로 이루어진 기둥이 있는 집들을 보아 알 수 있으며, 비록 이 집들이 커다란 확대가족이

---

189. Avraham Biran, "The ḥûṣōt of Dan," in B. Levine et al., eds., *Eretz-Israel* 26 (Frank Moore Cross Volume)(Jerusalem: Israel Exploration Society, 1999), 25-29.

190. 고대 경제에 관한 결론은 Karl Polanyi, *The Livelihood of Man*(New York Academic Press, 1977)를 참조하라. 다양한 경제 구조의 예들에 대한 개관을 위해서는 다음을 보라. Peter Temin, "A Market Economy in the Early Roman Empire," *Journal of Roman Studies*에 제출예정(2001년 91호에 동일한 제목으로 발표됨-편집자주). 고대 이스라엘이 분배경제였다는 예는 J.David Schloen, *The House of the Father as Fact and Symbol: Patrimonialism in Ugarit and the Ancient Near East*, vol. 2, Studie in the Archaeology and History of the Levant, Harvard Semitic Museum Publications (Winona Lake, Ind.: Eisenbrauns, 2001)를 참조하라. 이와는 다른 경제 체계였다는 주장은 Holladay, "The Kingdoms of Israel and Judah: Political and Economic Cetralization in the Iron IIA-B(ca. 1000-750 B.C.E)"를 참조하라. 또한 Stager, "Port Power in the Early and Middle Bronze Age: The Organization of Maritime Trade and Hinterland Production"를 보라.

나 친족사회의 한 구성단위였다고 해도 예외는 아니다. 각 집에는 생산과 저장을 할 수 있는 장소들이 있었고 적은 수준일지라도 각 가족의 경제를 책임질 수 있었다.

그러나 철기 시대 전반에 걸쳐 몇몇 상점들이 다른 상점들에 비해 더 크고 힘을 가지고 있었다. 어떤 마을은 전문화된 모습도 볼 수 있는데 초기철기 시대의 항아리 입구가 두껍게 처리된 피토스 같은 경우처럼 특별한 형태의 토기를 생산했다. 산지에 있는 마을에서는 마을이 소비할 수 있는 것보다 더 많은 양의 포도주를 생산했고 다른 마을들은 올리브기름을 생산했다. 이러한 공동체들은 교환을 목적으로 더 많은 물품을 생산하였을 것이다. 우리는 헤브론, 예루살렘, 세겜 같은 더 큰 사회들이 각 지방의 생산품들을 사고파는 장소를 제공했던 도시의 역할을 했다고 추측할 수 있다.

농부와 목동이 섞여 산지의 작은 땅에 살았던 농경유목 마을들이 철기 시대 전반에 걸쳐 그리고 왕국 시대에 현저했다. 지방이든지 도시였든지 관계없이 기본적인 삶의 단위는 기둥이 있는 집이었다. 농업을 기본으로 하는 가정이 중요한 사회적, 경제적 단위가 되었다. 물물교환과 거래를 통하여 이들 각각의 상점들과 공동체들은 고대 이스라엘의 압도적 경제적 실체였다. 사실 이 상점들과 공동체들이 왕 같은 지배계층과 군대 그리고 제사장들을 십일조와 세금으로 먹어 살렸다. 아직까지 왕국 시대 동안 농부와 부족의 구성원들 중에 크게 가난한 자가 있었다는 증거는 없다. 주변의 영토를 정복하여 이 새로운 영토를 왕실의 영토로 수여받고 세금을 받으므로 왕실, 군사, 그리고 제사장 층은 그들의 기관을 유지하고 부양하는 데 충분한 양을 가지고 있었다. 그러나 할라데이가 강조한 것처럼 이스라엘은 분배경제를 기본으로 하는 사회는 아니었지만, 그렇다고 시장경제가 두드러진 특징이라고 말할 수도 없다. 고대 이스라엘이 생산했던 주요 자산 혹은 땅은 시장경제를 일으킬 만한 것이 아니었다. 땅은 (적어도 원칙적으로는) 양도할 수 없는 것으로 일용품이 아닌 통례적으로 가족 내에서 세습되는 것이다.

포로기 동안에 유대인들은 이스라엘 전반에 걸쳐 전통적으로 행해진 농업 생활을 계속할 수 없었다. 그들은 상거래나 은행과 관련된 자산을 필요로 하지 않는 다른 직업으로 전환했다. 이러한 모습이 주전 5세기에 이미 행해졌음이 유대인들이 정착했던 엘레판틴(이집트)의 아람어로 기록된 문서에 나타난다. 이들 중에는 상인과 은행가가 된 이들이 있다. 같은 때에 바벨론에 살던 유대인들은 니푸르에서 발견된 무라슈 상업사회의 문서들에 언급되어 있다.

고고학적 발굴은 신바벨론 군대의 정복 이후 요단 계곡 서쪽에 얼마나 적은 인구가 정착하고 있었는가를 보여주고 있다. 그럼에도 불구하고 포로기 이후에 팔레스타인으로 돌아온 유대 난민들은 다른 이들이 차지하지 않은 땅을 골라 농업과 목축업을 할 수 있었다. 포로로 끌려가지 않았던 이들이 있었는데 바로 '이 땅 족속들/그 지방 사람들'(암 하아레쯔⟨'am hā'āreṣ⟩)이다. 철기 시대 동안에 이들은 상류사회의 사람들이었다. 포로기 이후 포로로 끌려갔던 자들과 그들의 지도자들은 이들을 '외국인'으로 간주했다. 제사장 에스라는 돌아온 유대인들을 권고했다. "너희 조상들의 하나님 앞에서 죄를 자복하고 그의 뜻대로 행하여 그 지방 사람들과 이방 여인을 끊어 버리라"(스 10:11; 10:2; 9:1-2; 느 10:30). 신약성경 시대 때와 그 이후에 랍비들은 '이 땅 족속들/그 지방 사람들(암 하아레쯔⟨'am hā'āreṣ⟩'은 토라를 온전히 지키지 않는 천민으로 보았다(참조, 요 7:49).

포로기 이후 "예후드"라 불리던 지역으로 돌아온 유대인들은 농사를 지을 수 있는 땅을 회복했지만 그들 중에는 상업과 제조업에 종사한 이들도 있었다.[191] 이스라엘 왕국 시기 동안(또한 그 이전에도) 한때 땅을 가지고 있던 부유한 자로서 존경받았던 '이 땅의 족속들'은 돌아온 유대인들과 그들의 지도자들에게 비난의 대상이 되었다. 이들의 경제적 개념은 포로기 이전의 이스라엘 민족이 가지고 있던 것과는 달리 베니게인들의 개념에 더 가까웠다.

이스라엘과 유다의 중요 상품들 중에는 보리, 밀, 올리브, 올리브기름, 포도, 포도주, 편두, 말린 콩, 석류, 대두, 건포도, 말린 무화과, 대추야자, 그리고 아몬드 등이 있다. 우유, 치즈, 버터 등 매일의 일상용품들은 지방의 장터에서 팔았다. 소, 양, 그리고 염소 등은 거래했다. 경제에는 몇 가지 분할이 이루어졌을 것이며-왕실에 의해 통제되는 것과 결합된 단체들에 의해 통제하는 것-물물교환도 한 부분이었을 것이다.

솔로몬의 상업적 행적 중에는 그의 왕실 저장고가 있었던 "국고성"(아레 하미스케노트 ⟨'ārê hammiskěnôt⟩, 왕상 9:19)이 있다. 이 국고성들은 왕의 재산과 힘을 상징하며 왕이 큰 규모로 국제 무역을 통제하고 지휘했다는 것을 말한다. 앞에서 언급한 것처럼 솔로몬의 배는 금을 가져오기 위해 홍해를 항해했는데, 그는 말과 병거도 거래했다. 스바의 여왕(현대 예멘)은 예루살렘에 "향품(베싸밈⟨běsāmîm⟩)과 심히 많은 금(자하브⟨zāhāb⟩)과 보석(에벤 예카라⟨'eben yěqārâ⟩)을 약대에 싣고"(왕상 10:2) 왔다. 이 이야기는 솔로몬과 아라

---

191. 주전 6세기 동안의 공백기에 대해서는 다음을 보라. Ephraim Stern, *Archaeology of the Land of the Bible*, vol.2, *The Assyrian, Babylonia and Persian Periods*(732-332 B.C.E)(New York Doubleday, 2001), Anchor Bible Supplements. Stager, "The Fury of Babylon: Ashkelon and the Archaeology of Destruction"; Marvin H. Pope, *"'am hā'āres," IDB*, 1: 106-7; James L. Kugel, "Qohelet and Money," *CBQ* 51(1989): 32-49.

비아 반도 사이의 무역을 말해주고 있다. 왕들은 수입과 수출 모두에 관세를 매겼다. 또한 이스라엘을 지나는 상인들에게 통행세를 거두어 경제에 도움을 주었다. 왕실 저장고의 물품 목록과 물품의 주문과 영수증, 그리고 이들 물품에 대한 가격 등을 포함하여 모든 종류의 상거래가 기록된 잔액 기록 혹은 차용증서들이 발견되었다.

이스라엘의 중요한 수출은 농산품으로 곡물, 올리브기름, 그리고 포도주가 있었다. 다른 수출품으로는 대추야자, 꿀, 소금, 쪼리($ṣŏrî$, 테레빈나무의 송진), 섬유, 가죽, 석회석, 솔, 상수리, 그리고 역청 등이 있다. 언급한 것처럼 이스라엘은 베니게에 곡물과 올리브기름을 제공했고(왕상 5:11〈히브리어 성경 5:25〉) 이집트도 역시 올리브기름을 제공했다. "기름(쉐멘〈$šemen$〉)을 애굽으로 보내도다"(호 12:1〈히브리어 성경 12:2〉).

이스라엘은 주석, 납, 은, 청동과 철 등의 금속을 수입했다. 자색으로 염색한 털로 짠 의복과 백향목은 베니게에서 수입했다. 이집트에서는 솔로몬이 말과 병거를 수입했고(왕상 10:28-29), 또한 아마 섬유와 상아를 수입했다. 유향과 몰약 같은 방향제는 아라비아에서 수입했다.

한 물품을 다른 물품과 바꾸는 가장 오래된 무역 형태인 물물교환은 동전이 등장한 이후에도 역사 전반에 걸쳐 계속해서 행해졌다. 물품들은 무게를 재거나 숫자를 세어(양, 곡물, 포도주) 각각의 가치를 매겨 교환하였다. 주조된 동전이 사용되기 이전에 청동, 금, 은 조각들이 값을 치르는 데 사용되었다. 이러한 금속 조각들을 학질버($Hacksilber$)라고 부르며 작은 찌꺼기 조각 같다. 금속괴보다는 학질버가 돈/동전의 조상으로서 더 많이 사용되었다.

가나안, 앗수르, 그리고 바벨론에서 은은 통화의 형태로 널리 사용되었다. 이스라엘에서 '은'(케세프〈$kesep$〉)은 후에 '돈'과 동의어로 사용되었으며 금속과 교환 수단의 두 가지 의미를 가지고 있었다. 가격은 항상 무게로 쟀다. 예를 들어서 은 30세겔은 소에 받친 종의 주인에게 치루어야 하는 가격이었다(출 21:32). 아브라함은 사라의 무덤을 사는 데 은 400세겔을 지불했다(창 23:15-16). 아간이 훔친 약탈물 중에는 은 200세겔과 50세겔의 금덩이 하나가 있었다(수 7:21). 다윗은 아라우나에게 은 50세겔을 주고 타작마당과 소를 샀다(삼하 24:24). 오므리는 사마리아 언덕을 세멜에게서 은 두 달란트(약 6,000세겔)를 주고 샀다. 주전 701년 산헤립은 히스기야로부터 공물로 은 300달란트와 금 30달란트를 받아갔다(왕하 18:14). 예레미야는 숙부의 아들 하나멜의 아나돗에 있는 밭을 은 17세겔을 주고 샀다(렘 32:9). 예레미야는 증인 앞에서 "은을 저울에 달았다"(렘 32:10).

무역을 하는 데 많은 부정들이 행해졌다. 무게를 속이려는 시도 때문에 선지자들은 계속해서 상인들이 사기를 친다고 비난하고 있다(호 12:7⟨히브리어 성경 12:8⟩; 암 8:5; 미 6:11; 겔 45:10). 이들은 성경적 법률이 상업적 거래에서도 통용되어야 한다고 강조하고 있다. "너희는 재판에든지 도량형에든지 불의를 행치 말고 공평한 저울과 공평한 추와 공평한 에바와 공평한 힌을 사용하라"(레 19:35-36).

(1) 무게 측량

이스라엘의 도량형은 과학적으로 정확한 것은 아니다. 성경에 나오는 도량형의 부정확한 설명과 모호함 때문에 그리고 여러 가지 면에 있어 현대에는 잘 알려지지 않은 것이기도 하기 때문에 고대의 측량을 현대의 유사한 것들과 비교하여 묘사하는 것은 어려운 일이다.

도량형의 기본은 금속의 무게를 재는 것으로 주로 은(케세프⟨kesep⟩ 또한 '돈'으로도 번역됨)이 사용되었다. 금보다는 더 흔하게 사용된 은이 성경 상의 거래 수단으로 사용되었다. 고대 근동에서는 다양한 무게 기준이 사용되었는데, 기본적으로 앗수르-바벨론식은 60진법(6이나 60으로 나누는 것)이고 이집트식은 5진법(5나 50으로 나누는 것)이다. 앗수르와 바벨론에서는 주전 3000년 말경 '무겁다'와 '가볍다'라는 무게의 두 기준을 표현하는 단어가 사용되었다. 철기 I 시대의 바벨론의 무게 단위는 고대 세계의 도량형의 중요한 근원이 되어 측량에 사용되었다. 이스라엘의 도량형은 이집트처럼 5진법을 사용했다.

무게와 측량의 기준을 세울 필요가 있었음에 대하여는 야브네 얌(Yavneh-Yam) 유적지에서 발견된 글이 새겨져 있는 토기 조각에서도 전해지고 있다. 이 글은 요시야의 통치 시기에 재판용 문서였을 가능성이 있다. 이 문서에 의하면 감독인 하샤비야후는 부역자가 곡물 저장고에 수확한 곡물을 할당 양만큼 채워 넣지 못했기 때문에 이 부역자의 의복을 대신 압수했다. 부역자는 자신이 해야 할 일만큼 채워넣었음을 강조하면서 무게를 재거나 측량하여 다시 한 번 그 양을 측정해줄 것을 요구했다. 이 논쟁은 감독과 부역자 사이에 무게나 혹은 측량 도구가 서로 달랐기

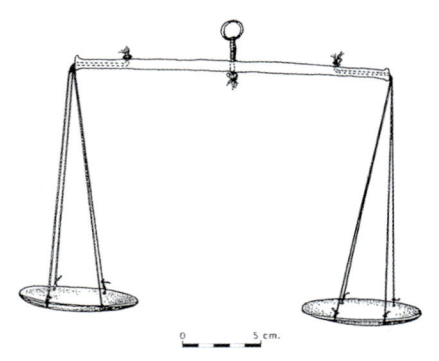

그림 94. 은이나 다른 값비싼 금속으로 만들어진 세겔의 무게를 재기 위한 저울의 복원도. 라기스에서 균형대가 발견되었다. 주전 8세기 중반(Expedition to Lachish 전재 허가; D. Ussishkin; from G. Bakay, "A Balance Beam from Tel Lachish", TA 23 (1996), 75-82.

그림 95. 금속과 돌로 만든 무게 추들; 은을 쟀던 균형 저울에 사용된 접시들과 대의 일부분. 주전 604년 파괴된 아스글론에서 발견(Leon Levy Expedition 전재 허가; 사진: I. Sztulman).

때문에 생겨난 것이다. 무게와 측량을 표준화하는 시도가 있기는 했었다.[192] 금속은 무게로 측량했다. 막대기의 양쪽에 금속 접시가 달려 있는 천칭(모즈나임⟨mō'znāyim⟩)이 무게를 재는 데 사용되었다(그림 94). 이사야는 이 기구를 언급하고 있다. "누가 손바닥으로 바다 물을 헤아렸으며 뼘으로 하늘을 쟀으며 땅의 티끌을 되에 담아 보았으며 접시 저울로 산들을, 천칭(모즈나임⟨mō'znāyim⟩, 한국어 성경은 "막대 저울"로 번역함)으로 언덕들을 달아 보았으랴"(사 40:12).

스태거는 아스글론의 계산용 집(Counting House)의 지역에서 "청동과 돌로 된 12개의 저울추로 사용된 유물들이 발견되었고 함께 천칭에 사용된 청동으로 만든 막대기 조각과 두 접시가 발견되었다"[193]고 보고하고 있다(그림 95, 96). 이러한 천칭들은 은 조각이나 은 괴의 무게를 재는 데 사용되었다. 고대에는 여러 다른

그림 96. 청동으로 만든 직육면체 무게 추, 블레셋의 형태, 주전 604년 파괴된 아스글론에서 발견(Leon Levy Expedition 전재 허가; 사진: I. Sztulman).

---

192. Shemaryahu Talmon, "The New Hebrew Letter from the Seventh Century B.C. in Historica Perspective," *BASOR* 176(1964): 29–38.
193. Stager, "Ashkelon and the Archaeology of Destruction: Kislev 604 B.C.E.," 66*.

형태의 무게추들이 있었다. 스핑크스라든가, 소, 황소, 사자, 오리, 개구리 같은 동물의 형태로 만들어진 다양한 무게추들이 울루부룬(Uluburun)에 난파된 배에서도 발견되었다. 고고학자들은 유다 왕국에서 주전 7-6세기 초로 연대가 추정되는 작은 반구형의 석회석으로 만든 무게추들을 발견했는데, 이 추 표면에는 종종 히브리어 문

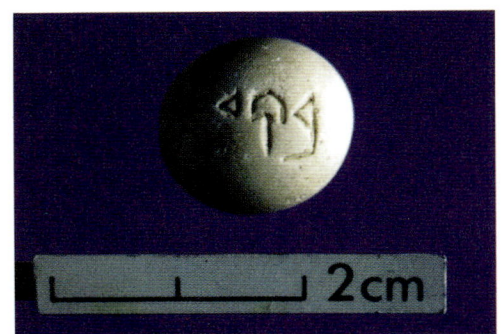

그림 97. 반구형의 베가(*bq‘*) 무게 추: 반 세겔(Leon Levy Expedition 전재 허가; 사진: C. Andrews).

자나 이집트의 상형문자를 흘려 쓴 초서체의 문자로 숫자를 상징하는 글자가 새겨져 있었다. 새겨진 문자에는 네세프(*nesef*, 성경에는 언급되어 있지 않음), 베가(베카〈*beqa‘*〉), 그리고 핌(*pim*)이 있다(그림 97). 핌(*pim*)은 성경에 단 한 번 언급되어 있는데 이스라엘인들이 그들의 괭이나 삽이나 쇠스랑이나 도끼나 쇠채찍이 무뎌지면 보수를 위해 블레셋인들에게 요청할 때 보수 비용으로 핌(*pim*, 2/3 세겔, 한국어 성경은 이 단어를 번역하지 않았다)을 주었다.

세겔은 이집트 기원의 열린 모양의 고리(우리의 복주머니 형태로 생김-역주)로 묘사된다. 이것은 은 조각이나 돌추들을 휴대하기 위한 작은 가죽 지갑(쩨로르〈*ṣĕrôr*〉)을 일컫는 것일지도 모른다.[194] 상인들이 허리띠에 달아 사용했던 천으로 만든 지갑 혹은 키스(*kis*)도 같은 목적에 사용된 것이다. 미가는 잘못된 저울추에 대해서 "주머니에 둔 거짓 저울추(키스 아브네 미르마〈*kis ’abnê mirmâ*〉)"라고 말하고 있다(미 6:11). 또한 잠언에서도 "주머니 속의 저울추도 다(콜 아브네 키스〈*kol-’abnê-kis*〉) 그(여호와)의 지은신 것"이라고 말하고 있다(잠 16:11). 신명기는 "너는 주머니(베키세카〈*bĕkisĕkā*〉)에 두 종류의 저울추 곧 큰 것과 작은 것을 두지 말라"고 요구하고 있다(신 25:13).

성경은 여러 가지 다른 무게 단위들을 언급하고 있다. 달란트(키카르〈*kikkar*〉 히브리어 의미로는 '둥근 형태')는 가장 큰 무게 단위로 3000세겔 혹은 60미나와 같다. 다음으로 작은 단위는 미나(50-60세겔)이고 다음이 세겔(〈가볍게는〉 11.4그램, 〈무겁게는〉 12.5그램), 다음이 핌(*pim*, 7.5그램), 베가(*beqa‘*, 반세겔, '쪼개다'라는 단어에서 옴), 그리고 가장 작은 단위로는 게라(*gera*, 20게라는 1세겔이다)가 있다. 저울추 위에 단위가 새겨지는 관습은 주전

---

194. Robert B.Y. Scott, "Weight and Measures of the Bible," *BA* 22(1959): 22-40.

8세기 말부터 시작되었다. 유다 왕국은 이 전에 이미 도량형이 있긴 했지만 이전 시기의 형태들은 많이 발견되지 않았다. 북왕국과 요단 동편에서 단지 적은 수의 저울추들이 발견되었을 뿐이다.

요단 계곡에 있는 텔 데이르 알라(Tell Deir 'Alla) 유적지에서 발견된 두 아람어 글들과 갈릴리 해변에 있는 텔 긴롯(Tel kinrot, 텔 엘 오레메〈Tell el-'Oreme〉라고도 불림) 유적지에서 발견된 글들은 모두 주전 8세기로 연대가 추정되며 도량형에 대해서 살짝 언급하고 있다.[195] 이 글은 "항아리의 문"(카드 하샤아르〈kd hš'r〉)을 언급하고 있는데 이는 도시에서 상거래가 이루어진 장소를 표현하고 있는 것이다. 위의 두 유적지들 같이 작은 도시에서는 상거래가 이루어진 장소를 확실하게 알 수 있으나 더 큰 도시들에서는 상거래가 한 장소에서만 이루어지 않았을 것이며 물고기 문, 양문, 떡 만드는 자의 거리(렘 37:21)처럼 각각의 거래가 이루어진 물건을 따라 문의 이름이 정해졌을 것이다. "-의 문"이라는 용어는 고대 이스라엘에 상업적인 도량형이 있었다는 것을 말해주고 있다. 도량형은 왕국에서 사용되는 것, 혹은 국제적으로 사용되는 것들이 동시에 사용되었다.

레반트의 도량형 전문가인 아브라함 에란(Abraham Eran)은 초기의 발굴을 포함하여 다윗 성(예루살렘) 발굴을 통해 도량형에 대한 중요한 연구를 하였다.[196] 그의 길고 자세한 목록에는 27개의 청동으로 만든 저울추들과 더 많은 철기 시대의 저울추들이 열거되어 있다. 그중 하나는 주전 12-11세기의 것이며(당시 예루살렘은 가나안인/여부스 사람의 것이었다), 9개는 10세기, 하나는 9세기, 45개는 8세기, 58개는 7세기-6세기 초, 24개(철기 시대의 남은 많은 흔적들)는 페르시아 시대(IX층)의 것으로 연대가 추정되었다.

다윗 성의 저울추들은 입방형과 타원형으로 부싯돌과 석회석으로 만들어졌다. 유다 왕국에서는 현무암, 섬록암과 적철광으로 만들어진 저울추들이 발견되었다. 반구형으로 생긴 저울추들 위에는 다양한 문자들이 새겨져 있었다. 고리 모양의 상징과 사선들 혹은 숫자체계가 새겨져 있었고 *pym, nsp, bq'* 가 새겨져 있거나 매우 작은 저울추들에는 고대 이집트의 상형문자를 흘려 쓴 초서체에 사용된 숫자 체계가 적혀 있었다. 다윗 성의 모든 발굴을 통해서만도 300개 이상의 저울추들이 이미 발견되었는데, 그중 대부분이 주전 8세기로 연대가 추정된다.

---

195. Israel Eph'al and Joseph Naveh, "The Jar of the Gate," *BASOR* 289(1993): 59-65.
196. Abraham Eran, "Weights a Weighing in the City of David: The Early Weights from the Bronze Age to the Persian Period," in D.T. Ariel and A. de Groot, eds., *Excavations at the City of David 1978-1985*, Qedem 35(Jerusalem: Institute of Archaeology, Hebrew University, 1996) 4: 204-56.

(2) 통화와 동전

괴라는 것은 금이나 은으로 만들어진 막대기, 판, 혹은 잉곳(ingot) 덩어리를 말한다. 잉곳은 저장과 선적에 용이한 모양으로 금속을 주조한 덩어리를 말한다. 유통을 수월하게 하기 위해서 값비싼 금속은 미리 정해진 무게에 맞추어 잉곳으로 주형되고 각각의 잉곳은 '화폐'의 가치를 지니게 된다. 값비싼 금속으로 만든 장식품들(팔찌, 귀걸이 등)과 정해진 무게로 잘라진 은 조각들도 화폐로 사용되었다.

'세겔'(šeqel)은 처음에는 무게를 다는 단위였으나 후에는 동전의 의미로 사용되었다. 이스라엘의 도량형의 기본 단위는 은 11.4그램이다. 히브리어 샤칼(šaqal)의 의미는 '값을 지불하다'라는 개념에서의 '무게를 재다'이다. 은 조각들은 세겔 저울추로 달아 무게를 쟀다. 스바냐는 상인들을 "은의 무게를 재는 자"(습 1:11, 한국어 성경은 "은을 거래하는 자"로 번역함)라고 불렀다.

가공하지 않은 단조로운 금속이 동전으로 변해 그것의 무게가 공식적인 인장으로 새겨졌다. 주전 약 650년경 행해진 도량형의 표준화는 동전을 생기게 한 준비과정이었다. 팔레스타인에서 실제 동전을 주조한 것은 포로기 이후이며 성경에 동전을 언급하고 있는 부분은 포로기 이후에 써진 책이다. 처음 만들어진 동전은 금과 은을 합금한 호박금으로 만들어졌다. 동전은 형태가 정확하며 무게가 이미 정해졌고 공식적인 보증을 받았다는 이점이 있다.[197] 동전의 사용은 한 나라의 사회와 경제의 발전 정도를 알 수 있게 한다. 동전은 학자들을 위해서 시대를 결정하는 데 도움이 되고 경제적 역사를 조명하는 데 가치 있는 유물이다.

가장 초기에 널리 사용된 동전은 터키의 후대 헷 족속의 도시국가였던 진지르리 휴육(Zincirli Huyuk, 고대 사말) 유적지에서 발견된 글자가 새겨진 북시리아의 잉곳들이다. 주전 7세기 중반 터키에 위치한 현대 이즈미르(Izmir) 근처의 고대 리디아의 수도였던 사르디스(Sardis) 유적지에 처음 동전 체계가 시작됐다. 리디아인들은 동전을 만들어냈다. 리디아의 마지막 왕 크로에수스(Croesus, 주전 560-546년)는 은과 다른 금속으로 동전을 발행한 최초의 왕이었을 것이다. 크로에수스가 만든 최초의 동전들은 호박금을 주조한 것이다. 리디아에서 시작된 동전 사용은 주전 6세기 중반 그리스와 페르시아로 확장되었다. 주전 5세기 말, 두로, 시돈, 가자, 그리고 예루살렘에는 외국의 통화가 일반적이었다. 코스(Kos, 현대 그리스의 코스섬)에서 온 동전 하나가 주전 6세기의 예루살렘에서 발견되

---

197. John W. Betlyon, "Coinage," *ABD*, 1: 1076-89.

었다. 팔레스타인에서는 주전 400년에 동전이 주조되었다.

포로기 이후, 더 이상 전에 그들이 의존했던 농업에 종사할 수 없게 되자 유대인들에게 있어 돈과 상업은 더욱 중요한 수단이 되었다. 이 새로운 경향은 아마도 이미 주전 5세기, 즉 페르시아 시대에 써진 것으로 보이는 전도서에 나타나고 있다.[198] 전도서에 나오는 광범위한 경제 용어들은 전도서의 대상이 화폐를 다루는 임무를 맡은 자들이라는 것을 보여준다. 케세프(kesep, 돈), 사카르(śākār, 보상금), 나할라(naḥălâ, 유산), 헤쉬본(ḥešbôn, 계산), 하몬(hāmôn, 부)과 그 외의 단어들이 있다. 이 시간은 경제적으로 커다란 기회의 시간이었던 반면에 경제의 발달이 확실히 있었던 시간은 아니었다. 사람들은 이익이 없는 투자 때문에 그들의 소유를 잃는 위험을 감수했다. 그들의 부유에도 불구하고 모든 이들이 불안정하고 불만족스러웠다. 부자는 갑자기 가난하게 될 수도 있었고 반면에 가난한 이들은 갑자기 부유하게 될 수도 있다. 춘릉 서우(Choon-Leong Seow)는 전도서의 예측할 수 없는 경제와 그 당시를 이렇게 요약했다. "당시는 돈, 무역, 그리고 투자의 세계였다. 융자, 저당, 그리고 담보물의 세계였다."[199]

돈에 관한 가장 초기의 성경 자료는 제2성전을 건설하고 장식하는 데 관련되어 나타나고 있다. "힘 자라는 대로 공사하는 금고에 들이니 금이 육만 천 다릭이요 은이 오천 마네요 제사장의 옷이 백 벌이었더라"(스 2:69). 다릭은 8.4그램의 금화이고 마네는 570그램 정도되는 무게로 세겔(11.4그램) 무게의 50배이다. 페르시아 시대에 동전들은 이미 일반적으로 사용되고 있었고 이후에 더 사용이 빈번해졌다. 페르시아인들은 유대인들이 동전을 주조하도록 허락하였다. 히브리어 문자 "YHD"(유다) 가 새겨져 있는 동전들이 발견된 바 있다. 이 "예후드(Yehud)"(유다) 동전들에는 페르시아 시대(주전 5세기 중반에서 4세기 후반)의 아람어 필기체가 새겨져 있다.

고대 근동 문헌은 이자를 청구하는 관습이 널리 있었다는 것을 증명했다. 네쉐크(nešek)와 타르비트(tarbit)의 두 히브리어 단어들은 "이자"라는 의미로 사용되었지만 두 단어 사이에 확실한 의미의 차이는 없다. 다른 이스라엘인에게 정확한 이자를 청구하는 것은 금지되었지만 외국인에게 청구하는 것은 허락되었다(출 22:24; 레 25:35-37; 신 23:20). 법률과 관계없는 성경의 한 부분에서도 사실 지나친 이자가 모든 것에 징수되었다고 말

---

198. Choon-Leong Seow, *Ecclesiastes*, AB 18C(New York: Doubleday, 1997), 21-36; Kugel, "Qohelet and Money," 32-49.

199. Seow, *Ecclesiastes*, 36.

하고 있다(느 5:1-5).

(3) 선형 측량

다음의 선형 측량법은 인간의 몸을 가지고 측정하는 방법이다. 세겔이 무게를 측정하는 단위인 것에 반해 규빗(암마⟨'ammâ⟩, '팔뚝')은 기초적인 측량 단위이다. 규빗은 팔꿈치의 꼭지와 가운데 손가락 끝까지의 거리이다. 규빗은 두 가지 평가 기준이 있는데 하나는 짧고 하나는 길다. 규빗의 기본 단위(짧은 규빗)는 44.4센티미터 이다. 한 뼘(제레트⟨zeret⟩)는 약 22.2센티미터로 손가락을 넓게 폈을 때 엄지손가락 끝에서 새끼 손가락 끝까지의 거리이다. 제레트(zeret)는 반 규빗이다. 한 손폭(테파흐⟨ṭepaḥ⟩)은 7.4센티미터로 엄지와 검지를 편 단위로 6분의 1규빗이다. 손가락 넓이(에쯔바⟨'eṣba'⟩)는 1.85센티미터로 이스라엘의 가장 작은 선형 측량 단위이다(렘 52:21).

(4) 용량

음식물은 부피로 측량되었고 음식물을 담았던 용기에 따라 그 측량 단위의 이름이 바뀌었다. 가루를 측량하는 것은 호메르(ḥōmer, 약 150리터)로 하모르(ḥămôr, 나귀)를 어원으로 하고 있으며 나귀에 실리는 양을 말한다. 코르(kōr, 혹은 kor)는 호메르와 같은 단위로 가루(보리, 밀, 밀가루)와 기름(아직까지 기름을 측정하는 데 사용되었는지는 논쟁 중이다)을 측량하는 데 사용되었다. 에바('êpâ, 혹은 3세임⟨sĕ'îm⟩)는 곡물을 측량하는 단위로 호메르의 십분의 일이다. 즉 15리터 정도 된다. 이 단위는 단단한 것을 측량하는 성경에서 가장 기본적으로 사용된 단위이다. 바트(bat, 혹은 bath, 32.5 리터)는 물, 포도주, 그리고 기름을 측량하는 데 사용되었다. 세아(sĕ'â, 혹은 seah, 5리터)는 밀가루와 곡물을 측량하는 단위이다. 힌(hîn)은 액체를 측량(약 5.5리터)하는 단위로서 포도주(출 29:40)와 올리브기름(출 30:24)을 측량하는 데 사용되었다. 이싸론('iśśarôn, 혹은 issaron, 십분의 일 에바)도 고체를 측량하는 단위이다. 오메르('ōmer 혹은 omer, 1.5리터)는 호메르(ḥōmer)와는 다른 고체를 측량하는 단위로 십분의 일 에바이다.

CHAPTER

4

세습 국가

1. 왕의 도시

1) 아크로폴리스

이스라엘에서는 왕국 시대 이전에 지어진 기념비적인 건축물의 흔적을 거의 발견할 수가 없었다.[1] 이는 부의 축적이 거의 없었던 족장 중심의 사회였기 때문이다. 이스라엘 민족의 농경유목민 사회는 상당히 가까운 친척들과 결속된 가족으로 구성된 사회이다. 이들은 상당히 단순하지만 적당한 크기의 집에서 살았는데 이 집들의 1층에는 두 개에서 네 개까지의 방들이 있었다. 집들은 긴 쪽으로 한 줄이나 두 줄의 기둥들이 나란히 세워져 공간이 나뉘어 있었기 때문에 세로로는 두 개 혹은 세 개의 방들이 있었고 집의 후부는 가로로 또 하나의 방이 나뉘어졌다. 대부분의 고고학자들은 주요 긴 방(4개의 방들 중

---

1. 예외적인 건물이 세겜의 엘 베리뜨(El-berith) 유적지에서 발견된 요새처럼 방비가 잘 되어 있던 신전이다. 이 거대한 건물(신전1)의 역사는 중기청동기 IIC 시대부터 시작해서 주전 1100년까지이다. 신전은 아마도 삿 9장에 등장하는 아비멜렉과 관련이 있었을 것으로 보인다. Stager "The Fortress-Temple at Shechem and the 'House of El, Lord of the Covenant,'" in Prescott H. Williams Jr. and Theodore Hiebert, eds., *Realia Dei: Essays in Archaeology and Biblical Interpretation in Honor of Edward F. Campbell Jr. at His Retirement*(Atlanta: Scholars Press, 1999), 228-249.

가운데 놓인 방)이 지붕이 없는 뜰 형식이었다고 생각했다. 그러나 현재 이 집들이 2층으로 이루어졌음이 증명되어 1층 전체가 천정으로 덮여 있었다는 것이 확실해졌다.[2]

기둥이 세워진 집은 이스라엘 민족이 (가나안의 문화를-역주) 잘 답습하여 많이 사용하였고 철기 시대 전반에 걸쳐 가장 평범한 거주 형태였다. 사실 세 개의 세로로 긴 방을 가진 기둥이 세워진 집들은 크기에 있어서도 광대해져서 왕국 시대에 와서는 공공건물을 짓는 가장 일반적인 형태가 되었다. 고고학자들은 아직도 이 집들의 기능이 저장고인지 혹은 마구간이나 시장 아니면 군인들의 요새인가 결정짓지 못한 채 끝도 없는 논쟁을 계속하고 있다. 이런 논쟁이 벌어질 수밖에 없는 것은 이 건물들의 평면도가 건물의 용도에 관해서는 전혀 힌트를 주고 있지 않기 때문이다. 그러나 평면도를 통하여 어떻게 목재, 석재, 벽돌들 같은 한정적인 재료를 가지고 좁은 공간에 사용하여 상당히 큰 크기의 건물을 지어낼 수 있었는가 같은 건축학적 문제를 해결하는 데 큰 도움을 받을 수 있었다. 건물의 용도를 결정하는 데 있어서 대부분은 각 건물 안에서 발견된 유물들과 여러 가지 특징을 사용하고 있다.

이스라엘에서는 궁전, 신전, 그리고 다른 공공건물들이 큰 건물로서 왕정과 함께 발전했다. 첫 번째 예는 사울 왕의 수도였던 기브아에 지어진 촌스럽고 조잡한 성채 혹은 궁전으로 기브아는 현재 예루살렘 북쪽 텔 엘 풀(Tell el-Ful) 유적지로 추측되고 있다.[3] 주전 10세기에 들어선 수많은 거대 기념 건물들은 주로 솔로몬 왕의 재위 시기에 지어졌다. 솔로몬 왕실의 대표적 도시들은 벧세메스, 게셀, 므깃도, 다아낙, 벧산, 욕느암, 그리고 하솔에서 (동시대에 유사한 형태의 건물이 건축된 것으로-역주) 발견되고 있다(왕상 4장; 9:15을 보라).

(1) 궁전들

히브리어에는 궁전을 지칭하는 특별한 용어는 없으나 다음 단어들이 궁전이라고 번

---

2. Stager, "The Archaeology of the Family in Ancient Israel," *BASOR* 260(1985): 15-16; John S. Holladay, "House, Israelite," *ABD*, 3: 308-18: Ehud Netzer, "Domestic Architecture in the Iron Age," in A. Kempinski and R. Reich, eds., *The Architecture of Ancient Israel*(Jerusalem: Israel Exploration Society, 1992), 193-99. 소위 "지붕이 없는 뜰"이라고 불리던 중앙 방 위에 2층이 있었음을 증명할 수 있는 집들이 발견되었다. 예를 들어, 세겜에서 발견된 집 1727과 텔 엘 우메이리(Tell el-'Umeiri)에서 철기 I 시대의 기둥이 세워진 집들이 있다. Larry G. Herr and Douglas R. Clark, "Excavating the Tribe of Reuben," *BAR* 27(2001): 36-47, 64-66.

3. 더 자세한 참고문헌은 Nancy Lapp, "Ful, Tell-el-," *NEAEHL*, 2: 445-48을 보라.

역되었다. 헤칼(*hêkāl*, 일반적으로 신전을 가르치나 자주 궁전으로서도 사용되었다), 아르몬(*'armôn*, 아마도 요새화 된 왕실 궁전을 말할 것이다), 베트 하멜레크(*bêt hammelek*, 왕의 집), 바이트(*bayit*, 집). 특별히 궁전을 지칭했던 단어가 없었다는 의미는 '가족'이 일족, 왕실, 그리고 신의 단계로 이어지는 가장 중요한 것임을 설명한다.

사무엘하 5:11-12과 7:1-2을 보면 예루살렘에 있던 다윗 성(바이트⟨*bayit*⟩)은 그의 궁전이었다. 예루살렘이 단일 왕국의 수도가 되었을 때 "두로 왕 히람이 다윗에게 사절들과 백향목과 목수와 석수를 보내매 저희가 다윗을 위하여 집(바이트⟨*bayit*⟩)을 지었다"(삼하 5:11, 또한 7:2). 성경(왕상 7:2-8)은 솔로몬의 장대하고 정교한 궁(이 궁은 여러 건물의 집합체였다)에 속한 건물들의 면적까지 묘사하고 있다.

> 그가 레바논 나무로 왕궁을 지었으니 길이가 백 규빗이요 너비가 오십 규빗이요 고가 삼십 규빗이라. 백향목 기둥이 네 줄이요 기둥 위에 백향목 들보가 있으며 기둥 위에 있는 들보 사십 오개를 백향목으로 덮었는데 들보는 한 줄에 열 다섯이요. 또 창틀이 세 줄로 있는데 창과 창이 세 층으로 서로 마주 대하였고 모든 문과 문설주를 다 큰 나무로 네모지게 만들었는데 창과 창이 세 층으로 서로 마주 대하였으며 또 기둥을 세워 주랑을 지었으니 길이가 오십 규빗이요 너비가 삼십 규빗이며 또 기둥 앞에 한 주랑이 있고 또 그 앞에 기둥과 섬돌이 있으며 또 심판하기 위하여 보좌의 주랑 곧 재판하는 주랑을 짓고 온 마루를 백향목으로 덮었고 솔로몬의 거처할 궁(*bayit*)은 그 주랑 뒤 다른 뜰에 있으니 그 양식이 동일하며 솔로몬이 또 그 장가 든 바로의 딸을 위하여 집을 지었는데 이 주랑과 같더라(왕상 7:2-8).

성전과 마찬가지로 어떠한 궁전 흔적도 고고학적으로 발견된 바 없다.

성경의 기록대로 성전을 건축하는 데 7년이 걸렸지만 이보다 더 큰 솔로몬의 궁전을 짓는 데 걸린 시간은 13년이었다(왕상 7:1). 궁전은 성전 옆 남쪽 성채에 지어졌다. 신전과 궁전을 나란히 짓는 전통은 주전 2000년경 가나안인들에 의해 이미 사용된 것으로 북시리아에서 유래했을 것이다(시리아 도시국가였던 알라라크⟨Alalakh⟩가 그 예이다).

솔로몬은 자신이 거처할 궁과 더불어 궁전의 일부분을 레바논 나무로 지은 궁, 기둥을 세운 주랑, 보좌의 주랑과 바로의 딸을 위한 집도 지었다. 레바논 나무로 지은 궁(25미터 x 50미터, 왕상 7:2-5)은 큰 건물이었으며 왕실 접대용 홀로서 분리된 건물이었다. 레바논 나무로 지어진 궁이란 이름은 이 궁이 레바논에서 가져온 백향목으로 만든 기둥들(아무딤⟨'ammûdim⟩, MT: 15개의 백향목 기둥들이 네 줄; LXX: 15개의 백향목 기둥들이 세줄)이 마치 백향목 숲처럼 서 있었던 것에 유래했다(왕상 7:2-3). 각 기둥 위에 있는 들보(쩰라오트⟨ṣĕlāôt⟩는 백향목으로 덮였다(성전에서 쩰라오트⟨ṣĕlāôt⟩는 층계나 측면 층계를 일컫는다). 레바논 나무로 지은 궁과 유사한 예는 키프루스의 키티온(Kition) 유적지에서 발견된 철기 II 시대 베니게인들의 신전에서 볼 수 있다(키티온⟨Kition⟩ 유적지의 성역⟨신전 1-5⟩은 후기청동기 시대에 사용되었으나 베니게인들이 주전 9세기에 신전 1과 4를 재건축하여 사용하였다). 한 줄에 일곱 개의 기둥이 서 있었고, 그 기둥을 받치는 돌 받침 4줄이 발견되었다. 그러나 솔로몬의 궁전의 흔적이 하나도 남아있지 않은 지금 전자를 후자와 비교한 다는 것은 조금 무리이다.

기둥을 세운 주랑은 "비트 힐라니"(bīt ḫilāni)라고 불리는데 이는 주전 2000년경 북시리아에서 시작해서 주전 9-7세기경 진치리(Zincirli) 혹은 텔 할라프(Tell Halaf) 유적지와 텔 타이낫(Tell Tayinat) 유적지 등에서 사용된 궁전의 한 형태이다. 힐라니(ḫilāni)라는 단어는 혼자 사용된 적은 없으며 항상 비트(bīt)라는 접속사가 붙었다. 앗수르인들은 비트 힐라니가 '창문이 있는 집'(히브리어로는 베트 할로님⟨bêt ḫallônîm⟩)이라고 생각했는데 그들의 생각은 분명 맞을 것이다. 비트 힐라니는 '독립 건축물'로 큰 건물은 아니었다.[4] 건물은 길고 좁은 두 방으로 구성되어 있었는데 가로로 넓은 면에 있던 기둥이 있는 주랑(이 건물의 중요한 구성 요소이다)으로 들어가면 세로로 긴 방인 보좌 실과 연결된다. 이 건물에 기둥들이 있었다는 것은 매우 중요한 특징이며, 메소포타미아에서는 찾아보기 힘든 기둥들이 분명 시리아 건축 형태의 영향이라고 말할 수 있다.

위의 주랑이 대기실이었던 반면 보좌 실은 궁전에서 가장 중요한 방이었다. 주랑의 한 쪽에는 2층으로 올라가는 층계가 있었다. 솔로몬 궁전의 기둥이 있는 주랑은 위의 현관 역할을 하는 방을 말한다. 므깃도에서 발견된 궁전 6000은(성경에서 설명하고 있는 궁전과-역주) 비교할 수 있을 만큼 가장 유사한 모습을 가지고 있다.

에훗의 손에 죽은 모압 왕 에그론의 암살에 대한 비밀을 파헤치면서 바룩 할펀(Baruch Halpern)은 에그론의 궁전이 고대 근동의 전형적인 궁전 형태, 즉 비트 힐라니의 평면도를 취하고 있다고 주장했다. 접대용의 방은 입구에 있던 대기실, 대중을 만나는 방, 그리고 왕이 거주하는 2층(알리야⟨'ăliyyâ⟩)으로 구성되어 있었다. 할펀이 주장한 것처럼 만약

---

4. Henri Frankfort, "The Origin of the Bīt Hilāni," Iraq 14(1952):120-31.

혹자가 에훗이 2층의 화장실을 통과하였다고 믿는다면 이 건축물의 평면도는 에훗이 어떻게 왕을 살해한 후 잡히지 않고 도망칠 수 있었는가를 보여주고 있다.[5]

다른 몇몇 궁전들이 왕국의 분열 후에 건설되었다. 가장 두드러지는 궁전은 주전 9세기 초 오므리에 의해 건설된 북왕국의 수도 사마리아 언덕의 꼭대기에 위치한 궁전이다(왕상 16:24). 성채의 왕실이 있던 구역은 이미 아합 시대 때부터 베니게 스타일로 모나게 잘 다듬은 돌로 쌓은 포곽벽으로 둘러 싸여진 곳이었다. 고고학은 제1성전 시대에 이 도시의 부유함은 물론 화려한 유물들도 드러냈다. 오므리가 짓기 시작하여 그의 아들 아합이 완성한 이 궁전은 중앙 안뜰을 둘러싸고 있는 여러 방들로 이루어져 있었다. 다듬은 돌로 지어진 이 화려한 궁전은 조각한 상아들로 입혀져 있었다. 고고학자들은 폐허가 된 궁전에서 주전 8세기로 연대가 측정되는 500여점 이상의 상아 유물들을 발견했는데, 이 중에는 200여점이 장식용으로 사용된 것이었다(그림 196, 197). 상아 조각품들은 주전 8-9세기경의 베니게 예술인들이 만든 수공예품들이었다. 사마리아 상아 유물들도 이집트의 예술품 주제를 그리고 있는 베니게 양식이었다. 아합이 '상아 궁전'(베트 하쉔⟨*bêt haššēn*⟩)을 지었던 것을 우리는 기억하고 있다(왕상 22:39). 문헌적으로 오므리와 아합이 상아궁전을 지었다고는 하나 사마리아에서 발견된 상아 유물들이 이 궁전과 직접적인 연결이 있다고 증명할 수는 없다. 주전 8세기 아모스 선지자에 의하면 상아를 입힌 물건을 사용하는 것은 이스라엘이 화려한 생활을 영위함으로 잘못을 저지르고 있는 것의 상징이었다. "상아상(미토트 쉔⟨*miṭṭôt šēn*⟩)에 누우며 침상에서 기지개 켜며"(암 6:4; 3:15). 아모스는 주전 8세기에 살았지만 궁전의 일부는 이미 일찍이 오므리와 아합의 시대에 상아로 덧입혀졌다.

팔레스타인 북서부에 위치해 있는 므깃도에는 솔로몬 시대(VA-IVB층 시대, 주전 10세기)에 두 궁전이 지어졌는데 이는 솔로몬의 예루살렘 궁전과 유사했다. 우시쉬킨(Ussishkin)은 궁전 6000(북쪽 궁전)과 궁전 1723(남쪽 궁전)은 비트 힐라니 양식으로 건축되었다고 주장하며 그의 의견에 대부분의 학자들이 동의했다. 다듬은 돌로 쌓은 몇 안되는 건물 하부의 기초 층들만이 보전되었는데 아마도 건물의 상부 역시 다듬은 돌로 지어졌을 것이다. 므깃도 유적지 언덕의 동쪽 경사면에 다듬은 돌을 캐낸 채석장이 있었다.

---

5. Baruch Halpern, "The Assassination of Eglon-The First Locked-Room Murder Mystery," *Bible review* 4(1988): 32-41, 44. 이 잡지의 글은 Baruch Halpern, *The First Historians: The Hebrew and History*(San Francisco: Harper & Row, 1988), 39-75에서 인용되고 있다.

그림 98. 히스기야 시대 예루살렘의 재현. 성경과 현대 발굴을 자료로 함(복원도: 전체 허가: L.E. Stager; 그림: C.S. Alexander).

궁전 6000은 궁전의 바깥벽 자체가 요새용으로 쌓은 벽(포곽 성벽)의 연장선상에 있는 직사각형의 건물이었다(28미터 x 21미터). 궁전 1723은 정사각형 모양으로 지어졌으며(23미터 x 23미터) 크게 벽을 둘러 분리된 구역의 가운데 있었고 커다란 행정 건물과 접해 있었다. 북시리아에서 발견된 궁전들과 유사한 점은 북쪽의 궁전(6000)은 공식적인 궁전의 역할을 했고 남쪽의 궁전(1723)은 주거지 역할을 나누어 했다는 것이다.

돌로 만들어진 기둥은 '프로토-아이올릭(Proto-Aeolic)'이라고 잘못 이름 붙여진 머리 장식이 조각되어 궁전을 꾸몄다. 이러한 기둥머리 장식들에 더 적당한 이름은 가운데 삼각형 모양을 기준으로 하여 양쪽으로 소용돌이 모양이 솟아나는 것을 감안해 '대추야자나무(한국어 성경은 "종려나무"로 번역함) 문양의 기둥 장식'이다(그림 100). 이러한 대추야자나무 상징은 고대 근동의 예술에 그 기원을 두고 있다. 성경에서 "티모라"(timōrâ)라고 불리는 것이 바로 대추야자나무 문양을 말한다.[6] "(솔로몬은) 내 외소 사방 벽에는 모두 그룹들과 종려(티모로트〈timōrōt〉)와 핀 꽃(페투레 찌찜〈peṭûrê ṣiṣṣîm〉)형상을 아로새겼고"(왕상 6:29).[7] 나리석(이스라엘에 흔한 돌의 종류-역주)을 깎아 소용돌이 모양을 새긴 것이 이 기둥머리 장식의 특징이다. 주전 10세기부터 이러한 머리 장식은 다듬은 돌로 지어진 건축물의 중요한 구성 요소가 되었다. 이 장식들은 하솔, 단, 므깃도, 사마리아, 라맛 라헬(Ramat Raḥel) 그리고 예루살렘에서 발견되었다.

그림 99. 라헬 라헬에서 발견된 석회석으로 만든 대추야자나무 문양의 창문난간 장식으로 야자수 잎과 꽃잎의 모습으로 조각, 주전 8세기 혹은 7세기(이스라엘 박물관).

---

6. Yigal Shiloh, *The Proto-Aeolic Capital and Israelite Ashlar Masonry*, Qedem 11(Jerusalem: Institute of Archaeology, Hebrew University, 1979), 90.

7. Lawrence E. Stager, "Jerusalem and the Garden of Eden," in B.A. Levine et al., eds., *Eretz-Israel 26* (Frank Moore Cross Volume)(Jerusalem: Israel Exploration Society, 1989), 189*; David N Freedman and M.P. O'Conner, "Kěrub," *TDOT*, 7: 307-19.

그림 100. 라맛 라헬에서 발견된 석회석으로 만든 대추야자 나무 문양의 기둥머리, 주전 8세기 혹은 7세기. 이 기둥머리는 '프로토-아이올릭' 이라고 잘못 명명 되었다(이스라엘 박물관 전재 허가; 사진: D. Harris).

라맛 라헬 유적지는 예루살렘과 베들레헴 사이의 중간 지점에 있는 언덕이며 처음으로 유다 왕의 궁전이 발굴된 곳이다. 이 화려한 왕궁(56미터 x 72미터)은 사마리아 궁전과 유사하게 잘 다듬은 석회석 벽돌로 지어졌으며 유다의 마지막 왕, 아마도 여호야김(주전 609-598년)에 의해 건축되었을 것이다. "불의로 그 집을 세우며 부정하게 그 이층 방(알리요타브⟨$\bar{a}liyy\hat{o}t\bar{a}w$⟩, 한국어 성경은 "다락방"으로 번역함)을 지으며 자기의 이웃을 고용하고 그의 품삯을 주지 아니하는 자에게 화 있을진저 그가 이르기를 내가 나를 위하여 큰 집(베트 미도트⟨$b\hat{e}t\ midd\hat{o}t$⟩)과 넓은 이층 방(한국어 성경은 "다락방"으로 번역함)을 지으리라 하고 자기를 위하여 창(할로나이⟨$hall\hat{o}n\bar{a}y$⟩)을 만들고 그것에 백향목으로 입히고 붉은 빛으로 칠하도다"(렘 22:13-14). 궁전은 포곽 벽으로 둘러 싸여 있었다. 석회석으로 만든 꽃잎과 소용돌이 장식들을 갖춘 채 가로수 문양으로 정열된 창문 난간이 라맛 라헬(Ramat Rachel)의 궁전 창문을 꾸미고 있었다(그림 99). 이러한 장식들은 다윗 성(예루살렘)에서도 발견되었다.

예루살렘 다음으로 이스라엘에서 가장 중요한 도시였던 라기스에는 단상 위에 세워진 철기 시대의 거대한 궁전이 잘 보존되었다. 이 육중하고 높게 쌓아올린 기초 위에 지어진 궁전은 언덕의 정상보다 더 높게 세워져 있었다. 궁전은 시대가 다른 세 층에 걸쳐 지어졌는데 궁전 A(V층, 주전 10세기)가 첫 번째 궁전이었다. 궁전 B(VI층, 주전 9세기)는 유다 왕국의 통치자의 주거지로 사용되었는데 도시의 중앙에 두드러지게 위치한 이 궁전은 그 크기가 상당히 컸다. 궁전 C(III층, 주전 8세기)는 궁전A와 B를 합친 것에 동쪽으로 좀 더 확장되어 제1성전 시대에는 가장 큰 궁전으로서 그 크기만도 36미터 x 70미터이다. 넓은 안뜰의 입구에는 두 줄로 서 있는 기둥들로 인해 3면으로 나뉜 건물들이 한 쌍씩 양 쪽에 있었는데 이러한 건물들은 저장고라고도 생각되며 우시쉬킨과 다른 학자들은 마구간이라고 보고 있다. 고대 이스라엘의 다른 건물들과는 달리 이 인상적인 궁전에는 몇 개의 부속 건물들이 있었는데 현재 건물 자체는 아니더라도 그 잔해를 볼 수 있다. 궁전은 앗수르에 의해 파괴되었다가 페르시아 시대에 와서 재건축되었다.

가장 잘 보존된 왕가의 신전은 텔 단(Tel Dan) 유적지에서 볼 수 있다. 철기 II 시대로 연대가 측정된 다듬은 돌로 지어진 거대한 단상이 언덕의 북쪽 지경에서 발견되었는데 단상으로 올라가는 대단히 큰 층계들도 발견되었다(그림 186, 187). 한때는 이 단상 위에 주요 신전이 서 있었을 것이다. 아브라함 비란(Avraham Biran)이 처음 이곳을 발굴했을 때는 이 단상 위에 어떤 건물이 세워졌었다고 생각지 않았으나 지금은 성소가 단상 위에 세워져 있었다고 주장한다. 단 유적지의 단상 위에는 신전이 서 있었다고 하는 표현이 맞을 것이다. 단에서 발견된 성역의 서쪽 면에는 작은 방이 딸려 있었는데 발굴자는 이 방을 리쉬카(liškâ, '방')라고 정의했다. 20미터 길이의 이 직사각형 건축물은 주전 8세기에 지어졌다. 이 방에서 발견된 유물들(제단, 철로 만든 재를 담는 부삽〈그림 191〉, 재가 담긴 단지, 제물을 바치는 탁자)은 리쉬카와 관련된 것들로서 이곳이 성소였음을 증명해준다. 리쉬카는 성경에 50번 가량 등장하는 장소로서 방이나 혹은 예배실을 일컫는 건물의 일부분을 말한다.[8]

2) 이스라엘 건축물에 나타난 앗수르 제국의 영향

앗수르의 왕실 건축 양식을 볼 수 있는 자료는 이라크 북쪽에 있는 콜사바드(Khorsabad, 고대에는 두르 샤루킨) 유적지로서 앗수르 왕 사르곤 II세에 의해 왕국의 새 수도로 지정된 곳이었다. 이 유적지의 발굴자들 중 하나인 고든 라우드(Gordon Loud)는 콜사바드(Khorsabad)에 있는 왕의 궁전들, 신전들, 그리고 거주지 등의 발굴을 기초로 하여 앗수르의 건축양식을 연구했다.[9]

주전 8-7세기에 걸쳐 신앗수르가 서쪽의 주변 국가들을 침략함으로 이후에 이웃국가들에는 앗수르인들이 살았던 흔적이 남게 되었다. 이 지역들은 사실상 앗수르의 행정체제에 들어가게 된 곳으로 사메리나(사마리아), 마깃두(므깃도) 등이 있으며 앗수르 궁전의 전형적인 용기(그러나 이 지방에서 만들어짐), 상형문자 점토판들, 그리고 관을 사용한 매장 등, 앗수르의 유물들이 발견되었다. 앗수르의 건축물들이 하솔, 므깃도, 텔 제메(Tell

---

8. Avraham Biran, *Biblical Dan* (Jerusalem: Israel Exploration Society, 1994), 159-234.
9. Gordon Loud, "An Architecture Formula for Assyrian Planning Based on the Results of Excavations at Khorsabad," *Revue d'Assyriologie* 33(1936): 156: "궁전이든지 신전 혹은 개인의 거주지이든지 모든 건물들에 있어 공통점은 두 개의 커다란 안뜰로 되었다는 것으로 이 안뜰은 다시 더 작은 안뜰들과 많고 적은 방들로 이루어졌다."

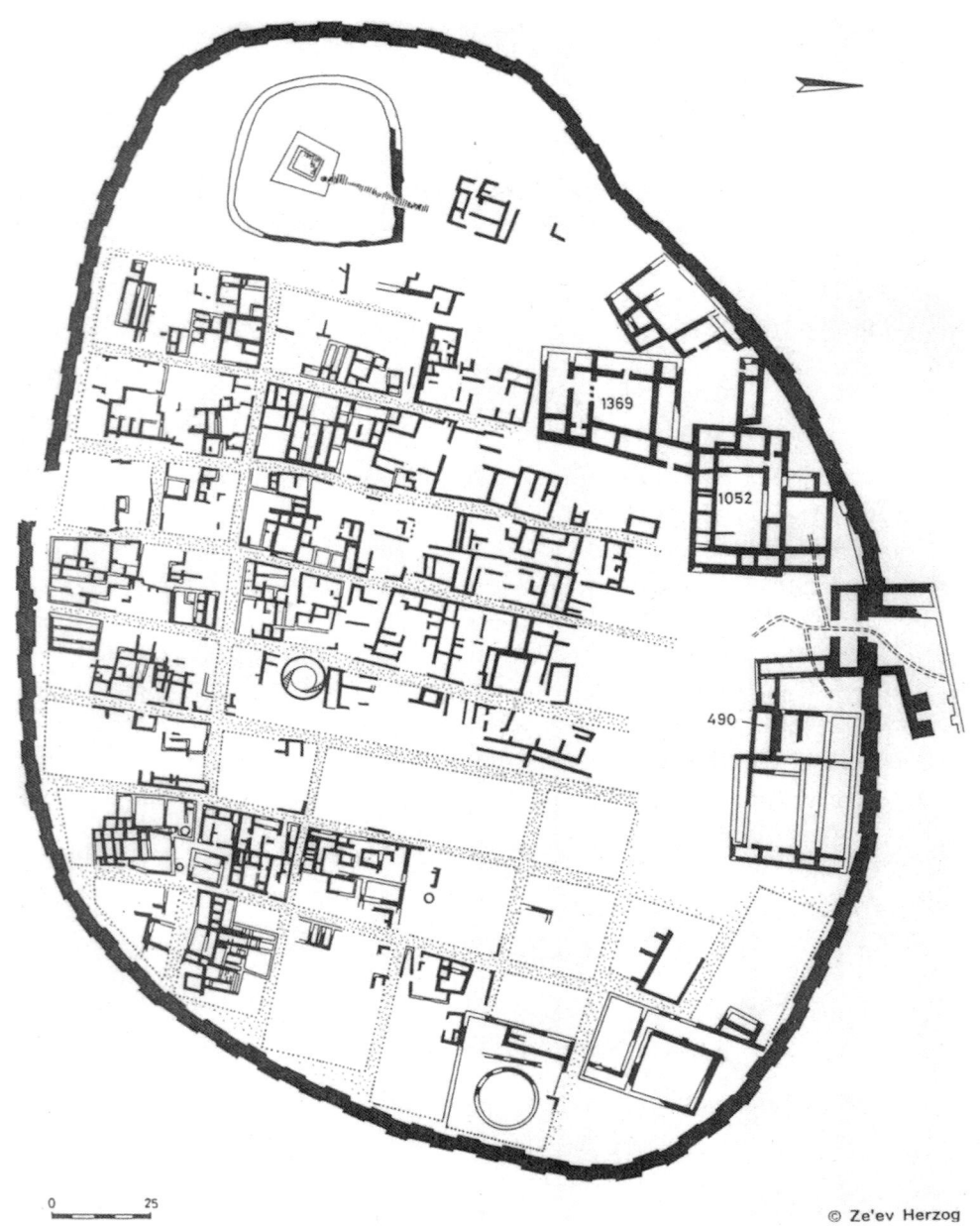

그림 101. 므깃도 평면도, III층, 앗수르 통치 시대(주전 8-7세기, 그림: C.S. Alexander, Z. Herzog, *Archaeology of the City*, Fig. 5.35, p. 236).

Jemmeh) 등지에서 발견되었다. 앗수르의 건축 양식 혹은 이에 영향 받은 건물들은 "지붕이 없는 뜰"(open-court)이라 불리는 건물로 커다란 안뜰을 가운데 두고 전면을 여러 개의 방들이 둘러싸고 있는 형태이다.

하솔의 북동쪽, 아엘렛 하샤하르(Ayelet ha-Shahar)에는 앗수르 행정 중심지의 일부분으로서 큰 건물(하솔 III, 주전 7세기)이 건축되었는데 건물 안에는 이 지방 통치자의 거주 장소도 있었다. 공식 알현장은 두 겹의 문을 지나야 했다. 통치자의 연단은 벽감 안에 위치해 있었고 입구의 왼쪽에 있었다. 오른쪽에는 더 작은 대기실이 있었고 대기실을 지나면 3미터 깊이에 쓰레기 하치장과 점토로 구워 만든 하수용 파이프가 나열되어 있는 방으로 가게 된다. 두꺼운 벽들은 원통형의 둥근 천장으로 2층을 받치고 있다. 건축 기술과 그 평면도는 앗수르의 건물들과 일치한다.

므깃도 III층은 캐더린 캐넌(Kathleen Kenyon)이 주장한 것처럼 앗수르의 건축 양식이었던 직교 도시구획을 응용한 초기 형태로 보인다(그림 101).[10] 므깃도(III층, 주전 8-7세기)에서 발견된 건물 1052와 1369는 중앙에 직사각형의 안뜰을 두고 있는 앗수르의 건축 양식을 따르고 있다. 건물 1369는 연단 위에 지어졌고(전형적인 앗수르의 건축 양식임) 중앙의 커다란 안뜰을 방들이 사방으로 둘러 싸 있었다. 이 건물에는 배수시설을 필요로 하는 목욕탕도 있었다.

텔 제메(Tell Jemmeh〈유르자 혹은 아르사〉)에는 주전 7세기의 건물이 있었는데 전형적인 앗수르 양식으로서 여러 개의 방들이 딸려 있었다. 건물의 원통형의 둥근 천장은 점토 벽돌을 쌓아 만들었는데 그 양식이 두르 샤루킨(Dur Sharrukin 혹은 콜사바드〈Khorsabad〉) 유적지의 것과 유사한 것으로 보아 이 건물이 앗수르 통치자의 행정용 건물이었음을 말해주고 있다.[11]

3) 왕의 식탁

왕의 식탁에 앉도록 초대되는 것은 굉장한 명예였다. 음력의 첫날인 초하루 혹은 월삭(호데쉬〈ḥōdeš〉, '새롭게 한다'는 의미를 가진 하다쉬〈ḥādaš〉라는 단어에서 유래함)의 연회는

---

10. Kathleen Kenyon, Archaeology in the Holy Land(New York: Paeger 1960), 286.
11. Ronny Reich, "Palaces and Residences in the Iron Age," in A. Kempinski and R. Reich, eds., in the Architecture of Ancient Israel(Jerusalem: Israel Exploration Society, 1992), 214-22.

휴식의 시간이었고 축제의 기간이었다(암 8:5). 다윗은 온 가족의 매년제(문자적으로는 '수일동안의 희생'이라는 의미를 가진 제바흐 하야밈⟨zebaḥ hayyāmim⟩, 삼상 20:6)를 드리기 위해 베들레헴으로 가야한다는 핑계로 사울의 가족이 기브아에서 이틀에서 삼일 정도 드리게 될 제사에 참석하지 않았다(삼상 20:5, 18, 24-27). 초하루를 위해 규정된 제사는 민수기 28:11-15에 자세하게 나와 있다. 축제를 위해 사람들을 불러 모으고 시편 저자는 이렇게 말했다. "초하루(호데쉬⟨ḥōdeš⟩)와 보름과 우리의 명절에 나팔(쇼파르⟨šōpār⟩)을 불지어다"(시 81:3).

다윗은 요나단의 아들, 절뚝발이 므비보셋(므립바알)을 왕의 상에서 먹도록 했다(삼하 9:1-13). 비록 왕의 상에서 함께 먹는 것이 특별한 권위이기는 했지만 그 자신이 먹어야 할 음식은 자신이 제공해야 했다(왕상 2:7; 18; 19; 왕하 25:27-29; 렘 52:31-33). 자신의 영토를 소유하고 있었던 므비보셋 역시 그의 토지소산을 제공할 것을 기대하고 있었다(삼하 9:10). 그러나 다윗은 사울의 사환 시바에게 말하길 "너와 네 아들들과 네 종들은 그를(므비보셋을) 위하여 땅을 갈고 거두어 네 주인의 아들에게 양식을 대주어 먹게 하라 그러나 네 주인의 아들 므비보셋은 항상 내 상에서 떡을 먹으리라 하니라"(삼하 9:10).

2. 도시의 급수 시설

1) 지하 급수 시설

철기 시대에 이스라엘의 도시를 건설한 건축가들은 고도로 정교한 건축 공사 기술을 가지고 있었는데 이들은 지하 급수 시설을 건축할 수 있는 수문학과 지질학을 이미 습득하고 있었다.[12] 급수 시설에는 크게 두 가지 종류가 있었다. 북쪽 시설과 남쪽 시설. 북쪽 급수 시설에는 기브온, 하솔, 게셀, 그리고 므깃도가 있다. 이 시설은 지하수면이 닿을 때까지 언덕의 지층들을 파고 내려가는 수갱을 뚫어 물을 제공받는다. 남쪽 급수 시설은 아랏, 벧세메스, 가데스 바네아, 그리고 텔 세바(Tel Sheba)의 유적지들에 있는데 도시민을 위해 커다란 물 저장고나 저수지를 만들어 물을 모아 공급했다.

---

12. Dan P. Cole, "How Water Tunnels Worked," *BAR* 6(1980): 8-29.

(1) 기브온

기브온에는 예전에 사용하던 것을 재사용하게 된 두 급수시설이 있었다.[13] 기브온의 기술자들은 그들의 도시 성벽 안에 있던 담수 근원을 발견하였다. 예루살렘에서 북서쪽으로 8킬로미터 떨어져 있는 현재 "엘 집"(el-Jib)이라 불리는 마을의 아래에 위치해 있는 기브온에는 같은 샘과 지하수를 사용하여 만들어진 두 개의 관련된 급수 시설이 있었다. 첫 번째 시설은 원통 모양의 수갱과 층계가 깎여져 있는 터널 그리고 지하수가 있는 방으로 이루어져 있다. 주전 10세기 이전에 단단한 바위를 깎아 만든 이 시설은 언덕의 동쪽 경사면 정상에 있다. 수갱의 크기는 상당히 커(지름 11.8미터, 깊이 10.8미터) 아마도 처음에는 빗물을 담아놓는 물 저장고로 사용했을 것이다. 수갱의 벽면을 따라 소용돌이 모양으로 층계가 깎아져 있었다. 1세기 정도 후에 이 층계 길은 수갱의 바닥 밑으로 확장되어 지하수면의 높이에 이르는 방까지 연결되었다.

이 급수 시설을 확장하기 위해 두 번째 시설이 건설되었는데 후자는 층계가 있는 터널, 물이 있는 방 그리고 급수로로 구성되어 있었다. 터널은 성벽의 안에서 언덕 하부에 있는 도시 바깥쪽에 위치한 물이 있는 방으로 통하도록 되어 있었다. 이 방은 샘에서 끌어온 신선한 물로 채워져 있었다. 이곳을 발굴한 제임스 프리차드(James Pritchard)는 기브온에 있었던 기반암을 깎아 만든 저장고들은 물을 담아 놓기 위해 벽에 회칠을 해야만 했다고 말했다. 프리차드가 측정한 바에 의하면 이 급수 시설을 메우고 있던 흙더미들을 치우는 데만도 23,000시간이 걸렸다고 한다. 아마도 이보다 더 많은 시간이 실제로 석회석을 뚫어 수갱과 터널을 만드는 데 소요됐을 것이다.

아브넬의 지휘 아래 있었던 이스바알(이스보셋)의 군대와 요압의 지휘 아래 있었던 다윗 군대 사이에 있었던 전쟁은 이미 당시 지형학적 이름으로 알려져 있던 '기브온 못가'(베레카트 기브온⟨bĕrēkat gibʻôn⟩)에서 이루어진다(삼하 2:13). 이곳은 바로 예레미야 시대에 요하난이 이스마엘을 격퇴한 "기브온 큰 물가"(마임 라빔⟨mayim rabbim⟩)이다(렘 41:12).

---

13. James B. Pritchard, *The Water System of Gibeon*(Philadelphia: University Museum, University of Pennsylvania, 1961); *Gibeon, Where the Sun Stood Still*(Princeton, N.J.: Princeton University Press, 1962), 82-83.

(2) 하솔

갈릴리 북부의 요새화된 도시였던 하솔의 급수 시설[14]은 다음 네 가지로 구성되어 있다. 석회석을 부수고 만든 입구는 수갱을 향하여 급하게 경사가 이루어졌다. 30미터 깊이까지 바위를 파고 들어간 수갱과 기초 암반을 깎아 만든 층계 그리고 물이 있는 방이 있었다. 이 시설은 아합 시대(VIII층, 주전 9세기)에 지어진 것으로 보인다. 아합 왕의 기술자들은 하솔의 지하에 지하수가 있다는 것을 알고 있었다. 도시 성벽 안에서 지하수 층에 닿기 위해 수갱과 터널을 파서 도시가 공격당했을 때 급수에 차질이 없도록 하였다. 이리하여 그들은 급수를 위해 샘을 팔 필요가 없었다.

(3) 게셀

게셀의 급수 시설은 여러 다른 연대가 제시되는데, 이는 급수 시설의 입구에 침식이 일어났기 때문이다. 게셀을 처음 발굴했던 메칼리스터(R.A.S Macalister)[15]는 이 급수 시설을 중기청동기 II 시대의 연대로 보았다. 다음 발굴자였던 윌리암 디버(William Dever)[16]는 후기청동기 시대의 연대를 제시했다. 하솔의 급수 시설을 분석해본 결과 야딘(Yadin)[17]은 게셀의 급수시설을 "주전 1000년 초반"으로 추정했다. 예루살렘에 이미 중기청동기 II 시대에 급수 시설이 있었던 것으로 보아 기술적인 측면에서 봤을 때 게셀의 시설도 주전 2000년경에 지어졌다고 볼 수 있다. 게셀의 기술자들은 도시의 내부에서 지하수까지 도달할 수 있는 기술을 가지고 있었다. 게셀의 급수시설은 바위를 뚫어 만든 수갱을 통과해 경사진 터널을 지나 지하수면과 닿는 긴 방으로 연결되어 있었다.

(4) 므깃도

지하수로 연결된 기브온, 하솔, 게셀에 있는 급수 시설들과는 달리 이스르엘 계곡에 위치한 므깃도에서 발견된 급수시설은 언덕의 근저(남서쪽 코너) 성 밖에 있는 샘으로 연

---

14. Yigael Yadin, *Hazor: The Rediscovery of a great Citadel of the Bible*(London: Weidenfeld & Nicolson, 1975); Amnon Ben-Tor, "Hazor," in *NEAEHL*, 2: 604-5.

15. R.A.S. Macalister, *The Excavation of Gezer*(London: J. Murray, 1912).

16. William G. Dever, "The Water Systems at Hazor and Geze," BA 32(1969): 71-78; "Gezer" in *NEAEHL*, 2: 503: "급수용의 터널이 후기청동기 II 시대에 만들어졌을 것이라는 의견이 제시된 바 있기는 하지만 수갱 자체는 맥칼리스터가 발굴할 때 들어내 버려서 급수 시설의 연대를 확실하게 밝힐 수는 없다(이 급수 시설은 어쩌면 하솔이나 므깃도, 기브온의 철기 II 시대의 것과 같은 것일 지도 모른다)".

17. Yigael Yadin, "The Fifth Season of Excavations at Hazor, 1968-1969," *BA* 32(1969): 70.

결되어 있었다. 다시 말해 물을 얻기 위해 성벽 너머로 가야 했었다.[18]

므깃도의 급수 시설은 3단계로 발전했다. 주전 10세기 이전에는 언덕의 하부에 있는 자연 샘에 도달하기 위해 층계를 만들어 이용했다. 솔로몬 시대에 와서 지붕을 덮은 길을 성 내부에서 밖으로 뚫었다. 이 길은 이전 시대에 만들어진 층계 길과 연결되어 있어 샘에 다다를 수 있었다. 세 번째 단계는 아합 왕 시대에 지어진 것으로 이전의 두 단계보다 좀 더 복잡한 요소들로 이루어졌다. 기초암반에 소용돌이 모양으로 굽이치는 층계 길이 조각된 커다란 수갱을 팠다. 수갱의 바닥에서부터 시작하여 성 밖에 있는 샘까지 연결하기 위해 수평으로 뚫린 터널이 있었다. 샘으로 들어갈 수 있는 입구는 거대한 벽으로 막아놓았다. 단지 수갱과 터널을 통해서만 샘에 도달해 성 안에 물을 공급할 수 있도록 만들었다.

시카고대학의 발굴 팀은 므깃도의 급수 시설을 VIA층(주전 11세기 중반)의 것으로 보았다. 그러나 야딘의 발굴 팀은 급수 시설의 발전 단계를 다시 조사해보고 마지막 급수 시설을 주전 9세기에 건설되었다고 연대를 수정했다.[19]

(5) 벧세메스, 가데스 바네아, 그리고 텔 세바

벧세메스에는 철기 II 시대에 사용된 커다란 지하 저장고가 있어 주민들에게 물을 공급할 수 있었다. 저장고까지 가는데 층계를 이용하도록 되어 있었다. 가데스 바네아의 급수 시설은 회칠을 한 수로와 커다란 돌로 짓고 바닥을 회칠한 저장고로 이루어졌다. 성벽 밖에 있던 수로를 통하여 샘에서 물을 끌어들여 성 안의 저장고에 채웠다. 텔 세바에도 벧세메스의 시설과 유사한 급수 시설이 있었는데 여러 개의 지하 저장고들로 이루어졌다.

---

18. Robert S Lamon, The Megiddo Water System(Chicago: University of Chicago Press, 1935); Yohanan Aharoni, "Megiddo," NEAEHL, 3: 1003-12; Yigal Shiloh, "Megiddo: the Iron Age." NEAEHL, 3: 1012-23.

19. Shiloh, "Megiddo: The Iron Age," 1022: "급수 시설은 VA-IVB층 (주전10세기, 솔로몬의 시대에서 주전 925년 시삭의 침략까지)까지만해도 아직 건설되지 않았다. 마침내 길고 좁은 물을 길러 가는 길이었던 갤러리(복도 같은 길) 629가 다른 공공건물처럼 다듬은 돌로 지어졌다. 이 갤러리를 통과하여 도시에서 샘으로 도착할 수 있었다. 이 길을 건설로 인해 이전 층이었던 VIA와 VB(주전 10세기 초, 다윗의 시대)층들이 훼손되었다-그러나 몇몇 학자들은 VA-IVB층보다 이른 층이 이곳에 있었다는 데 반대하고 있다."

2) 예루살렘

다윗 성(예루살렘)에는 사철을 끊이지 않고 물이 솟는 기혼 샘을 근원으로 하는 세 개의 지하 급수시설이 있었다(그림 102). 기드론 골짜기 바닥 바로 위에 위치한 이 동굴 속의 샘은 성경 시대 동안에는 항상 성벽 밖에 위치해 있었다고 생각되었다. 그러나 로니 라이히(Ronny Reich)와 엘리 슈크론(Eli Shukron)[20]은 오랫동안 믿어져 왔던 이 생각을 뒤엎고 기혼 샘은 이미 주전 1800년경부터 유다 왕국의 멸망에 이르기까지, 아니 그 이후 시대까지도 거대한 탑의 보호를 받고 있었고 바로 근처에 물을 모아놓은 저수지가 있었다고 주장했다. 그러므로 예루살렘에 신선한 물을 제공했던 주요 급수 시설인 기혼 샘은 언제나 적들의 습격으로부터 보호받고 있었다.

기혼(히브리어 기아흐〈giah〉)이라는 의미는 '용솟음치는 것'으로서 이 침식된 석회암 지대에서 나오는 샘에 적당한 이름일 것이다. 봄에는 지하에서 물이 매일 대여섯 번 정도 솟아올라 총 1200평방미터의 양을 채운다(약 316,800갤런〈1,199,183리터〉).[21] 건기 동안에는 물이 두세 번 정도 솟아나는데 총 200평방미터(52,800갤런〈199,863리터〉)정도가 나온다.

최근 발굴이 있기까지 고고학자들은 일반적으로 고대 이스라엘인들이 13미터 깊이의 수직으로 파진 수갱의 꼭대기에서 항아리를 드리워, 기혼 샘과 연결된 수로를 통해 수갱의 바닥까지 흘러들어온 물을 퍼냈다고 생각했다. 이 바위를 뚫고 만든 수갱은 1867년 찰스 워렌(Charles Warren)에 의해 발견되어 그의 이름이 붙여졌다. 그러나 이제 워렌 수갱은 침식된 석회암 지대의 한 현상으로 고대 급수 시설에 보조로 쓰였던 것일 뿐이라는 것이 밝혀졌다. 그 대신 짧은 터널(수로 III, 뱅상 신부〈Louis-Hugues Vincent〉의 명칭을 따름)을 파서 샘에서 물을 끌어들였고 기초 암반을 파서 만든 꽤 넓은 물탱크에 이 물들이 모이도록 되어 있었으며, 이 물탱크에는 40-45평방미터(10,560-11,880갤런〈39972-44969리터〉)의 양의 물을 채울 수 있었다. 만약 기혼 샘에서 나온 물들이 모두 이 직사각형의 탱크에 모이도록 되어 있었다면, 겨울에는 하루에 스물다섯 번에서 서른 번 정도 물이 찼을 것이고 여름에는 다섯 번 정도 물이 찼을 것이다. 물탱크의 벽 안쪽에는 홈들이 파져

---

20. Ronny Reich and Eli Shukron, "Light at the End of the Tunnerl," *BAR* 25(1999): 22-33, 72; "The System of Rock-Cut Tunnels near Gehon in Jerusalem Reconsidered," *RB* 107(2000): 5-17.

21. Morechai Hecker, "Water Supply of Jerusalem in Ancient Times," in M. Avi-Yonah, ed., *Sepher Yerushalayim*(Jerusalem and Tel Aviv: Bialik Institute and Dvir Publishing House, 1956), 1: 191-207(in Hebrew).

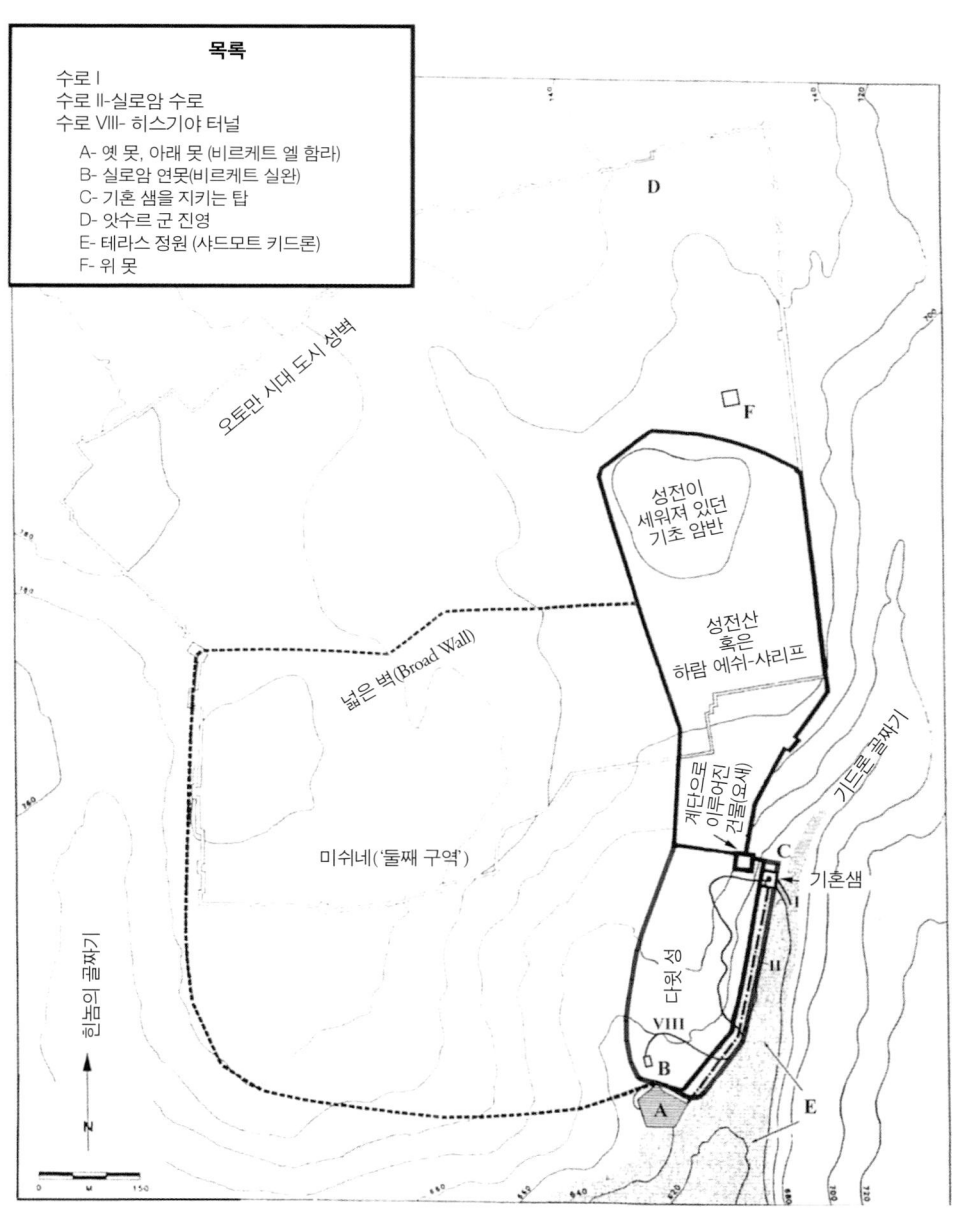

그림 102. 예루살렘 지형도(주전 8세기 후반 혹은 7세기 초반), 방어시설과 수자원 시설이 표시됨(복원도: L. E. Stager; 그림: C. Haberl).

있었는데, 이 홈들에 나무로 만든 널판지가 끼워져 있었을 것이며 이 널판지 위에 여러 사람들이 함께 서서 물을 펐을 것이다.

라이히와 슈크론의 발굴은 이 물탱크의 한쪽 면을 측면으로 접하고 있는 커다란 탑의 부분들을 드러냈다. 아마도 다른 한 면도 또 다른 탑으로 보호되고 있었을 법하다. 그것은 샘 자체를 보호하고 있던 더욱 큰 탑처럼 대강 다듬은 거대한 돌로 지어졌는데 이러한 건축양식은 중기청동기 유적지들에서 많이 볼 수 있는 양식이다. 탑들은 거대한 크기의 석회석으로 지었으며 돌 하나만도 4.5미터톤(4,500킬로그램)이다. 이렇게 거대한 돌을 사용하는 기술은 후대 헤롯의 시대에 가서야 다시 사용된다.

물론 기혼 샘에서 매일 나오는 물이 모두 이 물탱크로 흘러 들어오는 것은 아니다. 이 물탱크와 연결된 급수로(수로 III)는 더 큰 수관(수로 II로 명명됨)으로도 연결되어 있었고 이 수관 역시 중기청동기 II 시대에 지어졌다. 이는 수로이지 결코 터널은 아니었는데, 지표면의 높이까지 아주 깊게 기초암반을 뚫어 판 것이었다. 이 수로는 무게가 2톤이나 되는 커다란 둥근 돌들로 뚜껑처럼 덮여진 것이었다. 수로는 3-4미터 깊이로 경사는 급하지 않았으며 샘에서 시작하여 현재 "비르케트 엘 함라"(Birket el-Hamra)라 불리는 도시의 남쪽 끝에 위치해 있던 저수지까지 예루살렘의 좀 더 낮은 동쪽 측면을 따라 적어도 400미터를 달리고 있었다. 이 저수지가 바로 이사야 선지자가 예루살렘 주민들과 적군의 위협에 여호와의 보호보다는 군 병기에 의존하려는 통치자들을 비난하면서 언급한 아래 못일 것이다.

> 그 날에야 네가 수풀 곳간의 병기를 바라보았고 너희가 다윗 성의 무너진 곳이 많은 것도 보며 너희가 아래 못(베레카 타흐토나⟨bĕrēkâ taḥtônâ⟩)의 물도 모으며 또 예루살렘의 가옥을 계수하며 그 가옥을 헐어 성벽을 견고하게도 하며 너희가 또 옛 못(베레카 예샤나⟨bĕrēkâ yĕšānâ⟩)의 물을 위하여 두 성벽 사이에 저수지(미크바⟨miqwâ⟩)를 만들었느니라. 그러나 너희가 이 일을 행하신 이를 앙망하지 아니하였고 이 일을 옛적부터 경영하신 자를 존경하지 아니하였느니라 (사 22:8-11).

아래 못과 옛 못은 같은 베레카(bĕrēkâ, 못)를 말하고 있는 것으로 히스기야 왕(주전 727-698년)이 터널(수로 VIII)과 바깥 성벽을 짓기 전에 수로 II를 통해 흐르던 물이 모이는 곳이었을 것이다. 이 성벽이 바로 "두 성벽 사이에 저수지"가 만들어졌을 때의 한 성벽을 말하며 이 저수지로 인해 옛 못은 그 기능을 잃었고 그리로 모이던 물은 이 저수지로 흘러갔다. 히스기야의 선임자였던 아하스 왕(주전 743-727년) 시대에는 수로 II에 물이 흘렀고 아래 못으로 모여 기드론 골짜기에 있던 예루살렘의 왕실 정원에 물을 대는 관개

그림 103. 마리 벽화, 주전 18세기. 짐리 림의 재위식이라 불림. 짐리 림이 사자 위에 앉고 서 있는 여신 이쉬타르가 짐리 림에게 권위의 상징을 전달하고 있다. 밑에는 두 여신들이 4줌의 물줄기가 흐르고 있는 꽃병을 들고 있다. 아마도 궁전이거나 신전일 신전을 낙원으로 보이는 이 건물은 낙원과 그 안에 사는 이들을 지키는 것으로 유명한 신화적 동물들날게 달린 스핑크스, 그리핀, 황소이 양쪽 측면에 서 있다.

수로 역할을 하였다.

(1) '천천히 흐르는 물'

선지자 이사야는 "천천히 흐르는 실로아 물"(사 8:6)이 에덴동산 주변을 둘러싸고 솟아나 그 동산을 적시며 심층에서부터 나온 우주적 물인 신선한 지하수 물(창 2:10-14)의 흐름(에드⟨ēd⟩)이라고 말하고 있다.[22] 이 물은 종말론적 물로서 '성전의 바닥(미프탄⟨miptān⟩)[23] 아래'로부터 발원해서 기드론 골짜기를 흐르는 강(나할⟨naḥal⟩)이 되어 사해로 흘러 들어가 거기에 생명을 줄 것이다. 이 낙원의 강기슭을 따라 "각종 먹을 과실나무가 자라서 그 잎이 시들지 아니하며 열매가 끊이지 아니하고 달마다 새 열매를 맺으리니 그 물이 성소를 통하여 나옴이라"(겔 47:12). 이사야에게 있어 실로아의 물은 위험에 처했을 때 여호와께 의지하는 이들을 위한 조용하고 확실히 보호해주시는 여호와를 상징하는 우주적 중요성을 띤다.

대부분의 학자들은 수로 II가 다윗 성의 남동쪽 끝에 있었던 정원에 물을 댔을 뿐 아니라 수문처럼 사용되었을 것으로 보이는 수로 동쪽 구멍(혹은 창문)을 통해 기드론 골짜기의 충적토에도 물을 댔을 것이라고 생각한다.[24] 레이몬드 바일(Raymond Weill)은 여기에 사용된 적어도 4개의 구멍들(높이 0.65-1.80미터, 너비 0.40-0.60미터)을 조사했다.[25] 그러나 라이히는 이 수로 II의 측면에 인공적으로 이러한 구멍들을 냈다는 의견에 의문을 제시하면서 이 구멍들이 수로의 남쪽 면에 자연적으로 불규칙하게 생겨난 석회암 틈새일 뿐이며 수문으로 사용된 적이 없다고 주장했다. 어느 것이 옳은 의견이든지 간에 이 구멍들은 후에 히스기야가 세운 바깥 성벽에 의해 막혀버렸고 수로 II 역시 그가 만든 터널에 의해 부분적으로 훼손되었다.

그럼에도 불구하고 기혼의 남쪽으로 흐르는 물이 기드론 골짜기로 흘러들어간 것만은 확실하다. 오늘날 북쪽에서 남쪽으로 경사진 이 넓은 골짜기를 횡단하고 있는 정원들이 형성되어 있는 것을 보아 알 수 있다. 기혼 샘의 물이 흐르는 곳에는 화려한 정원들이

---

22. Stager, "Jerusalem and the Garde of Eden," 183*-194*; idem, "Jerusalem as Eden," *BAR* 26(2000), 36-47, 66.
23. "문지방"이라고 읽기보다는 이 단어를 바닥으로 읽는 것이 타당하다. NJPS 번역의 겔 9:3을 참조.
24. Jan Jozef Simons, *Jerusalem in the Old Testament*(Leiden: Brill, 1952), 177.
25. Raymond Weill, *La Cité de David, II: Campagne de 1923-1924*(Paris: P, Geuthner, 1947), 144-45; Yigal Shiloh, *Excavations at the City of David, I: Interim Report of the First Five Seasons*(1978-1982), Qedem 19(Jerusalem: Institute of Archaeology, Hebrew University, 1984), p. 46, fig. 8; plates 39:2, 40: 1.

생겨난다. 성경 시대에 이 골짜기는 "기드론 밭"(계단식 경작지-역주)이라고 불렸다. 정치적 중앙 집권과 종교적 개혁을 일으켰을 때 요시야 왕은 이 거룩한 왕실의 정원인 '기드론 밭'(싸드모트 키드론⟨šadmôt qidrôn⟩)으로 "바알과 아세라와 하늘의 일월성신을 위하여 만든 모든 그릇들"을 예루살렘 밖(바깥벽의 동쪽)으로 가져와 불사름으로 이 정원을 더럽게 한다(왕하 23:4). 그러나 예레미야는 말문(궁전이나 성전 근처에 위치했었을 것임)에 이르기까지 시체와 재로 뒤덮였던 이 밭들(쉬드모트⟨šĕdēmôt⟩ 혹은 쉬레모트⟨šĕrēmôt⟩로 읽힘)이 다시 한 번 여호와의 성지가 될 것이라는 약속을 말하고 있다(렘 31:40).

물론 기드론 골짜기의 밭들은 겨울에 빗물로 경작했을 것이며 후에 쓰기 위해 빗물을 모아 두었을 수도 있다. 그러나 수많은 이국의 나무와 식물들이 자라고 있었던 고대의 정원에 빗물만으로는 양이 차지 않았을 것이기에 기혼 샘에서 제공되는 것과 같은 영구적인 수자원이 필요했을 것이다. 만약 수로 II의 구멍들을 통해 멀리 말문까지 물을 대지 않았다면 우리는 이런 목적을 위해 사용된 다른 후보를 찾아보아야 할 것이다. 이 후보는 아직까지 조사되지는 않았지만 수로 I이 될 수도 있는데, 이 수로 같은 경우 기혼 샘에서 흘러나오는 물을 대는 수로들 중 가장 동쪽으로 뻗어 있다. 이 수로가 드러나 있는 부분은 단지 54미터 조금 넘을 뿐이며 남쪽 방향으로 기드론 골짜기를 향해 급격한 경사를 이루고 있다. 시몬스(Simons)[26]는 수로 I이 왕의 못(느 3:15)이 있었던 "왕의 동산 곁문"(왕하 25:4; 렘 39:4; 52:7)까지 이르렀는지 의문점을 가지고 있다. 이 문제를 풀기 위해서는 좀 더 자세한 조사가 뒤 따라야만 할 것이다.

샘이 시작되는 동굴의 가장 낮은 곳에서 출발하는 수로 I은 더 높은 수원을 필요로 하는 히스기야의 터널로 잘 알려져 있는 수로 VIII이 지어지면서 그 입구가 막혀버렸다. 우리는 여기서 잠시 이 새로운 수로에 관해 토론하기 이전에 아래 못보다 북쪽 위 어딘가에 위치해 있었을 위 못에 관해 짧게 살펴보고자 한다.

(2) 위 못

산헤립에 의해 파병된 앗수르 대군은 예루살렘에 올라와 히스기야의 파견단을 "위 못 수도 곁 곧 세탁자의 밭에 있는 큰길"(왕하 18:17; 사 36:2-3)에서 만났다. 이보다 일찍이 이사야와 그의 아들 스알야숩은 아하스 왕을 "위 못 수도 끝"(사 7:3)에서 만났다. 우시쉬킨은 '앗수르인들의 야영지'가 예루살렘의 북쪽, 좀 더 자세히는 왕의 성채가 마주 보이는

---

26. Simons, *Jerusalem in the Old Testament*, 193.

북동쪽 언덕에 있었다고 주장했다.[27] 그들의 야영지는 분명 랍사게가 예루살렘 백성들을 향해 소리 지를 수 있을 만큼의 거리에 있어야만 했다. 물론 다음의 의견은 확실하게 증명된 것은 아니지만 상당히 가능성이 있는 것으로 위 못은 지금의 성 안나 교회의 자리에서 발굴된 신약성경 상의 벳세다 연못 자리라고 생각된다. 화이트 신부님들[28]은 이곳에서 좀 더 이른 시대의 못과 둑을 발견했는데 이들과 단 바핫(Dan Bahat)[29]은 이 못을 제1성전 시대 것으로 보고 이사야 시대의 위 못이라고 추정했다.

예루살렘을 보호했던 요새와 급수 시설은 이미 주전 2000년 초기 이곳에 살던 가나안인에 의해 발전되어 있었다. 이 요새와 급수시설은 수정되기는 했지만 히스기야가 앗수르의 침공에 위협을 느껴 새로운 시설들을 만들기까지 또한 북왕국 이스라엘의 멸망으로 인해 예루살렘의 인구가 증가한 시기까지는 별다른 변화가 없었다. 이 당시 예루살렘의 인구는 10배로 증가하여 15,000명까지 추산된다. 60헥타르 면적의 도시가 현재 미쉬네(mišneh) 혹은 둘째 구역(왕하 22:14)이라고 알고 있는 서쪽 언덕 너머까지 확장되어 법령 아래 지어졌을 '넓은 벽'(느 3:8; 참조, 사 22:9-10)의 거대한 성벽까지 이른다.

역대기서의 저자는 신명기 학자(들)과 선지자들에 의한 성경적 자료에 의존하는 것을 역사적 자료로서 믿을 만한 것인가에 자주 의문을 가지고 대했다. 그의 기록들이 어느 정도 신빙성이 있는 것들로 받아들여지게 된 것은 나흐만 아비가드(Nahman Avigad)가 '넓은 벽'을 발견하고 이를 주전 8세기 후기에 건축되었다는 연대를 밝혔을 때 비롯된 것이다. 역대기의 저자가 포로기 이전의 자료를 알고 있었기에 이를 기록에서 언급할 수 있었다는 것을 말해준다.[30] 또한 히스기야의 건축 계획이 앗수르의 위협이 가해지는 동안에 이루어졌다는 역대기 기록이 더욱 더 타당해졌다. 역대하 32:2-6, 27-30에 기록된 이야기는 지극히 개인적이면서 성경 외의 자료를 근거로 하고 있지만 고고학적 증거는 이

---

27. David Ussishkin, "The Water Systems of Jerusalem during Hezekiah's Reign," in M. Weippert and S. Timm, eds., *Meilenstein: Festgabe für Herbet Donne, Ägypten und Altes Testament* 30(Wiesbaden: Haassowitz Verlag, 1995), 289-37.

28. Marie-Joseph Pierre and Jourdain-Marie Rousée, "Sainte Marie de la Probatique, état et orientation des recherches," *Proche-Orient Chréiten* 31(1981): 23-42.

29. Dan Bahat, "The Fuller's Field and the 'Conduit of the Upper Pool," in A. Ben-Tor, J C. Greenfield, and A. Malamat, eds., *Eretz-Israel* 20 (Yigael Yadin Volume)(Jerusalem: Israel Exploration Society, 1989), 253-55.

30. Nahman Avigad, *Discovering Jerusalem: Recent Archaeological Excavations in the Upper City*(Nashville: Thomas Nelson, 1983).

를 적극적으로 증명해주고 있다.[31]

> 히스기야가 산헤립이 예루살렘을 치러 온 것을 보고 그 방백들과 용사들과 더불어 의논하고 성 밖의 모든 샘들(하아야노트⟨*hā'ăyānôt*⟩, 한국어 성경은 "물 근원"으로 번역함)을 막고자 하매 저희가 돕더라. 이에 백성이 많이 모여 모든 샘들(함마 야노트⟨*hamma'yānôt*⟩, 물 근원)과 땅으로 흘러가는 시내(하나할⟨*hannaḥal*⟩)를 막고 이르되 어찌 앗수르 왕들이 와서 많은 물(마임 라빔⟨*mayim rabbim*⟩)을 얻게 하리요 하고 히스기야가 힘을 내어 무너진 모든 성벽을 보수하되 망대까지 높이 쌓고 또 외성을 쌓고 다윗 성의 밀로를 견고하게 하고(대하 32:2-5).[32]

바로 그 히스기야가 기혼의 위 샘물(모짜⟨*môṣā*⟩)을 막아 그 아래로 곧게 끌어들여(레마타⟨*lĕmaṭṭâ*⟩, 지하로)[33] 다윗 성의 서편으로 인도하여 낸 것이다(대하 32:30).

(3) 히스기야 터널

위의 물을 아래로 인도하여 냈다는 기록은 실로암이나 히스기야 터널로 더 유명한 수로 VIII을 건설했다는 것을 말하고 있다는 점에 한 치의 의심도 없다. 이 터널은 땅 속으로 533미터 이상의 심하게 굴곡진 터널로서 수로 II의 부분들을 잘라내고 그 위에 지어졌다. 터널은 기혼 샘에서 시작되어 실완 샘과 신약성경 상의 실로암 연못[34]으로 추정되는 다윗 성의 남서쪽 끝에 위치한 연못까지 닿는다. 요한복음에 의하면 실로암 연못은 예수님께서 한 맹인의 눈에 진흙을 발라 준 후 이곳에 가서 씻도록 하신 곳으로 이르시되 "실로암 못에 가서 씻으라 하시니(실로암은 번역하면 보냄을 받았다는 뜻이라) 이에 가서 씻고 밝은 눈으로 왔더라"(요 9:7).[35]

---

31. Sara Japhet, *I /II Chronicles*, OTL(Louisville: Westminster/John Knox, 1993), 978-79.
32. William H. Shea, "Jerusalem under Siege," *BAR* 25(1999): 43-44의 번역을 따름. 역자는 한국어 성경을 그대로 이용했으나 필요한 부분에 따라 역주를 삽입함.
33. New American Bible의 번역 인용.
34. 그리스어로는 아페스탈메노스('*apestalménos*')인 실로암은 "보냈다"라는 뜻으로 히브리어 샬루아흐(*šālûah*⟨어원 *šlh*⟩), "보냈다"와 관련이 있는 단어로 아카드어의 쉴리흐투(*šiliḥtu*)와 연관시켜 생각할 때 수로를 의미하고 있다.
35. 신약성경의 저자나 요세푸스 중 어느 누구도 기혼 샘의 물이 모여 연못을 형성했다는 것을 알지

실로암 연못에서 그리 멀지 않은 터널의 남쪽 끝에는 특별히 터널 벽에 새겨진 히브리어 기념 비문이 있었다. 비문은 1880년에 발견되었으며 어떻게 이 '거대한 굴 작업'이 절정에 이르렀는가를 기록하고 있다.

> 터널이 뚫리게 된 경과는 다음과 같다. 채석 공들은 서로 반대쪽에서 계속 곡괭이로 파고 들어갔는데, 한 3규빗(1.5미터) 정도가 그들 사이에 아직도 남아있었을 때 각각의 오른쪽과 왼쪽의 바위에 틈새가 있어 이 틈새를 통해 서로 반대쪽에 있던 인부들끼리 부르는 소리를 듣게 되었다. 바로 이날 터널이 완전히 뚫리게 되었던 것이다. 석공들은 서로 반대쪽에 있는 인부들을 향하여 곡괭이와 곡괭이를 마주하고 마침내 바위를 쳐서 뚫었고 샘(모짜⟨mṣ⟩, 기혼 샘)으로부터 물이 흘러나와 1200규빗의 거리를 달려 못(하베레카⟨hbrkh⟩)에 도달했다. 바위의 높이는 석공들의 머리 위로도 100규빗이었다.[36]

놀랍게도 이 기념비문은 분명 터널(수로 VIII)이 만들어졌을 때의 왕이었던 히스기야의 이름을 언급하고 있지 않다.[37] 그러나 동굴에서 샘솟는 물이 흐르게 되는 수로 VIII은 수로 II의 '위 샘'에서 2.5미터 아래에 있고, 그 수로의 출구를 지칭할 때 성경에서의 샘(모짜⟨moṣâ⟩)이라는 같은 단어를 사용하고 있다. "이 히스기야가 또 기혼의 위 샘물을 막아 그 아래로 좇아 다윗 성 서편으로 곧게 인도하였으니"(대하 32:30).

어떤 이유에선지 히스기야는 실로암 수로를 아마도 덜 공격받기 쉬웠던 것으로 보이는 실로암 터널로 대신

하고 옛 못/아래 못(비르케트 엘 함라⟨Birket el-Hamra⟩)은 터널의 비문에 언급된 하베레카⟨hbrkh⟩로 지칭된 실로암 못으로 대치한다. 같은 시간에 히스기야는 다윗 성의 안쪽에 있는 벽으로부터 40미터 정도 경사진 면에 떨어져 있는 '바깥 성벽'(대하 32:5)을 세워

못하고 있다. Simons, *Jeursalem in the Old Testment*를 참조하라.

36. 영어 번역은 W.E. Albright, *ANET*, 321; John C. L. Gibson, *Textbook for Syrian Semitic Inscriptions, I:Hebrew and Muabie Inscriptions*(Oxford: Clarendon Press, 1971), 22-23을 참조하라.

37. Philip R. Davies 와 John Rogerson "Was the Siloam Tunnel Built by Hezekiah?" *BA* 59 (1996): 138-49는 실로암 터널의 비문을 하스모니안 시대로 연대를 보았다. 그러나 이에 대한 반박을 한 다음 두 학자의 글들을 참조하라: Ronald S.Hendel, "The Date of the Siloam Inscription: A Rejoinder to Rogerson and Davies," *BA* 59(1996): 233-37; and Jo Ann Hackett, Frank M. Cross, P. Kyle McCarter, and Ada Yardeni, "Defusing Pseudo-Scholarship: The Siloam Inscription Ain't (sic) Hasmonean," *BAR* 23(1997): 41-50, 68.

그림 104. 앗수르바니팔 궁전의 벽부조에 그려져 있는 니느웨에 있던 정원(그림: A.M. Appa, S. Dalley의 Garden History 21〔1993〕, p.10, fig. 2의 그림을 참조함).

동시대에 라기스 성에 세워진 것 같은 이중벽을 만든다. 바깥 성벽의 부분들이 기혼 샘 근처에서 최근에 발굴되었다.[38] 만약 수로 II에 있던 구멍들이 기드론 골짜기에 물을 대는 데 사용되었다면 이 바깥 성벽이 지어지면서 구멍은 막혀버렸고 그 기능도 잃었을 것이다. 수로 VIII에 의해 수로 II의 입구가 막히고 그 남쪽 끝이 무너지면서 아래 못의 역할 역시 사라졌을 것이나 이 아래 못이 이중 성벽의 안쪽에 있었는지 바깥쪽에 있었는지 확실하지 않다. 그러나 터널을 통해 물을 공급 받았던 실로암 연못은 안쪽 성벽과 바깥 성벽 사이에 분명히 있었고 이 못이 "옛 못의 물을 위하여 두 성벽 사이에 만들어진 저수지"(사 22:11)였을 것이다.

이중 성벽 사이 다윗 성의 남쪽 혹은 남동쪽 어딘가에 시드기야와 그의 군사들이 예루살렘으로부터 도망나간 담샛문(샤아르 하아인⟨šaʻar hāʻayin⟩, 샘문)이 있었을 것이다. "유다의 시드기야 왕과 모든 군사가 그들을 보고 도망하되 밤에 왕의 동산 길을 따라 두 담

---

38. Reich and Shukron, "Light at the End of the Tunnel."

그림 105. 두르-샤루킨(콜사바드)에 있던 사르곤 II세의 정원. 궁전의 물고기들이 헤엄치고 있는 정원 호수에는 말머리 모양의 뱃머리가 달린 베니게 스타일의 두 척의 배가 떠 있다. 뒤에는 입구에 화려하게 장식된 기둥들이 서 있는 앗수르 스타일의 건물이 서 있다. 좌측에는 두 앗수르인들이 사자머리로 장식된 홀들을 어깨에 지고 있다. 텔 단의 T구역에서 발견된 은으로 만들어진 홀과 비교하라(그림: A. M. Appa, P. E. Botta와 E. Flandin의 책 *Monument de Ninive II* (Paris, 1849), pl. 114를 참조함).

샛문을 통하여 성읍을 벗어나서 아라바로 갔더니"(렘 39:4; 왕하 25:4). 후에 느헤미야는 이 샘문을 수리하고 "왕의 동산 근처 셀라 못 가(베레카트 하쉘라⟨bĕrēkat haššelaḥ⟩)의 성벽"을 다시 짓는다(느 3:15; 2:14). 이 못은 실로암 터널과 연결되어 있던 실로암 연못이었거나 왕의 정원에 물을 대던 옛 못(비르케트 엘 함라⟨Birket el-Ḥamra⟩)이었을 것이다. 이 못으로부터 넘치는 물이 수로 IV와 VIII을 통해 서쪽으로 흘러들어가 주전 7세기에도 여전히 정원을 경작하는 데 사용되었던 것으로 보인다(히스기야는 수로 IV와 VIII을 만들어 물의 흐름을 동쪽에서 서쪽, 즉 실완 연못에서 엘 함라 연못으로 흐르도록 바꾸어버렸다).[39]

신명기 사가(왕하 20:20)와 이사야(사 22:11)는 물론이거니와 역대기(대하 32:2)의 기록자는 예루살렘에서 이루어진 이 모든 건축을 히스기야의 업적과 앗수르로부터 받은 군사적 위협과 관련지어 이야기하고 있다. "히스기야의 남은 사적과 그의 모든 업적과 저수지와 수도를 만들어 물을 성 안으로 끌어들인 일은 유다 왕 역대지략에 기록되지 아니하였느냐"(왕하 20:20).

히스기야가 "모든 물 근원(함마 야노트⟨hammaʿyānôt⟩)과 땅으로 흘러가는 시내(나할⟨naḥal⟩)를 막기"(대하 32:4) 이전에 기드론 골짜기의 정원으로 흐르던 기혼 샘의 물이 모였던 수로와 못은 분명 하나 이상 있었을 것이다. 물을 댔던 단 하나의 샘이 견고하게 요

---

39. 히스기야 시대 이후 수로 II는 사용하지 않았지만 옛 못은 재사용되었다. Simons, *Jerusalem in the Old Testament*, and in Ussishkin, "The Water Systems of Jerusalem during Hezkiah's Reign."

새화 된 기혼 샘-도시 밖에 위치했던 것이 아니라 도시 내에 있어 이미 오래전부터 탑으로 보호받고 있으면서 샘의 탑문과 연결되어 있던 히스기야의 바깥 성벽으로 보호 받고 있었다. 그렇기 때문에 실제 샘들이었던 도시 밖에 있던 물 근원(마야노트⟨*ma'yānôt*⟩)[40]을 막았다는 것은 말이 되지 않는다. 오히려 이 물 근원인 샘들은 기드론 골짜기의 정원으로 물을 흘러들어가게 한 수로와 도랑들을 말하고 있다. 예를 들어, 샘이 솟는 동굴 안에 있던 수로 II와 연결된 가장 낮은 샘의 출구(모짜⟨*môṣā*⟩)를 막음으로 기드론 골짜기로 물을 흐르게 하던 이 출구의 역할은 끝나게 되었고 히스기야 터널의 것보다 더 높은 출구가 생겨 물이 이곳으로 흐르게 된 것이다.

히스기야가 기혼 샘의 출구와 수로들을 막자 기혼 샘의 기적의 물이 흘러 적시던 '땅으로 흘러가는 시내'까지도 말라 버리게 만들게 된다.[41] 이 시내가 바로 에스겔이 말한 성전에서 흘러나와 기드론 골짜기(현재 와디 엔 나르⟨Wadi en-Nar⟩라 불림)로 흘러 들어가 사해에 이른다는 시내이다. 이 우주적 물을 막아 앗수르 군대의 갈증을 해소할 수 있는 많은 물을 막아버리는 것은(대하 32:4) 히스기야와 예루살렘 백성들이 군사공격에 맞부딪쳤을 때 실제로 한 일이다. 그러나 이사야가 이들의 행위를 봤을 때 이는 여호와의 권능과 그분의 '천천히 흐르는 물'에 의지하지 않은 채 행한 불신의 모습일 뿐이었다.

3. 전쟁, 군대, 그리고 무기

'전쟁'(밀하마⟨*milḥāmâ*⟩)이라는 단어가 성경에 300번 이상 나타나고 있다는 사실은 이스라엘의 역사에서 전쟁이 상당히 두드러지는 특징이라는 것을 말해준다. 북왕국 이스라엘과 남왕국 유다가 함께 다른 민족과 전쟁을 치르지 않을 때는 둘이 서로 싸웠다. 성경 시대 이스라엘이 주변 국가들과 잦은 충돌을 일으키게 된 이유 가운데 하나는 이스라엘이 전략적으로 북동쪽의 메소포타미아와 남서쪽의 이집트를 잇는 교차로에 있었다는

---

40. 잠 5:16에서 마야노트(*ma'yānôt*)는 팔게 마임(*palgê mayim*, 수로들)과 동일시된다. 또한 마얀(*ma'yān*)은 성전에서부터 유래한다(욜 3:18⟨히브리어 성경 4:18⟩).

41. 마얀(*ma'yān*)과 나할(*naḥal*)의 관계성을 위해 왕상 18:5; 시 74:15; 104:10: "여호와께서 샘(*šlḥ*)으로 골짜기에서 솟아나게 하시고(한국어 성경에서는 "시내⟨*naḥal*⟩를"이 빠짐) 산 사이에 흐르게 하사"를 참조하라.

사실이다. 이스라엘의 영토에는 이집트와 메소포타미아 간 주요도로가 횡단하고 있으며, 이스라엘을 지나 지중해 항구로 도달할 수 있다는 점이 강대국들에게는 상당히 매력으로 부각되었다. 이 이유 때문에 앗수르는 이스라엘을 침략하여 유다 왕국을 제외한 이 땅을 자신의 것으로 만들었다. 유다 왕국은 주전 700년경까지 앗수르에게 그다지 중요하지 않은 땅이었기에 자신의 영토로 편입시킬 가치가 없었다.

고대 세계의 모든 삶의 측면이 그러했듯이 전쟁도 역시 종교와 관련이 있었다. 군대가 전쟁터로 나갈 때 국가의 신들이 승리를 이끄는 데 결정적이라는 믿음이 있었다. 성경에서 여호와를 일컬을 때 "용사"(출 15:3)와 "만군의 주" 같은 군사적 상징이 흔하게 사용된 것을 볼 수 있다. 주전 9세기에 기록된 두 현무암 비문은 이스라엘과 유다 왕국에 승리한 주변 국가들의 기념비였다.[42] 디반(성경의 디본) 유적지에서 발견된 메사 비문에는 모압 왕 메사가 야훼와 그의 백성과의 전투에서 승리를 했으며 이 승리는 모압의 신 그모스에게 돌려졌다[43](그림 53). 텔 단에서 발견된 비문은 야훼와 이스라엘의 왕 요람, 그리고 유다 왕 아하시야와의 전투에서 다메섹의 왕 하사엘의 승리를 기념한 것으로 여기서의 승리는 아람인들의 신 하다드에게 돌려졌다(그림 171).

이 두 석판들과 엘리사(아람인들과 관련이 있었던 것으로 보임)와 아람 왕 하사엘과 관련해 성경에 기록된 사건들은 주전 840년경 이스라엘에 대항하여 주변 여러 국가들이 반란을 일으키고 그들의 잃었던 영토를 어느 정도 재탈환했던 시기와 연관된다. 이는 메사 비석과 북왕국 이스라엘의 부분을 정복했던 하사엘의 침략으로 증명된다. 이스라엘의 운명은 아합과 이세벨의 학살과 예후 즉위 탈환 이후 쇠퇴하였다.

1) 전쟁 무기

어떤 히브리어 용어들이 실제로 발견되거나 도상을 통해볼 수 있는 무기들을 일컫는지 연관시켜 생각하는 것은 참으로 어렵다. 같은 히브리어 용어를 번역에 따라 서로 다

---

42. 두 비문은 기록된 필체, 언어, 연대, 그리고 그 크기가 서로 유사함을 볼 수 있다. 더불어 두 비문 모두 "이스라엘의 왕"이라는 호칭을 사용하고 있으며 André Lemaire와 Èmile Puech에 의하면 놀랍게도 두 비문 모두 "다윗의 집"이라는 언급을 하고 있다. André Lemaire, "'House of David' Restored in Moabite Inscription," *BAR* 20(1994): 30–37. Èmile Puech, "La stele araméenne de Dan: Bar Hadad II et la coalition et de la maison de David," *RB* 101(1994): 215–41, esp. 227.

43. 이 비문들이 조각이 났기 때문에 이들의 역사적 정황은 단지 가설로 설정되었다. P. Kyle McCarter, *Ancient Inscriptions*(Washington, D.C.: Biblical Archaeology Society, 1996).

르게 묘사하고 있어 성경을 읽는 영어권 독자들에게(마찬가지로 한국어 독자들에게도-역주) 혼란을 가져다 주었다.

전쟁에 있어 방어는 일반적으로 공격보다 강했다. 군장비는 기본적으로 방어용과 공격용으로 구분된다. 방어용 무기들은 사정거리가 짧은 것에서 중거리 그리고 장거리까지

그림 106. 주전 604년 파괴된 아스글론의 층에서 발견된 철 창끝. (Leon Levy Expedition 전재 허가; 사진: C. Andrews).

의 무기들로 나열될 수 있다. 먼저 사정거리가 짧은 무기들은 고대의 주된 전쟁 방법이었던 백병전에서 사용되었다. 손에 들고 사용되었던 무기들은 자기 보호용이면서 적에게 공격을 가할 수 있던 것으로 이 무기들에는 곤봉 같은 방망이, 철퇴, 도끼, 창, 작살, 단도 그리고 칼이 있다. 곤봉 같은 방망이는 나무로 간단히 만든 무기였다. 철퇴와 도끼에는 나무로 만든 짧은 손잡이가 달려 있었다. 무거운 돌(때로는 금속)이 부착된 막대로 이루어진 철퇴는 치고 때리는 데 사용되었다. 돌, 청동 혹은 철로 만든 날이 달린 도끼는 베거나 난도질하는 데 사용되었다.

성경은 여러 가지 크기의 칼(헤레브⟨ḥereb⟩)을 400번 이상 언급하고 있다. 칼은 칼집(타아르⟨ta'ar⟩)에 넣어 허리에 벨트로 매었다. "요압이 군복을 입고 띠를 띠고 칼집에 꽂은 칼을 허리에 맸는데"(삼하 20:8). 단도는 주로 40센티미터 이하의 칼로서 찌르는 데 사

그림 107. 아스글론에서 발견된 청동 창끝, 철기 II 시대(Leon Levy Expedition 전재 허가; 사진: I. Sztulman).

그림 108. 니느웨에서 발견된 라기스 벽부조. 도시 성벽을 방어하고 있는 유다인들을 조준하고 있는 앗수르 궁수들 (The Expedition to Lachish 전재 허가; 발굴 지휘자 D. Ussishkin).

용되었다. 히브리어는 곧은 직도와 낫처럼 휜 칼을 지칭하는 데 있어 용어의 구분이 없었다. 후자는 날의 휜 부분의 바깥을 사용하여 베도록 되어 있었다. 이 낫처럼 휜 칼은 이집트에서는 코페쉬(*khopesh*, 동물의 앞발이라는 뜻)라 불렸고 히브리어로는 키돈(*kîdôn*)이라 불렸을지도 모른다.[44] 라기스 전쟁을 묘사하고 있는 부조에서 앗수르의 투석 전사와 궁수들은 직도를 가지고 있는 것을 볼 수 있다. 양쪽 면에 날이 있는 이 칼은 찌르는 데 용이했다.

성경에서 베냐민 지파 출신의 왼손잡이 에훗은 단도를 사용해 모압 왕 에글론을 찔러 죽였다고 표현하고 있다(삿 3:12-30). 초기의 칼들은 짧고 찌르는 데 사용하도록 만들어졌다. 에훗의 단도는 짧고 두 날이 선 칼이었다. 그는 왼손잡이였기 때문에 단도를 오른쪽 허벅지에 찼다. 오른손잡이 전사는 칼을 왼쪽에 찬다. 에훗의 단도는 왕과 왕의 신하들에게 들키지 않았고, 에훗은 왕을 따로 만나 단도를 깊숙이 찔러 죽였다.[45]

무기를 사용하는 데 있어 특별히 칼은 청동보다 철로 만든 것이 선호되었다. 칼날은

---

44. Yigael Yadin, *The Art of Warfare in Biblical Lands* (New York: McGraw-Hill, 1963), 1:204.
45. Ibid., 1: 60-62, 78-80.

단단한 금속으로 만들어져야 좋았는데, 철의 단단함과 견고성은 칼날로서의 좋은 조건을 가지고 있다. 단련한 철(망치로 두들겨 형태가 만들어짐)은 그다지 단단하지 않았기 때문에 탄소 처리한 철(탄소에 닿게 하여 달구어 표면을 강철로 변화시킴)로 만드는 기술이 인기가 있었다. 담금질(달군 금속을 물이나 다른 액체에 넣어 식히는 것)은 최고의 철제 칼날을 만들게 한다.

두 히브리어 단어 하니트(ḥănit)와 로마흐(rōmaḥ)는 중거리에 사용된 무기들을 말하는데 투창이나 작살 같은 창기류를 말하며 정확한 번역 용어들을 찾기가 어렵다. 창은 찌르는 데 사용하는 무기로 나무로 된 막대의 끝에 짧은 날이 달려있다. 더 가볍고 작은 단창이 있기도 하지만 긴 막대의 창은 보병과 병거용 전사들이 주로 사용한 무기였다. 라기스 전쟁을 묘사하고 있는 부조에서 귀가리개가 달린 꼭 맞는 헬멧을 쓰고 있는 창병들의 왼손에는 나뭇가지로 엮어 만든 창이 들려 있다. 짧은 창은 갑옷을 뚫고 들어갈 수 있을 만큼 치명적인 무기였다(그림 74).

사냥과 전쟁에 사용된 중거리 무기들은 사용 용도에 따라 정의될 수 있다. 돌은 그 좋은 예로 라기스 전쟁을 묘사하고 있는 부조에서 유다의 군사들은 앗수르 군사들의 공격에 대항해 돌을 던지고 있다. 다른 예로서 나무로 만든 막대 같은 무기 역시 던지는 무기로 사용되었는데 부메랑과 비교할 수 있다. 이집트의 베니-하산 유적지에서 발견된 귀족인 크눔호텝(주전 약 1900년)의 무덤에는 활과 창들도 묘사되어 있지만 두 남자가 던지고 있는 막대기가 이와 같은 무기이다.

장거리 무기들에는 활(케쉐트⟨qešet⟩)과 화살(헤쯔⟨ḥēṣ⟩), 투석기(켈라⟨qelaʿ⟩), 투석(에벤⟨ʾeben⟩)이 있다. 활과 화살은 가까운 거리에서는 효과가 없는 무기이다. 라기스의 방어군들은 활과 화살, 그리고 투석과 투석기를 무기로 사용하고 있었다. 이들은 또한 큰 돌들과 횃불을 던지고 있는데, 이렇게 돌을 던지고 있는 군사들은 보호용으로 귀가리개가 달린 두건을 머리에 쓰고 있다. 전쟁과 사

그림 109. 라기스에서 발견된 철 화살촉. 몇 개는 청동으로도 만들어졌으며 또한 뼈로 만든 것도 하나 발견되었다(The Expedition to Lachish 전재 허가; 발굴 지휘자 D. Ussishkin).

냥 모두에서 사용된 활은 가장 오래된 장거리용 무기 중 하나로 그 연대가 적어도 주전 3000년 전으로 거슬러 올라간다. 활은 레반트 지역에서 주전 1800년경 병거가 소개되었을 때 많이 사용되기 시작한다.

활은 다양한 형태로 제작되었다. 단순한 형태로는 아취 형태의 볼록면이 하나인 활, 두 볼록면으로 구성된 활, 그리고 뒤로도 휠 수 있도록 제작된 혼합형 활이 있다. 혼합형 활과 병거, 제방과 해자로 이루어진 요새, 그리고 성벽 파괴를 위한 무기였던 공성망치 등은 각각 전쟁의 상황 속에서 시간의 흐름에 따라 굉장한 변화를 가져왔다. 주전 2200년경에 소개된 혼합형 활은 탄력성을 이용하기 위해 나무로 된 몇 개의 긴 조각들을 엮어 대를 만들었고 끝에는 동물의 뿔을 달았으며 동물의 힘줄로 활을 달았다. 활을 당겼을 때 활은 궁수의 머리에서 허리까지 늘어났다. 이 탄력성 있는 활은 200미터까지 뻗어 갈 수 있었다. 덕분에 궁수들은 가장 무서운 전사들이었다(그림 108). 성경 시대에 혼합형 활에는 금속 화살촉이 달린 화살을 사용했다. 라기스에서는 양쪽 진영이 모두 혼합형 활을 사용하고 있다.

성경에 기록된바 길르앗 라못에서 이스라엘 왕 아합은 화살이 "갑옷 솔기"에 꽂혀 죽음에 이른다(왕상 22:34). 코다르-와-하시스는 다넬에게 활을 수여했고 다넬은 이 활을 그의 아들 아캇에게 물려주었고, 이는 결국 그의 죽음을 좌초했다.

> 그(다넬)는 눈을 들어 바라봤다. 수많은 논밭과 토지들, 그리고 그는 코다르-와-하시스가 다가오는 것을 보았다. 그는 활뿐만 아니라 화살들도 가져왔다… 코다르-와-하시스가 도착한 후에 그는 활을 다넬의 손에 놓았고 화살들을 그의 무릎 위에 놓았다…[46]

그림 110. 화살 자루 속에 들어가는 슴베가 보이는 청동 화살촉. 주전 604년. 아스글론의 파괴된 층(Leon Levy Expedition 전재 허가; 사진: C. Andrews).

화살촉은 대단히 단단한 물

---

46. Michael D. Coogan, *Stories from Ancient Canaan* (Philadelphia: Westminster Press), 35-36.

질로 만들어졌다. 부싯돌, 뼈, 청동, 혹은 철. 수많은 화살촉들이 라기스에서 발견되었는데 대부분이 철로 만들어졌으며 단지 소수만이 청동으로 만들어졌다(그림 109). 촉 자체는 나뭇잎 모양으로 길이는 평균 7센티미터이다. 화살대는 나무나 갈대로 만들어졌고 화살을 쐈을 때 균형을 맞추기 위해 깃털을 끝에 달았다. 활은 왼손으로 운반했다. 활을 쏘기 위해서는 두 손을 자유롭게 하였으며 궁수는 20-30개 정도의 화살이 들어가는 가죽통(아쉬파⟨'ašpâ⟩)을 등이나 어깨에 멨다. 전쟁 중 궁수들을 방패용 군사들이 몸 전체를 가릴 수 있었던 커다란 방패로 그들의 몸을 가려 보호했다.

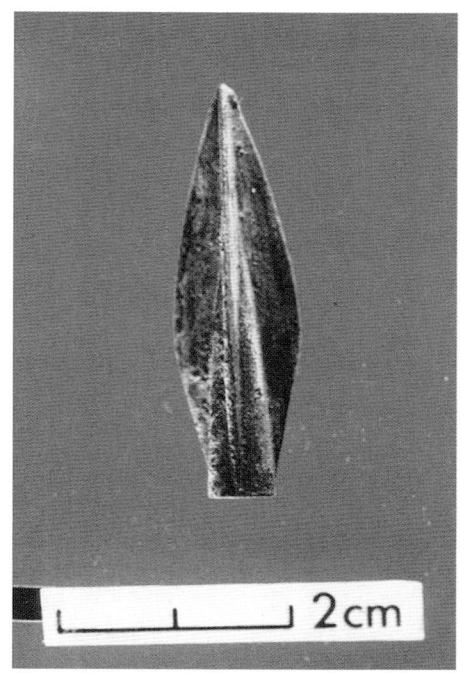

그림 111. 소위 스키티안 종류로 불리는 세 갈래로 갈라진 청동 화살촉, 페르시아 시대, 아스글론(Leon Levy Expedition 전재 허가; 사진: C. Andrews).

상당히 고대부터 사용된 무기였던 투석기(혹은 물매)는 군사들과 목동들(그리고 모든 젊은이들 역시 사용했음은 의심의 여지도 없다)이 사용했다. 아몬드 형태의 투석용 돌들과 진흙으로 만든 투석들은 신석기 시대까지 거슬러 올라간다. 투석기는 돌 하나를 넣을 수 있을 만한 크기의 옷감이나 가죽으로 만든 빈주머니 양쪽으로 끈을 달아 만든 것이었다. 라기스에서 발견된 돌들은 자주 부싯돌로 만들어져 있는 것을 발견할 수 있는데 겉은 부드럽게 다듬었고 둥근 형태였으며 지름이 6-7센티미터정도로 무게가 약 250그램 정도 나갔다(그림 112). 투석들은 주머니에 담아 어깨에 메고 다녔다. 위의 투석기의 주머니에 투석을 하나 넣고 날리는 사람은 끈의 끝 쪽을 잡고 공중에 투석기를 돌려 한쪽 끝을 놓아 던지는데 그 추진력은 놀랄 만큼 정확하다. 비냐민 지파의 왼손잡이 돌 던지는 자들은 전설적인 인물들로서 이들은 "돌을 던지면 조금도 틀림이 없는 자들"(삿 20:16)이었다.

블레셋 장군 골리앗과의 싸움에 대비하면서 다윗은 "손에 막대기(마클로⟨maqlô⟩)를 가지고 시내에서 매끄러운 돌 다섯을 골라서 자기 목자의 제구 곧 주머니에 넣고 손에 물매를 가지고 블레셋 사람에게로 나아가니라"(삼상 17:40). 놀랍게도 다윗과는 반대로 골리앗은 미케네 군사들처럼 청동 투구(코바⟨kôba'⟩, 셈어가 아님)를 쓰고 쇠미늘/비늘 갑옷 (쉬르욘⟨širyôn, 셈어가 아님⟩)을 입고, 다리에는 놋 각반(미쯔하⟨mişḥâ⟩, 셈어가 아님)을 치고, 어깨 사이에는 놋 단창(키돈⟨kîdôn⟩)을 메고 창 자루(하니트⟨ḥânît⟩)를 드는 등 무장하고 있었다(삼상 17:4-7).[47]

주전 701년 라기스가 공격당했을 때 투석기는 양쪽 진영 모두에게서 사용되었다. 투석 군사들과 궁수들은 무장 보병대로서 라기스의 전쟁 중에 불을 쏘았다. 라기스의 전쟁이 기록된 벽부조에는 많은 궁수와 투석 군사들이 묘사되었다. 라기스의 난공불락의 성문을 발굴한 결과 우시쉬킨은 수많은 화살촉들과 투석용 돌들을 발견하였다. 부조에서 보면 투석 군사들은 궁수들보다 성벽으로부터 좀 더 떨어져 있는 장소에 배치되었는데 이는 투석 군사들이 성벽에 가까이 있으면 높은 성벽 위로 던지기가 어렵기 때문이었다. 투석은 시간당 160-240킬로미터의 속력을 낼 수 있었지만 활을 사용하여 화살을 쐈을 때처럼 멀리 나가지는 못했다.

유대인들과 앗수르인들은 라기스 전쟁이 기록된 벽부조에 다양한 의복을 입은 모습으로 그려졌는데 여기에 정확한 일관성은 없다. 몇몇 경우에 있어 양 진영은 상당히 유사한 옷을 입고 있고 심지어 같은 무기를 사용하고 있다. 몇몇 앗수르의 창병들은 귀마개가 달린 투구를 쓰고 있는데 투구의 꼭대기에는 깃털이 달린 초승달 모양의 이중 장식이 있었다. 몇몇 앗수르 궁수들은 원뿔 모양의 투구를 쓰고 있는 반면 다른 군인들은 머리두건만을 두르고 있었다. 몇몇 앗수르의 투석 군사들은 긴 수염을 기르고 귀 덮개가 달린 원뿔 모양의 투구를 쓰고 있다. 이들도 역시 쇠 미늘 갑옷을 입고 있으나 신발을 신고 있지 않다. 이들은 왼손에 사격용으로 쓰일 돌을 하나씩 들고 있었다. 라기스 전쟁에서 궁수들과 투석 군사들은 일자로 곧게 뻗은 칼을 차고 다녔다. 라기스 성의 백성들은 일반적으로 머리에 두건을 쓰고 있는데, 양끝이 귀를 가리도록 썼다. 유대의 궁수들과 투석 군사들 중에는 원뿔 모양의 투구를 쓴 자들도 있었다. 몇몇 경우에 있어서 이들은 머리두건을 쓰고 그 위에 원뿔 모양의 투구를 쓰고 있었다. 이스라엘 민족의 투구(코바⟨qôba' 혹은 kôba'⟩, 두 단어 모두 외래어이다)는 금속이나 가죽으로 만들어진 것으로 라기스 전쟁을 기록한 벽부조에 묘사되어 있는 바에 의하면 앗수르 군대의 원뿔 모양으로 생기고 목

---

47. Yadin, *The Art of Warfare in Biblical Lands*, 2: 265-66, 354-55; P. Kyle McCarter Jr., I Samuel, *AB* 8(Garden City, N.Y.: Doubleday, 1980), 290-93; Stager. "Forging an Identiy: The Emergence of Ancient Israel," in M.D. Coogan, ed., *The Oxford History of the Biblical World*(New York: Oxford University Press, 1988), 169.

과 귀를 보호하기 위한 덮개가 달린 투구를 모델로 해 만들어졌음이 분명하다.

역대기는 웃시야가 그 온 군대를 위하여 방패(마기님⟨māginnîm⟩)와 투구(코바임 ⟨kôbā'îm⟩)와 갑옷(쉬리요노트⟨širyōnôt⟩)을 예비하였다고 기록하고 있다(대하 26:14). 이 도구들이 바로 주전 8세기 이스라엘 군대의 방어 무기들이었다. 일반적으로 "방패"를 일컫는 단어는 마겐(māgēn)으로 작고 가벼우면서 둥근 형태의 방패를 말한다. 타원형의 큰 방패는 찐나(ṣinnâ)로, 골리앗이 들고 나온 방패가 바로 이 방패였다(삼상 17:7). 팔뚝에 걸었던 작은 방패는 몸의 반 정도를 덮었고 백병전에서 주로 쓰였다. 둥근 방패는 해양 민족이 사용했던 것으로 보이는데 다른 벽부

그림 112. 주전 701년 라기스의 전쟁에서 사용된 물매돌(The Expedition to Lachish 전재 허가; 발굴 지휘자 D. Ussishkin).

그림 113. 블레셋의 그림이 그려진 크레이터 항아리. 한쪽 면에는 여러 개의 뿔이 달린 머리쓰개 혹은 투구를 쓴 용사 하나가 둥근 방패를 들고 바다 괴물 앞에 맞서 서 있다. 다른 한쪽 면에는 같은 머리쓰개 혹은 투구를 쓰고 있는 블레셋인이 바퀴 달린 기기를 타고 있다. 뒤에는 새 한 마리가 뒤따르고 있다. 철기 I 시대, 아스글론(Leon Levy Expedition 전재 허가; 사진: I. Sztulman).

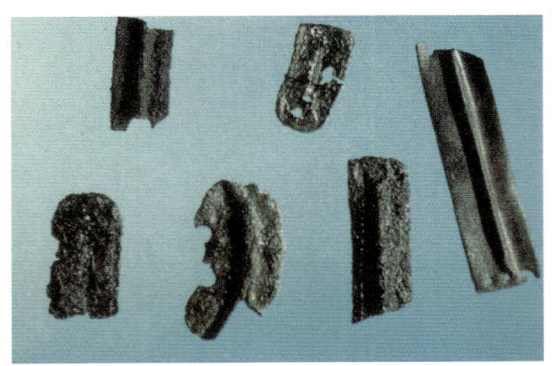

그림 114. 라기스에서 발견된 갑옷 미늘들(The Expedition to Lachish 전재 허가; 발굴 지휘자 D. Ussishkin).

조품들에서 보면 베니게의 도시와 배들이 전쟁에 둥근 방패를 가지고 있던 것으로 묘사되어 있다. 크레타의 제우스를 섬겼던 제사 장소 이다에안(Idaean) 동굴에서 발견된 베니게의 방패들은 둥근 형태였다. 전쟁 중 도시의 성벽을 포위하고 공격할 때 궁수들을 보호하기 위해 더 큰 사각형의 방패가 사용되었다. 이 방패는 가는 가지나 버들가지 등으로 엮어 만들거나 (드물게는) 가죽을 팽팽하게 펴 금속을 틀에 끼워 만든 것으로 안쪽에 손잡이가 달렸다. 가죽은 전쟁 전에 유연성을 띠게 하기 위해 기름을 발랐다. 사울과 요나단의 죽음을 슬퍼하면서 다윗은 "거기서 (길보아 산에서-역주) 두 용사의 방패가 버린 바 됨이니라. 곧 사울의 방패가 기름 부음을 받지 아니함 같이 됨이로다"(삼하 1:21)라고 울부짖는다. 방패를 만드는 재료가 썩기 쉬운 것이어서 그리 오래 사용하지는 못했다. 전쟁 중에 방패를 들고 있던 창병들은 공격 중 맨 앞줄에 있었고 궁수들이 그 뒤를 따랐다.

앗수르 군사들은 쇠 미늘 갑옷과 짧은 오버스커트와 정강이 받이를 입고 목이 긴 부츠를 신었다. 쇠 미늘 갑옷(쉬리욘〈širyôn〉)은 무릎이나 발목까지 길었고 방패를 전혀 들고 있지 않던 궁수들과 병거를 모는 전사들은 보호용으로 이 갑옷을 입었다. 이 갑옷은 가죽 상의 위에 작은 미늘들(처음에는 청동이 사용되었고 후에는 철이 사용되었다)을 가죽끈을 이용하여 단 것이었다. 갑옷의 미늘들은 앗수르인들 이전에 이미 사용된 것으로 보이는데, 이는 다른 유적지들에서 오래 전에 발견되었기 때문이다.

2) 요새

기본적으로 요새는 도시를 둘러싸고 있으며 탑이 달린 벽을 말한다. 이렇게 벽으로 둘러 싸인 도시를 이르('îr) 혹은 이르 미브짜르('îr mibṣār, 요새화된 도시)라고 불렀는데, 벽이 없는 마을을 일컫는 히브리어 용어들(하쩨르〈ḥāṣēr〉, 카파르〈kāpār〉, 페라조트〈pĕrāzôt〉)과는 구별된다. 이르('îr)와 미브짜르(mibṣār)는 사실 동의어이다. 미그달(migdāl, 탑 혹은 성)은 성채를 말하는 것으로 가장 높은 곳에 지어진 도시 내부의 군사 본거지이다. 철기 I 시대에 이스라엘에는 진정한 요새가 없었다. 서로 밀접하게 붙여 지은 집들이 마을의 바깥 경계선에 줄지어 서 있어 주거지를 둘러쌀 수 있었다(이즈벳 짜르타〈'Izbet Şarṭah〉, 층 II; 아이〈Ai〉; 텔 세바〈Tel Sheva〉, 층 VII; 키르벳 라다나〈Khirbet Raddana〉, 구역 R 등의 유적지들에서 볼 수 있다). 철기 II 시대에 가서는 몇 종류의 요새 구조들이 나타났다. 다양한 요새들이 국경선과 무역로를 따라 세워졌고 몇몇은 네게브 사막 지역에도 세워졌다. 아랏은 네게브 지역의 첫 번째 요새로서 행정과 군사의 전초기지였으며 에돔으로 가는 주요 도로를 관리했다.

(1) 성벽

주요 방어 수단에는 도시의 전면을 둘러싸고 있는 성벽(호마〈hômâ〉)이 있다. 도시를 둘러 성벽을 쌓는 방법에는 여러 수단들이 동원되었는데 벽만을 쌓아 올리는 방법과 벽면에 느린 경사를 덧붙이는 방법 그리고 성벽 밑이나 성벽을 통과하는 터널을 뚫는 방법이 있다. 여러 다른 성벽들이 다른 시기에 걸쳐 쌓아 올려졌는데, 기본적으로 돌을 기초로 하여 진흙벽돌을 쌓아올린 것이다. 주전 2000년경에 주요 방어벽들은 흙으로 단단히 쌓아올린 방어용 누벽(요새 앞 벽면에 비껴서 쌓아진 제방)과 접하여 혹은 누벽 위에 지어졌다. 누벽의 끝에는 옹벽이 처쳤으며 요새의 바깥쪽에는 둘 없이 구덩이만 판 해자 (혹은 외호-역주)가 있었다. 철기 시대에는 이 옹벽 혹은 바깥벽은 헬(ḥēl)이라고 불렸다. 헬(ḥēl)과 호마(hômâ) 사이에 있는 공간은 방어를 위하여 사용되었을 것이다. 예루살렘을 방어하는 여호와를 찬송하면서 이사야는 이렇게 말한다. "우리에게 견고한 성읍이 있음이여 여호와께서 구원을 성벽(호모트〈hômôt, 호마의 복수〉)과 외벽(헬〈ḥēl〉)으로 삼으시리로다"(사 26:1). 고고학자들은 이사야가 여기서 말한 성벽과 외벽을 이제 구별할 수 있다.[48] 라기스처럼 예루살렘도 동쪽 면에 이중벽을 세웠고 서쪽 면의 이 구역(미쉬네)은 새로운 성벽으로 둘러싸여 있었다. "여호와께서 처녀 시온의 성(호마)을 헐기로 결심하시고 줄을 띠고 훼파함에서 손을 거두지 아니하사 성벽(호마)과 외벽(헬, 한국어 성경은 "성곽"으로 번역함)으로 통곡하게 하셨으매 저희가 함께 쇠하였도다"(애 2:8).

---

48. Hershel Shanks, "Everything You Ever Knew About Jerusalem Is Wrong(Well, Almost)," *BAR* 25(1999): 20–29. Ronny Reich and Eli Shukron, "Light at the End of the Tunnel," *BAR* 25(1999): 22–33, 72.

라기스의 바깥벽은 3미터 너비로 도시가 세워진 아래 경사면의 반 정도까지도 둘러싸고 있어 밖에서 공격하는 자들이 내부의 주요 성벽에 가깝게 오는 것으로부터 보호하고 있다. 우시쉬킨은 이 바깥벽이 튼튼한 옹벽이긴 했지만 그 자체가 독립 구조로 서 있던 것은 아니었다고 본다. 성벽이 옹벽으로 사용됐다고 해서 보호하고 있는 구조물 보다 더 높이 쌓아 지어질 필요는 없었기 때문이다. 안쪽의 성벽은 6미터 너비로 돌로 쌓은 기초 위에 진흙 벽돌로 지은 것이었다. 바깥벽과 안쪽의 성벽 사이에는 도시 성벽 자체를 지탱하고 있던 제방이 있었다.

고대 이스라엘에 있어 포곽 성벽은 주전 10세기에 처음 나타나 주전 8세기 말까지 계속해서 사용되었다. 유다 지역에서는 이 포곽 성벽이 주전 586년 바벨론의 정복시기까지 사용되었다. 포곽은 두 성벽이 나란히 세워진 상태에서 두 벽 사이에 세로로 짧은 벽이 세워짐으로 인해 직사각형의 방들이 생겨나 포곽 형태를 이루는 것을 말한다. 이 작은 방들은 때때로 벽을 더 튼튼하게 하기 위해 자갈돌들로 채워 메워지기도 했고 저장고로도 사용된 예도 있으며 거주지로 사용되기도 했다. 포곽을 쌓는 데는 적은 건축자재와 노동력을 필요로 했기 때문에 경제적인 도움을 주기도 했다. 솔로몬 시대에 입구의 양쪽 면에 각각 세 개의 방들이 있었던 성문과 함께 포곽벽은 방어 수단으로도 사용되었다. 두 개의 방으로만 이루어진 바깥 성문은 도시가 세워진 언덕의 경사면에 세워졌다.

주전 9세기에 와서 포곽은 이스라엘과 유다에 있어 더 이상 중요한 방어시설이 아니었다. 그 이유는 야딘에 의하면 포곽은 앗수르 군대가 공격용으로 사용했던 공성망치를 견뎌낼 수 없었기 때문이라고 한다. 포곽들은 즉시 더 견고하고 비용이 많이 드는 성벽으로 대치되었고, 주전 8-7세기에는 주로 견고한 외벽이 세워졌다. 오프셋-인셋(offset-inset) 형태의 외벽들이 단, 하솔, 므깃도, 게셀, 그리고 텔 세바에서 발견되었다. 이 오프셋-인셋의 벽들은 앞쪽에서 보았을 때 오목한 면과 볼록한 면이 교차적으로 이루어져 있다. 각이 져 볼록하게 나와 있는 벽면은 적군이 공성망치와 사다리로 공격하고 참호를 성벽 주변에 팠을 때 더 나은 시야와 방어수단을 제공했다. 니느웨의 성벽에 기록된 라기스와의 전쟁 모습에서 우리는 이러한 방어 시설을 볼 수 있다.

네게브 북쪽 지방에서 두 번째 행정 중심구역이었던 텔 세바에서는 두 가지 형태-외벽과 포곽벽-의 방어시설이 발견되었다. 유적지의 발굴자인 요하난 아하로니(Yohanan Aharoni)와 제에브 헤르족(Ze'ev Herzog)은[49] 철기 II 시대(V-II층)에 이 유적지에는 언덕의

---

49. Ze'ev Herzog, "Tel Beersheba," *NEAEHL*, 1: 170-71.

중앙에 작은 요새화된 도시가 있었다고 말하고 있다. 주전 925년 시삭에 의해서 파괴된 V층은 성벽이 외벽이었고 4개의 방이 있는 성문을 사용했으며, IV층과 III층은 위의 방어시설을 재사용하면서 위의 성벽에 포곽벽과 또 다른 4개의 방이 있는 성문을 더 지었다. III층의 방어시설은 II층에서 재사용되다가 주전 701년 산헤립에 의해 파괴되었다.

도시 성벽은 다른 시설물들에 의해 보호되고 더 견고해지기도 했는데 여기에는 흙을 다져 만든 누벽이라든가, 해자, 그리고 탑 등이 있다. 제방[50]은 인공적으로 만들어 경사면이 있는 거대한 누벽으로서 흙을 단단하게 쌓아 올리거나 석회 반죽으로 지었고 돌 같은 것으로 심지를 박아 더 단단하게 만들었으며 성벽에서 성 밖으로 경사가 지도록 하였다. 중기청동기 II 시대에 대부분의 가나안 도시들은 흙을 다져 만든 누벽으로 보호되고 있었다. 야딘은 누벽이나 제방이 공성망치의 공격으로부터 도시 성벽의 기초를 지탱하도록 도와주고 있다고 말했다. 그러나 공성망치는 주로 성문과 성의 구석, 그리고 누벽의 흠이 있는 장소들을 집중 공격하는 데 많이 사용되었다. 스태거(Stager)는 흙을 다져 만든 누벽은 도시 성벽의 토대가 침식하는 것을 막기 위한 것이거나 갑작스런 공격에 의해 벽이 무너져 적들에게 입구를 만들어 주지 않게 하기 위한 수단이라고 보았다.[51]

성경에 자주 언급된 것처럼 전쟁 중에 공성망치(카르⟨*kar*⟩)를 요새화된 벽에 가깝게 대기 위해서 공격자들은 포위용 언덕(솔레라⟨*sōlĕlâ*⟩)을 만들었다. 따라서 제방은 때때로 이 포위용 언덕으로 덮여버리기도 했다. 예레미야는 바벨론의 예루살렘에 대한 공격에 대해서 예언하면서 다급하게 말했다. "만군의 여호와께서 이와 같이 말하노라. 너희는 나무를 베어서 예루살렘을 향하여 포위용 언덕(솔레라⟨*sōlĕlâ*⟩, 한국어 성경은 "목책"으로 번역함)을 만들라 이는 벌 받을 성이라"(렘 6:6; 또한 32:24; 33:4; 52:4).

라기스에서 고고학자들은 상부 층에 나뭇가지 등을 넣고 흙을 다져 쌓은 두 누벽을 발견했는데, 이는 공격용 무기들을 지탱하기 위한 수단이었다. 앗수르의 포위용 언덕은 주로 돌로 쌓아 만든 후 그 위에 다진 흙을 덮고 더 단단하게 하기 위해서 회반죽을 씌웠다. 산헤립의 군대는 난공불락의 라기스 성 남서쪽 코너, 성문 곁에 부채꼴 모양의 경사진 포위용 언덕을 쌓았다. 이 언덕은 25,000톤의 재료가 사용되었으며 23일 동안 2,400명의 짐꾼이 필요했다.[52] 블레셋과 유다 지방에서 끌려온 포로들이 이 건축에 소용되었

---

50. 제방은 중기청동기 II 시대에만 사용된 것이 아니라 철기 시대에도 사용되었다는 것은 중요한 사실이다.

51. Lawrence E. Stager, *Ashkelon Discovered* (Washington, D.C.: Biblical Archaeology Society, 1991), 8.

52. Israel Eph'al, "The Assyrian Siege Ramp at Lachish: Military and Lexical Aspects," TA 11(1984), 63:

을 것이며 라기스 성의 방어자들은 건설에 동원된 포로들을 공격했을 것이고 결국 그들은 같은 민족을 죽일 수 밖에 없었을 것이다. 라기스 성의 주민들은 이 앗수르의 공격에 맞서기 위해 그들의 성벽 내부에 '반격용 언덕'을 만들었다. 이 언덕은 성 안의 이전에 거주했던 층들(IV층과 III층의 집들을 포함함)을 파서 쌓은 것으로, 성벽 내부는 덕분에 마치 단상처럼 되었고 성벽을 공격으로부터 지탱할 수 있었다.

해자는 물을 채우지 않은 것으로 호(하파르⟨ḥāpār⟩)라고 할 수 있으며 도시 성벽과 누벽의 바깥쪽에 기초 암반이 다을 때까지 파 놓은 것이었다. 해자는 도시를 포위하고 있는 군사들이 도시 밑으로 터널을 뚫지 못하도록 방어하는 수단이었다. 때로는 제방을 쌓은 상태에서 해자를 파서 급하고 높은 경사를 만들어 적군이 터널을 뚫거나 참호를 파는 등의 공격으로부터 보호할 수 있었다. 벌과 연기를 사용하여 참호를 파는 군사들을 찾아낼 수는 있었다.[53]

(2) 성문

성문의 구조는 적에게 대항할 목적을 달성해야만 했다. 처음에 성문은 넓고 접근하기 쉬운 것이었으나 후대에 가서 좁고 접근하기 어렵게 변했다. 도시의 성문(샤아르⟨ša'ar⟩)과 이에 근접해 있는 광장은 대중적인 모임을 가질 수 있는 장소였음은 물론 상거래와 법적 조치가 행해졌던 경제적 중심 장소이기도 했다. 예언자들은 성문에서 사법적인 행정이 행해지고 있었다고 암시하고 있는데 아모스 5:15이 그 예이다. "너희는 악을 미워하고 선을 사랑하며 성문에서 정의를 세울지어다."[54] 철기 시대 단에는 성문 앞에 판석으로 포장된 광장이 있었다. 역대하 32:6에 의하면 히스기야는 그의 장관들을 "성문 광장"(레호브⟨rĕḥôb⟩)에 세우고 여호와에게 의지하고 두려워 말라고 용기를 북돋웠다.

Israel Eph'al, *Siege Warfare and Its Ancient Near Eastern Manifestations*(히브리어)(Jerusalem: Magness Press, 1996).

53. "참호를 파는 자들을 다음과 같은 방법으로 방어해야 한다. 만약 참호가 만들어지고 있다면, 성벽 밖에 가능한 한 깊게 해자를 파서 참호를 파는 자들이 해자로 파고 들게 되면 그들을 볼 수 있게 해야한다. 만약 기회가 허락된다면 해자안에 가장 단단하고 큰 돌로 벽을 쌓아라. 만약 돌로 성벽을 쌓을 수 없었다면 나무가지들과 쓰레기를 가져오라. 만약 터널들이 우연히 해자 안으로 파고 들어왔다면 나무를 구멍에 던져 넣고 쓰레기에 불을 지펴 연기가 구멍 안으로 들어가 참호를 판 자들을 해할 것이다. 연기에 의해 죽는 자도 상당수가 될 것이다. 또 다른 방법으로는 벌들을 구멍 입구에 넣어 참호 안에 있는 자들을 상하게 할 수도 있다. 한마디로 말해서 적군이 파는 어떤 것에도 방어할 태세를 갖추어야 하며 불을 지펴 참호를 파는 것을 막아야만 한다"(Aeneas the Tactician, xxxvii, 3-9).

54. Ze'ev Herzog, "Settlement and Fortification Planning in the Iron Age," in A. Kempinski and R. Reich, eds., *The Architecture of Ancient Israel*(Jerusalem: Israel Exploration Society, 1992), 231-74.

그림 115. 게셀의 6방 성문, 도시 안에서 남쪽을 바라보고 찍음. 성문의 중앙으로 하수도가 보인다(한 때 하수도는 뚜껑으로 덮여 있었다). 6개 방의 벽면에는 벤치가 있다. 이러한 형태의 솔로몬 성문은 열왕기상 9:15을 연상시킨다.

게셀 성문 안의 6개 방에는 각각 돌로 만든 벤치가 세 면을 둘러 만들어져 있었다. 단에는 성문 입구의 오른쪽에 잘 다듬어진 돌로 만든 벤치 하나가 놓였다. 도시의 연장자들은 성문에서 모였다. 시편 기자는 "성문에 앉은 자가 나를 말하며"(시 69:12〈히브리어 성경 69:13〉)라고 불평하고 있다. 토지와 여인 룻을 아내로 맞는 일을 어떻게 할 것인가에

그림 116. 발라왓에서 발견된 성문의 청동 테 상부. 시리아 원정 중 하맛 지역, 주전 849년. 앗수르 군대에 포위되어 있는 의자에 기대 누워 있는 아람 왕. 톱날 모양의 총안이 있는 탑들과 아치 형태의 성문을 갖춘 방어시설이 있었다(대영 박물관 전재 허가).

대한 회의도 성문에서 열렸다. "보아스가 성문으로 올라가서 거기 앉아있더니 마침 보아스가 말하던 기업 무를 자가 지나는지라. 보아스가 그에게 이르되 아무개여 이리로 와서 앉으라 그가 와서 앉으매"(룻 4:1).

철기 시대 단에 세워진 성문의 북쪽 탑 바깥에는 석회석으로 마감하여 잘 다듬은 돌로 만든 시설이 있었다. 이 시설의 각 코너에는 기초 석 위에 세워진 기둥이 있었다. 이곳의 발굴자 아브라함 비란(Avraham Biran)은 이 기둥들이 왕의 왕좌가 있었던 단상을 바치고 있던 기둥으로 보고 다윗이 성문에 앉아 압살롬에 대해 슬퍼할 때의 경우를 예로 들었다. "왕이 일어나 성문에 앉으매 어떤 사람이 모든 백성에게 말하되 왕이 문에 앉아 계신다 하니 모든 백성이 왕의 앞으로 나아오니라"(삼하 19:8〈히브리어 성경 19:9〉).

사실 성문은 요새화되긴 했지만 통로였기 때문에 방어 시설 중에서 가장 약한 부분이었고 지속적인 보안이 필요했다. 라기스 성문은 깊은 계곡으로 자체 방어가 되지 않아 공격에 그대로 드러날 수 밖에 없는 남서쪽 코너에 가깝게 서 있어서 적의 공격을 가장 먼저 받는 장소였다. 성문의 이중문들은 나무 위에 금속을 입혀 만들어 공격군들이 던지는 불에 타지 않게 했다. 성문을 수호하기 위해서 내부에 또 다른 성문과 중간 벽을 세우고 탑도 세웠다. 결과적으로 성문은 견고한 요새가 되었다. 또한 뒷문과 작은 문들을 달아 방어에 용이하도록 했다. 뒷문은 도시가 포위당했을 때 도망갈 수 있는 터널 역할을 하였다.

6개의 방으로 이루어진 성문이 발굴된 도시들은 므깃도, 하솔, 게셀, 아스돗, 라기스, 텔 이라(Tel 'Ira)이다. 더 확실한 안전을 위해 입구는 바깥문을 지나 오른쪽으로 커브를 틀어 안쪽의 문으로 가도록 되어 있었다. 이 길에서 왼쪽 손에 방패를 들고 있던 포위군들은 도시 방어군들의 공격에 그대로 드러나 있는 꼴이었다. 하솔, 게셀, 그리고 므깃도에 세워진 솔로몬의 성문은 유사한 평면도를 가지고 있으나 한 가지 중요하게 다른 점이 있다. 하솔과 게셀(그림 115)의 성문들은 포곽벽에 연결되어 있다. 그러나 므깃도의 성문은 벽과 연결되어 있지는 않고 닿아만 있는 벽이 오프셋-인셋 형태이다. 므깃도에서 발견된 솔로몬의 성문(6개의 방으로 이루어짐)과 오프셋-인셋 성벽이 같은 시대에 사용되었다고 생각되는 것이 일반적인 의견이나 몇몇 학자들(야딘, 디버, 스태거)은 위의 성문이 오프셋-인셋 성벽보다 먼저 세워졌다고 주장하고 있다. 오프셋-인셋 성벽과 함께 사용된 6개의 방으로 이루어진 성문은 VA/IVB층(솔로몬 시대)이라고 본다. 오프셋-인셋 성벽과 함께 사용된 4개의 방으로 이루어진 성문은 IVA층(오므리 시대)에서 사용되었다고 본다. 오프셋-인셋 성벽과 함께 사용된 2개의 방으로 이루어진 성문은 III층(앗수르 시대)에서

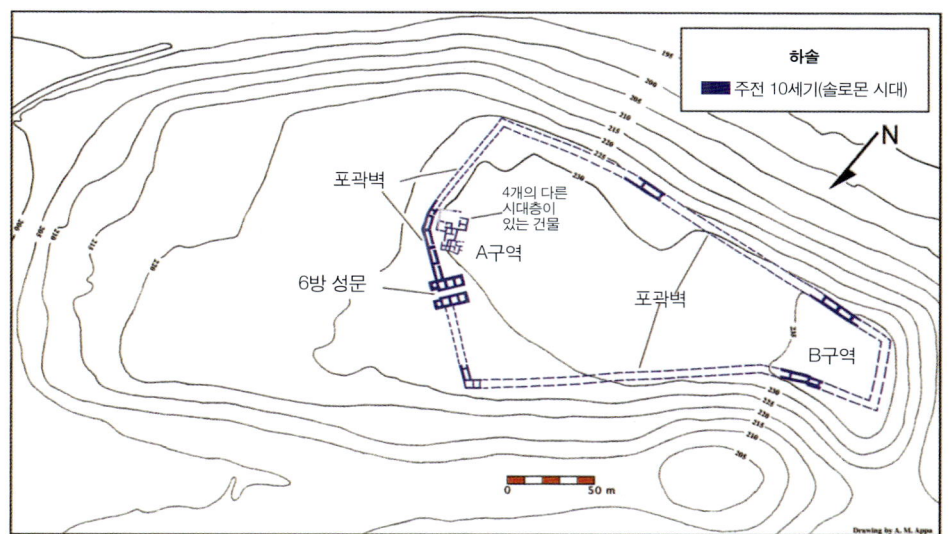

그림 117. 6방 성문, 포곽벽, 그리고 행정 건물이 있는 솔로몬 시대의 하솔의 평면도(주전 10세기, A. Ben-Tor 전재 허가; 그림: A. M. Appa).

사용되었다.[55]

철기 시대에 성문은 주로 6개나 4개의 방으로 이루어졌지만 때로 2개의 방만 있기도 했다. 양쪽 면에 세 개씩 6개의 방으로 이루어진 성문의 방들은 각각의 입구에 청동으로 만든 띠와 장식으로 꾸며진 나무문들을 달아 다른 방들과 구별 되어 있었을 것이며 이러한 성문은 므깃도, 하솔, 그리고 게셀(왕상 9:15)에서 찾아 볼 수 있다. 아마도 문들은 현재 이라크 내의 니므롯 근처에 있던 앗수르의 도시 임구르 엔릴(Imgur-Enlil, 현재 발라왓) 유적지에서 발견된 청동으로 만든 성문과 유사했을 것이다. 이 유명한 궁전의 성문들은 살만에셀 III세 때의 것으로 어떤 이야기를 말하고 있는 것 같은 장면들이 청동 띠를 장식하고 있다. 게셀의 성문은 솔로몬 시대의 성문 중 가장 잘 보존되어 있는 것이고 므깃도의 성문은 가장 거대한 것이다. 청동 장식이 있던 아카시아나무로 만든 라기스 III층의 성문은 주전 701년 도시와 성문 사이에 있던 모든 공공건물과 거주지들을 태워버린 화재로

---

55. 더 자세하고 잘 정리된 요약은 다음을 보라. Hershel Shanks, "Where Is the Tenth Century?" *BAR* 24(1998): 56-61. David Ussishkin 과 Israel Finkelstein은 VA-IVB층이 주전 10세기(솔로몬 시대)가 아닌 9세기에 속한다고 본다. "Archaeological and Historical Conclusions," in Israel Finkelstein, David Ussishkin, and Baruch Halpern, eds., *Megiddo III: The 1992-1996 Seasons*(Tel Aviv: Institute of Archaeology, Tel Aviv University, 2000), 599.

파괴되었다. 성문은 병거가 통과할 수 있을 만큼 넓어야 했다. 이중문을 달았고 문은 안쪽에 수평의 무거운 들보를 문기둥의 홈에 채워 놓았다. 나무로 만든 기둥이 문을 지탱해 주었고 문은 돌로 만든 구멍이나 그 구멍 위에 얹어진 금속으로 만든 구멍에 끼워 넣어 추측을 중심으로 회전하도록 되어 있었다.

(3) 포위용 무기와 공성망치

그림 118. 현재 키르벳 엘 무다이비로 알려진 유적지의 4방 성문에서 발견된 대추야자나무 문양의 석회석으로 만들어진 기둥머리. 이 기둥머리는 높이 1미터에 두께는 0.5미터이다. 성문에서는 이 기둥머리들과 함께 서 있었던 사이프러스 나무 재가 발견되었는데 방사성 탄소 연대 측정법에 의하면 주전 800년경으로 연대가 밝혀졌다(Kerak Resources Project의 G. L. Mattingly 전재 허가; 사진: Reuben J. Bullard, Jr.).

그림 119. 그림 118과 같은 것으로 성문의 교각 위에 있었다 (Kerak Resources Project의 G. L. Mattingly 전재 허가; 사진: Reuben J. Bullard, Jr.).

포위용 기계는 공성망치를 비롯해 이미 주전 3000년 에블라(Ebla) 유적지에서도 발견되었다. 마리 문서에도 공성망치와 포위용 탑이 세워졌다는 기록들이 있다.[56] 포위 전쟁(마쪼르⟨māṣôr⟩)은 성벽으로 둘러싸인 도시를 공격할 때 사용되는 용어로 앗수르 군인들은 두 가지 방법을 가지고 이 전쟁을 완수했다. 성벽을 포위하는 것은 요새의 주변을 완벽하게 둘러싸 보급을 중단케 하는 방법이었다. 파괴는 세 가지 단계, 즉 포위용 언덕, 성벽을 향한 포위용 무기 사용, 성벽을 부수고 파괴함으로 이루어졌다. 앗수르의 연대기들은 보병들이 터널을 뚫고 참호를 파고 사다리로 공격하고 벽을 허물어 공격을 시작했다고 기록하고 있다.

---

56. Amihai Mazar, "The Fortification of Cities in the Ancient Near East," *CANE*, 3: 1527; Eph'al, *Siege Warfare and Its Ancient Near Eastern Manifestations*.

그림 120. 발라왓에서 발견된 성문의 청동 테. 주전 854년 시리아 원정시 하맛 지역의 파르가 도시를 공격하고 있는 모습(상부); 카르카르 전투에서 사로잡힌 남녀 시리아 포로들(하부). 파르가 도시는 궁수들에 의해서 공격을 받고 있고 성문은 공성망치에 의해 무너지고 있다(대영 박물관 전재 허가).

그림 121. 앗수르의 공성망치를 이용하여 가즈루(게셀?) 도시를 공격하고 있는 모습을 묘사한 부조의 그림. 디글랏빌레셀 III세의 니므롯 벽부조. 도시의 탑 돌출부와 성벽 위에는 포위되고 있는 주민들이 보인다(대영 박물관 전재 허가).

포위 전쟁의 유리한 고지는 요새를 방어하는 자들에게 있다. 성경은 이스라엘을 향하여 포위용 무기와 공성망치가 사용되었다고 기록하고 있지는 않지만 이스라엘이 그들의 적들에게 이러한 무기를 사용했다고 말하고 있다. 포위용 무기는 이집트와 메소포타미아에서 발견된 바 있다. 이 무기들은 이미 앗수르의 왕 앗수르나시르팔 II세 때의 재위 동안에 사용되었다. 공성망치의 가장 이른 예로는 주전 1900년경 이집트의 중왕국 시대의 무덤 부조에 기록되어 있다. 포위용 탑들은 같은 시대에 가나안인들과의 전쟁을 묘사한 곳에서 볼 수 있다.

포위용 기계들은 철기 II 시대에 만들어진 것으로 보이는데 기본적인 형태는 틀에 끼워 만든 공성망치(카르⟨kar⟩)와 이를 견인하도록 끼워진 네 개 혹은 여섯 개의 바퀴로 이루어져 있다. 틀은 나무와 가죽으로 씌워졌는데 모두 가연성 재료들이었다. 망치는 마치 화살처럼 생겼는데 긴 나무로 된 기둥에는 금속으로 만든 날카로운 칼을 달아 진흙으로 만든 벽에 충돌을 가하여 무너뜨리도록 되어 있었다. 기둥은 포위용 기계에 두꺼운 밧줄로 메어 달아 추처럼 흔들도록 하여 더 많은 힘을 가세했다.

포위용 기계에는 높은 탑이 딸려 있어 군사들이 적을 공격할 수 있도록 하는 동시에 기계를 보호하는 역할도 하였다. 포위용 기계 안에서 싸우던 몇몇 군사들은 기계 앞면에 물을 뿌려 도시의 방어 군이 위에서 던진 불을 끄고 있었다. 라기스에서의 전쟁을 묘사한 부조에는 다섯 대의 포위용 기계가 포위용 언덕에 배치되어 있는 것으로 묘사되어 있다. 이 기계를 보호하기 위해 밤에는 기계를 언덕에서 끌어 내렸고, 매일 아침 다시 언덕 위에 배치하였다.

3) 군대

사사 시대, 즉 이스라엘 민족이 상비군을 정비하기 이전에 이 민족의 군사 정책은 적을 피하기 위해 백성을 소집하는 것이었다. 가나안인들, 블레셋인들, 앗수르인들은 상비군을 가지고 있었다. 디글랏빌레셀 II세는 주전 8세기 말 신앗수르 제국의 정규군을 만들었다. 대부분의 경우 군대는 외국인들과 용병을 포함하는 보병으로 구성되었다. 앗수르에 의해 정복된 외국인들(아람인들)은 병역에 배치되었다. 주전 8세기 앗수르 군대는 그 힘에 있어 최고에 달했으며 주둔지로부터 하루에 평균 25킬로미터를 행진할 수 있었고, 500 킬로미터 떨어진 장소까지 원정을 갈 수 있었다. 보병들 외에도 앗수르의 원정군에는 병거와 마병 등이 포함되어 있었고, 군장비와 공급품들도 함께 이동했다는 것은 언급할 필요도 없다. 군사 원정이 있는 동안 앗수르 군대는 자신의 식량을 지고 갔는데 대부분은 보리였으며 때로 원정길에 산재해 있는 지역에서 식량을 거두어 가기도 했다. 다윗에 대한 기록에 의하면 이스라엘 군사들은 어느 정도 자신의 음식과 심지어 무기까지도 스스로 해결해야 했다. 이스라엘 백성이 블레셋과 전쟁을 치르고 있을 때 이새는 다윗에게 이렇게 말했다. "네 형들을 위하여 이 볶은 곡식 한 에바와 이 떡 열 덩이를 가지고 진영으로 속히 가서 네 형들에게 주어라"(삼상 17:17).

비록 의무군의 수준을 벗어나지 못한 것이기는 했으나 이스라엘의 첫 번째 군대가 사울의 시대에 정비되었다. "이스라엘 사람 삼천 명을 택하여 그중에서 이천 명은 자기와 함께 믹마스와 벧엘산에 있게 하고 일천 명은 요나단과 함께 베냐민 기브아에 있게 하고 남은 백성은 각기 장막으로 보내니라"(삼상 13:2). 다윗이 즉위할 때 이 의무군에 이스라엘 백성과 외국의 용병이 곁들여진 상비군이 더해졌지만 아직까지도 병거는 사용되지 않았다. 다윗은 자신을 보호할 600명의 사람을 두고 있었다(삼상 23:13). "그의 모든 신하들이 그의 곁으로 지나가고 모든 그렛 사람과 모든 블렛 사람과 및 왕을 따라 가드에서 온 가드 사람 육백 명이 왕의 앞으로 행진하니라"(삼하 15:18). 그렛 사람과 블렛 사람이 어디서 왔는지 확실하지 않지만 해양 민족 같은 외국인으로서 용병들이었다. 다윗의 왕

그림 122. 앗수르의 포위용 언덕, 약 **70-75미터** 너비로 **50-60미터** 길이에 달한다. 라기스의 남서쪽 코너에 위치함. (**Expedition to Lachish** 전재 허가; 발굴 지휘자 **D. Ussishkin**).

실 용병들에는 예루살렘에서 사로잡은 여부스인들이 고용되었다(삼하 5:6-10). 역대기에 의하면 다윗의 군대장관 요압은 예루살렘을 공격했었다(대상 11:6). 요압은 포위공격전에서 살해당했다. 베냐민 족속의 세바가 다윗에게 반대하는 폭동을 일으켰을 때 "세바가 이스라엘 모든 지파 가운데 두루 다녀서 아벨과 벧마아가와 베림 온 땅에 이르니 그 무리도 다 모여 그를 따르더라. 이에 그들이 벧마아가 아벨로 가서 세바를 에우고 그 성읍을 향한 지역 언덕 위에 토성(솔레라⟨sōlĕlâ⟩)을 쌓고 요압과 함께 한 모든 백성이 바깥 성벽(헬⟨hēl⟩)을 쳐서 헐고자"(삼하 20:15) 했다.

이스라엘 왕들은 모종의 상비군을 가질 수 있는 것 외에도 여전히 인구 조사를 기초로 한 의무군도 가지고 있었다. 인구 조사를 하는 주요 목적은 언제나 군사적 징병, 세금 징수, 그리고 부역을 위한 것이었다. 이러한 이유 때문에 백성들에게 있어 인구 조사는 일반적인 것이었다. 왕국이 가장 넓은 영토를 차지했을 때 다윗은 상비군을 보충할 의무군을 측정하기 위해 인구 조사를 했다(삼하 24:1-9). 솔로몬은 성전을 짓기 위한 외국인 부역을 계산하기 위해 인구 조사를 했다(왕상 5:27; 9:21). 민수기 1장에 의하면 이스라엘 민족이 시나이 반도를 떠나기 전 인구 조사를 통해(총 603,550명) 스무 살 이상의 남성에게 국방의 의무를 지웠다. 민수기 26장에 의하면 광야 생활 이후 모압 평원에서 인구 조사를 통해(총 601,730명) 약속된 땅으로 들어갈 자가 계수되었다. 이 두 경우를 보면 숫자들은 비현실적으로 높다. 이 숫자에 대한 다양한 학자들의 의견을 보면, 죠지 멘델홀(George Mendelhall)은 엘레프('elep)가 항상 정확히 문자적인 '천'을 의미하는 것은 아니며 지파 내에서 다시 세분되었을 것이라고 보았다. 그러므로 알라핌('ălāpîm, 엘레프의 복수)은 각각의 지파 안에 다시 세분되어진 집단들의 숫자일지도 모른다.[57] 아마도 엘레프('elep)는 군사 조직 내의 집단으로 지파 조직 안에 미쉬파하(mišpāḥâ, 친족)의 사회 단위와 비교할 수 있을 것이다. 친족(미쉬파하⟨mišpāḥâ⟩)의 이상적인 크기는 약 천 명 정도였다. 이 사회적 단위로부터 국방의 의무를 다할 만한 남성이 선출되었고 선출된 숫자는 분명한 친족의 숫자보다는 적을 것이다. 비록 멘델홀은 엘레프('elep)가 천보다 더 작은 단위였다고 제시하고 있긴 하지만 그의 해석은 '천'('elep 단위=mišpāḥâ 단위)이라는 단위가 왜 사용되었는지를 설명하고 있다.

---

57. George E. Mendenhall, "The Census Lists of Numbers 1 and 26," *JBL* 77(1958): 66: "*Elef* 은 본래 한 지파 내에 세분화된 집단을 말하며 이 용어는 연합군대 안에 세분화되어 그 자신의 대장이 지휘하는 보다 작은 군부대를 말한다."

롤랑 드 보(Roland de Vaux)[58]와 다른 학자들은 이스라엘의 의무군의 단위들이 사회적인 단위와 관계가 있다고 보았다. 가장 큰 군사 단위들은 '천'(엘레프)이었고 이는 친족(미쉬파하)과 연관이 있다. 아비에셀 사람 기드온은 그의 '천'이 므낫세 중에 가장 약하고 그는 그의 아비 집에서 가장 작은 자라고 말하고 있다(삿 6:15). 각 엘레프에는 명령을 내리는 대장이 있었다. 사울 왕은 다윗에게 사르 알레프(śar 'ālep)(삼하 18:13)의 직을 수여했다. 같은 시대에 사용되었던 청동 화살촉에는 같은 뜻을 가진 베니게 문자로 ra'lp, 즉 천부장이라고 새겨져 있다.[59]

역대기는 유다의 아마시야 왕이 군사를 징발했다고 기록하고 있다(대하 25:5). 모세오경에 나오는 율법은 스무 살 이상의 모든 이들은 전쟁에 나갈 의무가 있다고 말하고 있다(민 1:3). 제사장들과 레위 족속 외에 새로 집을 건축한 자, 포도원을 만들고 그 과실을 먹지 못한 자, 약혼을 한 자, 새로 결혼한 자, 그리고 두려워 마음에 겁내는 자(신 20:1-9; 24:5)는 면제를 받았다. 군사들이 더 이상 전쟁에 나가 있지 않을 때 그들은 집으로 돌아가 그들의 일상적인 직업으로 귀환했다.

왕의 의무 중에 하나는 군대를 이끄는 것이었다. 전쟁은 일반적으로 초봄, 즉 비가 멈추고 땅이 말랐을 때 일어났는데, 그렇지 않으면 병거가 진흙 속에 빠져 버리고 말았기 때문이다. 또한 봄에 전쟁을 하게 되면 행진하는 군대가 길을 가면서 음식을 얻을 수 있었다. "그 해가 돌아와('봄이 되어'라는 의미-역주) 왕들이 출전할 때가 되매 다윗이 요압과 그의 부하들과 온 이스라엘 군대를 보내니"(삼하 11:1). 정복 전쟁은 대부분 다윗의 시대에 일어났다. 전쟁에는 두 가지 종류가 있다. 그것은 평야에서 서로 맞대고 싸우는 전쟁과 성을 포위 공격하는 전쟁이다. 이스라엘 역사 전반에 걸쳐 가장 중추적 역할을 했던 보병은 전자의 전쟁 시에는 세 가지 군사 집단으로 나뉘었다. 즉 한 손에 방패를 들고 한 줄로 서서 손으로 싸웠던 투창병, 뒤에서 투창병들을 원조했던 궁수들, 그리고 궁수들 뒤에는 둘씩 짝지어 선 투석군사들이 있었다. 군대는 몇 가지 집단 단위로 나뉘었는데, 1,000(엘레프⟨'elep⟩), 100(메아⟨mē'â⟩), 50(하미쉼⟨ḥămiššîm⟩), 10(아싸라⟨'ăśārâ⟩)으로 분류되었다. 바벨론 포로기 이전에 이스라엘 군대 조직에 대한 자료는 상당히 적다.

아랏에서 발견된 오스트라카는 유다 왕국의 마지막 시기 동안의 군대 생활을 조금 다

---

58. Roland de Vaux, *Ancient Israel: Its Life and Institutions*(New York: McGraw-Hill, 1961), 216.
59. Frank Moore Cross, "Newly Discovered Inscribed Arrowheads of the 11th century B.C.E.," in A. Biran and J. Aviram, eds., *Biblical Archaeology Today*(Jerusalem: Israel Exploration Society, 1993), 533-42; 화살촉 사진 fig. 2, 535.

루고 있다. 아랏에 있던 국경선 요새는 행정적으로 그리고 군사적으로 중요한 장소였고 유다 산지에서 에돔 땅으로 가는 길을 감시하고 있었다. 이스라엘 대장이었던 엘리아쉽이 소유했던 오스트라카 묶음이 요새의 한 방에서 발견되었다. 키팀(*kittiyim* 혹은 *ktym*, 키프루스인들을 칭하는 히브리어 용어)이 이 오스트라카에 열 번 언급이 되어 있다. 오스트라콘 1에는: "엘리아쉽에게-이제 키팀(*kittiyim*)에게 포도주 3통(107.5 리터)을 주고 정확한 날짜를 기록하라. 남아있는 오래된 밀 중 하나(코르⟨*kor*⟩)를 갈아 빵을 만들라. 포도주를 크레터(양쪽에 손잡이가 달린 그리스식 술단지-역주)에 담아 주어라"(ANET, 569). 알브라이트(Albright)는 키팀(*kittiyim*)을 성경에 언급된 크레타와 카리아 등을 포함한 에게 해 지방에서 온 용병으로 보았다. 요하난 아하로니(Yohanan Aharoni)는 키팀(*kittiyim*)을 유다의 군대에서 용병을 지냈던 그리스인이나 키프루스인으로 보았다.[60] 나아만(Na'aman)은 키팀을 이집트의 군대에서 용병으로 지내던 자들로 이집트의 속국이었던 유다의 왕이 바친 자들로 보았다.[61]

라기스에서 발견된 오스트라카는 유다의 마지막 날들(주전 586년)에 라기스 주변 지역에서 전쟁을 하고 있는 모습을 비쳐주고 있다. 이 스물두 개의 오스트라카 대부분은 라기스와 예루살렘 사이의 주둔지에 있었던 군대 장관 호샤이야가 아마도 라기스의 군대 장관이었던 것으로 보이는 야오쉬에게 쓴 글들이었을 것이다. 오스트라콘 4는 특별히 흥미롭다.

> 야훼께서 나의 주에게 바로 이날 좋은 일이 있게 하길 기원합니다. 이제 나의 주께서 쓰셨던 것처럼 당신의 종이 행했습니다. 나는 나의 주께서 지시한 대로 문에 기록했습니다. 그리고 나의 주께서 벳 하라피드(장소가 밝혀지지 않은 요새)에 관해 쓰셨던 것처럼 거기에는 이제 아무도 없습니다. 세마키야후에 관해서는 세마야후가 그를 수도(예루살렘)에 데려다 주었고 당신의 종……그곳으로 보냈습니다……나의 주는 우리가 주께서 지시한 모든 신호대로 라기스에서 보내는 신호 (봉화)(*ms't*)를 보고 있음을 알고 있을 겁니다. 왜냐하면 우리에게는 아세가를 볼 수가 없기 때문입니다.[62]

---

60. Yohanan Aharoni, ed., *Arad Inscriptions* (Jerusalem: Israel Exploration Society, 1981), 12.
61. Nadav Na'aman, "The Kingdom of Judah under Josiah," *TA* 18(1991): 3-71.
62. D. Winton Thomas, ed., *Documents from Old Testament Times* (New York: Harper, 1958), 216.

그림 123. 발라왓에서 발견된 성문의 청동 테 하부. 주전 849년 하맛에서의 앗수르 원정 모습. 앗수르군막사를 떠나는 병거와 마병들. 오른쪽에 머리 부분에 꽃장식이 달린 기둥들로 지탱되고 있는 왕실용 천막이 보인다(대영 박물관 전재 허가).

유사한 기록이 예레미야가 시드기야에게 이야기하는 장면에서 나타난다 "그 때에 바벨론의 왕의 군대가 예루살렘과 유다의 남은 모든 성읍들을 쳤으니 곧 라기스와 아세가라 유다의 견고한 성읍 중에 이것들만 남았음이더라"(렘 34:7). 아세가(텔 자카리에〈Tell Zakariyeh〉) 요새는 라기스의 북동쪽으로 16킬로미터 떨어진 곳에 위치한 높은 언덕으로 해발 365미터 높이이다.

(1) 병거

병거와 마병[63]은 앗수르 군대의 핵심 그룹이었다. 병거의 주요 기능은 전쟁 중 궁수들이 최전선에서 활을 쏘면서 이동할 수 있게 한 것으로 공격용 무기라든가 운송용으로 사용된 것은 아니었다. 대부분의 경우 병거는 지면 위를 달렸다. 병거는 나무틀로 짠 몸체와 바퀴 그리고 몸체 아래를 바치고 있는 가로 막대와 연결되어 있는 멍에로 구성되어 있다. 중기청동기 시대부터 고대 근동에서는 정교하게 설계된 이륜마차가 사용되었다. 이집트인들, 앗수르인들, 아람인들은 그리고 블레셋인들은 그들의 전쟁에서 병거를 사용하였다. 주전 15세기에 바로 투트모세 III세는 므깃도에서 주둔하고 있던 오론테스의 카데쉬의 왕자가 이끄는 가나안과 시리아 연합군을 크게 무찔렀던 전쟁에서도 병거를 사용하였다.

앗수르의 병거들은 시간이 지나면서 점차 더 발전된 형태로 변화하였다. 주전 9세기 경에는 세 마리의 말이 끄는 병거를 사용했다. 각 병거에는 병거를 모는 자 하나와 궁수 하나가 타고 있었다. 후대에 가서 앞의 두 군사들을 보호하기 위해 방패를 든 군사가 추

---

63. Mary A. Littauer and J.H. Crouwel, *Wheeled Vehicles and Ridden Animals in the Ancient Near East*(Leiden, Brill, 1979).

가 되었다. 병거에 타고 있던 군사 셋 모두 칼과 원뿔형의 투구를 쓰고 있었다. 주전 9세기 앗수르의 병거에는 여섯 개의 살이 있는 작은 바퀴가 달려 있었다. 여덟 개의 살이 있는 바퀴가 달린 병거는 앗수르나시르팔 II세 때 사용되었다. 왕실용 병거에는 여덟 개의 살이 있는 거대한 바퀴가 달려 있었다. 라기스에서 전쟁을 일으킨 산헤립의 병거에는 여섯 개의 살이 있는 가벼운 바퀴가 달려 있었던 반면 그의 의식용 병거에는 여덟 개의 살이 있는 커다란 바퀴들과 사각형의 몸체가 달려 있었다. 주전 7세기경에 가서는 여덟 개의 살이 있는 바퀴와 함께 견인용 말들이 병거를 동반했다.

병거에 대한 고고학적 증거는 상당히 적다. 병거 바퀴에 꽂는 바퀴 멈추개가 최근 에그론과 아스글론에서 발견되었을 뿐이다(그림 46). 아스글론에서는 바퀴 멈추개 근처에서 병거에 사용된 상아로 만든 멍에 안장 끝 장식이 발견되었다. 메디넷 하부에서 발견된 벽부조에 의하면 블레셋인들은 병거를 타고 있고 이집트의 문서에도 이들이 병거를 사용했다고 기록되어 있다. 후기청동기 시대의 장식용 손잡이들이 벧산에서 발견되었다. 이 장식들은 처음에는 단도 등의 칼자루 끝이라고 추측되었으나 프랜시스 제임스(Frances James)에 의해 병거의 멍에 안장의 끝에 달려 있던 장식들로 판명되었다.[64]

병거를 사용하는 것이 전쟁에 유리하긴 했지만 여전히 한계가 있었다. 팔레스타인의 험난한 지형에서 병거를 모는 것은 너무나 어려웠고 특별히 남쪽의 산지 지형은 더욱 더 심했다. 또한 병거는 기동하는 데 상당한 공간을 필요로 한다. 팔레스타인 지역을 탐사하고 세부 사항들을 기록한 후 죠지 아담 스미스(George Adam Smith)는 산지와 평지를 다음과 같이 단순하게 구별했다.

> 지리학적으로도 확연하게 드러나지만 결정적으로 역사적인 면을 통해서 중요하게 알려진 것은 산지는 도보 전쟁에 유리하고 평야에서의 전쟁은 병거와 마병들이 있으면 유리하다. 팔레스타인 지역은 그 위치가 상업적인 교차점에 있으며 두 대륙의 사이에 껴 있어 전쟁의 소용돌이 속에서 평야가 타 버렸지만 산지 지역은 이 전쟁의 피해를 피할 수 있었다. 중앙 산지 지역 모두와 동쪽 산지의 중심 지역은 산이었고 단지 보병에게만 유리한 장소였다. 해안 평야, 에스드레론, 그리고 동쪽 산지와 하루란과 모압을 끼고 있는 요단 계곡의 평원은 평

---

64. Frances James, "Chariot Fittings from Late Bronze Age," in Roger Moorey and Peter Parr, eds., *Archaeology in the Levant: Essays for Kathleen Kenyon*(Warminster: Aris & Phillips, 1978), 103–15.

야 지대로서 주요 도로를 제공했고 병거와 마병을 이용한 전쟁이 가능한 지역이었다.[65]

병거를 소유하는 데는 상당한 비용이 요구되었다. 병거는 나무, 가죽띠 그리고 금속으로 만들어졌다. 철은 부속품들로 나무를 단단하게 여미기 위해 사용되었다. 간단한 형태로 병거에는 동물들(말, 나귀, 소)에게 멍에를 메는 막대가 있고, 여섯 개나 여덟 개의 살이 있는 두 바퀴를 연결하는 축이 있고, 무기를 위한 부속품들이 있다. 병거는 일반적으로 두 마리의 말이 끌었으나 네 마리가 끌기도 했고 드물게는 세 마리가 끌기도 했는데 이때 세 번째 말은 멍에를 씌우지 않은 여유분 말로 사용했다. 이스라엘의 병거는 두 마리의 말이 끌었고 세 명이 타고 있었는데 병거를 모는 자는 긴 창을 쥐고 있었다. 궁수와 세 번째라는 뜻의 샬리쉬(šālīš)라 불렸던 방패를 든 자가 있었다.

주전 18세기 초에도 말이 끄는 마차는 평야 지대에서 있었던 전쟁에서 중요한 역할을 하였다. 가장 오래된 말의 재갈은 주전 16세기의 것으로 연대가 측정되었다.[66] 주전 15세기의 것으로 보이는 재갈은 텔 엘 아줄(Tell el-'Ajjul)에서 발견되었다.[67] 못으로 박은 편자는 주후 9세기 이전에는 사용된 증거가 없다. 고대 근동에서 편자가 사용되었다는 확실한 증거는 없다.[68] 등자는 주전 2세기 말 인디아에서 처음 사용되었고 등자가 아랍세계에 등장하게 된 것은 주후 7세기 말이었다. 등자가 없으면 마병은 전쟁 중 쉽게 낙마할 수 있었기 때문에 등자는 격렬한 싸움에서는 필요한 물건이었다.[69]

이스라엘 민족은 산지 지형에서 살았기 때문에 전쟁에 그다지 많은 병거를 사용하지 않았다. 르홉의 아들 하닷에셀을 친 후 다윗은 모든 병거용 말을 '백 마리'만 남기고 힘줄을 끊었다(삼하 8:4). 그러나 솔로몬은 상당히 많은 말과 병거(레케브〈rekeb〉, 마르카바〈merkābâ〉)를 소유했는데 이는 그의 왕국이 확장되었기에 필요한 것이었다. 그는 이집트와 길리기아(소아시아 동남부-역주)에서 병거를 수입했다. "솔로몬이 병거와 마병을 모으매 병거가 천사백 대요 마병이 만이천 명이라 병거성에도 두고 예루살렘 왕에게도 두었

---

65. George Adam Smith, *The Historical Geography of the Holy Land*(New York: Ray Long & Richard R. Smith, 1932), 54–55.
66. Paula Wapnish and Brian Hesse, "Equids," *OEANE*, 2: 255–56.
67. James R. Stewart, *Tell el-'Ajjul: The Middle Bronze Age Remains*(Göteborg: P. Åström, 1974), 58.
68. Lynn White, *Medieval Technology and Social Change*(Oxford: Calrendon Press, 1962), 57–59.
69. Ibid., 14–25.

으며"(왕상 10:26). 열왕기상 9:15-19에 의하면 솔로몬은 또한 병거성들과 마병의 성들을 건축하였다.

오므리 왕조도 병거를 가지고 있었다. 기근이 있었을 때 아합의 관심은 그의 말들에 있었다. 아합은 궁전의 책무를 맡고 있던 오바댜에게 이렇게 말했다. "이 땅의 모든 물 근원과 모든 내로 가자 혹시 꼴을 얻으리라 그리하면 말과 노새를 살리리니 짐승을 다 잃지 않게 되리라"(왕상 18:5). 주전 853년 아합은 카르카르(다메섹 북쪽)에서 아람인들에 동조하여 앗수르의 살만에셀 III세에 대항하는 전쟁을 일으켰다. 아합은 병거 이천과 보병 만 명을 제공했지만 마병은 후원하지 않았다(ANET, 279). 요단 건너편의 요새화된 도시였던 라못-길르앗에서 아합은 아람인과의 전쟁에서 부상당한 후 마차에서 죽었다(왕상 22:29-38).

선지자들은 이스라엘 민족이 이스라엘의 하나님의 힘을 전적으로 의지하지 않은 채 병거를 사용하려는 것에 반대했다. "그러나 내(여호와)가 유다 족속을 긍휼히 여겨 그들의 하나님 여호와로 구원하겠고 활과 칼이나 전쟁이나 말과 마병으로 구원하지 아니하리라"(호 1:7).[70]

(2) 마병

병거보다 기동성이 있었던 마병은 주전 1000년경에 등장했다. 앗수르의 마병은 주전 8세기와 7세기에 칼, 투구, 그리고 미늘 갑옷을 갖추어 입은 창기병과 궁수들이었다. 앗수르의 벽부조품들은 주전 9세기와 8세기에 마병들이 쌍을 지어 있는 것을 묘사하고 있다. 하나는 긴 칼을 그의 옆에 차고 활을 쏘고 있고 다른 하나는 방패를 들어 둘을 보호하면서 동시에 두 마리의 말의 고삐를 쥐고 있다. 이집트와 이스라엘은 마병을 사용하지 않았다. 성경에서 솔로몬의 마병(파라쉼⟨pārāšîm⟩, 왕상 9:19)을 언급할 때는 병거를 모는 자들을 일컫는다.

병거처럼 마병용 말들은 주로 최전선에 배치되었다. 궁수와 창기병들의 숫자는 한정되어 있었기 때문에 전쟁에 마병을 이용하는 것은 주로 평야에서 전쟁할 때였고 요새화된 도시를 공격할 때는 사용되지 않았다. 병거와 비교해볼 때 마병은 상당한 기동성을

---

70. 다음의 글들이 이 내용을 이해하는 도움이 될 것이다. JoAnn Scurlock, "Neo-Asyrian Battle Tactics," in G. D. Young et al., eds., *Crossing Boundaries and Linking Horizons*(Bethesda, Md.; CDL Press, 1997), 491-517; John Keegan, *A History of Warfare*(New York: Alfred A. Knops, 1993).

갖게 되는 장점이 있다.

4) 신앗수르 제국의 전쟁

(1) 신앗수르 제국

우라르투 제국이 강대국으로서의 위치를 차지하고 있었던 주전 8세기 처음 반세기 동안은 앗수르에게 있어 가장 힘이 약했던 시기였다. 당시에 이스라엘 북왕국에는 여로보암 II세가 남왕국 유다에는 웃시야가 재위하고 있었다. 국제 무역은 이스라엘과 유다에게 있어 중요한 수입원이었다. 여로보암 II세는 중앙 시리아와 사해까지 그의 영토를 넓힘으로 이 지역에서 자신이 정복한 민족들에게 세금을 거두어 들였다. 이 새로이 생겨난 부는 지배계층에게는 유리한 것이었지만 사회적으로 그리고 경제적인 남용의 형태로 나타나 혼란만을 가중했다. 같은 시기에 웃시야/아자리야는 유다의 경제적, 군사적 힘을 최고봉에 올려놓았다. 그는 군대를 재정비하고 남쪽으로 엘랏까지 서쪽으로 아스돗까지 영토를 넓혔고 네게브 사막 지역(한국어 성경은 "남방"으로 번역함)에 준군사 주둔지를 설립하여 이곳에 농토를 개간하도록 하였다.

앗수르가 강대국으로서 힘을 발휘했던 시기는 신앗수르 제국 시대였다. 이 제국은 주전 744년에 즉위한 디글랏빌레셀 III세에서부터 시작되었다. 근동지역 거의 전체를 통합시켰던 그의 제국은 다음 반세기 동안 그 힘이 계속해서 증가했고 주전 7세기 중반 경에 쇠약해지기 시작했다. 앗수르의 특이한 군사적 조직과 힘에도 불구하고 앗수르인들은 영원토록 군림할 수 없었고 주전 609년에 망하고 만다.

주전 734년 유다 왕 아하스는 수리아와 이스라엘과 함께 앗수르에 대항하는 연합군을 조직하여 디글랏빌레셀 III세에게 저항했다. 그러나 앗수르는 연합군을 진압했고 유다를 오히려 속국으로 전락시켰다. 그러나 유다는 자치제는 허락받았다. 살만에셀 V세는 주전 722/721년 북왕국 이스라엘의 수도 사마리아를 정복했다. 이후 얼마 되지 않아 그의 계승자인 사르곤 II세는 이 도시에 있던 주민들을 앗수르로 강제로 이송했다. 사마리아는 앗수르의 행정구역이 되어 정치적 그리고 문화적 주체성을 박탈당한 채 앗수르에서 파견된 관리들이 행정을 맡았다.[71]

---

71. Mordechai Cogan and Hayim Tadmor, *II Kings*, AB 11(New York: Doubleday, 1988), 336: 사르곤 II세의 기둥 비문: "(사)마리아인들은 나에게 봉사하고 공물을 바치지 않은 채 (나를 반대하는) 왕과

제사장과 선지자들 모두에게 신임을 얻고 왕성한 활동을 편 히스기야 왕은 우유부단했던 그의 아버지 아하스와는 완전히 다른 위치에 서 있었다. 그의 즉위 동안 유다에는 부가 돌아왔다. 그는 유다의 다른 지역들에 만연했던 종교 의식을 금하고 예루살렘 성전에서 제사를 드리도록 종교개혁을 일으킨 명성을 가지고 있다.

히스기야의 앗수르에 대한 반란은 주전 705년 사르곤 II세의 죽음에 기인하였으며, 이 시점이 바로 유다 역사의 전환기이기도 하다. 비록 이사야의 반대가 있긴 했지만, 히스기야는 베니게와 블레셋(아스글론과 에그론)과 함께 연합군을 만들어 사르곤의 계승자였던 산헤립에 맞서 앗수르로부터 정치적 독립을 꾀했다. 앗수르에 대항하여 히스기야는 거의 유다 전체를 파괴하고 예루살렘까지 포위한 산헤립과 전쟁을 해야만 했다. 산헤립에 의한 앗수르의 침략 아래 히스기야는 예루살렘의 방어 시설을 더욱 견고히 했고, 유명한 실로암 터널(왕하 20:20; 대하 32:3-4)을 건설하였다. 결국 히스기야는 산헤립에게 많은 공물을 바친다는 조건으로 항복하여 그의 왕국을 구하게 된다.[72]

그림 124. 라기스의 층 III(주전 701년)에서 발견된 토기(Expedition to Lachish 전재 허가; 발굴 지휘자 D. Ussishkin).

그림 125. 라기스의 층 III(주전 701년)에서 발견된 국자들 (Expedition to Lachish 전재 허가; 발굴 지휘자 D. Ussishkin).

함께 전쟁을 일으켰다. 위대한 나의 주인들이신 신들의 힘으로 나는 사마리아인들과 싸웠다. 내가 전리품을 세어보니 27,280명의 백성이 그의 마차를 타고 그들의 신에 의지하여 대항해왔다. 나는 그중에서 200대의 병거를 왕실용 부대로 배치했고 나머지는 앗수르에 두었다. 나는 사마리아 도시를 복구했고 내가 정복한 땅에서 사람들을 데려와 이전보다 더 밀집한 도시로 만들었다. 나는 이 사람들 위에 통치자로서 나의 내시를 세웠고 이들을 모두 앗수르 백성으로 계수했다."

72. Cogan and Tadmor, *II Kings*, 339: 산헤립, 라삼 기둥 비문(내용은 "라기스에서의 산헤립의 원정" 부분을 보라).

산헤립의 침략에 대비했던 요소의 하나로서 히스기야는 손잡이에 라멜레크(*lmlk*, 왕의 소유라는 뜻)라는 글자가 찍혀있는 저장용 항아리들을 만들게 했다(그림 180-182). 이 항아리가 아마도 (성경에-역주) 네벨(*nēbel*)이라 기록되어 있는 용기일 것이다. 이 항아리들은 주전 701년 산헤립의 정복과 관련이 있는 용기들이지만 학자들 사이에 사용 용도에 대한 논쟁은 계속되고 있다. 몇몇 학자들은 앗수르의 공격에 저항하기 위해 군사 조직의 식량을 담는 것이라고 말한다. 또 다른 학자들은 올리브기름과 포도주를 담았던 왕실용 재배지에서 생산된 것들을 담는 것이었다고 주장한다.[73]

(2) 라기스에서의 산헤립의 원정

고대 근동의 군사 역사는 특별히 주전 701년 유다를 공격했을 때를 위시하여 앗수르가 주변 국가들을 공격했을 때의 모습에서 다시 기록될 수 있다. 왕실용 비문, 연대기, 도상학, 그리고 고고학은 군사 기술과 무기에 대한 상당히 가치 있는 정보들을 제공하고 있다. 앗수르 왕들이 기록한 당대의 문서들은 유용하긴 하지만 부분적으로만 기록되어 있는 성경의 기록들을 완성해주고 있다. 앗수르의 군주들은 예술인들을 전쟁에 데리고 가서 전쟁에서 승리하는 그들의 모습을 벽부조와 기념비들에 기록하여 기억하도록 하였다. 가장 유명한 것 중에 하나가 바로 니느웨에 있는 산헤립의 벽부조로서 주전 701년 라기스 정복을 기념하고 있다.

주전 701년 산헤립은 유다 전체를 공격하였다. 산헤립의 연대기에 의하면 히스기야의 46개 요새화된 도시들이 함락되었고 200,150명의 주민들이 포로로 잡혀갔다.

> 나의 통치 아래 굴복하지 않았던 유다 왕 히스기야에 대항하여 나는 그의 46개의 성벽으로 요새화된 도시들을 파괴했고 셀 수 없이 많은 작은 도시들을 포위하였다. 인공적으로 안을 채워 넣은 언덕을 만들고 공성망치를 사용하고 참호를 파서 보병들에게 공격하게 하고 포위용 기계들을 사용하여 나는 (이 도시들을) 정복했다. 내가 전리품을 세어보니 젊은이들과 노인들, 여자들, 남자들 200,150명과 셀 수 없이 많은 말들, 노새들, 나귀들, 낙타들, 가축들, 양들을 전리품으로 가지고 왔다. 나는 그를(히스기야) 새장속의 새처럼 그의 수도인 예루살렘에 혼자 가두어 놓고 흙으로 만든 보루로 성을 둘러싸 그가 도시 성문을 빠

---

73. Amihai Mazar, *Archaeology of the Land of the Bible* (New York: Doubleday, 1990), 455-58.

져나가 도망갈 생각조차 할 수 없도록 만들었다.[74]

히스기야는 내 주권의 어마어마한 위대함에 압도되어 내가 나의 수도인 니느웨로 떠난 후에 예루살렘을 강화하기 위해 모았던 정예부대와 최고의 군사들과 금 30달란트, 은 800달란트, 정선한 안티몬(보석의 일종-역주), 커다란 덩어리의 홍옥수, 상아를 입힌 침대들, 상아를 입힌 팔걸이가 있는 의자들, 코끼리 가죽, 상아, 흑단 나무, 회양목, 다양한 색깔로 채색된 옷들, 아마로 만든 옷들, 자색과 홍색의 울, 청동과 철 그리고 청동과 주석을 섞어 만든 그릇들, 병거들, 포위 공격용 방패들, 창, 갑옷, 단도들, 활과 화살, 셀 수 없이 많은 장식들, 전쟁용 도구들을 내게로 보냈으며 이와 더불어 그의 딸들과 그의 궁녀들, 그의 남, 여 가수들도 함께 보냈다. 그는 (또한) 그의 개인 사신을 이 공물과 함께 보내 나에게 경의를 표했다.[75]

히스기야는 산헤립(왕하 18:14-16)에게 상당한 보상을 치르고 예루살렘을 구했다. 성경의 기록(왕하 18-19장)과 주전 701년 산헤립의 원정을 기록한 앗수르의 기록 사이의

그림 126. 니느웨에서 발견된 라기스 벽부조: 산헤립이 왕좌에 앉아 라기스를 바라보고 있다 (**Expedition to Lachish** 전재 허가; 발굴 지휘자 D. Ussishkin; 사진: A. Hay).

---

74. Cogan and Tadmor, *II Kings*, 338: 산헤립, 라삼 기둥 비문.
75. Ibid., *II Kings*, 339: 산헤립, 라삼 기둥 비문.

차이를 어떻게 생각해야 하는가는 어려운 질문이다. 히스기야가 산헤립에게 조건부로 항복했는가(앗수르의 연대기에 따름) 아니면 앗수르 군대가 하나님의 손에 패해 도망갔는가(성경의 기록에 따름)의 문제는 상당히 큰 차이가 있다. 다양한 의견들이 제시된 바 있는데 원정이 두 번 있었다는 의견도 있다. 더불어 열왕기하와 이사야 36-37장의 기록이 서로 유사함에도 불구하고 여기에도 역시 차이점은 있다. 열왕기하의 기록을 봤을 때 이사야의 기록은 확실히 이차적으로 후대에 기록된 것이다. 또한 최근 다윗 성에서의 발굴에서 밝혀진 바 역대하 32장은 중요시 되어야만 한다. 예루살렘의 물 공급지인 기혼 샘을 보호하기 위해 샘 위에는 거대한 탑이 덮고 있었다.

1858년 죠지 로린슨(George Rawlinson)[76]이 발표한 원정이 두 번 있었다는 가설을 윌리암 쉐아(William Shea)[77]가 재조명하고 있는데 예루살렘의 최근 발굴의 결과(1999년)에 의하면 산헤립은 예루살렘을 주전 701년에 한 번 그리고 주전 688년에 다시 공격했다. 앗수르학 연구자들은 앗수르의 문서에 단 한 번의 원정만이 기록되어 있기 때문에 한 번의 원정설을 지지하고 있는 것과는 다른 결과이다.

(3) 라기스 포위공격

라기스는 예루살렘의 남서쪽에 위치한 왕실을 지키는 성채였고, 전략적으로 남부 해안 평야에서 예루살렘과 헤브론을 향한 산지로 연결되는 주요 도로에 위치해 있으며, 수자원이 풍부했고, 주변에 비옥한 땅이 있었다. 성문은 도시의 남서쪽 코너 근처에 서 있어 접근이 용이하면서도 동시에 난공불락의 요새였다. 도시의 중앙에는 거대한 궁전이 요새화되어 서 있었.

군사 조직과 기동성에 있어 크게 발전된 기술을 갖고 전문적인 시설도 갖추고 있었던 앗수르 군대는 당시에 어떤 나라도 비교할 만한 상대가 없었다. 사실 앗수르가 이러한 병력을 가지기 전에는 파괴력이 있었던 것은 아니다. 주변의 민족들도 모방을 하기는

---

76. Reich and Shukron, "Light at the End of the Tunnel," 22-33, 72. George Rawlinson의 의견에 동조하여 많은 학자들이 두 번의 원정이 있었다는 가설을 지지했는데 다음과 같은 학자들이 있다. William F. Albright, "The Date of Sennacherib's Second Campaigtn against Hezekiah," *BASOR* 130(1953): 8-11; Siegfried H. Horn, "Did Sennacherib Campaign Once or Twice aginst Hezekiah?" *Andrews University Seminary Studies* 4(1966): 1-28.

77. William H. Shea, "Jerusalem under Siege," *BAR* 25(1999): 36-44, 64. Shea의 항변과 한 번의 원정이 있었다는 설을 지지하는 의견을 위해서는 다음을 보라. Mordecai Cogan, "Sennacheirb's Siege of Jerusalem," *BAR* 27(2001): 40-45, 69.

그림 127. 라기스: 성벽을 공격하는 공성망치를 병거로부터 떼어내기 위해 사용된 것으로 보이는 철 사슬(Expedition to Lachish 전재 허가; 발굴 지휘자 D. Ussishkin).

했지만 앗수르 군대 같은 기술과 무기, 그리고 장비들과 같을 수는 없었다. 앗수르인들은 잔인한 전사들로서, 살인하고, 장애인을 만들고, 적군의 가죽을 벗기기까지 했다. 그렇다면 이스라엘인들과 아람인들 그리고 모압인들은 덜 잔인했을까? 성경에 등장하는 사무엘, 사울, 다윗, 예후 그리고 다른 왕들의 학살은 앗수르인들과 아마도 유사했을 것이다. 이들과 앗수르인들과의 차이는 방법에 있어서가 아니라 단지 그 양에 있다. 아마도 학살된 자보다는 포로로 끌려간-추방당한-자가 더 많았을 것이다. 추방과 새로운 인구로 대신 채우는 것은 앗수르 정부의 새로운 정책으로 드러났다.

니느웨에 있던 산헤립의 남서쪽 궁전에 남겨져 있던 벽부조에는 앗수르 군대가 주전 701년 유다 산지의 언덕에 있던 요새화된 도시 라기스를 공격하고 있는 모습이 묘사되어 있었다(그림 48, 108, 122, 126, 128, 135, 138, 159). 니느웨와 니므롯의 발굴자 오스틴 래이야드는 니느웨에서 19세기 중반에 이 부조를 발견했다. 라기스의 중요성을 시사하는 듯 주전 701년에 있었던 원정을 묘사하고 있는 단 하나의 부조품이었다. 이 부조는 군사 시설을 설명해주고 있는 예술품들 중 가장 좋은 예로서 포위 기술은 물론 군사 장비에 대한 자세한 사항들을 잘 보여주고 있다. 앗수르나시르팔 II세 또한 다양한 포위 기술들을 그의 부조품들을 통해 보여주고 있다. 라기스의 발굴자 다비드 우시쉬킨은 라기스를 포위 공격했던 전쟁의 기록은 성경 기록, 앗수르의 연대기, 니느웨에서 발견된 벽부조, 그리고 발굴 자체인 이 네 가지 자료에 나타나 있다고 말했다.[78] 아미하이 마잘(Amihai Mazar)[79]은 산헤립이 라기스를 정복한 모습을 부조에 남겨 기념한 이유는 그가

---

78. Ussishkin, *The Conquest of Lachish by Sennacherib*, 11.
79. Amihai Mazar, "The Fortification of Cities in the Ancient Near East," *CANE* 3: 1535.

그림 128. 니느웨에서 발견된 라기스 벽부조: 전리품을 나르고 있는 군사들(상부); 피난민들(하부). (Expedition to Lachish 전재 허가; 발굴 지휘자 D. Ussishkin; 사진: A. Hay).

예루살렘을 정복하지 못했기 때문이라고 말했다.

주전 701년의 원정 당시 산헤립의 본부는 라기스에 있었고 그 자신도 이곳에 있었다. 우습게도 라기스의 백성들은 화살, 돌, 그리고 횃불을 가지고 앗수르의 공성망치, 궁수들, 창병, 그리고 투석병들로 이루어진 가공할 만한 군대에 대항해서 그들의 도시를 방어하기에 힘썼다. 공성망치에 달린 목봉으로 도시 성벽에 가해지는 치명적인 공격을 막기 위해 방어자들은 철로 만든 사슬을 벽 밖으로 내려 목봉을 잡아채어 부수어 버렸다. 공격군은 이 방어를 피하기 위해 갈고리를 사용하여 사슬에 걸려있는 막대기를 빼냈다. 여기에 사용된 길이 37센티미터의 4개의 사슬고리가 연결된 채 라기스의 옹벽 아래에서 발견되었다[80](그림 127).

주전 701년 파괴된 라기스의 III층에는 그 파괴의 수단이 불이었으며 완전한 파괴였다는 많은 증거들이 남아있다. 집들과 가게들은 잿더미로 남아있었고 저장용 항아리, 요리용 단지, 작은 손잡이가 있는 호리병, 대접들, 그리고 등잔 등 일상생활에 사용된 토기들은 산산히 부서져 있었다. 라기스의 북서쪽 코너에 위치한 서로 붙어있는 4개의 굴속

---

80. Yigel Yadin, "The Mystery of the Unexplained Chain," *BAR* 10(1984): 65–67.

에서 1500명의 사람 뼈들(남, 여, 어린이들)이 발견되었다. 발굴자들은 이들이 군사가 아닌 앗수르의 공격에서 희생된 시민들이었다고 주장했다.[81] 라기스의 부조는 몇몇 포로들이 옷이 벗긴 채 장대에 꽂혀 있고 다른 이들은 수레에 타거나 아니면 도보로 도시를 떠나고 있는 모습을 묘사하고 있다. 이러한 모습은 앗수르인들이 전쟁 포로를 다루는 모습으로 그들은 적군을 학살했다. 라기스의 시민들은 머리를 둘러싸고 있는 터번을 쓰고 있었고 짧은 원피스 형태의 옷에 허리에는 벨트를 메고 있었다.

라기스는 주전 7세기에 가서 재건축되었고 다시 방어시설도 갖추었다. II층은 III층만큼 큰 도시는 아니었지만 유다인들이 거주했던 도시였다. II층은 주전 588/586년 바벨론인들에 의해 불로 파괴되었다.

앗수르는 주전 640년까지 시로-팔레스타인에서 통치권을 누렸다. 주전 627년 앗수르바니팔의 죽음 이후 제국은 신속히 붕괴되었다. 이후 이집트는 이 지역에서 앗수르의 자리를 메꾸었다. 물론 이집트와 가까운 블레셋 평야 지역은 이미 앗수르바니팔의 죽음 이전에 이집트가 장악하고 있었을 수도 있다. 그러나 결국 느부갓네살 II세의 통치 아래 신바벨론이 앗수르의 자리를 대신하였다. 주전 604년 그는 블레셋 도시인 아스글론과 이 도시와 이웃해 있던 에그론을 파괴했다. 주전 588년 그는 예루살렘을 포위했고 도시는 2년 후 완전히 멸망했다.

5) 신바벨론 전쟁

성경 시대 이스라엘의 운명은 신바벨론 시대를 거론하지 않고는 완성될 수가 없다. 히브리어 카쓰딤(kaśdim)은 "갈데아"를 지칭하는 용어로 신바벨론을 일컫는 이름이다. 갈데아는 또한 마지막 바벨론 왕조(주전 625-539년)의 호칭으로 나보포라살에 의해 시작되었고 그의 유명한 아들 느부갓네살 II세(주전 605-562년)가 계속해서 즉위했다. 페르시아의 고레스는 주전 539년 신바벨론 제국을 멸망시켰다.

성경 시대의 이스라엘이 아시아와 아프리카를 잇는 교량 역할을 했기 때문에 이 지역을 차지하기 위해 앗수르, 이집트, 그리고 바벨론 사이에서 지속적인 힘겨루기가 있었다. 주전 721년 앗수르는 북왕국 이스라엘을 정복했다. 주전 586년 바벨론은 남왕국 유다(유다 지파와 베냐민 지파로 이루어짐)를 파괴하고 예루살렘을 초토화했으며 성전까지 파괴했

---

81. Ussishkin, *The Conquest of Lachish by Sennacherib*, 56-57.

다. 각각 팔레스타인 지역을 약 70년간 통치했다. 신앗수르는 주전 715-640년, 신바벨론은 주전 605-540년에 통치했다. 팔레스타인 지역을 앗수르가 통치하고 있었음은 성경 기록과 성경 외의 기록에는 물론 고고학적으로도 그 흔적이 남아있는 반면 바벨론의 현존은 파괴의 흔적 외에는 그리 많이 남아있지 않다.

앗수르의 점유는 행정구역을 설치(예, 사메리나와 마깃두)하고 해안길을 따라 있는 도시들(텔 제메〈Tell Jemmeh〉, 베냐민 마잘〈Benjamin Mazr〉의 연구에 의하면 이 유적지는 우르사/아르사로 생각된다)을 재건축한 모습에서 발견할 수 있다. 우르사/아르사를 정복한 후 에사르하돈 왕은 이곳에 앗수르식의 아취 천정이 있는 건물을 건설했다. 진흙벽돌로 만들어진 아취 천정은 아취용 쐐기 모양의 돌들을 사용하여 세워진 상태로 보존되었으며 이러한 건축형태는 세계 최초의 것이었다."[82]

스태거(Stager)의 분석이 있기 전까지 대부분의 고대 근동 역사학자들은 신바벨론 제국이 이 지역을 차지하면서 앗수르의 군사적 행정적 구조를 답습했다고 생각했다. 그러나 사실은 그렇지 않았다. 앗수르는 정복한 땅을 완전히 파괴하지 않고 일부분을 남긴 데 반해 바벨론은 완전한 파괴를 일삼았다. 아스글론, 아스돗, 그리고 에그론 같은 블레셋 도시를 못쓰게 만든 느브갓네살은 '초토화 정책'을 사용했다.[83] 에브라임 쉬테른(Ephraim Stern)은 예루살렘의 파괴(주전 586년)와 바벨론에서 돌아오는 포로시기(주전 538년 이후) 사이의 기간을 "바벨론 갭(gap)"이라고 불렀다.[84]

느부갓네살 II세는 그의 군사적 위업에 있어 그리고 정책 확장자로서 가장 잘 알려진 왕이었다. 그의 첫 번째 업적은 주전 605년 유프라데스 강가, 이집트의 군대가 주둔해 있던 갈그미스에서 바로 느고 II세를 완전히 패배시킨 데 있다.

> (재위 21년): 아카드의 왕은 그의 장자이자 왕세자인 느부갓네살 II세가 (아카드의 군대를) 소집하는 동안 궁전에 머물러 있다. 그는 그의 군대를 이끌고 유프라데스 강 기슭에 위치한 갈그미스로 진격했다. 그는 갈그미스에 진치고 있던 (이집트 군대와 싸우기 위해) 강을 건넜다. (……) 그들은 뒤엉켜 싸웠다. 이집트의 군대는 그의 앞에서 후퇴하였다. 그는 그들을 완전히 파멸시켰다. 하맛 땅에서

---

82. Gus W. Van Beek, "Jemmeh, Tell," *NEAEHL*, 2: 670.
83. Stager, "The Fury of Babylon: Ashkelon and the Archaeology of Destruction," *BAR* 22(1996) 69.
84. Ephraim Stern, "The Babylonian Gap," *BAR* 26(2000): 45-51, 76.

아카드 군대는 파괴의 현장에서 도망치고 있던 나머지 이집트 군사들마저 따라 잡았다. (아카드의 군대는) (이집트) 군대를 전멸하여 단 한 명의 군사도 고향으로 (돌아 갈 수 없었다). 당시 느부갓네살 II세는 하맛 땅 전체를 정복했다.[85]

예레미야는 다음과 같이 선포한다.

그러므로 만군의 여호와께서 이와 같이 말씀하시니라 너희가 내 말을 듣지 아니하였느니라 보라 내가 북쪽 모든 종족과 내 종 바벨론의 왕 느부갓네살을 불러다가 이 땅과 그 주민과 사방 모든 나라를 쳐서 진멸하여 그들을 놀램과 비웃음 거리가 되게 하며 땅으로 영원한 폐허가 되게 할 것이라(렘 25:8-9).

이집트에 대한 승리는 느부갓네살에게 수리아와 팔레스타인 지역을 포함하는 앗수르 제국마저도 다스릴 수 있게 했다. 예레미야는 유다의 왕들에게 새로운 제국인 바벨론에 굴복할 것을 촉구했지만 그들은 듣지 않았다.

이미 언급한 것처럼 주전 604년에 느부갓네살은 지중해변에 위치한 블레셋의 항구도시인 아스글론을 파괴했고 바로 얼마 되지 않아 에그론도 파괴했으며 블레셋 평야에 있던 다른 중요한 다섯 도시들도 파괴했다. 바벨론 역대기와 예레미야서 모두 아스글론의 멸망을 언급하고 있다. "(느부갓네살)은 아스글론으로 향했고 키슬레브월(11월/12월)에 도시를 정복했다. 그는 이 도시의 왕을 생포하고 도시를 약탈했고 파괴했다. 그는 도시를 잔해만이 쌓여있는 언덕으로 만들어버렸다."[86]

예레미야에 의하면 다음과 같다. "가사는 대머리가 되었고 아스글론과 그들에게 남아 있는 평지가 잠잠하게 되었나니"(렘 47:5). 예레미야(25:20), 스바냐(2:4), 그리고 스가랴(9:6) 등의 예언자들은 바벨론 시대에 아스돗이 멸망했음을 언급하고 있다.

아스글론을 발굴한 레온 레비 탐사단(The Leon Levy Expedition)은 바벨론이 이 도시를 철저히 파괴했던 모습들을 증명해주었다. 주전 7세기 후반의 것으로 연대가 측정되는 아스글론의 시장(후쪼트⟨ḥûṣôt⟩)은 특별히 좋은 증거들을 보여주고 있다. 타고 남은 나무,

---

85. A.K. Grayson, *Assyrian and Babylonian Chronicles*(Locust Valley, N.J.: J. Augustin, 1975), 99, chronicle 5, obverse lines 1-8.
86. *Babylonian Chronicle*, British Museum 21946, 18-20.

산산이 조각난 토기, 타버린 진흙벽돌 그리고 시장과 근처에 있었던 왕실용 포도주 창고는 강도 높은 파괴의 흔적을 증명하고 있다.[87] 아스글론의 시장(후쪼트)은 사울과 그의 아들 요나단을 위한 다윗 왕의 애가에서 잘 드러나고 있다. "이스라엘아 네 영광이 산 위에서 죽임을 당하였도다. 오호라 두 용사가 엎드러졌도다. 이 일을 가드에도 알리지 말며 아스글론 거리 후쪼트에도 전파하지 말지어다. 블레셋 사람들의 딸들이 즐거워할까, 할례 받지 못한 자의 딸들이 개가를 부를까 염려로다"(삼하 1:19-20). 아스글론에서 벌어진 바벨론의 초토화 모습을 잘 보여주고 있는 증거는 35세 가량 된 여인의 뼈로 여인은 땅에 등을 대고 누워있고 다리는 구부러져 있고 두개골은 부서져 있었다(그림 130). 문화인류학적 분석에 의하면 이 여인은 곤봉 따위로 맞아 죽었고 강간을 당했을 지도 모른다.

성경의 견해에 의하면 더 비극적인 파괴 현장이 7년 후 주전 597년에 일어났다. 이때 느부갓네살은 예루살렘을 포위했고 성전의 보물들을 약탈했으며 무거운 세금을 지게 했고 인구의 일부분을 바벨론으로 포로로 끌고 갔는데 그 인구는 약 만 명 정도이다(왕하 24:14). 그러나 포로 인구의 숫자가 두 번째 반복될 때(왕하 24:16) 8000명(7000명의 용사와 1000명의 공장과 대장장이들)으로 나온다. 이 숫자들은 단지 대략적일 뿐 정확한 것은 알 수 없다. 실질적인 파괴가 일어난 것은 여호야김 왕(주전 609-598년) 시대에 바벨론에 저항한 이집트 군의 반란 때문이었다. 뒤이어 왕위를 계승한 그의 아들 여호야긴은 느부갓네살이 예루살렘을 포위하기 전 단지 3개월 동안만 재위했고 이후 바벨론으로 귀족들과 함께 끌려갔다.

> 재위 제7년: 키슬레브월에 아카드의 왕은 그의 군대를 소집해 하투로 행진했다. 그는 유다의 도시(알 이아아후두⟨āl ia-a-ḫu-du⟩) 반대편에 진을 쳤고 아달월 둘째 날에 도시를 함락하고 도시의 왕을 생포했다. 아카드 왕은 자신이 선택한 왕을 그 도시를 위해 세우고 많은 공물을 바벨론으로 가져갔다.[88]

열왕기하에 의하면 다음과 같다.

> 그 때에 바벨론 왕 느부갓네살의 신복들이 예루살렘에 올라와서 그 성을 에워

---

87. Stager, "The Fury of Babylon," 76.
88. Grayson, *Assyrian and Babylonian Chronicles*, 102, chronicle 5, obverse lines 11-13.

그림 129. 청동 시툴라(situla/situlae 양동이처럼 손잡이가 달린 용기) 7개와 이를 받쳤던 청동 받침대, 주전 604년, 아스글론의 파괴층(아스글론 Leon Levy Expedition 전재 허가; 사진: C. Andrews).

그림 130. 주전 604년 아스글론 파괴층에서 발견된 여인 시신-35세 정도 된 이 여인은 뭉뚱한 도구로 맞아 살해된 것으로 보임(아스글론 Leon Levy Expedition 전재 허가; 사진: C. Andrews).

싸니라. 그 신복들이 에워쌀 때에 바벨론의 왕 느부갓네살도 그 성에 이르니… 그가 여호와의 성전의 모든 보물과 왕궁 보물을 집어내고 또 이스라엘의 왕 솔로몬이 만든 것 곧 여호와의 성전의 금 그릇을 다 파괴하였으니 여호와의 말씀과 같이 되었더라(왕하 24:10-11, 13-14).

느부갓네살은 여호야긴 대신 그의 삼촌 맛다니야를 왕으로 삼고 이름을 시드기야로 바꾼다. 이후 유다 왕국은 바벨론의 꼭두각시로서 시드기야(주전 597-586년)가 통치했던 십 년간만 존속했다. 우유부단했던 시드기야는 바벨론에 복종하라는 예레미야의 충고를 무시했다. 사실 그는 이집트를 따르는 이들과 바벨론을 따르는 이들 사이에서 방황했다. "여호와께서 가라사대 너는 또 이 백성에게 여호와께서 이같이 말씀하신다 하라 보라 내가 너희 앞에 생명의 길과 사망의 길을 두었노니 이 성에 거주하는 자는 칼과 기근과 염병에 죽으려니와 너희를 에운 갈대아 인에게 나가서 항복하는 자는 살리니 그의 생명은 노략한 것같이 얻으리라. 나 여호와가 말하노라 내가 나의 얼굴을 이 성으로 향함은 복을 위함이 아니요 화를 위함이라. 이 성이 바벨론 왕의 손에 붙임이 될 것이요. 그는 그것을 불로 사르리라"(렘 21:8-10).

주전 594년 바벨론에 저항했던 세력은 에돔, 모압, 암몬, 두로, 그리고 시돈과 함께 예루살렘에 모여 음모를 준비했고 시드기야는 결국 유다 왕국을 파멸로 이끄는 크나큰 실수를 저지르고 말았다(렘 27:3). 주전 588년 느부갓네살은 예루살렘을 포위했지만 1년 반 동안 침략을 보류했다. 예루살렘 성 주변을 따라 포위 성벽이 세워져 성 안의 시민들을 굶주림에 몰아 넣었다. "그 해 넷째 달 구일에 성중에 기근이 심하여 그 땅 백성의 양식이 떨어졌더라"(렘 52:6). 주전 586년 바벨론인들은 예루살렘 성벽을 허물고 성전과 궁전을 파괴했으며 도시를 불태웠다.

예루살렘은 특별히 히스기야와 이사야 시대에 산헤립이 정확한 이유 없이 이 도시를 정복하지 못했기 때문에 이후 난공불락의 도시라는 루머가 있었다. 많은 이들이 여호와가 이 거룩한 도시와 그의 성소인 성전이 파괴되도록 두지 않을 것이라고 믿고 있었다. 그러나 느부갓네살은 이들에게 다른 교훈을 남겨 주었다. 예레미야애가는 예루살렘이 포위되었을 때를 이렇게 묘사하고 있다. "슬프다 이 성이여 전에는 사람들이 많더니 이제는 어찌 그리 적막하게 앉았는고, 전에는 열국 중에 크던 자가 이제는 과부 같이 되었고 전에는 열방 중에 공주였던 자가 이제는 조공(마스⟨mas⟩)을 바치는 자(한국어 성경은 "강제 노동을 하는 자"로 번역함)가 되었도다"(애 1:1).

시드기야는 도망갔지만 여리고 근처에서 잡혀 립나에 끌려와 그의 아들들이 죽는 것을 보았다. 그의 두 눈은 뽑혀 장님이 되었고 사슬로 결박된 채 바벨론으로 끌려가 거기서 죽었다(왕하 25:4-7). 결국 다윗 왕조는 불명예스럽게 끝을 맺고 만다.

주전 586년 유다 왕국의 멸망과 함께 바벨론으로의 두 번째 망명이 이어졌지만 유다의 전 인구가 포로로 끌려 간 것은 아니었다. 예레미야는 주전 597, 586, 582년에 4600명의 인구가 끌려갔다고 기록하고 있다(렘 52:28-30). 예레미야의 숫자는 열왕기하에 기록된 숫자들보다는 더 정확성을 기하는 것으로 보인다.

비록 포로 생활에 대한 자세한 기록이 남아있지는 않지만 주전 597년-571년 사이에 예언을 했던 에스겔은 그 생활이 어떠했는지 짐작할 수 있는 기록을 남겼다. 포로들은 할례라든가 안식일을 지키는 등 자신들의 종교적 관습을 지속할 수 있었다. 동시에 성전

복구에 대한 에스겔의 환상은 포로 생활을 견딜 수 있는 용기를 주었다(겔 40-44장). 시편 기자는 포로기 동안에 유다의 백성들이 향수에 젖어 있었음을 말하고 있다. "우리가 바벨론의 여러 강변 거기에 앉아서 시온을 기억하며 울었도다 그중의 버드나무(아라빔 〈ārābim〉, 포풀루스 유프라티카〈Populus euphratica〉)에 우리가 우리의 수금을 걸었나니"(시 137:1-2).

학자들은 포로기에 관련된 소수의 문헌적, 고고학적 증거에 대한 해석을 서로 달리하고 있다. 장기간 동안 지배적인 의견은 유다 백성 대부분이 포로로 끌려갔다고 말하지만 다른 몇몇 학자들은 "빈 땅의 전설"[89]로 명명되는 과장된 사실이라고 생각한다. 후자의 의견을 지지하는 학자들은 유다의 대부분의 백성들이 주전 586년 이후 그대로 이 땅에 남아있었다고 생각한다. 느부갓네살은 유다의 땅을 완전히 파괴하지는 않았고 미즈바(텔 엔 나스베), 벧엘, 기브온과 베들레헴 주변 지역은 계속해서 사람들이 살고 있었던 흔적을 보인다고 증명하려 하고 있다. 그러나 이 유적지들이 지형학적으로 그 위치가 확실하지 않기 때문에 이 가설을 증명하기는 어렵다.

이스라엘 핑켈쉬타인(Israel Finkelstein)과 나일 실버만(Neil Silberman)은 한스 바르쉬타드(Hans Barstad)의 의견을 추종하는데, 그의 의견은 유다 땅이 주전 586년에서 538년 사이 황폐해진 채 사람들이 거주하지 않고 있었다는 것은 "불가능에 가깝다"는 것이다. 오히려 바르쉬타드는 "주전 586년 이전과 이후에 이 땅에는 문화적, 물질적 지속성이 확연하게 드러나고 있다"[90]고 주장한다. 유다의 산지에 파괴의 흔적이 역력한 데 비해 다른 지역은 손도 되지 않은 채 남아있었다고 말한다. 핑켈쉬타인과 실버만은 오데드 립쉬츠(Oded Lipschits)의 의견에 동의하여 텔 엔 나스베와 예루살렘 북쪽에 있던 벧엘과 기브온 같은 유적지들은 계속해서 사람들이 살고 있었다고 주장했다. "베들레헴 주변에는 왕국 말기에서 바벨론 시대로 지속되는 특징이 있었던 것으로 보인다. 그러므로 예루살렘 북쪽과 남쪽에는 유다 백성의 삶이 지속되고 있었고 거의 단절되지 않았었다."[91] 핑켈쉬타인과 실버만은 문헌기록과 고고학적 기록에 근거하여 예루살렘의 멸망(586년)과 고레스의 선포(538년) 사이의 기간에 "유다 왕국이 완전히 전멸하였고 아무도 살지 않았다"는

---

89. Hans M. Barstad, *The Myth of the Empty Land*(Oslo: Sacndinavian University Press, 1996); Israel Finkelstein and Neil A. Silberman, *The Bible Undearthed*(New York: The Free Press, 2001).

90. Barstad, *The Myth of the Empty Land*, 78.

91. Israel Finkelstein and Neil A. Silberman, *The Bible Undearthed*, 307; Oded Lipschits, "The History of the Benjamin Region under Baylonian Rule," *TA* 26(1999): 155-90.

의견에 반대하고 있다.

다른 학자들은 요단 강 서편에서 소위 "바벨론의 결핍"(Babylonian gap)을 메꿔줄 만한 증거를 찾지 못했다. 그렇다고 해서 주전 586년에서 538년 사이에 지방의 몇몇 지역마저도 아무도 살고 있지 않았다고 결정지어 말할 수는 없다. "몇몇 거주지가 있었던 것은 분명하나 그곳에 거주했던 인구는 굉장히 적은 숫자였다. 많은 도시들과 마을들은 완전히 또는 부분적으로 파괴되었다. 남은 흔적은 거의 기능을 상실해버렸다."[92]

이러한 상황들은 어떤 적당한 설명 없이 서로 용납될 수가 없다. 확실히 유다 왕국의 인구는 상당히 축소되었다. 요단 강 서편은 이 시기(586-525년)에 계속해서 거주지로 사용된 유적지 하나를 찾기가 어려울 뿐만 아니라 이 갭을 메꿔줄 만한 유물들이 있었다고 지적하기도 어렵다. 물론 이 땅에는 "암 하아레쯔"('am ḥā'āreṣ, 이 땅의 백성/ 그 지방의 사람들)가 남아있었던 것은 분명하다. 후에 에스라가 강조하여 쓴, 누가 유대인으로서 불려야 하는가에 대한 개념을 뒤바꾸어 놓는다. 암 하아레쯔는 포로로 끌려가지 않고 이 땅에 남겨진 왕국 시대의 지배계층들을 말한다. 존경받던 그들의 위치가 에스라의 시대에 와서 토라를 주요 경전으로 삼고 있었던 유대인이라 불리는 포로로 끌려갔다가 돌아온 자들과 적대시 되는 이름으로 불리게 된다. 이 시대에 예후드 지역에 거주했던 이들은 농업을 밑천으로 삼기는 했지만 상업 활동에 더욱 치중하였다.

사람들은 농촌지역에 살고 있었는가 그렇지 않은가? 어디에 토지와 농가가 있었으며 유사한 다른 것들이 조사에서 드러났는가? 핑켈쉬타인과 실버만은 적어도 75퍼센트의 인구가 이 땅에 그대로 남아있었다고 주장한다.[93] 그렇다면 어디에 그 고고학적 흔적이 남아있는가?

에브라임 쉬테른(Ephraim Stern)[94]과 데빗 반더후프트(David S. Vanderhooft)[95] 같은 학자들은 다음에 우리가 생각하는 것과 같은 의견을 지지하고 있다. 쉬테른은 예루살렘, 아스글론, 에그론, 그리고 텔 바타쉬(딤나), 라맛 라헬, 라기스(II층), 게셀, 벧세메스, 엔게디(V층), 아랏, 그리고 텔 베이트 미르심 등의 유적지들은 주전 6세기에 파괴되었다는 "바벨론의 결핍"을 말하고 있다. 반더후프트는 많은 유적지들이 바벨론인들에 의해 파괴되어 이

---

92. Stern, "The Babylonian Gap," 51.
93. Finkelstein and Silberman, *The Bible Unearthed*, 306.
94. Stern, "The Babylonian Gap."
95. David S. Vanderhooft, *The Neo-Babylonian Empire and Babylon in the Latter Prophets*, Harvard Semitic Museum Publications(Atlanta: Scholars Press, 1999).

후 "중요한 거주의 흔적이 없음"을 지적하고 있다.[96] 그는 지속적인 인구가 약 40퍼센트 정도 있었긴 했지만 행정적인 면에 있어서는 지속성이 없었다고 주장한다. 친족 중심의 사회였기 때문에 어떤 행정적 구조 없이도 그 기능을 할 수 있었을 것이다.

페르시아 제국의 창시자로서 주전 559년에 왕위에 오른 고레스 왕은 결국 티그리스 강가 오피스 전투에서 주전 539/538년에 바벨론을 무너뜨리고 만다. 이 승리는 유다 땅에 자유를 주었고 유다의 포로들이 고향으로 돌아갈 수 있는 길을 제공했다. 고레스는 그가 정복한 지역의 백성들의 문화와 전통을 존중하고 심지어 그들 스스로 통치하도록 이끄는 것이 좋다는 것을 안 훌륭한 지도자였다. 그는 유대인들의 귀향과 예루살렘과 성전을 다시 지을 것을 허락했다.

> 바사(페르시아) 왕 고레스 원년에 여호와께서 예레미야의 입을 통하여 하신 말씀을 이루게 하시려고 바사 왕 고레스의 마음을 감동시키시매 그가 온 나라에 공포도 하고 조서도 내려 이르되 바사 왕 고레스는 말하노니 하늘의 하나님 여호와께서 세상 모든 나라를 내게 주셨고 나에게 명령하사 유다 예루살렘 성전을 건축하라 하셨나니(스 1:1-2).

주전 520년 유대인들은 성전을 짓기 시작해 주전 515년 선지자 학개와 스가랴의 독촉을 받아 총독 스룹바벨과 대제사장 여호수아의 지휘 아래 성전을 재건하고 재봉헌했다.

제2이사야에는 고레스에 대한 특별한 칭찬이 있다. 외국의 통치자들 중 고레스만이 메시아, 즉 "야훼의 기름 부음 받은 자"(마쉬아흐⟨māšiaḥ⟩, 사 45:1)로 야훼가 사용한 도구라는 의미의 호칭을 얻었다.

> 여호와께서 그의 기름 부음을 받은(메쉬아호⟨měšiaḥô⟩) 고레스에게 이같이 말씀하시되 내가 그의 오른손을 붙들고 열국을 항복하게 하며 내가 왕들의 허리를 풀어 그 앞에 문들을 열고 성문들이 닫히지 못하게 하리라. 내가 너보다 앞서 가서 험한 곳을 평탄하게 하며 놋문을 쳐서 부수며 쇠빗장을 꺾고 네게 흑암 중의 보화와 은밀한 곳에 숨은 재물을 주어 네 이름을 부르는 자가 나 여호와 이스라엘의 하나님인 줄을 네가 알게 하리라(사 45:1-3).

---

96. Ibid., 106.

CHAPTER 5

문화와 삶의 표현

1. 의복과 장신구

의복을 착용하는 것은 이미 구석기 시대부터 행해진 것으로 단지 건강과 몸을 보호하기 위한 필요에서뿐만 아니라 문화생활에 있어 사회적 중요성을 표현하는 데 있어서도 필요했다. 의복의 스타일은 종종 어떤 이의 민족적 특성을 보여주기도 한다. 의복의 질과 제조방법은 어떤 사람의 사회적 위치와 경제적 위치를 드러내기도 한다. 장식이 달린 겉옷과 우수한 기술로 염색된 옷들은 계층의 상징이 되었다.

의복은 종종 입고 있는 자의 직업을 보여주기도 하는데, 예를 들어, 제사장들의 가운이라든가 군인들의 군복 등이 있다. 의복 혹은 소위 우리가 입고 있는 것은 상징적인 의미를 가질 수가 있다. 성경 시대에 있어서

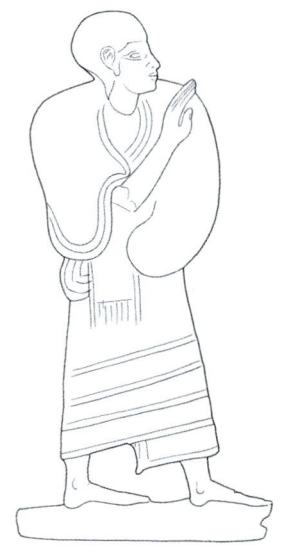

그림 131. 챙이 없이 머리에 딱 맞게 만든 모자를 쓰고 있는 가나안의 귀족 남자로서 수술이 달린 망토와 몸에 둘둘 말은 치마를 입고 손을 들고 있다. 하솔에서 발견된 청동 판으로 주전 15세기 연대로 추정됨(그림: C.S. Alexander, Y. Yadin, *Hazor: the Rediscovery of a Great citadel of the Bible* 출처).

그림 132. 라맛 라헬에서 발견된 고위 직책의 사람이 의자에 앉아있는 모습이 그려져 있는 두 개의 토기 조각, 주전 8-7세기(Y. Aharoni, *Excavations at Ramat Rahel* 출처).

그림 133. 가나안/베니게 귀족 남자가 새겨진 부조, 철기 II 시대(E. Stern, Tel Dor Excavations 전재 허가).

대중 앞에서 의복을 벗거나 찢는 행위는 슬픔이나 실망을 표현하였다. "다윗이 요압과 및 자기와 함께 있는 모든 백성에게 이르되 너희는 옷을 찢고 굵은 베를 띠고 아브넬 앞에서 애도하라 하니라"(삼하 3:31; 렘 41:5). 의복은 또한 엘리야가 엘리사에게 겉옷을 준 경우에서 보듯이 능력을 옮기는 데도 사용되었다. "(엘리사는) 엘리야의 몸에서 떨어진 그의 겉옷을 가지고 물을 치며 이르되 엘리야의 하나님 여호와는 어디 계시니이까 하고 그도 물을 치매 물이 이리 저리 갈라지고 엘리사가 건너니라"(왕하 2:14). 여호야긴이 옥에서 풀려났을 때도 의복이 바뀌었다. 바벨론 왕 에윌므로닥은 유다 왕 여호야긴을 옥에서 내어 의복을 바꾸게 하고 일평생 항상 왕의 앞에서 식사하게 하였다(왕하 25:27-29).

성경 안의 수많은 자료에도 불구하고 이스라엘 민족의 의복 형태에 대해서는 잘 알려진 바가 없다. 비록 네게브(한국어 성경은 "남방"으로 번역함), 시나이 반도, 그리고 유대 광야의 기후가 건조하기는 했지만, 팔레스타인의 지중해성 기후에서 섬유는 거의 보존되기 힘들었다. 성경과 다른 기록들은 다양한 의복의 명칭들을 제시하고 있지만 자세한 사항

그림 134a. 살만에셀 III세(주전 858-824년)의 "블랙 오벨리스크", 1846년 니므룻에서 발견; 2.02미터 높이. 비석의 4면을 둘러 5열의 패널이 있다. 앗수르 왕실에 조공을 바치고 존경을 표하고 있는 다양한 주변 지역 통치자들을 보여주고 있다(대영 박물관 전재 허가).

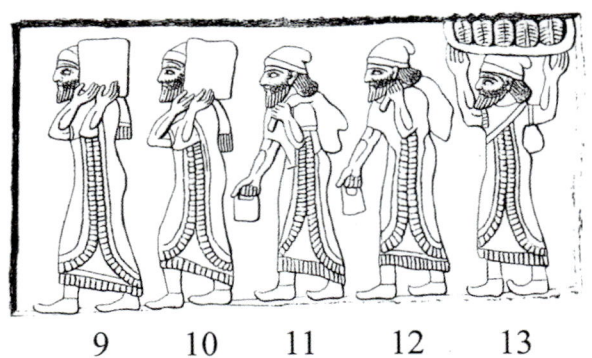

그림 134b-e. 살만에셀 III세(주전 858-824년)의 "블랙 오벨리스크". 두 번째 열부터 다음 4열은 한 시리즈로서 살만에셀이 "예후, 오므리의 아들"로부터 조공을 받고 있는 모습이다. 이때 예후는 앗수르의 왕 앞에 머리를 조아려 절하고 있다. 살만에셀의 뒤에는 왕을 보필하는 자들이 서 있는데 그 중 하나는 왕에게 파라솔을 씌워주고 있다. 예후의 뒤에는 4명의 앗수르인들이 서 있고 그 뒤로 13명의 이스라엘인들이 물건을 나르고 있다. 이들은 수염이 있고 끝이 뾰족한 모자를 쓰고 또한 끝이 뾰족한 신을 신고 있다. 이들은 긴 의복(쿠토네트 ⟨kutt□net⟩)을 입고 수술이 달린 겉옷(심라 ⟨□imlâ⟩)을 걸쳤고 어깨 부분에 장식술이 보인다. 앗수르의 기록은 다음과 같다.[1]

예후, 오므리의 아들의 조공: 은, 금, 금 그릇 하나[2], 금 꽃병 하나[3], 금 고블렛들(잔들), 금 양동이들[4], 주석[5], 왕의 손모양 막대기[6], 창들[7], 그가 나에게 바쳤다(그림: K. Vagliardo; Sir Austen Henry Layard, *The Monuments of Nineveh* (1849) 출처).

---

1. 이 문헌의 원본을 위해서는 A. Kirk Grayson, *Assyrian Rulers of the Early First Millennium BC. II (850-745 B.C.)*, The Royal Inscriptions of Mesopotamia. Assyrian Period 3; (Toronto: University of Toironto Press, 1996), 149: No. 88을 보라. 우리는 이 문헌의 번역을 도와준 Peter Mashinist에게 감사한다.

2. 예후가 조공으로 바친 것 중 짐꾼 2번이 들고 있는 것으로 아마도 아카드어 샤루(*saplu*) 혹은 히브리어로 세펠(*s□pel*)일 것이다(예: 삿 5:25; 6:38, 한국어 성경은 "귀한 그릇"으로 번역하였으며 음료를 담는 대접 같은 그릇으로 값비싼 장식이 있었던 것으로 보인다-역주).

3. 아마도 짐꾼 3번과 6번에 의해 운반되고 있는 것 같다.

4. 짐꾼 4번과 5번 혹은 11번과 12번에 의해 운반되고 있는 것으로 신-앗수르에서는 달루/달라니(*d□lu/d□l□ni*)라 불렸으며 히브리어는 델리(*d□li*)이다(예 민 24:7; 사 40:15, 한국어 성경은 "물통"으로 번역함).

5. 짐꾼 9번과 10번이 운반하고 있는 것으로 보이는데 이들의 어깨에는 금속 잉곳이 얹혀있다. 구리와 납은 물론이거니와 주석은 잉곳의 형태로 운송되었다. 그러나 이 문헌에는 주석이라는 단어만이 언급되어 있을 뿐 잉곳은 기록되어 있지 않다.

6. 혹은 '왕이 사용한 지팡이'일 수도 있는데 짐꾼 5번이 나르고 있다. 나무로 만들어진 막대이다.

7. 푸아쉬하티(*pu-aš-ha-ti*)라고 읽히며 '창' 혹은 '투창'이라는 의미로 나무로 만들어졌음을 암시하고 있다. 짐꾼 7번과 8번이 나르고 있다.

그림 135. 니느웨에서 발견된 라기스 벽부조: 라기스의 포로 중 하나가 그의 두 아들과 함께 걸어가고 있다(Expedition to Lachish 전재 허가; 발굴 지휘자 D. Ussishkin).

들은 열거하고 있지 않다. 우리가 현재 가지고 있는 성경 상에 여러 다른 명칭으로 번역된 모습만 봐서도 이러한 의복들을 어떻게 정의해야 하는가는 매우 어렵다. 또한 형상을 만드는 것이 금지되어 있던 이스라엘 민족이기에 그들의 의복은 단지 주변 문화에 남아 있는 예술품들을 참조할 수밖에 없다. 그러나 분명 이스라엘 민족의 종교에서 형상을 만드는 것이 금지되어 있었지만, 포로기 이전 시대에는 이 금지령이 그다지 강하지 않았던 것으로 보인다.

의복 형태를 복구하는 데 가장 유용한 정보를 제공하는 것은 근동 지역에서 발견된 기념물들로 여기에는 조각상, 벽화, 그리고 부조들이 있다. 블랙 오벨리스크(the Black Obelisk, 그림 134a-e)에 묘사된 장면들은 앗수르 왕 살만에셀 III세에 의해 정복된 국가들이 니므롯(이라크)에서 다스리고 있던 그에게 공물을 바치는 모습을 보여주고 있다. 여기에는 이스라엘 왕 예후도 포함되어 있으며 니느웨의 궁궐 벽에서 발견된 라기스 부조에는 주전 701년 앗수르 왕 산헤립이 유다의 도시인 라기스를 정복하고 공물을 받는 장면이 있다. 비록 천 년 전이라는 이른 시기로 연대가 측정되고 있지만(약 주전 1890년) 이집트의 베니 하산에서 발견된 크눔호텝 III세의 무덤의 벽화에도 당시 이집트의 중요한 관료였던 크눔호텝에게 가나안인들 혹은 아모리인들 한 그룹이 공물을 바치고 있는 모습을 볼 수 있다.

의복에 대한 가장 가치 있는 자료는 므깃도에서 발견된 유명한 상아로 만든 판으로 여기에는 주전 12세기에 가나안 왕 혹은 왕자의 승전 행렬이 묘사되어 있다(ANEP, 332). 왕좌에 앉아 대접에 담긴 음료를 마시고 있는 이 통치자는 장식이 달린 옷을 입고 있는

그림 136. 므깃도의 통치자를 새김조각으로 묘사하고 있는 상아판. 주전 13세기 혹은 12세기 초(이스라엘 박물관 전재 허가; 사진: D. Harris).

데, 람세스 III세의 무덤의 벽화에서 발견된 가나안인이 입고 있는 겉옷과 유사하다. 그는 발목까지 오는 길이의 겉옷을 입고 그 위에 무릎까지 오는 길이의 외투를 걸치고 다시 그 위에 한쪽 어깨만을 덮고 있는 토가(로마인들이 입었던 옷-역주)가 드리워져 있으며 머리는 면도를 한 후 그 위에 딱 맞는 모자 혹은 투구를 쓰고 있다(그림 136). 그와 함께 있는 자들은 발목까지 오는 길이의 겉옷을 입고 있다. 킬트(스코틀랜드인들이 입었던 치마같이 생긴 옷-역주)만 입은 한 병사는 머리에 주머니 같은 것을 뒤집어쓰고 할례 받은 두 포로들을 왕에게 끌어 오고 있다. 이 상황에서 두 포로가 벌거벗고 있다는 것은 모욕을 주는 행위이다. 이 포로들은 몇몇 학자들이 주장하듯이 해안 민족은 아니며 분명 샤수인(Shasu)일 것이다. 아마도 여왕인 것으로 보이는 한 여인은 발목까지 오는 길이의 시리아 의상을 입고 머리에는 왕관 혹은 머리띠를 두르고서 왕좌에 앉아있는 왕 앞에 수련 꽃을 내밀고 있다. 그녀의 뒤에는 줄이 아홉 개가 있는 하프같이 생긴 악기를 연주하는 한 여인이 서 있다.

1) 의복

의복을 가리키는 가장 흔한 히브리어는 베게드(beged)로 히브리어 성경에 200번 이상 등장한다. 이 용어는 남성과 여성, 그리고 부자와 가난한 자 모두가 입고 있는 의복을 지칭할 수 있다. 주로 울, 베, 그리고 면으로 헐렁한 옷이 만들어졌다. 울은 바벨론과 앗수르의 섬유 산업에 있어 주요 생산품이었다. 이스라엘에서 울은 흔한 생산품이었고 베옷은 훨씬 더 고가였다. 울은 세탁하기가 힘들었기 때문에 깨끗한 형태로 생산되지는 않았다.

옷을 갈아입는 것은 그다지 자주 있는 일은 아니었으며, 사치품은 일반인들에게 그다지 익숙한 일은 아니었다. 그러나 성경에서도 보듯이 상류층의 사람들은 그들의 옷을 갈아입었다. 요셉은 가나안 땅으로 돌아가는 그의 형제들에게 옷을 주었다. "또 그들에게 다 각기 옷 한 벌(할리포트 세말로트⟨ḥălipōt śĕmālōt⟩)씩을 주되 베냐민에게는 은 삼백과 옷 다섯 벌(할리포트 세말로트)을 주었다"(창 45:22). 삼손은 그의 결혼식에 참석한 삼십 명에게 베옷 삼십 벌과 겉옷 삼십 벌(할리포트 브가딤⟨ḥălipōt bĕgādim⟩)을 주겠다고 약속했다(삿 14:12). 그런 후 그는 아스글론에서 삼십 명을 죽여 그들의 옷을 벗겨 잔치에 참석하여 자신이 낸 수수께끼의 정답을 알아맞힌 삼십 인에게 주었다(삿 14:19). 하나님이 야곱에게 벧엘로 올라가 단을 쌓을 것을 명령했을 때 야곱은 그와 함께한 이들에게 말하되 "너희 중에 있는 이방 신상들을 버리고 자신을 정결하게 하고 의복을 바꾸어 입으라"(창

35:2)고 한다. 사울이 엔돌에서 신접한 여인을 만났을 때 그는 "다른 옷을 입어 변장을 하고" 간다(삼상 28:8). 다윗이 밧세바에게서 낳은 그의 첫 아이가 죽었다는 것을 알았을 때 그는 몸을 씻고 기름을 바르고 의복을 갈아입었다(삼하 12:20). 나아만은 자신의 문둥병을 고치기 위해 이스라엘로 가는 길에 "은 십 달란트와 금 육천 개와 의복 열 벌"(할리포트 브가딤)을 가지고 갔는데 엘리사에게 감사의 표시로 주었었다(왕하 5:5).

의복은 때때로 다른 용도로 사용되기도 했다. 출애굽 시대의 "백성은 발교되지 못한 반죽 담은 그릇을 옷(씸로탐⟨śimlōtām⟩)에 싸서 어깨에 메었다"(출 12:34). 기드온이 이스라엘 백성에게 청구할 때에 이스라엘 백성은 "겉옷을 펴고 각기 탈취한 귀고리를 그 가운데 던지니"(삿 8:25)라고 기록되어 있다.[1]

성경의 율법은 울과 베를 섞어 옷감을 짜는 것을 금하고 있다. "양털과 베실로 섞어 짠 것을 입지 말지니라"(신 22:11). 제사장들은 일반적으로 베옷을 입도록 하였다. "그들이 안뜰 문에 들어올 때에나 안뜰 문과 성전 안에서 수종들 때에는 양털 옷을 입지 말고 가는 베 옷을 입을 것이니"(겔 44:17). 이스라엘 제사장들은 의식용 의복의 한 형태로서 베로 "속바지를 만들어 허리에서부터 두 넓적다리까지 이르게 하여"[2] 하체를 가리는 옷(미크네세-바드⟨miknĕsê-bād⟩)으로 입었다(출 28:42).

앗수르의 디글랏 빌레셀 III세가 시리아와 팔레스타인에서 전쟁 중에 약탈한 공물에는 "다양한 색깔을 입힌 베 옷, 흑자색으로 만들어진 그 지방의 의복"(*ANET*, 282)이 있었다. 이렇게 색깔 있는 옷은 당시 상당히 고가의 상품이었다.

(1) 남성용 의복

남자들이 몸 위에 바로 걸쳐 입은 옷은 베나 가죽(에조르⟨'ēzôr⟩)으로 만든 것으로 킬트처럼 허리에 간단히 옷감을 두르고 허리띠(하고르/하고라⟨ḥăgôr/ḥăgôrâ⟩)를 메어 고정시켰다. 이러한 옷은 이스라엘 군인들과 노동자들이 주로 입었다. 예레미야는 베로 만든 이러한 형태의 옷을 언급하고 있는데 "너는 가서 베로 만든 천(에조르 피쉬팀⟨'ēzôr pištîm⟩, 한국어 성경은 "베띠"로 번역함)을 사서 네 허리에 띠고 물에 적시지 말라"(렘 13:1)고 했다. 엘리야는 "털이 많은 사람인데 허리에 가죽띠(에조르 오르⟨'ēzôr 'ôr⟩)를 띠었더라"고 묘사

---

1. Edward Neufeld, "Hygiene Conditions in Ancient Israel," *BA* 34(1971): 53.
2. William L. Holladay, *A Concise Hebrew and Aramaic Lexicon of the Old Testament*(Grand Rapids: Wm. B. Eerdmans Pub. Co., 1971), 194.

그림 137. 암만 요새에서 발견된 예라하조르(Yeraḥ ʿazor)의 석회석 조각상, 주전 8세기 후반(Amman Archaeological Museum과 P. Bienkowski 전재 허가).

되었다(왕하 1:8). 허리띠와 신발은 무두질한 가죽으로 만들어졌다.

쿠토네트(kuttōnet, 그리스어로는 키톤 〈chiton〉)는 에조르(ʾēzôr) 위에 입는 것으로 튜닉(여성들이 입는 짧은 오버스커트 형태의 옷-역주) 형태의 옷이었다. 남자와 여자 모두가 입었고 주로 울로 만든 것으로 발목까지 오는 길이의 의복이며 반소매이거나 긴 소매이기도 하고 한쪽 어깨에 솔 같은 것을 드리웠다. 이스라엘 민족은 전통적으로 쿠토네트(kuttōnet)를 허리춤에 띠를 둘러 끝자락을 위로 올려 여미고 일하는 동안에 입었다. 살만에셀 III세의 블랙 오벨리스크(the Black Obelisk)에는 예후와 그의 시종들이 발

그림 138. 니느웨에서 발견된 라기스 벽부조: 라기스를 떠나 포로로 끌려가고 있는 유다 가족(Expedition to Lachish 전재 허가; 발굴 지휘자 D. Ussishkin; 사진: A. Hay).

그림 139. 람세스 III세의 궁전에서 발견된 유약을 입힌 타일, 텔 엘 예후디예, 주전 12세기경 가나안의 독특한 의복과 머리 스타일을 한 시리아인이 묶여 있는 모습(대영 박물관 전재 허가).

그림 140. 람세스 III세의 궁전에서 발견된 유약을 입힌 타일, 텔 엘 예후디예, 리비아인이 묶여 있는 모습(대영 박물관 전재 허가).

그림 141. 람세스 III세의 궁전에서 발견된 유약을 입힌 타일, 텔 엘 예후디예, 누비아인의 모습(대영 박물관 전재 허가).

목까지 오는 길이의 의복을 입고 있는데 의복의 끝은 장식용 술이 달렸고 허리에는 띠를 두르고 있다(그림 134b). 이 긴 의복 위에 끝에 술이 달린 코트 같은 것을 걸쳤다. 산헤립의 라기스 전쟁 부조에서 보면 유다 백성의 지도자들은 두 가지 다른 의복을 입고 있다. 하나는 소매가 없는 셔츠 같은 것으로 다리 사이에 장식 술 같은 것이 드리워져 있고, 다른 하나는 앗수르 왕의 앞에 끌려 와 있는 유다인들이 입고 있는 짧은 소매의 발목까지 오는 길이의 의복으로 허리띠를 하고 있지 않다. 후에 니느웨에 있는 산헤립의 궁전을 건축하는 곳에서 일하고 있는 유다 백성들은 장식 술이 달리고 허리띠를 맨 짧은 의복을 걸치고 있다.[3]

요셉에 대한 특별한 사랑을 표현하는 방법으로 야곱은 이 아들에게 "채색한 옷"(70인역 성경을 배경으로 하는 전통적인 해석에 의함)을 입혔다. 현재 일반적으로 히브리어 케토네트 파씸(kĕtōnet passîm)은 "소매가 있는 긴 옷"(창 37:3, 한국어 성경은 "채색옷"으로 번역함)으로 번역되고 있는데 이 번역도 확실하지는 않다. 이 케토네트 파씸(kĕtōnet passîm)이라

---

3. David Ussishkin, *The Conquest of Lachish by Sennacherib*(Tel Aviv: Institute of Archaeology, Tel Aviv University, 1982), 128.

는 용어는 단지 암논이 다말을 강간했을 때 다말이 입고 있었던 옷이 '소매가 있는 긴 옷' (a long robe with sleeves, 한국어 성경은 "채색옷"으로 번역함, 삼하 13:18)이라 불린 것뿐이다. 아마도 이 용어를 '긴 소매가 달린 긴 옷'(a long runic with long sleeves)으로 번역하는 것이 가장 타당하리라고 본다. 요셉의 값비싼 옷은 그의 형제들과 사이를 서먹하게 만들었고 성경 상에 나오는 이야기 중 옷에 대한 예로서 가장 유명한 것 중에 하나이다.

하고라(ḥăgôrâ)는 울이나 베로 만들어진 긴 옷감으로 만들어졌으며 겉옷의 허리를 둘러싸는 띠 같은 것을 말한다. 이 띠에 무기나 다른 용품들을 찰 수가 있었는데 예를 들어, "요압이 군복(미도〈middô〉)을 입고 띠(하고르〈ḥăgôr〉)를 띠고 칼집에 꽂은 칼을 허리에 매었는데 그가 나아갈 때에 칼이 빠져 떨어졌더라"(삼하 20:8)고 했다. 이미 언급한 것처럼, 일을 하거나 여행을 하거나 할 때 다리를 용이하게 움직이기 위해서 쿠토네트(kuttōnet)는 때때로 끝자락을 올려 하고라(ḥăgôrâ)로 여미서 입었다. 이 단어는 처음 창조 이야기에도 등장하는데 아담과 하와가 "무화과나무 잎을 엮어 치마(하고로트〈ḥăgôrōt〉)로 삼았더라"(창 3:7).

셉나가 엘리야김의 관직을 대신했을 때 여호와는 셉나에게 이렇게 말했다. "(내가) 네 옷(쿠토네트카〈kuttontekā〉)을 그에게 입히며 네 띠(아브네테카〈'abnēṭĕkā〉)를 그에게 띠워 힘있게 하고"(사 22:21). 제사장들은 공적인 의식에 아브네트('abnēṭ)를 둘렀다. "아론과 그 아들들에게 띠(아브네트)를 띠우며"(출 29:9). 아브네트는 "가는 베실과 청색 자색 홍색 실로 수 놓아" 만들었다(출 39:29).

여성과 남성의 겉옷을 칭하는 일반적인 용어는 외투 모양으로 생긴 케수트(kĕsût, '덮다'라는 뜻을 가진 동사 카사〈kāsâ〉가 어원임)였다. "입는 겉옷(케수트〈kĕsût〉) 네 귀에 술(테카쎄〈tĕkasseh〉)을 만들지니라"(신 22:12). 겉옷의 더 중요한 명칭은 심라/삼라(śimlâ/śamlâ, 그리스어로는 히마티온〈himation〉)이다. 무릎 바로 아래까지 길이의 옷으로 때때로 몸을 휘감아 두르도록 되어 있기도 했고 때로는 로마의 토가처럼 몸 위에 걸쳐 자연스럽게 자락이 흘러내리도록 하고 끝으로 묶기도 했다. 어떻게 입었든지 간에 이 옷은 추위와 비로부터 몸을 보호하는 차원에서 입었다. 이 옷은 사각형의 옷감의 형태였으며 고위층의 옷에는 장식이 달려있기도 했을 것이다. 블랙 오벨리스크(the Black Obelisk, 그림 134b)에는 이스라엘의 왕 예후가 왼쪽 어깨에 술 장식이 달린 겉옷을 걸치고 있는 모습이 묘사되어 있다. 일반적으로 심라/삼라(śimlâ/śamlâ)는 일을 할 때는 벗고 있었다. 이 옷은 밤에는 담요로 변형해서 사용되기도 했다. 이스라엘 백성은 그의 심라/삼라를 전당 잡을 수 있었다. 율법(출 20-23장)은 가난한 자의 의복을 전당 잡은 자는 해가 지기 전에 이를 돌려 보내야 했는데 가난한 자에게는 이 의복만이 밤의 추위에서 지켜 줄 수 있는 것이기 때문이다. "네가 만일 이웃의 옷(삼라⟨śamlâ⟩)을 전당 잡거든 해가 지기 전에 그에게 돌려 보내라. 그것이 유일한 옷(케수트⟨kĕsût⟩)이라. 그것이 그의 알몸을 가릴 옷인즉 그가 무엇을 입고 자겠느냐"(출 22:26-27⟨히브리어 성경 25-26⟩; 신 24:10-13).

이스라엘에 대한 비난 중에 여호와는 이렇게 꾸짖는다. "모든 제단 옆에서 전당 잡은 옷(베가디 하불림⟨bĕgādî ḥăbulîm⟩) 위에 누우며"(암 2:8). 전통적으로 주석가들은 "전당 잡은 옷"을 대여에 대한 보증의 차원으로 해석했다. 그러나 최근 샬롬 폴(Shalom Paul)과 다른 학자들은 '전당 잡은 옷'이 아니라 '빚을 갚지 못해 압류당한 옷'으로 해석하고 있다. 이러한 착복은 율법상 금지되어 있는 것이다.[4] 주전 7세기에 쓰인 한 이스라엘 백성의 편지는 '전당 잡은 옷'에 대한 예가 등장하는 성경 외의 자료이다. 토기 조각 위에 히브리어로 써진 이 편지는 지중해변 야브네 얌 근처 메짜드 하샤비야후(Mesad Hashavyahu) 유적지에 있던 작은 요새의 위병소 안에서 발견되었다. 이 편지는 부역 노동자가 자신의 옷이 부당하게 착취당하였음을 불평하고 있다. 그는 그의 의무를 다하지 않았다고 고소되었으나 그는 그의 결백을 주장하고 그의 옷을 빼앗아 간 지방 관리에게서 옷을 돌려받을 수 있도록 해달라고 청원하고 있다.

귀족의 겉옷이었던 메일(mĕ'îl)은 고급스러운 겉옷으로 느슨하게 밑으로 드리워지는 넓은 소매가 달려 있었다. 이렇듯 몸에 달라붙지 않는 느슨한 옷은 지위와 위엄을 상징하는 것으로 상류층과 제사장들은 다른 옷을 갖추어 입고 그 위에 이 옷을 입었다(출 28:4, 31). 맥카터(McCarter)[5]가 말했던 것처럼 메일(mĕ'îl)은 사무엘이 입었던 '특징적인 옷'이었다. "그의(사무엘의) 어머니가 매년 드리는 제사를 드리러 그의 남편과 함께 올라갈 때마다 작은 겉옷(메일)을 지어다가 그(사무엘)에게 주었더니"(삼상 2:19). 사울이 왕으로서 그 지위를 빼앗겼을 때 "사무엘이 가려고 돌아설 때에 사울이 그의 겉옷(메일) 자락(카나프⟨kānāp⟩)을 붙잡으매 찢어진지라. 사무엘이 그에게 이르되 여호와께서 오늘 이스라엘 나라를 왕에게서 떼어서 왕보다 나은 왕의 이웃에게 주셨나이다"(삼상 15:27-28). 옷자락을 붙잡아 자신의 간절한 청원을 부탁하는 모습은 고대 근동에서 전통적으로 행해졌으며 또한 신약성경에서도 혈루증 걸린 여인의 예에서도 볼 수가 있다(막 5:27-28).

---

4. Shalom M. Paul, *A Commentary on the Book of Amos*, Hermeneia(Minneapolis: Fortress, 1991). 83-86.

5. P. Kyle McCarter, *I Samuel*, AB 8(Garden City, N.Y.: Doubleday, 1980), 421.

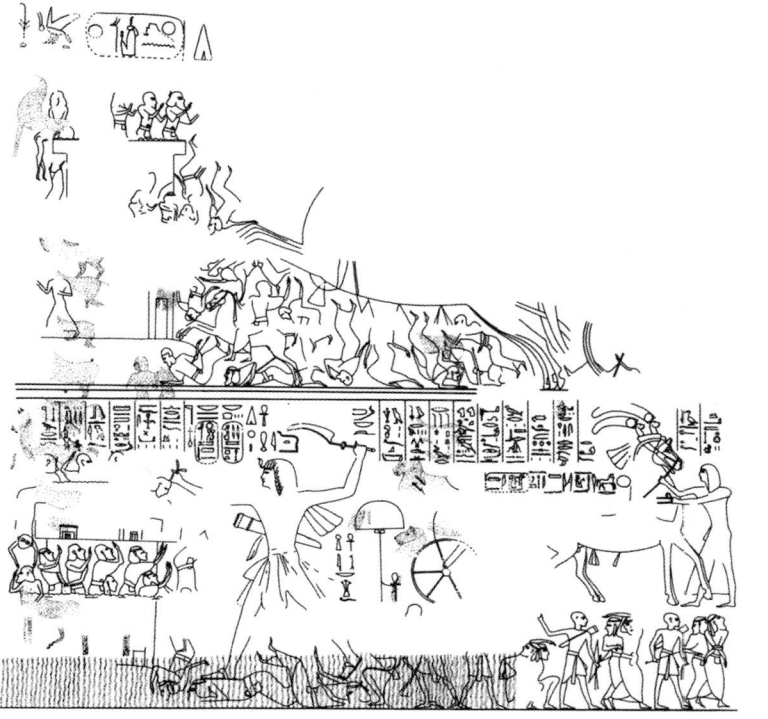

그림 142a-b. 카르낙에서 발견된 메르넵타의 벽부조, 주전 13세기 후반. 좌측 하부의 두 열은 정확하게 어느 도시인지 기록되어 있진 않지만 메르넵타의 승전비에 기록된 것처럼 게셀과 야노암을 정복하는 모습을 묘사한 것으로 보인다. 이 벽부조는 람세스 II세에게 헌정되었지만 연대는 메르넵타 시대의 것으로 보고 있다. 상부의 이스라엘 인들은 위에서 두 번째 열에 있는 아스글론의 가나안 인들과 유사한 의복과 머리 모양을 하고 있음을 볼 수 있다. 아스글론의 경우 그들의 요새 우측의 도시가 아스글론임을 기록하고 있다 (그림과 재편집: ⓒ L. E. Stager와 F. Yurco).

그림 143. 발라왓에서 발견된 성문의 청동 테. 주전 858년 북시리아로의 원정. 오른쪽에 서 있는 살만에셀 III세가 우키아인들로부터 공물을 받고 있다. 공물에는 청동 솥들, 무언가로 가득찬 쟁반들, 그리고 금속 괴들이 있다(상부). 시리아의 공주와 그녀의 지참금이 살만에셀 III세에게 받쳐지고 있다(하부). (대영 박물관 전재 허가).

사무엘은 옷이 찢어진 것을 사울의 왕국이 찢어졌다는 것으로 상징적으로 표현하고 있다. 또한 열왕기상 11:29-32에서는 유사한 예로 의복 전체를 찢는 장면도 볼 수 가 있다.[6] 사무엘이 메일(mĕ'îl)을 그의 특징처럼 입고 있었기 때문에 사울은 엔돌에서 신접한 여인 앞에서 사무엘의 영혼을 쉽게 알아 볼 수가 있었다. "사울이 그(신접한 여인)에게 이르되 그의 모양이 어떠하냐 그가 이르되 한 노인이 올라오는데 그가 겉옷(메일⟨mĕ'îl⟩)을 입었나이다. 사울이 그가 사무엘인 줄 알고 그의 얼굴을 땅에 대고 절하니라"(삼상 28:14).

요나단이 다윗과 서약할 때에 "요나단이 자기의 입었던 겉옷(메일⟨mĕ'îl⟩)을 벗어 다윗에게 주었고 자기의 군복과 칼과 활과 띠(하고로⟨ḥăgōrô⟩)도 그리하였더라"(삼상 18:4). 옷과 다른 물건들을 상대방에게 주는 것은 계약을 봉하겠다는 의도를 보여주며 또한 요나단에서 다윗에게로 왕위의 계승이 이동했음을 상징하기도 한다.[7] 다윗이 유다 광야의 한 동굴에 숨어 있을 때 사울은 다윗이 안에 있는 줄도 모르고 이 동굴 안으로 들어왔다. "다윗이 일어나서 사울의 겉옷(메일⟨mĕ'îl⟩) 자락(카나프⟨kānāp⟩)을 가만히 베니라"(삼상

---

6. Ibid., 268.
7. Ibid., 305.

24:4〈히브리어 성경 24:5〉). 다윗의 행동은 그가 비록 쉽게 행할 수 있는 상황이기는 했지만 사울 왕을 죽이지 않겠다는 의도를 보여준다.

직사각형 모양의 어깨에 걸치는 망토 같은 옷이었던 아데레트('adderet)는 성경에 엘리야가 입었던 것으로 나타난다. 그가 호렙에서 하나님을 만났을 때 그는 그의 얼굴을 외투(아데레토〈'adderetô〉)로 가리고 있었다(왕상 19:13). "엘리야가 겉옷(아데레토)을 가지고 말아 물을 치매 물이 이리저리 갈라지고"(왕하 2:8). 엘리야는 그의 외투를 엘리사에게 던졌다. "엘리야가 그리로 건너가서 겉옷(아데레토)을 그(엘리사)의 위에 던졌더니"(왕상 19:19). 아데레트('adderet)는 아간이 여리고 정복 중 자신의 소유로 가져 온 옷이기도 하다(수 7:21). 이 옷은 또한 니느웨의 왕과도 관련이 있는 옷이다. 요나의 설교에 의하면 니느웨의 왕은 그의 겉옷(아데레토)을 벗고 굵은 베를 입고 재에 앉았다(욘 3:6).

(2) 여성의 의복

여성의 의복은 남성의 의복과 별로 다를 바 없었고, 용어 역시 유사했다. 그러나 신명기의 율법에 의하면 다른 이성의 옷을 입지 못하도록 되어 있기 때문에(신 22:5) 분명 어떤 피상적인 구분은 있었으리라고 본다. 여성의 심라(simlâ)는 남성의 의복보다는 좀 더 길었을 것이다. 여성의 겉옷은 몸을 두르고 왼쪽 어깨 위에 걸쳐 늘어뜨렸다. 오른쪽 어깨는 덮지 않았다. 특별한 경우에 머리와 어깨 그리고 때로는 얼굴까지도 베일(짜이프〈ṣā'ip〉)을 두르고 있었다. 리브가는 이삭을 만날 때 베일(너울)로 자신을 가렸고(창 24:65) 다말은 장인인 유다를 속이기 위해 베일(너울)을 썼다(창 38:14, 19). 베니 하산의 무덤에서 발견된 벽화에는 아모리 혹은 가나안 여인들이 색깔이 있는 천으로 몸을 두르고 오른쪽 어깨는 놔둔 채 왼쪽 어깨에만 걸치고 있는 모습이 묘사되어 있다(그림 77). 한 여인의 옷의 목깃은 둥글게 파져 있었다. 채색옷이었지만 소매가 없는 원피스 형태로 어떤 겉옷도 두르고 있지 않다. 라기스 전쟁을 묘사한 부조에서 여인들과 소녀들은 장식이 없는 긴 외투와 유사한 발목 바로 위까지 오는 길이의 옷을 입고 있다. 이들은 또 다른 망토 같은 것을 머리에 두건처럼 쓰고 있다. 이렇듯 여인들은 긴 원피스 같은 옷 위에 발목까지 오는 길이의 머리와 어깨를 가리는 긴 숄을 걸치고 있었다(그림 138).

청동기 시대의 의복은 장식용 핀으로 앞을 여미는 데 사용했다. 바늘처럼 생긴 이 핀은 중간에 걸이를 걸 수 있도록 구멍이 뚫려 있었다. 철기 시대에는 현재 우리가 사용하는 옷핀 같이 생긴 핀이 사용되었다.

예루살렘의 사치스런 여인들에 대해 비난할 때 이사야와 에스겔은 여인들의 의복과 장신구들에 대해서 열거하고 있는데 애석하게도 이 중 몇몇 의복과 장신구들은 상류층의 남자들도 사용했던 것이다. 이사야는 교만한 이스라엘의 여인들이 입고 있는 옷을 묘사하면서 그들이 "늘인 목(과), 정을 통하는 눈으로 다니며 아기작거려 걸으며 발로는 쟁쟁한 소리(테아카스나 ⟨těʽakkasnâ⟩)를 낸다"(사 3:16)고까지 말했다. 이 목록에 나오는 용어들 중 몇몇은 여기서만 언급되기 때문에 어떠한 것이었는가 명확히 밝혀진 것은 없다. 이사야의 목록에는 열세 가지의 장신구와 여덟 가지의 의복을 열거할 때 스물한 가지 종류의 용어가 나오는데 여기에는 잔치용 의복, 외투, 망토, 가방, 레이스가 달린 의복, 베옷, 두건, 그리고 베일 등이 있다(사 3:22-23).[8] 에스겔은 예루살렘을 하나님의 "부정한 신부"로 비유해 이야기할 때 위와 유사한 목록을 보여주고 있다(겔 16:10-13). 그의 목록에는 고운 베옷, 명주, 수놓은 옷이 있다.

(3) 신발

예루살렘이 부정한 신부로 비유될 때 여호와는 "(신부에게) 수 놓은 옷을 입히고 물돼지('해달'로 번역되기도 함-역주) 가죽신(에날레크 타하쉬⟨ʽenʽālēk tāḥaš⟩)을 신겼다"(겔 16:10). 샌들은 여성과 남성이 매일 신었던 신발이었다. 일반적인 용어로는 나알라임(naʽălāyim)이며 성경에는 스무 번 이상 등장한다. 샌들의 바닥은 가죽으로 만들어졌고 가죽 끈으로 발에서 발목까지 묶어 신었다. 블랙 오벨리스크에는 예후의 신하들이 북시리아의 헷 족속과 신-헷 족속이 신었던 신발의 코가 위로 올라간 형태의 신발을 신고 있다(그림 134). 앗수르인들의 샌들은 발뒤꿈치를 감싸 고정시켰다. 라기스 전쟁 부조에서 유다의 남자와 여자는 신발을 신고 있지 않으나(그림 48, 135, 138, 159) 반면에 니느웨의 건설현장에서 일하고 있는 유다에서 잡혀 온 포로들은 레깅스와 부츠를 신고 있다.

실내에서 신을 신지 않았던 이스라엘인들은 발을 보호하는 차원에서 야외에서 샌들을 신기는 했지만 가난한 이들은 밖에서도 여전히 신을 신지 않은 채로 다녔다. 신을 신지 않는 행위는 슬픔을 표현하거나 노예임을 표시하기도 했다. 압살롬이 반란을 일으켰을 때 다윗은 예루살렘을 버려두게 되고 "감람 산 길을 올라갈 때에 그의 머리를 그가 가리고 맨발(야헤프⟨yāḥēp⟩)로 울며 갔다"(삼하 15:30). 사르곤 II세가 왕위에 있을 때 앗수르인들은 아스돗을 점령했고 여호와께서는 이사야에게 이렇게 명했다. "갈지어다 네 허리

---

8. Elizabeth E. Platt, "Jewlry, Ancient Israelite," *ABD* 3:823-34. 굉장히 도움이 많이 되는 연구결과이다.

에서 베를 끄르고 네 발에서 신을 벗을지니라"(사 20:2).

샌들은 거룩한 장소에 들어갈 때처럼 경의를 표할 때도 벗었다. 모세가 불 붙은 떨기나무를 보았을 때 여호와께서는 그에게 말씀하셨다. "이리로 가까이 오지 말라. 네가 선 곳은 거룩한 땅이니 네 발에서 신을 벗으라"(출 3:5). 여호수아는 유사하게 신이 등장하는 모습을 여리고 지역에서 목격했다. "네 발에서 신을 벗으라. 네가 선 곳은 거룩하니라"(수 5:15). 오늘날 무슬림이든 아니든 모스크를 들어갈 때는 신을 벗어야 한다.

아모스는 이스라엘에 대한 예언 중에 이렇게 말했다. "여호와께서 이와 같이 말씀하시되 이스라엘의 서너 가지 죄로 말미암아 내가 그 벌을 돌이키지 아니하리니 이는 그들이 은을 받고 의인을 팔며 신 한 켤레(나알라임⟨naʿălāyim⟩)를 받고 가난한 자를 팔며"(암 2:6; 8:6). 여기서 나알라임이 함축하고 있는 정확한 의미는 밝힐 수는 없지만 아마도 신 한 켤레가 노예로 팔려가는 사람들에게 치뤄지는 헐값을 말하고 있을 것이다.[9]

샌들은 법적인 계약과 협상을 맺을 때에도 사용되었다. 샌들을 서로 교환하는 것은 계약자의 한쪽이 다른 쪽에게 재산권을 인수하는 것을 의미하였는데 보아스와 룻의 이야기에서도 이런 예가 나온다. "옛적 이스라엘 중에는 모든 것을 무르거나 교환하는 일을 확정하기 위하여 사람이 그의 신을 벗어 그의 이웃에게 주더니 이것이 이스라엘 중에 증명하는 전례가 된지라. 이에 그 기업 무를 자가 보아스에게 이르되 네가 너를 위하여 사라 하고 그 신을 벗는지라"(룻 4:7-8). 이 관습은 레비르(*levir*, 남편의 남자 형제)의 경우에 따라 다른데 레비르(*levir*)가 과부가 된 형의 아내와 결혼하기를 거절하면 다음과 같이 했다. "그의 형제의 아내가 장로들 앞에서 그에게 나아가서 그의 발에서 신을 벗기고 그의 얼굴에 침을 뱉으며 이르기를 그의 형제의 집 세우기를 즐겨 아니하는 자에게는 이같이 할 것이라"(신 25:9).

(4) 머리 장식

머리 장식(페에르⟨pĕ'ēr⟩, '장식하다'라는 의미의 파아르⟨pā'ar⟩에서 파생됨)은 머리를 둘러싸는 두건과 같은 형태나 끈으로 고정시킨 형태였는데 햇볕으로부터 머리를 보호하려는 목적으로 썼다. 에스겔의 아내가 죽었을 때 애도의 관습과는 달리 여호와는 에스겔에게 이렇게 지시했다. "죽은 자들을 위하여 슬퍼하지 말고 조용히 탄식하며 수건으로 머리를

---

9. Francis I. Andersen and David N. Freedman, *Amos: A New Translation with Notes and Commentary*, AB 24A(New York: Doubleday, 1989), 312.

그림 144. 암만 요새에서 발견된 석회석 왕 혹은 신의 두상으로 아테프(*atef* 〈이집트 왕의 깃털 달린 흰색 관-역주〉)를 쓰고 있다. 철기 II 시대(Amman Archaeological Museum과 P. Bienkowski 전재 허가).

그림 145. 아스글론에서 발견된 베니게의 눈이 그려진 장식용 구슬. 악령의 눈을 피하기 위해 사용되었다 (아스글론 Leon Levy Expedition 전재 허가; 사진: C. Andrews).

그림 146. 이집트의 장관에게 공물을 바치고 있는 시리아인들; 18왕조, 테베. 첫 번째 남자는 전형적인 가나안 수염과 끈으로 묶은 머리 모양을 하고 있다. 그는 푸른색 킬트를 입고 있다. 두 번째 사람은 색으로 경계를 그린 긴 소매의 의복을 입고 있다(대영 박물관 전재 허가).

CHAPTER 5. 문화와 삶의 표현   367

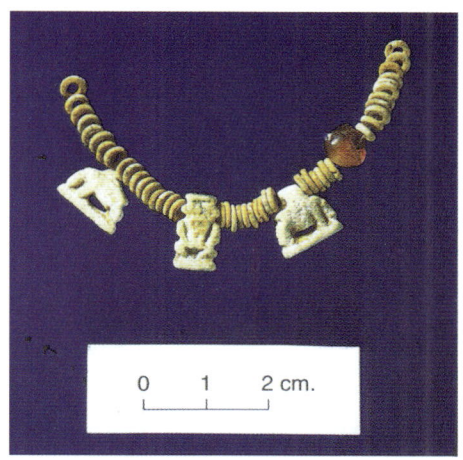

그림 147. 장식 구슬과 부적으로 만들어진 목걸이, 주전 604년 아스글론의 파괴 층에서 발견됨(아스글론 Leon Levy Expedition 전재 허가; 사진: I. Sztulman).

그림 148. 로투스 꽃망울 모양의 홍옥수 구슬 혹은 펜던트, 아스글론에서 발견, 후기청동기 II 시대(아스글론 Leon Levy Expedition 전재 허가; 사진: I. Sztulman).

그림 149. 아스글론에서 발견된 라피스 라줄리 펜던트, 주전 8-7세기(아스글론 Leon Levy Expedition 전재 허가; 사진: I. Sztulman).

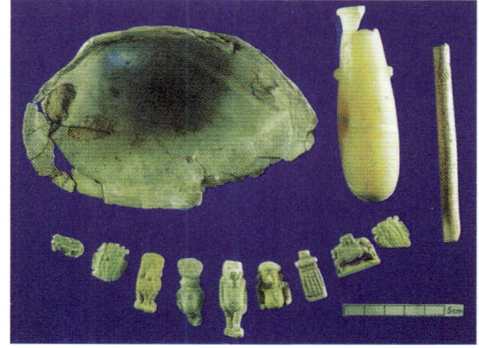

그림 150. 목걸이용 부적들과 조개 박스 하나, 값비싼 향유를 담았던 옥합, 그리고 새김조각이 있는 뼈로 만든 손잡이, 주전 604년 아스글론의 파괴층에서 발견(아스글론 Leon Levy Expedition 전재 허가; 사진: C. Andrews).

동이고 발에 신을 신으라"(겔 24:17). 블랙 오벨리스크에는 수염을 기르고 있는 이스라엘 신하들이 끝이 뾰족한 모자 혹은 두건을 쓰고 있다. 라기스 전쟁 부조에서 남자들은 머리를 둘러싸고 있는 술이 달린 머리 수건을 쓰고 있는데 귀를 가리고 어깨까지 드리워져 있다. 다른 경우에 유다인들은 짧은 머리와 수염을 기르고 있으며 모두 촘촘한 고수머리로 그려져 있다.

그림 152. 베스 신 모양의 파양스 형상, 아스글론의 주전 604년 파괴층에서 발견(아스글론 Leon Levy Expedition 전재 허가; 사진: C. Andrews).

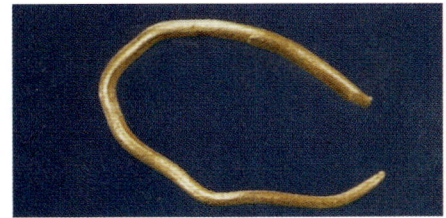

그림 151. 케테프 힌놈(힌놈의 골짜기)에서 발견된 은 부적, 제사장의 축복문(민수기 6:24-26)이 새겨져 있음. 예루살렘에서 발굴된 유물 중 처음으로 "야훼"의 이름이 등장하고 있다. 주전 600년경(이스라엘 박물관 전재 허가).

그림 153. 아스글론에서 발견된 고리 모양의 금 귀걸이, 후기청동기 II 시대(아스글론 Leon Levy Expedition 전재 허가; 사진: I. Sztulman).

2) 보석과 장신구

오늘날처럼 고대에도 남성과 여성 모두 보석과 장신구를 달고 있었으며 근동 사회에서 다양한 목적을 위해 사용되었다. 사울과 요나단의 죽음을 애도하며 다윗은 간곡히 이렇게 이른다. "이스라엘 딸들아 사울을 슬퍼하여 울지어다 그가 붉은 옷으로 너희에게 화려하게 입혔고 금 노리개(아디 자하브〈'ădî zāhāb〉)를 너희 옷에 채웠도다"(삼하 1:24).

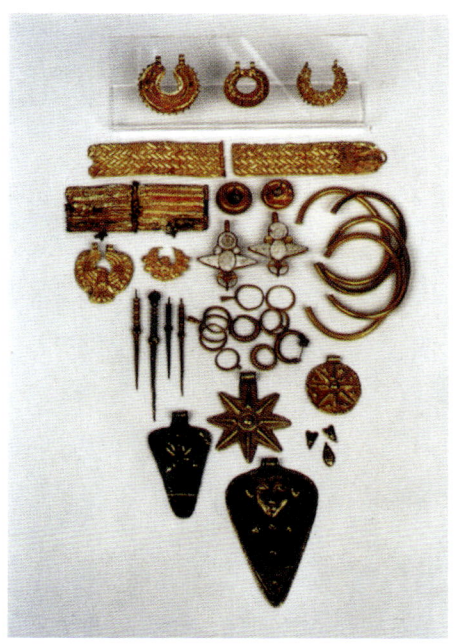 

그림 154. 아세라 여신의 모습을 한 펜던트들(하부 왼편과 가장 아래 유물)과 금 장신구들. 텔 엘 아줄, 후기청동기 I시대(이스라엘 박물관 전재 허가; 사진: A. Hay).

그림 155. 아스글론에서 발견된 알갱이 장식으로 묘사된 블레셋의 금 귀걸이, 주전 10세기(아스글론 Leon Levy Expedition 전재 허가; 사진: I. Sztulman).

보석은 부와 권위의 상징이었다. 더불어 장신구는 때로 물물교환 수단으로도 사용되었다. 보석은 물론 종교적인 목적을 위해서도 사용되었다. 예를 들어, 장신구는 때로 마술적인 힘으로 악령에 시달리지 않게 하기 위해 부적처럼 목에 걸고 다니기도 했다. 보석이 장식용으로 사용되는 동안에도 '악의 눈'과 다른 많은 악적인 요소로부터 보석의 착용자를 보호하는 예방의 차원과 부적처럼 사용되었던 경우가 더 강했다. 철 같은 반짝이는 금속성의 장신구 같은 경우는 마귀를 쫓는 힘을 가지고 있다고 생각되었다.

구슬은 다른 어떤 유물보다 더 많이 그리고 자주 무덤에서 발견된다. 이들은 장신구와 부적에 사용되었다. 눈 모양이 그려진 구슬은 '악의 눈'을 피해가게 해준다고 믿어졌고 베니게의 무덤에서 많이 발견되었지만 이스라엘과 유다인들의 무덤에는 훨씬 적게 발견된다(그림 145). 히브리어로 '부적'이라는 표현은 성경에 정확히 표현되고 있지는 않지만 레하쉼(*lĕḥāšîm*-라하쉬⟨*lāḥaš*⟩, 마법에 걸다)과 바테 하네페쉬(*bāttê hannepeš*), 즉 영혼의 집이라는 용어는 부적을 말하고 있다. YHWH(야훼)라는 하나님의 이름이 새겨진 작은 은 부적이 예루살렘의 힌놈의 골짜기에서 발견되었는데 목걸이에 메달려 있었던 것으로 보인

그림 156. 아스글론에서 발견된 식물 모양의 금 펜던트(아스글론 Leon Levy Expedition 전재 허가; 사진: I. Sztulman).

그림 157. 케테프 힌놈(힌놈의 골짜기)의 무덤에서 발견된 장신구들, 주전 7세기 후반 혹은 6세기 초(이스라엘 박물관 전재 허가).

다(그림 151). 대제사장의 옷에도 보석으로 장식을 했다. 예를 들어, 흉패(호쉔⟨ḥōšen⟩)에는 각 줄에 세 개씩의 보석이 박힌 네 줄의 보석들이 박혀 있었다(출 28:15-21; 39:8-14).

이집트(특별히 벽화에 표현됨)는 보석에 대해 상당히 가치 있는 정보를 제공해주고 있다(그림 39, 146, 169). 고고학적 발굴을 통해 드러난 고대의 보석은 보석과 장신구를 명확히 밝히는 데 많은 도움을 주었다. 위에서 언급했던 것처럼 무덤에는 죽은 자가 가지고 있던 것들이 함께 묻혀있었기 때문에 상당히 풍부한 정보를 제공하고 있다. 때로 개인이 살던 집이나 성소의 바닥 밑에 안전하게 숨겨놓았던 보석이 담겨 있는 주머니들 역

그림 158. 아스글론에서 발견된 스카라베가 세팅되어 있는 반지 (아스글론 Leon Levy Expedition 전재 허가; 사진: I. Sztulman).

시 유용한 정보를 주고 있다. 철기 시대의 무덤이 있던 모든 유적지들에서는 발찌, 팔찌, 귀걸이, 구슬 등이 발견되었다.

보석을 지칭하는 성경적 용어에는 두 가지가 있는데 켈리(-kĕli, 보석)와 아디('ădi, 장신구)다. 선지자는 말하기를 하나님께서 이스라엘을 "구원의 옷"과 "공의의 겉옷"을 입혀 "신부가 자기 보석(켈레이하⟨kēleyhā⟩)으로 단장함(타데⟨ta'deh⟩) 같게" 하셨다(사 61:10). 성경의 보석 목록에 등장하는 많은 용어들을 분석하는 것은 여러 가지 이유 때문에 어렵다. 많은 용어들의 의미가 확실하지 않고, 용어가 등장하는 정황도 언제나 확실한 것은 아니며 용어들에 대한 묘사 역시 우리에게는 모호하기 때문이다. 여러 보석에 대한 용어들이 아브라함의 하인이 아람 나하라임에서 이삭을 위해 신부를 고를 때에 언급되어 있다(창 24:1-67).

이사야 3:18-21에 나오는 보석 목록이 성경에서 가장 포괄적인 목록이다. 아카심('ăkāsîm)은 팔찌나 발찌 같은 장식품이었다. 쉬비심(šĕbîsîm)은 머리띠였을지도 모르지만 별모양이 새겨진 둥근 펜던트일 확률이 높다.[10] 싸하로님(śahărōnim)은 초승달 모양의 장신구로 때로는 낙타의 목에 둘러 장식용으로 사용되었다. "기드온이 일어나서 세바와 살문나를 죽이고 그들의 낙타의 목에 있던 초승달 장식들(싸하로님⟨śahărōnim⟩)을 떼어서 가지니라"(삿 8:21). "기드온이 요청한 금 귀고리 무게가 금 천칠백 세겔이요 그 외에 또 초승달 장식들(싸하로님)과 패물과 미디안 왕들이 입었던 자색 의복과 또 그 외에 그들

---

10. K.R. Maxwell-Hyslop, *Western Asiatic Jewellery c. 3000-612 B.C.*(London: Methuen, 1971), 241. 이 연구는 특별히 보석에 관한 주제를 연구하는데 많은 도움을 준다.

의 낙타의 목에 둘렸던 사슬(네티포트⟨nĕṭipôt⟩)이 있었더라"(삿 8:26). 네티포트(nĕṭipôt, 나타프⟨nāṭap⟩, 즉 '물방울을 떨어뜨리다'라는 어원을 가지고 있음)는 귀에 다는 물방울 모양으로 생긴 펜던트이다. 쉬로트(šērôt)는 목걸이 줄이고, 레아오트(rĕ'āôt)는 구슬이고, 페에림(pĕ'ērim)은 머리 장식이고, 쯔아도트(ṣĕ'ādôt)는 왕실용 팔찌이다. 아말렉인은 "사울의 머리에 있는 왕관(네제르⟨nēzer⟩)과 팔에 있는 고리(쯔아다⟨ṣĕ'ādâ⟩)를 벗겨서" 다윗에게로 가져왔다(삼하 1:10). 멕카터(McCarter)는 네제르(nēzer)가 이마에 썼던 장신구라고 보았다. 키슈림(qiššurîm)은 허리띠이다. 바테 하네페쉬(bāttê hannepeš, 영혼의 집)는 부적으로 가득 찬 작은 헝겊가방으로 가슴과 가슴 사이에 달고 다녔다.[11] 레하쉼(lĕḥāšîm, 라하쉬⟨lāḥaš⟩, '마법을 걸다'라는 뜻의 어원을 가지고 있음)은 부적이나 뱀으로 하는 마법 같은 것이다. 타바오트(ṭabbā'ôt)는 반지에 달린 인장이고 니즈메 하아프(nizmê hā'ap)는 코걸이이다.

에스겔(16:11-13)은 결혼 예물중에 다음의 용어들을 언급하고 있다. 쯔미딤(ṣĕmîdim)은 금속으로 만든 팔찌이다. 라비드(rābid)는 목에 두르는 사슬을 말하는데 아마도 이집트인들이 요셉에게 주었던 구슬로 엮은 넓은 목걸이를 말하는 것일 것이다. "(바로는) 자기의 인장 반지(타바토⟨ṭabba'tô⟩)를 빼어 요셉의 손에 끼우고 그에게 세마포 옷을 입히고 금사슬(레비드 하자하브⟨rĕbid hazzāhāb⟩)을 목에 걸었다"(창 41:42). 네젬(nezem)은 코걸이로 귀나 코에 달았으며 뽕나무의 오디 같은 열매처럼 작은 펜던트가 달려 있었다. '금송아지'를 만들기 위해 아론은 니즈메 하자하브(nizmê hazzāhāb), 즉 금 귀걸이를 이용했다(창 32:2). 아길림('ăgilîm)은 귀걸이로 달 모양이나 타원형의 고리가 달려 있었다. 아타라('ăṭārâ)는 왕관이다. "(다윗이) 그(암몬) 왕의 머리에서 보석 박힌 왕관(아타라⟨'ăṭārâ⟩)을 가져오니 그 중량이 금 한 달란트(33.75킬로그램)라 다윗이 자기의 머리에 쓰니라"(삼하 12:30). 이렇듯 무거운 관을 다윗이 자신의 머리에 썼을 리는 없고 다윗의 머리에는 보석이 씌워졌을 것이다.[12]

3) 향수

"기름(쉐멘⟨šemen⟩)과 향(케토레트⟨qĕṭōret⟩)이 사람의 마음을 즐겁게 한다"고 알려져 있다(잠 27:9). 향유는 성스러운 상황과 또한 세속적인 상황에서 사람과 어떤 물건에 기름

---

11. Othmar Keel, *The Song of Songs*(Minneapolis: Fortress, 1994), 65.
12. P. Kyle McCarter, *II Samuel*, AB 9(Garden City, N.Y.: Doubleday, 1984), 313.

부을 때에 사용되었다. 향수는 종교적인 예식, 매장 관습, 차림새를 위해, 그리고 치료의 수단 등 다양한 경우에 사용되었다. 고대 근동에서 이미 사용된 기름은 향수를 생산할 때 기본적인 재료에 섞여 사용되었다. 오늘날은 주로 알코올이 이 역할로 사용되고 있다. 팔레스타인에 있어 올리브기름(쉐멘 자이트⟨šemen zayit⟩)이 향수를 만드는 혼합재료 중 액체의 기본으로서 사용되었지만 메소포타미아에서는 참기름이 그 역할을 했다.

이스라엘에서 향수와 화장품은 남성과 여성, 부자와 가난한 자 구별 없이 모두가 사용했다. 실제로 사람들은 불쾌한 냄새를 제거하고 뜨거운 열기와 작열하는 태양으로부터 피부를 보호하기 위해서 향유를 썼다. 나오미는 그의 며느리 룻에게 이렇게 지시했다. "너는 목욕하고 기름(수크⟨sûk⟩)을 바르고 의복을 입으라"(룻 3:3). 물론 왕실과 부유층을 위해서는 특별히 사치스러운 용도로도 사용되었다. 아하수에로(세스세스 1세) 왕 앞에 젊은 여인들이 나아가기 전에 열두 달 동안 미용시술을 받아야만 했다. "여섯 달은 몰약 기름(쉐멘 하모르⟨šemen hammōr⟩)을 쓰고 여섯 달은 향품(베싸밈⟨bĕśāmîm⟩)과 여자에게 쓰는 다른 물품(탐루킴⟨tamrûqîm⟩)을 써서 몸을 정결하게 하는 기한을 마쳤다"(에 2:12). 향수는 옷에 뿌려졌는데 왕의 결혼식 의복에는 몰약, 침향, 육계의 향수가 뿌려졌다. "왕의 모든 옷은 몰약(모르⟨mōr⟩)과 침향(아할로트⟨ăhālôt⟩)과 육계(케찌오트⟨qĕṣî'ôt⟩)의 향기가 났으며"(시 45:8⟨히브리어 성경 45:9⟩). 성경은 화장품과 향수를 매일 사용했던 예들을 보여주고 있다. 예를 들어, 밧세바와 다윗 사이에 처음 태어난 아이가 죽자 다윗은 "땅에서 일어나 몸을 씻고 기름(수크⟨sûk⟩)을 바르고 의복을 갈아입고 여호와의 전에 들어가서 경배하였다"(삼하 12:20).

향수와 향신료는 금과 은 만큼의 가치가 있었다. 히스기야가 바벨론의 사자에게 보여준 자신의 보고(베트 네코트⟨bêt nĕkōt⟩)에는 금은과 향품(하베싸밈⟨habbĕśāmîm⟩), 그리고 보배로운 기름(쉐멘 하토브⟨šemen haṭṭōb⟩)이 있었다(왕하 20:13). 향수가 값비싼 것은 여러 가지 이유가 있다. 물론 인조품이 아니라 단지 자연 재료가 사용되었을 경우에 한한다. 게다가 식물에서 재료를 추출해내는 과정이 오래 걸릴 뿐만 아니라 아주 적은 양만을 건질 수 있기 때문이다. 여호와가 요구하지도 않은 이러한 사치품들을 가져온 것에 대해 비난하는 예언은 이렇게 말한다. "시바에서 유향(레보나⟨lĕbônâ⟩)과 먼 곳에서 향품(카네 하토브⟨qāneh haṭṭōb⟩)을 내게로 가져옴은 어찌함이냐"(렘 6:20). 헤나(머리 염색용), 사프란, 박하, 아편 같은 단지 소수에 한정된 식물만이 팔레스타인 지방에서 추출할 수 있었던 식물이다. 향수와 화장품이 값비싸기 때문에 작은 토기나 상자 같은 작은 용기에 담았다.

(1) 향수 제조자

향료를 '섞다' 혹은 '합치다'의 뜻을 가진 히브리어는 라카흐(rāqaḥ, 아카드어로는 루쿠〈ruqqu〉)이다. 향수 제조자의 기술은 요리사가 만찬을 준비하는 것처럼 향료들을 잘 섞는 것이다. 다양한 과정들이 냄새가 없는 기름에 꽃을 짜서 만든 즙이나 향을 더하는데 사용되었다. 이 과정은 냉침법(冷浸法, 꽃의 향기를 상온에서 무취의 기름·지방 등에 노출시켜 향수를 만드는 방법-역주)으로 유명하다. 원자재(꽃, 나무껍질, 뿌리 등)를 물에 담가 부드럽게 하는 과정은 원자재를 부수고, 기름에 넣고 끓여 잘 섞어주는 것이다. 기름을 짜내어 빼고 액체즙만을 남긴다.

성스러운 기름(쉐멘 미쉬하트 코데쉬〈šemen mišhat-qōdeš〉)을 만들기 위해서는 몰약, 계피, 달콤한 향(카네〈qāneh〉), 육계(키다〈qiddâ〉) 등을 잘 섞어 주는 것이 중요하다(출 30:23-25). 성스러운 향은 네 가지 향이 있다. 소합향, 나감향, 풍자향 그리고 유향(출 30:34-35). 성경에 의하면 일찍이 향수를 제조한 자는 다양한 기술을 가지고 있었던 브살렐이었다(출 37:29).

4) 화장품

눈 주변을 채색하는 화장술은 이집트인들과 바벨론인들 사이에 이미 잘 알려진 화장술로 눈을 강조하여 밝은 태양과 곤충들로부터 눈을 보호하고 우환으로부터 벗어나기 위한 수단이었다. 눈 화장(히브리어로 푸크〈pûk〉)은 고대 이스라엘에서도 역시 사용되었다. 욥의 딸들 가운데 한 명은 게렌합북(Keren-happuch, 눈화장용 뿔)이라는 이름을 가졌다(욥 42:14).

눈화장은 아마도 방연광(회색 납성분)이나 공작석(녹색 구리 성분) 같은 광물질을 가루로 만든 것을 사용했을 것이다. 방연광은 "화장먹"(아라비아 여인들이 눈주변을 검게 화장하는 데 쓰이는 화장품-역주)이라 불리는 검게하는 눈화장을 말하는데, 공작석은 녹색으로 눈화장을 하는 데 사용되었다. 이집트 여인들은 위 눈꺼풀과 눈썹을 검게 그리고 눈의 아래는 녹색으로 화장했다. 눈화장품은 작은 뿔이나 용기에 담아 보관되었고 나무, 뼈, 상아, 유리 혹은 청동으로 만든 막대기를 이용해 화장을 하였다. 팔레스타인에서 철기 시대에 사용되었던 석회석으로 만든 화장용 팔레트가 발견된 바 있다.

이스라엘 백성들 중에서 명성이 좋지 않거나 좋지 못한 의도를 가지고 있는 여인이 종종 눈화장을 하였다. "예후가 이스르엘에 오니 이세벨이 듣고 (화장먹으로) 눈을 그리고

(바타셈 하푸크⟨wattāśem bappûk⟩) 머리를 꾸미고 창에서 바라보다가"(왕하 9:30). 예레미야는 예루살렘을 창녀로 비유하면서 "멸망을 당한 자여 네가 어떻게 하려느냐 네가 붉은 옷을 입고 금장식으로 단장하고 눈을 그려 꾸밀지라도(티크레이 바푸크⟨tiqrě'î bappûk⟩) 네가 화장한 것이 헛된 일이라"(렘 4:30). 에스겔 역시 믿음이 없는 예루살렘을 창녀 오홀리바로 비유하여 다음과 같이 묘사했다. "사절을 먼 곳에 보내 사람을 불러오게 하고 그들이 오매 그들을 위하여 목욕하며 눈썹을 그리며(카할⟨kāḥal⟩) 스스로 단장하고"(겔 23:40). 단지 앞의 구절에서 단 한 번 사용된 히브리어 카할(kḥl)의 어원은 눈화장을 하는 행위를 설명하고 있다. 주전 8세기 전반으로 연대가 측정되는 상아로 만든 화장먹(콜⟨kohl⟩)용 스푼이 하솔에서 발견되었다. 헤브론 지역에서 발견된 철기 II 시대의 포도주를 담는 주전자의 어깨 부분에 히브리어로 이렇게 새겨져 있다. '카할(kḥl)의 포도주, 야제야후의 것'. 카할(kḥl)은 '눈꺼풀을 칠하다'라는 의미를 가지고 있지만 여기서는 "코헬"(kohel)이라고 불리는 장소로 포도주가 생산된 장소를 말한다.[13]

(1) 화장품 용기

돌로 만든 용기는 화장품용 용기라고 생각되었다. 가장 잘 알려진 화장품용 용기는 설화 석고(눈처럼 흰 돌-역주)로 만들어진 "알라바스트롱"(alabastron)이라 불리는 용기이다(그림 150). 돌과 설화 석고로 만들어진 용기들은 내용물을 차게 보관하는 데 도움이 되었다. 화장품은 상당히 값나가는 것이었기 때문에 작은 용기에 담겨 팔았다.

당근 모양으로 생긴 향수를 담았던 병과 둥근 모양의 용기들은 모두 주전 6세기 혹은 5세기로 연대가 측정되며(페르시아 시대) 예루살렘의 서쪽에 위치한 힌놈의 골짜기에서 발견된 무덤들에서 나왔다. 주전 이천 년 후반에 팔레스타인에서는 오리 모양의 상아나 나

그림 159. 니느웨에서 발견된 라기스 벽부조: 성문을 통해 도망가고 있는 피난민들(Expedition to Lachish 전재 허가; 발굴 지휘자 D. Ussishkin; 사진: A. Hay).

---

13. Nahman Avigad, "Two Hebrew Inscriptions on Wine-Jars," *IEJ* 22(1972):1-9.

무로 만든 화장품용 용기들이 인기가 있었고 므깃도, 단, 라기스, 그리고 게셀 등에서 발견된 바 있다. 또한 화장품을 바르는 데 사용된 도구들은 물론 화장품을 갈고 섞는 데 사용했던 용기들도 발견되었다.

성경에서 몇몇 구절들이 화장품 용기들을 언급하고 있다. 사무엘이 사울에게 기름 부을 때 그는 "기름병(파크⟨pak⟩)을 취하여 사울의 머리에 부었다"(삼상 10:1). 후에 여호와는 사무엘에게 말하길 "내가 이미 사울을 버려……너는 기름을 뿔(카르네카⟨qarněkā⟩)에 채워가지고 가라"(삼상 16:1). 엘리사가 그의 생도 중 하나를 불러 이르되 "너는 허리를 동이고 이 기름병(파크⟨pak⟩)을 손에 가지고 길르앗 라못으로 가라"(왕하 9:1)고 했다.

5) 머리 손질

우리가 머리 모양에 대해 이야기 할 때 사실 머리 모양은 시간의 변화에 따라 자주 바뀔 수 있을 뿐만 아니라 가지고 있는 정보 역시 상당히 한정되어 있다는 부분을 감안해야만 할 것이다. 부조품들, 조각상들, 그리고 기념물들은 이집트와 메소포타미아의 머리 모양에 관해 상당히 가치 있는 정보들을 제공해주고 있다. 그러나 고대 이스라엘에 있어서는 문서상의 기록도 부족하지만 또한 사람의 형상을 보여주는 유물도 많지 않다.

남성과 여성 모두 긴 머리를 하는 것이 아름다움의 상징이었다. 발굴 장에서 아주 쉽게 발견되는 머리핀들은 뼈, 상아, 혹은 금속으로 만들어졌고, 때때로 사람이나 동물 모양이 새겨져 장식되어 있기도 하다. 어깨 아래까지 드리워져 있는 한 여인의 머리는 "길르앗 산기슭에 누운 염소 떼 같고"(아 4:1) "고불고불하고 까마귀같이 검다"(아 5:11)고 비유하고 있다. 라기스 전쟁 부조에서 앗수르 왕 산헤립 앞에는 짧고 촘촘한 곱슬머리와 수염을 기르고 있는 포로들이 서 있다.

다윗의 아들 압살롬은 그의 아름다운 외모 때문에 칭송 받았는데 그의 긴 머리는 그의 외모에서 상당히 눈에 띈다고 말하고 있다. 그는 연말마다 머리를 깎았는데 "그의 머리털을 깎을 때에 그것을 달아 본즉 그의 머리털이 왕의 저울로 이백 세겔(약 2킬로그램)이었더라"(삼하 14:26). 그러나 희한하게도 그의 아름다운 머리가 나무에 걸렸을 때 그로 하여금 아무것도 하지 못하게 하고 말았다. "압살롬이 노새를 탔는데 그 노새가 큰 상수리나무 번성한 가지 아래로 지날 때에 압살롬의 머리가 그 상수리나무에 걸리매 그가 공중과 그 땅 사이에 달리고 그가 탔던 노새는 그 아래로 빠져나간지라"(삼하 18:9). 삼손 역시 그의 머리 때문에 주목 받았다. 그는 그의 들릴라에게 자신의 머리털 일곱 가닥을 베틀의 날실에 섞어 짜라고 말하고 있다(삿 16:13-14). 이사야는 심판의 날에 시온의 여인들의 "숱한 머리"(마아세 미크쉐⟨ma'ǎśeh miqšeh⟩)가 대머리(코르하⟨qorḥâ⟩)로 변하여 그들이 수치를 당할 것이라고 말하고 있다(사 3:24).

이스라엘의 주변 국가에서는 슬픔과 임박한 죽음을 맞아 머리와 수염을 깎았다. 이스라엘 백성 역시 이러한 애도 의식을 했지만 제사장들에게는 금기시 되어 있었다(레 21:5). 총독 그다랴가 살해 당한 후 "사람 팔십 명이 자기들의 수염을 깎고 옷을 찢고 몸에 상처를 내고 손에 소제물과 유향을 가지고 세겜과 실로와 사마리아로부터 와서 여호와의 성전으로 나아가려 한지라"(렘 41:5).

토라는 구렛나루 수염을 자르는 것을 금하고 있다. "머리 가를 둥글게 깎지 말며 수염 끝을 손상치 말며"(레 19:27). 다른 사람의 수염을 깎는 것은 엉덩이를 드러내 보여 창피함을 당하는 것처럼 불명예의 상징이었다. 암몬 왕 하눈은 다윗의 신하들을 잡아 "그들의 수염 절반을 깎고 그들의 의복의 중동 볼기까지 자르고 돌려보냈다"(삼하 10:4). 멕카터(McCarter)는 이 두 행동을 "거세의 상징"이라고 해석하고 있다.[14]

(1) 거울

거울은 주로 이집트에서 많이 발견되었다. 손잡이가 있는 거울(히브리어 마르오트⟨mar'ôt⟩)은 이미 이집트에서는 주전 3세기 중반에 사용되었다. 국가 간에 선물을 교환할 때 거울은 자주 그 품목에 들어갔다. 거울은 상당히 윤이 나는 금속, 즉 청동, 구리, 은, 금, 양은으로 만들어졌다. 거울은 주로 둥근 형태로 손잡이는 금속이나 뼈 혹은 상아 등으

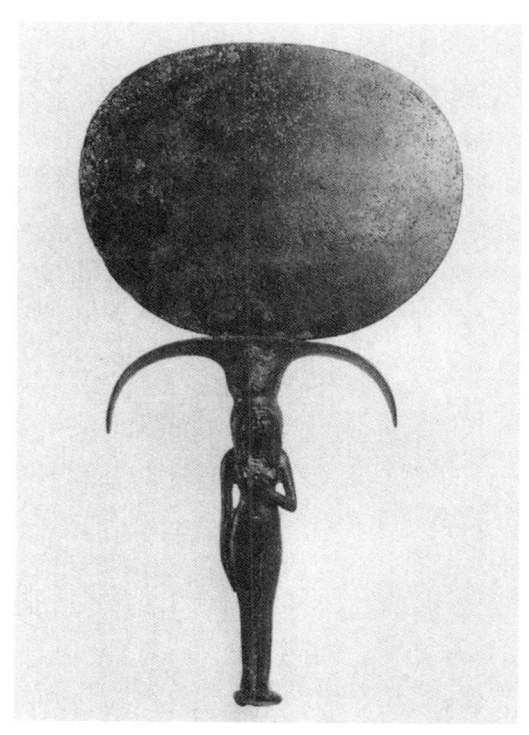

그림 160. 악고에서 발견된 이집트 청동 거울, 주전 14세기. 이집트 여신의 모습을 하고 있는 손잡이가 보인다(이스라엘 박물관 전재 허가).

---

14. McCarter, *II Samuel*, 270.

로 만들어졌으며 장식이 새겨졌다. 유리로 만든 거울은 로마 시대나 가서 등장한다.

주전 6000년 전(신석기 시대)으로 연대가 측정되는 흑요석으로 만든 거울이 하부 갈릴리 언저리에 있는 텔 카브리(Tell Kabri)에서 발견되었다. 이집트의 청동 거울은 벌거벗은 여인의 모양으로 생긴 손잡이가 달렸으며 이 거울은 악고 북쪽 후기청동기 시대의 무덤인 무덤 B3에서 발견되었다(그림 160). 팔레스타인에서는 텔 엘 아줄(Tell el-'Ajjul), 므깃도, 데이르 엘 발라흐(Deir el-Balah)와 그외 여러 유적지에서 후기청동기 시대의 거울이 발견되었다. 가사 근처 텔 엘 아줄에서 발견된 청동 거울은 로터스 꽃 모양으로 장식된 손잡이가 달려 있는 것으로 보아 18왕조 때에 이집트에서 수입된 것으로 보고 있다.

6) 향료

사해 서쪽 해변에 위치한 유다 광야의 오아시스인 엔게디의 뜨거운 날씨는 열대성 식물이 자라는 데 도움이 되었다. 우리가 여기서 자라는 열대 나무들의 이름을 알고 있기는 하지만 과학자들은 성경에 나오는 향료를 지칭하는 이름들이 이 나무들과 동일시된다고는 확신하고 있지 못하다. 바삼(*bāsām*)과 보셈(*bōsem*) 그리고 베셈(*besem*)이라는 단어들이 성경에는 40번 이상 등장한다.[15] 보셈은 향료를 칭하는 일반적인 용어이다. "(스바 여왕이) 예루살렘에 이르니 수행하는 자가 심히 많고 향품(베사밈⟨*bĕsāmîm*⟩)과 심히 많은 금과 보석을 낙타에 실었더라"(왕상 10:2). "스바와 라아마의 상인들도 너의 상인들이 됨이여 각종 극상품 향(보셈) 재료와 각종 보석과 황금으로 네 물품(이즈보나이크⟨*'izbônāyik*⟩)을 바꾸어 갔도다"(겔 27:22).[16] 좋은 냄새가 나는 점성이 있는 액체인 발삼(방향제)(오포발사뭄⟨*opobalsamum*⟩)은 매우 값비싼 것이었다. 보셈은 오포발사뭄(*opobalsamum*, 발삼 액)으로 해석되며 작은 나무의 나무껍질을 벗겨내 향이 나는 액체를 얻는다. 이 과정은 유향과 몰약을 축출할 때도 같은 방법이 사용되었다. 에스겔 27:22에 의하면 (가장 좋은 질의) 발삼은 스바와 라아마(사우디 아라비아 남서쪽에 위치한 현재 나즈란⟨Najran⟩)에서 수입되었다.

엔게디 지역에서 가장 눈에 띄는 유적지는 텔 고렌(Tel Groen)이다. 이 유적지에 첫 번째 주거지(V층)가 생긴 것은 철기 시대 후기(주전 630-582년)이다. 다양한 토기 조각들과

---

15. Michael Zohary, *Plants of the Bible* (Cambridge: Cambridge University Press, 1982), 198.
16. Igor M. Diakonoff, "The Naval Power and Trade of Tyre," *IEJ* 42(1992): 182-84.

도구들의 놓여있는 것과 함께 건물들과 광장들이 펼쳐져 있는 것으로 봤을 때 베냐민 마잘(Benjamin Mazar)은 이 주거지가 왕실의 관리 하에 향품들을 생산했던 상업 중심지였다고 주장했다. 작업장에서는 커다란 토기로 된 통들이 발견되었는데 아마도 아궁이로 사용되었던 것으로 보인다. 밀집되어 줄을 이루고 있고 석탄과 재로 둘러싸여 있는 것으로 봤을 때 이 통들은 향품을 생산하는 과정 중 증류에 사용된 용기들이었을 것이다.

2. 음악, 노래, 그리고 춤

1) 음악과 역할

고대 이스라엘의 삶에 있어 음악의 중요성은 이미 창세기 속에서도 보여진 바 있는데 육축을 치는 자와 기계를 만드는 자 외에 등장하는 중요한 세 가지 직업 중 하나가 바로 음악가이다. 유발은 "수금(키노르〈kinnôr〉)과 퉁소(우가브〈ûgāb〉)를 잡는 모든 자의 조상이 되었으며"(창 4:21). 비록 직업적인 음악가들이 다윗과 솔로몬 시대에 와서야 이스라엘에 등장하지만, 음악은 근동의 역사와 함께 오랜 전통을 가지고 있어 적어도 주전 3000년 전까지 그 역사를 거슬러 올라갈 수 있다. 오늘날과 마찬가지로, 음악, 노래, 그리고 춤은 고대에 있어 매일의 생활 속에서 행해지는 것이었다. 이들은 또한 이스라엘의 종교, 사회, 그리고 문화와 매우 밀접한 관계가 있으며 특별히 성전에서의 의식과 전쟁, 그리고 여러 종류의 명절과 함께했다.

포로기 이후 시대(주전 538년 이후)에 와서 역대기 기록자와 제2성전 시대의 시가를 기록한 시편 기록자는 페르시아 시대에 이스라엘의 음악이 발전했음을 암시하고 있다. 그러나, 많은 시편들은 이미 제2성전 시대 이전에 써진 것이었다. 각각의 시편의 연대를 밝힌다는 것은 과학적으로 행하기에는 어려운 과제이기에 자주 토론의 대상이 된다. 73편의 시편을 다윗이 기록했다고 되어 있기 때문에 학자들은 이 시편들과 다른 몇몇 시편들을 제2성전 시대 이전에 기록된 것으로 본다. 그러나 몇몇 비평적인 학자들은 이 시편들을 후대, 심지어 주전 3–2세기경에 기록된 것이라고 말하기도 한다.

고대 시리아의 도시 우가릿(현대 라스 샴라〈Ras Shamra〉)에서 발굴된 한 문헌(주전 14–12세기)은 놀랍게도 성경과 유사한, 그것도 시편과 유사한 내용을 적고 있다. 예를 들어,

우가릿 신화에서 등장하는 폭풍의 신 바알과 그의 아내 아낫에 관한 신화는 시편 저자에게 영향을 미쳐 유사한 표현들을 사용하게 했다. 이 영향의 결과와 함께 다른 연관성 때문에 많은 학자들은 이제 시편이 왕국 시대에 써졌다는 것을 확신하고 있다.

몇몇 포로기 이전에 써진 시편들 중에는 18, 29, 68편이 있으며 그중 다윗의 감사시인 18편은 사무엘하 22장과 거의 일치하고 있어 학자들은 이 시편을 포로기 이전에 써진 것이라고 확신하고 있다.[17] 시편 29편과 68편은 우가릿에서 발견된 문헌에 기록된 것과 유사한 점이 있다. 시편 68편보다 29편이 좀 더 증거를 확실하게 볼 수 있는데 이는 문헌적인 모호함이 드러나 있기 때문이다. 시편 29편은 하나님의 능력을 찬사하는 시가로서 성경에서 가장 오래된 시편으로 그 연대는 주전 10세기 초반까지도 생각되고 있다. 이 시편은 가나안인들의 바알 신에 대한 칭송의 내용과 유사하게 그 내용을 번안하고 있다.

비록 음악에 대한 히브리어의 용어가 방대하기는 하지만 어떤 기술적인 용어라든지 악기를 지칭하는 말들은 오늘날 성경을 읽는 우리가 이해할 수 없는 것들이 많다. 정확한 악기의 용도의 모호함은 번역가들로 하여금 자신들이 익숙한 용어로 번역하게 했고 결국 여러 가지 다양한 명칭을 가지게 되었다. 시편의 제목들은 많은 음악적 표현(기술적인 용어들, 음악적인 편곡 같은 것을 말함)으로 써졌지만 그 의미는 여전히 모호하다. 그럼에도 불구하고 확실한 것은 음악(현악기, 관악기, 그리고 타악기를 포함함), 노래, 그리고 춤은 시편에 있어 중요하게 다루어지고 있으며 특별히 예배 의식과 찬양 시에 더욱더 두드러지게 드러난다.

고대든지 현대든지 어떤 장르의 문헌을 다룰 때 작가가 어떤 문학적 양식을 따르고 있는지 밝히는 것은 중요하다. 헤르만 궁켈(Herman Gunkel)과 다른 학자들의 양식비평 연구에 의해[18] 시편을 분류하고 형식과 성격을 결정하고 어떻게 발전했는가를 찾아보는 것은 용이하며, 결과적으로 시편은 성경적 노래라는 한정적인 의미에서 통찰된다. 시편의 중요한 형식은 크게 찬양과 왕위에 대한 시, 애가, 그리고 감사의 노래로 나눌 수 있다.

이집트와 메소포타미아에서 증명된 것과 비교해 본다면 이스라엘의 음악 생활에 대한

---

17. Frank M. Cross and David N. Freedman, "A Royal Song of Thanksgiving: II Samuel 22=Psalm 18a," *JBL* 72(1953): 15–34.

18. 예를 들어, Hermann Gunkel, *Introduction to Psalms: The Genres of the Religious Lyric of Israel*, Joachim Begrich에 의해 완성됨(Macon: Mercer University Press, 1998; 독일어 출판본 1933); Sigmund Mowinckel, *The Psalms in Israel's Worship*, Robert K. Gnuse and Douglas A. Knight에 의해 써진 머리말 참조(Sheffiedl: JSOT Press, 1992; 노르웨이어 출판본 1951).

문헌적 그리고 예술적 모습은 턱없이 부족하기만 하다. 주전 701년 산헤립이 예루살렘과 전쟁을 일으켰을 때 히스기야가 앗수르의 수도 니느웨에 보낸 공물 중에는 "남자와 여자 음악가들"이 있었다. 이들이 "가치 높은 여러 가지 보물들"의 목록 중에 포함되어 있는 것으로 보아 음악가들은 분명 높은 가치를 가지고 있는 자로 취급되었다(ANET 288). 유다 왕 여호야긴 시대의 바벨론의 행정 기록은 전쟁 포로들의 식량으로 사용할 기름을 운반했다고 말하고 있다. 이 포로들 중에는 느부갓네살이 바벨론으로 끌고 간 '아스글론의 노래 지도자'도 있었다(ANET, 308). 주전 1000년 전의 앗수르의 부조품들은 이집트와 메소포타미아에서 발견되는 벽화와 형상들 그리고 채색되거나 장식이 달린 토기들과 함께 많은 정보를 제공해주고 있다. 더불어 고고학자들은 팔레스타인에서 악기들의 흔적 역시 계속적으로 발굴하고 있다.

시편 저자는 성경의 다른 어떤 책보다 음악에 관한 많은 정보를 제공하고 있다. 음악은 목소리와 악기로 연주되었다. 노래에 있어 대부분의 성경에 나오는 것들은 종교적인 것으로 특히 성전 의식 중에 불렀으나 어떤 노래들은 다른 축하의 의미를 지니고 있기도 했다. 몇몇 시편들은 성전에서 연주된 노래와 악기를 묘사하고 있다. "하나님이여 그들이 주께서 행차하심을 보았으니 곧 나의 하나님 나의 왕이 성소에 행차하시는 것이라. 소고(토페포트⟨tôpēpôt⟩) 치는 처녀들 중에서 노래 부르는 자들(샤림⟨šārîm⟩)은 앞서고 악기를 연주하는 자들(노게님⟨nōgĕnîm⟩)은 뒤따르나이다"(시 68:24-25⟨히브리어 성경 68:25-26⟩). "시(짐라⟨zimrâ⟩를 읊으며 소고(토프⟨tōp⟩)를 치고 아름다운 수금(키노르⟨kinnôr⟩)에 비파(나벨⟨nābel⟩)를 아우를지어다. 초하루와 보름과 우리의 명절에 나팔(쇼파르⟨šôpār⟩)을 불지어다"(시 81:2-3⟨히브리어 성경 81:3-4⟩). 시편과 그 외의 책을 보면 성경에는 많은 다양한 노래가 실려 있다. 가장 초기의 노래는 주전 12세기에 지어진 "드보라의 노래"로 알려진 사사기 5장의 노래로 시스라의 통솔 아래 있었던 가나안 왕들이 어떻게 패배했는지를 노래하고 있다. 이 노래는 드보라와 이스라엘의 지휘관이었던 바락에 의해 불려졌다(삿 5:1). 시편은 세페르 테힐림(seper tĕhillîm, 찬양의 책)이라 이름지어졌지만 찬양의 노래뿐만 아니라 애가도 실려있다. 시편에는 기록되지 않았으나 다윗은 사울과 그의 아들 요나단이 길보아산에서 죽은 이후 부른 애가(키나⟨qinâ⟩는 가장 초기에 불려진 노래 중에 하나이며 또한 가장 유명한 것이기도 하다(삼하 1:17-27). 다윗은 유다 백성들에게 이 장례식용 노래를 가르쳤고 이 노래는 "키나"(qinâ)라 불리는 쟝르로 구분된다. 예레미야는 유다 백성들에게 그들의 나라가 곧 파괴될 것을 슬퍼하라고 충고했다. 여인들은 개인적인 비극이나 국가적 위기에 임했을 때 전문적인 애도자들로 곡을 했다. 그들의 애곡하는 소리는 그들의 공동체로 하여금 즉각 애도에 참여할 것을 종용했다. "부녀들이여 여호와의 말씀을 들으라 너희 귀에 그 입의 말씀을 받으라. 너희 딸들에게 애곡(네히⟨nehî⟩)하게 하고 각기 이웃에게 슬픈 노래(키나⟨qînâ⟩)를 가르치라"(렘 9:20⟨히브리어 성경 9:19⟩).

(1) 음악과 예언

고대에 음악은 종종 예언과 함께 행해졌다. 음악을 연주하는 것은 때때로 예언적 황홀경에 빠지는 데 사용되었고 이러한 상태를 여호와의 영에 휩싸인 상태라고 보았다. 이 황홀경의 상태는 종종 춤, 혼수 상태, 그리고 자신의 변화 등을 동반한다. 사무엘이 사울에게 기름 부은 후 그는 새 왕에게 말했다.

> 그 후에 네가 하나님의 산에 이르리니 그곳에는 블레셋 사람들의 영문이 있느니라. 네가 그리로 가서 그 성읍으로 들어갈 때에 선지자의 무리가 산당(하바마⟨habbāmâ⟩)에서부터 비파(네벨⟨nēbel⟩)와 소고(토프⟨tōp⟩)와 저(할릴⟨hālil⟩)와 수금(키노르⟨kinnôr⟩)을 앞세우고 예언하며 내려오는 것을 만날 것이요. 네게는 여호와의 영이 크게 임하리니 너도 그들과 함께 예언(히트나비타⟨hitnabbîtā⟩)을 하고 변하여 새 사람이 되리라(삼상 10:5-6).

이러한 예언자들은 음악에 의해 황홀경에 빠지곤 했다.

주전 10세기로 연대가 측정되는 흙으로 만든 제대가 블레셋 도시인 아스돗에서 발견되었는데 여기에는 악기를 들고 연주하고 있는 악사들의 모형들이 달려 있었다(그림 161). 사무엘상 10:5-6에 묘사된 것들과 비교했을 때 블레셋인들의 4중주 형태라 볼 수 있을 것 같으며, 여기에는 심벌즈와 더블 피리, 비파, 그리고 소고를 연주하는 이들이 있다. 이 장면은 사울이 만났던 기브아 산당에서 내려오던 예언자들의 무리와도 닮았다.

엘리사의 사역을 훑어봤을 때 여기서도 음악은 역시 예언적 황홀경에 사용되었는데 이스라엘의 왕 여호람이 모압과 전쟁을 했을 때 이러한 모습이 등장한다. 군대와 그 군대의 동물에게 줄 물을 찾는 데 실패했을 때 엘리사는 왕에게 나타나 "거문고 탈 자"를 불러오도록 했다. "거문고 타는 자가 거문고를 탈 때에 여호와의 손이 엘리사 위에 있더니 그가 이르되 여호와의 말씀이 이 골짜기에 개천을 많이 파라 하셨나이다"(왕하 3:15-16).

(2) 연주자 다윗

성경은 다윗이 음악과 관련이 있다는 이유로 성전에 음악을 도입한 자로서 생각한다. 비록 작가가 정확히 잘 밝혀져 있지는 않지만 히브리 전통은 많은 시편을 다윗이 썼다고 보고 있다. 다윗이 어릴 때 그는 "베들레헴 사람 이세의 아들 중 하나(삼상 16:18)로서 수금(키노르⟨*kinnôr*⟩)을 잘 타는 자"(삼상 16:16)로서 묘사되었다. 전문적인 음악가로서 명성이 자자했던 다윗은 사울의 궁전에 불려갔고 여러 번 왕이 우울할 때에 위로가 되어 주었다. "하나님께서 부리신 악령이 사울에게 이를 때에 다윗이 수금(키노르⟨*kinnôr*⟩)을 들고 와서 손으로 탄즉 사울이 상쾌하여 낫고 악령이 그에게서 떠나더라"(삼상 16:23).

사울의 통치 이후 음악은 궁정의 일부였다. 다윗과 몇몇 다른 연주자들은 궁전에 자주 입회하였다. 길르앗 사람 바르실래는 다윗이 압살롬의 폭동에 시달리는 동안 다윗을 따르는 자였다. 다윗은 예루살렘으로 그를 데려가려 했지만 그는 그가 나이가 많아 왕과 함께 갈 수 없다고 거절하며 이렇게 말했다. "내 나이가 이제 팔십 세라 어떻게 좋고 흉한 것을 분간할 수 있사오며 음식의 맛을 알 수 있사오리이까 어떻게 다시 노래하는 남자(샤림⟨*šārîm*⟩)나 여인(샤로트⟨*šārôt*⟩)의 소리를 알아들을 수 있사오리이까"(삼하 19:35⟨히브리어 성경 19:36⟩). 맥카터(McCarter)의 해석에 의하면 바르실래의 이 질문들은 "그의 성적 능력…그리고 즐거움을 누릴 수 있는 그의 다른 능력들이 노쇠하였음을 말하며, 또한 그가 더 이상 궁정의 생활을 즐길 수 없음을 말하고 있다."[19] 솔로몬이 왕위에 오를 때 다윗은 이렇게 명했다. "거기서 제사장 사독과 선지자 나단은 그에게 기름을 부어 이스라엘 왕으로 삼고 너희는 뿔 나팔(쇼파르⟨*šôpār*⟩)을 불며 솔로몬 왕은 만세수를 하옵소서 하고…모든 백성이 그를 따라 올라와서 피리(메하렐림 바할릴림⟨*měḥallělîm bahălilîm*⟩)를 불며 크게 즐거워하므로 땅이 그들의 소리로 말미암아 갈라질 듯하니"(왕상 1:34, 40).

(3) 음악과 환락

음악은 또한 상류사회를 위해서 연주되었다. 아모스가 사마리아의 상류 부유층의 사람들이 벌린 사치스러운 잔치(마르제아흐⟨*marzēaḥ*⟩)에서 그들이 하는 행동을 비난하면서 그는 이들의 환락을 "비파(나벨⟨*nābel*⟩) 소리에 맞추어 노래(하포레팀⟨*happōrěṭîm*⟩)를 지절거리며 다윗처럼 자기를 위하여(하쉐부⟨*ḥāšěbû*⟩) 악기(켈레-쉬르⟨*kělê-šîr*⟩)를 제조한다"(암 6:5)고 지적하고 있다. 이 구절에서 아모스는 이들을 다윗과 비교할 때 우스꽝스럽다고

---

19. McCarter, *II Samuel*, 422.

표현하고 있다.[20] 이사야는 사회 정의와는 멀게 행동하는 이들에 대한 비난을 "그들이 연회에는 수금(키노르⟨kinnôr⟩)과 비파(네벨⟨nebel⟩)와 소고(토프⟨tōp⟩)와 저(할릴⟨ḥālil⟩)와 포도주를 갖추었어도 여호와께서 행하시는 일에 관심을 두지 아니한다"고 말했다(사 5:12). 음악은 또한 가정의 일상적인 행사에도 등장했는데 예를 들어, 야곱이 그의 가족과 가축 떼를 데리고 몰래 라반의 집을 떠날 때, 라반은 그가 미리 이 사실을 알고 있었다면 "내가 즐거움(씸하⟨śimhâ⟩)과 노래(쉬림⟨śirîm⟩)와 북(토프⟨tōp⟩)과 수금(키노르⟨kinnôr⟩)으로 너를 보내겠거늘"이라고 말한다(창 31:27).

음악과 노래는 결혼식에 있어서도 중요한 위치를 차지했다. 예레미야는 하나님과의 계약을 깨버린 유다 백성을 꾸짖을 때 이러한 관습을 언급하고 있다. 그들에 대한 벌은 이렇다. "그 때에 내(여호와)가 유다 성읍들과 예루살렘 거리(후쪼트⟨huṣṣôt⟩)에 기뻐하는 소리, 즐거워하는 소리, 신랑의 소리, 신부의 소리가 끊어지게 하리니 땅이 황폐하리라"(렘 7:34; 16:9). 시편 45편은 왕의 결혼식에 대한 노래인데 여기서도 음악이 향연의 중요한 부분을 차지하고 있다. "상아궁에서 나오는 현악(민니⟨minni⟩(복수 minîm))은 왕을 즐겁게 하도다"(시 45:8⟨히브리어 성경 45:9⟩). 상아궁이란 궁안의 방과 가구들이 상아 조각품으로 장식되어 있는 것을 말한다. 음악, 노래, 그리고 춤은 포도 수확 잔치에 있어 필수적이었으며 이 잔치는 쉽게 성적 향연으로 변하기도 했다.

이사야의 열매 없는 포도원에 대한 유명한 노래는 이렇게 시작한다. "나는 내가 사랑하는 자를 위하여 노래(쉬라트 도디⟨śirat dôdî⟩)하되 내가 사랑하는 자의 포도원을 노래하리라"(사 5:1). 우리가 아가서에서 보듯, 이스라엘 민족의 시에서 포도원은 자주 '사랑하는 이'에 비유된다. 사랑의 노래이기도 하지만 이사야의 독특한 시는 또한 재판에 대한 예언이기도 하다. 모압의 포도원을 파괴한 데 대한 애도를 이사야는 이렇게 말했다. "즐거움과 기쁨이 기름진 밭에서 떠났고 포도원에는 노래(로 예룬난⟨lō'-yĕrunnān⟩)와 즐거운 소리가 없어지겠고…이러므로 내 마음이 모압을 위하여 수금(키노르⟨kinnôr⟩)같이 소리를 발하며"(사 16:10-11).

음악은 유괴사건을 일으킨 연중 절기에도 행해졌다. 사사기의 저자는 전쟁에서 살아남은 베냐민 지파의 남자들이 어떻게 베냐민 지파의 땅이 아닌 곳에서 새로운 아내를 얻어 멸족의 위기를 넘겼는지 설명하고 있다. 그들은 아내를 납치해서 얻었는데 아마도 그

---

20. Shalom M. Paul, *Amos: A Commentary on the Book of Amos*, Hermeneia(Minneapolis: Fortress, 1991), 207.

녀들은 술에 취한 상태였을 것이다. 이 사건은 예루살렘에서 북쪽으로 30킬로미터 떨어진 중앙 산지의 실로(현재 세일룸〈Seilum〉)에서 행해졌다. 사건은 명칭이 정확하게는 기록되지 않은 연중 절기에 일어났다. 베냐민 지파는 "가서 포도원에 숨어 보다가 실로의 여자들이 춤을 추러(라훌 바메홀로트〈lāḥûl bamməḥōlôt〉) 나오거든 너희는 포도원에서 나와서 실로의 딸 중에서 각각 하나를 붙들어 가지고 자기의 아내로 삼아 베냐민 땅으로 돌아가라"(삿 21:20-21)고 지시를 받았다.

(4) 음악과 전쟁

음악, 노래, 그리고 춤은 전쟁에서도 행해졌는데 특히 전쟁 이후 승리를 축하하는 데 있어 빠지지 않았다. 여인들, 특히 미리암, 드보라, 그리고 입다의 딸은 이러한 승리의 축제에 등장한다. 이스라엘이 홍해(얌 수프〈yam sûp〉)를 무사히 건넌 후 미리암은 승리의 노래를 부른다. "아론의 누이 선지자 미리암이 손에 소고(투핌〈tuppîm〉)를 잡으매 모든 여인도 그를 따라 나오며 소고를 잡고 춤추니(메홀로트〈məḥōlōt〉) 미리암이 그들에게 화답하여 이르되 너희는 여호와를 찬송하라 그는 높고 영화로우심이요 말과 그 탄 자를 바다에 던지셨음이로다 하였더라"(출 15:20-21). 드보라는 가나안 왕들의 연맹 군대를 물리치고 난 후 노래했다. "너희 왕들아 들으라 통치자들아 귀를 기울이라 나 곧 내가 여호와를 노래(아쉬라〈'āšîrâ〉)할 것이요 이스라엘의 하나님 여호와를 찬송(아짜메르〈'ăzammēr〉)하리로다"(삿 5:3). 그리고 마지막으로 입다와 그의 딸이 만났을 때 "입다가 미스바에 있는 자기 집에 이를 때에 보라 그의 딸이 소고(투핌〈tuppîm〉)를 잡고 춤추며(메홀로트〈məḥōlōt〉) 나와서 영접했다"(삿 11:34).

그림 161. 악기 연주가들이 묘사된 점토 제대, 주전 11세기 후반 혹은 10세기 초반. 아스돗에서 발견됨(이스라엘 박물관 전재 허가; 사진: D. Harris).

2) 악기

악기는 주로 앙상블로 연주되었는데, 학자들은 성경에 나오는 대다수의 악기들이 어떤 것이었는지 밝혀낼 수 있다. 시편의 마지막 편인 150편에는 오케스트라의 모든 파트가 하나님의 광대하심을 찬양하기 위해 함께 모여있다. "나팔(쇼파르⟨šôpār⟩) 소리로 찬양하며 비파(네벨⟨nēbel⟩)와 수금(키노르⟨kinnôr⟩)으로 찬양할지어다. 소고(토프⟨tōp⟩)치며 춤추며(마홀⟨māḥôl⟩) 찬양하며 현악(민님⟨minnîm⟩)과 통소(우가브⟨ʿûgāb⟩)로 찬양할지어다. 큰 소리 나는 제금(찔쩰레-샤마⟨ṣilṣĕlê-šāmaʿ⟩)으로 찬양하며 높은 소리 나는 제금(찔쩰레-테루아⟨ṣilṣĕlê-tĕrûʿâ⟩)으로 찬양할지어다"(시 150:3-5).

악기는 이미 오랜 시기 전에 만들어졌고(비파, 수금, 그리고 피리 등은 주전 3000년 전으로 그 연대가 거슬러 올라간다) 비록 몇몇 악기는 무엇이었는지 밝힐 수 없어 여전히 만족할 만한 답을 가지고 있지 않긴 하지만 악기의 종류는 현악기와 관악기 그리고 타악기 세 가지로 나누어진다. 악기들은 청동, 철, 금, 은, 그리고 때로는 토기로 만들어졌다. 관악기와 타악기는 뼈로 만들어지기도 했다.

불행히도 우리는 고대 근동의 음조에 대해서는 적은 정보만을 가지고 있고 사람들이 어떤 음악을 좋아했었는지도 알 수가 없다. 그러나 적어도 서구적인 견해에서 볼 때 고대에 연주되었던 현, 관, 타악기가 만들어낸 오케스트라와 밴드의 음악은 현대 근동의 음악과 크게 다르지 않을지도 모른다는 가능성을 생각해 본다.

(1) 현악기

고대 이스라엘에서 노래는 일반적으로 악기의 반주에 맞추어 불렀다. 키노르(kinnôr)는 성경에서 가장 많이 언급되어 있는 악기로 종종 "수금" 혹은 "비파"로 번역되는데 "수금"이 더 적절한 번역이라고 본다. 수금은 직사각형의 소리통과 두 개의 비대칭으로 서 있는 막대 위에 비스듬히 가로로 놓여있는 막대로 이루어져 있다. 비파에는 위의 가로막대가 없다. 고대 근동의 수금에 대해서 연구의 성과를 보인 보 라베르그렌(Bo Lawergren)[21]은 폭이 '좁은' 수금과 '넓은' 수금의 차이를 밝혀냈다. 전자는 '동쪽'에서 많이 사용된 것으로 4-8개의 줄이 있었고 채로 쳐서 연주했다. '넓은' 수금은 10-13개의 줄이

---

21. Bo Lawergren, "Distinctions among Canaanite, Philistine, and Israelite Lyres, and Their Global Lyrical Contexts," *BASOR* 309(1998): 41-68.

있었고 손가락으로 튕겨 연주했다. 그는 좁은 수금을 키노르(*kinnôr*)로, 넓은 수금을 네벨(*nēbel*)로 정의했다. 그는 후자가 팔레스타인에서 발견된 바 없다고 말했다.

수금에 달린 줄들은 그 길이가 거의 같았다. 요세푸스는 수금에 10개의 줄이 달렸고 채로 쳐서 소리를 냈다고 말했지만(*Ant*. 7, 12,3) 줄의 숫자는 확실하지 않다. 다른 모든 현악기들처럼 수금도 오른손으로 쥐고 왼손으로 연주했다. 히브리어의 나간(*nāgan*)은 '현악기를 연주하다'라는 의미를 지녔다. "하나님이 부리시는 악령이 사울에게 이를 때에 다윗이 수금을 들고 와서 손으로 탄즉(니겐⟨*niggēn*⟩) 사울이 상쾌하여 낫고 악령이 그에게서 떠나더라"(삼상 16:23). 수금과 비파는 백단목(알묵⟨'*almug*⟩)

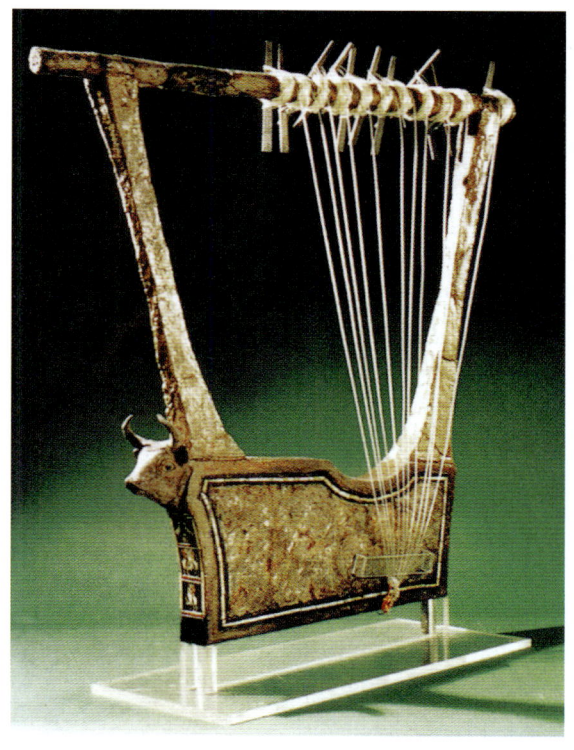

그림 162. 우르에서 발견된 왕실 수금; 초기 III 왕조, 주전 25세기. 주전 3000년경의 수메르의 전형적인 '황소-수금'으로 소리 박스에는 황소의 머리가 묘사되어 있다. 가로대가 위쪽에 연결되어 있다 (대영 박물관 전재 허가).

으로 만들어졌다(왕상 10:12). 역대하에도 같은 구절이 나오는데 여기서는 알굼('*algum*')이라 표기되어 있다. '알묵'과 '알굼'은 모두 같은 나무를 말하며 'algum'의 경우 'm'과 'g'가 자리가 바뀌어 써졌을 뿐 모두 우가릿어인 알막('*almg*)에서 유래했다. 식물학자들은 이 나무에 대한 의구심을 버리지 못하고 있긴 하나 어떤 정확한 증거가 있는 것은 아니다.

때때로 '수금'과 '비파'는 같은 구절에 나타난다. "네가 그리로 가서 그 성읍으로 들어갈 때에 선지자의 무리가 산당에서부터 비파(네벨⟨*nēbel*⟩)와 소고와 저와 수금(키노르⟨*kinnôr*⟩)을 앞세우고 예언하며 내려오는 것을 만날 것이요"(삼상 10:5; 또한 사 5:12) 이 구절은 네벨을 언급하고 있는 가장 초기의 자료이다. 네벨은 주로 비파로 번역됐는데(확실한 번역이 아니라는 의문점을 내포하고 있긴 하지만) 히브리어 어원의 의미는 '가죽으로 만든 병' 혹은 '단지'라는 뜻을 가지고 있어 가죽부대로 만든 소리통이 달려 있었다고 본다. 요세푸스(*Ant*, 7, 12, 3)에 의하면 네벨에는 12개의 줄이 달려 있고 손가락으로 뜯어 연주했다. 초기에 시편을 쓴 시편 저자들은 이 악기에는 10줄 이상의 줄이 달려있지 않았다고 기록하고 있다(네벨 아소르⟨nēbel 'āśôr⟩, 10개의 줄이 있는 비파; 시 33:2; 92:4; 144:9). 네벨의 줄은 키노르의 줄보다 더 컸고 그 길이도 일정치 않았다.

키노르와 네벨은 기쁠 때 연주되었다. 유다 백성들을 포로로 사로 잡은 바벨론인들이 향수병에 걸려있는 그들에게 '시온의 노래'를 부르라고 청했을 때 유다 백성들은 노래하기를 거절했다. "그중의 버드나무에 우리가 우리의 수금(키노로테누⟨kinnōrôtênû⟩)을 걸었나니 이는 우리를 사로잡은 자가 거기서 우리에게 노래를 청하며 우리를 황폐하게 한 자가 기쁨을 청하고 자기들을 위하여 시온의 노래 중 하나를 노래하라 함이로다"(시 137:2). 네벨은 종교적인 상황에서 가장 많이 연주되던 악기였는데 반해 키노르는 종교적 그리고 비종교적 행사 모두에서 연주되었다.

수금에 대한 많은 자료들이 발견되었다. 초기 왕조 시대(주전 약 2500년)로 연대가 추정되는 9개의 수금이 우르의 수메르 왕실 무덤에서 발견되었다. 이 수금들 중에는 11개의 줄이 달린 나무로 된 악기가 있었는데 악기 전체가 은으로 씌워져 있었고 나무로 만들어진 소리 통 앞에는 수염 달린 황소의 얼굴이 달려 있었다(그림 162). 소리통에는 두 개의 막대가 서 있고 이 막대들 위에 가로로 막대가 달려 있다.[22] 가장 초기의 수금을 연주하는 아모리인/가나안인이 그의 가족과 함께 이집트로 들어가고 있는 모습이 주전 1900년의 연대로 보이는 이집트의 베니하산에서 발견된 무덤의 벽화에 그려져 있다. 그는 8개의 줄이 연결된 얇은 수금을 채로 쳐서 연주하고 있다. 이러한 수금은 이집트에서 당시에 사용된 악기와는 다른 모습이다.[23] 악기 연주자를 묘사한 가장 유명한 그림은 므깃도에서 발견되었는데 연대는 주전 12세기로 추정된다. 9개의 줄이 달린 비대칭형의 수금을 들고 자신의 왼손 손가락으로 줄을 튕기고 있는 한 여인이 왕좌에 앉아 대접을 들어 음료를 마시고 있는 왕의 앞에 서 있는 모습이 상아로 된 작은 판에 새겨져 있다. 여기서 보이는 악기는 성경의 키노르의 원시적 모습이라고 생각된다.

연대가 주전 11세기로 측정된 "오르페우스"(Orpheus, 그리스 신화에 나오는 하프의 명수)가 그려져 있는 주둥이에 여과기가 달린 주전자가 므깃도(VI A 층)에서 발견되었는데, 이 층은 소수의 블레셋인들의 토기가 발견된 가나안인들의 도시가 있던 시대이다(그림 163). 두 가지 색깔로 채색이 되어 있는데 현악기(아마도 좁은 수금)를 연주하고 있

---

22. Joan Rimmer, *Ancient Musical Instruments of Western Asia*(London: British Museum, 1969).
23. Nahman Avigad, "The King's Daughter and the Lyre," *IEJ* 28(1978): 151.

그림 163. 므깃도에서 발견된 그림이 그려져 있는 블레셋 물병; "오르페우스 병"이라고 불린다, 주전 11세기. 수금을 연주하고 있는 한 사람이 동물들의 행렬과 함께 걷고 있다. 그림 113의 눈과 수염을 묘사한 기술을 비교해 보라 (이스라엘 박물관 전재 허가; 사진: D. Harris).

는 수염을 기른 연주자가 사자, 영양, 개, 말, 물새, 물고기, 게, 그리고 전갈 등의 동물들의 행렬에 섞여 걷고 있다. 그가 들고 있는 악기의 소리통은 사각형이며 연결된 두 기둥은 비대칭을 이루고 있다. 동물들은 연주자를 향해 걷고 있는 것이 아니라 도안화 된 나무를 향해 움직이고 있다. 몇몇 학자들은 이 장면이 그리스 음악의 귀재였으며 동물들에게 음악을 연주했던 오르페우스의 전설을 묘사한 것이라고 보고 있다. 그러나 베냐민 마잘(Benjamin Mazar)[24]은 오르페우스 전설은 주전 6세기 이전에 그리스에서는 알려진 바 없는 전설이라고 주장했다. 트루디 도단(Trude Dothan)[25]은 남부 터키의 타르수스(Tarsus)와 마르딘(Mardin) 같은 유적지에서 발견된 인장에도 일찍이 유사한 장면들이 묘사되어

---

24. Benjamin Mazar, "The 'Orpheus' Jug from Megiddo," in F.M. Cross et. al., eds., *Magnalia Dei: The Mighty Acts of God*(Garden City, N.Y.: Doubleday, 1976), 88.
25. Trude Dothan, *The Philistines and Their Material Culture*(New Haven, Conn.: Yale University, 1982), 78, 138, 149-53.

있다는 것을 지적하고 있다. 라베르그렌이 말한 것처럼, "동양에서 동물들과 음악에 대한 주제는 오르페우스의 전설이 알려지기 이전에 이미 유명했다".[26]

이 외에도 몇 가지 다른 묘사들이 주목할 만하다. 시내반도 북동쪽에 위치한 도로에 있는 재단인 쿤틸렛 아즈루드(Kuntillet 'Ajrud 혹은 Horvat Teiman) 유적지에서 발견된 주전 8세기의 저장용 항아리의 어깨 부분에 한 여인이 앉아서 수금(키노르)을 연주하고 있는 모습이 그려져 있다.[27] 니느웨의 산헤립의 궁전에서 발견된 설화 석고 부조품에는 3명의 수금 연주자들이 새겨져 있으며 그들 뒤로는 한 앗수르 군인이 따르고 있다. 앞의 세 명은 5개의 줄이 달린 비스듬하게 기울인 모양의 수금을 채로 쳐서 연주하고 있다. 몇몇 학자들은 이 장면을 주전 701년에 라기스를 정복한 것을 축하하는 장면이라고 생각하기도 하지만 이 추측은 아직도 의문점들을 남기고 있다.[28] 주전 7세기의 유물로 보이는 밤색의 제스퍼 돌로 정교하게 만들어진 인장에는 '왕의 딸 마아다나의 것'이라고 새겨져 있다. 이 인장에는 12개의 줄이 있는 비대칭형의 수금(키노르) 역시 새겨져 있다. 이 수금의 소리 통은 통의 가장자리를 줄과 연결된 작은 물방울 모양들로 장식되어 있고 중앙에는 로제타 꽃 모양이 있다[29](그러나 현재 이 유물은 위조된 것으로 보고 있다-역주).

(2) 관악기

관악기에는 할릴(*ḥālîl*, 풀룻〈한국어 성경은 "저"나 "피리"로 번역함〉), 케렌(*qeren* 뿔), 하쪼쩨라(*ḥaṣōṣĕrâ*, 나팔), 쇼파르(*šôpār*, 양각 나팔)가 있다. 할릴(*ḥālîl*〈복수 *ḥālîlîm*〉)은 히브리어 *ḥll*('구멍을 내다', '구멍을 뚫다'라는 의미를 가지고 있으며 가운데가 빈 갈대로 만든 의미를 포함하고 있다)을 어원으로 하고 있고 갈대, 금속, 혹은 상아 등으로 만들었으며 각각 입에 부는 부분이 있는 두 개의 파이프로 이루어졌다. 어떤 학자들은 할릴을 '클라리넷'으로 번역하기도 하지만 '더블 피리'로 번역하는 것이 더 나은 번역일 것이다. 할릴은 성경에 여섯 번 언급되며 주로 잔치나, 연회 같은 기쁨이 동반된 상황에서 연주되었지만 애도의 상황에서도 또한 연주되기도 했다.

솔로몬이 왕으로 기름 부음 받았을 때 전문적인 연주가들 외에 일반 백성들도 그를 위

---

26. Lawergren, "Distinctions among Canaanite, Philistine, and Israelite Lyres," 53.
27. Pirhiya Beck, "The Drawings from Horvat Teiman(Kuntillet 'Ajrud)," *TA* 9(1982): 35–36.
28. Rimmer, *Ancient Musical Instruments*, 34; Lawergern, "Distinctions among Canaanite, Philistine, and Israelite Lyres," 49.
29. Avigad, "The King's Daughter and the Lyre," 146–51.

그림 164. 이집트 신왕조의 모습이 풍자적으로 묘사된 파피루스. 다양한 동물들이 인간처럼 행동하고 있다. 좌측에는 영양과 사자가 "세네트"(*senet*)라 불리는 이집트의 장기를 두고 있는데 사자가 이기고 있다. 이 그림의 우측에는 늑대는 사자가 그의 앞에 있는 염소 떼를 몰고 있는 듯 늑대 피리를 불고 있고 또 다른 늑대와 고양이 한 마리는 앞서 거위 떼를 몰고 있다. 가장 오른 쪽에는 사자 한마리가 침대 끝에 서서 사자 침대 위에 누워 있는 발굽이 있는 동물이 성교를 하고 있다(대영 박물관 전재 허가).

해 할릴림(ḥălîlîm)을 연주했다(왕상 1:40). 이사야는 유다 백성의 사회적 불의를 책망하며 "그들이 연회에는 수금과 비파와 소고와 피리(할릴)와 포도주를 갖추었다"(사 5:12)고 말했다. 이사야는 또 한 번 "여호와의 산"(시온 산/성전)으로 올라가는 행렬이 연주하는 할릴을 언급했다(사 30:29). 예레미야는 모압에 대한 긴 예언 속에서 그리고 이사야는 장송가를 부를 때 할릴을 언급하고 있다. "그러므로 나의 마음이 모압을 위하여 피리(할릴림)같이 소리 내며 나의 마음이 길헤레스(모압의 수도였으며 현재 케락⟨Kerak⟩) 사람들을 위하여 피리(할릴림)같이 소리 내나니 이는 그가 모았던 재물이 없어졌음이니라"(렘 48:36). 네게브 지역의 텔 말하타(Tel Malhata) 유적지에서는 에돔인 양식으로 만들어진 토기 형상이 입에 더블 피리를 물고 있는 모습으로 발견되었는데, 이는 주전 7세기 말에서 6세기 초에 유다 땅으로 에돔인들이 침입했음을 보여주고 있다[30](그림 165). 상아로 만든 양각 모양으로 생긴 나팔이 울루부룬(Uluburun) 난파선에서도 발견되었다(주전 1300년).

케렌(qeren)은 나팔 같은 것으로 뿔로 만들어졌다. 하쪼쩨라(ḥăṣōṣĕrâ)는 은이나 청동을 두드려 펴서 만든 것으로 길게 뻗은 나팔로서 음을 낼 수 있는 적은 숫자의 구멍이 있었다. 영어 성경은 "트럼펫"으로 번역했는데 '트럼펫'보다는 '군대용 나팔인 각적'(버글⟨bugle⟩)으로 번역하는 것이 타당하다고 본다. 전자는 밸브가 달려 있어 이 밸브를 누르면 여러 가지 음을 낼 수 가 있다. 첫 번째 나팔의 사용에 대한 기록은 모세가 시내 광야를 여행하기 위해 은을 두드려 펴서 두 개의 나팔(하쪼쩨라 케세프 미크샤⟨ḥăṣōṣĕrâ kesep miqšâ⟩)을 만들도록 지시한 민수기 10:2-10에서 찾아 볼 수 있다. 나팔은 매일의 희생제사와 즉위식 같은 성스러운 행사에서 불었다. 또한 무리를 소집하고 전쟁이 일어날 것을 경고하고 전쟁을 하는 동안에 불었다. 종교적인 행사에 있어 하쪼제라는 제사장들만이 사용했던 악기였다. 단지 아론의 자손들만이 이 나팔을 불 권한이 있다고 민수기 10:8은 기록하고 있다. 그러나 종교적인 행사가 아닌 경우 제사장들이 아닌 다른 이들이 나팔을 불었던 적도 있었다. 아달랴를 폐위하고 다윗의 왕조를 회복시키는 사건에서 "온 국민(암 하아레츠⟨'am hā'āreṣ⟩)이 즐거워하여 나팔(하쪼쩨로트)을 불었다"(왕하 11:14).

쇼파르(šōpār)는 원래 "양각"으로 번역되었지만 성경에서 이 단어가 언급된 것은 악기를 의미하고 있다. 이 악기는 아마 케렌(qeren)과 같은 것이었을 것이다. 여호수아가 여리고를 정복했을 때 "제사장 일곱은 일곱 양각 '나팔'(쇼페로트 하요벨림⟨šôpĕrôt hayyôbĕlîm⟩)

---

30. Itzhaq Beit-Arieh, "Edomites Advance into Judah-Israelite Defensive Fortresses Inadequate," *BAR* 22(1996): 4(note), 28-36.

그림 165. 텔 말하타에서 발견된 더블 피리를 불고 있는 남자를 묘사한 점토 형상, 주전 600년경. 약 10센티미터 높이(I. Beit-Arieh 전재 허가).

을 잡고 언약궤 앞에서 행했다"(수 6:4; 쇼파르〈šōpār〉와 요벨〈yôbĕl〉은 양각을 말한다). 번역자들은 종종 '양각'(쇼파르〈šōpār〉)과 나팔(하쪼쩨라〈ḥăṣōṣĕrâ〉)을 혼동하여 바꾸어서 사용하곤 했다.

그러나 확실하게 해 두어야 할 것은 쇼파르는 하쪼쩨라의 사용과 유사하나 악기는 아니며 단순히 큰 소리를 낼 뿐이다. 길고 끝이 위로 올라간 양각은 종교적인 행사와 군대에서(삿 3:27; 6:34) 그리고 국가의 축하행사에 사용되었다. 솔로몬이 왕이 되었을 때 다윗은 양각(쇼파르)을 불 것을 명령했다(왕상 1:34). 쇼파르는 사람을 소집하고 위험을 경고하는 용도로 사용되었다. 압살롬이 반란을 일으켰을 때 정탐꾼들을 모든 지파 가운데 보내어 나팔(쇼파르) 소리를 듣거든 "압살롬이 헤브론의 왕이 되었다"고 소리치게 했다 (삼하 15:10). 언약궤가 예루살렘으로 옮겨졌을 때, 사무엘하 6:15에서는 단지 쇼파르만이 행렬에 동참했으며 역대상 15:28에서는 쇼파르와 하쪼쩨라가 함께했다.

우가브(ûgāb)는 여러 가지 다른 단어들로 번역된 것을 볼 때 이 악기가 무엇이었는가를 밝히는 것은 상당히 어렵다고 본다. 어떤 학자들은 이 악기가 현악기였다고도 본다. 시편 저자가 현악기인 민님(minnîm)과 함께 언급한 것으로 보아 같은 종류의 악기는 아닐 것으로 보이며 확실하지는 않지만 관악기로 보고 있다. "현악(민님〈minnîm〉)과 통소(우가브〈ûgāb〉)로 찬양할지어다"(시 150:4). 히브리어 아가브('āgab, 열정적으로 사랑하다)를 어원으로 하고 있는 우가브는 성전에서는 사용되지 않은 비종교적 악기였다. 말빈 포프(Marvin Pope)[31]는 할릴은 더블 피리이고 우가브는 단일 피리라고 주장하고 있다.

---

31. Marvin Pope, *Job*, AB 15(Garden City, N.Y.: Doubleday, 1965), 196.

(3) 타악기

메찔타임(mĕṣiltayim, 한 쌍의 심벌즈를 의미함)와 쩰쩰림(ṣelṣĕlim)은 히브리어 ṣll ('울리다', '울려 퍼지다')을 어원으로 하는 동의어이다. "심벌즈"(한국어 성경은 "제금"으로 번역함)로 번역된 이 악기는 구리나 청동(네호쉐트⟨nĕḥōšet⟩)으로 만들어졌으며(대상 15:19) 이집트와 레반트 그리고 앗수르 유적지들에서 발견되었다. 심벌즈의 등장은 이미 주전 3000년 말 경으로 거슬러 올라간다. 후기청동기 시대의 청동으로 만든 심벌즈가 므깃도의 미그달(migdāl 신전 2048) 구역에서 발견된 바 있다. 철기 I 시대로 연대가 측정되는 심벌즈들도 발견되었다. 하솔의 하부 도시의 가나안인들의 산당에서는 지름 10센티미터의 청동으로 만든 심벌즈(주전 14세기)가 발견되었다. 심벌즈의 중앙에는 연주자의 손가락을 낄 수 있는 작은 손잡이가 달려 있었다. 청동으로 만든 심벌즈는 무덤에서도 종종 발견되었다. 쩰쩰림(ṣelṣĕlim)을 언급하고 있는 가장 초기의 성경 기록은 언약궤를 예루살렘으로 이동하는 장면이다. "다윗과 이스라엘 온 족속은 잣나무로 만든 여러 가지 악기와 수금과 비파와 소고와 양금과 제금(쩰쩰림⟨ṣelṣĕlim⟩)으로 여호와 앞에서 연주하더라"(삼하 6:5). 쩰쩰림(ṣelṣĕlim)을 언급하고 있는 또 다른 기록은 시편 150편이다. 심벌즈는 제의식에서 주로 사용되었던 것으로 보인다. 메찔타임(mĕṣiltayim)은 단지 역대상하, 에스라, 그리고 느헤미야에서만 기록되어 있는 것으로 보아 포로기 이후의 용어로 보인다.

토프(tōp, 복수 투핌⟨tuppîm⟩)는 손으로 치는 북이나 탬버린 같은 모든 종류의 악기를 말한다. 작고 깊이가 얕고 손잡이가 달린 북은 미리암의 경우처럼 여성들과 춤 출 때 주로 연주했던 간단한 악기였다. 채가 아닌 손으로 치는 악기였다. 성경에서 이런 북은 기쁠 때와 경배할 때 연주했다. 다윗이 블레셋 사람을 죽이고 돌아올 때에 여인들이 이스라엘 모든 성에서 나와서 "노래하며 춤추며 소고(투핌⟨tuppîm⟩와 경쇠를 가지고 왕 사울을 환영했다"(삼상 18:6; 출 15:20; 삼하 6:5). 이 악기와 비교할 만한 악기는 아랍어로 "두프"(duf)라고 불리는 악기로 염소 가죽을 잡아 당겨 나무틀에 고정시켜 만들었으며, 지름 25센티미터이고 깊이는

그림 166. 어깨뼈에 줄을 그어 만든 소리 내는 악기. 한쪽 끝에는 구멍이 뚫려 있다. 철기 I 시대(아스글론 Leon Levy Expedition 전재 허가; 사진: I. Sztulman).

그림 167. 아바리스에서 발견된 원통형 인장. 바알 짜폰 신이 산에서 산으로 건너가고 있다. 주전 18세기 초반(M. Bietak 전재 허가).

5센티미터이다.

"탬버린을 들고 있는 여인"의 진흙 형상을 만들기 위한 거푸집이 다아낙 유적지의 주전 10세기 신전에서 발견되었다. 이 여인은 왼쪽 가슴에 원반을 들고 있다. 델버트 힐러스(Delbert Hillers)[32]는 이 여인을 여신으로 보았고 만약 그의 추정이 맞지 않다고 해도 이 여인은 신전/산당에서 음악을 연주하는 여인의 형상일 것이다. 레반트와 메소포타미아 지역에서 원반을 들고 있는 많은 여성상이 발견되었다. 학자들은 이 원반을 달리 해석하고 있기는 하나 대부분이 빵 덩어리라는 해석보다는 탬버린이라는 의견에 동의하고 있다.

3) 춤

비록 성경의 기록자들이 춤에 대해서 자세하게 묘사하고 있지는 않지만 종교적인 찬양을 할 때 음악과 함께 동반하고 있는 것을 볼 수 있다.[33] 성경에는 춤을 지칭하는 여러 동사의 어원이 있는데, 그중에는 *rqd*('통통 뛰다'), *krr*('깡총 뛰다'), *pzz*('뛰어 오르다'), *ḥwl*('빙빙 돌다') 등이 있다.

마홀(*maḥôl*)과 메홀라(*měḥôlâ*⟨*ḥwl*에서 파생⟩)는 둥글게 추는 춤으로 일반적으로 여성들이 추었다. 미리암을 따라나선 여인들은 그녀의 승리의 노래에 맞추어 "소고를 잡고 춤을 추었다(메홀로트⟨*měḥōlôt*⟩)"(출 15:20). 입다가 전쟁에서 미스바로 돌아올 때 그의 딸은 그를 맞이하며 "소고를 잡고 춤을 추었다(메홀로트)"(삿 11:34). 다윗이 블레셋인들을

---

32. Delbert Hillers, "The Goddess with the Tambourine," *Concordia Theological Monthly* 41(1970): 606–19.

33. Yosef Garfinkel, "Dancing and the Beginning of Art Scenes in the Early Village Communities of the Near East and Southeast Europe," *Cambridge Archaeological Journal* 8(1998): 207–37.

죽이고 돌아올 때에 여인들은 사울 왕과 다윗을 환영하며 노래하고 춤을 추었다(메홀로트)"(삼상 18:6). 예레미야는 포로로 바벨론에 끌려갔다가 다시 돌아 올것이라는 예언을 이렇게 인용하고 있다. "그 때에 처녀는 춤추며(마홀⟨māḥôl⟩) 즐거워하겠고"(렘 31:13). 모세가 시내 산에 올라가 없을 때 아론은 '금송아지'를 만들었고, 이스라엘 백성들은 춤추며 (메홀로트) 잔치를 베풀었다(출 32:19). 히브리어에서는 춤추는 이들이 남자인지 여자인지 아니면 모두였는지는 알 수가 없다. 종교적이든 세속적이든 기쁨을 동반하는 잔치에는 음악이 연주되고 춤을 추었다. 실로에서 있던 연중행사에서 젊은 여인들은 "춤추러 나왔다(라훌 바메홀로트⟨lāḥûl bamměḥōlôt⟩)"(삿 21:21).

언약궤를 예루살렘의 다윗 성으로 옮겨올 때

> (다윗이) 여호와 앞에서 힘을 다하여 춤을 추는데(메카르케르⟨měkarkēr⟩) 그 때에 다윗이 베 에봇을 입었더라. 다윗과 온 이스라엘 족속이 즐거이 환호하며 나팔(쇼파르⟨šôpār⟩)을 불고 여호와의 궤를 메어 오니라. 여호와의 궤가 다윗 성으로 들어올 때에 사울의 딸 미갈이 창으로 내다보다가 다윗 왕이 여호와 앞에서 뛰놀며(메파쩨즈⟨měpazzēz⟩) 춤추는(메카르케르⟨měkarkēr⟩) 것을 보고 심중에 그를 업신여기니라(삼하 6:14-16).

이 구절은 성경에서 남자가 춤을 추고 있는 모습을 묘사한 단 하나의 자료일 것이다. '베 에봇'이 제사장들이 입는 의복이라는 것을 감안할 때 다윗은 이때 제사장으로서 의례용 춤을 추었을 지도 모른다. 쇼파르(šôpār)는 음악을 연주하는데 사용된 것 보다는 사람들을 소집하기 위해 불었을 것이다.

갈멜 산에서 바알의 이름은 뛰며 춤을 출 때 불려졌다. "그들(바알의 선지자들)이 받은 송아지를 가져다가 잡고 아침부터 낮까지 바알의 이름을 불러 가로되 바알이여 우리에게 응답하소서 하나 아무 소리도 없고 아무 응

그림 168. "단에서 발견된 무용수". 한 남자가 류트처럼 생긴 악기를 연주하면서 춤을 추고 있다, 후기청동기(Tel Dan Excavations, Hebrew Union College, Jerusalem 전재 허가; 사진: Z. Radovan).

그림 169. (상부) 네바문의 무덤에서 발견된 연회 장면, 테베, 이집트; 18왕조. 목걸이와 팔찌 그리고 엉덩이 거들 만을 걸치고 있는 한 벌거벗은 여인이 손님에게 음료를 대접하고 있다. (하부) 우측에는 연회를 위한 포도주 항아 리들이 쌓여 있다. 한 연주가는 더블 피리를 불고 있고 다른 세 여인이 손뼉을 치고 있으며 두 벌거벗은 어린 소녀 들은 허리 거들을 차고 성적인 춤을 추고 있다(대영 박물관 전재 허가); 여인 연주가들에 대해서는 그림 21도 참조 하라.

답하는 자도 없으므로 그들이 그 쌓은 제단 주위에서 뛰놀더라(바이파쎄후⟨*waypassĕḥû*⟩)" (왕상 18:26). '뛰면서 추는 춤'은 의례에서 추던 춤을 말한다. 존 그레이(John Gray)는 그의 주석을 통해 이 구절에 "레바논에서 바알이 바알 마르카드(Ba'al Marqad⟨춤의 바알⟩)라고 불려졌음"을 시사하고 있다고 말했다.[34] 신에게 춤을 추는 장면을 묘사한 자료들이 있다. 그중 청동기 중기 II 시대의 아바리스 유적지에서 발견된 원통형의 인장에 바알 짜폰 신이 산에서 산으로 '뛰어 춤추고 있는'(*rqd*) 모습이 새겨져 있다[35](그림 167).

이집트와는 달리 이스라엘에서 애도나 장례를 위해 춤을 추지 않았다. 시편 저자는 슬 픔과 춤을 함께 표현하고 있다. "주께서 나의 슬픔이 변하여 내게 춤(마홀⟨*māḥôl*⟩)이 되게

---

34. John Gray, *I and II Kings*, OTL(Philadelphia: Westminster, 1963), 353. Roland de Vaux, "Les prophètes de Baal sur le Mont Carmel," *Bulletin du Musée de Beyrouth* 5(1941): 9, 재단 주변에서 추어졌던 의식용 춤에 대한 해석도 담겨져 있다. "ils dansaient en pliant le genou devant l'autel(이들은 재단 앞에서 의식용의 춤을 추고 있었다)"

35. Edith Porade, "The Cylinder Seal from Tell el-Dab'a," *AJA* 88(1984): 485.

하시며 나의 베옷을 벗기고 기쁨으로 띠 띠우셨나이다"(시 30:11⟨히브리어 성경 30:12⟩). 모든 것은 각각의 때가 있다고 말하는 전도서의 기자도 말하길 "울 때가 있고 웃을 때가 있으며 슬퍼할 때가 있고 춤출(레코드⟨*rĕqôd*⟩) 때가 있으며"(전 3:4). 시편 저자는 춤이 종교적인 행사에 동반되었던 자료들을 언급하고 있다. "춤추며(마홀⟨*māḥôl*⟩) 그의 이름을 찬양하며(예자메루⟨*yĕzammĕrû*⟩) 소고와 수금으로 그를 찬양할지어다"(시 149:3). 텔 단에서 발견된 점토판은 이 곳의 발굴자인 아브라함 비란(Avraham Biran)에 의해 "단의 무인"이라고 불린다. 후기청동기 시대의 것으로 연대가 측정된 이 점토판에는 중세 시대의 류트와 비슷하게 생긴 현악기 하나를 들고 오른쪽 발을 들고 춤을 추고 있는 듯한 모습의 한 남자가 묘사되어 있다[36](그림 168).

3. 문자와 학교

1) 기록의 증거

가장 초기의 기록은 상류층의 서기에 의해 써진 것으로 유프라테스에 위치한 우룩(성경 상의 에렉, 현대 와르카)에서 발견되었으며 주전 약 3100년경으로 추정된다. 바로 이후에 나일 강 골짜기에서는 문자가 나타났다. 이후 3000년 동안 상형문자와 설형문자가 발전되어 많이 사용되었다. 그렇다고 해서 많은 숫자의 메소포타미아인들과 이집트인들이 문자를 읽을 수 있었다고 말할 수는 없다. 존 배네스(John Baines)는 이집트인들 중 1퍼센트 미만의 인구만이 글을 읽을 수 있었다고 주장한다.[37]

알파벳은 주전 2000년 초 이미 가나안인들에 의해 발명되었다. 가장 최초의 알파벳 구조는 22개의 문자로 이루어진 베니게 문자(이것은 히브리-아람어 알파벳의 기준이었다)로 주전 1100년에 형체가 드러났다.[38] 고대 이스라엘에 알파벳 기록이 있다는 것은 당

---

36. Avraham Biran, *Biblical Dan*(Jerusalem: Israel Exploration Society, 1994), 120-21.
37. John Baines and O.J. Eyre, "Four Notes on Literacy," *Göttinger Miszellen* 61(1983): 65-72.
38. Joseph Naveh, *Early History of the Alphabet*(Jerusalem: Magnes Press, Hebrew University, 1982), 30-31: 우가릿어에는 30개의 문자가 사용되었는데 처음에는 27개의 문자가 있었고 여기에 후대에 와서 3개의 문자가 더해졌다. 베니게어 알파벳에는 이 중 처음의 알파벳에서 5개의 문자를 제하고

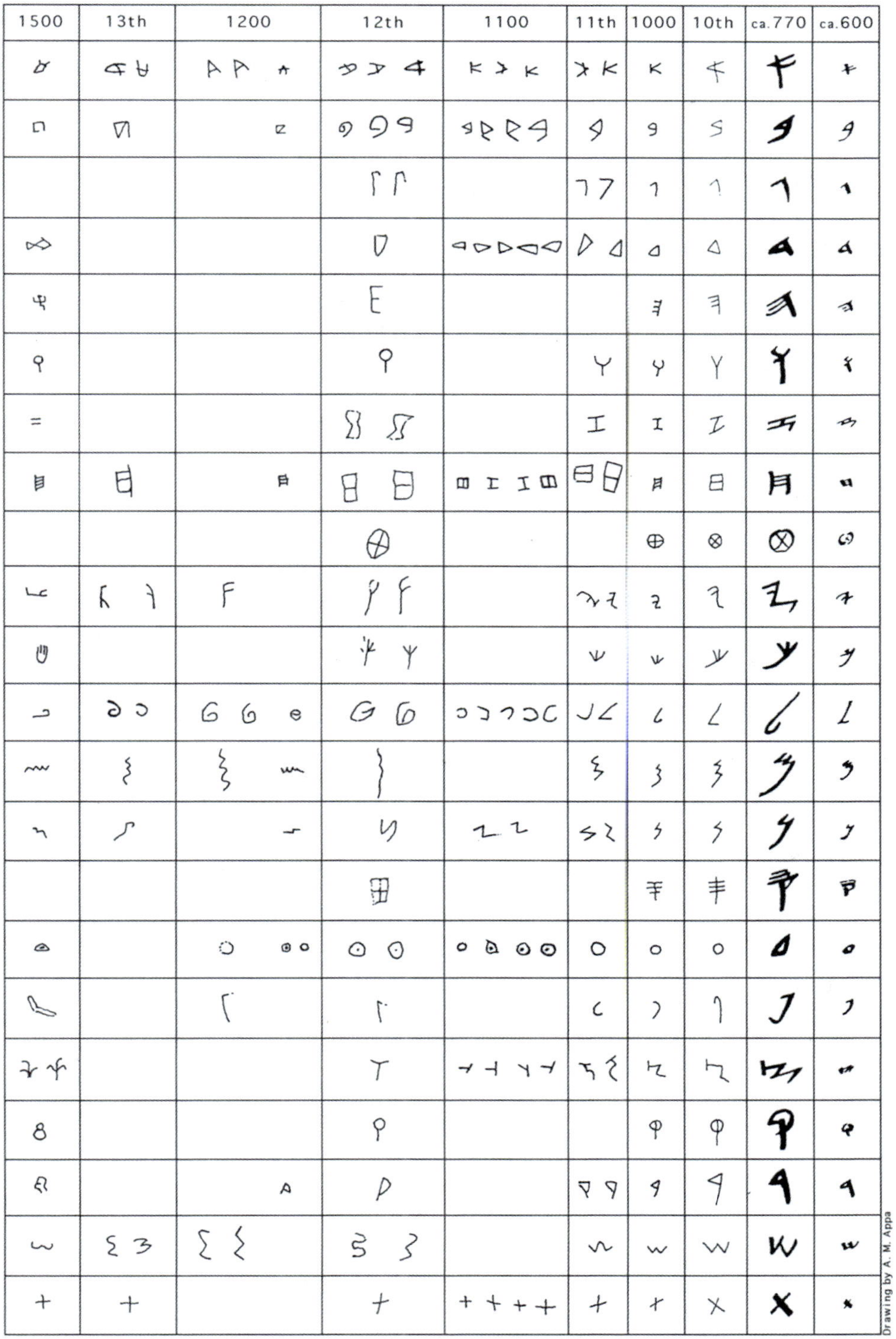

그림 170. '글자 표'는 주전 1500-1600년부터 알파벳이 어떻게 진화했는가를 보여주고 있다. 가장 좌측에서 수수께끼 같은 그림문자를 볼 수 있다(Frank Moore Cross 전재 허가).

시 모든 인구가 글을 읽을 수 있었다는 의미를 가지고 있지는 않다. 고대 이스라엘에 읽고 쓰는 교육이 널리 퍼져 있었다고 정의하는 것은 어려운 일이다.

알파벳 문자로 기록되어 있는 가장 초기의 것은 원시-시나이(Proto-Sinaitic) 문자 기록으로 일직선상에 써진 알파벳 문자이다. 1905년 플린더스 페트리(W.M. Flinders Petrie)는 시나이 반도 남쪽에 위치한 현재 세라빗 "엘 카뎀"이라 불리는 유적지에서 11개의 문자 기록들을 발견했다. 이것들은 바위와 돌에 새겨져 있는 것으로 이 주변에 있던 이집트의 터키석 광산에서 일하던 가나안 노동자들이 기록했을 것이다. 페트리는 이 원시-시나이 문자들의 연대를 주전 15세기 초로 보았고, 이 기록은 일직선상에 써진 알파벳 체계라고 말했다. 알브라이트(Albright)는 이 문자들을 주전 약 1525년에서 1475년 사이에 써진 것이라고 보았다. 이집트 학자 알란 가디너(Alan Gardiner)는 이 문자들의 연대를 주전 18세기(중기청동기 시대)로 보고 이집트의 중왕조 시대에 써진 것이라고 말했는데, 아마도 그의 연대가 맞는 의견일 것이다. 이제 발견된 이 기록들의 전체 숫자는 45개에 달한다.[39] 상부 이집트의 왕실 도시인 테베 건너편에 위치한 와디 엘 홀(Wadi el-Hol)의 석회석 절벽에 새겨져 있는 알파벳 문자 기록이 새로이 발견되었는데 이 기록은 주전 1900년에서 1800년 사이로 추정이 되었다. 세라빗 엘카뎀에서 발견된 문자들이 와디 엘 홀에서 발견된 문자들과 그 형태가 비슷한 것으로 보아 전자 역시 좀 더 이른 연대로 추정되는 것이 타당한 것으로 보인다. 더 자세한 연구는 더 기다려봐야 할 것이다.

제대로 된 고고학적 발굴과정에서 발견된 가나안 알파벳 기록의 숫자는 상당히 적은 편이지만, 이 증거물들에 의하면 가나안 알파벳은 중기청동기 II 시대에 사용되었다. 조세겔(Joe D. Seger)은 게셀에서 어깨부분에 문자들의 체계가 새겨진 중기청동기 IIC 시대의 저장용 항아리를 발견했다. 이 문자들은 12개의 서로 다른 의미를 지닌 초기 가나안 알파벳의 상징으로 보이며, 세라빗 엘카뎀에서 발견된 초기-가나안 알파벳과 상당히 유사하다.[40] 중기청동기 II 시대에 써진 고대 가나안 알파벳 기록의 예들은 다음과 같다. 라기스의 무덤 1502(중기청동기 IIB 시대)에서 발견된 청동 칼에는 세로로 *trnz*라고 새겨져

22개의 문자를 썼으며 히브리어와 아람어가 이를 사용했다.

39. W.M. Flinders Petrie, *Researches in Sinai*(London: J. Murray, 1906); Alan H. Gardiner, "The Egyptian Origin of the Semitic Alphabet," *Journal of Egyptian Archaeology* 3(1916): 1-16; William F. Albright, *The Proto-Sinaitic Inscriptions and Their Decipherment*(Cambridge: Harvard Unviersity Press, 1966), 1-3.

40. Joe D. Seger, "The Gezer Jar Signs: New Evidence of the Earliest Alphabet," in C.L. Meyers and M. O'Conner, eds., *The World of the Lord Shall Go Forth*(Philadelphia: ASOR, 1983), 477-95.

있었는데, 무덤에서 발견된 다른 유물들과 비교해 보아 알브라이트는 이 문자의 연대를 주전 1600-1550년으로 보고 이것은 이름일 것이라고 주장했다.[41] 대접의 깨진 조각에 고대 가나안 문자가 새겨져 있었는데 부스트로페돈(*boustrophedon*, '정확한 의미가 없다'-역주)이라고 읽을 수 있으며(문자들은 오른쪽에서 왼쪽으로 써졌다가 왼쪽에서 오른쪽으로 교차되어 기록되었다) 라기스의 VI층의 Pit 3867(Pit은 구멍을 의미한다-역주)에서 발견되었다. 우시쉬킨(Ussishkin)은 이 기록을 주전 1200년 경이나 이보다 좀 더 이른 연대로 보았지만 크로스(Cross)는 주전 13세기 초반으로 보았다. 첫 번째 줄에 써진 일립(*'il'ib*)을 크로스(Cross)는 아캇 서사시('Aqhat Epic)에 등장하는 "그의 조상 신의 비석을 신전에 세운 자, 그의 친족을 드러낸 자"(CTA 17.1.27f.)의 구절에서 '조상 신'이라는 표현과 비교해 보고 위의 일립(*'il'ib*)을 '조상 신'으로 읽었다.[42]

아스글론에서는 어깨 부분에 뱀 두마리가 새겨져 있는 중기청동기 IIA/B시대(주전 약 1800-1750년)의 "가나안 항아리"가 발견되었다. 뱀들의 모양은 라기스에서 발견된 청동으로 만들어진 칼에 새겨진 눈(*nûn*) 문자의 모양과 유사한데, 나하쉬(*nāḥāš*, *nûn* 문자는 뱀을 가리키는 용어-역주)를 상징하고 있다. 아스글론에서 발견된 이 항아리 위의 두 뱀 중 한 마리 앞에는 세로로 줄이 새겨져 있다. 이는 고대 가나안 문자 눈(*nûn*)의 형태를 갖추게 하기 위한 것으로 보고 있으며 이 추측이 맞다면 아스글론의 항아리에 새겨진 문자들은 게셀에서 발견된 항아리에 새겨진 문자들보다 1세기 혹은 2세기 정도 앞서 써진 것이며 와디 엘 홀의 기록과는 유사한 연대를 갖게 된다. 텔 나길라(Tel Nagila〈가자에서 동쪽으로 28킬로미터 떨어진 지점〉)에서 발견된 문자 기록은 중기청동기 IIC 시대의 토기 조각에 새겨져 있었다. 크로스는 이 기록을 사람의 이름인 라휘야(Lahwiya)로 읽었다.[43]

다음으로는 후기청동기 시대의 문자 기록들을 훑어 보겠다. 네게브 북서쪽에 위치한 쿠부르 엘 왈라이다(Qubūr el-Walaydah) 유적지에서 대접(후기청동기 II 시대/철기 I 시대)의 테에 남겨져 있는 고대 가나안 문자들의 흔적이 발견되었다. 크로스는 이 기록을 "쉬미-파알(Šimī-paʿal), 이야-엘('Iyya-'El〈의 아들〉 10(?), 양 혹은 세겔)"이라고 읽었다.[44] 라기

---

41. Albright, *The Proto-Sinaitic Inscriptions and Their Deipherment*, 10; Émile Puech, "The Canaanite Insriptions of Lachish and Their Religious Background," *TA* 13(1986): 13-14.

42. Frank M. Cross, "An Old Canaanite Inscription Recently Found at Lachish," *TA* 11(1984): 71-76; David Ussishkin, "Excavations at Tel Lachish 1978-1983: Second Preliminary Report," *TA* 10(1983): 155-57.

43. Cross, "An Old Canaanite Inscription Recently Found at Lachish," 74.

44. Frank M. Cross, "Newly Found Inscriptions in Old Canaanite and Early Phoenician Scripts," *BASOR*

스의 "해자 신전"(포세 템플〈Fosse Temple〉)의 바깥 돌들이 버려져 있는 장소에서 주전 13세기 후반의 연대로 측정되는 한 제의용 용기(높이 44.25센티미터)가 발견되었다. 이 용기의 어깨 부분에 붉은 색으로 써진 11개의 문자는 이렇게 읽는다. "마탄: 나의 여인 엘랏에게 바치는 공물", 여기서 엘랏은 가나안의 신 엘의 배우자이다(그림 43). 양식화된 동물들(염소들, 수사슴, 사자, 새)이 이 문자들 주변에 그려져 있다.[45]

라다나(Raddana) 유적지에서 발견된 문자가 써진 항아리 손잡이는 철기 I 시대(주전 약 1200년)의 것으로 초기 이스라엘 민족의 시대에 해당하는 층에서 발견되었다. 여기에는 세 개의 문자(히브리어 알레프, 헤트, 라메드〈'alep, ḥet, lāmed〉)가 세로로 씌어져 있었는데 아마도 사람의 이름일 것이다.[46]

후기청동기 시대의 문자 기록들을 통해서 우리는 이 시대에 상류층들을 위한 서기관 학교가 있었다는 것을 볼 수가 있다. 이 서기관들은 당시의 여러 국제 언어들에 통달해 있었다. 아스글론에서는 가나안 문자를 포함해(다국어로 써진) 상형문자로 써진 사전적 문서가 발견되었는데 주전 13세기 것으로 보고 있다. 존 휴너가르드(John Huehnergard)와 빌프레드 반 졸트(Wilfred van Soldt)는 수습 서기들이 그들의 전문성을 위해 사전적인 문서들을 복사했다고 보고 있다.[47]

앤손 레이니(Anson Rainey)[48]가 출판한 텔 아펙(Tel Aphek) 유적지에서 발견된 문서는 세 가지 다른 언어로 기록되어 있다. 이 사전적 문서(수메르어, 아카드어, 북서 셈어)는 후기청동기 시대 가나안에서 사용된 기록이 세 가지 언어로 이루어져 있음을 보여주고 있다.

후기청동기 문서들 중에는 므깃도에서 발견된 길가메쉬 신화가 적혀있는 조각도 있다.[49] 이 조각에는 길가메쉬의 친한 친구였으며 수메르 도시 우룩의 왕이었던 엔키두가

---

238 (1980): 1-4.

45. Frank M. Cross, "The Evolution of the Proto-Canaanite Alphabet," *BASOR* 134(1954): 15–24; Puech, "The Canaanite Incsriptions of Lachish and Their Religious Background," 17–18.

46. Frank M. Cross and David N. Freedman, "An Inscribed Jar Handle From Raddana," *BASOR* 201(1971): 19–22.

47. John Huehnergard and Wilfred van Soldt, "A Cuneiform Lexical Text from Ashkelon with a Canaanite Column," *IEJ* 49(1999): 186: "오른쪽 난에 써진 UGU 문자를 본다면 우리는 이 문서가 사전의 역할을 했다는 것을 알 수 있는데, 즉 수메르 단어들이 한쪽 난에 쓰여져 있고 다른 쪽 난에는 발음나는 대로 써진 단어들로 설명하고 있다."

48. Anson F. Rainey, "A Tri-Lingual Cuneiform Fragment from Tel Aphek," *TA* 3(1976): 137–40.

49. McCarter, *Ancient Inscriptions*, 18–19.

죽는 장면이 기록되어 있으며 주전 14세기에 기록된 것으로 보인다. 멕카터(McCarter)가 언급한 것처럼 므깃도의 이 점토판은 이스라엘 민족이 정착하기 이전에 이미 이 지역에는 메소포타미아의 문헌이 알려져 있었다는 증거이다.

2) 필기 도구

고고학 발굴을 통해서 고대 이스라엘에서 사용된 필기도구들이 어떤 것이었는지 알 수 있게 되었다. 일반적으로 돌, 금속, 진흙, 토기조각, 나무, 파피루스, 그리고 가죽(양, 염소, 송아지 가죽) 위에 글을 썼다. 잉크(데요⟨děyô⟩)로 비석이나 벽에 글을 쓸 경우에는 거친 돌의 표면에 회칠을 하는 것이 관습이었다. 성경은 이스라엘 민족이 요단 강을 건너 가나안 땅에 들어오자마자 큰 돌들을 세우고 석회를 바른 후 "율법의 모든 말씀을 그 위에 기록하라"고 지시를 받았다고 기록하고 있다(신 27:3).

고고학자들은 이스라엘 민족이 아닌 다른 이들이 잉크로 쓴 기록을 발견했는데, 이 기록은 요단 골짜기의 데이르 알라(Deir 'Alla⟨성경 상의 숙곳⟩) 유적지의 신전에 한때 석회가 발라졌던 벽에나 비석 위에 써졌던 것이다. 주전 700년에 써진 것으로 연대가 추정되는 이 석회 바른 기록은 이스라엘 선지자는 아니었으나 가나안 땅으로 가는 길에 요단 강을 건너기 전 만났던 브올의 아들 발람이 말한 내용들을 담고 있다(민 22-24장). 이 기록의 언어는 암몬 족속의 언어도 아람어도 아니며 알려지지 않은 지방언어였다.50

그림 171. 텔 단에서 발견된 "다윗의 집"(베이트 다비드⟨byt dwd⟩)이 새겨져 있는 유명한 비석(**Tel Dan Excavations** 전재 허가; **Hebrew Union College, Jerusalem**; 사진: **Z. Radovan**).

이스라엘과 유다를 떠나 미디

---

50. McCarter, Ancient Inscriptions, 96-98; Jo Ann Hackett, *The Balaam Text from Deir 'Alla*(Chico, Calif.: Scholars Press, 1984).

안인들이 살던 시내 산/호렙 산으로 가는 길목에서 여관역할을 했던 쿤틸렛 아즈루드 (Kuntillet 'Ajrud) 유적지의 주요 건물의 벽들과 문가에서 석회를 바르고 그 위에 잉크로 쓴 기록들이 나왔다. 주전 8세기 초반으로 연대가 추정되는 기록들 중에는 두 줄로 써진 히브리어 기록도 나왔다. 더불어 이 주요 건물의 "벤치 룸"(벤치가 둘려져 있는 방-역주)이라 불리는 방에서 발견된 두 피토스 위에는 문자 기록뿐만 아니라 그림도 그려져 있었다. 그중 유명한 것이 바로 히브리어로 써진 '야훼와 그의 아세라'이며 다른 문자들은 알파벳을 나열해 놓은 것이다.[51]

돌에 새겨 쓴 주요한 기록들에는 텔 단에서 발견된 비석, 모압 비석, 암만 요새에서 발견된 비석, 그리고 실로암 터널에서 발견된 기록들이 있다. 1994년 상부 갈릴리에 위치한 텔 단에서 아브라함 비란(Avraham Biran)은 주전 9세기 중반 다메섹의 하사엘 왕이 아람어로 기록한 커다란 현무암 비석의 깨진 두 조각을 발견했다(그림 171). 이 비문은 아합의 아들 요람과 '다윗의 집'의 자손인 여호람의 아들 아하시야를 지칭하고 있다. 다메섹의 왕 하사엘이 이 비석을 세운 자였을 것이다.[52]

1868년 모압 땅 디본(성경 상의 디본)에서 발견된 현무암 비석에는 서른 네 줄의 기록이 남겨져 있었다. 모압 비석으로 잘 알려져 있는 이 비석은 모압 왕 메사의 승리를 축하하는 글이다(그림 53). 비석은 주전 9세기 후반으로 연대가 추정되며 모압어로 씌어졌다. 만약 혹자가 (모압의 신) 그모스의 이름에 야훼를 대신 넣어 읽는다면 이 비석에 써진 언어와 형식이 열왕기상하와 유사함을 느낄 수 있을 것이다.[53] 암만 요새에서 발견된 비문은 주전 9세기 후반으로 연대가 추정되며 공공건물을 암몬의 신 밀곰에게 바치는 봉헌문이었던 것으로 보인다. 이 비문의 언어는 암몬어이고 문자는 아람어로 기록되어 있다.[54] 실로암 터널에서 발견된 비문은 주전 8세기 말경에 히브리어로 기록된 것으로 예루살렘에 히스기야가 판 터널의 벽에 새겨져 있었다. 이 터널은 중기청동기 II 시대에 이미 요새화되어 보호되었던 기혼 샘과 도시의 남서쪽의 안에 위치한 실로암 연못과 연결이 되

---

51. 이 건물의 용도와 여기서 발견된 문자 기록들에 대한 자세한 연구는 다음을 보시오: Othmar Keel and Chrisoph Uehlinger, *Gods, Goddesses, and Images of God in Ancient Israel*(Minneapolis: Fortress, 1998).

52. Biran, *Biblical Dan*, 274-78. 이 유물의 해석은 학자들간에 치열한 논쟁이 벌어지곤 했다. Baruch Halpern, "The Stela from Dan: Epigraphic and Historical Considerations," *BASOR* 296(1994): 63-80. William M. Schniedewind, "Tel Dan Stela: New Light on Aramaic and Jehu's Revolt," *BASOR* 302(1996); 75-90.

53. Andrew Dearman, ed., *Studies in the Mesha Inscription and Moab*(Atlanta: Scholars Press, 1989).

54. McCarter, *Ancient Inscriptions*, 93.

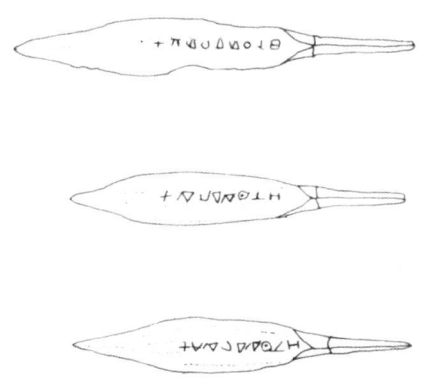

그림 172. 명문이 새겨져 있고 슴베가 달려 있는 청동 화살촉, 주전 12세기 혹은 11세기 초로 보임(F. M. Cross and S. Moussaieff 전재 허가).

어 있었다(왕하 20:20; 대하 32:30). 우리는 위의 물 공급시설을 새로이 만든 것은 산헤립이 예루살렘을 포위했던 당시 예루살렘에 공급되는 물을 보호하기 위해 만들었음을 확신한다.[55]

돌 표면에 글을 쓰기 위해서 끌이 사용되었다. 금속에 글을 새기기 위해서는 철이나 다른 단단한 물질로 만들어진 끝이 뾰족한 철필이 사용되었다. 예레미야가 말한 것처럼 "유다의 죄는 금강석(샤미르⟨šāmîr⟩) 끝 철필로 기록되되 그들의 마음 판과 그들의 제단 뿔에 새겨졌다"(렘 17:1).

쿰란 동굴 3에서 발견된 구리 두루마리(3Q15)는 두 개의 구리 판으로 이루어져 있고 히브리어로 기록되어 있다. 이 두루마리의 연대는 확실하지는 않지만 주전 3세기 혹은 주전 2세기 초부터 주후 66-73년 사이로 보인다. 예루살렘의 힌놈의 골짜기 무덤에서는 야훼의 이름을 언급하고 있는 제사장의 축복문(민 6:24-26)이 서겨진 두 개의 작은 은 판이 발견되었다(그림 151). 이 유물은 예루살렘에서 발견된 유물들 중 처음으로 '야훼'를 언급하고 있는 것이다. 위의 은 판들은 부적같이 걸고 다니는 것으로 사용되었으며 주전 7세기 후반이나 6세기 초의 것으로 보인다.[56] 암만(요르단)의 텔 시란(Tell Siran) 유적지에서 금속으로 만들어진 병에 글이 새겨져 있는 것이 발견되었다. 이 병은 주전 7세기 말 혹은 6세기 초로 연대가 추정되며 암몬 문자로 92개 문자가 새겨져 있다. 암몬 왕 아미나답의 이름이 언급되어 있으며 그가 만든 과수원들, 포도원들, 공원들, 그리고 지하수 작업을 한 것들이 기록되어 있다.[57]

청동 유물 위에 새겨진 문자들의 초기 예들 중에는 엘 카드르('el-Khadr)에서 발견된 화살촉들(주전 12세기와 11세기)이 있다(그림 172). 화살촉들은 알파벳의 역사에 있어 굉장

---

55. Ronny Reich and Eli Shukron, "Light at the End of the Tunnel," *BAR* 25/1(1999): 22-33, 72.
56. Gabriel Barkay, "News from the Field: The Divine Name Found in Jerusalem," *BAR* 9/2(1983): 14-19; idem, *Ketef Hinnom: A Treasure Facing Jerusalem's Walls*, Catalog No. 274(Jerusalem: Israel Museum, 1986).
57. McCarter, *Ancient Inscriptions*, 98-99.

그림 173. 신전 구역 650의 성소의 성상을 두는 방에서 발견된 에그론 왕실 헌정비, 주전 604년 파괴된 IB층에서 발견됨.

히 중요하다. 엘카드르 지역의 유다 산지에서 발견된 이 화살촉들 외에도 다른 화살촉들이 시리아 남부 혹은 레바논에서 발견되었다. 엘카드르 화살촉들 중 5개는 '같은 화살통에서 나온 것'으로 그중 4개의 촉의 한쪽 면에 길게 "압딜라비아트('Abdilabi'at, 암사자 〈가나안 여신〉의 신하)의 화살"이라고 새겨져 있어 화살촉의 주인이 누구인가를 밝히고 있다.[58] 40개 이상의 문자가 새겨져 있는 화살촉들에 대해서는 이미 출판된 바 있다. 멕카터(McCarter)는 고대 알파벳이 새겨져 있는 주전 11세기의 두 청동 화살촉들(개인 소장품)을 분석하였다. 하나는 한쪽 면에 "야타르시드크(Yatarsidq)의 화살"과 다른 쪽면에는 "우미아('Ummi'a)의 사람"(개인 이름)이라고 새겨져 있다. 두 번째 화살의 앞면에는 "야키

---

58. McCarter는 화살촉에 이름을 새김으로서 전쟁에서 승리한 이후 전리품을 나눌 때 어떤 사격병의 화살이 전쟁에 공헌을 했는지 알아 이에 대해 보상을 하였다고 제안했다. Cross는 궁수들의 활경기에서 사용하기 위해 이름을 새겼다고 주장했다. Samuel Iwry는 이름이 새겨져 있는 화살촉들은 화살촉으로 점을 치는 데 사용되었다고 주장했다. McCarter, Ancient Inscriptions, 78-79; Frank M. Cross, "Newly Discovered Inscribed Arrowheads of the 11th Century B.C.E.," *Biblical Archaeology*(Jerusalem: Israel Exploration Society, 1993), 533-42; Samuel Iwry, "New Evidence for Belomancy in Ancient Palestine and Phoenicia," JAOS 81(1961): 32-34.

바알(Yakkiba'l)의 화살" 그리고 뒷면에는 "슘바알(Shumba'l)의 형제"라고 새겨져 있다.[59]

비블로스(주전 11세기)에서 발견된 청동으로 만든 주걱 혹은 숟가락 용도의 막대에는 베니게 문자로 모호한 여섯 줄의 글이 쓰여있다. 이 기록의 배경은 왕실의 신하들에게 재산을 하사하는 관습이다. 이 기록의 작가는 믿음이 안 가는 신하 이쯔리발('Izriba'l)에게 하사를 할 필요가 없다고 주장하고 있다.[60] 그러나 여전히 남아있는 질문은 만약 나할라(naḥălâ) 땅이 조상 대대로 물려온 땅이든가 아니면 상속된 것이었다면 어떻게 다른 사람이 이 땅을 하사할 수 있었을까 하는 것이다.

점토는 다양한 방법으로 필기 도구로 사용되었는데 이 방법에는 점토판, 불라에(bullae, bulla의 복수형태-역주), 점토에 인장을 찍은 것, 오스트라카(ostraca, ostracon의 복수형태-역주), 토기 조각에 글을 쓰거나 새긴 것이 있다. 오스트라카는 잉크로 쓴 것과 새겨서 쓴 것 두 가지가 있다. 오스트라카는 만들기 쉽고 싸다는 이유(종이 조각처럼)로 편지용 통신 수단으로 많이 사용되었다. 잉크로 써진 유명한 오스트라카는 사마리아, 라기스, 그리고 아랏에서 발견된 것들이다.

주전 8세기 말에서 특히 7세기와 그 이후의 연대에 사용된 점토 위에 찍혀 있는 인장의 많은 예들이 발견되었다. 예루살렘의 다윗 성 발굴에서는 51개의 불라에가 발견되었다. 이 유적이 발견된 장소는 "불라에의 집"이라고 불리며, 주전 586년 예루살렘이 바벨론에게 파괴될 때 타버렸다. 불라에는 파피루스나 가죽 위에 써진 문서를 봉할 때 사용되었다. 문서를 말아서 줄로 우선 묶고 부드러운 진흙 덩어리를 작게 뭉쳐 줄을 묶은 매듭 위에 올려 놓고 인장을 찍어 봉한다. 불라의 한쪽 면에는 인장이 찍혀 있고 다른 쪽 면에는 파피루스의 질감이 찍히는 것이다. 불라에의 집에 가해진 불은 두루마리들을 태워버렸으나 오히려 불라에는 구워버려 그대로 남게 했다.[61]

문자는 나무 조각 위에도 써졌다. 에스겔은 여호와가 명령한 대로 "나무 한 조각(한국어 성경은 "막대기"로 번역함, 에쯔⟨'ēṣ⟩)" 위에 썼는데, 아마도 나무로 만든 기록판이었을 것이다(겔 37:16). 앗수르에서는 두 개의 나무 기록판을 접어서 사용했던 증거가 있다. 이

---

59. P. Kyle McCarter, "Two Bronze Arrowheads with Archaic Alphabetic Inscriptions," in B. A. Levine et al., eds., *Eretz-Israel*, 26 (Frank Moore Cross Volume) (Jerusalem: Israel Exploration Society, 1999), 123*-28*.

60. P. Kyle McCarter and Robert B. Coote, "The Spatula Inscription from Byblos," *BASOR* 212(1973): 16–22.

61. Yigal Shiloh, *Excavations at the City of David I*, Qedem 19(Jerusalem: Institute of Archaeology, Hebrew University, 1984).

그림 174. a: 히스기야 왕의 점토 불라(M. Cross and S. Moussaieff 전재 허가).

그림 174. b: 점토 불라 그림. "유다의 왕 아하스의 아들 히스기야에게 속함" (M. Cross and S. Moussaieff 전재 허가).

그림 175. 인장을 찍어 놓은 것. "여로보암 II세의 신하 쉐마에게 속함", 주전 8세기. 므깃도에서 발견. 인장은 잃어버렸다(이스라엘 박물관 전재 허가).

그림 176. 명문. "사반의 아들 그마랴에게 속함" 주전 7-6세기. 다윗 성에서 발견(이스라엘 박물관 전재 허가).

기록판들은 경첩 같은 구조로 서로 연결되어 있었고 겉 표면은 왁스가 입혀져 있었다. 왁스가 입혀진 면들이 서로 마주보고 있어 기록판을 접었을 때 글이 손상되지 않도록 하였다. 앗수르의 부조에는 서기들이 나무로 된 판을 들고 물품들을 세고 있는 모습이 있다. "왁스를 입힌 기록판들은 또한 책으로도 만들어졌다. 12개의 상아와 금으로 만든 경첩으로 짜여진 책이 앗수르 왕 사르곤 II세를 위해 만들어졌는데 니므룻의 한 우물에서 발견되었다. 책을 덮었던 왁스가 여전히 남아있어 책을 잘 보호했고 덕분에 저주의 백과사전이었던 이 책의 7500줄의 글이 남을 수 있었다."62

문서 기록판의 좋은 예는 주전 14세기 (주전 약 1300년) 카쉬(Kaç) 근처 울루부룬의 터키 반도에서 난파된 무역상들의 배에서 발견되었다(그림 177). 키프루스에서 가져온 10톤의 구리 괴 그리고 1톤의 테레빈 나무 건포도와 함께 과일과 향신료 같은 원료 외에도 여기에는 상아 경첩으로 엮은 나무로 만든 기록판 한 세트가 있었다. 왁스는 기록판 표면에 더 이상 남아있지 않았고 이 왁스 위에 글을 새겼던 막대기도 발견되지 않았다. 이미 부조에서 본 바처럼 이 막대기의 한쪽 면은 뾰족해서 새길 수 있도록 되었고 다른 쪽은 평평해서 쓴 글을 지우는 역할을 하였다. 기록판들은 고가의 제품이었기 때문에 부자들만이 사용할 수 있었다. 울루부룬에서 발견된 기록판은 시리아 북부 해안의 아마누스 산에서 가져온 회양목으로 만들어졌다. 울루부룬의 기록판은 고대 근동에 있어 후기청동기 시대에 사용된 이와 같은 기록판의 가장 최초의 예이다.63

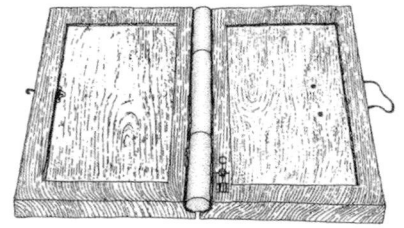

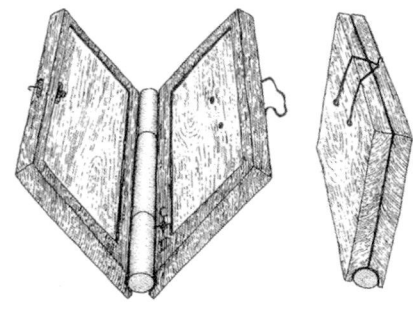

그림 177. 상아 경첩으로 연결된 나무로 만든 기록판. 이 판은 밀랍으로 입혀져 있었으며 이 밀랍 위에 기록이 남겨져 있었다. 주전 1300년경, 울루부룬 앞바다의 난파선에서 발견됨(Çemal Pulak 전재 허가).

건조 기후에서 많이 자라는 파피루스는 이미 이집트의 첫 번째 왕조(주전 약 3100년) 시대부터 글을 쓰는 데 사용되었다. 파피루스는 성경에도 언급되어 있는데, 주전 7세기 이후 파피루스 문서가 사용되었던 것으로 보인다. 주전 7세기에 히브리어로 파피루스 위에 써진 글 위에 또 한 번 겹쳐 쓴 예가 사해 근처 와디 무라밧(*Wadi Murabb'at*, 쿰란에서 남쪽으로 18킬로미터 떨어짐)의 동굴에서 발견되었다. 주전 7세기 초반으로 연대가 추정되는 이 문서들은 이름 목록과 한 통의 편지이다. 주전 4세기의 아람어로 써진 파피루스

---

62. Piotr Bienkowski and Alan Milard, eds., *Dictionary of the Ancient Near East* (Philadelphia: University of Pennsylvania Press, 2000), 56–57.
63. Robert Payton, "The Ulu Burun Writing-Board Set," *Anatolian Studies* 41(1991): 99–106; Peter Warnock and Michael Pendleton, "The Wood of the Ulu Burun Dyptych," *Anatolian Studies* 41(1991): 107–10.

그림 178. 앗수르의 서기들; 주전 7세기. 니느웨의 남서쪽 궁전의 벽부조. 두 명의 서기들이 노획물을 기록하고 있다. 한 명은 밀랍으로 바르고 경첩으로 연결된 나무 판에 쓰고 있고 다른 한 명은 파피루스 두루마리에 쓰고 있다 (대영 박물관 전재 허가).

뭉치들(사마리아 파피루스라고 알려짐)이 와디 에드 달리에(Wadi ed-Daliyeh) 동굴에서 발견되었다. 이들 중에는 법률 혹은 행정 문서들이 있다. 이렇듯 많은 양의 기록이 금방 파손될 파피루스에 기록되었다는 것은 철기 시대의 문헌들이 왜 많이 발견되지 않는가 그 이유를 잘 설명해주고 있다.

가죽은 주로 메길라트 스파림(měgillat sěpārim), 즉 두루마리를 만드는 데 많이 사용되었으며, 특별히 사해 사본(쿰란)의 성스러운 문서들이 가죽으로 만들어졌다. 가죽은 쉽게 사라져 버리는 파피루스에 비해 오랫동안 간직될 수 있다. 사해 사본은 양피지가 아닌 무두질한 가죽을 대부분 사용했는데, 이는 주후 4세기에나 가서 제조 공장에서 공정된 방법이었다.

가죽과 파피루스 위에는 검은 색이나 붉은 색의 잉크(데요⟨děyô⟩)로 썼다. 데이르 알라 유적지의 발람 기록의 첫 단어는 붉은 잉크로 썼다. 예레미야의 비서 바룩은 이렇게 말했다. "그(예레미야)가 그의 입으로 이 모든 말을 내게 불러 주기로 내가 먹(데요〈dĕyô〉)으로 책에 기록하였노라"(렘 36:18). 검은 색 잉크는 고무액, 기름 혹은 다른 물질들과 숯을 섞어 만든 것이었다. 붉은 색 잉크는 붉은 돌가루나 산화된 철과 고무액으로 만들었다. 잉크를 찍어 쓴 펜은 갈대를 마치 빗자루처럼 만들어 사용했다.

3) 읽고 쓰는 교육

고대 세계는 현대와 달리 읽고 쓰는 교육에 대한 객관적인 표준도 통계적 근거도 없기 때문에 교육이 어느 정도 발달해 있었는가를 판단하기는 어렵다. 덕분에 읽기 교육이 일반적으로 행해졌다는 정의를 내리는 것 역시 힘들며, 이로 인해 학자들이 주장하는 '한정된'(McCarter) 혹은 '널리 퍼진'(Millard) 교육 같은 용어들은 모호한 의미일 뿐이다. 그러면 읽고 쓰는 교육을 받은 사회를 구성하고 있었던 이들은 누구인가? 단지 읽거나 혹은 쓰거나 아니면 둘 모두를 할 수 있는 것을 말하는 사회일까? 숀 바르너(Sean Warner)[64]는 에베렛 로저스(Everret Rogers)의 정의를 인용하여 읽고 쓰는 교육의 역할을 말하고 있다. "문자를 읽고 쓰는 능력을 가진 자는 당대의 사회구조에 있어 중요한 역할을 하고 있던 수준이 있는 자를 말한다." [65]

이미 앞에서 언급한 것처럼 가나안어 알파벳의 역사는 생각보다 상당히 이른 시기인 주전 2000년 초까지 올라간다. 그러나 이 초기의 읽고 쓰는 간단한 구조의 발견은 상형문자와 설형문자를 쓰는 것처럼 오랜 시간 동안 공들여 연구하고 배워야 했던 것에 비해 며칠 안에 단숨에 배울 수 있을 만큼 간단했다. 그렇다고 해서 인구의 많은 숫자가 글을 읽고 쓸 수 있었다고 말할 수는 없다.

몇몇 학자들은 상형문자와 설형문자에 비해 히브리어 알파벳이 상대적으로 간단한 것은 이 문자가 급속도로 퍼져 사용되었기 때문이라고 보고 있다. 그러나 와르너는 중국 같은 사회의 경우 문자 체계가 복잡했음에도 불구하고 읽고 쓰는 수준이 상당히 높았음을 지적하고 있다. 또한 알파벳을 사용한 나라들에서 읽고 쓰는 능력이 문자가 생긴 이후 바로 나타나는 것은 아니다. 다른 영향들, 즉 사회적, 종교적, 정치적 경제적 요소들

---

64. Sean Warner, "The Alphabet: An Innovation and Its Diffusion," *VT* 30(1980): 81–90.
65. Everett M. Rogers, *Modernization among Peasants: The Impact of Communication* (New York: Holt, Rinehart & Winston, 1969), 73–74.

역시 생각해 봐야 할 것이다. 고문서학만으로 얼마나 많은 인구가 문자를 읽고 쓸 수 있었는지를 아는 것은 부족하다.

구두와 읽고 쓰는 능력은 서로 반대적인 것이 아니라고 수잔 니디취(Susan Niditch)가 주장한 것처럼 이 둘은 서로 연속적인 파장을 이루는 것이라 보아야 할 것이다. 오히려 이 둘은 함께 공존할 수 있고 문서 기록이 사용된 이후에도 서로에게 지속적인 영향을 끼쳐왔다.[66] 이스라엘 민족의 전통은 어른들이 집이나 산당 같은 곳에서 행해진 종교적인 축제나 다른 모임 등에서 화롯가에 둘러 앉아 아이들에게 해준 이야기, 노래, 시, 그리고 속담 등을 통해 전해져 왔음은 분명하다. 'J'(하나님을 야훼/여호와라 부른 이들)와 'E'(하나님을 엘로힘이라 부른 이들)의 두 전통이 합쳐져 "JE"라 불린 이스라엘 민족의 서사시는 구전 형식으로 시작되었다. 서사시들 중 초기의 시들은 청년들이 배우고 노래하고 암송했던 일반적인 내용이었을 것이다. 동시에 초기에도 구전되던 전통을 썼던 이들이 있었을 것이며, 이들이 쓴 전통이 문헌으로 남아 퍼졌을지도 모른다.

주전 8세기와 7세기의 이스라엘과 유다 두 왕국의 문헌들은 이웃의 다른 국가들과는 달리 이집트의 신관문자(상형문자를 흘려 쓴 초서체)와 숫자체계를 사용했는데, 이집트에서 신관문자는 주전 10세기 이후에는 더 이상 사용되지 않았다. 오르릴 골드바서(Orly Goldwasser)는 "고대 이집트 신관문자(hieratic, 伸官)의 숫자 체계가 이스라엘과 유다 두 왕국 모두에서 발견되는 것은 이미 이전 시대, 즉 다윗과 솔로몬 시대에 이 체계가 사용되기 시작했다고 볼 수 있다"고 주장했다.[67] 나답 나아만(Nadav Na'aman)은 단일 왕국 시대의 예루살렘에서 상류층의 사람들은 읽고 쓸 수 있었다고 말한다.[68] 주전 8세기에 와서는 상류층에서 평민에 이르기까지 읽고 쓸 수 있었음을 증명하는 증거들이 나왔다. 대부분의 문서들은 주전 8세기 말에서 주전 6세기까지로 연대가 추정된다. 그렇다고 해서 많은 숫자의 이스라엘 백성들이 글을 읽고 쓸 수 있었다고 말하기는 힘들다.

점토 불라에, 개인의 이름이 새겨진 인장, 인장이 찍힌 흔적, 용기 위에 적힌 글자, 오스트라카, 그리고 저울용 추에 새겨진 글자들은 주전 8세기에서 7세기 그리고 이후의 연

---

66. Susan Niditch, *Oral World and Written Word: Ancient Israelite Literature*, LAI(Louisville, Ky.: Westminster Johan Knox, 1996).

67. Orly Goldwasser, "An Egyptian Scribe from Lachish and the Hieratic Tradition of the Hebrew Kingdoms," *TA* 18(1991): 251.

68. Nadav Na'aman, "The Contribution of the Amarna Letters to the Debate on Jerusalem's Political Position in the Tenth Century B.C.E.," *BASOR* 304(1996): 22.

그림 179. 메슐람/아히멜렉 이라고 쓰여진 개인 인장, 라기스에서 발견(Expedition to Lachish 전재 허가; 발굴 지휘자 D. Ussishkin).

그림 180. 라멜레크(*lmlk*) 저장용 항아리. 라기스 III층의 성문 곁 저장고에서 발견됨(Expedition to Lachish 전재 허가; 발굴 지휘자 D. Ussishkin).

그림 181. 라멜레크(*lmlk*) 저장용 항아리 손잡이에 찍힌 4개의 날개가 달린 상징과 헤브론 이름이 보인다(Expedition to Lachish 전재 허가; 발굴 지휘자 D. Ussishkin).

대로 측정된다. 위의 예들과 수천의 라멜레크(*lmlk*〈왕의 소유〉)의 인장이 찍힌 항아리 손잡이들은 주전 8세기에 읽고 쓰는 것이 경제적인 역할을 담당하고 있었음을 증명하고 있다.

적어도 상류층이 읽고 쓸 수 있었다는 것은 사마리아, 아랏, 호르밧 우자(Horvat 'Uza), 야브네 얌(Yavneh-Yam), 그리고 라기스에서 발견된 오스트라카에 의해 증명된다(그림 183). 사마리아 오스트라카는 이스라엘에서 발견된 가장 유명한 문서들 중에 하나이다. 102개의 오스트라카는 대부분이 여로보암 왕(주전 789-748년) 시대에 기록되었으며 북왕국 이스라엘의 수도 사마리아에서 발견되었다. 이 문서들은 주로 검은 색의 잉크로 써진 히브리어 문서였다.[69]

사마리아 문서의 역할이 무엇이었는가에 대한 학자들의 견해들이 있다. 그 답은 사람의 역할에 따라 달라지는데, 사람들의 이름 앞에 히브리어 전치사 라메드(*lāmed*, '-에게', '-에

---

69. Baruch Rosen, "Wine and Oil Allocations in the Samaria Ostraca," *TA* 13(1986): 39-45.

그림 182. 라멜레크(*lmlk*) 저장용 항아리 손잡이에 직힌 2개의 날개가 달린 상징과 숙곳 이름이 보인다 (Expedition to Lachish 전재 허가; 발굴 지휘자 D. Ussishkin).

그림 183. 오스트라콘 XXI, 라기스에서 발견; 고대 히브리어로 기록됨, 주전 7세기보다는 이른 시기(Expedition to Lachish 전재 허가; 발굴 지휘자 D. Ussishkin).

게 속한', '-를 위한' 등 여러 가지 의미가 있다)가 쓰여 "*l*-사람/사람들"로 표기되어 있다. 이갈 야딘(Yigael Yadin), 프랑크 크로스(Frank Cross), 이반 카우프만(Ivan Kaufman)[70]은 "*l*-사람들"을 자신의 지방에서 세금을 거두어 수도였던 사마리아로 보낸 자들의 이름이라고 생각했다. 오스트라카는 영수증으로서 포도주, 처음 짠 올리브기름, 그리고 곡식 등을 수납한 왕실의 장관이 보낸 것이다. 그러나 앤손 레이니(Anson Rainey)[71]는 "*l*-사람들"(왕실의 신하)은 실제로 사마리아에 있던 자들로 왕의 식탁에서 함께 식사하는 자들이었으며 이 식탁은 그들이 가지고 있는 소유지에서 생산된 것을 수도로 이송하게 하여 채워진 것이라고 주장했다. 궁전에서 이렇게 함께 식사하는 모습은 요나단의 아들 므비보셋이 다윗과 함께 왕의 식탁에 앉았던 것을 예로 들 수 있다(삼하 9:7-13).

스태거(Stager)는 "*l*-사람들"을 관료들이 아닌 사마리아 주변 행정 구역에서 세금을 거둔 자들로서 수도를 들락

---

70. Yigael Yadin, "Recipients or Owners: A Note on the Samaria Ostraca," *IEJ* 9(1959): 184-87; "A Further Note on the Samaria Ostrac," *IEJ* 12(1962): 64-66. Frank M. Cross, "Epigraphic Notes on Hebrew Documents of the Eighth-Sixth Centuries B.C.; I.A. New Reading of a Place Name in the Samaria Ostraca," *BASOR* 163(1961): 12-14. Ivan T. Kaufman, "The Samaria Ostraca: A Study in Ancient Hebrew Palaeography, Text and Plates"(Diss., Havard University, 1966); "The Samaria Ostraca: An Early Witness to Hebrew Writing," *BA* 45(1982): 229-39.

71. Anson F. Rainey, "The Samaria Ostraca in the Light of Fresh Evidence," *PEQ* 99 91967): 32-41; and "The Sitz im Leben of the Samaria Ostraca," *TA* 6(1979): 91-94.

날락 했던 귀족 집안의 가족들이었을 것이라고 생각한다. 때때로 "l-사람"이라고 씌어져 왕실에 도달한 올리브기름과 포도주 등의 일용품들은 한 마을 이상의 여러 다른(이름하여) '행정구역'에서 수거된 것이다. "l-사람"이라는 표현이 왕에게 봉헌을 했든 혹은 그들 스스로 왕과 함께 식사하면서 왕의 식탁 위에 올린 것이든 간에 이는 분명 귀족이나 지파나 가계의 우두머리들이었다. 이들은 지파나 가계의 구성원들로부터 지방 관료가 아닌 부족사회의 대표에게 바치는 선물과 의무의 명목으로 이러한 필수품을 거두어들였다. 다시 말해서 "l-사람"은 부족사회의 가장 우두머리였던 왕에게 물건들을 바친 것이다. 데이빗 쉬로엔(J. David Schloen)은 그 증거를 이렇게 요약하고 있다.

> 그러나 우리는 사마리아 오스트라카가 고대 이스라엘에 있어 확실히 중요성을 지녔던 문서로서 왕국 시대에 응집된 씨족들이 자원을 체계화하고 우두머리들에게 일용품과 봉사를 제공하는 사회적, 경제적 기초로서 작용했다는 것을 보여준다. 이러한 체계는 왕실 관료들에 의해 흩어져 있는 마을들을 관리하는 것보다 훨씬 더 간단한 방법이었다. 이는 또한 오랫동안 유지된 전통적인 가부장적 권위에 적합한 것이었으며 이로 인해 작은 마을로 구성된 '족장사회'에서부터 넓은 지역으로 퍼졌던 '국가'에 이르기까지 정치적 지배의 공간적인 범위와는 관계없이 정치적 지도자들은 레반트의 모든 시대에 걸쳐 잉여물들을 요구했고 자원들을 모았다.[72]

아랏에서는 에돔으로 가는 주요 도로를 통제했다. 철기 시대에 아랏에는 국경선을 관리하는 요새가 세워져 행정적 군사적 역할을 하였다. 약 200개의 오스트라카가 이 유적지에서 발견되었는데 반 이상이 히브리어로 기록되었으며 주전 7세기 말에서 6세기 초에 써진 것이었다. 18개의 오스트라카가 요새의 지도자 엘레아쉽(Eliashib)에게 써진 것으로 그는 유다 왕국의 군대에 키프루스나 그리스에서 용병으로 와 있는 키팀(Kittiyim)이라 불렸던 이들에게 배급(포도주, 기름, 밀가루)을 했던 사람이다. 오스트라콘 18번은 예루살렘에 있는 성전을 "야훼의 집"이라고 모호하게 부르고 있다. 아랏에도 신전이 있기는 했

---

72. J.David Schloen, *The House of the Father as Fact and Symbol: Patrimonialism in Ugarit and the Ancient Near East, Studies in the Archaeology and History of the Levant*, 2(Cambridge: Harvard Semitic Museum, 2001), 165.

지만 이 신전은 아랏의 오스트라카가 기록되기 이전 주전 700년경에 파괴되었다.

네게브 동쪽 아랏의 남동쪽으로 10킬로미터 떨어진 지점에 있는 호르밧 우자 유적지에는 주전 7세기에 건설된 유다 왕국의 요새가 있었다. 발굴자들은 여기서 히브리어로 써진 28개의 오스트라카와 에돔어로 써진 오스트라콘 하나 그리고 아람어로 써진 오스트라콘 하나를 발견했다. 이 문서들은 '군사 명령, 이름 목록들, 군량과 물품의 분배, 법적 문헌, 단편적인 기록들'이다.[73] 요새 성문의 위병소 앞에서 발견된 히브리어로 기록된 오스트라콘은 요새의 지도자로 보이는 아히캄(Ahiqam)에게 보내진 것이다. 이 오스트라콘은 주전 6세기 초 유다 왕국의 군사적 조직을 다루고 있는 행정문서로 보인다.[74] 호르밧 우자에서 발견된 단 하나의 에돔어로 쓰인 오스트라콘은 주전 6세기 초로 연대가 측정되며 필기체로 6줄이 적혀있는데, 이 요새의 지도자에게 보내진 상관의 편지로 식량 분배에 관한 명령을 보내고 있다. 더 중요한 것은 이 오스트라콘이 주전 586년 바벨론이 요새를 파괴하기 이전에 에돔인들이 이곳에 진 치고 있었다는 증거를 보여 주고 있다는 것이다.[75]

야브네 얌(메짜드 하샤비야후〈Meṣad Ḥashavyahu〉)에서 발견된 오스트라콘에는 주전 7세기 말 성경 히브리어로 쓴 문서가 있었는데 한 관리가 자신이 곡식의 할당량을 만들지 못하자 불공평하게 자신의 겉옷을 빼앗아갔다고 고소하는 글이다. 그는 군대 장관 호샤이야(Hoshaiah, 야훼의 의미를 지닌 이름)에게 겉옷을 돌려받게 해달라고 청원하고 있다. 이는 성경에 나오는 율법을 비쳐주고 있는 성경 외의 자료 중 하나이다(출 22:25-26; 신 24:10-13; 또한 암 2:8).[76]

라기스는 예루살렘 다음으로 유다 왕국에서 중요한 도시였다. 이 도시의 전략적 위치 때문에 주전 701년에 산헤립이 그리고 주전 586년 느부갓네살이 전쟁 목표로 삼았다. 21개의 라기스 오스트라카(라기스 편지)는 유다의 마지막 왕 시드기야의 재위 중에 기록된 것이다. 이 편지들은 바벨론이 도시를 포위하기 바로 전 유다의 남서쪽 경계선상의 군사활동에 대해서 쓰고 있다. 아마도 군대에는 명령과 목록들을 읽을(그리고 쓸) 수 있

---

73. Itzhaq Beit-Arieh, "'Uza, Horvat," *NEAEHL*, 4: 1496.
74. Itzhaq Beit-Arieh, "The Ostracon of Ahiqam from Horvat 'Uza," *TA* 13(1986): 32-38.
75. Itzhaq Beit-Arieh and Bruce Cresson, "An Edomite Ostracon from Horvat 'Uza," *TA* 12(1985): 97-101; Itzhaq Beit-Arieh, "New Light on the Edomites," *BAR* 14(1988): 28-41.
76. Frank M. Cross, "Epigraphic Notes on Hebrew Documents of the Eigth-Sixth Centuries B.C.,: II. The Murabba'ât Papyrus and the Letter Found near Yabneh-yam," *BASOR* 165(1962): 34-46.

는 사람이 배치되어 있었을 것이다.

성경 기록에 의하면 이사야는 읽고 쓰는 능력을 갖추고 있었다. "모든 계시가 너희에게는 봉한 책의 말처럼 되었으니 그것을 글 아는 자에게 주며 이르기를 그대에게 청하노니 이를 읽으라 하면 그가 대답하기를 봉해졌으니 나는 못 읽겠노라 할 것이요"(사 29:11). "여호와께서 내게 이르시되 너는 큰 서판을 가지고 그 위에 통용 문자로 마헬살랄하스바스라 쓰라"(사 8:1). 예레미야 역시 기본적인 쓰기 능력을 갖추고 있었음을 언급하는 구절들이 있다. 여호와께서 예레미야 선지자에게 "너는 두루마리 책을 가져다가 내가 네게 말하던 날 곧 요시야의 날부터 오늘까지 이스라엘과 유다와 모든 나라에 대하여 내가 네게 일러 준 모든 말을 거기에 기록하라"(렘 36:2; 29:1; 30:2-3; 32:10)고 이르셨다. 그러나 예레미야는 받은 말씀을 기록하지 않았고 그의 서기 바룩이 대신 기록했다(렘 36:4, 이 기술은 예레미야의 구전에 따른 것이다-역주).

4) 학교

안드레 르메르(André Lemaire)[77]는 왕국 시대, 특별히 주전 8-7세기부터 유다 왕국에 어떤 형태의 학교가 있었다고 주장했다. 그는 이미 주전 3000년에 학교들이 있었던 이집트와, 그리고 메소포타미아와 비교해야 한다고 말했다. 학교들은 공식적인 것은 아니었으며 교사 주변에 모여든 소수의 학생들로 구성되었다. 정확히 말해서는 팔레스타인에서 학교는 포로기 이후 시대까지 등장하지 않았다. 학교 교육에 대한 대부분의 자료들은 지혜문헌에서 찾을 수가 있다. 단지 시락서에서만 "학교"(베트 미드라쉬⟨bêt midrās⟩)라는 단어를 언급하고 있다. "너 교육받지 못한 자여 내게 가까이 오라 그리고 학교(베트 미드라쉬⟨bêt midrās⟩)에 거하라"(Sir. 51:23). 성경 시대의 교육에 대해서 단편적이고 성경 안에서도 학교의 현존성에 대한 증거가 확실치 않기 때문에, 르메르는 그의 논쟁을 지지할 만한 팔레스타인의 문서 기록을 제시하고 있다. 그는 전통적인 순서로 써진 알파벳 기록들

---

77. André Lemaire, "Education(Israel)," ABD, 2: 305-12; Les écoles et la formation de la Bible dans l'ancien Israël(Fribourg: Editions universitaries; Göttingen: Vandenhoeck & Ruprecht, 1981). 또한 Alan R. Millard, "An Asessment of the Evidence of Writing in Ancient Israel," in J. Aviram et al., eds., Biblical Archaeology Today(Jerusalem: Israel Exploration Society, 1985), 301-12; James L. Crenshaw, Education in Ancient Israel: Across the Deadening Silence(New York: Doubleday, 1998); Ian M. Young, "Israelite Literacy: Interpreting the Evidence," VT 48(1998), 1: 239-253; 2: 408-422.

을 예로 들고 있지만 이 기록들이 아이들이 쓴 것인지 혹은 어른들이 쓴 것인지 확실히 알 수는 없다.

제1성전 시대에 알파벳을 열거해 놓은 기록들이 써져 있는 오스트라카는 도시와 마을 모두에서 발견되었다. 가장 오래된 22개의 알파벳 문자 모두가 5줄에 걸쳐 (여러 차례) 기록되어 있는 오스트라콘은 아벡 근처 작은 마을인 이즈벳 짜르타('Izbet Ṣartah)에서 발견되었다. 주전 12세기 초로 연대가 측정되는 5줄로 써진 알파벳은 총 83개의 문자로 대부분의 문자는 왼쪽에서 오른쪽으로 써있다. 이 알파벳은 페-아인(pê-'ayin)의 순서로 써진 것을 제외하고(아인-페⟨'ayin-pê⟩의 순서로 써지는 것이 표준) 모두 전통적인 순서로 써졌다. 이 유별난 순서는 쿤틸렛 아즈루드(Kuntillet 'Ajrud)에서 발견된 피토스에 쓰어있는 알파벳에서도 발견할 수 있고, 예레미야애가 2-4장에 시의 처음과 끝을 맞추기 위하여 사용되었다. 이즈벳 짜르타의 알파벳은 고대 가나안 문자로 써진 것으로 이것을 기록한 이는 아마도 이스라엘인이었던 것으로 보인다. 멕카터(McCarter)는 이 오스트라콘을 "기록판에 쓰기 전에 연습용"이었다고 본다.[78]

주전 10세기의 게셀 달력은 히브리어로 기록된 것 중 가장 오래 된 것으로 모두 7줄에 8개의 계절 농사로 한 해를 나누고 있다(그림 33). 주전 10세기의 베니게와 히브리어 문자가 유사하기 때문에 이 기록이 어느 언어로 기록된 것인지 확실하게 단정지을 수는 없다. 이 기록은 아마도 학생이 배운 문자를 복습하기 위해 썼던 것일지도 모르나 확실한 것은 아니다. 이집트(학교에서 배운 것을 복습하기 위해 남겨진 기록들이 있다-역주)와 메소포타미아를 견주어 비교해 보면서 알브라이트(Albright)는 게셀 달력도 "학교 복습"의 일환으로 보는데, 특별히 이것을 기록한 이의 필기가 느리고 엉망이라는 것을 보아 더욱 확실하다.

메나헴 하란(Menahem Haran)[79]은 알파벳을 기록한 것과 학교 사이에 어떤 관계도 없다고 보고 고대 이스라엘에 알파벳 기록으로 인해 학교가 있었다는 르메르의 의견에 완

---

78. McCarter, *Ancient Inscriptions*, 77; Frank M. Cross, "Newly Found Inscriptions in Old Canaanite and Early Phoenician Scripts," *BASOR* 238(1980): 8-15.

79. Menahem Harna, "On the Diffusion of Literacy and Schools in Ancient Israel," in J.A. Emerton, ed., *Congress Volume*, VTSup 40(Leiden: E.J. Brill, 1988), 81-95. Graham Davies, "Were There Schools in Ancient Israel?" in J. Day et al., eds, *Wisdom in Ancient Israel*(Cambridge: Cambridge University Press, 1955), 210: "성경 기록자들이 기록하고자 했던 것들과 고고학적 발견의 기회들이 서로 다르다는 것을 인정하기는 하지만 르메르가 말한 것처럼 당시에 광범위한 교육 체계가 발전해 있었다는 증거는 현재 불충분할 뿐이다."

전혀 반대하고 있다. 그는 알파벳 기록들이 발견된 불확실한 몇몇 유적지들(제1성전 그리고 제2성전 시대 모두 해당됨)에 학교가 있었다고 말할 수 없는 증거들이 있다고 밝혔다. 키르벳 엘 콤(Khirbet el-Qom)은 헤브론 서쪽 20킬로미터 떨어진 언덕 위에 위치한 유적지로 철기 II 시대 묘지가 있다. 이 곳에서 발견된 기록들 중에는 무덤 II에서 발견된 우리야후(Uriyahu)의 비문(내용상 축복이 많이 들어가 있음)과 무덤을 깎아 만든 자에게 축복이 있기를 바라는 석공의 기록이 있다.[80] 라기스에서는 초기 히브리어 알파벳이 기록된 5개의 편지(주전 9세기 말 혹은 8세기 초)가 발견되었는데 이 기록에는 궁전 C의 계단을 올리라는 지시가 적혀있었다. 이 기록들을 보았을 때 이들이 학생들을 지도하기 위한 것이었다고 생각하기는 어렵다.[81]

르메르는 제1성전 시대에 서기의 역할을 했던 상류층이 있었다고 주장했다. 열왕기상 4장에 기록된 솔로몬의 행정 관료들은 그의 왕국이 확장되고 제국의 단계로 되어가고 있는 모습을 보여주고 있다. 행정적인 의무들은 제사장들보다는 전문적인 서기들을 필요로 했을 것이고 분명 그들을 훈련시켰을 것이다. 주전 10세기의 왕실 업무는 이집트의 신관문자를 도용해 썼을 것이다. 나아만(Na'aman)에 의하면 이집트에서 이 문자는 이 시기에 더 이상 사용되지 않았지만 이스라엘과 유다에서는 숫자 체계로서 계속 사용되었다. 르메르는 예루살렘에 성전을 건축하기 위해서는 종교적인 의식과 희생제사를 수행했던 제사장들을 훈련하는 것과는 거리가 먼 글을 읽고 쓰는 행정적인 의무를 행할 교육이 필요했다고 주장한다.[82]

---

80. McCarter, *Ancient Inscriptions*, 111-12.

81. Olga Tufnell, *Lachish III: The Iron Age*(London: Oxford University Press, 1953), 118, 357-59. Ussishkin("Excavations at Tel Lachish-1973-1977, Preliminary Report," 81-83)은 바벨론의 왕 느부갓네살에 의해 파괴된 라기스의 II층과 같은 연대로 보이는 몇 개의 짧은 기록들을 설명했다. 기록 XXIV는 알파벳을 기록한 것으로 히브리 알파벳의 처음 4글자로 두 개의 손잡이와 밑이 뾰족하고 깨지지 않은 상태로 발견된 저장용 항아리 위에 적혀 있었다(학생들의 연습용으로 완전한 항아리에 겨우 알파벳을 쓰게 하지는 않았을 것이다-역주).

82. Nili Fox("Royal Officials and Court Families: A New Look at the *yĕlādîm* in 1 Kings 12," *BA* 59 (1996): 225-32)는 왕실 관료와 왕실 가족들에 대한 논쟁에서 르호보암 왕에게 그의 아버지 솔로몬이 지게 했던 세금과 징병의 무게를 덜어 줄 것을 요구하는 열왕기상 12장을 근거하여 논리를 펴 나간다. 르호보암의 결정에 이르기까지 그는 왕실의 즈케님(*zĕqēnîm*, 노인들)과 "자기와 함께 자라난 소년들"인 엘라딤(*yĕlādîm*, 청년들)과 상담했다(왕상 12:8). 지혜로운 전자의 충고를 무시한 채 그는 후자의 의견을 따랐고 결국 그의 아버지보다 더한 요구를 하였다. Fox는 유사한 이집트의 경우와 비교하여 엘라딤은 왕자들과 함께 궁전에서 자란 왕실 관료들의 아들들이었다고 주장한다.

에드워드 리핀스키(Edward Lipinski)[83]는 예루살렘에는 왕실과 국가를 위한 서기들(소프림⟨sōpĕrîm⟩)이 있었으며 이들은 이미 알파벳에 대한 지식과 쓰고 셈할 수 있는 특별한 훈련을 거친 자들로 여러 가지 일들을 도맡아 했다고 주장한다. 이 왕실의 서기들은 국제적인 관계와 국가적 업무 그리고 궁정 행정에 관한 일들을 했다. 이들은 서기관을 지냈던 그들의 아버지들에 의해 훈련을 받았는데 예를 들어, 그마랴는 서기관(소페르⟨sōpēr⟩)이었던 사반의 아들이었다. "바룩이 여호와의 성전 위뜰 곧 여호와의 성전에 있는 새 문 어귀 곁에 있는 사반의 아들 서기관(소페르⟨sōpēr⟩) 그마랴의 방에서 그 책에 기록된 예레미야의 말을 모든 백성에게 낭독하니라"(렘 36:10). 그러나 이는 단지 왕정 내의 상류 계층의 서기들을 말할 뿐이지 평민들 역시 세습되었다고 말하지는 않는다.

---

83. Edward Lipinski, "Royal and State Scribes in Ancient Jerusalem," in J.A. Emerton, ed., *Congress Volume*, 157-64.

CHAPTER
6

종교적 관습

오늘날 컬트(cult)라는 단어는 과격 종교 집단이나 새로운 종교의 생성과 관련하여 사용된다. '종교적 제사인 컬트' 라는 단어의 사전적 정의는 종종 종파들, 이 종파들의 극단적 경향 그리고 이들의 특이한 가르침들을 내포하고 있다. 즉 제사는 통속적으로 경멸적인 의미로 사용된다. 성경 속에서 제사는 예배보다는 좀 더 넓은 의미로 사용되었으며 종교 의식, 기도, 순례, 그리고 희생제물까지도 포함했다.[1] 롤랑 드 보(Roland de Vaux)는 제사를 "공동체나 혹은 개인이 추구하는, 그리고 신과의 접근을 시도하는 종교적 생활에서 표출해내는 모든 행동들"[2]이라고 정의했다. 간단히 말해서, 제사는 종교적 경의를 표현하는 일반적 수단이라고 할 수 있을 것이다.

히브리어에는 예배의 행위를 묘사하는 두 가지 단어가 있는데 하나는 섬기다라는 뜻의 아바드('ābad, 아보다 〈'ābōdâ, 섬김〉라는 단어 역시 사용됨)이며 또 다른 단어는 히쉬타하바(hištāḥâwa 〈어근 ḥwh〉, 스스로 엎드리다)이다. 어떤 이가 왕을 섬김으로서 경의를 표하듯, 신에게 경의를 표하는 것은 의무적인 것이다. 내적 마음가짐은 분명 외적인 행동으로 연결되는 것으로서 이 둘이 조화를 이룰 때 신을 향한 진정한 섬김이 되는 것이다. 금식에 관한 설교에서 이사야는 성경적 교리 속에서 정의로운 참된 예배의 모습을 보여

---

1. Rainer Albertz, *A History of Israelite Religion in the Old Testament Period*(London: SCM Pess, 1994)와 Patrick D. Miller, *The Religion of Ancient Israel*, LAI(Louisville: Westminster John Knox, 2000). 이 두 자료가 이러한 내용을 뒷받침하고 있다.
2. Roland de Vaux, *Ancient Israel*(New York: McGraw-Hill,1961),271.

주고 있다. "나의 기뻐하는 금식은 흉악의 결박을 풀어 주며 멍에의 줄을 끌러 주며 압제 당하는 자를 자유하게 하며 모든 멍에를 꺾는 것이 아니겠느냐. 또 주린 자에게 네 양식을 나누어 주며 유리하는 빈민을 집에 들이며 헐벗은 자를 보면 입히며 또 네 골육을 피하여 스스로 숨지아니하는 것이 아니겠느냐"(사 58:6-7).

이스라엘 민족의 종교적 관습에 있어서 다양한 형태로 드러나는 지역별 제사 장소인 산이나 법궤, 장막 같은 이동식 신전, 지방의 신전, 그리고 전통적으로 "산당"(high places)으로 묘사되는 바모트(*bāmôt*, 단수로 바마 *bāmâ*) 등은 필수적인 요소다.

1. 거룩한 장소들

1) "산당"

성경에서 바모트(한국어 성경은 "산당"으로 번역함)는 수백 번 언급되고 있다. 이들의 성격과 모습, 그리고 어떻게 건축되었었는지는 논쟁 중이며 학자들은 바마(*bāmâ*)라는 단어

그림 184. 벳세다의 성문에 있던 바마(한국어 성경의 "산당")의 재현 그림. 바알 하닷 신상이 올려져 있다. 철기 II 시대(그림: C.S. Alexander, Rami Arav et al., "Bethsaida Redisovered", BAR 26/1 (2000): 48-49, 그리고 O.Keel, *Goddesses and Trees*, *New Moon and Yahweh*, 1998, fig. 106을 참조).

를 정의하고 번역하는 데 있어 합의를 보지 못한 상태이다. 고대 이스라엘과 유다지역에는 많은 도시와 지방에 위치했던 바못이라 불리는 많은 예배 장소들이 있었다. 이러한 제사 장소는 전통적으로 종교적 의례가 행해졌던 넓은 마당에 세워진 연단을 상상하게 했다. 종교적 용어로 바마는 높은 언덕 같은 곳에 있어 자연적으로 높여지거나, 연단을 쌓아 인위적으로 높여진(그림 184) 거룩한 장소를 의미한다.

바마가 높게 쌓은 연단이라는 견해는 사무엘이 사울을 왕으로 기름붓기 전 희생제물을 바치는데 이들이 바마를 올라갔다가 내려온 사건에서 유래했을 것이다. "사무엘이 사울에게 대답하여 이르되 선견자니라 너는 내 앞서 산당으로 올라가라(알레 레파나이 하바마⟨'ălēh lĕ pānay habbāmâ⟩), 너희가 오늘날 나와 함께 먹을 것이요"(삼상 9:19). "그들이 산당에서 내려(바예르두 메

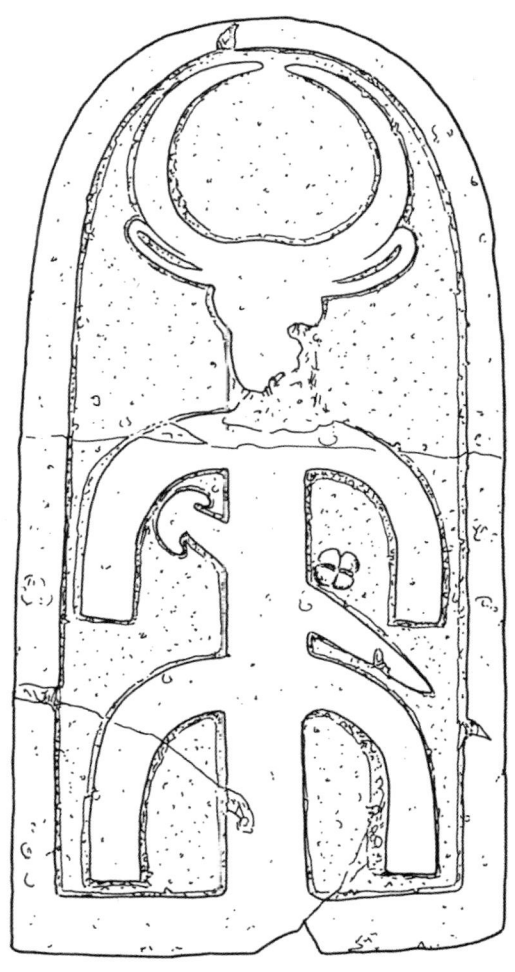

그림 185. 바알 하닷 신상을 가까이에서 본 그림. 황소의 머리를 하고 있고 장검 혹은 단검으로 무장하고 있다(그림: C.S. Alexander, "Bethsaida Rediscovered", 50 참조).

하바마⟨wayyērdû mēhabbāmâ⟩) 성읍에 들어가서는 사무엘이 사울과 함께 지붕에서 담화하고"(삼상 9:25). 성경에서 바마에 관한 가장 자세한 언급은 사무엘이 사울을 기름붓는 장면에서 가장 잘 나타난다(삼상 9:1-10:16). 바마와 관련되어 나타나는 단어는 리쉬카 (liškâ, 객실)로서 제사 음식을 먹는 방이다(삼상 9:22). 성경 외의 다른 곳에서 복수형태로 나타난 레샤코트(lĕšākôt)는 예루살렘 제2성전에서 다양한 기능을 했던 방들을 일컬었다. 바모트는 제단(미즈베호트⟨mizbĕḥôt⟩), 돌로 된 기둥들 혹은 주상(마쩨보트⟨maṣṣēbôt⟩), 그리고 목상(아쉐림⟨'ăšērîm⟩)을 포함하는 제사용 물건들로 장식되어 있었다. 산당(베트 바

마⟨bêt bāmâ⟩)은 제사를 집행할 제사장 하나가 반드시 있어야 했던 예배 장소였다. "그가 (여로보암) 또 산당들(베트 바모트⟨bêt bāmôt⟩)을 짓고 레위 자손 아닌 보통 백성으로 제사장을 삼고"(왕상 12:31). 다윗과 솔로몬의 통치 당시 바모트는 이스라엘 지방에 있던 합법적 제사 장소로서 존재했었다. 다윗과 솔로몬 모두 기브온에 있던 바마를 후원했다. 역대기서는 다윗의 시대에 기브온에서 행해졌던 희생제사를 묘사하고 있다. "(다윗은) 제사장 사독과 그의 형제 제사장들에게 기브온 산당(바마)에서 여호와의 성막 앞에 모시게 하여 항상 아침 저녁으로 번제단 위에 여호와께 번제를 드리되 여호와의 율법에 기록하여 이스라엘에게 명하신 대로 다 준행하게 하였고"(대상 16:39-40). 솔로몬 또한 기브온에서 번제를 드렸다. "솔로몬이 여호와를 사랑하고 그의 아버지 다윗의 법도를 행하였으나 산당(바모트)에서 제사하며 분향하더라. 이에 왕이 제사하러 기브온으로 가니 거기는 산당이 큼이라(하바마 하그돌라⟨habbāmâ haggĕdôlâ⟩) 솔로몬이 그 제단에 일천 번제를 드렸더니"(왕상 3:3-4). 이사야는 모압에서도 바모트에서 제사를 드렸음을 언급하고 있다. "그들은 바잇과 디본(현대 디반) 산당(바모트⟨bāmôt⟩)에 올라가서 울며 모압은 느보와 메드바를 위하여 통곡하는도다"(사 15:2; 16:12).

주전 8세기 말경 히스기야의 시대에 와서 산당들은 파괴되었다고 성경은 언급하고 있다. "(히스기야가) 여러 산당(하바모트⟨habbāmôt⟩)을 제거하며 주상(하마쩨보트⟨hammaṣṣēbôt⟩)을 깨뜨리며 아세라 목상(하아쉐라⟨hā'ăšērâ⟩)을 찍으며"(왕하 18:4). 요시야의 개혁(주전 622/621년)의 결과에서도 종교적 예배는 예루살렘이 중심지가 되었다. 그는 지방의 제단들을 파괴하였고 예루살렘의 제사를 정화했고 전 영토의 산당들을 제거하였다. "(요시야는) 제사장이 분향하던 산당(하바모트⟨habbāmôt⟩)을 게바에서부터 브엘세바까지 더럽게 하고"(왕하 23:8).

신명기적 역사서의 저자들은(여호수아서에서부터 열왕기서까지, 신명기의 영향을 받았다) 바모트에 관하여 부정적인 주석을 단다. 신명기의 신학은 예배는 오직 예루살렘에서만 행해져야 한다고 생각했기에 산당들은 하나님의 성전이 건설된 이후 부정한 예배 장소로서 간주되었다. 아모스는 "이삭의 산당들이 황폐되며 이스라엘의 성소들이 파괴될 것이라"(암 7:9)라고 예언했다. 호세아는 하나님이 이스라엘의 이방신 숭배를 벌주기 위해 제사 장소들을 헐어 황폐한 광야로 만들어 버릴것이라고 예언했다. "이스라엘의 죄 곧 아웬(벧엘)의 산당은 파괴되어 가시와 찔레가 그 제단 위에 날 것이다"(호 10:8).

최근에 고고학자들은 바모트로 가정되는 종교적 장소 몇 군데를 발견했다. 혼합주의적인 예배가 행해졌던 바모트 혹은 지방의 성소에는 아세라 목상, 주상, 그리고 제단들이 함께 구비되어 있었다.

(1) 황소 유적지

이스라엘 민족이 사용한 가장 오래된 제사 장소는 사마리아 북쪽 도단 근처의 산맥 정상에 위치해 있다. 1980년대 초 이곳에서 송아지 모양의 청동상이 발견되었다. 비록 정확한 고고학적 배경은 알려져 있지 않지만, 이곳을 발굴한 아미하이 마잘(Amihai Mazar)에 의하면 괴상하게 생겼지만 이 정교하게 만들어진 동물 형상은 넓은 마당에 있었던 제사 장소에서 사용되었던 것으로 본다.³ 이 유적지는 타원형으로 편평한 돌들로 바닥이 포장되어 있었고 커다란 돌이 하나 서 있었는데 이는 아마도 주상(마쩨바⟨maṣṣēbâ⟩)이었을 것이며, 또한 향을 피웠던 도구의 조각들과 동물 뼈들도 발견되었다. 몇몇 학자들은 초기철기 시대에 가나안인들과 이스라엘인들 사이의 물질문화를 구별하는 데 어려움이 있는 한 이 제사 장소가 이스라엘 민족의 것이었다는 데 의문을 제기하고 있다. 마이클 쿠간(Michael Coogan)은 이 '황소 유적지'가 제의적 유적지로서 정의하는데 그 증거가 충분치 못하다고 했다.⁴

황소는 가나안인들의 종교적 전통에 있어 두드러지는 것으로서 가나안의 신 엘을, 송아지는 바알을 상징한다. 위의 발견물은 예루살렘 성전으로 제사 드리러 가는 북왕국 이스라엘인들을 막기 위해 단과 벧엘에 제단을 쌓고 금송아지를 두었던 여로보암 왕을 생각나게 한다(왕상 12:26-33). 아론과 이스라엘 민족이 만들고 숭배했던 "금송아지"(출 32장)의 수치스러운 이야기는 북왕국에 황소 숭배를 자리잡게 했던 여로보암에 대한 비난으로서 의도되었을 것이다.

(2) 단에서 발견된 성역

솔로몬의 통치 이후, 단일 왕국은 둘로 나뉘어졌다. 작은 내륙 지역이 남왕국 유다가 된 반면, 더 크고 부유했던 지역은 북왕국 이스라엘이 되었다. 정치적, 종교적 도시였던 유다 왕국의 수도가 예루살렘 하나였던 것에 반해 북왕국 이스라엘에는 정치적 수도가 따로 있었고 북쪽의 단과 남쪽의 벧엘이라는 두 종교적 중심지가 있었다. 왕국 분리자였

---

3. Amihai Mazar, "The 'Bull Site': An Iron Age I Open Cult Place," *BASOR* 247(1982): 27-42.
4. Michael D. Coogan, "Of Cults and Cultures: Reflections on the Interpretation of Archaeological Evidence," *PEQ* (1987): 1-8.

고 다윗의 계보가 아니었던 여로보암은 예루살렘의 흡인력을 견제하기 위해 그의 왕국의 양 끝에 제사와 순례를 할 수 있는 보완적인 중심지를 세웠다. 신명기적 사가들은 이 방신 숭배에 관해 이야기할 때 여로보암이 금송아지를 만들어 부정한 제사를 행하므로 죄를 범하였다고 강조한다.

> (여로보암이) 이에 계획하고 두 금송아지를 만들고 무리에게 말하기를 너희가 다시는 예루살렘에 올라갈 것이 없도다 이스라엘아 이는 너희를 애굽땅에서 인도하여 올린 너희의 신들이라 하고 하나는 벧엘에 두고 하나는 단에 둔지라. 이 일이 죄가 되었으니…그가 또 산당들(바테 하바모트⟨bāttê habbāmôt⟩로 읽음)[5]을 짓고 레위 자손 아닌 보통 백성으로 제사장을 삼고(왕상 12:28-31).

솔로몬의 지방 중심지이자 레위 지파의 도시였던 다아낙(Ta'anach)에서 발견된 제대에 나타난 형상을 보면(그림 211) 거세한 어린 수소는 북왕국과 남왕국의 분열 이전 여호와의 상징으로서 수용되었음을 알 수 있다. 그룹의 형상이 예루살렘 성전을 장식하게 된 것도 단과 벧엘의 송아지 형상이 우상숭배로서 비난받은 것도 단지 후대의 일이다.

한 국가의 성소로서 두 장소를 선택하게 된 것은 이 장소들이 보다 쉬운 순례지였다는 것은 물론 두 제사장 가족들의 요구에 부응하는 것이기도 했다. 제사장들은 그들의 조상이 각각 아론과 모세의 계보를 따르고 있다. 이 경우, 다윗이 예루살렘에서 제사장을 선택할 때(또한 폭동이 일었을 때도) 이 두 가족들을 선택했던 것과 같은 방법을 여로보암이 따르고 있다.

단 지파의 성소는 모세와 무시 자손들의 제도에서 기원하고 있다. 단 지파가 라이스(정복 이후 단이라 칭함)에 새로운 터전을 마련하려고 북쪽으로 이동하면서 에브라임 산지 미가의 집에서 집무하던 유다 지방 베들레헴 출신의 한 레위 제사장(왕상 12:31)을 데리고 가버린다. 이 젊은 레위인은 그들과 동행하면서 에봇, 드라빔, 은으로 새긴 신상(아마도 송아지 모양) 등의 여러 가지 제사 도구들을 취하여 간다. 그러나 그들은 북쪽으로 떠나기 전에 제사장에게 "우리를 위하여 하나님께 물어 보아서 우리가 가는 길이 형통할는지 우리에게 알게 하라"(삿 18:5)고 물었다. 제사의 전문가는 고문 역할을 위해 에봇 속에

---

5. 왕상 13:32 바테 하바모트(bāttê habbāmôt)를 보라. 왕상 12:31의 복수형태를 위해서는 70인역과 불가타 성경을 보라.

그림 186. 텔 단에서 발견된 계단으로 올라가는 성역, 여로보암 II세 시대(Tel Dan Excavations, Hebrew Union College, Jerusalem 전재 허가; 사진: A. Biran).

그림 187. 아합 시대의 텔 단 성소(Tel Dan Excavations, Hebrew Union College, Jerusalem 전재 허가; 사진: A. Biran).

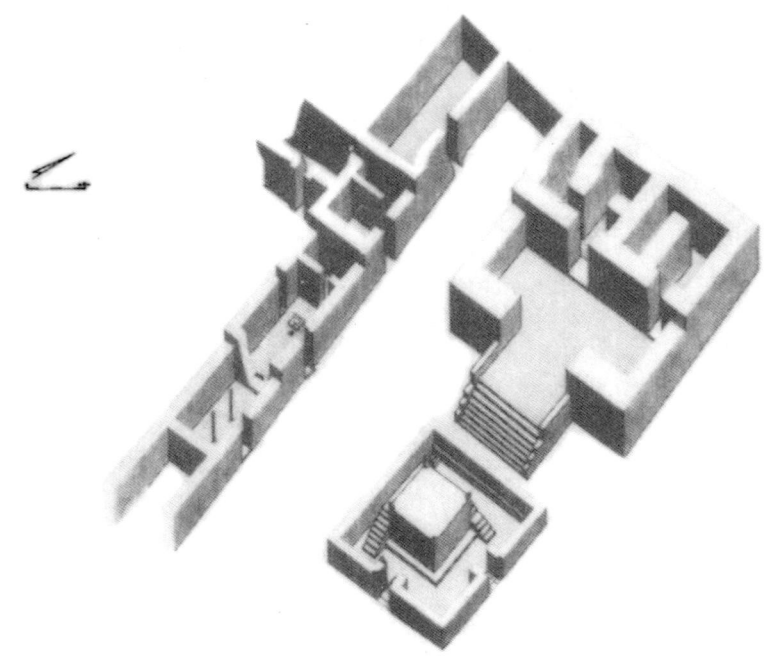

그림 188. 텔 단 성역의 구상도, 주전 8세기 여로보암 II세 시대. 신전으로 올라가는 계단 앞 안뜰에는 4개의 뿔이 달린 거대한 제단이 서 있었다. 서쪽 측면 방들은 리쉬카(*liška*) 혹은 베트 마르제아흐(*bet marzēah*)였을지도 모른다 (그림: C. Haberl, A. Biran, Biblical Dan, p. 203, fig. 163 참조).

넣어둔 우림과 둠밈[6] 같은 성구 같은 매체를 이용하여 운명을 점쳐 신의 뜻을 예언하고 단 지파에게 응답한다. "평안히 가라. 너희가 가는 길은 여호와 앞에 있느니라"(삿 18:6). 이 이야기가 본래 하고 싶은 이야기는 다윗의 고향 베들레헴 유다지방 출신의 레위 제사장이 종교중심지였던 단을 세우고 합법화했다는 것이다. "단 자손이 자기들을 위하여 그 새긴 신상을 세웠고[7] 모세의 손자요 게르솜의 아들 요나단과 그의 자손은 단 지파의 제사장이 되어 그 땅 백성이 사로잡히는 날까지 이르렀더라. 하나님의 집이 실로에 있을

---

6. 에봇은 제사장들이 입던 아마로 만든 옷이 아니다. 오히려 이는 우림과 둠밈이 담겨있던 상자였다(삼상 14:1-3, 41-42을 보라). 또한 에봇은 실로와 무시(Shilonite-Mushite)의 제사장들이 다루도록 되어 있었다. Cornelis Van Dam, *The Urim and Thummim: A Means of Revelation*

7. 모세는 *mšh*라고 읽는 것이 옳다. MT에서는 므낫세로 읽었는데 후대에 삽입된 것으로 이미 Julius Wellhausen이 그의 저서 *Prolegomena to the History of Israel*(Atlanta: Scholars Press, 1994; German original in 1878), 142에서 지적한 바 있으며 또한 Frank M. Cross, *Canaanite myth and Hebrew Epic*(Cambridge: Harvard University Press, 1973), 197 n.18을 보면 Cross는 고대 그리스어로 쓰여진 루시안 개정판(Lucianic Recension)과 불가타 성경을 이용하여 모세라고 읽었다.

동안에 미가가 만든 바 새긴 신상이 단 자손에게 있었더라"(삿 18:30-31). 그러므로 두 제사장 출신의 가족 간의 분쟁을 피하기 위하여 여로보암은 무시의 자손을 단의 신전에 아론의 자손들은 벧엘의 신전에 세운 것이다.[8] 아론이 '배교'에 부채질했고(출 32장) 후대의 해석자들은 두 제사장 가족들을 금송아지 신상을 만들어 낸 자로서 비방을 했다.

예루살렘의 솔로몬 성전은 시리아에서 발견된 고고학적 자료들이 적게나마 도움이 되긴 하지만 여전히 성경에서만 설명을 찾을 수 있다. 이와 달리 비란(Biran)의 텔 단(Tel Dan)에서의 발굴은 주전 10세기 말경 여로보암에 의해 세워진 뒤 로마 시대까지 성역으로서 사용된 종교적 건축물과 그에 사용된 보조 건물들을 드러나게 했다. 비록 고고학적 증거가 부족하기는 하나 성경적 전통은 텔 단에 있던 성역이 이미 주전 10세기 전에도 번성했을 것이라고 짐작하게 한다. 이 성역은 도시의 북서쪽의 샘 근처에 위치하고 있으며, 북쪽의 눈덮인 헬몬 산의 근사한 광경을 볼 수 있는 곳이다. 주전 10-9세기 경에는 단의 성역(T 구역)은 벽으로 둘러 쌓여져 유적지의 다른 지역으로부터 고립된 장소였으며 면적만도 2,700미터에 이른다(45미터 X 60미터).

이 성역이 수천 년 동안 계속해서 사용되었기에 고고학적, 역사학적 모습을 해명해 내는 것은 어렵다. 가장 두드러지는 특징은 성역의 북쪽 지역을 차지하고 있는 모나게 잘 다듬은 돌로 쌓은 정교한 연단이다(그림 187). 이 연단이 가장 컸을 때는 18.5미터 길이의 정사각형 모양이며 높이만도 3미터에 이르렀다. 모나게 깎은 돌들은 벽돌의 좁은 면과 긴 면을 번갈아 가며 보이도록 짓는 건축 양식(헤더-스트레쳐 양식⟨header-stretcher style⟩)을 사용하여 쌓아졌다. 깊은 홈이 벽돌의 낮은 층을 따라 옆으로 파졌는데 나무로 만들어진 들보(지금은 썩어 남아있지 않다)가 끼워졌 있었던 곳으로 성경의 설명에 의하면 예루살렘에 있었던 솔로몬의 성전과 궁전에도 "다듬은 돌 세켜와 백향목 두꺼운 판자 한 켜로 둘러"(왕상 6:36; 참조, 왕상 7:12; 스 6:4)에서 보듯 같은 형태의 건축양식이 있었다. 돌 기초 위에 나무로 만든 들보를 옆으로 뉘여 끼우는 것은 지진으로 일어나는 충격을 완화시키고 건물을 탄력 있도록 한다. 이 정사각형의 연단의 남쪽에는 8미터 넓이의 정상으로 도달할 수 있는 계단이 있다. 비란(Biran)은 이 거대한 연단이 지붕 없이 열린 공

---

8. 무시 자손들과 아론의 자손들의 전통에 관한 보다 자세한 논쟁은 Wellhausen, *Prolegomena*, 121-51에서 처음 거론되었고 더 최근에 Cross, *Canaanite Myth and Hebrew Epic*, 195-215에서 다루고 있다. 그러나, 이 에브라임 지파의 종교 중심지와 그 전통이, 송아지 형상이 그대로 드러나고 있는 단으로 옮겨갔기 때문에 금송아지 전통이 실로의 무시 자손들에게서 기원하고 있다는 논쟁은 믿기가 힘들다.

그림 189. 한때 덮개가 덮여 있었을 것으로 보이는 단상의 기초와 이 덮개를 받쳤던 기둥들의 콜로신스 열매 모양으로 생긴 받침대 2개, 텔 단의 성문에서 발견(Tel Dan Excavations, Hebrew Union College, Jerusalem 전재 허가; 사진: A. Biran).

간을 사용한 성소로 해석하고 주로 "산당"이라고 번역되는 성경에 나오는 바마(bāmâ)라고 추정했다. 그의 의견에 의하면 이 전체 성역이 바로 산당(베트 바모트⟨bêt bāmôt⟩)(왕상 12:31)의 요소들을 갖추고 있는 것이다.[9]

신명기적 사가는 "신전과 산당"(바테 하바모트⟨bāttê habbāmôt⟩)을 부정한 성소에 대한 모욕적인 표현으로서 사용하면서도 단을 이야기할 때는 이러한 표현을 명확하게 사용하지 않고 있다. 그러나 역사가가 단과 벧엘의 금송아지에 관한 비난을 같은 맥락에서 사용했다고 보았을 때 우리는 그의 의도를 짐작할 수 있다. 그렇다면 비란이 제시한 단의 T구역에 위치한 성역(그림 188) 이 산당(베트 바모트⟨bêt bāmôt⟩)이라는 의견이 맞을 것이다. 그러나 우리는 좀 더 심도 있게 나아가 거대한 정사각형의 연단의 정상에 신전이 세워져 있었기에 이곳이 정확하게 산당으로서 추정된다고 제시하고 싶다. 그 정상에는 꽤 큰 공공건물에 사용되었던 기둥의 주춧돌이 발견되었다. 이 넓은 방으로부터 연단의 북

---

9. Abraham Biran, *Biblical Dan*(Jerusalem: Israel Exploration Society, 1994), 181; idem, "Sacred Spaces: Of Standing Stones, High Places, and Cult Objects at Tel Dan," *BAR* 24(1998): 40.

쪽 지역에는 두 개의 정사각형 방으로 연결되는 통로들이 있었고 각 방에서는 2층으로 올라가는 층계가 있었다.[10] 이곳에 금송아지 형상이 여호와가 올라탔던 동물의 상징으로서 진열되어 있었을 것이다.

단의 신전 앞에는 상당히 잘 지어진 다듬은 돌로 쌓은 벽으로 마당에서 구별된 구역-12.5미터 x 14미터-속에 또 다른 성역이 있었다. 이 구역에는 동쪽과 남쪽 두 방향으로 들어갈 수 있는 입구가 있었다. 이 구역의 북서쪽 구석에는 4개의 뿔을 가진 석회석으로 만든 작은 제단이 발견되었다(그림 190). 제단의 윗부분은 향을 피웠던 불로 인해 석회 가루로 변해있었다. 구역의 중앙에는 6미터 길이의 정사각형 모양의 4개의 뿔로 된(단지 0.5미터 높이와 0.39미터의 밑 길이를 가진 하나의 뿔만이 발견되었다) 거대한 제단이 서 있었다. 북쪽에 있던 신전의 연단처럼, 모나게 다듬은 돌로 쌓은 계단이 주변보다 3미터 정도 더 올라간 이 거대한 제단의 꼭대기까지 연결되어 있었다.

단에서 발견된 이 거대한 지붕 없는 공간에 있는 제단은 예루살렘 성전을 재건축할 때(겔 43장) 에스겔이 성전 마당에 세웠던 4개의 뿔이 달린 제단(하르엘⟨har'ēl⟩ 문자적으로 '하나님의 산')과 비교해볼 만하다. 에스겔이 본 바에 의하면(예루살렘의 성전에 대한 자료로 보자면), 하르엘(har'ēl)은 그 번제를 드리는 바닥의 장이 십이 척(약 6미터)으로 동쪽으로부터 이 꼭대기로 올라오는 층계가 있었다. "흠 없는" 어린 수송아지, 수양, 그리고 수염소가 번제물로 사용되었다. 에스겔서와 다른 제사장적 자료에 나타난 번제물로 드려진 동물들의 뼈와 유사한 것들이 단의 성역에서도 발견되었다. T 구역에서 폴라 왑니쉬(Paula Wapnish)와 브라이언 헤시(Brian Hesse)는 양, 염소, 그리고 소의 뼈들을 감정해냈다.[11] 성역에서 발견된 동물의 뼈들은 단의 다른 장소들에서 발견된 것보다 나이가 어린

---

10. Biran의 *Biblical Dan*에 Fig. 163의 윗부분과 Figs 149, 176 에 그려진 재건축 모형도를 보라. 비록 우리는 이러한 건물과 정확히 유사한 당시대의 건축물을 아는 바 없으나 이 건물의 고고학적 배경, 벽으로 둘러싸여진 성역 내의 제사적 도구들, 그리고 동물뼈를 수집한 결과 이 건물의 종교적 성격에 대해 의심하는지는 않는다. 단의 다듬은 돌로 세워진 연단 위에 무시 자손들이 "장막"을 연상하게 하는 텐트로 만들어진 성소를 세우는 시도는 열린 공간으로서의 바마로 정의하는 것보다 더 확신이 없는 해석이다. Frank M. Cross, "The Priestly Tabernacle in the Light of Recent Research," in Avraham Biran, ed., *Temples and High Places in Biblical Times*(Jerusalem: Hebrew Union College–Jewish Institute of Religion, 1981), 169–180,esp. 178 n.34; Edward F. Campbell, "Jewish Shrines of the Hellenistic and Persian Periods," in F.M. Cross, ed., *Symposia Celebrating the Seventy-Fifth Anniversary of the Founding of the American Schools of Oriental Research*(1900–1975)(Cambridge: American Schools of Oriental Research, 1979), 159–67.

11. Paula Wapnish and Brian Hesse, "Faunal Remains from Tel Dan: Perspectives on Animal Production at a Village, Urban and Ritual Center," *Archaeozoologia* 4(1991):9–86.

그림 190. 향을 피우는 것 같은 소규모의 소제가 드려진 것으로 보이는 4개의 뿔이 달린 석회석 제대, 텔 단에서 발견(Tel Dan Excavations, Hebrew Union College, Jerusalem 전재 허가; 사진: A. Biran).

것들이었다. 양/염소 뼈 중 60퍼센트의 뼈와 소 뼈 중 40퍼센트의 뼈들에서 도살의 흔적을 볼 수가 있었다. 동물들 중 많은 숫자가 아직 한 살도 채 안되었던 것으로 동물 희생제사에 사용되었을 것이다.[12]

단의 성역 내 주변 벽 바깥에 지어진 옆방들은 더 확실한 종교적 양상을 보여주고 있다. 한 방에서는 1미터 길이, 0.27미터 높이의 정사각형 모양의 석회석으로 만들어진 제단이 발견되었는데 아마도 동물 번제에 사용되었을 것이다. 근처에서는 골회로 가득한 땅에 묻혀진 항아리가 발견되었다.[13] 세 개의 철로 만들어진 부삽(그림 191)과 바닥의 가운데가 안으로 움푹 들어가도록 만들어진 아름다운 사발 또한 이 방에서 발견되었다. 이 사발은 장례 의식의 주연에서 사용된 것과 같은 형태이다. 삽들은 비록 철로 만들어지기는 하였으나 청동으로 만든 부삽(야임〈yā'îm〉, 왕상 7:40, 45)이라고 알려진 솔로몬의 성전의 부속물과 유사하다. 단에서도 이 부삽들이 분명 제사장들에 의해 제단의 재와 숯을 제거하는 데 사용되었을 것임을 의심치 않는다. 또 다른 제사용 물건이 옆방의 제단 밑에 묻힌 것이 발견되었다. 청동과 은으로 만들어진 홀(그림 192)로서 동물의 머리들(아마도 사자 머리)로 장식되어 있었는데 아마도 제사장들의 권위의 상징으로 사용되었을 것이다.

재단이 있던 방 근처에서는 다른 제사용 물건들이 놓여져 있었는데, 이 중에는 유리 혹은 파양스(faience, 푸른빛이 도는 도기-역주)로 만들어진 파란색의 커다란 주사위 하나가 있다(그림 193). 오늘날의 주사위처럼 각 면에는 점이 찍혀있고 7까지의 숫자가 나타

---

12. '대학살-홀로코스트'(전번제라는 의미)로 번역되는 단어(올라〈'ōlâ〉)는 희생제물이 완전히 타 버리는 것을 의미하는 것으로 제사장이나 번제를 드린 이에게 아무것도 남지 않는 것을 말한다. 예를 들면, 왕하 16:15; 출 29:38-42; 민 28:3-8; 레 1:3-9.

13. Aviram Biran, "The Dancer from Dan, the Empty Tomb and the Altar Room," IEJ 36(1986): 168-87.

그림 191. 텔 단의 제대 근처에서 발견된 철로 만든 세 개의 부삽(Tel Dan Excavations, Hebrew Union College, Jerusalem 전재 허가; 사진: A. Biran).

그림 192. 텔 단의 제대들 아래에서 발견된 청동과 은으로 만든 홀 머리(Tel Dan Excavations, Hebrew Union College, Jerusalem 전재 허가; 사진: Z. Radovan).

나 있다.[14] 적어도 천 년 전에 나하리야(Nahariyah)의 신전과 산당에서 발견된 바 여러 가지 혼합된 용기들 중 일곱 개의 컵이 발견됨으로 7이라는 숫자가 성스러운 숫자라는 것은 이미 밝혀진바 있다.[15] 일곱 개의 주둥이를 가진 기름을 사용한 등잔이 달린 제대 또한 단에서 발견되었다. 이 주사위가 발견된 장소와 성스러운 숫자 7은 주사위가 단의 성역에서 중요한 제사장의 소지품이었음을 알 수 있는데 특별히 서사시적 전통에 의하면 신명기 33:8에서 모세가 이러한 소지품을 말하고 있다. "레위에 대하여 일렀으되 주의 둠밈과 우림이 주의 경건한 자에게 있도다. 주께서 그를 맛사에서 시험하시고 므리바 물가에서 그와 다투셨도다."[16]

---

14. Biran, Biblical Dan, 199.

15. Lawrence E. Stager and Samuel R. Wolff, "Production and Commerce in Temple Courtyards: An Olive Press in the Sacred Precinct at Tel Dan," *BASOR* 243(1981):95–102.

16. 출 17:2-7를 보라. Cross, *Canaanite Myth and Hebrew Epic*, 197.

실로에 있었던 엘리 제사장의 무시인 후손의 계보는 우림과 둠밈을 성스러운 운명을 점치는 데 사용하고 있었던 것으로 보인다(앞의 내용 참조). 미가의 가족 성소에서 옮겨져 단의 성소로 간 이 레위 제사장은 에봇에 넣어져 있던 운명을 점치는 성스러운 도구를 사용했었다. 여호와의 뜻을 점쳤던 제사장들이 사용한 우림과 둠밈은 단에서 발견된 이 성스러운 주사위와 유사하지 않았을까?

그림 193. 점칠 때 사용된 것으로 보이는 파양스 주사위, 텔 단의 성역에서 발견(Tel Dan Excavations, Hebrew Union College, Jerusalem 전재 허가; 사진: Z. Radovan).

2) 성전과 지성소

독점적으로 사용된 것은 아니지만 성경에서 성전은 주로 신을 예배하기 위한 의도로 세워진 건축물을 의미한다. 이는 지상에서 신이 거주하는 장소로 예루살렘과 국가체제의 행정구조의 한 부분이기도 하였다. 예루살렘의 성전은 이스라엘 하나님을 위한 최초이자 주요한 거주지였다. 또한 성전은 솔로몬의 궁전 바로 옆에 위치한 왕의 예배실이기도 했다. 성전은 공공의 제사를 위한 장소가 아니었다. 예배하는 자들은 성전의 안뜰에 머물러 있어야 했다. 신전과 궁전이 함께 공존하는 구조는 고대 근동 지방에 있어 기본적인 시설로서 이는 국가의 경제적, 문화적, 사회적, 그리고 종교적 중심지 역할을 하였다.

히브리어 단어로 신전을 일컫는 말은 두 가지가 있다. 바이트(*bayit*, 문자적으로는 집을 의미함) 그리고 헤칼(*hêkāl*, 큰집)로서 이는 신의 집(신전)과 왕의 집(궁전)을 의미한다. 예루살렘의 성전은 베트 야훼(*bêt YHWH*), '야훼의 집'이며 베트 하멜레크(*bêt hamelek*, 왕의 집), 그리고 베트 아브(*bêt 'āb*, 아버지의 집)와 관련되어 사용된다. 이 모두는 고대 이스라엘의 사회적, 정치적, 신학적 영역에 있어 구조상으로는 유사하다. 이 세 층의 계급-신의 집, 왕의 집, 그리고 가족의 집-은 우주적 질서 체계를 구성한다(즉 어떤 특정 사회는 그것의 세계와 우주의 요소들 중에 속한다는 것을 의미한다).

헤칼(*hêkāl*)은 전체 혹은 단순히 커다란 중앙 방으로서의 신전을 의미하기도 한다. 예루살렘 성전을 일컫는 말에는 베트 야훼가 있는가 하면, 베트 엘로힘(*bêt 'ĕlōhîm*, 하나님의

그림 194. 성경과 주변 국가에서 발견된 신전 건물과 형상들을 비교하여 만든 솔로몬의 성전 재현 그림(재현: **L. E. Stager** 전재 허가; 그림: **C. S. Alexander**).

집), 그리고 미크다쉬(*miqdāš*, 성소 혹은 제단)가 있다. 성경은 성전과 부속물들의 건축에 있어 그 가구와 장식들을 자세히 묘사하고 있는 반면 건축학적 기술에 관한 많은 용어들은 언급하지 않았다. 열왕기상 6-7장에 있는 성전의 묘사는 역대하 2-4장의 설명보다는 그래도 좀 더 도움이 된다. 역대기서가 아마도 주전 4세기경에 써진 데 반해, 열왕기서의 마지막 편집은 초기 망명 생활(주전 586-539년) 때 이루어졌기 때문이다. 에스겔 40:1-43:12은 성전의 재건축된 모습의 예언적 견해로서 제1성전의 모습을 생각나게 하는 몇 가지가 언급되어 있다. 솔로몬 성전의 흔적이 하나도 남아있지 않았기 때문에 성전이 재건축된 모습은 성경문헌에 그 기초를 두고 있으며(왕상 6:1-7; 대하 3:1-10; 겔 40-43) 또

그림 195. 8개의 살이 있는 세 개의 바퀴, 물두멍(메코노트〈mĕkônôt〉)과 유사한 청동대의 바퀴였을 것이다. 사진의 좌측 아래 청동대의 코너 부분과 우측에는 꽃봉오리 모양의 청동 유물이 보인다. 텔 미크네 에그론 건물 350에서 발견, 주전 11세기. 바퀴와 사각형의 청동대는 수반을 받치는 데 사용되었을 것이다. 꽃봉오리 모양의 유물은 이 청동대에 달려있던 장식이었을 것으로 보인다(Tel Miqne-Ekron Excavation/Publication Project 전재 허가; 사진: I. Sztulman).

그림 196. 사마리아에서 발견된 상아 조각판, 주전 8세기. 우측 상: 성스러운 정원에 있는 날개 달린 스핑크스(창 3장의 그룹과 비교해보라). 우측 하: 사자와 황소의 싸움. 좌측: 야자수 형태의 성스러운 나무(이스라엘 박물관 전재 허가).

한 근동에서 발견된 유사한 건물들 특히 북시리아의 세 가지 구조로 된 신전이 또 다른 증거로 사용되었다.

솔로몬의 장엄한 성전은 동쪽 언덕 다윗 성의 북쪽, 즉 주후 691년에 지어져 현재까지 같은 자리에 있는 황금 돔과 가까운 곳에 위치해 있었다. 성전 건물은 10미터 넓이와 35미터 길이에 이르며 15미터 높이로서 측량된다. 돌을 뜨는 곳에서 치석하여 가져온 다듬은 돌로 지어졌으며(왕상 6:7), 앞쪽에 두 개의 안뜰(안쪽과 바깥)로 둘러 싸여져 있었던 성전은 동서방향의 장방형 건물로서 일출 방향인 동쪽으로 입구가 나 있었다(그림 194). 네 개의 뿔이 달린 나무로 만들어져 청동으로 입힌 제단은 번제를 위해 사용되었고 내부 안뜰에 배치되었다. 이곳에는 역시 제사장의 세정식을 위한 거대하고 둥근 놋으로 만든 물두멍(의식용 수반)이 있었는데 40,000리터의 양의 물을 담을 수 있었다. 얌(yām, 문자적으로는 '바다'를 의미)이라고 알려진 것은 열두 개의 청동으로 만든 소가 아래에서 지탱하고 있는데 셋씩 한 그룹이 되어 각 그룹이 네 방향을 향해 서 있었다. 성전 입구 근처에는 열 개의 받침 메코노트(mĕkônôt)를 만들어 세웠는데(북쪽에 다섯, 남쪽에 다섯), 놋으로 만들었으며 각각 바퀴가 달렸고 커다란 물을 담는 그릇을 가지고 있었다(그림 195).

직사각형의 세 부분으로 나뉘어지는 성전에는 주랑(울람⟨'ûlām⟩) 혹은 현관(너비 10미터, 깊이 5미터, 왕상 6:3), 외소인 헤칼(hêkāl) 혹은 중앙 방(너비 10미터, 길이 20미터, 높이 15미터), 그리고 내소인 데비르(debîr) 혹은 가장 내부의 방으로서 각각의 한 면이 20규빗(10미터)의 지성소라 불리는 장소가 있었다. 안이 비어 있는 두 개의 놋을 부어 만든 기둥(9미터 높이)은 기둥머리를 얹고 성전의 주랑, 울람('ûlām) 혹은 현관 앞에 세워졌다. 기둥은 "야긴"(그가 세우다라는 의미)과 "보아스"(힘을 가지고라는 의미)라 불렸는데 아마도 성전과 왕실이 하나님에 의해 세워진 것을 강조하기 위한 이름이었을 것이다.

그림 197. 보석과 유리가 박혀 있던 상아로 만든 야자수 조각, 사마리아에서 발견, 주전 8세기(L. E. Stager 전재 허가).

그림 198. 살라미스(무덤 79)에서 발견된 페니게의 상아 조각. 날개 달린 스핑크스와 성스러운 금과 나무 조각을 보석을 박아 장식한 것으로 왕좌의 장식에 사용되었다. 주전 8세기(V. Karageorghis, 키프루스 박물관, 니코시아 전재 허가).

그림 199. 살라미스에서 발견된 왕좌; 나무 전체가 상아로 입혀졌다. 주전 800년경(V. Karageorghis, 키프루스 박물관, 니코시아 전재 허가).

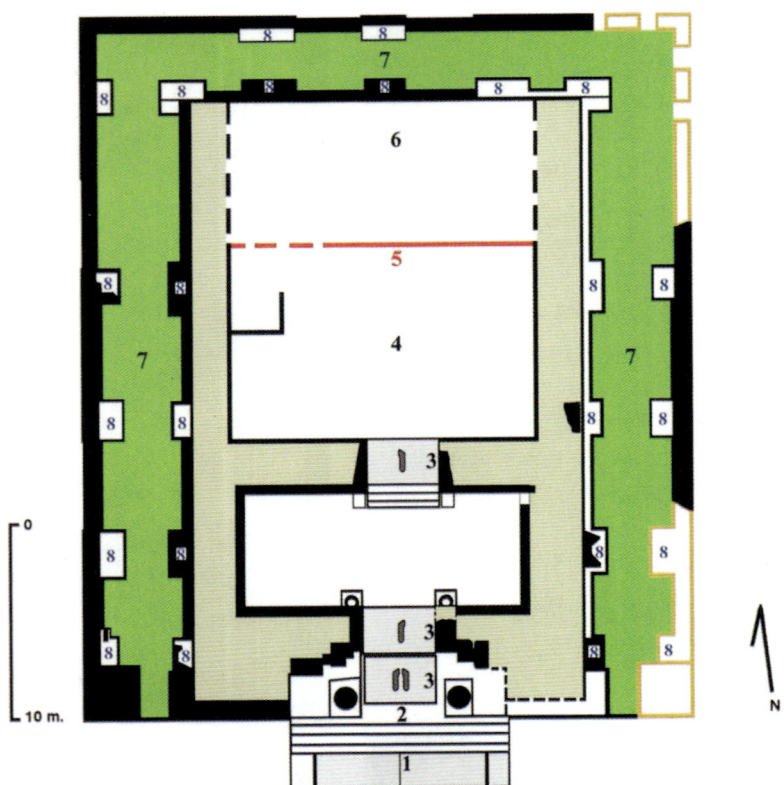

아인 다라의 철기 시대 신전

【 아인 다라 신전 】

1. 계단
2. 주랑(울람)
3. 신의 발자국
4. 중앙 방
5. 산에 기초한 신의 연단
6. 보좌
7. 회랑
8. 돋음 새김 장식

【 솔로몬의 성전 】

1. 사닥다리(술람〈sullām〉, 창 28:12)와 층계(마알로트〈ma'alōt〉, 겔 40:49)
2. 야긴과 보아스라 불렸던 기둥들(아무딤 바-울람〈'ammûdīm ba-'ûlām〉, 왕상 7:19)이 있는 주랑현관
3. (맨발의) 여호와가 문을 통하여 성전으로 들어가고(겔 43:4)
4. 성소(헤칼〈hêkāl〉)
5. 단상으로 높여진 지성소(데비르〈dĕbîr〉)와 그룹(보좌) "내 보좌의 처소, 내 발을 두는 처소"(카포트 라글라이〈kappōt raglay〉, 겔 43:7)
6. 데비르(dĕbîr), 혹은 "지성소"
7. 회랑(쩰라오트〈sĕlā'ôt〉, 겔 41:15-역주)
8. 성전 벽 바깥 턱(미그라오트〈migrā'ôt〉, 왕상 6:6-역주)

그림 200. 아인 다라에서 발견된 철기 시대 신전 평면도, 솔로몬의 성전과 비교해볼 수 있다(재현: **L. E. Stager** 전재 허가; 그림: **A. M. Appa**).

수입된 백향목 널판은 성스러운 나무(야자수의 일종), 박, 로제트 모양의 핀 꽃, 그리고 그룹 등이 새겨진 후 금을 입히고 헤칼(hêkāl) 혹은 중앙 방의 바닥에서 천정까지의 벽들을 장식하여 돌이 보이지 않도록 하였다. 이곳이 바로 제사장들의 역할이 가장 왕성한 곳이었다. 정교하게 장식된 헤칼(hêkāl) 안에는 가구들도 배치되어 있었다. 이 성스러운 가구들 중에는 지성소 입구의 바로 앞에 놓여 있던 금을 입힌 제단이 있었고, 진설병상(매 안식일마다 바꾸어 놓는 하나님께 바치는 누룩을 넣지 않은 열두 개의 빵), 그리고 북쪽과 남쪽에 각각 다섯 개씩 열 개의 등대가 있었다. 내소, 즉 지성소는 전부 순금으로 입혀졌다. 내소로 들어가는 문은 금을 입힌 그룹, 대추야자나무(한국어 성경은 "종려"로 번역함)와 핀 꽃 형상을 새긴 잣나무로 만들어졌다. 내소 안에는 두 거대한 그룹(5미터 높이)이 알레포 소나무(에쯔 쉐멘⟨ʿēṣ šemen⟩, 한국어 성경은 "감람나무"로 번역함)로 만들었으며 금을 입혔고(왕상 6:23-31) 날개를 펴 언약궤를 감싸고 있었다. 그룹은 신의 옥좌를 형성했고 언약궤는 그의 발판이 된다.

성전의 설계는 그 크기에 있어 비교적 타당하다. 성전의 후부와 양면의 긴 부분은 성전을 둘러싸고 있는 세 회랑(쩰라오트⟨ṣĕlāʿôt⟩)을 형성한다. 시리아의 유적지 아인 다라('Ain Dara)에서 발견된 신전의 측면 방들은 부조품들로 장식된 회랑이었다. 두로의 왕 히

그림 201. 아인 다라 신전을 북동쪽에서 본 전체 모습으로 부러지긴 했지만 입구에는 기둥들이 서 있었던 것이 보이며 현무암 판에 사자와 날개 달린 스핑크스로 조각된 부조들이 서 있다(입구의 서쪽은 부분적으로만 발굴되었다). 비록 얼굴은 크게 손상되었지만 현무암으로 만든 사자 조각상들이 위의 현무암 판 뒤에 앉아 신전의 입구를 지키고 있다. 이 입구를 통과해 북쪽에는 판석으로 바닥이 포장된 내소가 있고 그 뒤에는 "왕좌의 방"이 있다. 사진에서도 이 방으로 들어가는 입구를 볼 수 있다.

람이 기술자들과 건축 자재를 예루살렘 성전에 제공하였기 때문에 성전은 전형적인 베니게식(가나안식) 신전이 되었다. 솔로몬이 히람에게 말하기를 "당신은 명령을 내려 나를 위하여 레바논에서 백향목을 베어 내게 하소서. 내 종과 당신의 종이 함께 할 것이요. 또 내가 당신의 모든 말씀대로 당신의 종의 삯을 당신에게 드리리이다. 당신도 알거니와 우리 중에는 시돈 사람처럼 벌목을 잘 하는 자가 없나이다"(왕상 5:6). 목재와 다른 건축자재를 제공하는 대신 히람은 밀과 기름을 받았다(왕상 5:11). 이 교환은 철기 시대 이스라엘과 베니게 사이에 형성된 무역의 한 부분이었을 것이다.

예루살렘 성전과 가장 유사한 두 가지 예는 오론테스(시리아) 북쪽 아묵('Amuq) 골짜기에 위치한 텔 타이낫(Tell Ta'yinat, 고대 하티나〈Hattina〉, 주전 8세기)과 알레포(시리아) 남서쪽에 위치한 아인 다라(주전 10-8세기)에서 발견되었다. 타이낫보다는 아인 다라의 신전이 더 잘 보존되었는데 그 크기가 32미터 x 38미터에 이르는 솔로몬의 성전보다 큰 신전이었다. 타이낫의 신전(건물 II)은 11.75미터 x 25.35미터의 솔로몬 성전보다 작은 건

그림 202. 아인 다라: 아인 다라 신전의 신전 입구 우측을 지키고 있는 날개 달린 스핑크스와 사자가 조각된 현무암 판.

그림 204. 주전 10-8세기 아인 다라 신전 바닥의 석회석 문지방에 조각된 1미터 길이의 발자국들. 신은 입구를 통과해 내소를 지나 왕좌의 방으로 향했다.

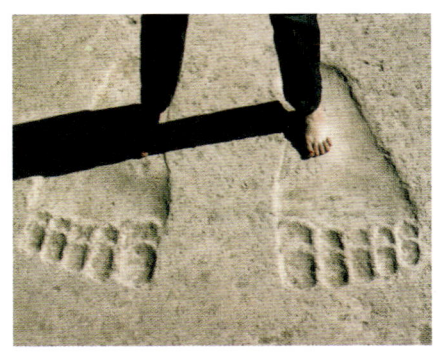

그림 203. 아인 다라 신전을 출입하는 사람들의 발과 비교되는 신의 발자국.

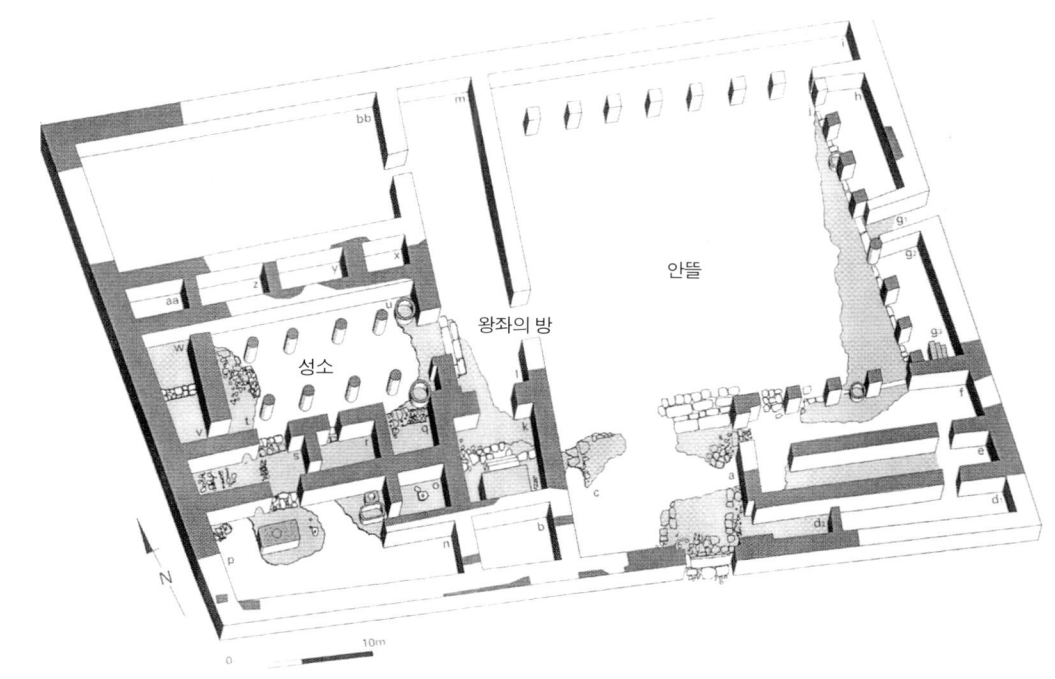

그림 205. 텔 미크네 에그론의 IB층에서 발견된 신전 650의 평면도, 주전 7세기(후기 블레셋 시대). (Tel Miqne-Ekron Excavation/Publication Project 전재 허가; 그림: J. Rosenberg)

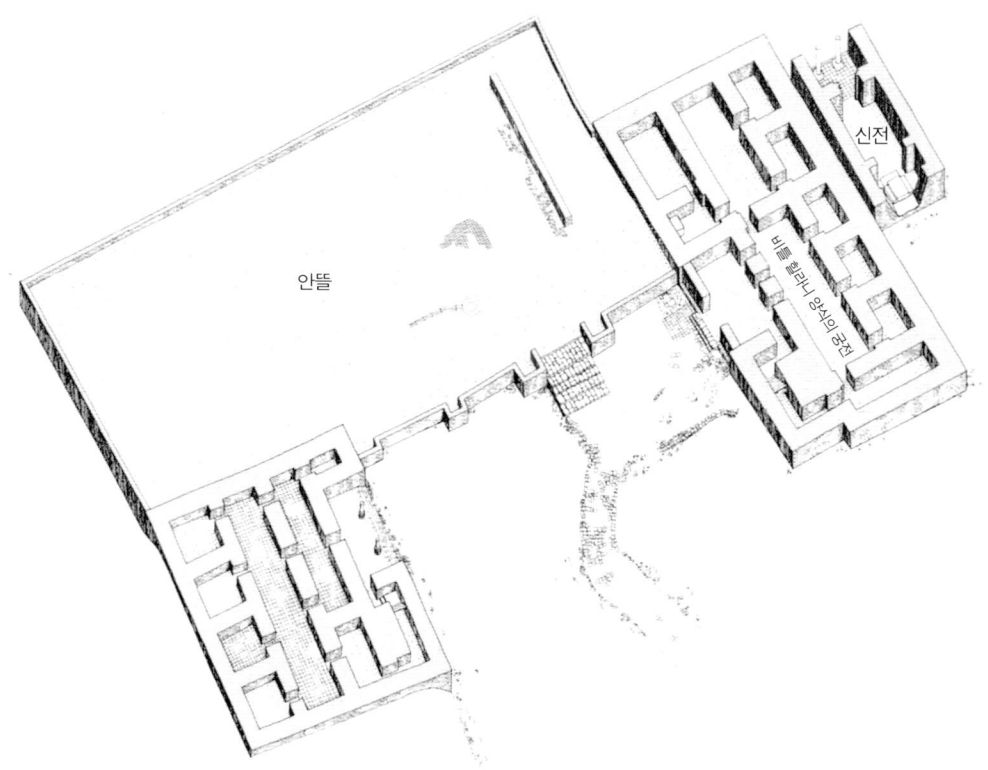

그림 206. 텔 타이낫에서 발견된 왕실의 평면도. 비트 힐라니 양식으로 지어진 궁전 옆에 신전이 보이는데 이는 예루살렘의 솔로몬의 궁전과 성전의 모습과 비교해볼 수 있다(그림: C. Haberl, Richard C. Haines, *Excavations in the Plain of Antioch*, pl. 107 참조).

그림 207. 동쪽을 바라보고 찍은, 아인 다라 신전으로 들어가는 계단. 계단은 대부분 후대에 없어져 버렸지만 계단이 남겨져 있는 바로 윗부분에 기둥의 아랫부분이 그대로 서 있는 것을 볼 수 있다. 한때 이 입구에는 두 개의 기둥이 서 있었는데 이는 예루살렘의 야긴과 보아스의 기둥과 비교해볼 수 있다.

그림 208. 입구의 좌측을 지키고 있는 얼굴은 사라졌지만 날개 달린 스핑크스가 보인다. 그 위로 더 큰 현무암 사자상들이 서 있었던 것으로 보이는데 안타깝게도 발톱 부분만 남아있다. 아인 다라.

물이었다. 이 건물들은 긴 건물의 신전으로서 짧은 면에 입구가 있었고 건물의 반대 끝에는 지성소가 마련되어 있었다. 이러한 신전의 형태는 사실 주전 2000년경부터 존재했었다.

타이낫의 신전은 동쪽으로 들어오도록 되어 있었는데 현관에는 각각 똑같이 생긴 사자형상을 받침으로 하고 있는 두 개의 기둥이 문설주처럼 서 있다. 중앙 방은 긴 방으로서 "날개처럼 돋아난 벽으로 뒤 부분에 위치한 좁은 지성소로부터 구별되어 있었으며, 지성소에는 헌납용 탁자와 제단이 있었다."[17] 신전은 목재로 지어졌다. 예루살렘 성전처럼 타이낫의 신전은 29미터 x 58미터 크기의 궁전과 가까운 곳에 있었다. 아인 다라 유적지가 보다 완전히 발굴된 이후 이처럼 병렬로 궁전과 신전이 나란히 놓인 모습은 이

---

17. Richard D. Haine, *Excavations in the Plain of Antioch*(Chicago: University of Chicago Pres, 1971), 53.

유적지에서도 볼 수 있을 것이다. 아인 다라에 있는 신-헷 족속 스타일의 커다란 신전의 입구에 서 있는 기둥들은 현관의 지붕을 받치고 있다. 이러한 모습은 아마도 예루살렘 성전의 "야긴과 보아스"라 불리던 기둥이 독립적으로 서 있었던 것이 아니라 지붕을 받치고 있었을 것이라는 것을 상상하게 한다. 예루살렘 성전을 둘러싸고 있던 방들 또한 아인 다라의 회랑들 1층의 방들처럼 창문과 비석 그리고 잘 다듬은 돌로 이루어져있었음을 보여주고 있다.

도단(T. Dothan)과 기틴(S. Gitin)에 의해 발굴된 에그론의 최근 결과에 의하면 도시 중앙부에 세워진 거대한 신전의 앞뜰이 기둥들로 장식되어 있었다. 안쪽의 방에서 발견된 왕실의 헌납용 비석에 의하면, 아기스 왕은 헬라문명에 기원을 둔 블레셋의 신이었던 여신 PTGYH에게 신전을 지어 봉헌했다(그림 173). 이 주전 7세기경의 신전은 시리아-팔레스타인 지역의 성스러운 건물이 가지는 몇 가지 특징들을 보유하고 있는데, 긴 축의 건물이라든지, 건물의 삼면에 놓인 방들 그리고 중앙 방의 끝, 곧 동쪽에 있는 기둥이 있는 안뜰로 들어오는 입구의 맞은 편에 위치한 성상 안치소 등이 그것이다. 에그론의 신전은 신앗수르의 건축과는 조금 다르다는 것이 작가의 견해이다.

(1) 아랏의 성소

요하난 아하로니(Yohanan Aharoni)는 고고학적 발굴 과정을 거쳐 드러난 이스라엘의 신전의 모습이 어떠했는가를 보여 줄 수 있는 단 하나의 예를 발견했다.[18] 신전은 아랏의 동쪽 언덕에 위치한 것으로 유다의 국경선이었던 브엘세바 계곡의 성소였다. 후기 철기 시대로 연대가 측정되는 이 신전은 이스라엘의 하나님께 봉헌된 것으로 왕실의 요새 북서쪽 구석에 위치해 있다. 예루살렘 성전의 긴 방과는 달리 아랏의 신전은 넓은 방의 형태로 방의 긴 면에 입구가 있었고 세 개의 구조물로 나뉘어져 있었는데, 앞뜰, 중앙 방, 그리고 지성소가 있었다. 지붕이 없는 앞뜰에는 커다란 다듬지 않은 돌을 쌓아 만든 제단이 있었다. 중앙 방, 혹은 헤칼(hêkāl)은 넓은 방의 형태이다. 지성소는 중앙 방의 입구의 맞은 편 벽의 중앙에 위치해 있었다. 지성소로 올라가기 위해서는 세 개의 계단을 지나야 하며 지성소의 입구에는 뿔이 달리지 않은 두 개의 석회석으로 만든 제단이 서 있어 지성소와 중앙 방을 구별하고 있다. 입석(마쩨바⟨maṣṣēbâ⟩ 혹은 주상) 하나가 지성소

---

18. Miriam Aharoni, "Arad: The Israelite Citadels,", *NEAEHL*, 1: 82-85. 이곳은 어엿한 신전의 모습을 갖추고 있다고 생각되는 바 산당으로는 취급되지 않았다.

안에 있는 작은 연단 위에 세워져 있다. 아랏의 신전이 언제부터 사용되지 않았는지는 아직도 밝혀진 바가 없다.

2. 제사 도구

1) 제단

제단은 제사장들의 전유물이었다. '제단'은 고대 히브리어로 미즈베아흐(*mizbēaḥ*)로서 성경에 수백 번 등장한다. 이 단어는 '도살하다', '희생시키다'라는 뜻을 가진 *zbḥ*라는 어원에서 기인하였기에 제단이 동물을 제물로 바치기 위해 도살했던 곳이라는 것을 알 수 있다. 또한 이곳에 제사용 액체가 부어지기도 했고 곡식을 번제로 드리기도 했다. 제단은 성전에만 있었던 것은 아니었고 다른 성소들에서도 사용되었다. 비록 제단의 네 귀퉁이에 뿔들이 돌출되어 있었던 의미는 정확히 알려진 바 없으나, 뿔들(케라노트〈*qěrānôt*〉)은 제단의 두드러지는 특징이었다. 이들은 어쩌면 신을 상징하고 있었던 주상(마쩨보트 〈*maṣṣēbôt*〉)의 도식화된 표현이었을지 모른다. 뿔들은 제단의 가장 성스러운 부분이기도 했는데 아모스가 말했던것처럼 이를 제거하는 것은 제단을 모욕하는 것과 동일시되었다. "내가(하나님) 이스라엘의 모든 죄를 보응하는 날에 벧엘의 제단들을 벌하여 그 제단의 뿔들을 꺾어 땅에 떨어뜨리고"(암 3:14).

성경은 제단을 건축할 때 사용한 물질을 분명히 기록하고 있다. 특별히 "흙으로 만든 제단"(미즈바흐 아다마〈*mizbaḥ ʼădāmâ*〉, 출 20:24) 곧 토단을 언급하고 있는데 이는 흙으로 만든 언덕이라는 뜻으로도 사용될 수 있어 상당히 모호하다. 반면에 "돌로 쌓은 제단"(미즈바흐 아바님〈*mizbaḥ ʼăbānîm*〉, 출 20:25)은 다듬지 않은 돌로 쌓은 것이어야 했다. 토단과 석단은 물론이거니와 청동으로 만든 제단도 발견되었다. 일반적으로 계단은 제단을 구성하는 한 요소였다. 번제를 드리는 제단(제물을 태움)은 주로 성전 앞에 있던 안뜰에 세워져 있었으나 다른 장소에서도 발견되기도 한다. 향을 피웠던 제단이 지성소 앞 성전의 외소에 서 있었다.

왕국 시대 후기에는 지붕을 제사 드리는 장소로 사용했던 것으로 보인다. 예레미야는 지붕 위에서 제물을 드리는 관습을 언급하고 있다. "예루살렘 집들과 유다 왕들의 집들

그림 209. 깎아서 다듬은 양 혹은 염소의 복사뼈, 아마도 게임 말로 사용했거나 혹은 예언 점을 치는 데 사용했을 것으로 보인다. 주전 604년 아스글론의 파괴층에서 발견되었다(Leon Levy Expedition to Ashkelon 전재 허가; 사진: I. Sztulman).

이 그 집 위에서 하늘의 만상에 분향하고 다른 신들에게 전제를 부음으로 더러워졌은즉 도벳 땅처럼 되리라 하셨다 하라. 성과 집 곧 그 지붕에서 바알에게 분향(qtr)하며 다른신들에게 전제(nsk)를 드려 나를 격노하게 한 집들을 사르리니"(렘 19:13; 32:29). 예레미야서의 이 두 구절 속에는 키테르(qtr〈피엘 동사〉)와 네쉐크(nsk)가 지붕에서 행해진 제의식으로 함께 나타나고 있다. 단어 qtr의 어원은 확실하지가 않으며 어떤 제사 행위를 나타내고 있는지 역시 분명치 않다. 피엘 동사로서 qtr를 한다는 것은 '향을 드린다'는 의미보다는 '제물을 드린다'는 의미를 갖고 있는것 같다. 물론 민하(minḥâ) 혹은 소제 역시 유향, 기름 부음, 그리고 고운 가루의 예물들이 함께 드려져야 했다(레 2:1). 히필 동사로서 qtr를 할때 '향을 피우다'를 의미할 수 있을 것이다.[19]

요시야의 종교개혁에 의해 "아하스의 다락 지붕 위에 세운 제단들"(왕하 23:12)이 무너졌다. 예루살렘의 제사장들이 이러한 행위를 비난하고 있을 때, 블레셋인들은 아스글론에서 지붕 위의 단에 향을 피웠다. 스태거(Stager)는 아스글론에서 주전 604년 바벨론에 의해 멸망된 층을 발굴했는데 향을 피우는 데 사용한 돌 제단의 흔적들을 발견했다. 제단은 무너진 지붕의 위에 얹혀져 있는 채로 발견되었다(그림 213, 214).

(1) 텔 세바(Tel Sheba)의 제단

텔 세바를 발굴한 요하난 아하로니(Yohanan Aharoni)는 주전 8세기로 연대가 추정되는 뿔달린 거대한 제단에 사용된 돌들 중 반 이상을 발견했다. 이 돌들은 후대의 곡물 창고의 벽을 쌓는 데 재사용되었다.[20] 제단의 네 뿔 중 세 개가 본래의 모습 그대로 발견되었고, 나머지 하나의 정수리 부분은 깨어져 있었다. 돌들은 성경에서 다듬지 않은 돌로 제

---

19. Kjed Nielsen, *Incense in Ancient Israel*, VTsup38(Leiden: E.J.Bril, 1986), 54–59.
20. Ze'ev Herzog, "Beersheba," *NEAEHL*,1:170–72.

단을 쌓으라는 명령(아바님 쉴레모트⟨'ăbānîm šĕlēmôt⟩, 신 27:6; 수 8:31)과는 달리 잘 다듬은 돌이었다. 이 제단은 분명 번제를 드리는 데 사용되었을 것이다. 이 제단이 무너지고 후대에 재사용되었던 시기는 예루살렘을 경배 중심지로 만들기 위해 노력했던 히스기야의 종교개혁 시기와 맞아 떨어진다.

2) 제대

제대는 여러 가지 종류의 작고 이동이 가능한 제물을 드리는 데 사용된 대를 말한다. 이들은 팔레스타인 지역의 철기 I, II 시대에 자주 사용된 유물이기도 하다. 성경의 남방에 위치한 호르밧 키트밋(Horvat Qitmit)과 에돔 땅으로 가는 길목에 위치한 에인 하제바('En Haseva, 성경의 다말)에는 노변에 세운 에돔인들의 성소가 있었는데, 후기 철기 시대 말기의 제대들이 발견되었다. 피르히야 벡(Pirhiya Beck)은 키트밋에서 발견된 제대들을 두 종류로 나누었다. 모두 양쪽 끝이 뚫린 원통형 대로서 한 종류는 동물이나 인간 형상의 점토상이 덧붙여져 있었고 다른 종류는 이러한 장식들이 없는 것이었다. 제대의 장식들은 손으로 만들었지만 제대 자체는 원통형으로 녹로를 사용해 만들었다. 제대의 윗부분은 저장용 항아리의 목 부분과 어깨 부분처럼 만들어졌고 아랫부분은 넓고 텅 빈 원통이었다.[21] 키트밋의 남동쪽, 45킬로미터 떨어진 에인 하제바에는 제1성전 시대의 에돔인들의 성소가 요새 성벽의 바깥쪽에 위치해 있었다. 키트밋에서 발견된 것 같은 인간형상이 있는 원통형의 유사한 제대들이 발견되었다.[22] 해안 평야와 북쪽의 계곡에서 발견된 제대들은 칠 장식이 있었고, 산지에서 발견된 제대는 부조물과 조각된 장식들이 있었다.[23] 이러한 제대들을 만드는 데 사용된 재료는 동, 점토, 석회석, 현무암 등이었다. 제대들 위에는 신에게 바치는 다양한 제물들, 즉 향, 헌수, 채소, 진설병 등이 올려지곤 했다.

후기 철기 시대로 연대가 측정되는 두 제대가 다아낙에서 발견되었다. 그중 하나는 1902년 셀린(Ernst Sellin)에 의해서 또 하나는 1968년 랩(Paul Lapp)에 의해서 발견되었다.

---

21. Pirhiya Beck, "Catalogue of Cult Objects and Study of the Iconography," in I. Beit-Arieh, ed., *Horvat Qitmit: An Edomite Shrine in the Biblical Negev*(Tel Aviv: Institute of Archaeology, Tel Aviv University, 1995), 28-43.

22. Rudolph Cohen and Yigal Yisrael, "he Iron Age Foress at 'En Haseva," BA 58(1995):223-35.

23. Pirhiya Beck, "The Cult-Stands from Ta'anach: Aspects of the Iconographic Tradition of Early Iron Age Cult Objects in Palestine," in I. Finkelstein and N, Na'aman, eds., *From Nomadism to Monarchy*(Jerusalem: Israel Exploration Society, 1994), 352.

그림 210. 은닉한 상태로 발견된 양 혹은 염소의 복사뼈. 주전 604년 아스글론의 파괴층에서 발견되었다(Leon Levy Expedition to Ashkelon 전재 허가; 사진: C. Andrews).

셸린은 이를 "분향단"이라 불렀고, 랩은 그의 발견물을 "제대"라고 명했다. 다아낙에서 발견된 이 제대들은 팔레스타인 지역에서는 유일하게 사자와 날개 달린 스핑크스가 함께 묘사된 것이다. 두 제대 모두 주전 10세기로 연대가 추정되는데 서로 상당히 유사한 모습을 하고 있는 듯하나 사뭇 다르다. 셸린의 제대는 점토를 덧붙여서 형상으로 만든 다섯 쌍의 날개 달린 스핑크스와 사자들로 만들어졌다. 제대들은 성소 옆에서 발견되었다. 다아낙은 레위 지파의 땅이었으며 솔로몬 국가의 주요도시로서(왕장 4장) 도시와 성소는 주전 925년 시삭의 침공시 파괴되었다. 매우 유사하게도 이 제대들은 남왕국 유다에서 여호와의 상징으로 사용된 날개 달린 스핑크스와 송아지(후에 북왕국에서 여호와의 상징으로 사용됨)라는 전통적인 형상들을 가진 제사 용품이었다.

다아낙의 성소와 므깃도의 VA층에서 발견된 건물번호 2081내에 위치해 있던 성소가 유사하다는 것이 주목받았다. 일부 학자들과 이갈 실로(Yigal Shiloh)는 므깃도와 다아낙의 '제사용 코너'(예배실)가 서로 연관성이 있다고 보았다.[24] 므깃도와 다아낙의 '제사용 코너' 두 곳 모두에서 양/염소의 복사뼈가 담긴 그릇들이 발견되었다. 복사뼈들은 단에서 발견된 주사위와 마찬가지로 신성한 목적을 위해 사용되었을 것이다(그림 209-210).

---

24. Yigal Shiloh, "Iron Age Sancuaries and Cult Elements in Palestine," in Cross, *Symposia Celebrating the Seventy-fifth Anniversary*, 149-52. 여기서 실로는 이스라엘 민족이 번성했던 시대의 소규모의 '제사용 코너'(예배실)에 대해서 논의했다. 므깃도의 VA층에서 발견된 건물 2081은 도시 성문 근처, 안뜰의 앞쪽 구석에 위치해 있었는데 이곳의 발굴자들은 석회석과 점토로 만든 제대들, 선정된 사발과 작은 병들, 그리고 두 개의 뿔이 달린 제단 등을 포함하는 제사용 유물들을 발견하였다. 같은 시대의 라기스층에서도 같은 형태의 제사용 장소들이 발견되었다. 이 주전 10세기경의 '제사용 코너'에서 발견되는 주요 유물은 뿔이 달린 석회석으로 만든 제단이다.

그림 211. 레위 지파 도시였던 다아낙에서 발견된 제대, 주전 10세기(높이 50센티미터). 청동이나 구리로 만든 제대를 흉내내기 위해 유약을 바르고 광을 냈으며 조각 형태만을 남기고 나머지 부분은 구멍을 파내는 아주레 기법을 사용하였다. 아래에서 위로 이 제대의 장식들을 읽어나가면 마치 성소의 밖에서 안으로 들어가는 듯하다. 가장 아래의 벌거벗은 "동물을 지배하는 여인"은 사자들을 양쪽으로 붙들고 서 있다. 아래에서 두 번째 줄의 날개 달린 스핑크스는 그룹을 연상케 하며 세 번째 줄에는 성스러운 나무에 두 마리의 염소들이 양쪽에 메달려 잎을 먹고 있으며 양 측면에는 각각 사자 한 마리가 서 있다. 가장 꼭대기 줄은 지성소로서 송아지가 날개 달린 태양 원반을 등에 지고 있는데 이는 "공의로운 해가 떠올라서 치료하는 광선을 비추리니"(말 4:2)라는 구절에서 말하듯 여호와의 상징일지도 모른다(이스라엘 박물관 전재 허가).

CHAPTER 6. 종교적 관습 449

그림 212. 크레타의 이데안 동굴에서 발견된 아주레 기법으로 만들어진 청동 제대의 네 면의 일부, 철기 II 시대. 다섯 명의 사람들이 노를 젓고 있고 한 명의 군사가 둥근 방패를 들고 서 있는 배가 보인다. 이렇듯 바퀴가 있든 없든, 네 면으로 구성된 제대를 만드는 전통은 솔로몬 성전에 있던 물두멍(메코노트〈mĕkônôt〉)과 비교해볼 만하다(**N. Stampolidis** 전재 허가).

(1) 다아낙(Ta'anach)의 제대

랩이 발견한 점토로 만든 제대는 현탁액을 입히고 광택을 내어 청동으로 만든 것처럼 번쩍이게 보이도록 하였다(그림 211). 제대의 4면은 아주레(ajouré, 불어로 도려내거나 잘라내는 기법을 말한다)장식으로 되어 있으며 키프루스의 후기청동기 시대에 유명했던 청동 제대의 값싼 모조품이었다(최근 에그론의 초기철기 시대 층에서 부분적이기는 하나 청동으로 만든 제대의 바퀴들이 발견되었다). 청동 제대가 바퀴 위에 올려져 있을 때는 솔로몬의 성전 안뜰에 있었던 물두멍(메코노트〈mĕkônôt〉)과 매우 유사했을 것이다.[25] 철기 시대 전반에 걸쳐(또한 지중해 지역에서도) 이러한 청동으로 만든 4면을 가진 제대가 계속 사용되었다는 것은 같은 예들이 주전 9-8세기의 크레타 섬에서 발견된 것으로 보아 알 수 있다. 예루살렘 성전의 물두멍(메코노트〈mĕkônôt〉)은 에스겔 1장과 10장에 나타난 환상에

---

25. 이들을 서로 비교하고 있는 최근에 가장 잘 된 연구는 Helga Weippert, "Die Kesselwagen Salomos," *ZDPV* 108(1992): 8-41.

도 나타나고 있는데 이는 후대 전통에 의한 하나님의 옥좌를 명칭하던 마차(마르카보트 ⟨markābôt⟩)와는 달랐다.[26]

다아낙 제대의 형상들을 관찰할 때 밑에서부터 위로 올라가며 보게 되는데 이럴 경우 위로 올라갈수록 좀 더 성스러운 공간에 도달하게 되어 마지막 가장 위층의 태양 원반(여호와의 상징)을 등에 싣고 있는 송아지 형상을 만나게 된다. 송아지는 여호와의 동물일 뿐이지 여호와 자신은 아니라는 것을 기억하자. 제대를 밑에서부터 위로 훑어 나가게 되면,[27] 우리는 나체로 두 사자 사이에 앞을 보고 서 있는 "동물을 지배하는 여인"을 만나게 된다. 어떤 학자들은 그녀를 아세라로 보기도 하나 이는 확실하게 밝혀진 것은 아니다. 바로 그 위층에는 두 날개가 달린 스핑크스가 서 있어서 성경에서 언급하고 있는 그룹의 모습으로 정의된다. 이들은 고대 근동 전반에 걸쳐 궁전과 신전의 입구를 수호하고 있었다. 이 날개 달린 스핑크스 사이는 빈 공간으로 남겨져 있다. 이는 아마도 정문 입구 바깥쪽을 의미하거나 혹은 금속으로 만들어지는 아주레(ajouré) 기술을 답습하여 점토로 만들어내다 보니 생긴 공간일지 모른다. 제대의 뒤쪽 면에는 직사각형의 창문이 있다. 이 층의 옆면은 점토를 잘라내어 스핑크스 형상의 옆모습이 나타나도록 하였다. 이 층의 스핑크스 사이의 빈 공간에 대한 해석을 테일러(Taylor)는 보이지 않는 신인 여호와가 그룹(사이)에 앉아있다고 했는데 우리는 달리 생각해야만 한다.[28] 여호와께서는 그룹 사이가 아닌 솔로몬 성전 가장 내부에 있던 지성소 그 자체에 앉아 계신 것이다.

3층에는 포효하고 있는 또 다른 두 사자가 두 염소의 측면에 서 있는데, 이 염소들은 성스러운 나무를 갉아 먹으면서 뒷다리로 서 있다. 밑의 층에서 위의 층으로 옮겨가는 것은 마치 성소의 입구나 혹은 바깥에서 부터 안으로 움직이는 것과 같아 우리는 양 측면에 서서 입구를 수호하고 있는 그룹들을 지나 사자, 염소 그리고 거대한 나무로 장식되어 있는 건물의 중앙 홀로 온 것과 같다. 가장 높은 층은 바로 건물의 가장 거룩한 장소로서 우리는 신이 내주한다는 상징이나 형상이 세워지는 거룩한 방에 도착하게 된다. 다

---

26. Lawrence E. Stager, "Jerusalem and the Garden of Eden," in B.A. Levine et al., *Eretz–Israel* 26 (Frank Moore Cross Volume)(Jerusalem: Israel Exploration Society, 1999), 83–88.

27. Beck, "The Cult-Stands from Taanach," 375: "꼭대기 층은 성소의 방을 의미하는 것으로 마리 유적지에서 발견된 제대의 꼭대기 층과 같은 역할을 하고 있다. 반면에 바로 밑에 층(가운데 나무를 두고 양쪽에 서 있는 염소 하나와 승리자 같은 모습을 한 사자들)은 마리에서 발견된 제대의 아래층처럼 건물 입구에 세워지는 조각상이나 부조를 의미하고 있는 것이다. 사자와 스핑크스는 성소 입구의 수호자들이었다". 그러므로 이 송아지는 지성소 내부 성소에 있다고 본다.

28. J. Glen Taylor, *Yahweh and the Sun: The Biblical and Archaeological Evidence for Sun Worship in Ancient Israel*, JSOTSup 111(Sheffield: JSOT Press, 1993), 29, 36.

아낙의 제대에는 꼭대기에 나선형 모양을 하고 있는 두 기둥 사이에 어리고 도약하는 모습의 동물이 옆모습으로 서 있는 것을 볼 수 있다. 이 송아지(우리는 이를 망아지라고는 보지 않는다)의 등 위에는 신의 상징, 즉 날개가 달린 원반, 여호와 태양 상징이 있다. 이는 송아지 혹은 에겔('ēgel)을 타고 있는 여호와 하나님의 추상적 상징이다. 이 제대는 솔로몬 시대에 행정 구역이었으며 레위 지파의 도시였던 다아낙에서 합법적으로 사용된 제대였다.

남왕국과 북왕국이 나뉘기 이전에 송아지와 그룹은 여호와 제사의 성스러운 상징이었고 이후에 단과 벧엘의 종교 중심지를 비방하기 위해 송아지는 신을 상징하는 자체로 정의되었다. 그룹을 형상화했던 남왕국에서뿐만 아니라 북왕국의 예언자 그룹은 송아지 형상을 비하했고 이를 "우상"이라고 말했다. 여로보암이 만든 금송아지와 관련되어 있기에 호세아는 벧엘에 있는 이스라엘의 산당을 비난하면서 그 이름조차 부정한 집이라는 뜻을 가진 "벧 아웬"이라는 이름으로 부른다. 호세아는 이 장소를 "벧엘"(호 10:15; 12:5)이라고 두 번, "벧 아웬"(호 4:15; 5:8; 10:5)이라고 세 번 부른다. 동일하게 비방하는 소리로서 아모스는 "'벧엘'은 '아웬'(부정)이 될 것"(호 5:5)이라고 경고하고 있다.

(2) 분향단

발견된 제단 중 눈에 띄는 것은 돌로 만든 분향단으로 철기 시대, 특히 주전 7-6세기경 이스라엘의 제사에서 중요한 역할을 하였다. 전형적인 분향단은 25-40센티미터정도의 높이였으며 정사각형 모양으로 부드러운 석회석으로 만들어졌다. 이러한 분향단은 주로 집이나 가내수공업 시설이 있는 곳 등에서 발견되었다. 분향단은 북왕국 이스라엘[29]과 유다 왕국의 유적지들에서는 물론이거니와 아스글론과 특히 에그론 같은 블레셋 도시들에서도 발견되었다. 에그론에서는 적어도 열두 개나 되는 분향단이 발견되었는데 그중 열 개에는 뿔이 달렸고 나머지 두 개는 그렇지 못했으며 이들 모두는 주전 7세기로 연대가 측정되었다. 이러한 제단들은 높이가 15센티미터에서 65센티미터에 이를 정도로 그 크기가 다양하다. 대부분은 석회석으로 만들어졌고 그중 몇 개는 현무암으로 만들어졌으며 북왕국 이스라엘에서 발견된 예들을 모델로 하고 있다. 뿔이 달린 제단들이 이

---

29. Seymur Gitin, "Incense Altars from Ekron, Israel, and Judah: Context and Typology," in A. Bentor et al., eds., *Eretz-Israel* 20 (Yigael Yadkin Volume)(Jerusalem: Israel Exploration Society, 1989), 55*-56*. 므깃도에서는 대부분이 뿔이 달린, 후기 철기 시대 분향단이 발견되었다.

그림 213. 사암으로 만들어진 향을 피운 제대로 뿔은 없었다. 주전 604년 아스글론의 파괴층에서 발견됨(Leon Levy Expedition to Ashkelon 전재 허가; 사진: C. Andrews).

그림 214. 뿔이 없는 향 피우는 제대가 주전 604년 아스글론의 파괴층에서 발견된 당시 모습. 제대는 무너진 지붕 위에서 발견되었다 (Leon Levy Expedition to Ashkelon 전재 허가; 사진: C. Andrews).

스라엘 민족의 제사 관습의 특징이었기에, 에그론의 공동 발굴자인 사이무어 기틴(Seymour Gitin)은 에그론은 북왕국 이스라엘인들을 고용하여 이것들을 만들도록 했을 것이라고 주장했다.³⁰

에그론의 제단들은 전통적인 이스라엘 민족의 제사 관습과 달리 사용되었다. 발굴자들에 의하면 이들은 산업시설이나 가내수공업시설, 그리고 권력자들이 살았던 장소에서 주로 발견되었다. 올리브기름을 생산하는 한 건물에 적어도 하나씩 뿔 달린 제단이 발견되었다. 이전에도 이런 선례가 있었기는 하지만 에그론에서는 제사와 산업이 함께 공존하고 있었음을 볼 수 있다. 산업 지역에 이토록 수많은 제단이 발견된 것으로 보아 기틴은 산업지역을 제사장 그룹들이 관리하고 있었을 것이라고 주장했다. 이 제단들 위에 향을 피움으로써 신들에게 분향하고 산업지역에서 생기는 악취를 없앴을 것이다. 후자의 경우, 달콤한 냄새가 나는 살충제를 피움으로 올리브기름을 생산하는 장소에 잘 나타나는 벌레와 곤충들을 쫓는 데 사용되었을 것이다.

메나헴 하란(Menahem Haran)은 분향단에 대해 기틴 및 다른 학자들의 해석과 달리하고 있다.³¹ 하란은 이 작은 제단이 향보다 더 값싼 것을 피우는 데 더 적당한 것이었다고

---

30. Seymur Gitin, "Incense Altars from Ekron, Israel, and Judah: Context and Typology," 61*: "앗수르의 경제적, 그리고 인구 이동이라는 정책의 영향 아래 북왕국 이스라엘 기술자들은 에그론으로 끌려와 그들의 전통적인 제단을 만들었을 것이다."

31. Menahem Haran, "'Incense Altars'–Are They?" in A Biran and J. Aviram, eds., *Biblical Archaeology*

주장한다. 그는 예루살렘성전에서만 향을 피웠을 것이라고 말했다. 발굴된 제단들 중 단지 적은 숫자의 제단만이 불피운 흔적이 있는 것으로 보아 하란은 이들이 이스라엘의 제사 관습상 분향단으로 사용되었다는 어떤 증거도 없다고 제시했다. 그의 의견은 이 제단들이 항상 태우지만은 않았던 소제용이라는 것이다. 하란은 성전 밖의 제단들은 향보다는 오히려 단순하면서도 비싸지 않은 제물, 예를 들어, 곡식을 드리는 소제(민하⟨*minḥâ*⟩)에 사용되었다고 주장한다. 하란의 견해는 고려해보아야 한다. 기틴의 비평은 상당히 설득력이 있다.[32] 하란이 주장한 것처럼 제단들(예, 아랏과 텔 세바와 몇몇 다른 장소에서 발견됨)은 상당히 자주 불 피운 흔적이 없다. 이러한 제단 위에는 각 네 구석에 작은 용기를 두고 그 속에 향을 피웠을 것이다. 또한 만약 향의 기능이 올리브기름을 생산하는 장소를 살충하는 역할을 하고 있었다면 곡식으로는 살충의 효과를 충분히 볼 수가 없었을 것이다.

장막에서와 마찬가지로 솔로몬의 성전에는 두 개의 제단이 있었다. 하나는 번제를 위한 것이었고 또 하나는 향을 피우는 것이었다. 조각목으로 만든 단은 안뜰에 있던 단으로 번제에 사용되었다(출 27:1-8). 향을 피우던 제단은 지성소에 두었다. 지성소의 입구에 있던 장 밖에 있었다(출 20:6). 이 제단은 안뜰의 제단처럼 조각목으로 만들어졌으나 순금을 입혔다. "아론이 아침마다 그(분향단) 위에 향기로운 향(케토레트 삼밈⟨*qĕṭōret sammim*⟩)을 사르되(히크티르⟨*hiqṭîr*⟩) 등불을 손질할 때에 사를지며 또 저녁 때 등불을 켤 때에 사를지니 이 향은 너희가 대대로 여호와 앞에 끊지 못할지며"(출 30:7-8)

(3) 분향

분향은 제1성전 시대 동안 이스라엘의 종교적 관습이었다. 향을 피우는 것은 성전의 정규 제사를 집도하는 제사장적 특권이었다. 케토레트(*qĕṭōret*, '연기로 올라가는 것'이라는 의미)는 성경에서 분향을 뜻하는 가장 일반적인 단어로서 향 물질 자체를 포함하기도 하고, 분향을 드리는 것, 제물로부터 나오는 연기와 냄새, 그리고 주로 희생이라는 여러 가

Today, 1990(Jerusalem: Israel Exploration Society, 1993), 237-47. Haran에 의하면 성경은 향을 제사용으로 사용하는 것은 예루살렘의 성전에만 제한되어 있었다고 말하고 있다. 그러므로 예루살렘 밖에서 발견된 네 개의 뿔이 달린 제단은 분향단일 수는 없다.

32. Seymour Gitin, "New Incense Altars from Ekron: Context, Typology and Function," in E. Stern and T.Levy, eds., *Eretz-Israel* 23 (Avaraham Biran Volume)(Jerusalem: Israel Exploration Society, 1992), 47*: "물론 다른 물질들이 이 제단 위에서 불태워졌을 가능성도 배제되는 것은 아니지만, 고고학적 증거는 이 네 개의 뿔이 달린 제단들이 분향에 사용되었다는 것을 부정할 수가 없다."

지 함축적인 뜻을 가지고 있다.³³ 향은 귀신을 쫓는(악을 막음) 능력이 있다고 간주되었다. 이는 세속적으로 또한 종교적으로 다양한 용도로 사용되었다. 향은 의식에서뿐만 아니라 포도주에 풍미를 더하도록 하거나 약품과 조합되었고, 의식의 마법에 사용되기도 했고, 시체를 묻기 전 정결의식에 사용되는가 하면, 몸에 뿌리는 향으로도 사용되었다. 또한 향은 그다지 좋지 않은 냄새를 제거하는 데도 사용되었으며 성가신 파리와 끊임없이 몰려드는 모기 떼를 쫓아내주기도 하였다.

향이 종교적으로 사용된 것은 예레미야가 안식일에 관한 관습을 설명하는 부분에서 언급되었다. "사람들이 유다 성읍들과 예루살렘에 둘린 곳들과 베냐민 땅과 평지와 산지와 네겝으로부터 와서 번제와 희생과 소제와 유향(레보나⟨lĕbônâ⟩)과 감사제물을 여호와의 성전으로 가져오려니와"(렘 17:26). 향은 또한 연중행사에도 사용되었다. 대속죄일(욤 키푸르⟨Yom Kippur⟩)에 아론은 다음과 같이 행한다. "(아론은) 향로를 가져다가 여호와 앞 제단 위에서 피운 불을 그것에 채우고 또 곱게 간 향기로운 향(하케토레트⟨haqqĕṭōret⟩)을 두 손에 채워 가지고 휘장 안에 들어가서 여호와 앞에서 분향하여 향연으로 증거궤 위 속죄소(하카포레트⟨hakkappōret⟩)를 가리게 할지니 그리하면 그가 죽지 않을 것이며"(레 16:12-13).³⁴ 나이젤 그룸(Nigel Groom)³⁵에 의하면 향을 피워 생기는 연기는 천국으로 올려 보내는 기도로서 분향은 예배와 동일시된다.

성경은 분향하는 법과 분향이 사용되는 규정된 의식에 관해서 상세한 지시를 하고 있다. 이스라엘 제사에 사용된 분향은 유향과 향신료, 소합향, 나감향, 그리고 풍자향 등과 다른 몇 가지 물질들로 만들어졌다(출 30:34-38). 소합향, 나감향, 그리고 풍자향은 식물이지만 정확하게 무엇이었는지는 알 수가 없다. 유향(레보나⟨lĕbôna⟩)과 몰약(모르⟨mōr⟩)³⁶은 세계에서 단지 두 곳, 아라비아 남부와 소말릴랜드 북부(현재 소말리아, 지부티, 이디오피아 남부로 구성됨)에서만 자랐던 관목에서 채취한 수액이다. 하트셉수트는 몰약나무를 푼트(정확한 위치 모름)에서 가져와 이집트에 심었다. 비록 대단한 규모는 아니었을지라도, 팔레스타인 지역으로 이 식물을 이식하는 것 역시 가능했을 것이다. 아가서(아 4:13-

---

33. Nielsen, *Incense in Ancient Israel*, 54.

34. de Vaux, *Ancient Israel*, 509: "역사에서든지 혹은 예언에서든지, 포로시기 이전에는 대속죄일에 대한 어떤 언급도 없다."

35. Nigel Groom, *Frankincense and Myrrh: A Study of the Arabian Incense Trade*(London: Longman,1981), 2.

36. Gus W. Van Beek, "Frankincense and Myrrh," *BA* 23(1960): 69-95.

14)의 과수원(파르데스⟨*pardēs*⟩)에는 유향과 몰약나무가 있었다.

유향[37]은 값이 비쌌고 좋은 향이 나는 것으로 보스웰리아(Boswellia)나무(존 보스웰⟨John Boswell⟩의 이름을 땀)의 줄기에서 채취된 흰색의 송진이다. 레보나(*lĕbōna*) 이름 자체가 흰색을 의미하고 있는데 이는 막 채취한 액의 우윳빛 색깔을 암시하고 있을 것이다. 제단에서 태운 향의 주요 성분(출 30:7-8)인 유향은 향기로운 연기를 내게 했다. 유향은 또한 소제를 드릴 때도 드려졌다(레 2:1-3). 세속적인 의미에서 유향은 의약품과 향수를 조제하는 데 사용되었다. 유향은 아라비아 남부에 있던 나라, 스바에서 팔레스타인으로 수출되었다. "허다한 낙타, 미디안과 에바의 어린 낙타가 네 가운데에 가득할 것이며 스바 사람들은 다 금과 유향(레보나⟨*lĕbōna*⟩)을 가지고 와서 여호와의 찬송을 전파할 것이며"(사 60:6). 스바는 주로 현재 아라비아 반도의 남서부에 있는 예멘에 위치해 있는 사바로 추정된다. 미디안, 에바, 그리고 스바는 시리아와 아라비아 사막의 유목민들을 의미하고 있다. 약대 대상들은 시내반도, 시리아-팔레스타인, 그리고 메소포타미아로 이어지는 아라비아 반도를 횡단하여 향을 팔았다.

몰약[38]은 고체로도 사용되고 액체로도 사용되는 붉은 빛깔의 송진으로 마라(*mrr*), 즉 '쓰게 되다'라는 셈어를 어원으로 하고 있는데 이는 그 맛 때문이다. 이미 아마르나 문서가 증명했듯이 몰약 역시 향으로 사용되긴 했으나 유향처럼 자주 사용된 것은 아니었다. 몰약에서 생산된 향과 다른 여러 향기로운 물질들은 제의식에 사용되었는데 특히 성전에서 사용되었다. 그리고 몰약은 향수, 화장품, 그리고 의약으로는 물론 시체를 방부처리하고 기름 부을 때도 사용되었다. '기름 부을 때' 사용되는 기름의 성분은 액체 몰약(모르 데로르⟨*mor-dĕrôr*⟩)과 향신료였다(출 30:23). 성경은 몰약의 향기를 부와 미의 상징으로 여긴다. 몰약은 왕실용 의상의 향수로 사용되었다. 왕실의 결혼에 대한 시에서 왕의 의복에는 "몰약과 침향과 육계의 향기가"(시 45:8) 있다고 묘사하고 있다. 한 여인의 아름다움을 칭송할 때, 아가서는 그녀의 가슴을 은유적으로 "날이 저물고 그림자가 사라지기 전에 내가 몰약 산과 유향의 작은 산으로 가리라"(아 4:6)고 표현하고 있다.

---

37. D. Kellermann, "lĕbōna, Frankincense," *TDOT*, 7: 441-47.
38. J. Hausman, "*mōr*, Myrh," *TDOT*, 8:557-60.

3) 종교적 형상

고고학자들은 이스라엘에서 주전 10-6세기로 연대가 측정되는 동물이나 인간 형상을 하고 있는 수천 개의 점토로 만든 작은 상들을 발견했다. 예루살렘을 포함하여 유다 왕국에서 점토로 만든 형상은 흔히 볼 수 있었다. 예루살렘의 유대인 구역과 다윗 성의 발굴에서 풍요를 상징하는 형상들이 많이 발견되었다. 주전 8-7세기경 기둥 모양의 몸을 한 형상들이 예루살렘에 나타났는데 성소가 아닌 가정집에서 발견되었다. 이러한 발견은 예언자들이 비난했던 우상들과 관련해 생각한다면 그다지 놀랄 만한 것은 아니다. "조각한 우상을 의지하며 부어 만든 우상을 향하여 너희는 우리의 신이라 하는 자는 물리침을 받아 크게 수치를 당하리라"(사 42:17; 44:9-17; 렘 44:15-25). 이러한 형상들은 "이스라엘의 집과 유다의 집"이 섬긴 "다른 신들"(엘로힘 아헤림⟨ĕlōhîm 'ăhērîm⟩) 중 하나였을 것이다(렘 11:9-10).

그림 215. 신상들, 우측의 두 신상은 남성이며 좌측 하나는 여성이다. 이들의 머리에는 제수용 컵이 얹혀 있다. 엔 하쩨바의 에돔인들의 성소에서 발견, 주전 7 혹은 6세기(이스라엘 박물관 전재 허가; 사진: A. Hay).

이 전통적 풍요의 여신들은 나체이며 자신의 손으로 풍만한 가슴을 감싸고 있는 모습을 하고 있다. 기둥 모양의 몸통은 성적 특징을 과장되게 표현하고 있는 것으로서, 생명과 양육을 제공하는 어머니 여신을 숭배하는 제사와 관련이 있으며, 이 형상들은 임신과 해산을 돕는 부적이었다. '기둥 모양의 몸통을 가진 형상들'은 세 가지 특징을 가지고 있다. 원뿔 모양의 몸, 풍만한 가슴, 특이한 머리 모양(그림 218)이 그 특징이다. 기둥 모양의 몸통과 가슴은 손으로 빚어 만들어졌으나 머리는 거푸집에 넣어 만들어지거나 손으로 만들어졌다. 몸통 역할을 한 '기둥'은 양식화된 나무가 아니라 이 형상들을 제조하는 한 방법이다.[39] 도르

---

39. Othmar Keel and Christoph Uehlinger, *Gods, Goddesses, and Images of God in Ancient*

그림 216. 진흙을 구워 만든 점토 여인상의 머리, 블 레셋 여신의 모습일 것으로 보이며 아스글론에서 발견되었다. 철기 II 시대 (**Leon Levy Expedition to Ashkelon** 전재 허가; 사진: **I. Sztulman**).

그림 217. 점토 여인상의 머리, 블레셋 여신의 모습일 것으로 보이며 아스글론에서 발견되었다. 철기 II 시대 (**Leon Levy Expedition to Ashkelon** 전재 허가; 사진: **C. Andrews**).

의 발굴자 에브라임 쉬테른(Ephraim Stern)은 주전 6세기경 '기둥 모양의 몸통을 가진 형상'을 만드는 새로운 기술이 서부, 아마도 그리스에서 수입되었다고 설명하고 있다. "앞면은 거푸집에 찍어 속이 빈 몸을 만들고 뒷면은 길게 점토를 말아 쌓아 평평하게 마감을 한다."[40] 이 방법으로 만들어진 형상들이 도르에서 가장 많이 발견되었다. 몇몇 학자들은 '기둥 모양의 몸통을 가진 형상'이 아세라 혹은 아스토렛에게 바치는 숭배와 관련이 있다고 생각하나 이는 아직도 확실치 않다. 아스토렛(복수로는 아스타롯)은 아쉬타르(그리스어로는 아쉬타르, 아카드어로는 이쉬타르)로 알려진 가나안의 여신을 부르는 성경적 호칭으로 전쟁과 성의 여신이었다. 아쉬타르는 폭풍과 풍요의 가나안 신인 바알의 배우자이기도 했다.

"하늘의 여왕"을 섬기는 의식이 예레미야서에 묘사되고 있는데, 이 신이 누구였는가

Israel(Minneapolis: Fortress, 1998) 331–32.
  40. Ephraim Stern, "What Happene to the Cult Figurines?," *BAR* 15(1989): 27.

그림 218. 기둥 몸통을 하고 있는 점토 여인상, 어쩌면 아세라 같은 여신상일지도 모른다. 철기 II 시대, 유다 지역에서 발견(이스라엘 박물관 전재 허가).

그림 219. 은으로 만든 목걸이 펜던트. 사자 위에 서 있는 이쉬타르 여신과 손을 들고 이 여신을 향해 기도하고 있는 사람이 묘사되어 있다. 이들 위에는 초승달, 날개 달린 태양 원반, 그리고 7개의 원들(그리스 신화의 플레이아데스의 7개의 별자리)이 그려져 있다. 주전 604년 파괴된 텔 미크네 에그론의 IB층에서 발견된 은 유물들의 뭉치 속에 들어 있었다(**Tel Miqne-Ekron Excavation/Publication Project** 전재 허가; 사진: **I. Sztulman**).

를 밝히는 것은 그리 쉽지 않아서 학자들은 여러 가지 다른 의견들을 내고 있다. 후리아인들의 이쉬타르/ 팔레스타인의 아쉬타르/ 하늘의 여신 아프로디테가 바로 유다 왕국의 여인들이 빵을 만들고 향을 피우고, 전제를 부어 섬겼던 여신이었을 것이다(그림 23). 다른 학자들은 아세라 혹은 아낫이 이 의식의 주인이었을 것이라고 생각하기도 한다.[41] "자식들은 나무를 줍고 아버지들은 불을 피우며 부녀들은 가루를 반죽하여 하늘의 여왕(레말카트 하샤마임⟨lĕmalkat haššāmayim⟩)[42]을 위하여 과자를 만들며 그들이 또 다른 신들에게 전제를 부음으로 나(여호와)의 노를 일으켰느니라"(렘 7:18; 44:17-25).

원판 모양의 물건을 들고 있는 여자를 묘사하고 있는 유명한 점토 형상은 자주 두 가

---

41. Walter Rast, "Cakes for the Queen of Heaven," in A. L. Merrill and T.W. Overholt, eds., *Scripture in History and Theology*(Prttsburgh: Pickwick Press, 1977), 167-80. Vassos Kaageorghis and Lawrence E. Stager, "Another Mould for Cake form Cyprus," A. "The Mound and Its Interpretation"(Kaageorghis); B. "In the Queen's Image"(Stager), *Rivista di Studi Fenici* 28/1(2000): 3-13. Philip J. King, *Jermiah: An Archaeological Companion*(Louiville, Ky.: Westminster John Knox, 1993), 102-7.

42. 이 용어에 관해서는 다음의 자료들을 보라. William L. Holladay, *Jeremiah 1, Hermeneia*(Philadelphia: Forress, 1986),251. Ze'ev Meshel, *Kuntillet 'Ajrud: A Religious Centre from the time of the Judean Monachy on the Border of Sinai*, Catalog 175(Jerusalem: Israel Museum, 1978), 쪽수는 없음.

지 주제로 나뉘어 토론되곤 한다. 이 형상이 여신을 묘사한 것인가 아니면 사람을 묘사한 것인가가 하나이고, 또 다른 주제는 이 여인이 들고 있는 것이 북(토프⟨tōp⟩)인가, 빵 덩어리인가, 접시인가, 아니면 태양 원반인가를 묻는 것이다(그림 220). 캐롤 마이어즈(Carol Meyers)는 이 형태의 형상들을 자세히 연구한 결과 이 여인은 테를 두른 북을 연주하고 있는 연주자라고 결론지었다. 델버트 힐러즈(Delbert Hillers)는 다아낙에서 발견된 형상의 경우 "탬버린을 들고 있는 여신"(Goddess)이라고 보았다.[43]

(1) 쿤틸렛 아즈루드(Kuntillet 'Ajrud)의 성소

제에브 메쉘(Ze'ev Meshel)은 네게브(남방)의 경계선 근처 시나이 반도의 남동쪽에 위치한 주전 800년경 사용된 것으로 보이는 고립되어 있었던 대상무역인들이 주로 사용한 여관의 흔적들을 발견했다.[44] 이 유적지는 아랍어로 쿤

그림 220. 손에 소고를 들고 연주하고 있는 점토 여인상; 철기 II 시대(Harvard Semitic 박물관 전재 허가).

틸렛 아즈루드(Kuntillet 'Ajrud)로 '우물이 있는 고립된 언덕'(히브리어로는 호르밧 테만⟨Ḥorvat Teman⟩)이라는 의미를 가지고 있다. 이곳 성소에서 발견된 비문과 그림들은 상당히 중요하다. 히브리어와 베니게 문자로 쓰여진 글자들이 건물의 회반죽으로 미장된 벽들을 장식하고 있었고, 커다란 두 저장용 항아리 피토스들과 돌로 된 용기도 발견되었다. 벽과 저장용 항아리 위에 그려진 그림들은 투박했으며 이 그림들은 서로 관련이 없는 것으로 보인다. 설령 관련이 있다 해도 문자들과 이 그림들의 연관성은 확실하지 않다. 오

---

43. Carol L. Meyers, " A Terracotta at the Harvard Semitic Museum and Disc-holding Female Figures Reconsidered," *IEJ* 37(1987): 116-22, pl.7; idem, "Of Drums and Damsels: Women's Perfomancein Ancient Israel," *BA* 54(1991): 21-22; Delbert Hiller, " The Goddess with Tambourine," *Concordia Theological Monthly* 41(1970): 609-19.

44. Mehsel, *Kuntillet 'Ajrud: A Religious Centre from the Time of the Judean Monarchy on the Border of Sinai*.

트마르 킬(Othmar Keel)은 잘 묘사된 벽화와 그보다 엉성한 낙서 같은 그림을 구분했다. 한 피토스는 양쪽 면에 두 가지의 그림으로 장식되어 있다. 그림에는 거룩한 나무를 사이에 두고 양쪽에서 야생 염소가 매달려 있는데 옆에는 사자 한 마리가 있다. 이러한 그림의 소재는 다아낙에서 발견된 제대의 위에서 두 번째 층에 묘사된 형상과 유사하다. 또한 두 명의 서 있는 사람 형태의 모습과 앉아서 하프(키노르⟨kinnôr⟩)를 연주하고 있는 한 여인(여신이 아님)이 그려져 있다. 서 있는 이들은 이집트의 베스 신과 그의 배우자 바스텟(베셋)이다. 이들은 그로테스크한 특징을 가지고 있으며 깃털 장식이 달린 머리쓰개와 사자 가죽, 그리고 그들의 손을 허리에 대고 팔꿈치는 옆으로 벌리고 서 있는 모습을 하고 있다.[45]

그림과 함께 나타난 문자는 많은 학자들이 끝도 없이 논쟁을 펼치고 있는데, 이를 읽어보면 "나는 당신을 축복합니다, 사마리아의 야훼와 그의 아세라의 이름으로"이다. 학자들은 "그의 아세라"를 서로 다르게 보고 있는데 이를 가나안의 여신 아세라로 볼 것이냐, 아니면 이 여신의 상징인 목상으로 볼 것이냐, 아니면 이 여신의 성소를 말하는 것인가 등이 논쟁이 되고 있다. "그의 아세라"는 여신을 지칭하는 것은 아니라고 본다. 성경은 대명사를 지칭하는 접미사를 개인의 이름에 붙여 사용하지 않기 때문이다("그의 아세라"는 히브리어로 "아세라토"라고 쓰여졌는데 이때 접미사로 '그의'라는 대명사가 붙었다-역주). 그러므로 이는 여신을 상징했던 목상을 의미하고 있을 것이다.

가나안의 여신 아세라[46]는 성경에 적어도 사십 번은 언급되어 있다. 나무와 나무 줄기는 이 여신의 상징이었다. 아합이 이세벨과 결혼했을 때 그는 그의 두로 출신 왕비를 위해 바알을 위한 신전을 지었고 신전 안에는 아세라(*'ăšērâ*) 목상을 두었다(왕상 16:33). 므낫세는 아로새긴 아세라 목상을 성전에 세웠다(왕하 21:7). 유다 왕국을 꾸짖으면서 예레미야는 "그들의 자녀가 높은 언덕 위 푸른 나무 곁에 있는 그 제단들과 아세라들(아쉐레헴⟨*'ăšērêhem*⟩)을 생각하도다"(렘 17:2)라고 말한다. '아세라'는 여신 그 자체의 모습을 표현하고 있거나 여신을 상징하는 목상이나 성스러운 나무나 숲을 의미하고 있을 것이다. 몇

---

45. Keel and Uehlingr, *Gods, Goddeses, and Images of God in Anceint Israel*, 219: "쿤틸렛 아즈루드의 두 형상은 베스와 베셋이라는 서로 다른 성을 가진 한짝으로 생각해서는 안된다. 오히려 이들은 두 다양한 베스 신의 종류로서 하나는 남성이고 또 하나는 양성을 가진 여성화된 것이라고 생각해야 한다."

46. Judith M. Hadley, "Yahweh and 'His Asherah': Archaeological and Textual Evidence for the Cult of the Goddess," in W. Dietich and M. A. Klopfenstein, eds., *Ein Gott Allein?* OBO 139(Göttingen: Vandenhoeck & Ruprecht, 1994), 235-68.

몇 학자들은 아쉐림(한국어 성경은 "아세라들"이나 "목상"으로 번역함)은 살아있는 나무가 아닌 사람의 손으로 만들어진 것이라고 주장한다. 이 단어와 함께 사용되는 동사는 살아있는 나무를 지적하기보다는 어떤 나무로 된 물건으로 표현하고 있다. 아사('āśâ, 만들다), 바나(bānâ, 짓다), 히찌브(hiṣṣib〈히필 동사〉, 세우다), 가다(gāda, 쓰러지다), 카라트(kārat, 자르다), 사라프(śārap, 태우다) 등의 단어들이 사용된다.[47] 이는 어쩌면 크리스마스 트리처럼 자연수에 인공적인 것들로 장식을 한 것이었을지도 모른다. 스태거는 이들이 신전과 산당 주변과 안뜰에서 자라던 나무라고 생각한다. 신명기의 법은 이러한 의견을 도와주고 있는 것 같다. "네 하나님 여호와를 위하여 쌓은 단 곁에 아무 나무로든지 아세라상을 세우지(나타〈nāṭa'〉, 영어 성경은 plant〈심다〉로 번역했다-역주) 말며"(신 16:21) 여기서 나타(nāṭa')는 자연수들을 세울 때 사용된다.[48]

고대 이스라엘의 종교에는 가나안 제사의 몇 가지 양상들이 적용되었는데 그중 여호와 하나님을 가나안 신 중 아세라의 배우자였으며 가장 높은 신인 엘로 정의하였다. 아세라가 여호와의 배우자로 표현된 것은 이 영향이었을 것이다.[49]

4) 봉헌물

사람들은 자신들의 요구가 이루어지기를 기원하는 마음으로 봉헌물을 바쳤을 것이다. 거의 모든 고고학의 시대에서 우리는 금속이나, 돌, 점토 등으로 만들어진 수많은 봉헌용 형상들과 조각상들을 발견한 바 있다. 봉헌물들은 인간의 형상이나 신의 형상이었을 것이고 동물 형상은 아니었을 것이다. 봉헌물들이 지니는 거룩성이 사라지는 것을 막기 위하여 미리 지정된 구덩이(파비싸〈favissa〉)에 봉헌물들을 넣었다.

하솔, 엘 콤, 아랏, 텔 세바, 그리고 쿤틸렛 아즈루드에서 발견된 바 봉헌물들은 때로 토기 위에 글자를 새기거나 쓴 형태로 발견되었다. 쿤틸렛 아즈루드에서 발견된 돌로 만

---

47. Hadley, "Yahweh and 'His Asherah,'" 238.
48. Stager, "Jerusalem and the Garden of Eden," 83–88.
49. P. Kyle McCarter, "Aspects of the Religion of the Israelite Monarchy: Biblical and Epigraphic Data," in P. D. Miller et al., eds., *Ancient Israelite Relgion*(Philadelphia: Fortress, 1987). 쿤틸렛 아즈루드에서 발견된 글이 야훼의 아세라라고 불러 의인화시키고 있는 현상에 관해서 Mccarter는 이렇게 말한다. "사마리아의 야훼의 아세라는 이 도시에서 숭배되던 야훼를 위한 제사와 관련되는 나무로 만들어진 제사 도구였다. 우리는 여기서 제사 도구가 마치 여신으로 의인화되어 불러진 예를 볼 수가 있다"(147). 그리고 그는 가나안의 아세라가 아닌 이스라엘의 아세라는 야훼의 아세라라고 칭함으로써 실재성을 강조한다고 결론짓는다. 즉 이 표현은 "야훼의 실재성의 의인화"인 것이다(149).

들어진 사발은 초기 히브리어 문자로 새겨져 있었다. 이를 읽으면 "레오바디야후 벤 아드나 베렉크 하엘로히브"(*l'bdyw bn 'dnh brk h' lyhw*), 즉 "아드나의 아들 오바디야우에게 하나님의 축복이 있으라"이고 또 다른 하나는 "세마야우 벤 에제르"(*sm'yw bn 'zr*), 즉 "에제르의 아들 세마야우"이다. 메쉘(Meshel)에 의하면 "이 글들을 읽어보면 이 돌로 만든 사발들은 신의 축복을 바라는 이가 이곳에 바친 것을 보여준다".[50]

3. 종교적 관습

1) 연회

한 주의 일곱 번째 날인 안식일을 지키는 것은 창조(출 20:8-11)와 이스라엘이 노예제도에서 해방됨(신 5:12-15)을 기념하는 것이다. 안식일은 시간이 지남에 따라 그 중요성이 더욱 커졌음에도 불구하고 이스라엘의 법은 안식일을 지키는 것이 고대의 관습부터 시작되었다고 강조한다. "너는 엿새 동안에 네 일을 하고 일곱째 날에는 쉬라(티쉬보트⟨*tišbōt*⟩). 네 소와 나귀가 쉴 것이며 네 여종의 자식과 나그네(게르⟨*gēr*⟩)가 숨을 돌리리라"(출 23:12; 34:21). '안식일'(샤밧⟨Sabbath⟩)의 어원은 '쉬다', '멈추다'라는 뜻을 가진 *šbt*로 성경에서는 수백 번 나타난다. 아모스는 안식일과 월삭에는 상업 활동도 금지하라고 말하고 있다. 약탈을 일삼는 부정한 상인들은 "이르기를 월삭이 언제나 지나서 우리로 곡식을 팔며 안식일이 언제 지나서 우리가 밀을 내게 할꼬"(암 8:5)라고 묻는다. 예레미야서에서도 유다 백성들에게 삶과 죽음의 문제로서 안식일을 거룩히 지킬 것을 권고하고 있다(렘 17:19-27). 그러나 이 설교는 예레미야가 살았던 시대 이후, 즉 포로기 이후에 쓰여진 글일 것이다.

월삭(호데쉬⟨*ḥōdeš*⟩, 민 28:11-15)은 음력의 첫날을 기념하는 날이다. 안식일처럼 이날은 쉬어야 했고 축제가 벌어졌다. 수송아지 둘과, 수양 하나, 그리고 일 년 되고 흠 없는 수양 일곱으로 번제가 드려졌다(민 28:11). 특별히 중요한 것은 월삭이 일곱 번째 달, 티

---

50. Mehsel, *Kuntillet 'Ajrud: A Religious Centre from the Time of the Judean Monarchy on the Border of Sinai*, 쪽수 없음.

쉬리(9월/10월)에 지켜졌다는 것이다.

명절(복수형태로 하김⟨ḥaggîm⟩)은 순례자들의 연중 축제를 가리킨다. 세 가지 명절이 있었다. 후에 유월절(페사흐⟨pesaḥ⟩)과 합쳐진 무교절(하마쪼트⟨hammaṣṣôt⟩)은 '맥추절'(카찌르⟨qāṣîr⟩ 혹은 '칠칠절'(샤부오트⟨šābu'ôt⟩) 그리고 '초막절'(수코트⟨sukkôt⟩) 이라고 알려진 '수장절'(아시프⟨'āsîp⟩)이다(출 23:14-17). 이 명절들은 역사적 발전과 동행했으며 이스라엘의 종교 역사에서 중요한 행사들이 되었다.[51] 출애굽기 23:14-17(E문서), 출애굽기 34:18-23(J문서), 그리고 신명기 16:1-17(D문서)에 의하면, 모든 남자는 매년 세 번씩 여호와께 보여야만 했다.[52] 그러나 "너와 네 자녀와 노비와 네 성중에 있는 레위인과 및 너희 중에 있는 객과 고아와 과부가 함께"(신 16:11, 14) 명절에 참여하라고 기록된 것을 보면 명절을 지키는 것은 단지 남자에게만 제한되어 있던 것은 아니었다. 아마도 예루살렘이 종교적 중심이 되면서 이러한 변화가 생겨났을 것이다.[53]

무교절은 두 명절이 합쳐진 것이다. 첫날의 저녁은 유월절로서 출애굽을 기념하는것이며 나머지 칠 일 동안은 무교절로 지켜지는 명절로 아비브월에 있으며 보리가 무르익는 시기이다. 칠칠절 혹은 오순절은 보리와 밀의 수확 시기 사이에 있는 명절로 밀 수확을 축하하는 명절이다. 초막절 혹은 장막절은 수확의 계절(9월)에 올리브 과수원을 보호하기 위해 치는 초막(수코트⟨sukkôt⟩)에서 이스라엘 민족이 일시적으로 생활했던 것에서 유래한 이름이다. 초막절은 또한 수장절이라는 이름도 가지고 있는데 이는 10월 중순경 농사가 끝나고 칠 일 동안 추수를 감사하는 가을 축제이다.

(1) 종말론적 연회

이스라엘의 예언자들은 평화와 정의가 구현되는 새로운 시대의 환상을 볼 때 하나님이 사람들을 위해 화려한 연회를 베푸는 모습을 그리곤 했다. 가부장적 가족들에 의해 베풀어지는 가족 연회와 왕이 왕실에서 베푸는 연회 외에도 하나님이 직접 연회를 베풀고 그가 선택한 자들만을 초대하는 종말론적(메시아적) 연회가 있다.

이사야는 풍요로운 음식이 제공된 두 기쁨의 연회에 대해서 묘사하고 있다. 첫 번째는 "만군의 여호와께서 이 산에서 만민을 위하여 기름진 것과 오래 저장하였던 포도주(쉬

---

51. de Vaux, *Ancient Isael*, 484-506.
52. 레 23:1-44(P문헌)은 남자들만의 이러한 참여를 언급하고 있지 않다.
53. Menahem Haran, *Temples and Temple-Service in Ancient Israel*(Winona Lake,Ind: Eisenbrauns, 1985),293.

마림〈šĕmārîm〉로 연회(미쉬테〈mištēh〉)를 베푸시리니 곧 골수가 가득한 기름진 것과 오래 저장하였던 맑은 포도주로 하실 것이며"(사 25:6)이다. 해방국가를 위해 준비된 이 음식은 시온 산 위에서 베풀어질 것이며 오랫동안 저장했던 포도주가 함께 제공될 것이다. 두 번째는 "너희 목마른 자들아 물로 나아오라 돈 없

그림 221. 장식으로 꾸며진 청동 대접, 텔 단. 마르제아흐(marz□ah) 연회에서 사용되었던 그릇으로 보이며 성소 구역에 있던 제대 근처의 방에서 발견되었다(Tel Dan Excavations 전재 허가; 사진: R. Novick).

는 자도 오라 너희는 와서 사 먹되 돈 없이 값없이 와서 포도주(야인〈yayin〉)와 젖(할라브〈ḥālāb〉)을 사라. 너희가 어찌하여 양식(레헴〈leḥem〉) 아닌 것을 위하여 은을 달아 주며 배부르게 하지 못할 것을 위하여 수고하느냐 내게 듣고 들을지어다. 그리하면 너희가 좋은 것을 먹을 것이며 너희 자신들이 기름진 것으로 즐거움을 얻으리라"(사 55:1-2). 이 초대장은 바벨론에 망명해 있던 자들에게 하나님의 성소인 시온 땅으로 돌아오는 동기가 된다. 이 무료로 제공되는 연회에는 가장 귀한 음식이 준비되어 있었다.[54]

2) 마르제아흐

마르제아흐(marzēaḥ)에 대한 성경 안의 두 기록은 아모스 6:7과 예레미야 16:5로 아모스서에서는 "술을 마시는 연회"로 예레미야서에서는 "통곡"으로 잘못 번역되었다.

> 상아상(미토트 쉔〈miṭṭôt šēn〉)에 누우며 침상에서 기지개 켜며 양 떼(아갈림 미토크 마르베크〈'ăgālîm mittôk marbēq〉)에서 어린 양과 우리에서 송아지를 잡아서 먹고 비파(나벨〈nābel〉) 소리에 맞추어 노래를 지절거리며 다윗처럼 자기를 위하여 악기를 제조하며 대접(미르제크 야인〈mizrĕqê yayin〉)으로 포도주를 마

---

54. Richard J. Clifford, "Isaiah 55: Invitation to a Feast," in C.L. Meyers and M. O'Connor, eds., *The Word of the Lord Shall Go Forth*(Winona Lake, Ind: Eisenbrauns, 1983), 27-35.

시며 귀한 기름(레쉬트 쉬만님⟨*rēšît šĕmānîm*⟩)을 몸에 바르면서(임샤후⟨*yimšaḥ û*⟩) 요셉의 환난에 대하여는 근심하지 아니하는 자로다. 그러므로 그들이 이제는 사로잡히는 자 중에 앞서 사로잡히리니 기지개 켜는 자(미르자흐 세루힘⟨*mirzaḥ sĕrûḥîm*⟩)의 떠드는 소리가 그치리라(암 6:4-7).

마르제아흐(*marzēaḥ*, 70인역 티아소스⟨*thiasos*⟩)는 그리스의 주연 혹은 향연과 같은 셈어로서 주전 14세기부터 로마 시대까지 나타나는 상당히 긴 역사를 가지고 있다. 마르제아흐는 사회적 그리고 종교적 교제를 형성했다. 때때로 마르제아흐는 먹고, 마시고 성적 교류까지도 오갔던 바카스 신의 사제들의 연회와 유사한 성격을 지닌 애도의식에도 행해졌다. 그것이 거룩한 식사가 되었었든지 혹은 무언가를 기념하기 위한 식사였든지 간에 이 축제는 며칠간 계속됐고 향락, 특히 엄청난 양의 포도주를 소비하는 행위가 동반되었다.

마르제아흐에는 아모스서에 언급된 것처럼 다섯 가지 구성 요소들이 있다. 상아상은 상아를 박아 넣어 장식한 긴 소파로서 주연 중에 손님들이 기대어 앉는 장소이다. 양떼에서 어린 양과 우리에서 송아지를 취하여 만들어진 음식은 바로 우리 안에서 잘 먹여 살지운 부드러운 고기로 만든 고급 음식이라는 뜻을 가진다. 음식을 먹을 때는 비파로 연주되는 음악과 노래가 뒤따랐으며 대접에 포도주를 마셨다. 사치성이 짙은 참석자들의 다른 향락 중에서 아모스는 귀한 기름을 몸에 바르는 행위에 주목할 것을 요청하고 있다. 기름을 짜는 틀에 넣어 짜기 전에 먼저 올리브를 부서서 얻은 기름은 가장 질이 좋은 기름이다. 기름을 짜기 전에 얻은 이러한 기름은 오늘날 우리에게는 "버진 오일"(virgin oil)이라고 불리는 가장 질이 좋고 값비싼 기름이다.

살라미스(Salamis) 유적지에서 발견된 청동 대접 안에는 성적인 장면들이 새겨져 있는데(그림 222) 이 장면들은 성경의 마르제아흐를 연상시킨다. 장면은 종교적 연회장을 묘사하고 있는데 연회장에는 악기 연주자들, 무희, 마실 것을 들고 있는 사람들, 그리고 포도주를 들고 있는 자들이 있다. 한 나체의 여인은 수염을 기르고 있는 한 남성의 위에 앉아 하프를 연주하고 있고, 또 다른 여인은 탬버린이나 작은 북을 연주하고 있다. 킬트를 입고 있는 한 남자는 피리를 불고 있으며, 긴 치마를 입은 여인은 하프를 연주하고 있다. 또 다른 나체의 여인은 춤을 추고 있는 것으로 보인다. 한 남자는 나체의 여인을 들고 있다. 세 개의 긴 소파가 있는데, 그중 하나에는 한 쌍의 남녀가 성관계를 가지고 있는데 여자는 다리를 들고 있고 남자는 그녀의 다리 사이에 무릎을 꿇고 있다. 킬트를 입은 두

그림 222. 살라미스(키프루스)에서 발견된 연회 장면이 묘사된 베니게 청동 대접, 철기 II 시대. 대접의 중앙에는 이집트의 파라오가 그의 적들의 머리를 치고 있으며 대접의 주변에는 음악을 연주하고 있는 연주가들의 행렬과 아기를 먹이고 있는 어머니들, 연회를 즐기고 있는 자들과 성관계를 갖고 있는 커플들이 묘사되어 있다(그림: S. Bird; 그리스와 로마 유물들, 대영 박물관; Vassos Karageorghis, "Erotica from Salamis", *Rivista di Studi Fenici* 21 (1993) 참조).

남자는 막대기에 포도주용 항아리를 끼워 운반하고 있다. 한 여인은 대접으로 마시고 있는 모습을 하고 있다. 다섯 명의 사람들이 의자에 앉아서 무릎에 아이를 안고 있는 여인의 방향으로 나아가고 있는데, 이 여인을 학자들은 호루스 신을 안고 있는 이시스 여신으로 생각한다. 이 종교적 연회는 이 여신을 숭배하는 뜻에서 열린 것으로 보인다. 이 성적 연회 장면은 파라오(이집트의 바로)가 사로잡힌 포로를 죽이는 장면을 둘러싸고 있다. 이 장면들에는 이집트 문명에서 다루던 소재들이 상당히 많이 나타나고 있다. 살라미스에서 발견된 이 청동 대접은 전형적인 베니게의 것으로서 레프칸디(Lefkandi) 유적지에서 발견된 같은 시대의 것으로 보이는 대접과 비교해 보았을 때 연대는 주전 9세기경으로

보인다.⁵⁵

베니게 문자로 봉헌용 글이 써져 있는 홈이 파인 대접(필라에〈philae〉)은 마르제아흐에 사용된 것으로 보이며, 주전 4세기경에 사용되었다. 지름은 18.1센티미터 이지만 높이는 겨우 3.6센티미터 밖에 안되며 대접 바닥 중앙에는 열여섯 개의 로제타 꽃잎이 새겨져 있다. 헌주 장면이 묘사된 다른 대접들과 마찬가지로 이 필라에는 손잡이가 없는데, 이렇게 손잡이가 없는 대접으로 마시는 장면은 아수르바니팔과 그의 왕비가 정원에서 연회를 즐기고 있는 장면에서 볼 수 있다. 가나안의 한 왕, 혹은 왕자가 자신의 승리를 축하하는 잔치에서 옥좌에 앉아 역시 이 대접으로 마시고 있다. 이 필라에의 중요한 특징은 한 줄로 점을 찍어 새겨 넣은 글인데 "우리는 샤마쉬의 마르제아흐에 두 개의 컵을 봉헌한다"라고 쓰여 있다.⁵⁶

단에서 발견된 용골형의 청동 대접은 바닥이 움푹 파여 있다. 이 대접은 단의 성역에 있던 제단의 남동쪽에 위치한 제사장들이 여로보암 2세(주전 793-753) 시대에 사용했던 리쉬카(liškâ, 제사장용 집무실, 혹은 객실-역주)에서 발견되었다. 대접은 지름은 16센티미터 였고 깊이는 5센티미터로 로투스 잎 문양으로 화려하게 장식되었는데 아마도 이 성소에서 열렸던 연회에서 포도주용 대접으로 사용되었을 것이다(그림 221).⁵⁷

3) 희생제물

희생을 예물로 드리는 제도는 레위기(레 1-7장)와 민수기에 주로 거론되고 있다.⁵⁸ '예물'은 속(genus)이며 희생은 종(species)이다. 제바흐(zebaḥ)는 희생이라는 히브리어 단어로 전체 혹은 제단 위에서 태워 헌물하는 것이다. 희생에는 올라(ʿōlâ), 슬라밈(šĕlāmîm), 하타트(ḥaṭṭāʾt), 그리고 아샴(ʾāšām)이 동반된다.

올라(ʿōlâ)는 히브리어 올라가다 뜻을 가진 ʿlh을 어원으로 하고 있는데, 연기(향)가 이

---

55. Vassos Karageorghis, "Erotica from Salamis," *Rivista di Stui Fenici* 21(1993): Supplement,7-13; Glenn Markoe, *Phoenician Brone and Silver Bowls from Cyprus and the Mediterranean*(Bekeley, Calif.: University of California, 1985),174. 251.

56. Nahaman Avigad and Jonas C.Greenfield, "A Bronze philae with a Phoenicican Dedicatory Inscription," *IEJ* 32(1982): 118-28.

57. Biran, *Biblical Dan*,196.

58. Gary A. Anderson, *Sacrifices and Offerings in Ancient Israel*, HSM(Atlanta: Scholars Press, 1987); Jacob Milgrom, *Leviticus 1-16*, AB 3(New York: Doubleday, 1991).

를 흡입하는 신에게 올라간다는 의미로서 번제제이다. 흠 없는 수컷 동물이나 새를 바치는 희생은 제단에서 완전히 태워버렸으며, 아침과 저녁 하루에 두 번씩 드렸다. 유사한 단어인 카릴(*kālil*) 역시 온전한 번제를 말한다.

슬라밈(*šĕlāmîm*, 거의 항상 복수형태로 쓰여진다) 혹은 제바흐 슬라밈(*zebaḥ šĕlāmîm*)은 화목제로서 제단 위에 단지 희생으로 드려지는 동물의 일부분만을 태우는 것으로 나머지는 제물을 드리는 자와 그 가족의 축제 음식으로 사용된다. 게리 앤더슨(Gary Anderson)이 지적한 것처럼 번제는 신을 살지게 하고 화목제는 사람을 살지게 한다. 화목제는 속죄와 보상을 위한 제사는 아니다.

하타트(*ḥaṭṭā't*)와 아샴(*'āšām*)을 구분한다는 것은 사실 어렵다. 하타트는 정결 제사, 속건제(속죄를 위한 제사가 아님)로서 우연하게 위반하게 된 일을 깨끗게 하는 것을 의미한다. 이 제사는 부정한 제단과 성소를 깨끗게 한다. 아샴은 보상 제사, 속죄제로서 어떤 성물에 자신의 죄를 대신 짊어지게 하는 것이다.

민하(*minḥâ*)는 소제(P문헌은 특별히 사용됨) 혹은 선물(P문헌 외의 문서들에서 사용)이라는 의미를 가지고 있다. 소제와 선물은 상당히 밀접한 관계가 있는데 이는 이스라엘의 농업경제에 있어 곡식이 성전의 주요한 예물이었기 때문이다.

희생제사가 이스라엘 종교에 있어 중심적인 요소이기는 하나 그 의미를 정의내리기에는 매우 복잡하고도 어렵다. 롤랑 드 보(Roland de Vaux)가 말한 것처럼 "희생제사는 여러 가지 의미를 지닌 한 행위"이다.[59] 여기에는 여러 가지 의미와 선물, 만찬, 보상 등의 여러 가지 단계가 있다. 아모스, 이사야, 그리고 예레미야 같은 예언자들은 이스라엘의 종교적 의식이 사회적 책임에 대한 대용으로서 드려지고 있음을 통렬하게(혹은 과장하면서?) 비난하고 있다. "내(하나님)가 너희 절기들을 미워하여 멸시하며 너희 성회들을 기뻐하지 아니하나니 너희가 내게 번제(올로트⟨*'ōlōt*⟩)나 소제(민호트켐⟨*minḥōtêkem*⟩)를 드릴지라도 내가 받지 아니할 것이요 너희의 살진 희생의 화목제(쉘렘⟨*šelem*⟩)도 내가 돌아보지 아니하리라…오직 정의을 물같이, 공의를 마르지 않는 강 같이 흐르게 할지어다"(암 5:21-22, 24; 사 1:10-17; 렘 7:21-23).

성경에는 또 다른 제사 제바흐 하야밈(*zebaḥ hayyāmîm*, 문자적으로는 '희생의 날들')이 있다. 다윗은 왕(사울)의 월삭 연회 식탁에 참석하지 않고 베들레헴으로 그의 전 가족과 함께 매년제 제바흐 하야밈(*zebaḥ hayyāmîm*, 주로 "가족 제사"로 번역됨)를 드리러 간다

---

59. de Vaux, *Ancient Israel*, 451.

(삼상 20:6). 뒤에 가서는 친족 제사 제바흐 미쉬파하(*zebaḥ mišpāḥâ*)로 표현되었다(삼상 20:29, 한국어 성경은 처음에는 "가족을 위한 매년제"로 두 번째는 "가족의 제사"로 번역함). 사무엘의 아버지 엘가나는 그의 온 집(콜 베토⟨*kol-bêtô*⟩)과 함께 여호와께 매년제(제바흐 하야밈⟨*zebaḥ hayyāmîm*⟩)를 드리러 실로로 올라갔다(삼상 1:21).[60]

(1) 첫 열매(맏물)

고대의 가장 일반적인 희생의 양식은 동물과 식물의 첫 열매(비쿠림 레쉬트⟨*bikkûrîm rēʾšît*⟩)를 예물로 바치는 것이었다. 이 예물들은 주로 추수에 대한 축제일인 칠칠절(샤부오트⟨*šābuʿôt*⟩)에 드려졌다. 신명기 26:5-10은 이스라엘 민족이 성소에 첫 열매(한국어 성경은 "소산의 맏물"로 번역함)을 바치면서 하는 그들의 신앙 고백이다. 이 고백의 목적은 토지와 그 소산이 모두 창조자이신 여호와께 속해 있다는 것에 대한 감사이다. 첫 열매들은 추수에서 거둬들인 것 중 가장 좋은 것으로 간주되었다. 이러한 예물들을 드리는 것은 봉헌하는 자의 감사에 대한 표현과 그가 얼마나 하나님께 의지하고 있는가를 상징한다. 동시에 이는 미래에 있을 생산에 대한 보증도 되었다. 제사장들은 첫 열매들에서 그들의 배분을 받았다. 언약에 의하면 이스라엘은 여호와의 장자였다. 예레미야는 여호와의 추수의 첫 열매가 이스라엘임을 말하고 있다. "이스라엘은 여호와를 위한 성물 곧 그의 소산 중 첫 열매(레쉬트⟨*rēʾšît*⟩)이니 그를 삼키는 자면 모두 벌을 받아 재앙이 그들에게 닥치리라"(렘 2:3)

(2) 처음 난 자

처음 난 자, 첫 열매, 그리고 첫 수확은 모두 여호와의 것이다. "네 처음 난 아들들(베코르⟨*bĕkôr*⟩)을 내게(여호와) 줄지며"(출 22:29). 여기에는 양이나 다른 것들로 대신 드릴 수 있다는 언급이 없다. 레위 지파는 모든 이스라엘인들을 대표하는 장자가 되므로 여호와에 대한 장자의 책임에서 자유로웠다. 마틴 노트(Martin Noth)는 이를 "여호와가 레위인들의 장자를 차지할 수 있는 권리를 위한 보상용으로 취했다"[61]고 말했다. "여호와께서 모세에게 말씀하여 이르시되 보라 내가 이스라엘 자손 중에서 레위인을 택하여 이스라엘 자손 중에 태를 열어 태어난 모든 자를 대신하게 하였은즉 레위인은 내 것이라. 처음

---

60. Haran, *Temples and Temple-Service in Ancient Israel*, 304-7.
61. Martin Noth, *Numbers*, OTL(Philadelphia: Westminster, 1968), 40.

그림 223a. 카르타고의 도벳 혹은 "베니게 타닛 여신의 성소". 비석들이 서 있는 유적지의 서쪽을 바라보며 찍은 사진. 주전 7-6세기. 비석들 아래에는 희생제물로 화장된 아이들의 재가 항아리 토기에 담겨 있었다(L. E. Stager 전재 허가; 사진: J. Whitred).

그림 223b. 주전 6-5세기의 납골당의 아래에서 보다 이른 시기, 즉 주전 8-6세기(타닛 I층)에서 희생제물을 담았던 납골용 항아리들이 발견되었다(L. E. Stager 전재 허가; 사진: J. Whitred).

그림 223c. 카르타고의 타닛 I층, 주전 8세기. 희생제물이 담겨 있는 납골용 항아리에 뚜껑이 그대로 덮여 있는 모습으로 항아리는 도벳의 기반암에 구멍을 뚫어 안치되어 있다(L. E. Stager 전재 허가; 사진: J. Whitred).

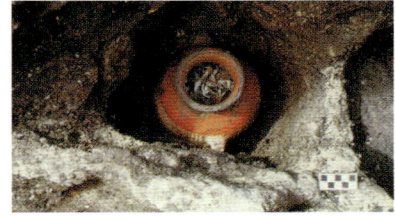

그림 223d. 카위와 같은 항아리로 항아리 안에 어린아이의 탄 뼈가 담겨 있는 것을 볼 수 있다(L. E. Stager 전재 허가; 사진: J. Whitred).

태어난 자는 다 내 것임은 내가 애굽 땅에서 그 처음 태어난 자를 다 죽이던 날에 이스라엘의 처음 태어난 자는 사람이나 짐승을 다 거룩하게 구별하였음이니 그들은 내 것이 될 것임이니라. 나는 여호와니라"(민 3:11-13; 참조, 민 8:15-16). 처음에는 장자는 희생 예물로서 드러지는 것이 아니라 제사장 직책이 생기기 전 제사장의 역할을 해야 한다는 것을 의미했을 것이다.

(3) 인신제사

몇몇 학자들과 더불어 롤랑 드 보[62]는 장자를 희생 예물로 바치는 제사가 실제로 존재했었는가에 대해 질문을 한 바 있다. 그는 성경을 문자적으로 읽는 것에 의구심을 가졌고 장자 대신에 드려진 구속물이 있었다고 생각했다. 유다 왕국의 두 왕, 아하스(왕하 16:3)와 므낫세(왕하 21:6)는 어린아이들을 제물로 바쳤던 예루살렘 남쪽에 위치해 있던 도벳에서 자신들의 아들들과 딸들을 불 가운데로 걸어가게 했다고 성경은 증언하고 있다. 적어도 두 번이나 예레미야는 도벳을 호되게 비판하고 있다. "(유다 백성은) 힌놈의 아들의 골짜기에 바알의 산당을 건축하였으며 자기들의 아들들과 딸들을 몰렉 앞으로(Mulk-sacrifice)[63] 지나가게(레하비르⟨lĕhăbir⟩) 하였느니라(제물로 바쳤다는 의미). 그들이 이런 가증한 일을 행하여 유다로 범죄하게 한 것은 내(여호와)가 명령한 것도 아니요 내 마음에 둔 것도 아니니라"(렘 32:35; 7:31-32; 19:5-6; 왕하 23:10). 폴 모스카(Paul Mosca)[64]는 오토 아이스펠트(Otto Eissfeldt)[65]가 그랬던 것처럼 몰렉(mōlek)이라고 읽기보다 물라크(mulk)라고 읽어야 하며, 이 용어는 어린아이나 동물을 도벳이라는 성약을 완성키 위해 산 제물로 바치는 것을 의미한다고 주장했다. 모스카(Mosca)는 몰렉은 신의 이름이 아니며 성경에서는 희생제사를 바치는 것을 의미하는 용어일 뿐이라고 논쟁했다. 그러나 죠지 하이델(George Heider)[66]과 함께 다른 학자들은 몰렉은 서부 셈어를 사용하는 지역의 한 신이었다고 반박하고 있다.

---

62. Roland de Vaux, *Studies in Old Testament Sacrifice*(Gardiff: University of Wales, 1964), 71.
63. MT lammolek, "to Molech"; LXX *tō basilei*, "to the king."
64. Paul G. Mosca, "*Child Sacrifice in Cananite and Israelite Religion: A Study in Mulk and molek*"(Ph.D. diss., Harvard University, 1975).
65. Otto Eissfeldt, *Molk als Opferbegriff im Punischen and Hebräischen und das Ende des Gottes Moloch*(Halle: Max Niemeyer, 1935), 카르타고 문자(Punic)로 쓰여진 글을 공부한 결과 Eissfeldt는 *mlk*는 희생제사 형식(서원 예물) 자체라고 논쟁했다.
66. George C. Heider, *The Cult of Molek: A reassessment*, JSOTSub 43(Sheffield: University of Sheffield, 1985).

학자들은 이 도벳이 언급되어 있는 글들이 실제로 어린아이를 희생제물로 사용한 것인가 아닌가에 대해 서로 다른 의견들을 제시하고 있다. 성경 시대의 이스라엘에서 어린아이를 희생제물로 태운다는 견해를 누그러뜨리려는 의도로 모세 바인펠드(Moshe Weinfeld)[67]와 다른 학자들은 "그들의 아들과 딸들을 불에 지나가게 한다"와 "그들의 아들과 딸들을 바친다"는 표현들은 산 제물로 바치는 희생의식은 없이 상상만으로 이루어진 것이거나 형상을 만들어 대신 바쳤다거나 예언자들의 과장법이었다고 주장한다. 어린아이들은 도벳에 자연사에 의해 죽은 뒤 묻힌 것이지 결코 희생제물로 죽임을 당한 건 아니라고 말했다. 반면에 다른 학자들은 본문이 실제 있었던 일을 기록하고 있다고 주장하면서 특별히 성경 외의 문헌들이나 고고학적 발견물들에 의해 더욱 확인되었다고 강조한다.[68]

카르타고의 여신 타닛의 야외 성역에서 있었던 스태거[69]의 발굴은 어린아이를 희생제물로 드린 관습을 드러냈다. 봉헌자가 자신의 약속된 서원을 지켰다는 글이 새겨져 있는 비문과 함께 발견된 유물들(납골용 단지, 화장된 흔적들, 그리고 부장품)은 카르타고에서 어린아이들을 제물로 바친 의식이 거행되었다는 것을 증명하고 있다[70](그림 223 a-d). 베니게인들은 다른 장소에서도 사람을 제물로 바치는 관습을 행했었던 것이 드러났다. 고고학자들은 카르타고(현재 튀니지아) 같은 베니게의 거대 도시뿐만 아니라 시실리, 사르데니아, 그리고 키프루스 같은 장소에 있는 베니게 도시들에서도 이러한 소름끼치는 관습의 증거들을 발견한 바 있다.

존 레벤슨(Jon Levenson)은 성경 속의 어린아이들을 제물로 바치는 관습은 일탈의 행위가 아닌 일반적인 것이었다고 주장한다. 그는 "너의 처음 난 아들들을 내게 줄지며"(출 22:29)라는 구절은 희생에 대한 신학적 개념을 가지고 부모들이 그들에게 가장 귀한 아이들을 하나님께 바침으로 긍정적이며 실제적인 반응을 보인 것이라고 해석했다. 앞에서 언급한 것처럼 이 출애굽기 문헌은 대용품에 의한 구속을 의미하는 것은 아니다.[71] 창세

---

67. Moshe Weinfeld, "The Worship of Molech and of the Queen of Heaven and Its Background," *UF* 4(1972): 133-54.

68. Morton Smith, "A Note on Burning Babies," *JAOS* 95(1975): 477-79.

69. Lawrence E. Stager, "Carthage: A Vew from the Tophet," in H.G. Niemeyer, ed., *Phönizier im Westen, Madrider Beiträge* 8(Mainz am Rhein: Philipp von Zabern, 1982), 155-66; Lawrence E. Steger and Samuel R. Wolff, "Child Sacrifice at Carthage-Religious Rite or Population Control?" *BAR* 10(1984): 30-51.

70. King, Jeremiah: *An Archaeological Companion*, 136-39.

71. Jon D. Levenson, *The Death and Resurrection of the Beloved Son; the Transformation of Child*

기 22:1-19에서도 여호와가 아브라함에게 이삭을 번제로 드릴 것을 요구했다. 레벤슨[72]은 모스카(Mosca)의 견해인 미가서에 기록된 것처럼 "야훼께서 요구하는 것들"은 "가치 있는 것에서 좀 더 가치 있는 것, 그리고 가장 가치 있는 것들"[73]이라고 인용했다.

> 내가 무엇을 가지고 여호와 앞에 나아가며 높으신 하나님께 경배할까 내가 번제물(올로트⟨'ōlôt⟩) 일 년된 송아지를 가지고 그앞에 나아갈까 여호와께서 천천의 숫양이나 만만의 강물 같은 기름을 기뻐하실까 내 허물을 위하여 내 맏아들(베코리⟨bĕkôrî⟩)을 내 영혼의 죄로 말미암아 내 몸의 열매를 드릴까 사람아 주께서 선한 것이 무엇임을 네게 보이셨나니 여호와께서 네게 구하시는 것은 오직 정의를 행하며 인자를 사랑하며 겸손하게 네 하나님과 함께 행하는 것이 아니냐(미 6:6-8).

이 문헌은 어린아이를 희생제물로 바치는 것이 공식적인 제의식의 부분이었다는 것을 보여주고 있다. 레벤슨은 "단지 후기 이스라엘 역사의 한 부분에 가서 야훼 하나님의 뜻이 실제로 이방신 숭배의 관습과 혼합되어 어린아이를 희생제물로 바쳤다"[74]고 주장한다.

4) 정한 것과 부정한 것

레위기 11-15장은 특별히 정한 음식과 부정한 음식, 잉태 후의 부정, 문둥병, 그리고 개인적으로 부정한 것에 대해 이야기하고 있다.[75] 정한 것은 육체적, 도덕적, 종교적 부정한 것에 자유한 것으로 종교 의식에 참석하기 이전에 의무적인 것이다. 다윗이 월삭 때 왕실의 연회에 참석하지 않자 사울 왕은 그가 정하지(타호르⟨ṭāhor⟩) 못하다(삼상 20:26)고

Sacrifice in Judaism and Christianity(New Haven, Conn:Yale University Press. 1993)

72. Levenson, *The Death and Resurrection of the Beloved Son*, 11.
73. Mosca, "Child Sacrifice in Cananite and Israelite Religion," 225.
74. Levenson, *The Death and Resurrection of the Beloved Son*, 5.
75. Mary Douglas, *Purity and Danger*(London: ARK Books, 1984); *Leviticus as Literature*(New York: Oxford University Press, 1999).Helmer Ringgren, *"tāhar", TDOT*, 5: 287-96. G. André and Helmer Ringgern, *"tame" TDOT*,5:330-42. David, P. Wright, *The Disposal of Impurity*(Atlanta: Scholars Press, 1987).

생각했다. 종교적 부정은 식사에 조차도 참여할 수 없게 만들었을 것이다.

정한 것과 부정한 것이라는 용어들은 위생 상태나 혹은 도덕적 윤리 문제와는 별개의 것이었다. 부정한 것은 윤리적으로 부정한 것이 아닌 종교적으로 부정한 것이다. 정한 것과 부정한 것은 '거룩한 것'과 관련이 있다. 거룩한 것과 정한 것은 상당히 밀접한 관련이 있으며 거룩한 것은 부정한 것의 완전히 반대적 용어이다. 부정한 것은 거룩한 것과는 접촉도 해서는 안되는 것이다. "거룩한(코데쉬〈qōdeš〉) 성 예루살렘이여 네 아름다운 옷을 입을지어다. 이제부터 할례받지 아니한 자와 부정한(타메〈ṭāmē〉) 자가 다시는 네게로 들어옴이 없을 것임이니라"(사 52:1; 35:8). 종교적으로 정한 것은 타헤르(ṭāhēr)이고 반대로 타메(ṭāmē)는 부정한 것이다. 종교적으로 부정해졌을 때 정하게 하는 의식이 필요했었다.

정한 것과 부정한 것을 묘사하는 개념에 있어 개인적인 부정에는 네 가지 종류가 있다. 그것들은 금지된 음식을 먹는 것, 피부병(짜라아트〈ṣāraʻat〉), 사람이나 동물의 시체를 만지는 것, 그리고 유출병에 의한 남녀의 부정이다. 동물에 있어서 정한 것과 부정한 것을 나누는 것은 과학적이지는 않으나 상당히 통속적이다(레 11:1-47). 즉 굽이 갈라져 쪽발이 되고 새김질 하는 것은 정한 것이었다. 물고기는 지느러미와 비늘이 있으면 정한 것이었다. 짜라아트(ṣāraʻat, "문둥병"이라고 잘못 번역됨)의 의미는 확실치 않다. 문둥병도 포함하는(레 13:1-14:57) 이 병명은 여러 가지 피부병을 가리키고 있는 것으로 "문둥병"이라고 번역한 것은 오류이다. 사람의 시체와 죽은 동물을 만지거나 이동하거나(정한 것이든 부정한 것이든) 동물의 주검을 먹는 자는 부정한 자였다. 남자의 정액이 방출되거나 여자가 생리 주기에 있어 유출을 하게 되면 부정한 것이다.

4. 죽음, 무덤, 그리고 사후세계

고대 근동에 있어 성경과 다른 고대 문헌, 그리고 수많은 무덤들이 증명하고 있는 것처럼 특별히 팔레스타인 지역에서 죽은 자를 위해 장사를 잘 해주는 것은 기본적인 일이었다. 시신이 매장되지 않았다면 그것은 치욕적인 것이었고 신에게서 받은 벌이라고 생각되었다. 최근에 발견된 고대 문헌과 고고학적 유물들은 성경 시대의 매장 관습에 있어 새로운 면모를 드러냈다. 이들은 또한 주전 1000년 전 상당한 발전을 보인 사후세계에 대한 이스라엘 민족의 믿음도 보여주고 있다. 포로기 이전에 이미 죽음과 관련된 제의들이 널리 퍼져있었는데, 이 의식들은 포로기와 포로기 이후 시대에 종교 관료들에 의해 완화되거나 때로 비난받기도 하였다.

1) 무덤 형태와 매장 관습

성경은 종종 이스라엘 민족이 적절한 형태의 매장을 받지 못하는 것을 몹시 혐오스럽게 생각하고 있었음을 보여준다. 몹시 미움 받았던 유다 왕국 여호야김 왕의 시신은 왕으로서 매장되지 못했다. "그가 끌려 예루살렘 문 밖에 던져지고 나귀 같이 매장함을 당하리라"(렘 22:19; 36:30). 이세벨 역시 왕비로서 대접을 받지 못했다. "개들이 이스르엘 성읍 곁에서 이세벨을 먹을지라"(왕상 21:23). 예레미야는 종종 유다 백성들이 장사되지 않으므로서 불명예스러운 벌을 받게 될 것이라고 경고했다. "큰 자든지 작은 자든지 이 땅에서 죽으리니 그들이 매장되지 못할 것이며 그들을 위하여 애곡하는 자도 없겠고"(렘 16:6; 참조, 렘 7:33; 8:2; 9:21; 15:3).

성경은 장사를 미리 준비하고 있는 모습은 물론 장신구들과 보석을 시신과 함께 묻는 것을 묘사하고 있다. 시신들은 사용하던 물건들과 함께 묻혔으며 옷이 입혀졌고 무덤의 의자나 바닥에 뉘어졌다. 아사 왕처럼 비블로스(레바논 북쪽 해변에 있는 유적지로 시돈 땅이었다-역주)의 왕가의 시신들은 값비싼 향수가 뿌려졌고 특별한 의상이 입혀진 후 관에 뉘어졌다. 왕은 몰약과 브델륨(몰약과 비슷한 향을 내는 송진)에 싸였고, 왕비는 왕비 의상과 보석 박은 관, 그리고 금으로 만든 가면을 썼다. 비블로스에서 발견된 페르시아 시대의 베니게 문자를 프랑크 크로스(Frank Cross)가 번역했는데 다음과 같다. "나는 이 관에 누워있다. 나는 여기 홀로 있으니 보라 나의 장사는 몰약과 브델륨으로 준비되었나니… 만약 누군가 이 관을 열고자 시도하거나 나의 잘 매장되어 있는 시신을 거스린다면, 바알 신(바알 아디르〈Ba'l Addir〉)과 그와 함께한 신들이 그자를 찾아낼 것이다."[76]

매장(케부라〈qěbûrâ〉)은 사람이 죽은 그날 행해졌는데 시체가 썩는 것을 방지하기 위해서였다. 죄를 지어 나무 위에 달린(십자가형은 아님) 시신일 경우에도 "그 시체를 나무

---

76. Brian Peckham, "Phoenicia and the Religion of Israel: The Epigraphic Evidence," in P.D. Miller et al., eds., *Ancient Israelite Religion*, 86–87; Frank, M. Cross, "A Recently Published Phoenician Inscription of the Persian Period from Byblos," *IEJ* 29(1979): 41.

위에 밤새도록 두지 말고 그날에 장사하여 네 하나님 여호와께서 네게 기업으로 주시는 땅을 더럽히지 말라. 나무에 달린 자는 하나님께 저주를 받았음이니라"(신 21:23)고 되어 있다. 요셉은 야곱을 가나안 땅에 가서 장사지내기 위하여 이집트의 관습대로 몸에 향 재료를 넣게 하여 오랫동안 보존하도록 하는데 이는 이스라엘의 매장 관습과는 사뭇 다르다.

베니게인들은 화장을 이스라엘에 소개했지만 이스라엘 백성은 이 관습을 신성모독으로 여겼다. 제1성전 시대 이스라엘의 무덤들을 발굴해보면 화장의 예는 발견할 수 없다. 간혹 화장을 한 흔적이 발견되기도 하는데, 화장 후의 재는 납골용 단지나 대접을 엎어 마치 뚜껑처럼 씌운 단지들 안에 담겨 있었다. "(야베스 길르앗의 사람들은) 사울의 시체와 그 아들들의 시체를 벧산 성벽에서 내려 가지고 야베스에 돌아가서 거기서 불사르고 그의 뼈를 가져다가 야베스 에셀 나무 아래에 장사하고 칠 일 동안 금식하였더라"(삼상 31:12-13).

(1) 본 매장과 재 매장

무덤에는 세대를 이어가며 가족을 함께 묻었는데 자연 동굴이거나 바위산을 뚫어 만든 굴 형태였다. 이 가족 무덤의 입구는 석회석을 깎아 만든 짧고 경사진 통로로 연결되었다. 사사기서는 기드온과 삼손의 무덤을 기록하고 있는데 각각 그들의 고향에 있던 아버지의 무덤에 묻혔다. "(기드온은) 아비에셀 사람의 오브라에 있는 그의 아버지 요아스의 묘실에 장사되었더라"(삿 8:32). 삼손은 소라와 에스다올 사이 그 아비 마노아의 장지에 장사되었다(삿 16:31). 이스라엘 민족은 본 매장과 재 매장이라는 두 가지 종류의 매장 관습을 가지고 있었다. 본 매장은 시체를 무덤에 영구적으로 매장하고 부패한 후에도 그대로 두는 것이다. 본 매장은 분묘나 석관 등에 매장할 경우 주로 한 구의 시신만을 놓는다. 재 매장은 시신을 분묘나 무덤에 일시적으로만 두었다가 살이 부패하고 나면 뼈들을 모아 구덩이나 저장고로 옮겨 놓는다. 가족 무덤에 새로운 시신을 놓기 위해 공간이 필요할 경우, 오래된 시신의 뼈들을 모아 바닥에 쌓아놓거나 뼈들을 모아놓기 위한 목적으로 만들어진 구덩이에 모아 두었다. 대가족의 무덤의 경우는 본 매장과 재 매장 모두가 행해졌을 것이다. 헬라 시대와 로마 시대에는 돌로 된 석관(글자나 장식들이 종종 새겨져 있었음)과 유골함(시신의 뼈들을 모아 놓았던 항아리와 같은 용기)이 주로 사용되었으나 철기 시대의 이스라엘 민족은 이런 것들을 사용하지는 않았다.

대부분의 이스라엘인들은 가족용으로 만들어진 벤치로 둘러싸인 무덤에 장사되었다. 가족 무덤은 종종 여러 시신을 매장 하기 위하여 연결된 몇 개의 방으로 이루어지기도 하였으며 방안에는 시신을 일시적으로 놓아 둘 수 있도록 바위벽들을 높게 깎아 벤치들이 만들어져 있었다. 성경의 표현 중 "…와 함께 잠들다"라든가 "…의 아버지에게로 돌아가다" 등은 이러한 가족 무덤의 재 매장 습관을 말하고 있는 것이다. 요시야에게 훌다는 "내가(여호와가) 너로 너의 조상들에게 돌아가서 평안히 묘실로 들어가게 하리니"(왕하 22:20)라고 예언했다. 이 성경 구절은 산 자와 죽은 자 사이에 관계가 지속되고 있다는 개념하에 이해되어야 한다. 가족 무덤은 이러한 관계를 존속하는 데 중요한 매개체였다. 죽은 자의 사후의 평안은 세습적 재산을 후손들이 잘 지켜주는가에 기인하는 것이다.

허버트 브릭토(Herbert Brichto)[77]는 조상들의 사후세계는 부모, 자손, 그리고 소유와 밀접한 관계가 있다고 주장했다. 다섯 번째 계명인 "네 부모를 공경하라 그리하면 네 하나님 여호와가 네게 준 땅에서 네 생명이 길리라"(출 20:12)는 여기 거론된 그리고 앞으로 거론될 논재와 상당히 관련이 있다. 혹자가 그의 부모에게 의무를 다할 경우 땅을 소유로 얻게 된다는 것이다. 죽은 자에 대한 제사의 목적도 세습을 위한 것이다. 여호수아가 죽자 "그를 그의 기업(나할라토⟨naḥălāto⟩)의 경내 딤낫 세라에 장사하였으니 딤낫 세라는 에브라임 산지 가아스 산 북쪽이었다"(수 24:30). 이스라엘 민족이 정착을 하던 시대(후기 청동기와 초기철기 시대)에 조상의 무덤을 대대로 잘 모시기만 한다면 가족 무덤이 있는 곳에 바로 세습적 기업(나할라⟨naḥălâ⟩)이 있는 것이다. 이러한 전통이 바로 이스라엘이(이스라엘 땅이 자신들의) 세습적 기업(나할라⟨naḥălâ⟩)이라고 주장하게 해준 구실이다.

몇몇 문서들은 가족 구성원 중 산 자와 죽은 자 사이에 존재하는 지속성을 묘사하고 있을 뿐만 아니라 무덤과 그 땅의 주인 사이의 관련성도 이야기하고 있다. 신명기 학자들에 의하면 라헬의 무덤은 에브라임(베냐민) 지파의 소유지에 있다(왕상 10:2; 렘 31:15). P문헌에 의한 후대 전통, 즉 창세기 35:19에서 그녀의 무덤은 에브람임 땅에서 유다 땅 에브랏(즉 베들레헴)으로 옮겨졌다. P문헌 자료에 의하면, 사라, 야곱, 요셉은 헤브론에 있는 막벨라 굴에 묻혔다. 아브라함은 막벨라에 있는 헷 족속의 에브론에게서 밭을 사서 사라를 장사지내고(창 23:1-20), 그 역시 여기에 장사된다. 야곱의 소원을 들어주기 위해 요셉은 이집트에서 가나안땅으로 와 그의 아버지의 뼈를 막벨라 동굴에 묻었다(창 50:4-14). 모세는 이집트에서 약속의 땅으로 갈 때 요셉의 소원대로 그의 뼈를 모아 가지고 간

---

77. Herbert C. Brichto, "Kin, Cult, Land, and Afterlife-A Biblical Complex," *HUCA* 44(1973): 1-54.

다(창 50:25; 출 13:19). 야곱과 요셉의 무덤은 유다 땅에 있지 아니 아니하였고 세겜에 있었다(창 50:5; 참조, 창 33:19; 수 24:32). 이 구절들은 다른 전통을 설명하고 있다. 라헬이 에브라임에도 묻혔고 에브랏에도 묻혔던 것처럼, 조상들의 이야기와 그들과 관련된 무덤은 후대 이스라엘인들에게 이 땅이 조상들과 자신들의 것이라고 주장할 수 있는 변명으로서 사용된다.

(2) 무덤 형태

후기청동기 시대에는 두 가지 형태의 무덤들이 있었는데 하나는 많은 숫자의 시신을 여러 세대에 걸쳐 사용한 동굴 무덤이고 또 하나는 구덩이를 무덤으로 사용한 예이다.[78] 해안 평야에서 발견된 동굴 무덤들은 버려진 채로 개인용으로 간단하게 판 구덩이 무덤으로 대신 사용되었다. 텔 엘 아줄(Tell el-'Ajjul)에서 발견된 중기청동기 II 시대의 무덤들은 연석을 뚫어 만들었다. 후기청동기 II 시대 같은 유적지의 무덤들은 돌을 쌓아 건축된 것으로 무덤 내부로 들어가려면 "드로모스"(dromos, 복도)라고 불리는 좁은 통로를 거치도록 지어졌다. 므깃도와 단, 그리고 아벡에서도 이렇게 돌로 된 무덤들이 후기청동기 II 시대에 지어졌다. 혹자는 보다 근사하게 지어지기는 했으나 위의 무덤들과 유사한 무덤을 우가릿에서도 발견할 수 있다.

석관 무덤처럼 구덩이 무덤들은 석판들이나 진흙벽돌 등을 나란히 줄 지어 눕혀 씌워져 있었다. 우가릿, 므깃도, 그리고 아벡에서 이 같은 중기청동기 II 시대 무덤들이 발

그림 224. 이집트인들의 무덤을 위해 만들어진 인간형상의 관들, 데이르 엘 발라흐 발견, 주전 14-13세기(이스라엘 박물관 전재 허가; 사진: N. Slapak).

---

78. Elizabeth Bloch-Smith, *Judahite Burial Practices and Beliefs about the Dead*(Sheffield: Academic Press, 1992); Amihai Mazar, *Archaeology of the Land of the Bible*(New York: Doubleday, 1990).

견되었다. 이러한 개인을 묻는 무덤들은 상당히 많이 발견되었다.[79]

후기청동기 II 시대에는 산지 전역에 걸쳐 동굴이나 수직갱을 파고 묻는 무덤들에는 여러 시신들이 묻혔다. 수많은 커다란 동굴들에서 수백 구의 시신들이 발견되었다. 바위를 깎아 수직갱이나 경사진 층계를 입구로 하고 가운데 방으로부터 여러 갈래로 나뉘어져 연결된 작은 방들을 가지고 있는 형태의 무덤들로 구성된 가장 큰 규모의 묘지들이 해안 평야의 텔 엘 아줄(Tell el-'Ajjul), 리숀 레지온(Rishon Leziyyon)[80], 그리고 아스글론의 주전 2000년경의 층에서 발견되었다.

사람 형태로 만들어진 관들은 점토, 나무, 돌 등으로 만들어졌는데 관들의 뚜껑은 사람의 얼굴이나 상체의 모양을 하고 있다(그림 224). 이러한 관들은 이집트의 관습을 좇고 있으며, 이 관 안에는 최대한 여섯 명까지 들어갈 수 있다. 이집트가 가나안 땅을 통치했던 후기청동기 시대와 철기 I 시대의 이 관들은 이집트인들에 의해 사용되었고 해양인들에 의해 사용된 무덤은 아니다(해양 사람들의 머리 모양과 같은 모양이 관 뚜껑에 묘사되어 있어 이러한 의견이 주장된 바 있다-역주). 이러한 관들은 페르시아 시대에 와서 베니게인들에게 인기가 있던 무덤 형태이다.[81]

주전 10세기 초 산지에서는 벤치 무덤들, 즉 동굴이나 무덤의 내실의 세 벽들을 깎아 벤치를 만들어 시신을 널 수 있도록 한 무덤들이 나타나기 시작했다. 이 무덤 안에는 바닥을 깎아 만든 저장용 구덩이가 있었는데 더 오래된 시신의 뼈들을 이곳에 모아 두었다. 가장 초기에 만들어진 벤치 무덤들은 주전 13-12세기경의 것으로 추정되며 블레셋인들이 아닌(위의 인간 형상의 관들이 이곳에서 발견되었기 때문에 해양인들 혹은 블레셋인들의 묘지라고 생각되어 왔던 장소이다) 이집트인들이 묻혔던 텔 엘 파라(Tell el-Farah) 남쪽에서 발견되었다. 주전 10세기부터 7세기까지 벤치 무덤들은 이스라엘과 유다에서 많이 사용되었는데 주로 유다 지방, 그것도 예루살렘에서 상당히 많이 발견되었다. 이 무덤들은 사람이 살고 있는 주거지 주변의 묘지에 위치해 있었다.

---

79. Elizabeth Bloch-Smith, "Cist Graves," *OEANE*, 2: 13-14.
80. Daphna Ben-Tor, "The Relations between Egypt and Palestine in the Mddle Kingdom as Reflecte by contemporary Cannaanite Scarabs," *IEJ* 47(1997): 162-89.
81. Lawrence E. Stager, "The Impact of the Sea Peoples(1185-1959 B.C.E)," in T.E. Levy, ed., *The Archaeology of Society in the Holy Land*(New York: Facts on File, 1995), 341: "중간 왕국 시대에서부터 로마 시대까지 이집트인들은 점토로 인간 형상을 빚은 관을 국내, 국외 모두에서 사용했다".

(3) 도단에서 발견된 무덤

세겜의 북쪽, 므낫세 지파의 영토였던 도단에서 발견된 무덤 I에는 적어도 288구의 시체의 흔적들이 발견되었다. 이 바위를 뚫고 깎아 만든 가족 무덤에는 수세대에 걸쳐 수많은 시신들이 묻혔지만 관을 사용한 적이 없다. 시신들은 바닥에 뉘어 있거나 더 오래된 시신 위에 놓여 있었다. 이곳의 발굴자인 로버트 쿨리(Robert Cooley)에 의하면 이렇게 지속적으로 사용된 다수의 시신이 묻힌 무덤이 다섯 개의 다른 시대 층들에서 발견되었다(후기청동기 II 시대-철기 I 시대). 무덤은 주전 14세기에서 주전 12세기 말경까지 사용되었다. 죽은 자가 저승에서 사용하라고 함께 묻은 유물만도 3,000종으로 깨지지 않은 채 발견된 수많은 항아리들, 장식용 그릇들, 등잔들, 대접들, 토기들, 옷감, 보석, 청동 칼들, 그리고 가정용품들이 있다. 이 용품들은 사후세계에서 사용할 수 있는 중요한 물건들이다.[82] 후기청동기 II 시대부터 철기 I 시대까지 계속 사용된 무덤 I의 5층들은 도단에서 살았던 가나안인들이 이스라엘인들로 바뀌어 가는 중간단계를 보여 줄 수 있다. 세겜인들처럼 이곳의 사람들은 과연 그들의 과거 습관을 유지해가면서 새로운 신분을 모방했을까?

무덤 I의 건축은 수갱으로 들어와 입구에 있는 계단을 통과하여 중앙에 있는 방으로 연결되는 구조이다. 무덤은 직사각형이었고 둥근 지붕을 하고 있었다. 무덤 안에는 여섯 개의 벽감이 있었다. 쿨리(Cooley)는 벽감 중 하나에 구멍 혹은 창문이 있는 것과 입구 아래 중앙 방의 바깥 편에 각각 국자용의 작은 병이 담긴 두 개의 커다란 항아리에 주목했다. 그는 이 창문이 죽은 자에게 목을 축여주기 위해 무덤 안으로 물을 부어주는 데 사용되었다고 주장했다. 그러나 여기의 항아리들은 어쩌면 포도주를 담아두는 것이었을지도 모른다.

도단의 무덤들에서 발견된 동물의 뼈들을 연구한 결과, 저스틴 레브토브(Justin LevTov)는 "무덤들 안에 있던 수많은 동물의 흔적들은 제물로서 바쳐졌던 것들이다"[83]라고 말했다. 음식물을 헌납하는 관습은 중기청동기 시대부터 적어도 철기 I 시대까지 계속해서 있어왔다. 도단에서 발견된 무덤들 안에는 양과 염소의 뼈들은 물론 금지된 동물의 뼈들도 있었다. 이들 중 얼마만큼이 후기청동기 시대의 것인지 또 얼마만큼이 철기 I 시대의

---

82. Robert E. Cooley, "Gathered toHis People: A Study of aDothan Family Tomb," in M. Inch and R.Youngblood, eds., *The Living and Active Word of God*(Winona Lake, Ind: Eisenbrauns, 1983), 47-58.

83. Justin Lev-Tov, "Iron Age Animal Bones from the Tombs of Tell Dothan: Identification and Excavation of Ritual Offerings"(아직 발표되지 않은 글임)

것인지 골라내기는 어렵다. 무덤이 두 시대를 거쳐 계속해서 사용된 이상 이를 구별하지 못한다고 해서 비난할 수는 없을 것이다. 또한 어느 누구도 가나안인들은 후기청동기 시대에 이스라엘인들은 철기 I 시대에 여기서 살았다고 주장하지는 못할 것이다(만약에 이들이 하나가 아니었다면 말이다).

(4) 철기 II 시대 무덤들

철기 II 시대에는 바위를 뚫고 다듬은 무덤들이 유행했는데 커다란 돌로 막은 작은 정사각형의 입구와 정사각형이나 직사각형 모양의 방으로 구성되어 있었다. 방의 삼면에는 바위를 깎아 만든 벤치들이 있었다. 벤치의 표면에는 "하토르 여신의 머리 모양" 같이 혹은 말발굽 모양으로 생긴 머리를 두는 장소가 있었다. 이 특징은 예루살렘에서 발견된 단지 몇 으로 제한된다.[84] 오래된 시신의 뼈들과 유품은 저장고에 둠으로 새로운 시신을 놓을 공간을 마련했다. 이러한 무덤들의 평면도는 '4방 가옥'의 모양과 유사한데 이는 아마도 사후세계에 대한 믿음에서 기인한 것일 것이다. 주전 10-7세기에 사용된 250개 이상의 바위를 뚫어 만든 동굴 무덤이나 벤치 무덤이 유다 지방에서 발견되었는데 특별히 예루살렘에 많이 모여 있다. 주로 벤치 무덤이 많았으며 성 에티앙(St. Etienne) 교회 영내와 실완 (혹은 실로암-역주) 마을에 중요한 예들이 모여 있다.

제2성전 시대에 와서 무덤 안의 벤치들은 "로쿨리"(loculi 혹은 코킴⟨kokhim⟩)라고 불리던 좁고 긴 벽감을 벽의 삼면에 파고 그 안에 시신을 넣어두는 방식으로 대체되었다. 코킴(kokhim)에서 거두어들인 뼈들은 영구적인 매장을 위해 납골당에 넣어졌다. 가족 무덤들에는 몇 개의 방이 더 있었는데 각 방의 벽들에는 로쿨리(loculi)가 파져있었다.

욕조같이 생긴 점토로 만들어진 관들이 철기 II 시대에 사용되었다(예, 도단). 이 '욕조' 관들은 1-1.5미터의 길이이다(대부분의 관들은 1미터 길이이지만, 암만에서 발견된 아도니-누르(Adoni-Nur)의 관은 1.5미터 정도의 길이이다). 관들은 한쪽 끝은 둥글고 다른 쪽은 사각형으로 때로는 사면에 손잡이들이 달려있다. 이들의 연대는 주전 8세기 말기 이전

---

84. "하토르 여신의 머리 모양"이라고 불리게 된 것은 이집트의 여신 하토르가 썼던 가발의 모양과 유사하기 때문이다. 머리 두는 곳이 말발굽 모양으로 생겼다고 부르는 것이 보다 간단할 것이다. 이 의견을 낸 것은 Gabriel Barkay and Amos Kloner("Jerusalem Tombs from the Days of the First Temple," *BAR* 12P(1986)L 36)이다. 반면 Othmar Keel은 이 해석을 받아들이지 않고 오히려 이 머리 두는 곳은 어머니의 태내로 들어가는 것을 의미한다고 주장했다("Peculiar Tomb Headrest May Depict Return to the Womb," *BAR* 13/4 (1987): 50-53).

까지는 올라가지 못하며, 그 기원은 메소포타미아의 앗수르인들이다. 메소포타미아에서 이 매장 관습은 시신을 '욕조'관에 넣은 후 거주지 벽내와 건물의 바닥 아래에 묻는 것이었다. 앗수르가 서쪽으로 뻗어나가면서 이러한 관습도 함께 전해졌을 것이다. 이러한 무덤은 텔 아부 하왐(Tell Abu Hawam), 텔 엔 나스베(Tell en-Nasbh), 텔 도단(Tell Dothan), 텔 엘 파라(Tell el-Farah)(북쪽), 텔 엘 마잘(Tell el-Mazar), 므깃도, 그리고 세겜에서 발견되는데 유적지들 모두는 북쪽 지방에 있는 것으로 유다 왕국과는 달리 북쪽은 앗수르 지방의 한부분이 되었다.[85]

이스르엘(무덤 2000)에서 후기 철기 시대의 메소포타미아 형식의 욕조관이 완전한 형태로 발견되었는데, 시신이 그대로 안에 있었다. 발굴자들에 의하면 무덤 2000은 철기 시대 건물의 바닥을 뚫고 묻혀 있었다. 관에는 뚜껑이 없었고 어떤 유품도 함께 묻히지 않았다. 시신은 왼쪽으로 구푸리고 누워 있었는데 손은 얼굴 위에 얹혀져 있었다.[86] 므깃도와 도단에서 발견된 같은 형태의 욕조관들은 앗수르와 바벨론의 매장 관습을 보여주고 있다. 므깃도에서 발견된 '욕조'관(무덤 37)은 두껍고 수직인 벽과 두툼한 가장자리 테, 그리고 손가락으로 눌러 모양을 낸 점토 줄이 벽의 중간쯤에 덧붙혀 있었다.[87] 관은 가장자리 테에서 쟀을 때 67센티미터 넓이이고 57센티미터 깊이이다.

이스라엘 민족은 죽은 자의 음식과 마실 것을 위해 여러 가지 토기를 함께 묻는 가나안인들의 관습을 답습했다. 아스글론의 후기청동기 I 시대 무덤에서도 양이나 염소 그리고 작은 새(비둘기 혹은 메추라기)를 포함하는 헌물의 흔적이 발견되었다.[88] 주전 1800-1200년 경 이곳의 묘지에서는 음식을 헌물할 때 양, 염소, 새 등도 함께 묻었던 것으로 보인다. 원래 자연 동굴이었던 벧세메스의 무덤 1은 주전 10세기 말에서 9세기 초에 사용되었다. 이곳의 발굴자인 덩칸 메켄지(Duncan Mackenzie)는 "인공적으로 만들어진 채광구멍이 지붕에서부터 뚫려있다"고 말했는데 이 구멍은 아마도 죽은 자에게 음식물과 마실 것을 제공하기 위해 사용되었을 것이다.[89]

---

85. Jeffrey R. Zorn, "Mesopotamian-Style Ceramic 'Bathtub' Coffins from Tell en-Nasbeh," *TA* 20(1993):216-24; idem, "More on Mesopotamian Burial Practices in Ancient Israel," *IEJ* 47(1997): 214-19; P.L.O.Guy, *Megiddo Tombs*(Chicago: University of Chicago Press, 1938) 74-81.

86. Ussishkin and Woodhead, "Excavations at Tel Jezeel 1994-1996: Third Preliminary Report," *TA* 24(1997): 36-40.

87. Jeffrey Zorn은 이를 "이 같은 관들의 가장 두드러지는 특징"이라고 말했다. 위 85번 각주 참조.

88. Lawrence E. Stager, *Ashkelon Discovered*(Washington, D.C.: Biblical Archaeology Society, 1991), 9.

89. Dunkan Mackenzie, *Excavations at 'Ain Shems*(London: Palestine Exploration Fund,

메칼리스터(R.A.S. Macalster)는 게셀에서 발견된 동굴 무덤 81(후기청동기 시대-철기 IA 시대)에 "남쪽 지붕의 입구 아래로 막 던져진 것 같은 인간과 동물(양, 염소, 그리고 소)의 뼈들이 커다란 더미로 쌓여져 있었다"고 했다.[90] 그는 게셀에서 발굴된 또 다른 철기 시대의 무덤에서 발견된 것 중 "한 토기 대접에는 부패한 것들이 들어있었는데 양고기 뼈들이 함께 섞여 있었다. 중앙에는 고기를 썰기 위한 청동 칼이 있었고 또 다른 대접이 대접 안의 것들을 덮고 있었다"[91]고 말했다. 엘리자벳 블로흐-스미스(Elizabeth Bloch-Smith)는 음식 찌꺼기가 함께 발견된 철기 시대의 다른 무덤들과 묘지들에 대해서 언급하고 있다. 라기스에서 발굴된 동굴 무덤 218에서도 인간과 동물의 뼈들이 발견되었다. 사마리아의 발굴자들은 동굴 무덤 103과 관련된 구덩이들을 죽은 자에게 제사지낼 때 바치는 헌물을 위한 저장고로 해석했다. 여기에는 다른 예들도 있긴 하지만 그다지 많은 것은 아니다.[92]

실생활에 사용했던 유품들은 죽은 자의 사후세계의 복지를 위해 제공되었다. 고고학자들은 토기, 보석, 도구, 무기, 그리고 다른 유품들(예, 장식 핀들(청동기 시대), 브로치, 빗, 거울, 그리고 인장 등)을 이미 많이 발견한 바 있다. 토기 용기 중에는 순례자의 병, 피식데스(고대 그리스의 작은 그릇), 크레터(고대 그리스의 작은 항아리), 대접, 꽃 모양의 성배용 잔, 저장용 항아리, 요리용 항아리, 그리고 호리병 같은 작은 병들이 있다. 수 많은 남성과 여성 모양의 형상들도 또한 발견된 바 있다. 많은 숫자의 기름등잔들이 철기 시대의 무덤들에서 발견되었는데 저승의 어두움 속에서 사후세계로 가는 길을 비쳐주기를 바라는 뜻을 가지고 있었을 것이다.

(5) 바위를 뚫고 만든 예루살렘의 무덤들

철기 II 시대의 예루살렘은 죽음의 도시로 둘러싸여 있었다. 북쪽, 동쪽, 그리고 서쪽 도시의 삼면에서 백 개 이상의 무덤으로 사용된 방들과 동굴들이 발견되었다. 대부분의 무덤들이 도시 성벽의 외곽에 있었기 때문에 무덤들은 철기 II 시대 동안 예루살렘의 반

1912-1913), 53.

90. R.A.S. Macalister, *The Excavations of Gezer, 1902-1905 and 1907-1909*(London: J. Murray, 1912), 1: 81.

91. R.A.S. Macalister, A Century of Excavation in Palestine(London: Relgious Tract Society, 1925), 260.

92. Bloch-Smith, *Judahite Burial Practices and Beliefs about the Dead*, 108: "비록 무덤 안에 남아있는 음식의 흔적들이 상당히 적지만, 무덤 안에 편재하는 항아리들과 대접들은 분명 죽은 자에게 음식과 음료를 제공하기 위해 사용되었다."

경을 그려주고 있다.

　예루살렘 북쪽, 현재 구시가지의 다메섹 문의 바로 북쪽의 나블루스 거리에 위치한 성 에티앙(St. Etienne) 교회에서 두 개의 인상적인 무덤들이 발견되었다.[93] 각 무덤은 더 큰 묘지의 한 부분이었다. 구시가지 성벽 밖에 위치한 "무덤 정원"(Garden Tomb)이라고 이름 지어진 곳은 찰스 고든(Charles Gordon) 장군에 의해 1883년 "예수님의 무덤"이라고 잘못 명명되었으나 사실 이 무덤은 북쪽 묘지의 한 부분이었다. 평면도와 건축 구조를 보았을 때 이 무덤들은 거대한 벤치 무덤의 형태였으며 제1성전 시대로 연대가 측정되었다. 두 무덤의 구조는 유사한데 중앙 방이 있고 이 방을 둘러싸고 여러 개의 작은 방들로 구성되어 있다. 첫 번째 무덤의 입구는 2미터 높이였고 중앙에 있는 방의 크기만도 5미터 X 4미터의 면적과 높이 3미터였다. 이 중앙 방에서 여섯 개의 또 다른 방들로 연결된다. 각각의 방은 바위를 뚫고 다듬은 벤치들이 세 벽에 놓여 있었다. 벤치들은 높게 올린 난간에 시신을 놓을 수 있도록 되어 있다. 벤치에는 역시 말발굽 모양으로 생긴 머리를 두는 장소가 조각되어 있었다. 시신의 흔적들이 이 벤치들 위에 놓여 있기도 했다. 이 방들에도 전 세대의 시신이 썩은 후 뼈를 거두어 놓는 저장고들이 있었다. 이 무덤용 방들은 제1성전 시대의 전형적인 형태로서 매장용 벽감(코킴⟨kokhim⟩) 속에 시신을 두었던 제2성전 시대의 무덤과는 확연히 구별된다. 이 무덤들은 상당히 정교한 것으로 유다 왕국의 마지막 왕들의 휴식처였을지도 모른다. 또한 성 에티앙 교회의 무덤들과 건축구조는 음부/스올(Sheol)과 세상에 있는 집과도 관련이 있다. 음부는 죽은 자가 머무는 곳 혹은 집으로 간주된다. 욥은 그가 병에서 회복되기를 기도하면서 이렇게 물었다. "내가 스올이 내 집(베티⟨bêtî⟩)이 되기를 희망하여 내 침상을 흑암에 펴놓으매…나의 희망이 어디 있으며 나의 희망을 누가 보겠느냐"(욥 17:13-15). 또한 욥은 이렇게 말한다. "내가 아나이다. 주께서 나를 죽게 하사 모든 생물을 위하여 정한 집(베트 모에드⟨bêt mô'ēd⟩)으로 돌려보내시리이다"(욥 30:23).

　다윗 성 반대편, 즉 기드론 골짜기의 동편 경사지대에 위치한 실완 마을의 묘지는 주전 8세기에서 7세기경으로 연대가 측정된다. 이 묘지에는 사십 개 이상의 거대한 바위를 뚫어 만든 무덤들이 발견되었는데 안에는 머리를 두는 곳도 조각되어 있었고 무덤의 입구들은 실완 절벽을 뚫고 만들어졌다.[94] 대부분은 단지 하나의 방으로 되어 있다. 이 무

---

93. Barkay and Kloner, "Jerusalem Tombs from the Days of the First Temple," 22–39.
94. David Ussishkin, "The Necropolis from the Time of the Kingdom of Judah at Silwan, Jerusalem," *BA*

그림 225. 히스기야의 궁전에서 왕실 비서로 있던 셉나의 무덤 비문. 주전 8세기. 이 비문은 무덤입구 위에 기록되어 있었는데 "여기는 집을 통치하는 (셉나)야후의 무덤이다. 이 안에는 은도, 금도 없고 단지 그의 뼈와 그의 노예 아내만이 그와 함께 있다. 이 무덤을 여는 자에게 저주가 내리리라"라고 쓰여있다. 이는 이사야 22:15-16과 비교해 볼 만하다(Z. Radovan 전재 허가; 번역: N. Avigad).

덤들은 유품과 뼈들이 이미 도굴된 상태였다. 예루살렘의 많은 시민들이 이곳에 묻혔을 것이다. 왕들과 다른 지도자들은 그들의 수도에 주로 묻혔다. 다윗(왕상 2:10)과 솔로몬(왕상 11:43)은 다윗 성에 장사되었다. 여호야다는 그의 충성심과 그가 받은 심원한 존경으로 인해 제사장이었음에도 불구하고 왕들과 함께 묻힐 수 있었다. "무리가 다윗 성 여러 왕의 묘실 중에 장사하였으니 이는 그(여호야다)가 이스라엘과 하나님과 그 성전에 대하여 선을 행하였음이더라"(대하 24:16).

실완(Silwan) 마을에서 발견된 무덤들 중에는 건축학적으로 몇 가지 특징들이 있는 무덤들이 있다. 몇몇 무덤은 삼각 천정으로 되어 있었는데 베니게 문화의 영향이라고 본다. 무덤의 입구를 통과하면 직사각형 모양의 매장용 방에 도착하게 된다. 머리를 두는 장소가 조각된 벤치가 방의 긴 벽 쪽에 다듬어져 있다. 몇몇 무덤들은 두세 개 정도의 방들로 구성되어 있기도 했다. 절벽에 하나의 돌을 깎아 만든 무덤이 있었는데 지붕은 피라미드 모양이며 실완 마을의 북쪽에 위치해 있다. 실완의 무덤들은 방의 측면에 시신을 놓아두는 장소가 마련되어 있었던 전형적인 벤치 무덤들과 유사하다. 정육면체의 모양으로 만들어진 무덤의 입구에서는 히브리어 비문이 발견되기도 했다. 그중 가장 유명한 것은 무덤 입구 위에 새겨진 비문에 의해 "왕실 비서의 무덤"이라고 불리는 곳이 있다(그림 225). "여기는 집을 통치하는(이 의미는 상당히 높은 지위에 있는 자를 말하는 것으로 왕실 비서정도가 된다고 할 수 있다) (셰반)이야후의 무덤이다. 이 안에는 은도, 금도 없

33(1970): 34–46.

고 단지 그의 뼈와 그의 노예 아내만이 그와 함께 있다. 이 무덤을 여는 자에게 저주가 내리리라."[95] 이 곳에 묻힌 사람은 히스기야 왕의 왕실 비서(아쉐르 알 하바이트⟨*ăšer 'al habbayit*⟩, 문자적으로는 집을 통치하는 자)였던 셉나였을 지도 모른다. 셉나는 자신의 무덤을 모든 이가 볼 수 있는 절벽에 사치스럽게 만들어 놓은 것 때문에 이사야로부터 신랄하게 비난받았다. "네가(셉나) 여기와 무슨 관계가 있느냐 여기 누가 있기에 너를 위하여 묘실을 팠느냐 높은 곳에 자기를 위하여 묘실을 팠고 반석에 자기를 위하여 처소를 쪼아 내었도다"(사 22:16). 예루살렘의 성전과 궁전처럼 이 무덤들 역시 베니게의 영향을 많이 받았다. 이스라엘 북쪽 지중해변에 위치한 아크집(Achzib) 유적지에서 철기 II 시대에 사용된 바닥의 기초석을 뚫고 만든 베니게식 무덤들은 아주 좋은 예들이다.

힌놈의 골짜기 경사면에서 발견된 여러 개의 바위를 뚫고 만든 동굴 무덤들은 성 앤드류(St. Andrew) 스코틀랜드 호스피스의 지하에 위치한 케테프 힌놈(Ketef Hinnom, 힌놈의 어깨⟨성경의 힌놈의 골짜기 서쪽 경사면-역주⟩) 묘지를 구성했다.[96] 이 무덤들은 제1성전 시대 말기와 그 이후에 사용되었던 것으로 석회석 절벽을 뚫고 만들어졌으며 몇 세대에 걸쳐 가족 무덤으로 사용되었다. 이 동굴 무덤들 중 아홉 개의 무덤들이 발굴되었는데 대부분이 하나의 방으로만 되어 있었다. 예루살렘의 다른 동굴 무덤들처럼 새로운 시신을 놓을 자리를 만들기 위해 오래된 시신의 뼈들과 그들의 유품을 모아 두는 저장고는 벤치 밑에 만들어졌다. 그중 한 동굴(25번)에는 95구의 시신이 있었다. 저장고에서 발견된 유물들 중에는 토기, 철 화살들, 뼈와 상아로 만든 유물들, 그리고 준보석류의 보석들이 있다(그림 157). 케테프 힌놈에서 고고학자들은 삼백 개의 훼손되지 않은 용기들을 발견했으며 이들 중에는 기름 등잔, 향수 병들, 작은 병들이 있다. 두 개의 작은 돌돌말린 상태로 발견된 은 부적 혹은 장신구도 있다. 이들 은으로 만든 부적에는 이스라엘의 하나님의 이름 "YHWH(야훼)"가 새겨져 있었는데 예루살렘에서 발굴된 유물들 중 가장 최초로 이 이름이 사용된 예이기도 하다(그림 151). 이 부적에 새겨져 있는 제사장의 축복문은 민수기서에 기록된 것과 거의 동일하다. "여호와는 네게 복을 주시고 너를 지키시기를 원하며 여호와는 그의 얼굴을 네게 비취사 은혜 베푸시기를 원하며 여호와는 그 얼굴을 네게로 향하여 드사 평강 주시기를 원하노라 할지니라 하라"(민 6:24-26).

---

95. Nahman Avgad, "The Epitaph of Royal Steward from Siloam Village," *IEJ* 3(1953): 137–52.
96. Barkay, *Ketef Hinnom: A Treasure facng Jerusalem's Walls*, catalog no. 274(Jerusalem: Israel Museum, 1986).

2) 애도

사망이 선고되면 곧 통곡이 따른다. 사울이 죽은 사실이 다윗에게 들렸을 때, 이렇게 애도했다. "자기 옷을 잡아 찢으매 함께 있는 모든 사람도 그리하고 사울과 그 아들 요나단과 여호와의 백성과 이스라엘 족속이 칼에 죽음으로 말미암아 저녁 때까지 슬퍼하여 울며 금식하니라"(삼하 1:11-12). 금식 이외에도 아브넬의 장례식에서 그랬던 것처럼 삼베옷을 입고 애도를 하는 전통적 의식들이 행해졌다. 베옷(사킴⟨saqqîm⟩)은 낙타나 염소의 털로 짜 만든 거친 질감의 옷이다. 이 굵은 베옷은 속옷을 입지 않고 바로 맨몸에 입도록 하였다. "다윗이 요압과 및 자기와 함께 있는 모든 백성에게 이르되 너희는 옷을 찢고 굵은 베를 띠고 아브넬 앞에서 애도하라 하니라. 다윗 왕이 상여를 따라갔더라"(삼하 3:31). 또한 애도하는 자들은 머리와 수염을 베어 버리고(렘 7:29) 재에서 굴러(렘 6:26) 자신의 육체도 애도하는 모습을 보여야 했다. 이들은 또한 땅에 앉아서 애도해야만 했다(애 2:10). 그러나 몸을 베거나 해서 깊은 상처를 내는 것은 신명기의 법에 의하면 금지되어 있었다(신 14:1).

머릿가를 둥글게 깎는 것이 법적으로 금지되었음에도 불구하고(레 19:27; 신 14:1) 때때로 애도의 모습을 머리를 깎아 표현하기도 하였다. "너는 네 기뻐하는 자식으로 인하여 네 머리털을 깎아 대머리 같게 할지어다. 네 머리가 크게 벗어지게 하기를 독수리 같게 할지어다. 이는 그들이 사로잡혀 너를 떠났음이니라"(미 1:16). 모압에서 도망친 피난민들이 통곡하는 모습을 보면 "그들은 바잇과 디본 산당에 올라가서 울며 모압은 느보와 메드바를 위하여 통곡하는도다. 그들이 각각 머리칼을 밀고 수염을 깎았다"(사 15:2).

통곡은 죽은 자에 대해 경의를 표하는 방법으로서 장례 의식의 일부분이었다. 가족 구성원들 외에도 돈을 받고 장례식 동안에 통곡해주는 주로 여자로 구성된 전문적인 애도인들이 있었다. 멸망을 예고하면서, 예레미야는 "만군의 여호와께서 이같이 말씀하시되 너희는 잘 생각해 보고 곡하는 부녀를 불러오며 또 사람을 보내 지혜로운 부녀를 불러오되 그들로 빨리 와서 우리를 위하여 애곡하여 우리의 눈에서 눈물이 떨어지게 하며 우리 눈꺼풀에서 물이 쏟아지게 하라"(렘 9:17-18). 애도는 칠 일 동안 계속됐다. 야곱의 죽음과 장사를 기록하면서 "그들이 요단 강 건너편 아닷 타작 마당에 이르러 거기서 크게 울고 애통하며 요셉이 아버지를 위하여 칠 일 동안 애곡하였더니"(창 50:10)라고 설명하고 있다. 두로를 위한 애가에서 에스겔은 은유적으로 이 도시를 두로 북쪽의 베니게의 해안 도시에서 온 훌륭한 기술을 가진 승무원들을 태운 거대한 짐배로 비유한다. 이 숙련된 승무원들로 인해 어떠한 공격에도 견뎌낼 것처럼 묘사된 이 배는 결국 큰물에서 인 폭풍에 의해 무너진다. 예언자는 다음과 같이 애도하고 있다. "노를 잡은 모든 자와 사공과 바다의 선장들이 다 배에 내려 언덕에 서서 너를 위하여 크게 소리 질러 통곡하고 티끌을 머리에 덮어쓰며 재 가운데에 뒹굴며 그들이 다 너를 위하여 머리털을 밀고 굵은 베로 띠를 띠고 마음이 아프게 슬피 통곡하리로다. 그들이 통곡할 때에 너를 위하여 슬픈 노래를 불러 애도하여 말하기를 두로와 같이 바다 가운데에서 적막한 자 누구인고"(겔 27:29-32).

3) 사후세계에 대한 믿음

비록 욥기 14:12과 전도서에서 죽음 이후에 어떤 무엇인가가 있다는 것 때문에 믿고 있지 않는 것처럼 보이나, 사실 성경 시대의 이스라엘에는 현재 살고 있는 세계의 연장으로서의 사후세계에 대한 믿음이 있었다. 성경 속의 세부분 정도가 죽음으로부터 육체적 부활을 설명하고 있는 기록이 있다.[97] 에스겔서에 나오는 평야에 흩어져 있던 마른 뼈들이 다시 살아나는 유명한 환상은(겔 37:1-14) 몇몇 학자들로 하여금 육체적 부활에 대한 믿음이 있었다고 주장하게 만들기도 했지만 대부분의 다른 학자들은 마른 뼈들은 유다 왕국이 바벨론에 의해 멸망할 것을 상징하는 것으로 죽은 자의 육체적 부활을 뜻하는 것이 아니라 포로기 이후 시대에 유다가 다시 건설될 것을 의미하고 있다고 본다.

많은 학자들은 이사야의 종말론적 기록은 믿음이 있는 유대인들이 육체적으로 부활할 것을 말하고 있다고 주장하나 다른 학자들은 단지 국가적 재건설을 의미한다고 보고 있다. "주의 죽은 자들은 살아나고 우리의 시체들은 일어나리이다. 티끌에 누운 자들아 너희는 깨어 노래하라 주의 이슬은 빛난 이슬이니 땅이 죽은 자를 내놓으리로다"(사 26:19). 이 기록은 아마도 주전 165년경에 기록된 정의로운 유대인이 죽음으로부터 부활할 것이라는 믿음이 노골적으로 드러나고 있는 다니엘 12:1-4보다 먼저 써진 것으로 보인다. "땅의 티끌 가운데에서 자는 자 중에서 많은 사람이 깨어나 영생을 받는 자도 있겠고 수치를 당하여서 영원히 부끄러움을 당할 자도 있을 것이며"(단 12:2). 이 기록에 대한 해석은 상당히 복잡한 것으로 종교적 견해의 발전과 종교분파 형성에 영향을 미치기도 했다. 허버트 브릭토(Herbert Brichto)는 사후세계와 부활은 구분하여 생각해야하며 다니엘서가

---

97. Robert Martin-Achard, "Resurrection," *ABD*, 5: 680-84.

써지기 이전의 성경적 믿음은 사후세계에 국한되어 있으나 다니엘서 이후 성경에 나타나는 신앙고백은 부활에서 영생까지 포괄하고 있다고 주장한다.[98]

(1) 음부(Sheol), 죽은 자의 거주지

이스라엘 민족은 죽음에 대한 그들의 생각을 메소포타미아와 가나안의 문화와 관련하여 형성해 나갔다. 비로 죽음이 이 땅에서의 인생의 마지막이지만 죽은 자는 음부에서 혹은 가족 무덤에서 천상의 존재로서 계속 살아간다. 다른 말로 하면, 브릭토(Brichto)가 주장한 것처럼, 죽음은 소멸이 아닌 음부에서 존재하기 위해 거쳐야 하는 중간단계인 것이다. 음부/스올(Sheol)은 셈어에서는 그리스어의 하데스, 즉 황천으로서 실질적으로는 이미 영혼이 떠나버린 자들이 내려가는 어두운 지하세계를 일컫는 말이다. 성경에서는 60번 등장하는데 "스올"이라는 단어는 어떤 다른 셈어족 언어에서도 발견할 수 없다. 단어의 기원은 알 수 없으나 죽은 자의 영혼의 의견을 듣는다는 의미에서 히브리어의 샤알(šā'al, '묻다')에서 왔을지도 모른다. 몇몇 학자들은 처음에는 스올이 심문을 하던 장소였다고도 생각한다. 죽은 자가 머무는 장소를 의미하는 다른 히브리어 단어에는 보르(bôr)와 샤하트(šaḥat)가 있는데 모두 '구덩이'로 번역되었다.

요나서에서 보면 스올(Sheol)은 물의 이미지와도 관련이 있다. 죽은 자가 머무는 곳은 바다 밑바닥에 위치해 있다(욘 2:3-6). 스올은 먼지와 어둠(호쉐크⟨ḥōšek⟩)이 있는 장소이다. "내가 스올이 내 집이 되기를 희망하여 내 침상을 흑암에 펴놓으매 무덤에게 너는 내 아버지라 구더기에게 너는 내 어머니 내 자매라 할지라도"(욥 17:13-14). 스올은 흐린 불빛과 어둠의 장소이다. 이렇기에 철기 시대의 무덤들에서 발견되는 유품들 중에 기름 등잔이 많은 것은 우연의 일치가 아닐 것이다.

앗수르의 왕 사르곤 II세를 비난할 때 이사야는 음부에 관한 이야기를 한다.

> 아래의 스올(Sheol)이 너(사르곤)로 말미암아 소동하여 네가 오는 것을 영접하되 세상의 지도자들이었던 영혼들(레파임⟨rĕphāim⟩)이 너를 만나기 위해 일어날 것이며(한국어 성경은 "그것이 세상의 모든 영웅을 너로 말미암아 움직이게

---

98. Brichto, "Kin, Cult, Land, and Afterlife–A Biblical Complex," 53; William W. Hallo, "Royal Ancestor Worship in the Biblical World," in M. Fishbane ad E. Tov, eds., *"She'arei Talmon"*(wiona Lake, Ind.: Eisenbrauns 1992), 381.

하며"로 번역함) 열방의 모든 왕을 그들의 왕좌에서 일어서게 하므로 그들은 다 네게 말하여 이르기를 너도 우리같이 연약하게 되었느냐, 너도 우리같이 되었는냐 하리로다. 네 영화가 스올에 떨어졌음이여 너의 비파소리까지로다. 구더기가 네 아래 깔림이여 지렁이가 너를 덮었도다(사 14:9-11).

스올에서 죽은 자의 평온한 생활은 베니게와 이스라엘 모두의 문화에서 중요했다. 브라이언 펙햄(Brian Peckham)은 두 문화를 비교해 보고 베니게-시리아 문자로 기록된 왕실 문서와 성경의 기록 사이에 유사점을 발견했다.[99] 시돈의 왕실 문헌에 기록에 의하면 죽은 자의 평온은 영혼들(레파임〈*rephaim*〉)과 함께 자는 것이다. 관을 열거나 관을 원래의 장소에서 옮기거나 하는 것은 죽은 자의 휴식을 방해하는 것과 같았다. 이렇게 방해를 하지 못하게 하기 위해서 무덤에는 어떤 값비싼 것도 묻혀있지 않았다는 문장을 기록하는 것이다. 또한 방해를 가한 자는 저주 받을 것이라고도 쓰여있다. 시돈의 비문에 쓰여 있던 죽음과 무덤에 관한 개념은 이사야 14장에서도 볼 수 있다. 사르곤에 대한 벌은 그가 죽음과 장사가 좋지 못할 것이고 그의 후손들 마저도 좋은 대접을 받지 못한다는 것이었다. "열방의 모든 왕들은 모두 각각 자기 집에서 영광중에 자건마는 오직 너는 자기 무덤에서 내쫓겼으니 가증한 나무 가지 같고 칼에 찔려 돌구덩이에 빠진 주검들에 둘러싸였으니 밟힌 시체와 같도다 네가 네 땅을 망하게 하였고 네 백성을 죽였으므로 그들과 함께 안장되지 못하니 악을 행하는 자들의 후손은 영원히 이름이 불려지지 아니하리로다 할지니라"(사 14:18-20; 겔 32:17-32). 죽은 자의 뼈들은 평화 속에 있어야 했기 때문에 모세는 요셉의 뼈들을 (요셉의 소원대로-역주) 이집트를 떠나올 때 가지고 왔다(출 13:9). 후에 다윗은 사울과 요나단의 뼈들을 야베스 길르앗에서 가져와 베냐민의 영토에 묻어준다(삼하 21:12-14).

스올은 고통과 고문이 따르는 벌을 받는 장소가 아니라 오히려 신으로부터의 망명을 의미하는 것으로 이것 자체가 비참한 운명이다. 이스라엘의 믿음에 있어서 생활의 활력소는 하나님께 기도하는 것인데 음부에 있는 죽은 자는 신이 현존하지 않는 곳에 있기에 기도할 수 없는 것이다. 병에서 나음을 받은 후 히스기야는 "스올이 주께 감사하지 못하며 사망이 주를 찬양하지 못하며 구덩이에 들어간 자가 주의 신실을 바라지 못하되"(사 38:18)라고 말했다.

---

99. Peckahm, "Phoenicia and the Religion of Israel: Th Epigraphic Evidence," 82-83.

4) 죽은 자에 대한 제사

이스라엘 사회의 한 특징이기도 했던 죽은 자에 대한 제사는 산 자에 의해 죽은 자의 가족구성원의 이익을 위하여 행해졌다. 고대 이스라엘의 '공식적인 야훼 신앙'에서 죽은 자와의 접촉은 비난 받아야 할 것이었던 반면에 '대중적 종교'에서는 가나안인들의 관습에 영향을 받아 조상을 섬기는 행위를 했다. 민속 종교에 있어 죽은 자에 대한 제사는 죽은 자로부터 축복을 받거나 그들을 기쁘게 하는 일반적인 방법이었다.[100] 개인 유품으로 무덤을 장식하는 것은 사후세계에 사용하도록 보조하는 것이다. 죽은 자를 보살피는 것은 한 세대에서 다음 세대로 넘어 가는 사이 가족의 관계성을 유지하는 방법이기도 하였다. 다른 말로 하면, 죽은 자에게 제사 드리는 것은 혈육관계의 지속성을 강조하는 것이다.

신명기주의자들과 제사장들의 권위적인 가르침은 이러한 제사에 강력하게 반대하고 있다. "너희는 신접한 자와 박수를 믿지 말며 그들을 추종하여 스스로 더럽히지 말라 나는 너희 하나님 여호와이니라"(레 19:31). "점쟁이나 길흉을 말하는 자나 요술하는 자나 무당이나 진언자나 신접자나 박수나 초혼자를 너의 가운데에 용납하지 말라"(신 18:10-11). 성경이 이러한 관습을 금지하고 있다는 사실은 바로 이런 종교적 제사가 지속되고 있었음을 말하고 있다. "내가(이스라엘의 예배자) 주의 명령을 범하지도 아니하였고 잊지도 아니하였나이다. 내가 애곡하는 날에 이 성물(코데쉬〈qōdeš〉, 십일조로 바쳐진 헌물)을 먹지 아니하였고 부정한 몸으로 이를 떼어 두지 아니하였고 죽은 자를 위하여 이를 쓰지 아니하였고"(신 26:13-14). 어니스트 라이트(G. Ernest Wright)는 이 구절에 나오는 명령에 있어 여기에 죽은 자에 대한 희생제물이 있었다는 근거는 없다고 주장했는데 그의 근거는 이스라엘에 이러한 관습이 없었기 때문이라고 말했다. 그는 매장지에서 요리용 단지들이 발견되지 않는 것으로 보아 음식과 음료 등의 유물은 상징적인 것일 뿐 실제로 드려진 것이 아니라고 해석했다. 예헤즈켈 카우프만(Yehezkel Kaufmann)과 롤랑 드 보(Roland de Vaux)는 라이트(Wright)의 회의적 의견에 동조했다.[101] 메소포타미아에서, 특별히 우가릿에서 발견된 새로운 증거는 이스라엘 민족의 종교 속에 사후세계에 대한 생각

---

100. Theodore J. Lewis, *Cults of the Dead in Ancient Israel and Ugarit*(Atlanta: Scholars Press, 1989), 여러 페이지에 걸쳐 나옴.

101. Lewis, *Cultsof the Dead in Ancient Israel and Ugarit*, 1; G. Ernet Wright, Deuteronomy, IB(New York: Abingdon, 1953),486-87; Yehezkel Kaufman, *The Religion of Israel*, 번역자 M. Greeberg(New York: Schocken,1960),312; de Vaux, *Ancient Israel*, 60.

이 있었다는 것을 오히려 부추기고 있어 위의 부정적 견해는 바뀔 것이다.

문서적으로 그리고 고고학적으로 죽은 자에 대한 제사가 현재 시리아에 위치한 우가릿(라스 샴라〈Ras Shamra〉) 유적지에서도 발달해 있었다는 증거가 발견되었다. 방법론적으로 혹자는 우가릿에서 발견된 문서적 증거부터 뒤져 보고 도움이 될 만한 고고학적 증거로 눈을 돌릴 것이다. 라스 샴라와 팔레스타인 지역을 포함한 다른 유적지들에서 발견된 후기청동기 시대의 무덤들은 상당히 그 발굴이 불충분하게 되었고, 무덤들 안에서 발견된 유물들도 잘 기록되지 않아 전체의 모습을 이해하는 도움을 주지 못한다.

어떤 무덤들의 건축양상은 죽은 자에게 제물을 바치기 용이하도록 지어지기도 했다. 모나게 잘 다듬은 돌로 판을 만들어 지은 웅장한 무덤들이 우가릿의 상부 도시에 있는 집들 밑에서 발견되었는데 이 집들은 궁전의 남쪽과 동쪽에 있던 주거지에 위치해 있었다. 집의 1층에서 층계로 되어 있는 수갱을 통과하여 내려가도록 되어 있었다. 집 바닥 밑에 있던 가족 무덤들은 이 집들과 같은 시대에 지어졌다.

학자들은 우가릿에서 발견된 문서들 속에서 장례 특징들에 관한 의견에 일치를 보지 못했다. 특별히 두 문서에 장례에 관한 이야기가 있다. "우가릿 장례 문헌(The Ugaritic Funerary Text)"(*KTU* 1. 161; RS 34.126)과 "이상적인 아들의 의무(The Duties of an Ideal Son)"(*CTA* 17.1.26-34). 첫 번째 문서는 최근 죽은 왕(니크마두〈Niqmaddu〉 III세)에 대한 매장의식에 관한 것이다. 이 의식의 목적은 죽은 자에게 봉사함으로 현생에 축복을 받는 것이다.[102] 두 번째 문서는 아캇('Aqhat)의 서사시에 나오는 것으로 장례 의식에 관해서 단지 간접적으로 언급할 뿐이다. 문서의 기록들은 성실한 아들이 그의 아버지를 위해 종교적으로 세속적으로 해야 할 여섯 가지의 일들을 말한다. 의무들 중 두 가지는 분명 종교적인 것이었다. "그의 신성한 조상에게 비석을 세울 것"과 "바알의 신전에서의 그의 소제와 엘 신전에서의 그의 몫을 먹을 것"이다. 말빈 포프(Marvin Pope)는 이 문헌에 "죽은 자의 초자연적으로 우월한 힘"은 없다고 결론지은 브라이언 슈미트(Brian Schmidt)와는 다른 견해를 가지고 있었다.[103]

---

102. Lewis, *Cults of the Dead in Ancient Israel and Ugarit*, 5-46,53-71. Lewis의 우가릿 문서에 대한 신중한 분석은 상당히 가치 있는 자료이다.

103. Marvin H. Pope, "The Cult of the Dead at Ugarit," in G.D. Young, ed., *Ugarit in Retrospect*(Winona Lake, Ind.: Eisenbrauns, 1981), 159-61. Brian B. Schmidt, *Israel's Beneficent Dead*(Winona Lake, Ind.: Eisenbrauns, 1996), 121: "죽은 자의 초자연적으로 우월한 힘에 대한 믿음은 조상 제사나 혹은 숭배와 마술로 표현되어 지는데 우가릿에서 발견된 문서들에는 이러한 언급이 없다."

(1) 그릇된 지도자들, 신앙을 저버린 백성들

학자들은 이사야 56:9-57:13의 의미에 관한 토론을 멈추지 않고 있는데 특별히 죽은 자를 향한 가나안인들과 이스라엘 민족의 제사에 관한 암시에 대해서 주목하고 있다. 루이스(Lewis)[104]에 의하면 이 구절은 제3이사야의 것으로 주전 6세기 말에 기록되었으며, 죽은 자에 관한 제사와 성적 제사에 관해 뒤섞인 구절이라고 말한다. 앞부분의 구절들(사 56:9-57:2)은 이스라엘의 종교 지도자들이 그들의 의무를 저버린 것에 대해 통렬하게 비난하고 있다.

> 들의 모든 짐승들아 숲 가운데의 모든 짐승들아 다 와서 먹으라. 이스라엘의 파수꾼들(쪼파이⟨ṣōpāy⟩)은 맹인이요 다 무지하며 벙어리 개들이라. 짖지 못하며 다 꿈꾸는 자들이요(호짐⟨ḥōzîm⟩) 누워 있는 자들이요 잠자기를 좋아하는 자들이니, 이 개들은 탐욕이 심하여 족한 줄을 알지 못하는 자들이요 그들은 몰지각한 목자들이라 다 제 길로 돌아가며 사람마다 자기 이익만 추구하며 오라 내가 포도주를 가져오리라 우리가 독주(쉬카르⟨šēkār⟩, 맥주가 아님)를 잔뜩 마시자 내일도 오늘 같이 또 크게 넘치리라 하느니라. 의인이 죽을지라도 마음에 두는 자가 없고 진실한 이들이 거두어 감을 당할지라도 깨닫는 자가 없도다 의인들은 악한 자들 앞에서 불리어가도다 그들은 (무덤으로) 평안에 들어갔나니 바른 길로 가는 자들은 그들의 침상(미쉬케보탐⟨miškĕbôtām⟩)에서 편히 쉬리라.

남은 구절들(사 57:3-13)은 누군지 밝혀지지 않은 사악한 자에 대한 예언적 비난이다.

> 무당의 자식(오네나⟨'ōnĕnâ⟩), 간음자와 음녀(조나⟨zōnâ⟩)의 자식들아 너희는 가까이 오라. 너희가 누구를 희롱하느냐 누구를 향하여 입을 크게 벌리며 혀를 내미느냐 너희는 패역의 자식, 거짓의 후손이 아니냐. 너희가 상수리나무 사이, 모든 푸른 나무 아래에서 음욕을 피우며 골짜기(네할림⟨nĕḥālim⟩) 가운데 바위 틈에서 자녀를 도살하는도다. 골짜기 가운데 매끄러운 돌들(할레케-나할

---

104. Lewis, *Cults of the Dead in Ancient Israel and Ugarit*, 143-58; idem, "Death Cult Imagery in Isaiah 57", Hebrew Annual Review 11(1987): 267-84; Susan Ackerman, *Under Every Green Tree*(Antalat: ScholarsPress, 1992),101-63. 본서의 저자는 사 56:9-57:13을 약간의 교정과 함께 Lewis의 번역문을 실었다(역자는 한국어 성경을 그대로 실으면서 필요한 부분에 수정을 가했다).

그림 226. 양동이 모양으로 생긴 청동 용기로 이집트의 남근상의 신인 민을 묘사하고 있다. 주전 604년 아스글론의 파괴층에서 발견(Leon Levy Expedition to Ashkelon 전재 허가; 사진: C. Andrews).

⟨hallēqê-naḥal⟩)중에 네 몫(헬케크 ⟨helqēk⟩)이 있으니 그것들이 곧 네가 제비 뽑아 얻은것이라. 또한 네가 전제와 예물을 그것들에게 드리니 내가 어찌 위로를 받겠느냐. 네가 높고 높은 산 위에 네 침상/무덤(미쉬카베크⟨miškābēk⟩)을 베풀었고 네가 또 거기에 올라가서 제사를 드렸으며 네가 또 네 기념표/비(지크로네크⟨zikrônēk⟩)를 문과 문설주 뒤에 두었으며 네가 나를 떠나 벗고 올라가서 너희 침상/무덤(미쉬카베크⟨miškābēk⟩)을 넓히고 그들과 언약하며 또 그들의 침상/무덤(미쉬카밤⟨miškābām⟩)을 사랑하며 그 벌거벗은 것/음경을 형상화한 기념비(야드⟨yād⟩)를 보았으며 네가 기름을 가지고 몰렉에게 나아가되 향품을 더하였으며 네가 또 사신을 먼 곳에 보내고 스올(Sheol)에까지 내려가게 하였으며 네가 길이 멀어서 피곤할지라도 헛되다 말하지 아니함은 네 힘이 살아났으므로(하야트 야데크⟨ḥayyat yādēk⟩) 쇠약하여지지 아니함이니라. 네가 누구를 두려워하며 누구로 말미암아 놀랐기에 거짓을 말하며 나를 생각하지 아니하며(자카르트⟨zākart⟩) 이를 마음에 두지 아니하였느냐 네가 나를 경외하지 아니함은 내가 오랫동안 잠잠했기 때문이 아니냐. 네 공의를 내가 보이리라. 네가 행한 일이 네게 무익하니라. 네가 부르짖을 때에 네가 모은 우상들/너의 죽은 자(키부짜이크⟨qibbûṣayik⟩)에게 너를 구원하게 하라 그것은 다 바람에 날려 가겠고 기운에 불려갈 것이로되 나를 의뢰하는 자는 땅(에레쯔⟨'ereṣ⟩)을 차지하겠고(인할⟨yinḥal⟩) 나의 거룩한 산을 기업으로 얻으리라.

이 구절에서 많은 학자들은 성적인 모습을 찾았지만 죽은 자를 제사드리는 모습은 찾지 못했다. 루이스는 오히려 이 구절에 두 가지 모습이 섞여 있다고 말했다. 이러한 모습을 함께 보이는 단어들은 네할림(*nĕḥālim*, 골짜기)과 장사지내는 곳, 할레킴(*hallĕqîm*, 매끄러운 돌)과 죽은 자, 미쉬카브(*miškāb*, 침상)와 무덤, 지카론(*zikkārôn*) 및 야드(*yād*, 기호 및 음경)와 기념비, 이렇게 각각 두 가지씩 섞여있다.[105] 예를 들어, 성경의 저자는 미쉬카브라는 단어가 가지는 여러 가지 의미, 즉 무덤, 쉬는 장소, 침상들을 동시에 사용하면서 즐기고 있다(사 57:2, 7, 8). 미쉬카브는 무덤에서 누이는 장소로(2절) 사용될 뿐만 아니라 창녀의 침상(7절과 8절)으로도 사용된다. 역대기 기록자는 유다 왕 아사(주전 913-873년)의 무덤을 설명할 때 유사한 유형을 사용하고 있다. "다윗 성에 자기를 위하여 파 두었던 묘실(미쉬카브)에 무리가 장사하되 그의 시체를 법대로 만든 각양 향 재료를 가득히 채운 상에 두고"(대하 16:14). 이사야 57:6은 결정적인 예이기는 하나 여전히 모호한 구절이다. "골짜기 가운데 매끄러운 돌들(할레케-나할⟨*hallĕqê-nahal*⟩) 중에 네 몫(헬케크⟨*helqēk*⟩)이 있으니 그것들이 곧 네가 제비 뽑아 얻은 것이라. 또한 네가 전제와 예물을 그것들에게 드리니 내가 어찌 위로를 받겠느냐." 루이스는 이렇게 주장한다. "죽음의 모습이 지배적으로 드러나고 있다. 여기서 언급된 제의적 의식은 죽은 자에게 바쳐진 전제와 예물을 가져와 제사드리는 모습을 열거하고 있다."[106]

(2) 마르제아흐(*marzēaḥ*)와 키스푸(*kispu*)

마르제아흐(*marzēaḥ*)라는 단어는 성경에 단지 두 번 언급될 뿐이다. 아모스 6:4-7(모음부호가 붙어 미자흐⟨*mizaḥ*⟩라고 읽힘)에서는 감각적 행위를 동반하는 화려한 연회로서 묘사되었고, 예레미야 16:5-9에서는 음식과 술이 따르는 애곡의식으로서 묘사되었다.

> 여호와께서 이와 같이 말씀하시되 초상집(베트 마르제아흐⟨*bêt marzēaḥ*⟩)에 들어가지 말라 가서 통곡하지 말며 그들을 위하여 애곡하지 말라 내가 이 백성에게서 나의 평강을 빼앗으며 인자와 사랑을 제함이니라. 여호와의 말씀이니라. 큰 자든지 작은 자든지 이 땅에서 죽으리니 그들이 매장되지 못할 것이며 그들을 위하여 애곡하는 자도 없겠고 자기 몸을 베거나 머리털을 미는 자도 없을 것

---

105. Brian, B. Schmidt, *Israel's Beneficent Dead* (Winona Lake, Ind.: Eisenbrauns, 1996), 255-56.
106. Lewish, *Cults of the Dead in Acient Israel and Ugarit*, 157.

이며 그 죽은 자로 말미암아 슬퍼하는 자와 떡을 떼며 위로하는 자가 없을 것이며 그들의 아버지나 어머니의 상사를 위하여 위로의 잔을 그들에게 마시울 자가 없으리라. 너는 잔칫집(베트 미쉬테⟨bêt mišteh⟩)에 들어가서 그들과 함께 앉아 먹거나 마시지 말라. 만군의 여호와 이스라엘의 하나님께서 이와 같이 말하노라 보라 기뻐하는 소리와 즐거워하는 소리와 신랑의 소리와 신부의 소리를 내가 네 목전, 네 시대에 이곳에서 끊어지게 하리라 (렘 16:5-9).

마르제아흐는 자주 죽은 자에 대한 제사와 관련지어 생각된다. 북아프리카에서 시리아에 이르는 지역에서 시행된 것으로 후기청동기 시대의 우가릿에서부터 주후 3세기 경의 인도의 팔미라에서 마르제아흐가 발견된다. 종교적 그리고 사회적 관례로서 마르제아흐는 연회를 베푼 단체나 조합 등을 의미하기도 하였고 연회가 열린 장소를 말하기도 하였다. 연회가 열리는 경우는 기쁨을 나누거나 슬픔을 나눌 때였다.

베트 마르제아흐(bêt marzēaḥ, 애곡하는 집, 한국어 성경은 "초상집"으로 번역함)와 베트 미쉬테(bêt mišteh, 잔칫집)는 예레미야 16장에서 동일어로 사용된다. 여호와께서는 예레미야에게 죽은 자를 위해 통곡하고 애곡하면서 죽은 자를 기념하는 음식을 떼고 있는 베트 마르제아흐에 들어가는 것을 금하고 있다. 베트 마르제아흐는 장례의식이 있는 장소이다. 마르제아흐의 필수 요소는 음식과 술을 들면서 죽은 이를, 떠나버린 이들을 위로하는 것이다. 아모스서에서는 나오지 않지만, 예레미야가 명시한 마르제아흐에서 가장 핵심이 되는 것은 장례의식이다.[107]

포프(Pope)는 서부 셈어 마르제아흐가 죽은 자를 위한 연회였던 메소포타미아의 키스푸(kispu)와 일치한다고 주장했다.[108] 이 단어는 또한 가족 무덤에서 행해진 장례나 혹은 기념 의례를 일컫는다. 그러나 키스푸는 마르제아흐와는 달리 왕실에서 행해졌다. 마리 문서에서 보면 키스푸 의식은 세 부분으로 나누어진다. 즉 죽은 자의 이름을 부르는 것, 음식을 바치는 것, 그리고 물을 붓는 것이다.[109] 키스푸 의식은 마리 시대부터 시작하여

---

107. 리쉬카(liškâ)와 베트 마르제아흐(bêt marzêaḥ)는 같은 용어일 수도 있다는 주장이 있다는 것을 주목하자. 어떤 학자들은 Avraham Biran이 단에서 발굴한 주전 8세기의 리쉬카(liškâ)가 베트 마르제아흐라고 주장했다. 만약 그렇다면 어떻게 여기서 "장례식"이 있었다고 말할 수 있을까?

108. Pope, "The Cult of the Dead at Ugarit," 176: "죽은 조상을 위한 연회로서 서부 셈어의 마르제아흐(marzēaḥ)는 메소포타미아어의 키스푸(kispu)와 동일시 되는 것에 의심의 여지가 없다."

109. Hallo, "Royal Ancestor Worship in the Biblical World," 394-96.

신바벨론시대까지 행해졌으며 죽은 자를 기억하면서 먹고 마시는 의식이었다. 즉 죽은 조상을 기념하는 의식으로서 파나무 왕은 아람 신계보의 최고인 하다드 앞에서 그의 아들과 자손이 자신의 영혼을 불러줄 것을 희망하고 있다. "파나무의 영혼이 당신과 함께 먹게 하시고 파나무의 영혼이 당신과 함께 마시게 하소서"(KAI 214.16-22). 이 주전 8세기의 이름을 불러달라는 표현은 바로 사후세계에서 하다드와 함께 축제의 나날을 보내고자 하는 염원이다.

5) 신접

강신술은 주로 영매를 통해 이루어지는 죽은 자와의 교제로 이스라엘에서는 금지되어 있었다. 성경 속에 나오는 강신술의 초기 모습은 엔돌(길보아 산 북쪽)에서 신접한 이에게 죽은 자 가운데서 사무엘을 불러 달라는 사울의 요구이다(삼상 28:3-25). 사울은 블레셋과의 임박한 전쟁에서 사무엘의 조언이 무엇보다도 필요했다. 사울은 이런 음흉한 의식이 실행되기 가장 적당한 때인 밤에 변장을 하고 신접한 여인(에쉐트 바알라트-오브⟨'ēšet ba'ălat-'ōb⟩)에게로 간다. 그는 두 가지를 요구한다. "나를 위하여 신접한 술법으로 (한 영혼⟨오브('ōb)⟩을 나를 위하여 조언하게 하라) 내가 네게 말하는 사람을 불러 올리라"(삼상 28:8). 사울의 명령에 여인은 신(엘로힘⟨'ĕlōhîm⟩)을 죽은 자 가운데서 일으키는데 그 모양을 묘사하기를 "겉옷(메일⟨mě'îl⟩)을 입은 한 노인"이라고 말한다. 사울은 사무엘이 입고 있는 겉옷(메일)으로 그를 알아 본다(삼상 28:14; 참조, 삼상 2:19; 15:27). 신접한 여인은 "바알라트-오브"(ba'ălat-'ōb)라고 불렸는데 이는 문자적으로 해석하면 '구덩이의 주인'으로서 다시 말하면 여인은 구덩이에서 의식을 집무하는 자가 된다. 이는 공식적인 제사에는 어떤 역할도 가지고 있진 않았지만 여인에 의해서 마법이 행해졌다는 것을 의미하고 있다. 헤리 호프너(Harry Hoffner)[110]에 의하면 오브('ōb)는 의식이 행해진 구덩이 자체를 의미하는 것으로 죽은 자나 신접한 자의 영혼을 말한다고 주장했다. 구덩이는 영혼들에게 세상으로 연결되는 통로를 제공했고 저승(레파임⟨rěpā'îm⟩)에서 나와 구덩이 안으로 연결된 사다리를 타는 것이다. 때때로 구덩이에는 제물로 음식이 저장되기도 했다. 이 이야기에서 사무엘은 사울을 꾸짖는다. "네가 어찌하여 나를 불러 올려서 나를 성가시게 (히르가즈타니⟨hirgaztanî⟩) 하느냐"(삼상 28:15). 히르기즈(hirgîz⟨원어는 rgz로서 '괴롭히다'라

---

110. Harry, A. Hoffner, "'ōbh", TDOT, 1: 133.

는 의미))는 죽은 자의 평화를 방해할때 사용되는 기술적인 용어이다.[111] 여호와가 예루살렘에 공격을 가할 것을 예언할 때 이사야는 심하게 꾸짖는다. "네가 낮아져서 땅에서 말하며 네 말소리가 나직이 티끌에서 날 것이라 네 목소리가 신접한 자(오브⟨'ōb⟩)의 목소리 같이 땅에서 나며 네 말소리가 티끌에서 지껄이리라"(사 29:4). 신접에 대한 예언서의 경고를 비교해 보라. "어떤 사람이 너희에게 말하기를 주절거리며 속살거리는 신접한 자와 마술사에게 물으라 하거든 백성이 자기 하나님께 구할 것이 아니냐 산 자를 위하여 죽은 자에게 구하겠느냐 하라"(사 8:19). 이 구절에서 "주절거리며", "속살거리는"이라는 단어들은 신접한 자들을 업신여기는 표현이다.

---

111. Jonas C. Greenfield, "Scripture and Inscriptions: The Literary and Rhetorical Element in Some Early Phoenician Inscriptions," in H. Goedicke, ed., *Near Eastern Studies in Honor of William Foxwell Albright*(Baltimore: Johns Hopkins Press, 1971), 258-59.

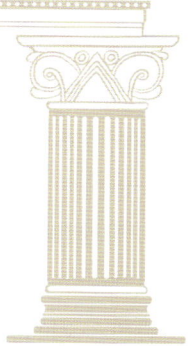

에필로그

주전 586년 예루살렘이 파괴되고 유다 왕국이 멸망한 이후 고대 이스라엘 백성의 세계관-우주를 창조한 그분이 처음과 끝을 중재한다는 세계관-은 산산이 부서지고 말았다.[1] 세 계급으로 이루어진 이스라엘 제도의 모든 단계들은-가부장의 가족에서 왕 그리고 신으로 이루어진 세습적 권위로 연결된 가정체제-무참히 파괴되었다.

이 계급제의 기초에는 시골과 도시에서 생활하던 농경 유목민들이 있었는데 이들은 가족, 혈통, 그리고 친족으로 구성되어 있었으며 바벨론이 대학살을 하던 시기에 죽었거나 다른 나라로 도망갔거나 바벨론으로 끌려갔다. 다윗의 왕조가 통치하던 유다 왕국은 기억 속에서 혹은 종말론적 희망 속에서 존재하게 되었다. 성전 바로 옆 시온 산에 서 있던 궁전 건물은 폐허가 되었고 다시는 재건되지 않았다. 예루살렘의 견고함을 상징하던 "여호와의 전" 역시 폐허가 되었고 에스겔에 의하면 신마저 버린 장소가 되었다. 그러나 에스겔은 또한 이 산 위에 하나님의 '영광'이 재현되고 성전이 복구될 것이라는 환상을 보았다.

---

1. 정치 철학가 Eric Voegelin은 인간 사회는 "작은 세계로서 우주이며 자신들의 실존하는 분위기와 조건을 지속적으로 창조하고 전하는 인간에 의해 그 의미가 조명된다. 이는…제사에서 신화를 통해 역사에 이르는…정교한 상징에 의해 개발되어진다. 상징들을 통한 사회의 자기 계발은 사회 실체의 중심역할을 하며…이는 사회의 구성원들이 이러한 상징을 경험하는 것이 우연이나 편의를 넘어 이들이 인간의 본성으로서 상징을 경험했기 때문이다"라고 자신의 생각을 발전시켰다(Eric Voegelin, *The New Science of Politics* (Chicago: Unviersity of Chicago Press, 1952), 27).

왕도 없고, 여호와의 영구적인 거주도 없고, 물려받은 재산도 없어졌다는 유다 왕국을 떠나 포로로 끌려가는 이들의 상태는 먼 과거에 조상들이 이집트를 나올 때 이야기와 다를 바 없었다. 포로로 있는 동안 그들이 겪었던 실제적인 조건들은 여호와가 예루살렘의 성전에 거하기 전 이스라엘의 선 역사 시대에 완성된 상징들에 의존하도록 하였다.

왕권이 중심이 아니었던 가부장적 사회구조의 회복은 물론 역사적 지속성은 포로로 있던 유대인들에게 새로운 세계관을 창조하도록 공간을 마련해주었다. 새로운 비전은 가능한 한 많은 부분에 있어 과거에 기초를 두고 있었지만 그들 스스로가 처해 있던 새로운 환경과 현재에 맞추어 계급화된 관계를 상징하는 새로운 방법에서 창출되었다. 통치자와 통치 받는 자의 관계는 새로 평가되어야 했고 앗수르와 바벨론 제국들 사이의 정책은 두 가지 중요한 차이점들이 있어서 재평가를 위한 기회를 열어주었다.

첫 번째 차이점은 유다가 사마리아의 운명을 답습하지 않았다는 것이다. 느부갓네살은 앗수르가 북왕국 이스라엘을 자신의 지방으로 편입한 것과 같은 정책을 사용하지 않았다. 앗수르는 이 땅의 토종인들을 제국의 다른 곳으로 추방시키고 대신 다른 외국 사람들을 이곳으로 이동시켜 그나마 남아있는 토종인들과 섞여 살도록 하였다. 앗수르인들은 정복민들에게 억지로 자신들의 문화를 답습하고 자신들과 비슷하게 살도록 대대적인 계획을 세웠고, 가족과 전통 그리고 관습을 파괴하고 말았다. 그들의 정책은 포로를 '앗수르화' 하는 것에 통일하였다.[2]

두 번째 차이점은 느부갓네살이 서쪽에 있던 소규모의 국가들에 효과적인 제국적 관료정치를 강요하기보다는 '초토화' 정책을 이행하여 오히려 지역 전체에 인구의 씨를 말렸다는 것이다. 바벨론은 이전에 앗수르와 전쟁을 치르느라 인력의 큰 소모를 경험했으므로 많은 추방 당한 자들을 바벨론으로 끌고 와 제국의 핵을 강화하는 데 사용했다.[3] 결국 이는 유다와 블레셋 평야 등을 황폐한 상태로 만들었다.

주전 604년에서 539년 사이 팔레스타인에 남겨져 있는 대부분의 고고학적 증거를 검토해 본 결과 에브라임 쉬테른(Ephraim Stern)은 "당시의 유물 중에는 '바벨론' 시대라고 불릴 만한 유물이 거의 남아있지 않다"고 말했다.[4] 지방에는 소수의 인원이 살고 있긴 했

---

2. Israel Eph'al, "The Western Minorities of Babylonia in the 6th–5th centuries B.C.: Maintenance and Cohesion," *Orientalia* 47(1978): 83.

3. Lawrence E. Stager, "Ashkelon and the Archaeology of Destruction: Kislev 604 B.C.E.," in A. Biran et al., eds., *Eretz-Israel* 25 (Joseph Aviram Volume) Jerusalem: Israel Exploration Society), 61*–74*.

4. Ephraim Stern, *Archaeology of the Land of the Bible*, vol. 2, *The Assyrian, Babylonian, and Persian*

지만 철기 II 시대와 페르시아 시대에 비한다면 아주 적은 규모의 마을이었다. 국제 무역은 거의 없었다. 바벨론 통치 당시 단지 두 지역, 즉 유다 북쪽(베냐민 지파 지역)과 암몬의 땅만이 번영했던 아주 적은 흔적을 보였을 뿐이다.

유대인들은 바벨론에 포로로 있던 많은 서부의 소수 민족 중에 하나였을 뿐이다. 이 민족들 중에는 이집트인, 그리스인, 베니게인, 그리고 페르시아 시대에도 여전히 바벨론 땅에 거주했던 블레셋인들이 있었다. 비록 유대인들이 그들의 고향으로 돌아간 가장 유명한 민족으로 알려져 있기는 하지만 다른 민족들 또한 고향으로 돌아갔다. 알레포(시리아)의 남동쪽에 위치한 도시 네이랍(Neirab)에서 발견된 누스가베 가족의 쐐기 문자 기록에는 이 가족이 바벨론에 포로로 있던 주전 560-520년 사이의 일들을 기록하고 있다. 이 가족은 이후 자신들의 기록을 가지고 고향으로 돌아갔다. 그들의 귀환의 모습은 여러 가지 면에서 유대인들의 "예루살렘과 유다로 도로 돌아와 각기 본성에 이른"(스 2:1; 느 7:6) 모습과 유사하다.[5] 그들의 고향과 가족의 재산에 대한 기억은 바벨론에서 포로로 지내던 공동체 안에 분명 생생히 살아남아있었다. 이 문제를 풀기 위한 지도자로서 '장로들'은 이스라엘과 유다의 역사를 통해 그들이 행했던 것처럼 계속해서 친족 중심의 다양한 문제들을 다루었다. 예레미야와 에스겔은 바벨론으로 옮겨 간 이들을 "포로 중 남아있는 장로들"(렘 29:1), "유다 장로들"(겔 8:1), 그리고 "이스라엘 장로"(겔 14:1; 20:1, 3)라 부른다.

그러나 블레셋인들은 그다지 행운아들이 아니었다. 바벨론의 군사 정책에 의해 크게 인구가 손실된 그들의 고향은 페르시아 시대에 바벨론에서 돌아 온 블레셋인들에 의해서가 아닌 페르시아의 권위에 의해 두로와 시돈에서 남쪽으로 이동된 베니게인들에 의해 재구성되었다. 페르시아인들은 이 해안가에 블레셋인들보다는 해상인이었던 베니게인들의 현존을 더 선호했다.[6] 그러므로 앗수르와 바벨론의 인구를 다루는 방법의 차이와 페르시아의 "관심 분야에만 발전시킨다"[7]는 정책이 초래한 역사적 사건들은 바벨론에서 유대인을 성공적으로 본국에 송환하는 중요한 역할을 하였다.

주전 538년의 칙령 아래[8] 가장 거대한 제국을 건설했던 페르시아(바사) 왕 고레스는

Periods(732-332 B.C.E.)(New York: Doubleday, 2001), 350.
  5. Eph'al, "The Western Minorities of Babylonia in the 6th-5th centuries B.C.," 84-87.
  6. Lawrence E. Stager, *Ashkelon Discovered*(Washington, D.C.: Biblical Archaeology Society, 1991), 22-23, 30-31.
  7. Mary Joan Leith, "Israel among the Nations: The Persian Period," in M.D. Coogan, ed., *The Oxford History of the Biblical World*(New York: Oxford University Press, 1998), 378-79.
  8. 스 1:2-4; 6:3-5을 보라.

유다가 멸망한 지 반세기가 채 되기 전에 유대인들을 고향으로 돌려보내기 시작했다. 고레스는 또한 이들에게 예루살렘에 성전을 다시 지을 것도 허락했다. 그는 심지어 느부갓네살이 제1성전에서 약탈한 금과 은 그리고 성스러운 기구들까지도 돌려주도록 했다.

비록 많은 사람이 바벨론에 남기를 원했음에도 불구하고, 포로로 끌려갔다가 공동체를 재건하고 성전을 세우기 위해 유다로 돌아온 일부 사람들은 포로로 끌려가지 않고 유다에 남아있던 이들(암 하 아레쯔⟨'am hā'āreṣ⟩)과 주변의 이웃들에게 환영받지 못했다. 주변의 이웃들에는 북쪽에는 산발랏이 이끌던 사마리아인들과 동쪽으로 토비앗 가족이 이끌던 암몬 족속, 남쪽으로 에돔인들과 아랍인들이 있었고, 서쪽에는 아스돗인들(실제로는 베니게인들)이 있었다.

예루살렘 성전 건축은 성경에 언급되어 있는 다윗 왕조의 마지막 자손인 스룹바벨과 함께 또 한 무리의 유대인들이 돌아왔던 주전 520년 이후 시작되었다. 학개와 스가랴 두 선지자의 격려와 함께 제2성전은 5년 후(주전 515년)에 완성되었다. 그러나 스룹바벨이 다윗 왕조의 왕권을 회복하리라는 학개의 희망은 이루어지지 않았다(학 2:20-23).

비록 솔로몬의 성전이 주전 586년 이후 폐허로 남아있었지만 그곳은 거룩한 장소로 순례자들의 발걸음이 끊이지 않았다(렘 41:5). 그리고 이 자리에 제2성전이 세워졌다. 시온 산 위에 건설된 이 새 건물은 한 면이 250미터(50규빗) 정도 되는 요새화된 성벽으로 둘러싸인 정사각형 안에 세워졌으며, 이 건물의 안뜰로 가려면 정교하게 세워진 성문들을 통과해야 했다. 왕정 때의 시온 산과는 달리 "여호와의 전" 옆에는 궁전이 없었다. 성전은 홀로 성벽 안에 서 있었고 페르시아 시대에는 비라(bîrâ)라고 불렸다.[9] 그러나 솔로몬의 성전이 파괴되기 전 성전이 어떤 모습이었는지 기억하거나 들었던 자들이 있었기 때문에 제2성전은 단지 이전 성전의 영광의 모습에 비추어 희미한 그림자일 뿐이었다. "제사장들과 레위 사람들과 나이 많은 족장들은 첫 성전을 보았으므로 이제 이 성전의 기초가 놓임을 보고 대성 통곡하였으나 여러 사람은 기쁨으로 크게 함성을 지르니"(스 3:12; 참조, 학 2:3).

---

9. Benjamin Mazar, "The Temple Mount from Zerubbabel to Herod," in Shmuel Achituv, ed., *Biblical Israel: State and People*(Jerusalem: Magnes Press, Hebrew University; Israel Exploration Society, 1992), 111-12. 느헤미야는 예루살렘으로 돌아오기 전에 수사의 요새(běšûšan habbîrâ)를 지었다. 또한 그리스의 *bysra*로 알려진 카르타고의 도시와 비교하라. 아직 확실진 않지만 아마도 베니게 단어인 *brt를 차용한 것으로 보이며 이 단어는 "요새"라는 뜻을 가진 앗수르 단어 *birtu*에서 온 것으로 히브리어로는 *bîrâ*이며 아람어로는 *bîrtā*이다.

예루살렘과 페르시아의 다섯 번째 행정구역[10]안에 있던 예후드(유다) 지역 역시 왕국이 건재했던 지난 세기에 비해 초라할 뿐이었다. 이 지역은 페르시아 제국이 나눈 스무 개의 행정구역의 하나에 들어가는 작은 지역일 뿐이었다. '강 건너'(히브리어 에베르 하나하르〈ēber hannāhār〉이며 아람어로는 아바르 나하라〈ăbar nahărâ〉, 즉 유프라데스 강 서쪽을 의미한다)로 알려진 다섯 번째 행정구역은 팔레스타인과 베니게 그리고 키프루스로 이루어져 있었다.

사마리아(사메리나) 지역은 바벨론 시대에 상당히 낙후되었다. 이 지역에서 발굴된 중요한 텔들-도단, 사마리아, 세겜, 텔 엘 파라(북), 세겔-중 어떤 곳에서도 당시 연대가 측정될 만한 어떤 유물도 찾아볼 수 없었다.

그러나 페르시아 시대에 와서 사마리아 지역의 인구가 증가하고 경제가 발달하는 모습을 볼 수 있다. 이 지역의 북쪽과 서쪽에서 이루어진 고고학 조사 결과 당시 철기 II 시대에 버금가게 빽빽이 들어 선 거주지들을 발견했는데, 이들 중 많은 마을에 500-600명의 인구가 살고 있었다. 이들의 재산은 시돈에서 아스글론까지 번성했던 해안의 부유한 베니게인들과 연관이 있었던 것으로 보인다. 반대로 사마리아 지역의 남쪽은 철기 II 시대에 비해 페르시아 시대 동안 인구가 상당히 많이 줄어들고 거주지의 크기도 작았던 것으로 밝혀졌다.[11]

페르시아 시대에 사마리아에 살았던 사람들 개인의 이름에서 이질적인 이름들이 발견된다. 와디 에드 달리에(Wadi ed-Daliyeh) 유적지에서 발견된 파피루스들(주전 4세기)에는 여러 신의 이름들로 만들어진 이름들이 언급되어 있다. 카우스(에돔 신), 그모스(모압 신), 바알(베니게 신), 사하르(아람 신), 나부(바벨론 신). 그러나 이름에 가장 일반적으로 많이 쓰인 신은 여호와이다. 예루살렘을 다시 지으려는 느헤미야와 유대인들을 대적한 자로서 성경에 묘사되고 있는 산발랏 조차도 그의 아들의 이름에 여호와의 이름을 사용하고 있다. 이것은 사마리아를 통치하던 지배층 사이에 아직도 야훼/여호와 신앙이 남아있었음을 의미한다. 예후드의 땅에서 '누가 유대인인가'에 대한 매우 배타적인 견해를 발전시킨 에스

---

10. Israel Eph'al, "Syria-Palestine under Achaemenid Rule" in John Boardman, N.G.L. Hammond, D.M. Lewis and M. Ostwald, eds., *Cambridge Ancient History*, vol. 4, *Persia, Greece and the Western Mediterranean*(Cambridge: Cambridge University Press, 1988), 139-64; Ephraim Stern, "The Archaeology of Persian Palestine," in W.D. Davies and Louis Finkelstein, eds., *The Cambridge History of Judaism*, vol.1, *Introduction: The Persian Period*(Cambridge: Cambridge University Press, 1984).

11. Stern, *Archaeology of the Land of the Bible*, 2:248.

라와 느헤미야는 사마리아인들을 이집트의 엘레판틴에 거주하고 있던 유대인들과 유다 땅의 암 하아레쯔('am hā'āreṣ)처럼 변형된 야훼/여호와 신앙을 가지고 있는 자들로 비난했다. 마리 조앤 레이트(Mary Joan Leith)는 "사마리아 종파에 대한 재평가는 이 종파의 축제, 토라에 대한 토론, 그리고 이 종파가 가지고 있는 오경은 제2성전 시대의 유대교에서 이탈했다기보다는 파생되었다고 보아야 함이 증명되었다"[12]고 주장하고 있다.

아마도 우리는 최근 이자크 마겐(Yitzhak Magen)에 의해 발굴되어 드러난 그리심 산의 꼭대기에 자리잡은 거룩한 '성전-도시'에서 건축학적 파생을 볼 수 있다. 시온 산과 라이벌을 이루고 있는 이 거룩한 산의 꼭대기에는 성문들과 거대한 계단과 함께 요새화된 성벽으로 둘러싸여 있는 신전 자리가 있다.[13] 이 웅장한 건물은 페르시아 시대와 헬라 시대에 지어진 것으로, 예루살렘 발굴을 통해 드러난 유적보다 오히려 예루살렘 성전(비라 〈bîrâ〉)이 어떤 모습을 하고 있었는지를 더 잘 보여 주고 있다는 인상을 갖게 한다.

예후드 지역은 이 지역의 이름이 새겨진 동전과 인장들이 발견되는 장소들을 보아 그 크기를 대강 어림잡아 볼 수 있다. 이 지역의 북쪽 경계는 고대에 미스바였던 텔 엔 나스베(Tell en-Nasbeh) 유적지이고, 남쪽의 경계는 벳 주르(Beth-Zur)이며, 서쪽의 경계는 케일라(Keilah) 주변이고, 동쪽은 여리고부터 엔게디를 따라 요단 강과 사해가 그 경계지점이었다.[14] 모든 도시들은 예루살렘에 요새를 재건축하는 데 부역노동을 제공할 의무가 있었다(느 3:15-17). 예후드 지역의 크기는 삼천 평방 킬로미터를 넘지 않아 이전 유다 왕국이 누렸던 영토의 반도 안 되는 지역을 차지하고 있었다.

성경에 나타난 인구조사에 의하면 고레스가 칙령을 발표한 주전 538년 이후 다음 세기 동안 예후드로 돌아온 포로 인구는 오만 명이었다.[15] 대부분의 경우 이 유대인들은 예루살렘 밖의 작고 가난한 지역에서 살고 있었으며 이 지역을 둘러싸고 있는 다른 문화들과 공동체들은 더 부유했다. 도르와 아스글론 등과 베니게 도시에서 행해진 발굴들은 이 도시들이 부유한 세계적인 문화를 즐기고 있었음을 드러냈다. 사마리아와 주변의 다른 사회들은 물론이거니와 이 해안가의 공동체들은 같은 시대에 현존했던 예후드 지역과는

---

12. Leith, "Israel among the Nations," 385-86(인용은 386쪽에서).
13. Yitzhak Magen, "Mt. Geriaim-A Temple City," *Qadmoniot* 33/2(2000), 74-118.
14. Stern, *Archaeology of the Land of the Bible*, 2:430-31 과 지도 III.6, p.375.
15. 비록 자세한 사항들이 약간 틀리기는 하지만 에스라 2장의 목록은 느헤미야 7장의 목록에서 인용한 것과 같다. 모두 회중은 43,360명 그리고 노비는 7,337명이라고 기록하고 있다. 에스라는 200명의 노래하는 남녀가 있었다고 했으나 느헤미야는 245명으로 기록하고 있다.

확실히 달랐다.[16] 아닥사스다 왕의 술 관원이자 예후드의 통치자였던 느헤미야가 주전 445년 팔레스타인에 도착했을 때 그는 이 땅이 페르시아 왕에게 바치는 무거운 세금[17]과 노역의 빚으로 인해 큰 경제적 어려움에 허덕이고 있음을 보았다.

> 어떤 사람은 말하기를 우리와 우리 자녀가 많으니 양식을 얻어먹고 살아야 하겠다 하고 어떤 사람은 말하기를 우리가 밭과 포도원과 집이라도 저당 잡히고 이 흉년에 곡식을 얻자 하고 어떤 사람은 말하기를 우리는 밭과 포도원으로 돈을 빚내서 왕에게 세금을 바쳤도다. 우리 육체도 우리 형제의 육체와 같고 우리 자녀도 그들의 자녀 같거늘 이제 우리 자녀를 종으로 파는도다 우리 딸 중에 벌써 종된 자가 있고 우리의 밭과 포도원이 이미 남의 것이 되었으니 속량할 힘이 없도다(느 5:2-5).

느헤미야는 유대 사회의 몇 가지 점들을 비난하면서 이들이 "형제에게 취리를 한다고" 꾸짖었다. 그는 "너희는 그들에게 오늘이라도 그들의 밭과 포도원과 감람원과 집이며 너희가 꾸어 준 돈이나 곡식이나 새 포도주나 기름의 백분지 일을 돌려보내라"(느 5:11)고 명령함으로 개혁을 일으킨다. 이 구절을 볼 때 당시에 비록 무역 활동에 기여하는 사람들이 있기는 했지만 대부분의 돌아온 유대인들은 농업에 종사하고 있었음을 알 수 있다.

통치자로서 느헤미야는 예후드 지역에서 행해지는 사회적, 종교적, 경제적 일들에 상당 부분 권위를 가지고 있었다. 그의 첫 번째 기록에서(느 1:1-7:72; 11:1-13:31) 우리는 그가 빚을 삭감하고 7년마다 땅을 묵히도록 하고 안식일에는 상거래를 금하고 외국인 신부와 결혼하지 못하도록 하고 성전에 후원금을 계획하고 지방의 부역노동의 의무를 부과하고 일종의 시노에시즘(synoecism, 도시통합)의 일원으로서 시골의 인구를 도시로 강제로 이동할 수 있는 권위를 가졌던 것을 본다.

또한 느헤미야는 예루살렘의 황폐한 상태를 보았다. "그 성읍은 광대하고 그 주민은

---

16. Stern, "The Archaeology of Persian Palestine," 88-114; 더 최근의 자료를 위해서는 다음을 참고하라. Stern, *Archaeology of the Land of the Bible*, 2: 385-443; Leith, "Israel among the Nations: The Persian Period," 383-87, and Stager, *Ashkelon Discovered*, 20-33.

17. Eph'al, *Cambridge Ancient History*, 158-59. 유대인들은 왕에게 세금(*middat hammelk*, 느 5:4)과 잡세(*bĕlô*-아카드어 *biltu*와 관련있음, 스 4:13, 20; 7:24), 그리고 부세(*hălāk*, 스 4:13, 20; 7:24)를 바쳤다.

적으며 가옥을 미처 건축하지 못하였음이니라"(느 7:4). 느헤미야가 보았던 광대한 도시는 한때 12,000명의 인구가 밀집해 있던 서쪽 언덕이나 미쉬네 구역에 흩어져 있던 왕국 시대에 남겨진 도시의 폐허였다.[18]

아닥사스다 I세는 느헤미야를 팔레스타인으로 보낼 때 마병으로 그를 보호하도록 하였으며 수사에서 유다까지 가는 길이 안전하도록 편지도 써 주었고 왕의 삼림(파르데스 〈*pardēs*〉) 감독 아삽에게 목재를 제공하도록 조서를 썼다. "그가 성전에 속한 영문의 문(샤아레 하비라 아쉐르-라바이트〈*šaʿărê habbîrâ ʾăšer-labbayit*〉)과 성곽과 내가(느헤미야) 들어갈 집을 위하여 들보로 쓸 재목을 주게 하옵소서"(느 2:8).[19]

긴 여정 후 3일 정도 쉰 다음 느헤미야는 밤에 두어 사람과 함께 황폐케 된 예루살렘의 성벽들을 비밀리에 조사하여 도시를 구할 방법을 모색하였다. 느헤미야는 짐승(아마도 당나귀)위에 타고 있었는데 다윗 성의 서쪽 벽의 잔해에서 시작하여 남쪽으로 돌아 시계 방향으로 돌면서 샘문과 왕의 못[20]에 이르러 이렇게 말했다. "앞으로 나아가 샘문과 왕의 못에 이르르는 탄 짐승이 지나갈 곳이 없는지라. 그 밤에 시내를 좇아 올라가서 성벽을 살펴본 후에 돌아서 골짜기 문으로 들어와 돌아왔으나"(느 2:14-15).

느헤미야가 기드론 골짜기를 향해 내려가는 다윗 성의 동쪽 경사면에서 본 것은 경사면에 뒹굴고 있던 돌무더기와 허물어진 집들, 그리고 성벽의 내부와 외부 벽이었다. 포로기 이전의 예루살렘에서 굴러나온 돌무더기는 케더린 케년(Kathleen Kenyon, A 유적지)[21]과 후에 이갈 실로(Yigal Shiloh, G 구역 9층)의 발굴에서 드러났다. 이 폐허는 매우 극심한 것으로 느헤미야와 그의 건축가들은 다윗 성의 동쪽 경사면에 성벽을 두르는 것을 포기하는 대신 이 폐허의 꼭대기를 따라 북쪽에서 남쪽으로 가르는 성벽(약 2.5미터 두께)을 쌓았다. 어떤 발굴을 통해서도 페르시아 시대 동안 서쪽 언덕에서 발견된 거주지가 있다고 밝혀진 바가 없기 때문에[22] 우리는 포로기 이후 예루살렘은 다윗 성(성전을 제외하고 4.4헥타르)에 한정되어 있었으며 아마도 반밖에 안 되는 크기에 몇백 명 안 되는 인구가

---

18. Nahman Avigad, *Discovering Jerusalem: Recent Archaeological Excavations in the Upper City*(Nashville: Thomas Nelson, 1983), 62.

19. 이 성경 내용으로 보아 제2성전은 그저 비라(*bîrâ* 〈요새〉)의 남쪽에 지어진 것이 아니라 분명 성문으로 둘러싸여져 있고 안뜰로 이루어진 요새 안에 지어져 있었음을 알 수 있다. 비교, "Israel among the Nations," 396.

20. 이 못은 아마 현재 Birket el-Hamra로 알려진 못일것이다. Avigad, *Discovering Jerusalem*, 60.

21. Kathleen Kenyon, *Digging Up Jerusalem*(New York: Praeger Publications, 1974), 108-10.

22. Stern, *Archeology of the Land of the Bible*, 2:581; Avigad, *Discovering Jerusalem*, 62.

살고 있었다고 결론지을 수 있다.

주변의 적의를 띤 이웃들이 있었기에 그다지 좋은 환경은 아니었지만 느헤미야는 성문과 성벽을 보수하고 재건축하는 데 단지 52일밖에 걸리지 않았다. 그는 건축을 위해서 예후드 지역에서 노동력과 감독들을 충원했다. 펠렉(Pelek)이라는 단어는 보통 일반적으로 '영토' 혹은 '구역' 등으로 번역되나 이보다는 '노동력'으로 번역하는 것이 낫다.[23] 이 단어는 이미 우가릿에서 "지주가 군주에게 해야 할 봉사…모든 경우에 있어서의 지주가 지니는 일반적인 봉사의 의무를 말하는 것으로 땅을 소유하고 있는 그 자체와는 별개의 것이다"[24]라고 증명되었으며 이는 확실히 아카드어 필쿠(*pilku*)와 관련이 있다. 도시와 지방에서 소집된 건축자들은 대부분이 농부들로서 이들은 그들의 기업(아후자⟨*’ăḥuzzâ*⟩, 느 11:3) 혹은 그들의 상속받은 땅(나할라⟨*naḥălâ*⟩, 느 11:20⟨자기 기업⟩)을 버려 두고 나라를 위해 2-3개월을 일을 하기 위해 동원되었다.

그들의 일이 끝났을 때 느헤미야는 예루살렘에 사람들이 영구적으로 살도록 모아야만 했다. 그는 제비뽑기를 실행했다. 예루살렘에 머물렀던 '백성의 지도자들'(사레 하암⟨*śārê hā‘ām*⟩)을 제외하고 "그 남은 백성은 제비 뽑아 십분의 일은 거룩한 성 예루살렘에서 거주하게 하고 그 십분의 구는 다른 성읍에 거주하게 하였다"(느 11:1-2).

유대인들이 포로로 끌려가고 다시 고향으로 돌아오고 예루살렘을 복구하는 과정 속에서 그들의 세계관은 많은 변화를 일으켰다. 그들의 신은 다시 한 번 영구적으로 거룩한 도시에 거하게 되었으나 다윗의 왕조는 더 이상 그들을 통치하지 않았다. 대신, 정치적, 종교적 리더쉽은 감독과 제사장들의 몫이 되었다. 예루살렘이 복구 되었을 때 감독 느헤미야와 함께 제사장이자 서기였던 에스라는 토라에서 '모세의 율법책'을 꺼내 수문 앞 광장에 모인 남녀 회중에게 읽어 주었다.

유대인들이 왜 포로기 동안 살아남았고 그들의 고향으로 돌아왔는가에 대해서는 많은 설명들이 있다. 우리가 생각하기에 포로들은 '그 자신의 도시'로 돌아 간 것이 매우 중요하다고 본다. 예루살렘이 제사의 중심지로서 다시 복구되었을 때조차도 인구의 90퍼센트는 그들의 도시와 지방의 마을에서 살았다. 비록 포로기 이전과 포로기 이후 사이에

---

23. Eph'al, "Syria-Palestine under Achaemenid Rule," 159- A. Demsky, "Pelek in Nehemiah 3," *IEJ* 33(1983): 242-44를 인용함.

24. J. David Schloen, *The House of the Father as Fact and Symbol: Patrimonialism in Ugarit and the Ancient Near East*(Cambridge: Harvard Semitic Museum, 2001), 246.

친족의 개념이 변하기는 하였으나,[25] 가부장적 권위 아래 대가족은 예후드 지역의 상당 인구를 구성하고 있었다. 가족적 조직을 회복하는 힘은 유대인들이 포로기와 세습된 그들의 땅을 빼앗길 때조차도 살아남게 하는 데 원동력이 되었다.

우리에게는 포로기 이후의 팔레스타인의 '가족의 고고학'을 써야 할 의무가 있긴 하지만 우리는 대부분의 인구가 이미 1부에서 소개한 미가의 가정과 유사하게 매일의 생활과 계절을 보냈을 것이라고 상상한다.

---

25. David Vanderhooft, "The Israelite mišpāhâ, in Priestly Writings: An Elite Reconstruction of Social Organization" in Baruch Halpern, Gary Knoppers, and Alex Joffe, eds., *Rival Communities in the Ancient Near East, Studies in the Culture and History of the Ancient Near East*(Leiden: E.J. Brill, 출판예정). 포로기 이후 시대에 와서 '친족'(*mišpāhâ*)이라는 단어는 베트 아보트(*bet 'abôt*)으로 대치된 것으로 보인다.

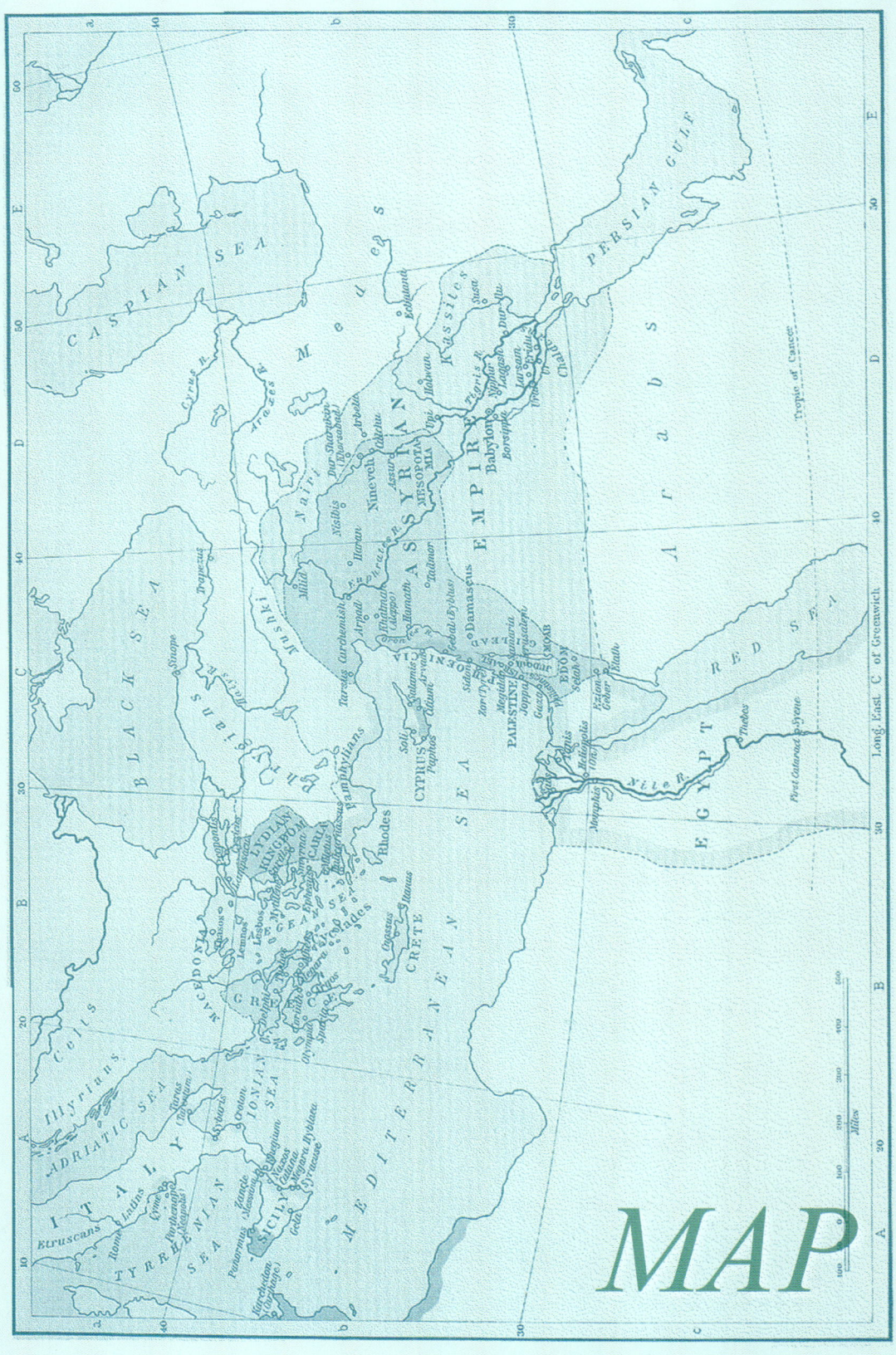

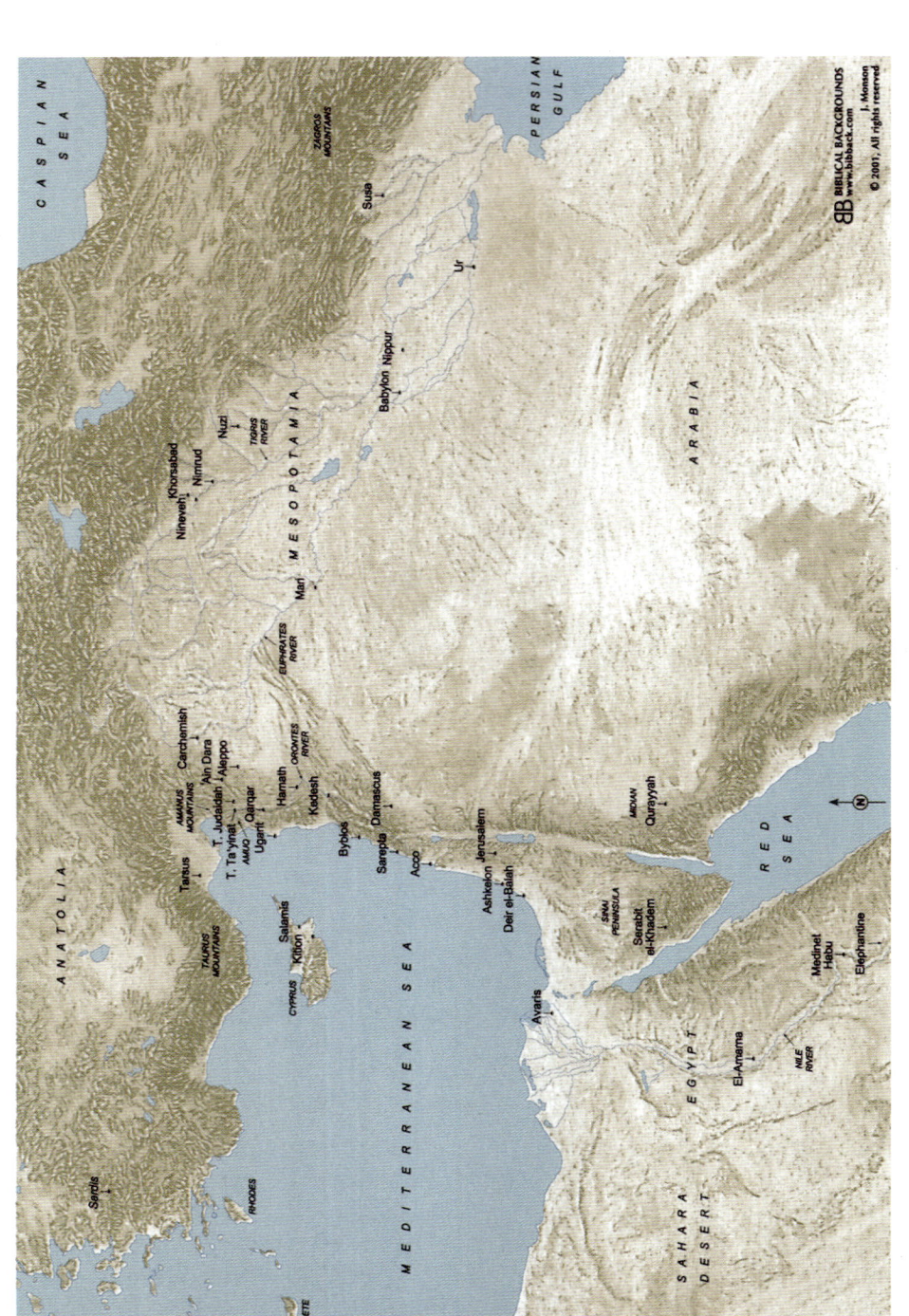

그림 227. 본 문헌에서 언급된 고대 근동과 지중해 동쪽 연안의 주요 유적지 지도(그림: J.Monson 전제 허가: www.bibback.com)

그림 228. 본 문헌에서 언급된 팔레스타인 주요 유적지 지도(그림: G. E. Wright 와 F. V. Wilson의 의견에 따른 C. Haberl 의 그림)

약어표

AASOR	Annual of the American Schools of Oriental Research
AB	Anchor Bible
ABD	*The Anchor Bible Dictionary*. Edited by D. N. Freedman. 6 vols. New York: Doubleday, 1992.
AnBib	Analecta Biblica
ANEP	*The Ancient Near East in Pictures Relating to the Old Testament*. Edited by James B. Pritchard. Princeton: Princeton University Press, 1969.
ANET	*Ancient Near Eastern Texts Relating to the Old Testament*. Edited by James B. Pritchard. Princeton: Princeton University Press, 1969.
AJA	*American Journal of Archaeology*
BA	*Biblical Archaeologist*
BAR	*Biblical Archaeology Review*
BASOR	*Bulletin of the American Schools of Oriental Research*
CAD	*The Assyrian Dictionary of the Oriental Institute of the University of Chicago*. Edited by Ignace J. Gelb et al. Chicago: The Oriental Institute of Chicago, 1956ff.
CANE	*Civilizations of the Ancient Near East*. Edited by J. M. Sasson. 4 vols. New

	York: Simon & Schuster, 1995.
CTA	*Corpus des tablettes en cunéiformes alphabétiques découvertes à Ras Shamra-Ugarit de 1929 à 1939*. Edited by A. Herdner. Mission de Ras Shamra 10. Paris, 1963.
CBQ	*Catholic Biblical Quarterly*
E.T.	English translation
HSM	Harvard Semitic Monographs
HTR	*Harvard Theological Review*
HUCA	*Hebrew Union College Annual*
IB	*The Interpreter's Bible*
ICC	International Critical Commentary
IDB	*The Interpreter's Dictionary of the Bible*. Edited by George A. Buttrick et al. 4 vols. New York: Abingdon Press, 1962.
IEJ	*Israel Exploration Journal*
JANES	*Journal of the Ancient Near Eastern Society of Columbia University*
JBL	*Journal of Biblical Literature*
JAOS	*Journal of the American Oriental Society*
JCS	*Journal of Cuneiform Studies*
JNES	*Journal of Near Eastern Studies*
JSOTSup	Supplement to *Journal for the Study of the Old Testament*
JSS	*Journal of Semitic Studies*
KAI	*Kanaanäische und aramäische Inschriften*. H. Donner and W. Röllig. 2d ed. Wiesbaden, 1966–1969.
KTU	*Die keilalphabetischen Texte aus Ugarit*. Edited by M. Dietrich, O. Loretz, and J. Sanmartín. AOAT 24/1. Neukirchen-Vluyn, 1976. 2d enlarged ed. of KTU: *The Cuneiform Alphabetic Texts from Ugarit, Ras Ibn Hani, and Other Places*. Edited by M. Dietrich, O. Loretz, and J. Sanmartín. Munster, 1995 (-CTU).
LAI	Library of Ancient Israel
LXX	Septuagint

MT	Masoretic Text
NAB	New American Bible
NEA	*Near Eastern Archaeology*
NEAEHL	*The New Encyclopedia of Archaeological Excavations in the Holy Land.* Edited by E. Stern. Jerusalem: Israel Exploration Society & Carta; New York: Simon & Schuster, 1993.
NJPS	New Jewish Publication Society
NRSV	New Revised Standard Version
OBO	Orbis Biblicus et Orientalis
OEANE	*Oxford Encyclopedia of Archaeology in the Near East.* Edited by E. M. Meyers. 5 vols. New York: Oxford University Press, 1997.
OIP	Oriental Institute Publications, University of Chicago
OTL	Old Testament Library
PEQ	*Palestine Exploration Quarterly*
RB	*Revue Biblique*
SBLWAW	Society of Biblical Literature Writings of the Ancient World
TA	*Tel Aviv*
TDOT	*Theological Dictionary of the Old Testament.* Edited by G. J. Botterweck and H. Ringgren. Grand Rapids: Eerdmans, 1974ff.
UF	*Ugarit-Forschungen*
VT	*Vetus Testamentum*
VTSup	Supplement to *Vetus Testamentum*

참고문헌

Ackerman, Susan. *Under Every Green Tree*. Atlanta: Scholars Press, 1992.

Aharoni, Miriam. "Arad: The Israelite Citadels." *NEAEHL*, 1: 82–85.

Aharoni, Yohanan. *The Land of the Bible*. Rev. ed. Philadelphia: Westminster Press, 1979.

———. "Megiddo." *NEAEHL*, 3: 1003–12.

Aharoni, Yohanan, ed. *Arad Inscriptions*. Jerusalem: Israel Exploration Society, 1981.

Albertz, Rainer. *A History of Israelite Religion in the Old Testament Period*. London: SCM Press, 1994.

Albright, William F. "The Date of Sennacherib's Second Campaign against Hezekiah." *BASOR* 130 (1953): 8–11.

———. "The Gezer Calendar." *BASOR* 92 (1943): 16–26.

———. *The Proto-Sinaitic Inscriptions and Their Decipherment*. Cambridge: Harvard University Press, 1966.

———. "The Role of the Canaanites in the History of Civilization." In *The Bible and the Ancient Near East*, edited by G. E. Wright, 328–62. Garden City, N.Y.: Doubleday, 1961.

———. *Yahweh and the Gods of Canaan*. Garden City, N.Y.: Doubleday, 1968.

Amiran, Ruth, and Ornit Ilan. "Arad." *NEAEHL*, 1: 75–82.

Andersen, Francis I., and David N. Freedman. *Amos: A New Translation with Notes and Commentary*. AB 24A. New York: Doubleday, 1989.

Anderson, Gary A. *Sacrifices and Offerings in Ancient Israel*. HSM 41. Atlanta: Scholars Press, 1987.

Anderson, William P. "The Kilns and Workshops of Sarepta (Sarafand, Lebanon): Remnants of a Phoenician Ceramic Industry." *Berytus* 35 (1987): 41–66.

André, G., and Helmer Ringgren. "ṭame'." *TDOT*, 5: 330–42.

Ariès, Philippe. *Centuries of Childhood: A Social History of Family Life*. Translated by Robert Baldick. New York: Vintage Books, 1962.

Avalos, Hector. *Illness and Health Care in the Ancient Near East*. HSM 54. Atlanta: Scholars Press, 1995.

Avigad, Nahman. *Discovering Jerusalem: Recent Archaeological Excavations in the Upper City*. Nashville: Thomas Nelson, 1983.

———. "The Epitaph of a Royal Steward from Siloam Village." *IEJ* 3 (1953): 137–52.

———. "A Hebrew Seal Depicting a Sailing Ship." *BASOR* 246 (1982): 59–62.

———. "The King's Daughter and the Lyre," *IEJ* 28 (1978): 146–51.

———. "Two Hebrew 'Fiscal' Bullae." *IEJ* 40 (1990): 263–66.

———. "Two Hebrew Inscriptions on Wine-Jars." *IEJ* 22 (1972): 1–9.

Avigad, Nahman, and Jonas C. Greenfield. "A Bronze *phiale* with a Phoenician Dedicatory Inscription." *IEJ* 32 (1982): 118–28.

Avigad, Nahman, and Benjamin Sass. *Corpus of West Semitic Stamp Seals*. Jerusalem: Israel Exploration Society, 1997.

Bahat, Dan. "The Fuller's Field and the 'Conduit of the Upper Pool.'" In *Eretz-Israel* 20 (Yigael Yadin Volume), edited by A. Ben-Tor, J. C. Greenfield, and A. Malamat, 253–56. Jerusalem: Israel Exploration Society, 1989.

Baines, John, and O. J. Eyre. "Four Notes on Literacy." *Göttinger Miszellen* 61 (1983): 65–72.

Ballard, Robert D., and Lawrence E. Stager, et al. "Iron Age Shipwrecks in Deep Water off Ashkelon, Israel." *AJA*. In press.

Bar-Adon, Pessah. "The Nahal Mishmar Caves." *NEAEHL*, 4: 822–827.

———. *The Cave of the Treasure*. Jerusalem: Israel Exploration Society, 1980.

Barber, Elizabeth W. *Prehistoric Textiles: The Development of Cloth in the Neolithic and Bronze Ages with Special Reference to the Aegean*. Princeton, N.J.: Princeton University Press, 1991.

———. *Women's Work: The First 20,000 Years*. New York: W. W. Norton, 1994.

Barkay, Gabriel. *Ketef Hinnom: A Treasure Facing Jerusalem*. Catalogue No. 274. Jerusalem: Israel Museum, 1986.

———. "News from the Field: The Divine Name Found in Jerusalem," *BAR* 9/2 (1983): 14–19.

Barkay, Gabriel, and Amos Kloner. "Jerusalem Tombs from the Days of the First Temple." *BAR* 12/2 (1986): 22–39.

Barnett, Richard D. "Early Shipping in the Near East." *Antiquity* 32 (1958): 220–30.

———. "Lachish, Ashkelon, and the Camel: A Discussion of Its Use in Southern Palestine." In *Palestine in the Bronze and Iron Ages* (OLGA Tufnell Festschrift), edited by J. N. Tubb, 15–30. London: Institute of Archaeology, 1985.

Barr, James. *History and Ideology in the Old Testament: Biblical Studies at the End of a Millennium*. New York: Oxford University Press, 2000.

Barstad, Hans M. *The Myth of the Empty Land*. Oslo: Scandinavian University Press, 1996.

Bar-Yosef, Ofer, Tamar Schick, and David Alon. "Nahal Hemar Cave." *NEAEHL*, 3: 1082–84.

Barzun, Jacques, and Henry F. Graff. "A Medley of Mysteries: A Number of Dogs That Didn't Bark." In *The Historian as Detective: Essays on Evidence*, edited by R. W. Winks, 213–31. New York: Harper, 1970.

Beck, Pirhiya. "Catalogue of Cult Objects and Study of the Iconography." In *Ḥorvat Qitmit: An Edomite Shrine in the Biblical Negev*, edited by I. Beit-Arieh, 28–43. Tel Aviv: Institute of Archaeology, Tel Aviv University, 1995.

———. "The Cult-Stands from Taanach: Aspects of the Iconographic Tradition of Early Iron Age Cult Objects in Palestine." In *From Nomadism to Monarchy*, edited by Israel Finkelstein and Nadav Na'aman, 352–81. Jerusalem: Israel Exploration Society, 1994.

———. "The Drawings from Ḥorvat Teiman (Kuntillet 'Ajrud)." *TA* 9 (1982): 35–36.

Beek, Gus W. Van. "Frankincense and Myrrh." *BA* 23 (1960): 69–95.

———. "Jemmeh, Tell." *NEAEHL*, 2: 667–674.

Beit-Arieh, Itzḥaq. "Edomites Advance into Judah–Israelite Defensive Fortresses Inadequate." *BAR* 22/6 (1996): 28–36.

———. "New Light on the Edomites." *BAR* 14/2 (1988): 28–41.

———. "The Ostracon of Ahiqam from Ḥorvat 'Uza." *TA* 13 (1986): 32–38.

———. "'Uza, Ḥorvat." *NEAEHL*, 4: 1496.

Beit-Arieh, Itzḥaq, and Bruce Cresson. "An Edomite Ostracon from Ḥorvat 'Uza." *TA* 12 (1985): 96–101.

Ben-Tor, Amnon. "Hazor." *NEAEHL*, 2: 604–605.

Ben-Tor, Daphna. "The Relations between Egypt and Palestine in the Middle Kingdom as Reflected by Contemporary Canaanite Scarabs." *IEJ* 47 (1997): 162–89.

Betlyon, John W. "Coinage." *ABD*, 1: 1076–89.

Bier, Carol. "Textile Arts in Ancient Western Asia." *CANE*, 3: 1567–88.

Bietak, Manfred. *Avaris: the Capital of the Hyksos: Recent Excavations at Tell el-Dab'a*. London: British Museum Press, 1996.

Biran, Avraham. *Biblical Dan*. Jerusalem: Israel Exploration Society, 1994.

———. "Dan." *NEAEHL*, 1: 323–32.

———. "The Dancer from Dan, the Empty Tomb and the Altar Room." *IEJ* 36 (1986): 168–87.

———. "The ḥûṣôt of Dan." In *Eretz-Israel* 26 (Frank Moore Cross Volume), edited by B. Levine et al., 25–29. Jerusalem: Israel Exploration Society, 1999.

———. "Sacred Spaces: Of Standing Stones, High Places and Cult Objects at Tel Dan." *BAR* 24/5 (1998): 38–45, 70.

Bird, Phyllis A. "Women (OT)." *ABD*, 6: 951–57.

Black, Jeremy, et al., eds. *A Concise Dictionary of Akkadian*. Wiesbaden: Harrassowitz, 1999.

Blenkinsopp, Joseph. "The Family in First Temple Israel." In *Families in Ancient Israel*, edited by Leo G. Perdue et al. Louisville, Ky.: Westminster John Knox, 1997.

Bliss, Frederick J. *A Mound of Many Cities*. London: A. P. Watt, 1894.

Bloch-Smith, Elizabeth. "Cist Graves," *OEANE*, 2: 13–14.

———. *Judahite Burial Practices and Beliefs about the Dead*. Sheffield: Academic Press, 1992.

Bloch-Smith, Elizabeth, and Beth Alpert Nakhai. "A Landscape Comes to Life: The Iron Age I." *NEA* 62 (1999): 62–92, 101–27.

Boessneck, Joachim, and Angela von Den Driesch. "Preliminary Analysis of the Animal Bones from Tell Hesban." *Andrews University Seminary Studies* 16 (1978): 259–87.

Borowski, Oded. *Agriculture in Iron Age Israel*. Winona Lake, Ind.: Eisenbrauns, 1987.

Braudel, Fernand. *The Mediterranean and the Mediterranean World in the Age of Philip II*. Translated by Siân Reynolds. Revised edition. New York: Harper & Row, 1972.

Brichto, Herbert C. "Kin, Cult, Land, and Afterlife–A Biblical Complex." *HUCA* 44 (1973): 1–54.

Burckhardt, Jacob. *The Greeks and Greek Civilization*. Translated by Sheila Stern. Edited, with an introduction, by Oswyn Murray. New York: St. Martin's Press, 1998.

Cahill, Jane, et al. "It Had to Happen–Scientists Examine Remains of Ancient Bathrooms." *BAR* 17/3 (1991): 64–69.

Campbell, Edward F. "Archaeological Reflections on Amos's Targets." In *Scripture and Other Artifacts* (Philip J. King Festschrift), edited by M. D. Coogan et al., 32–52. Louisville, Ky.: John Knox Press, 1994.

———. "Jewish Shrines of the Hellenistic and Persian Periods." In *Symposia Celebrating the Seventy-Fifth Anniversary of the Founding of the American Schools of Oriental Research(1900–1975)*, edited by Frank M. Cross, 159–67. Cambridge: American Schools of Oriental Research, 1979.

Cancik, Hubert. "Ikonoklasmus." In *Handbuch religionswissenschaftlicher*

Grundbegriffe, vol. 3, edited by H. Cancik et al., 3: 217–21. Stuttgart: W. Kohlhammer, 1993.

Childs, Brevard S. *Book of Exodus*. OTL. Philadelphia: Westminster Press, 1974.

Clifford, Richard J. "Isaiah 55: Invitation to a Feast." In *The Word of the Lord Shall Go Forth* (David Noel Freedman Festschrift), edited by C. L. Meyers and M. O'Connor, 27–35. Winona Lake, Ind.: Eisenbrauns, 1983.

Clutton-Brock, Juliet. *A Natural History of Domesticated Mammals*. Cambridge: Cambridge University Press, 1987.

Cogan, Mordechai. "Sennacherib's Siege of Jerusalem." *BAR* 27/1 (2001): 40–45, 69.

Cogan, Mordechai, and Hayim Tadmor. *II Kings*. AB 11. New York: Doubleday, 1988.

Cohen, Rudolph, and Yigal Yisrael. "The Iron Age Fortress at 'En Ḥaṣeva." *BA* 58 (1995): 223–35.

Cole, Dan P. "How Water Tunnels Worked." *BAR* 6/2 (1980): 8–29.

Coogan, Michael D. "Of Cults and Cultures: Reflections on the Interpretation of Archaeological Evidence." *PEQ* 119 (1987): 1–8.

Coogan, Michael D., ed. and trans. *Stories from Ancient Canaan*. Philadelphia: Westminster Press, 1978.

Cooley, Robert E. "Gathered to His People: A Study of a Dothan Family Tomb." In *The Living and Active Word of God*, edited by M. Inch and R. Youngblood, 47–58. Winona Lake, Ind.: Eisenbrauns, 1983.

Coughenour, Robert A. "Preliminary Report on the Exploration and Excavation of Mugharat el Wardeh and Abu Thawab." *Annual of the Department of Antiquities, Jordan* 21 (1976): 71–77.

Craven, Toni. "Women Who Lied for the Faith." In *Justice and the Holy: Essays in Honor of Walter Harrelson*, edited by Douglas A. Knight and Peter J. Paris, 35–59. Atlanta: Scholars Press, 1989.

Crenshaw, James L. *Education in Ancient Israel: Across the Deadening Silence*. New York: Doubleday, 1998.

Cross, Frank M. *Canaanite Myth and Hebrew Epic*. Cambridge: Harvard University Press, 1973.

———. "Epigraphic Notes on Hebrew Documents of the Eighth–Sixth Centuries B.C.: I. A New Reading of a Place Name in the Samaria Ostraca." *BASOR* 163 (1961): 12–14.

———. "Epigraphic Notes on Hebrew Documents of the Eighth–Sixth Centuries B.C.: II. The Murabbaʻ at Papyrus and the Letter Found near Yabneh-yam." *BASOR* 165 (1962): 34–46.

———. *From Epic to Canon: History and Literature in Ancient Israel*. Baltimore: Johns Hopkins University Press, 1998.

———. "Newly Found Inscriptions in Old Canaanite and Early Phoenician Scripts." *BASOR* 238 (1980): 8–15.

———. "An Old Canaanite Inscription Recently Found at Lachish." *TA* 11 (1984): 71–76.

———. "The Priestly Tabernacle in the Light of Recent Research." In *Temples and High Places in Biblical Times*, edited by A. Biran, 169–80. Jerusalem: Hebrew Union College–Jewish Institute of Religion, 1981.

———. "A Recently Published Phoenician Inscription of the Persian Period from Byblos." *IEJ* 29 (1979): 40–44.

Cross, Frank M., and David N. Freedman. "An Inscribed Jar Handle from Raddana." *BASOR* 201 (1971): 19–22.

———. "A Royal Song of Thanksgiving: II Samuel 22 = Psalm 18a." *JBL* 72 (1953): 15–34.

Crowfoot, Grace M. "Textiles, Basketry, and Mats." In *A History of Technology*, edited by C. J. Singer, E. J. Holmyard, and A. R. Hall, 1: 413–55. Oxford: Clarendon Press, 1954.

Curtis, Robert I. *Ancient Food Technology*. Leiden: Brill, 2001.

Dahood, Mitchell. *Psalms I*. AB 16. Garden City, N.Y.: Doubleday, 1966.

Dalley, Stephanie. *Mari and Karana: Two Old Babylonian Cities*. London: Longman, 1984.

Dalman, Gustaf Hermann. *Arbeit und Sitte in Palästina*. 8 volumes. Gütersloh: C. Bertelsmann, 1928–42.

Dauphin, Claudine. "Leprosy, Lust, and Lice: Health Care and Hygiene in Byzantine Palestine." *Bulletin of the Anglo-Israel Archaeological Society* 15 (1996-1997): 55-80.

Davies, Graham. "Were There Schools in Ancient Israel?" In *Wisdom in Ancient Israel*, edited by J. Day et al. Cambridge: Cambridge University Press, 1995.

Davies, Philip R. *In Search of "Ancient Israel."* JSOTSup 148. Sheffield: Sheffield Academic Press, 1992.

Davies, Philip R., and John Rogerson. "Was the Siloam Tunnel Built by Hezekiah?" *BA* 59 (1996): 138-49.

Davis, David, et al. "A Steel Pick from Mt. Adir in Palestine." *JNES* 44 (1985): 41-51.

Dayagi-Mendels, Michal. *Perfumes and Cosmetics in the Ancient World*. Israel Museum Catalogue 395. Jerusalem: Israel Museum, 1993.

Dearman, Andrew, ed. *Studies in the Mesha Inscription and Moab*. Atlanta: Scholars Press, 1989.

Deetz, James. *In Small Things Forgotten: An Archaeology of Early American Life*. New York: Doubleday, 1996.

Dever, William G. "Gezer." *NEAEHL*, 2: 496-506.

———. "The Water Systems at Hazor and Gezer." *BA* 32 (1969): 71-78.

———. *What Did the Biblical Writers Know and When Did They Know It?: What Archaeology Can Tell Us about Ancient Israel*. Grand Rapids: Wm. B. Eerdmans Pub. Co., 2001.

Diakonoff, Igor M. "The Naval Power and Trade of Tyre." *IEJ* 42 (1992): 168-93.

Dorsey, David A. "Carts." *OEANE*, 1: 433-34.

———. *Roads and Highways of Ancient Israel*. Baltimore: Johns Hopkins University Press, 1991.

Dothan, Trude. *The Philistines and Their Material Culture*. New Haven, Conn.: Yale University, 1982.

Dothan, Trude, and Seymour Gitin. "Miqne, Tel (Ekron)." *NEAEHL*, III, 1051-59.

Douglas, Mary. *Purity and Danger*. London: ARK Books, 1984.

Dubberstein, Waldo H. "Comparative Prices in Later Babylonia (625-400 B.C.)."

American Journal of Semitic Languages and Literature 56 (1939): 20–43.

Eissfeldt, Otto. *Molk als Opferbegriff im Punischen und Hebräischen und das Ende des Gottes Moloch*. Halle: Max Niemeyer, 1935.

Elat, Moshe. "Tarshish and the Problem of Phoenician Colonisation in the Western Mediterranean." *Orientalia Lovaniensia Periodica* 13 (1982): 55–69.

Eph'al, Israel. "The Assyrian Siege Ramp at Lachish: Military and Linguistic Aspects." *TA* 11 (1984): 60–70.

———. *Siege Warfare and Its Ancient Near Eastern Manifestations*. Jerusalem: Magnes Press, 1996 (Hebrew).

———. "Syria–Palestine under Achaemenid Rule." In *The Cambridge Ancient History*, Vol. IV: *Persian, Greece and the Western Mediterranean c. 525–479 B.C.*, edited by John Boardman, N. G. L. Hammond, D. M. Lewis, M. Oswald, 139–64. Cambridge: Cambridge University Press, 1988.

———. "The Western Minorities in Babylonia in the 6th–5th Centuries B.C.: Maintenance and Cohesion." *Orientalia* 47 (1978): 74–90.

Eph'al, Israel, and Joseph Naveh. "The Jar of the Gate." *BASOR* 289 (1993): 59–65.

Epstein, Claire. *The Chalcolithic Culture of the Golan*. Report 4. Jerusalem: Israel Antiquities Authority, 1998.

Eran, Abraham. "Weights and Weighing in the City of David: The Early Weights from the Bronze Age to the Persian Period." In *Excavations at the City of David 1978–1985*, edited by D. T. Ariel and A. de Groot, 204–56. Qedem 35. Jerusalem: Institute of Archaeology, Hebrew University, 1996.

Eras, Vincent J. M. *Locks and Keys throughout the Ages*. New York: Lips' Safe and Lock Manufacturing Co., 1957.

Finkelstein, Israel. "A Few Notes on Demographic Data from Recent Generations and Ethnoarchaeology." *PEQ* 122 (1990): 47–52.

Finkelstein, Israel, and Neil A. Silberman. *The Bible Unearthed*. New York: Free Press, 2001.

Finkelstein, Israel, and David Ussishkin. "Archaeological and Historical Conclusions." In *Megiddo III: The 1992–1996 Seasons*, edited by Israel Finkelstein, David

Ussishkin, and Baruch Halpern, 576–602. Tel Aviv: Institute of Archaeology, Tel Aviv University, 2000.

Fischer, David Hackett. *Albion's Seed: Four British Folkways in America*. New York: Oxford University Press, 1989.

Fox, Nili. "Royal Officials and Court Families: A New Look at the *yeladîm* in 1 Kings 12." *BA* 59 (1996): 225–32.

Frankfort, Henri. "The Origin of the Bīt Ḫilāni." *Iraq* 14 (1952): 120–31.

Freedman, David N. "Kingly Chronologies: Then and Later (with an Appendix by A. Dean Forbes)." In *Eretz-Israel* 24 (Avraham Malamat Volume), edited by S. Ahituv and B. A. Levine, 41*–65*. Jerusalem: Israel Exploration Society, 1993.

———, ed. *The Anchor Bible Dictionary*. 6 vols. New York: Doubleday, 1992.

Freedman, David N., and M. P. O'Connor. "*kĕrûb*." *TDOT*, 7: 307–19.

Friedman, Richard E. *Who Wrote the Bible?* San Francisco: Harper, 1987.

Galili, Ehud. "Prehistoric Site on the Sea Floor." *NEAEHL*, 1: 120–22.

Gardiner, Alan H. "The Egyptian Origin of the Semitic Alphabet." *Journal of Egyptian Archaeology* 3 (1916): 1–16.

Garfinkel, Yosef. "Dancing and the Beginning of Art Scenes in the Early Village Communities of the Near East and Southeast Europe." *Cambridge Archaeological Journal* 8 (1998): 207–37.

———. *Neolithic and Chalcolithic Pottery of the Southern Levant*. Qedem 39. Jerusalem: Hebrew University, 1999.

Gibson, John C. L. *Textbook for Syrian Semitic Inscriptions I: Hebrew and Moabite Inscriptions*. Oxford: Clarendon Press, 1971.

Gitin, Seymour. "Ekron of the Philistines, Part II: Olive Oil Suppliers to the World." *BAR* 16/2 (1990): 32–42, 59.

———. "Incense Altars from Ekron, Israel, and Judah: Context and Typology." In *Eretz-Israel* 20 (Yigael Yadin Volume), edited by A. Ben-Tor et al., 52*–67*. Jerusalem: Israel Exploration Society, 1989.

———. "New Incense Altars from Ekron: Context, Typology and Function." In *Eretz-Israel* 23 (Avraham Biran Volume), edited by Ephraim Stern and Thomas Levy, 42*–

49*. Jerusalem: Israel Exploration Society, 1992.

———. "Philistia in Transition: The Tenth Century B.C.E. and Beyond." In *Mediterranean Peoples in Transition, Thirteenth to Early Tenth Centuries B.C.E.: In Honor of Professor Trude Dothan*, edited by S. Gitin, A. Mazar and E. Stern. Jerusalem: Israel Exploration Society, 1998.

———. "Seventh Century B.C.E. Cultic Elements at Ekron." In *Biblical Archaeology Today, 1990*: Proceedings of the Second International Congress on Biblical Archaeology, Jerusalem, June–July 1990, edited by A. Biran and J. Aviram, 248–58. Jerusalem: Israel Exploration Society, 1993.

———. "Tel Miqne: A Type-Site for the Inner Coastal Plain in the Iron Age II Period." In *Recent Excavations in Israel: Studies in Iron Age Archaeology*, edited by S. Gitin and W. G. Dever, 23–58. AASOR 49. Winona Lake: Eisenbrauns, 1989.

Gitin, Seymour, Trude Dothan, and Joseph Naveh. "A Royal Dedicatory Inscription from Ekron." *IEJ* 47 (1997): 9–16.

Golani, Amir, and Benjamin Sass. "Three Seventh-Century B.C.E. Hoards of Silver Jewelry from Tel Miqne-Ekron." *BASOR* 311 (1998): 57–81.

Goldwasser, Orly. "An Egyptian Scribe from Lachish and the Hieratic Tradition of the Hebrew Kingdoms." *TA* 18 (1991): 248–53.

Gopher, Avi, et al. "Earliest Gold Artifacts in the Levant." *Current Anthropology* 31 (1990): 436–43.

Gopher, Avi, and Tsvika Tsuk. *The Nahal Qanah Cave*. Tel Aviv: Institute of Archaeology, Tel Aviv University, 1996.

Gray, John. *I and II Kings*. OTL. Philadelphia: Westminster Press, 1963.

Grayson, A. K. *Assyrian and Babylonian Chronicles*. Locust Valley: J. J. Augustin, 1975.

Greenberg, Moshe. *Ezekiel 1–20*. AB 22. Garden City, N.Y.: Doubleday, 1983.

Greenfield, Jonas C. "Scripture and Inscription: The Literary and Rhetorical Element in Some Early Phoenician Inscriptions." In *Near Eastern Studies in Honor of William Foxwell Albright*, edited by H. Goedicke, 253–68. Baltimore: Johns Hopkins Press, 1971.

Grigson, Caroline. "Plough and Pasture in the Early Economy of the Southern Levant."

In *The Archaeology of Society in the Holy Land*, edited by T. E. Levy, 245–68. New York: Facts on File, 1995.

Groom, Nigel. *Frankincense and Myrrh: A Study of the Arabian Incense Trade*. London: Longman, 1981.

Gruber, Mayer I. "Breast-Feeding Practices in Biblical Israel and in Old Babylonian Mesopotamia." *JANES* 19 (1989): 61–83.

Gunkel, Hermann. *Introduction to Psalms: The Genres of the Religious Lyric of Israel*. Completed by Joachim Begrich. Macon, Ga.: Mercer University Press, 1998; German original in 1933.

Gutmann, Joseph. "The 'Second Commandment' and the Image of Judaism." In *No Graven Images*, edited by J. Gutmann, 3–14. New York: KTAV, 1971.

Guy, P. L. O. *Megiddo Tombs*. Chicago: University of Chicago Press, 1938.

Hackett, Jo Ann. *The Balaam Text from Deir 'Alla*. Chico, Calif.: Scholars Press, 1984.

Hackett, Jo Ann, et al. "Defusing Pseudo-Scholarship: The Siloam Inscription Ain't (sic) Hasmonean." *BAR* 23 (1997): 41–50, 68.

Hadley, Judith M. "Yahweh and 'His Asherah': Archaeological and Textual Evidence for the Cult of the Goddess." In *Ein Gott Allein?*, edited by W. Dietrich and M. A. Klopfenstein. OBO 139. Göttingen: Vandenhoeck & Ruprecht, 1994. 235–68.

Haines, Richard C. *Excavations in the Plain of Antioch*. OIP 61, 95. Chicago: University of Chicago Press, 1971.

Hallo, William W. "Royal Ancestor Worship in the Biblical World." In "*Sha'arei Talmon*," edited by M. Fishbane and E. Tov, 381–401. Winona Lake, Ind: Eisenbrauns, 1992.

Halpern, Baruch. "The Assassination of Eglon: The First Locked-Room Murder Mystery." *Bible Review* 4/6 (1988): 32–41, 44.

———. *The First Historians: The Hebrew Bible and History*. San Francisco: Harper & Row, 1988.

———. "The Stele from Dan: Epigraphic and Historical Considerations." *BASOR* 296 (1994): 63–80.

Haran, Menahem. "On the Diffusion of Literacy and Schools in Ancient Israel." In

Congress Volume, edited by J. A. Emerton, 81–95. VTSup 40. Leiden: E. J. Brill, 1988.

———. *Temples and Temple-Service in Ancient Israel*. Winona Lake, Ind.: Eisenbrauns, 1985.

Hareuveni, Hogah. *Nature in Our Biblical Heritage*. Kiryat Ono: Neot Kedumim, 1980.

Harmenopulus, Konstantinus. *Manuale Legum sive Hexabiblos*. Leipzig: T. O. Weigel, 1851.

Harrington, Spencer P. "Royal Treasures of Nimrud." *Archaeology* 43 (1990): 48–53.

Harris, J. Gordon. "Old Age." *ABD*, 5: 10–12.

Harris, Marvin. *Cows, Pigs, Wars, and Witches: The Riddles of Culture*. New York: Random House, 1975.

Hauptmann, Andreas. "Feinan." *OEANE*, 2:310–11.

Hauptmann, Andreas, et al. "Copper Objects from Arad–Their Composition and Provenance." *BASOR* 314 (1999): 1–17.

———. "Early Copper Produced at Feinan, Wadi Araba, Jordan: The Composition of Ores and Copper." *Archeomaterials* 6 (1992): 1–33.

Hausmann, J. "*mōr*, Myrrh." *TDOT*, 8: 557–60.

Hecker, Mordechai. "Water Supply of Jerusalem in Ancient Times." In *Sepher Yerushalayim* (Hebrew), edited by M. Avi-Yonah, 191–218. Jerusalem and Tel Aviv: Bialik Institute and Dvir Publishing House, 1956.

Heider, George C. *The Cult of Molek: A Reassessment*. JSOTSup 43. Sheffield: University of Sheffield, 1985.

Hendel, Ronald S. "The Date of the Siloam Inscription: A Rejoinder to Rogerson and Davies." *BA* 59 (1996): 233–37.

Hepper, F. Nigel. *Baker Encyclopedia of Bible Plants*. Grand Rapids: Baker Book House, 1992.

Herr, Larry G. "Tripartite Pillared Buildings and the Market Place in Iron Age Palestine." *BASOR* 272 (1988): 47–67.

Herr, Larry G., and Douglas R. Clark. "Excavating the Tribe of Reuben." *BAR* 27/2

(2001): 36–47, 64–66.

Hershkovitz, Israel. "Trephination: The Earliest Case in the Middle East." *Mitekufat Haeven N.S.* 20 (1987): 128*–35*.

Herzog, Ze'ev. *Archaeology of the City*. Tel Aviv: Yass Archaeology Press, Institute of Archaeology, Tel Aviv University, 1997.

———. "Beersheba," *NEAEHL*, 1: 167–73.

———. "Building Materials and Techniques." *OEANE*, 1: 360–63.

———. "Settlement and Fortification Planning in the Iron Age." In *The Architecture of Ancient Israel*, edited by A. Kempinski and R. Reich, 231–74. Jerusalem: Israel Exploration Society, 1992.

Hesse, Brian. "Animal Husbandry and Human Diet in the Ancient Near East." *CANE*, 1: 203–22.

Hestrin, Ruth. "The Lachish Ewer and the 'Asherah." *IEJ* 37 (1987): 212–23.

Hiebert, Theodore. *The Yahwist's Landscape: Nature and Religion in Early Israel*. New York: Oxford University Press, 1996: 212–23.

Hillers, Delbert. "The Goddess with the Tambourine." *Concordia Theological Monthly* 41 (1970): 606–19.

Hoffner, Harry A. "'ôbh." *TDOT*, 1: 130–34

Holladay, John S. "House, Israelite." *ABD*, 3: 308–18.

———. "The Kingdoms of Israel and Judah: Political and Economic Centralization in the Iron IIA-B (ca. 1000–750 B.C.E.)." In *The Archaeology of Society in the Holy Land*, edited by T. E. Levy, 368–98. New York: Facts on File, 1995.

———. "The Stables of Ancient Israel." In *The Archaeology of Jordan and Other Studies: Presented to Siegfried Horn*, edited by L. Geraty and L. Herr, 103–65. Berrien Springs, Mich.: Andrews University Press, 1986.

Holladay, William L. *A Concise Hebrew and Aramaic Lexicon of the Old Testament*. Grand Rapids: Wm. B. Eerdmans Pub. Co., 1971.

———. *Jeremiah 1*. Hermeneia. Philadelphia: Fortress, 1986.

Horn, Siegfried H. "Did Sennacherib Campaign Once or Twice against Hezekiah?" *Andrews University Seminary Studies* 4 (1966): 1–28.

Huehnergard, John, and Wilfred van Soldt. "A Cuneiform Lexical Text from Ashkelon with a Canaanite Column." *IEJ* 49 (1999): 184–92.

Hulse, E. V. "The Nature of Biblical 'Leprosy' and the Use of Alternative Medical Terms in Modern Translations of the Bible." *PEQ* 107 (1975): 87–105.

Hurvitz, Avi. "The Evidence of Language in Dating the Priestly Code." *RB* 81 (1974): 24–56.

———. "The Usage of *šeš* and *buṣ* in the Bible and Its Implication for the Date of P." *HTR* 60 (1967): 117–21.

Jackson, Kent P. "The Language of the Mesha' Inscription." In *Studies in the Mesha Inscription and Moab*, edited by Andrew Dearman, 96–130. Atlanta: Scholars Press, 1989.

Jacobsen, Thorkild. *Toward the Image of Tammuz and Other Essays on Mesopotamian History and Culture*, edited by W. L. Moran. Cambridge: Harvard University Press, 1970.

James, Frances. "Chariot Fittings from Late Bronze Age." In *Archaeology in the Levant: Essays for Kathleen Kenyon*, edited by Roger Moorey and Peter Parr, 103–15. Warminster: Aris & Phillips, 1978.

James, Peter, and Nick Thorpe. *Ancient Inventions*. New York: Ballantine Books, 1994.

Japhet, Sara. *I & II Chronicles*. OTL. Louisville: Westminster/John Knox Press, 1993.

Johnston, Robert H. "The Biblical Potter." *BA* 37 (1974): 86–106.

Jones, Richard N. "Paleopathology." *ABD*, 5: 60–69.

Karageorghis, Vassos. "*Erotica* from Salamis." *Rivista di Studi Fenici* 21 (1993) Supplement, 7–13.

———. "Another Mould for Cakes from Cyprus: The Mould and Its Interpretation." In *Rivista di Studi Fenici* 28/1 (2000): 1–5, Tavola I, II.

Karmon, Nira, and Ehud Spanier. "Remains of a Purple Dye Industry Found at Tel Shiqmona." *IEJ* 38 (1988): 184–86.

Kaufman, Ivan T. "The Samaria Ostraca: An Early Witness to Hebrew Writing." *BA* 45 (1982): 229–39.

———. "The Samaria Ostraca: A Study in Ancient Hebrew Palaeography, Text and

Plates." Diss., Harvard University, 1966.

Kaufmann, Yehezkel. *The Religion of Israel*. Translated by Moshe Greenberg. New York: Schocken, 1960.

Kedar-Kopfstein, Benjamin. "*zāhāb*." *TDOT*, 4: 32–40.

Keegan, John. *A History of Warfare*. New York: Alfred A. Knopf, 1993.

Keel, Othmar. "Peculiar Tomb Headrests May Depict Return to the Womb." *BAR* 13/4 (1987): 50–53.

———. *Jahwe-Visionen und Siegelkunst*. Stuttgart: Verlag Katholisches Bibelwerk, 1977.

———. *The Song of Songs*. Minneapolis: Fortress, 1994.

Keel, Othmar, and Christoph Uehlinger. *Gods, Goddesses, and Images of God in Ancient Israel*. Minneapolis: Fortress, 1998.

Kellermann, D. "*lĕbōnâ*, Frankincense." *TDOT*, 7: 441–47.

Kelso, James L. "The Ceramic Vocabulary of the Old Testament." *BASOR* Supplementary Studies. New Haven: ASOR, 1948.

Kenyon, Kathleen. *Archaeology in the Holy Land*. New York: Praeger, 1960.

———. *Digging Up Jericho*. London: Ernest Benn, 1975.

———. *Digging Up Jerusalem*. New York: Praeger Publications, 1974.

King, Philip J. *Jeremiah: An Archaeological Companion*. Louisville, Ky.: Westminster/John Knox Press, 1993.

Kletter, Raz. *Economic Keystones: The Weight System of the Kingdom of Judah*. JSOTSup 276. Sheffield: Sheffield Academic Press, 1998.

Koch, Klaus. "*derek*." *TDOT*, 3: 270–93.

Kochavi, Moshe. "Divided Structures Divide Scholars," *BAR* 25/3 (1999): 44–50.

———. "The Eleventh Century B.C.E. Tripartite Pillar Building at Tel Hadar." In *Mediterranean Peoples in Transition* (Trude Dothan Festschrift), edited by S. Gitin, A. Mazar, and E. Stern, 468–78. Jerusalem: Israel Exploration Society, 1998.

Koehler, Ludwig, and Walter Baumgartner. *Hebräisches und aramäisches Lexikon zum Alten Testament*, Lieferung 2. 3d ed. Leiden: E. J. Brill, 1974.

Kugel, James L. *The Great Poems of the Bible*. New York: Free Press, 1999.

―――. "Qohelet and Money." *CBQ* 51 (1989): 32–49.

Lamon, Robert S. *The Megiddo Water System*. Chicago: University of Chicago Press, 1935.

Landsberger, Benno. *The Date Palm and Its By-Products according to the Cuneiform Sources*. Graz: Weidner, 1967.

―――. "Über Farben im Sumerisch-Akkadischen." *JCS* 21 (1967): 139–73.

Lapp, Nancy L. "Fûl, Tell el-." *NEAEHL*, 2: 445–48.

―――. "Pottery Chronology of Palestine." *ABD*, 5: 433–44.

Lapp, Paul W. "The 1963 Excavations at Taʿannek." *BASOR* 173 (1964): 4–44.

―――. "The 1966 Excavations at Tell Taʿannek." *BASOR* 185 (1967): 2–39.

―――. "The 1968 Excavations at Tell Taʿannek." *BASOR* 195 (1969): 2–49.

―――. "Taanach by the Waters of Megiddo." *BA* 30 (1967): 2–27.

Lawergren, Bo. "Distinctions among Canaanite, Philistine, and Israelite Lyres, and Their Global Lyrical Contexts." *BASOR* 309 (1998): 41–68.

Layard, Austen H. *Discoveries in the Ruins of Nineveh and Babylon*. New York: Harper & Bros., 1853.

Leith, Mary Joan Winn. "Israel among the Nations: The Persian Period." In *The Oxford History of the Biblical World*, edited by Michael D. Coogan, 366–419. New York: Oxford University Press, 1998.

Lemaire, André. *Les écoles et la formation de la Bible dans l'ancien Israël*. Fribourg: Editions universitaires; Göttingen: Vandenhoeck & Ruprecht, 1981.

―――. "Education (Israel)." *ABD*, 2: 305–12.

―――. "'House of David' Restored in Moabite Inscription," *BAR* 20/3 (1994): 30–37.

―――. "Tarshish-*Tarsisi*: Problème de Topographie Historique Biblique et Assyrienne." In *Studies in Historical Geography and Biblical Historiography* (Zechariah Kallai Festschrift), edited by G. Galil and M. Weinfeld, 44–62. Leiden: Brill, 2000.

Lemche, Niels Peter. "Early Israel Revisited." *Currents in Research: Biblical Studies* 4 (1996): 9–34.

―――. "The History of Ancient Syria and Palestine: An Overview." *CANE* 2: 1195–1218.

———. *Prelude to Israel's Past: Background and Beginnings of Israelite History and Identity*. Peabody, Mass.: Hendrickson, 1998.

Lernau, Hanan, and Omri Lernau. "Fish Remains." In *City of David Excavations Final Report III*, edited by Alon de Groot and Donald T. Ariel, 131–148. Qedem 33. Jerusalem: Institute of Archaeology, Hebrew University, 1992.

Levenson, Jon D. *The Death and Resurrection of the Beloved Son*. New Haven, Conn.: Yale University Press, 1993.

———. *Sinai and Zion*. Minneapolis: Winston, 1985.

Levenson, Jon D., and Baruch Halpern. "The Political Import of David's Marriages." *JBL* 99 (1980): 507–18.

Levine, Baruch A. *Numbers 1–20*. AB 4A. New York: Doubleday, 1993.

Lev-Tov, Justin. "Iron Age Animal Bones from the Tombs of Tell Dothan: Identification and Evaluation of Ritual Offerings." Unpublished manuscript.

Lewis, Theodore J. *Cults of the Dead in Ancient Israel and Ugarit*. Atlanta: Scholars Press, 1989.

———. "Death Cult Imagery in Isaiah 57." *Hebrew Annual Review* 11 (1987): 267–84.

Lewy, Hildegard. "On Some Old Assyrian Cereal Names." *JAOS* 76 (1956): 201–4.

Liphshitz, Nili, and Gideon Biger. "Cedar of Lebanon (*Cedrus libani*) in Israel during Antiquity." *IEJ* 41 (1991): 167–75.

Liphschitz, Nili, Simcha Lev-Yadun, and Ram Gophna. "The Dominance of *Quercus calliprinos* (Kermes Oak) in the Central Coastal Plain in Antiquity." *IEJ* 37 (1987): 43–50.

Lipinski, Edward. "Royal and State Scribes in Ancient Jerusalem." In *Congress Volume*, edited by J. A. Emerton, 157–64. VTSup 40. Leiden: E. J. Brill, 1988.

Lipschits, Oded. "The History of the Benjamin Region Under Babylonian Rule." *TA* 26 (1999): 155–90.

Littauer, Mary A., and J. H. Crouwel. *Wheeled Vehicles and Ridden Animals in the Ancient Near East*. Leiden: E. J. Brill, 1979.

Lloyd, Seton. "Excavating the Land between the Two Rivers." *CANE*, 4: 2729–41.

Loud, Gordon. "An Architectural Formula for Assyrian Planning Based on the Results of Excavations at Khorsabad." *Revue d'Assyriologie* 33 (1936): 153–60.

———. *Megiddo II: Seasons of 1935–39*. Chicago: Oriental Institute, University of Chicago Press, 1948.

Lowenthal, David. *The Past Is a Foreign Country*. Cambridge: Cambridge University Press, 1985.

Lutfiyya, A. M. Baytin, *A Jordanian Village: A Study of Social Institutions and Social Change in a Folk Community*. The Hague: Mouton, 1966.

Macalister, R. A. S. *A Century of Excavation in Palestine*. London: Religious Tract Society, 1925.

———. *The Excavation of Gezer, 1902–1905 and 1907–1909*. 3 vols. London: J. Murray, 1912.

MacDonald, John. "The Status and Role of the Naʻar in Israelite Society." *JNES* 35 (1976): 147–70.

Macdonald, M. C. A. "North Arabia in the First Millennium B.C.E." *CANE*, 2: 1355–69.

Mackenzie, Duncan. *Excavations at ʻAin Shems*. London: Palestine Exploration Fund, 1912–13.

Magen, Yitzhak. "Mt. Gerizim–A Temple City" (Hebrew). *Qadmoniot* 33/2 (2000): 74–118.

Maisler (Mazar), Benjamin. "Two Hebrew Ostraca from Tell Qasile." *JNES* 10 (1951): 265–267.

Markoe, Glenn. *Phoenician Bronze and Silver Bowls from Cyprus and the Mediterranean*. Berkeley, Calif.: University of California, 1985.

Martin-Achard, Robert. "Resurrection." *ABD* 5: 680–84.

Matthews, Victor H., and Don C. Benjamin. *Social World of Ancient Israel 1250–587 B.C.E.* Peabody, Mass.: Hendrickson, 1993.

Matthiae, Paolo. "Princely Cemetery and Ancestors Cult at Ebla during Middle Bronze II." *UF* 11 (1979): 563–69.

Maxwell-Hyslop, K. R. *Western Asiatic Jewellery c. 3000–612 B.C.* London: Methuen, 1971.

Mazar, Amihai. *Archaeology of the Land of the Bible*. New York: Doubleday, 1990.

———. "The 'Bull Site': An Iron Age I Open Cult Place." *BASOR* 247 (1982): 27–42.

———. "The Fortification of Cities in the Ancient Near East," *CANE* 3: 1523–37.

Mazar, Benjamin. *Biblical Israel: State and People*. Edited by Samuel Aḥituv. Jerusalem: Magnes Press, Hebrew University, Israel Exploration Society, 1992.

———. "The 'Orpheus' Jug from Megiddo." In *Magnalia Dei: The Mighty Acts of God* (G. Ernest Wright Festschrift), edited by Frank M. Cross et al., 187–92 Garden City, N.Y.: Doubleday, 1976.

McCarter, P. Kyle. *Ancient Inscriptions*. Washington, D.C.: Biblical Archaeology Society, 1996.

———. "Aspects of the Religion of the Israelite Monarchy: Biblical and Epigraphic Data." In *Ancient Israelite Religion* (Frank Moore Cross Festschrift), edited by Patrick D. Miller et al., 137–55. Philadelphia: Fortress, 1987.

———. *I Samuel*. AB 8. Garden City, N.Y.: Doubleday, 1980.

———. *II Samuel*. AB 9. Garden City, N.Y.: Doubleday, 1984.

———. "Two Bronze Arrowheads with Archaic Alphabetic Inscriptions." In *Eretz-Israel* 26 (Frank Moore Cross Volume), edited by Baruch A. Levine et al., 123*–28*. Jerusalem: Israel Exploration Society, 1999.

McCarter, P. Kyle, and Robert B. Coote. "The Spatula Inscription from Byblos." *BASOR* 212 (1973): 16–22.

McGovern, Patrick E., and Garman Harbottle. "'Hyksos' Trade Connections between Tell el-Dabʻa (Avaris) and the Levant: A Neutron Activation Study of the Canaanite Jar." In *The Hyksos: New Historical and Archaeological Perspectives*, edited by E. D. Oren, 141–57. Philadelphia: University Museum, 1997.

McNutt, Paula M. *The Forging of Israel: Iron Technology, Symbolism, and Tradition in Ancient Society*. Sheffield: Almond Press, 1990.

———. *Reconstructing the Society of Ancient Israel*. LAI. Louisville, Ky.: Westminster John Knox; London: SPCK, 1999.

Mendenhall, George E. "The Census Lists of Numbers 1 and 26." *JBL* 77 (1958): 52–66.

Meshel, Ze'ev. *Kuntillet 'Ajrud: A Religious Centre from the Time of the Judean Monarchy on the Border of Sinai* (addendum: Sheffer, Avigail, "*The Textiles*"). Catalogue 175. Jerusalem: Israel Museum, 1978.

Mettinger, Tryggve. *No Graven Image?* Stockholm: Almqvist & Wiksell International, 1995.

Meyers, Carol. *Discovering Eve: Ancient Israelite Women in Context*. New York: Oxford University Press, 1988.

———. "Of Drums and Damsels: Women's Performance in Ancient Israel," *BA* 54 (1991): 16–27.

———. "A Terracotta at the Harvard Semitic Museum and Disc-holding Female Figures Reconsidered." *IEJ* 37 (1987): 116–22.

———. "Threshold." *ABD*, 6: 544–45.

Meyers, Eric M., ed. *Oxford Encyclopedia of Archaeology in the Near East*. 5 vols. New York: Oxford University Press, 1997.

Milgrom, Jacob. *Leviticus 1–16*. AB 3. New York: Doubleday, 1991.

Millard, Alan R. "An Assessment of the Evidence of Writing in Ancient Israel." In *Biblical Archaeology Today*, edited by J. Aviram et al., 301–12. Jerusalem: Israel Exploration Society, 1985.

———. "Does the Bible Exaggerate King Solomon's Wealth?" *BAR* 15/3 (1989): 20–29, 31, 34.

———. "Ezekiel XXVII. 19: The Wine Trade of Damascus." *JSS* 7 (1962): 201–3.

———. "The Temple Mount from Zerubbabel to Herod." In *Biblical Israel: State and People*, ed. Samuel Ahituv, 109–15. Jerusalem: Magnes Press, Hebrew University and Israel Exploration Society, 1992.

Miller, Patrick D. *The Religion of Ancient Israel*. LAI. Louisville, Ky.: Westminster John Knox Press, 2000.

Moldenke, Harold N., and Alma L. Moldenke. *Plants of the Bible*. New York: Ronald Press, 1952.

Montgomery, James A. *Arabia and the Bible*. New York: KTAV, 1969.

Moorey, P. Roger. *Ancient Mesopotamian Materials and Industries*. Winona Lake, Ind.:

Eisenbrauns, 1999.

Moran, William L. *The Amarna Letters*. Baltimore: Johns Hopkins University Press, 1992.

Mosca, Paul G. "Child Sacrifice in Canaanite and Israelite Religion: A Study in Mulk and *molek*." Ph.D. diss., Harvard University, 1975.

Mowinckel, Sigmund. *The Psalms in Israel's Worship*. With a foreword by Robert K. Gnuse and Douglas A. Knight. Sheffield: JSOT Press, 1992; Norwegian original in 1951.

Muhly, James D. "How Iron Technology Changed the Ancient World–And Gave the Philistines a Military Edge." *BAR* 8/6 (1982): 40–54.

———. "Metals." *OEANE*, 4: 1–15.

Mumcuoglu, Kostas, and Joseph Zias. "How the Ancients De-Loused Themselves." *BAR* 15/6 (1989): 66–69.

Na'aman, Nadav, "The Contribution of the Amarna Letters to the Debate on Jerusalem's Political Position in the Tenth Century B.C.E." *BASOR* 304 (1996): 17–27.

———. "The Kingdom of Judah under Josiah." *TA* 18 (1991): 3–71.

Naveh, Joseph. *Early History of the Alphabet*. Jerusalem: Magnes Press, Hebrew University, 1982.

Netzer, Ehud. "Domestic Architecture in the Iron Age." In *The Architecture of Ancient Israel*, edited by A. Kempinski and R. Reich, 193–201. Jerusalem: Israel Exploration Society, 1992.

Neufeld, Edward. "Hygiene Conditions in Ancient Israel." *BA* 34 (1971): 42–66.

Niditch, Susan. *Oral World and Written Word: Ancient Israelite Literature*. LAI. Louisville: Westminster John Knox, 1996.

Nielsen, Kjeld. *Incense in Ancient Israel*. VTSup 38. Leiden: E. J. Brill, 1986.

North, Robert. *Medicine in the Biblical Background*. AnBib. Rome: Editrice Pontificio Istituto Biblico, 2000.

Noth, Martin. *Numbers*. OTL. Philadelphia: Westminster, 1968.

Oppenheim, A. Leo. *Ancient Mesopotamia: Portrait of a Dead Civilization*. Rev. ed. Chicago: University of Chicago, 1964.

———. "The Golden Garments of the Gods." *JNES* 8 (1949): 172–93.

Oren, Eliezer D. "The 'Kingdom of Sharuhen' and the Hyksos Kingdom." In *The Hyksos: New Historical and Archaeological Perspectives*, edited by E. D. Oren, 253–83. Philadelphia: University Museum, University of Pennsylvania, 1997.

———. "Seraʻ, Tel." *NEAEHL*, 4: 1329–35.

Parker, Simon B., ed. *Ugaritic Narrative Poetry*. SBLWAW 9. Atlanta: Scholars Press, 1997.

Paul, Shalom M. *Amos: A Commentary on the Book of Amos*. Hermeneia. Minneapolis: Fortress, 1991.

Payton, Robert. "The Ulu Burun Writing-Board Set." *Anatolian Studies* 41 (1991): 99–106.

Peckham, Brian. "Phoenicia and the Religion of Israel: The Epigraphic Evidence." In *Ancient Israelite Religion* (Frank Moore Cross Festschrift), edited by P. D. Miller, P. D. Hanson, and S. D. McBride, 79–99. Philadelphia: Fortress, 1987.

Pedersen, Johannes. *Israel: Its Life and Culture*. 4 vols. London: Oxford University Press, 1926–1940.

Petrie, W. M. Flinders. *Researches in Sinai*. London: J. Murray, 1906.

———. *Explorations in Palestine*. London: Palestine Exploration Fund, 1890: 159–166.

Pierre, Marie-Joseph, and Jourdain-Marie Rousée. "Sainte-Marie de la Probatique: État et orientation des recherches." *Proche-Orient Chrétien* 31 (1981): 23–42.

Platt, Elizabeth E. "Jewelry, Ancient Israelite." *ABD*, 3: 823–34.

Polanyi, Karl. *The Livelihood of Man*. New York: Academic Press, 1977.

Pope, Marvin H. "ʻam haʼarez." *IDB*, 1: 106–7.

———. "The Cult of the Dead at Ugarit." In *Ugarit in Retrospect*, edited by G. D. Young, 159–79. Winona Lake, Ind.: Eisenbrauns, 1981.

———. *Job*. AB 15. Garden City, N.Y.: Doubleday, 1965.

Porada, Edith. "The Cylinder Seal from Tell el-Dabʻa." *AJA* 88 (1984): 483–88.

Post, George. "Oil Tree." In *A Dictionary of the Bible*, edited by J. Hastings, 3: 592–93. Edinburgh: T. & T. Clark, 1898. Reprint, Peabody, Mass.: Hendrickson, 1988.

Powell, Marvin A. "Wine and the Vine in Ancient Mesopotamia: The Cuneiform Evidence." In *The Origins and Ancient History of Wine*, edited by P. E. McGovern, S. J. Fleming, and S. H. Katz, 97–122. Amsterdam: Overseas Publishers Association, 1995.

Prag, Kay. "Silver in the Levant in the Fourth Millennium B.C." In *Archaeology in the Levant* (Kathleen Kenyon Festschrift), edited by P. R. Moorey and P. J. Parr, 36–45. Warminster: Aris & Phillips, 1978.

Price, Ira M. "Ophir." In *A Dictionary of the Bible,* edited by J. Hastings, 3:626–28. Edinburgh: T. & T. Clark, 1898. Reprint, Peabody, Mass.: Hendrickson, 1988.

Pritchard, James B. *Gibeon, Where the Sun Stood Still*. Princeton, N.J.: Princeton University Press, 1962.

———. *Recovering Sarepta, a Phoenician City*. Princeton, N.J.: Princeton University Press, 1978.

———. *The Water System of Gibeon*. Philadelphia: University Museum, University of Pennsylvania, 1961.

Propp, William H. C. *Exodus 1–18*. AB 2. New York: Doubleday, 1998.

Provan, Iain W. "Ideologies, Literary, and Critical: Reflections on Recent Writing on the History of Israel." *JBL* 114 (1995): 585–606.

Puech, Émile. "The Canaanite Inscriptions of Lachish and Their Religious Background." *TA* 13 (1986): 13–25.

———. "La stèle araméenne de Dan: Bar Hadad II et la coalition des Omrides et de la maison de David." *RB* 101 (1994): 215–41.

Pulak, Çemal. "The Uluburun Shipwreck." In *Res Maritimae: Cyprus and the Eastern Mediterranean from Prehistory to Late Antiquity*, edited by S. Swiny, R. L. Hohlfelder, and H. W. Swiny, 233–62. Atlanta: Scholars Press, 1997.

Raban, Avner, and Robert R. Stieglitz. "The Sea Peoples and Their Contributions to Civilization." *BAR* 17/6 (1991): 34–42, 92–93.

Rainey, Anson F. "The Samaria Ostraca in the Light of Fresh Evidence." *PEQ* 99 (1967): 32–41.

———. "The *Sitz im Leben* of the Samaria Ostraca." *TA* 6 (1979): 91–94.

———. "A Tri-Lingual Cuneiform Fragment from Tel Aphek." *TA* 3 (1976): 137–40.

Rast, Walter. "Cakes for the Queen of Heaven." In *Scripture in History and Theology: Essays in Honor of J. Coert Rylaarsdam*, edited by A. L. Merrill and T. W. Overholt, 167–80. Pittsburgh: Pickwick Press, 1977.

Reich, Ronny. "Building Materials and Architectural Elements in Ancient Israel." In *The Architecture of Ancient Israel from the Prehistoric to the Persian Periods*, edited by A. Kempinski and R. Reich, 1–16. Jerusalem: Israel Exploration Society, 1992.

———. "Palaces and Residencies in the Iron Age." In *The Architecture of Ancient Israel from the Prehistoric to the Persian Periods*, edited by A. Kempinski and R. Reich, 202–22. Jerusalem: Israel Exploration Society, 1992.

Reich, Ronny, and Eli Shukron. "Light at the End of the Tunnel." *BAR* 25/1 (1999): 22–33, 72.

———. "The System of Rock-Cut Tunnels near Gihon in Jerusalem Reconsidered." *RB* 107 (2000): 5–17.

Reisner, George A., Clarence S. Fisher, and David G. Lyon. *Harvard Excavations at Samaria*. Cambridge: Harvard University Press, 1924.

Rimmer, Joan. *Ancient Musical Instruments of Western Asia*. London: British Museum, 1969.

Ringgren, Helmer. "ṭahar." *TDOT*, 5: 287–96.

Robinson, Edward. *Biblical Researches in Palestine and the Adjacent Regions*. 1856. Reprint, Jerusalem: Universitas Booksellers, 1970.

Rogers, Everett M. *Modernization among Peasants: The Impact of Communication*. New York: Holt, Rinehart & Winston, 1969.

Rosen, Baruch. "Wine and Oil Allocations in the Samaria Ostraca." *TA* 13 (1986): 39–45.

Rothenberg, Beno. *Timnaʿ: Valley of the Biblical Copper Mines*. London: Thames & Hudson, 1972.

Sakenfeld, Katharine D. *Ruth*. Interpretation. Louisville: John Knox Press, 1999.

Sasson, Jack M. "Circumcision in the Ancient Near East." *JBL* 85 (1966): 473–76.

Sasson, Jack M., ed. *Civilizations of the Ancient Near East*. 4 vols. New York: Charles

Scribner's Sons, 1995.

Sauer, James A. "The River Runs Dry: Biblical Story Preserves Historical Memory." *BAR* 22/4 (1996): 52–57, 64.

Säve-Söderbergh, Torgny. *The Navy of the Eighteenth Egyptian Dynasty*. Uppsala: Lundequistska Bokhandeln, 1946.

Schaub, R. Thomas. "Bab edh-Dhraʿ." *NEAEHL*, 1: 130–36.

Schick, Tamar. *The Cave of the Warrior*. Jerusalem: Israel Antiquities Authority, 1998.

Schloen, J. David. *The House of the Father as Fact and Symbol: Patrimonialism in Ugarit and the Ancient Near East*. Studies in the Archaeology and History of the Levant, 2. Cambridge: Harvard Semitic Museum, 2001.

Schmidt, Brian B. *Israel's Beneficent Dead*. Winona Lake, Ind.: Eisenbrauns, 1996.

Schniedewind, William M. "Tel Dan Stela: New Light on Aramaic and Jehu's Revolt." *BASOR* 302 (1996): 75–90.

Scott, Robert B. Y. "Weights and Measures of the Bible." *BA* 22 (1959): 22–40.

Scurlock, JoAnn. "Neo-Assyrian Battle Tactics." In *Crossing Boundaries and Linking Horizons*, edited by G. D. Young et al. Bethesda, Md.: CDL Press, 1997: 491–517.

Seger, Joe D. "The Gezer Jar Signs: New Evidence of the Earliest Alphabet." In *The Word of the Lord Shall Go Forth* (David Noel Freedman Festschrift), edited by C. L. Meyers and M. O'Connor, 477–95. Philadelphia: ASOR, 1983.

Selbie, John A. "Terebinth." In *A Dictionary of the Bible,* edited by J. Hastings, 4: 718–19. Edinburgh: T. & T. Clark, 1898. Reprint, Peabody, Mass.: Hendrickson, 1988.

Seow, Choon-Leong. *Ecclesiastes*. AB 18C. New York: Doubleday, 1997.

Shanks, Hershel. "Everything You Ever Knew about Jerusalem Is Wrong (Well, Almost)." *BAR* 25/6 (1999): 20–29.

———. "Where Is The Tenth Century?" *BAR* 24/2 (1998): 56–61.

Shea, William H. "Jerusalem under Siege." *BAR* 25/6 (1999): 36–44, 64.

Shepard, Anna O. *Ceramics for the Archaeologist*. Washington, D.C.: Carnegie Institution, 1956.

Shiloh, Yigal. *Excavations at the City of David, I: Interim Report of the First Five*

Seasons (1978–1982). Qedem 19. Jerusalem: Institute of Archaeology, Hebrew University, 1984.

———. "Iron Age Sanctuaries and Cult Elements in Palestine." In *Symposia Celebrating the Seventy-Fifth Anniversary of the Founding of the American Schools of Oriental Research (1900–1975)*, edited by Frank M. Cross, 147–57. Cambridge: American Schools of Oriental Research, 1979.

———. "Megiddo: The Iron Age." *NEAEHL*, 3: 1012–23.

———. *The Proto–Aeolic Capital and Israelite Ashlar Masonry*. Qedem 11. Jerusalem: Institute of Archaeology, Hebrew University, 1979.

Simons, Jan Jozef. *Jerusalem in the Old Testament*. Leiden: E. J. Brill, 1952.

Smith, George Adam. *The Historical Geography of the Holy Land*. 26th ed. London: Harper, 1937.

Smith, Morton. "A Note on Burning Babies." *JAOS* 95 (1975): 477–79.

Smith, Patricia. "The Trephined Skull from the Early Bronze Age Period at Arad." In *Eretz-Israel* 21 (Ruth Amiran Volume), edited by A. Eitan, R. Gophna, and M. Kochavi, 89*–93*. Jerusalem: Israel Exploration Society, 1990.

Snell, Daniel C. *Life in the Ancient Near East 3100–332* B.C.E. New Haven, Conn.: Yale University Press, 1997.

Speiser, Ephraim A. *Genesis*. AB 1. Garden City, N.Y.: Doubleday, 1964.

Stager, Lawrence E. "Another Mould for Cakes from Cyprus: In the Queen's Image." In *Rivista di Studi Fenici* 28/1 (2000): 6–11.

———. "The Archaeology of the Family in Ancient Israel." *BASOR* 260 (1985): 1–35.

———. "Ashkelon and the Archaeology of Destruction: Kislev 604 B.C.E." In *Eretz-Israel* 25 (Joseph Aviram Volume), edited by A. Biran et al., 61*–74*. Jerusalem: Israel Exploration Society, 1996.

———. *Ashkelon Discovered*. Washington, D.C.: Biblical Archaeology Society, 1991.

———. "Carthage: A View from the Tophet." In *Phönizier im Westen*, edited by H. G. Niemeyer, 155–66. Madrider Beiträge 8. Mainz am Rhein: Philipp von Zabern, 1982.

———. "Forging an Identity: The Emergence of Ancient Israel." In *The Oxford History of the Biblical World*, edited by M. D. Coogan, 123–75. New York: Oxford University Press, 1998.

———. "The Fortress-Temple at Shechem and the 'House of El, Lord of the Covenant.'" In *Realia Dei: Essays in Archaeology and Biblical Interpretation in Honor of Edward F. Campbell, Jr., at His Retirement*, edited by Prescott H. Williams Jr., and Theodore Hiebert, 228–49. Atlanta: Scholars Press, 1999.

———. "The Fury of Babylon: Ashkelon and the Archaeology of Destruction." *BAR* 22/1 (1996): 56–69, 76–77.

———. "Haggling over Leviathan" (unpublished manuscript).

———. "The Impact of the Sea Peoples (1185–1050 B.C.E.)." In *The Archaeology of Society in the Holy Land*, edited by T. E. Levy, 332–48. New York: Facts on File, 1995.

———. "Jerusalem and the Garden of Eden." In *Eretz-Israel* 26 (Frank Moore Cross Volume), edited by B. A. Levine et al., 183*–94*. Jerusalem: Israel Exploration Society, 1999.

———. "Jerusalem as Eden." *BAR* 26/3 (2000): 36–47, 66.

———. "Painted Pottery and Its Relationship to the Weaving Crafts in Canaan during the Early Bronze Age I." In *Eretz-Israel* 21 (Ruth Amiran Volume), edited by A. Eitan et al., 83*–88* Jerusalem: Israel Exploration Society, 1990.

———. "Port Power in the Early and the Middle Bronze Age: The Organization of Maritime Trade and Hinterland Production." In *Studies in the Archaeology of Israel and Neighboring Lands: In Memory of Douglas L. Esse*, edited by Samuel R. Wolff, 611–24. Chicago: Oriental Institute of the University of Chicago and the American Schools of Oriental Research, forthcoming.

———. "The Song of Deborah–Why Some Tribes Answered the Call and Others Did Not." *BAR* 15/1 (1989): 50–64.

———. "Why Were Hundreds of Dogs Buried at Ashkelon?" *BAR* 17/3 (1991): 26–42.

Stager, Lawrence E., and Samuel R. Wolff. "Child Sacrifice at Carthage–Religious Rite or Population Control?" *BAR* 10/1 (1984): 30–51.

———. "Production and Commerce in Temple Courtyards: An Olive Press in the

Sacred Precinct at Tel Dan." *BASOR* 243 (1981): 95–102.

Stern, Ephraim. *Archaeology of the Land of the Bible*. Vol. 2, *The Assyrian, Babylonian, and Persian Periods (732–332 B.C.E.)*. AB Supplements. New York: Doubleday, 2001.

———. "The Babylonian Gap," *BAR* 26/6 (2000): 45–51, 76.

———. "Buried Treasure: The Silver Hoard from Dor." *BAR* 24/4 (1998): 46–51, 62.

———. "What Happened to the Cult Figurines?" *BAR* 15/4 (1989): 22–29, 53–54.

———. "The Persian Empire and the Political and Social History of Palestine in the Persian Period." In *The Cambridge History of Judaism,* Vol. I: *Introduction: The Persian Period*, edited by W. D. Davies and Louis Finkelstein, 70–87. Cambridge: Cambridge University Press, 1984.

———. "The Archaeology of Persian Palestine." In *The Cambridge History of Judaism,* Vol. I: *Introduction: The Persian Period*, edited by W. D. Davies and Louis Finkelstein, 88–114. Cambridge: Cambridge University Press, 1984.

Stern, Ephraim, ed. *The New Encyclopedia of Archaeological Excavations in the Holy Land*. Jerusalem: Israel Exploration Society & Carta; New York: Simon & Schuster, 1993.

Stern, Ephraim, and Ilan Sharon. "Tel Dor, 1986," *IEJ* 37 (1987): 201–11.

———. "Tel Dor, 1992: Preliminary Report." *IEJ* 43 (1993): 126–50.

Stewart, James R. *Tell el-'Ajjul: The Middle Bronze Age Remains*. Göteborg: P. Åström, 1974.

Stronach, David. "The Imagery of the Wine Bowl: Wine in Assyria in the Early First Millennium B.C." In *The Origins and Ancient History of Wine*, edited by P. E. McGovern, S. J. Fleming, and S. H. Katz, 175–95. Amsterdam: Overseas Publishers Association, 1995.

Sweet, Louise E. *Tell Toqaan: A Syrian Village*. Ann Arbor, Mich.: University of Michigan, 1974.

Tadmor, Hayim. *The Inscriptions of Tiglath-pileser III*, King of Assyria. Jerusalem: Israel Academy of Sciences and Humanities, 1994.

Tadmor, Miriam, and Osnat Misch-Brandl. "The Beth Shemesh Hoard of Jewellery." *Israel Museum News* 16 (1980): 71–79.

Talmon, Shemaryahu. "The New Hebrew Letter from the Seventh Century B.C. in Historical Perspective." *BASOR* 176 (1964): 29–38.

Taylor, J. Glen. *Yahweh and the Sun: The Biblical and Archaeological Evidence for Sun Worship in Ancient Israel.* JSOTSup 111. Sheffield: JSOT Press, 1993.

Temin, Peter. "A Market Economy in the Early Roman Empire." Forthcoming in *Journal of Roman Studies.*

Thomas, D. Winton, ed. *Documents from Old Testament Times.* New York: Harper, 1958.

Thompson, Henry O., and Fawzi Zayadine. "The Tell Siran Inscription." *BASOR* 212 (1973): 5–11.

Thompson, Thomas L. *The Mythic Past: Biblical Archaeology and the Myth of Israel.* New York: Basic Books, 1999.

Torr, Cecil. *Ancient Ships.* Cambridge: Cambridge University Press, 1894.

Trible, Phyllis. *Texts of Terror: Literary-Feminist Reading of Biblical Narratives.* Philadelphia: Fortress Press, 1984.

Tsuk, Tsvika. "Hydrology." *OEANE*, 3: 132–33.

Tufnell, Olga. *Lachish III: The Iron Age.* London: Oxford University Press, 1953.

———. *Lachish IV: The Bronze Age.* London: Oxford University Press, 1958.

Tylecote, R. F. *A History of Metallurgy.* Avon: Bath Press, 1992.

Ussishkin, David. *The Conquest of Lachish by Sennacherib.* Tel Aviv: Institute of Archaeology, Tel Aviv University, 1982.

———. "Excavations at Tel Lachish–1973–1977, Preliminary Report." *TA* 5 (1978): 1–97.

———. "Excavations at Tel Lachish–1978–1983, Second Preliminary Report." *TA* 10 (1983): 97–175.

———. "Lachish." *NEAEHL*, 3: 897–911.

———. "The Necropolis from the Time of the Kingdom of Judah at Silwan, Jerusalem." *BA* 33 (1970): 34–46.

———. "The Water Systems of Jerusalem during Hezekiah's Reign." In *Meilenstein: Festgabe für Herbert Donner.* Ägypten und Altes Testament 30, edited by M.

Weippert and S. Timm, 289–307. Wiesbaden: Harrassowitz Verlag, 1995.

Ussishkin, David, and John Woodhead. "Excavations at Tel Jezreel 1994–1996: Third Preliminary Report." *TA* 24 (1997): 6–72.

Van Dam, Cornelis. *The Urim and Thummim: A Means of Revelation in Ancient Israel*. Winona Lake, Ind.: Eisenbrauns, 1997.

Vanderhooft, David S. "The Israelite *mišpāḥâ* in the Priestly Writings: An Elite Reconstruction of Social Organization." In *Rival Communities in the Ancient Near East*, edited by B. Halpern, G. Knoppers, and A. Joffe. Leiden: Brill, forthcoming.

———. *The Neo-Babylonian Empire and Babylon in the Latter Prophets*. HSM 59. Atlanta: Scholars Press, 1999.

Vaux, Roland de. *Ancient Israel*. New York: McGraw-Hill, 1961.

———. "Les prophètes de Baal sur le Mont Carmel." *Bulletin du Musée de Beyrouth* 5 (1941): 7–20.

———. *Studies in Old Testament Sacrifice*. Cardiff: University of Wales, 1964.

Voegelin, Eric. *The New Science of Politics*. Chicago: University of Chicago Press, 1952.

Vogt, Ernest. "The 'Place in Life' of Ps 23." *Biblica* 34 (1953): 195–211.

Wachsmann, Shelley. *Seagoing Ships and Seamanship in the Bronze Age Levant*. London: Chatham Publishing, 1998.

Waldbaum, Jane C. *From Bronze to Iron: The Transition from the Bronze Age to the Iron Age in the Eastern Mediterranean*. Studies in Mediterranean Archaeology 54. Göteborg: Paul Åströms Förlag, 1978.

Walsh, Carey Ellen. *The Fruit of the Vine: Viticulture in Ancient Israel*. HSM 60. Winona Lake, Ind.: Eisenbrauns, 2000.

Wapnish, Paula, and Brian Hesse, "Equids." *OEANE*, 2: 255–56.

———. "Faunal Remains from Tel Dan: Perspectives on Animal Production at a Village, Urban and Ritual Center." *Archaeozoologia* 4 (1991): 9–86.

Warner, Sean. "The Alphabet: An Innovation and Its Diffusion." *VT* 30 (1980): 81–90.

Warnock, Peter, and Michael Pendleton "The Wood of the Ulu Burun Diptych." *Anatolian Studies* 41 (1991): 107–10.

Weill, Raymond. *La Cité de David, II: Campagne de 1923–1924*. Paris: P. Geuthner, 1947.

Weinfeld, Moshe. *Deuteronomy 1–11*. AB 5. New York: Doubleday, 1991.

———. "The Worship of Molech and of the Queen of Heaven and Its Background." *UF* 4 (1972): 133–54.

Weippert, Helga. "Die Kesselwagen Salomos." *ZDPV* 108 (1992): 8–41.

Wellhausen, Julius. *Prolegomena to the History of Israel*. Atlanta: Scholars Press, 1994; German original in 1878.

Wheeler, Margaret. "Loomweights and Spindle Whorls." In *Excavations at Jericho*, edited by K. M. Kenyon and T. A. Holland, 4: 622–37. London: British School of Archaeology in Jerusalem, 1982.

White, Lynn. *Medieval Technology and Social Change*. Oxford: Clarendon Press, 1962.

Wolff, Hans Walter. *Anthropology of the Old Testament*. Philadelphia: Fortress Press, 1974.

Woolley, C. Leonard, and P. Roger Moorey. *Ur 'of the Chaldees'*. Rev. ed. Ithaca: Cornell University Press, 1982.

Wright, G. Ernest. *Biblical Archaeology*. Philadelphia: Westminster, 1957.

———. *Deuteronomy*. IB. New York: Abingdon, 1953.

———. "The 'New' Archaeology." *BA* 38 (1975): 104–15.

Wright, G. Ernest, ed. *The Bible and the Ancient Near East* (W. F. Albright Festschrift). Garden City, N.Y.: Doubleday, 1961.

Wright, J. H. Christopher. "Family." *ABD*, 2: 761–69.

Yadin, Yigael. *The Art of Warfare in Biblical Lands*. New York: McGraw-Hill, 1963.

———. "Excavations at Hazor, 1968–1969: Preliminary Communiqué." *IEJ* 19 (1969): 1–19.

———. "The Fifth Season of Excavations at Hazor, 1968–1969." *BA* 32 (1969): 50–70.

———. "A Further Note on the Samaria Ostraca," *IEJ* 12 (1962): 64–66.

———. "Goliath's Javelin and the *menor 'orgîm*." *PEQ* 86 (1955): 58–69.

———. *Hazor: The Rediscovery of a Great Citadel of the Bible*. London: Weidenfeld & Nicolson, 1975.

———. *Hazor II*. Jerusalem: Hebrew University, 1960.

———. "The Mystery of the Unexplained Chain." *BAR* 10/4 (1984): 65–67.

———. "Recipients or Owners: A Note on the Samaria Ostraca." *IEJ* 9 (1959): 184–87.

Yeivin, Ze'ev. "The Mysterious Silver Hoard from Eshtemoa." *BAR* 13/6 (1987): 38–44.

Yener, K. Aslihan, and Hadi Ozbal. "Tin in the Turkish Taurus Mountains: The Bolkardag Mining District." *Antiquity* 61 (1987): 223–24.

Zeist, Willem van, and Johanna A. Heeres. "Paleobotanical Studies of Deir 'Alla, Jordan." *Paléorient* 1 (1973): 21–37.

Zias, Joseph. "Health and Healing in the Land of Israel–A Paleopathological Perspective." In *Illness and Healing in Ancient Times*, edited by O. Rimon, 13*–19*. Reuben and Edith Hecht Museum Catalogue 13. Haifa: University of Haifa, 1996.

———. "Three Trephinated Skulls from Jericho." *BASOR* 246 (1982): 55–58.

Zias, Joseph, and Kostas Mumcuoglu. "Pre-Pottery Neolithic B Head Lice from Naḥal Ḥemar Cave." *'Atiqot* 20 (1991): 167–68.

Zimmerli, Walther. *Ezekiel* 2. Hermeneia. Philadelphia: Fortress Press, 1983.

Zohary, Michael. *Flora Palaestina*. Jerusalem: Israel Academy of Sciences and Humanities, 1966.

———. *Plants of the Bible*. Cambridge: Cambridge University Press, 1982.

Zorn, Jeffrey R. "Mesopotamian-Style Ceramic 'Bathtub' Coffins from Tell en-Naṣbeh." *TA* 20 (1993): 216–24.

———. "More on Mesopotamian Burial Practices in Ancient Israel." *IEJ* 47 (1997): 214–19.

색인

ㄱ

가구 109
    아카시아나무 63
    로뎀나무 63

가나안
    명칭의 의미 228

가나안 사람(들)
    머리스타일 366
    알파벳의 창시자 398
    의복 358
    이스라엘 제사에 끼친 영향 460

가나안 항아리 209, 210
    또한 토기를 보라

가나안-베니게 영향
    다듬은 돌 양식 60

가난 81, 97

가데스 바네아 176, 290, 293
    낙타의 흔적 176
    급수 시설 290, 293

가마 67, 196
    또한 토기를 보라

가부장 77
    가부장적 권위 40, 77, 80
    또한 가족, 가정, 부모를 보라

가정
    조상 77
    족장 39
    경제활동의 중심 268

가족 77, 78, 79, 80

주요 상징 39
이스라엘 사회의 기초 59, 77, 81
핵가족, 확대가족, 대가족 81 각주 29
왕국 시대 이전 47
6가지 주요 요소 79
가족 국가 77
가죽 231
돌고래 231
수출 231
샌들 364-65
방패 314
필기도구 410
문서 재료 232
가축 54, 178
각적 392
간음 103, 105
갈그미스 341
갈데아 340
갈대
건물 재료 59
갑옷 309, 310, 314
강간 105
강우량 137, 184
개 178
베니게의 치료 제의와 관련 133
매장 흔적 133
거룩한 장소들 422-44

황소 유적지 425
산당 422-25
거울 377, 378
건축 36
앗수르 영향 287-89
가정집 59-76
철기 II 시대 60
기둥이 있는 건물 279-280
건축 자재 59, 60
겉옷 359
또한 의복을 보라
게라 274
게르 49, 82
접대 107
게셀
농업 138-39
네모나게 다듬은 돌 60
물 저장고 186
발굴 138-39
성문 318-21
곡식 저장고 142
왕실 도시 280
무덤 483
벽 316
급수 시설 290, 292
게셀 달력 138, 139
결혼 36, 52, 78

결혼 연령 78, 99

　　　결혼 준비 100

　　　신부 지참금 99

　　　수혼 101-02

　　　정치적, 성경적 예들 99-100

　　　결혼 의식 100-01

　　　또한 친족을 보라

결혼 예식

　　　축제 384

　　　성스러운 결혼 100

경배

　　　중심지 424

　　　히브리어 단어 421

　　　장소 422

　　　여인 96

계약 40

　　　할례 87

계약 공동체 79

계절 45, 52

계피 162, 163

고고학

　　　성경 41

　　　유기 물질 169

고기 172, 178

　　　식용 115

고대 경제

　　　물물교환의 영역 268-69

　　　경제에 있어 땅의 역할 269

고둥들 229

고레스 왕 348

　　　칙령 501

고아 98

곡물 68, 113, 115, 138, 142

　　　수출 271

　　　가공 과정 146

　　　저장 143

　　　타작 140

　　　키질 141

골란 고원 62, 165

포위용 언덕 317

공성망치 317, 322, 324

　　　공성망치를 병기로부터 떼어내기 위해
　　　　사용한 철 사슬 338

　　　또한 전쟁, 무기를 보라

과부 48, 97

과일 158, 159

과일 나무 146

관

　　　욕조 모양 481-82

　　　인간 형상 478

　　　또한 무덤을 보라

관개

　　　예루살렘 주변 299, 304

　　　발라왓 성군에 묘사됨 65

아마 214
교육
　아이들의 교육 89-91, 417
구리/청동 233
　수입 271
　대접 236-37
구슬 369, 371
구전되던 전통 412
군대 324, 325
　군 야영장
　　청결 117-18
　힘
　　말과 병거 173
　복무
　　징병 325, 326
　　면제 79
　훈련 89-90
　또한 용병, 전쟁을 보라
궁수
　병거 329-32
　또한 병거, 전쟁을 보라
궁전 280-87
　히브리어 단어 281
　라기스 286
　므깃도 282-84
　오므리의 사마리아 283
　사울의 기브아 280

규빗 278
　또한 측량을 보라
그룹
　소나무를 조각한 그룹 66
　그룹의 형상 426, 451
　우상으로 생각되지 않은 그룹 192
　솔로몬 성전에서의 그룹 438
　다아낙 제대에서의 그룹 450-51
그리심 산 504
근친상간 105
금 239, 240, 241
　접합 241 각주 142
　에봇 240
　금 송아지 240
　히브리어 단어 240
　성전 장식 436
금송아지 42, 240, 425, 431
　여호와와 관련 431
　단과 벧엘 430
　신상 429
　여로보암 426
금식 107
금지된 음식을 먹는 것 474
기도 64, 124
　치유 132
기둥 423, 430, 437, 443
기둥을 세운 주랑 281

기둥과 작은 돌들로 건축 67
기드론 골짜기 294, 298, 299
기드온 66, 191
    부르심 66
    금 에봇 191
기록 398, 400, 401
    알파벳 399
    도구 405
    재료 403-11
    베니게 문자 398
기마 174, 262
기브아 144, 280
    쟁기 끝 144
기브온 290, 291
    추방, 망명 345, 347
    산당 424
    못가 291
    급수 시설 290, 291
기생충 120, 121
기장 266
기혼 샘 294, 296
길
    히브리어 단어 250
길가메쉬 신화 402
꿀
    대추야자나무 열매 159
    포도에서 추출한 꿀 159

감미료 162
    수출 271

ㄴ

나귀 174
    청동 나귀 재갈 175
    운송 261-62
    여행 260-61
나리 60
    또한 석회석을 보라
나무
    제사용 물건 423
    성경에 언급되어 있는 종류 164-65
    또한 각각의 나무에 대하여 보라
나무 심기
    그림 64
    또한 농사, 목재를 보라
나병
    잘못된 번역 127
나봇의 포도원 92
    상속 92-3
나실인 89, 125, 156
나이 78, 84
    결혼 적령기 78
    수유의 나이 84

또한 수명을 보라
나할라 277, 507
나할 미쉬마르 220
    베틀 추 발견 220
    베틀로 옷감 짜기 223
    섬유조각 발견 224 각주 100
나할 카나 동굴 241
나할 헤마르 동굴 214
    아마 213
    베틀 추 발견 220
낙타 176, 177
    운송 261
낙태 83
난파선
    발견 252 각주 167, 259
    베니게 253, 254
    또한 울루부룬(Uluburun) 유적지에서 발
    견된 난파선을 보라
날개 달린 스핑크스 297, 447, 450
날개 달린 태양 원반
    여호와의 태양 상징 192, 451
남왕국
    다윗의 집 39, 77
납
    수입 271
    납과 은 244-45
넓은 벽 300

네스위 192
    장례용 석비 192
노래 380, 381
노새 174, 176
노역의 빚 505
노예
    곡물 가공 146
녹로 196, 199, 203
농경 44, 136
농기구 143-45
농업 84, 100, 137
    달력 44, 138-43
    종교적 달력 136
    먹을 수 있을 것의 재배 145-63
    생산 135
    도구 143-45
    또한 게셀 달력을 보라
눈이 멀게 되는 것 123
느브갓네살 II세 340
    바로 느고 II세의 파멸 341-42
    초토화 정책 500
느헤미야 505
니느웨
    정원 303
    또한 라기스 벽부조를 보라
    베니게 난파선 253
    벽부조 110

니므롯 70
   금발견 242
   상아발견 70

ㄷ

다듬은 돌 양식 60, 61
   사마리아에서 발견된 오므리의 궁전 283
   므깃도 궁전 282, 283
   라맛 라헬 285-86
   텔 단 287, 430, 432
   또한 건축, 돌을 보라

다락 277

다말
   수혼 101-02

다산
   상징으로서 대추야자나무 159
   여신 456

다시스
   위치 258-59
   선박 258

다시스의 배 258-259
   또한 솔로몬의 배를 보라

다아나
   다듬은 돌 양식 60

제대 426, 449-51, 448-49, 450 각주 27, 451
   철 유물 239
   레위지파 도시 447
   왕실 도시 280
   베틀로 옷감 짜기 223

다윗
   다윗의 호위대 325
   말과 병거 173
   음악가 383
   궁전 168

단
   단에서 발견된 기둥머리 285
   대추야자나무 문양 158
   성문 318
   성소 425-34
   네모나게 다듬은 돌 사용 60
   벽 316

단 골짜기 66
   테레빈나무 167

단도 307, 308

달란트(키카르〈kikkar〉 274

달력
   농사 달력 44, 138-43
   제사용 달력 136
   게셀 달력 45

닭 179, 180

대상무역인 459
    또한 무역, 여행을 보라
대속죄일
    향을 피움 451-52
    의례적 정결 117
대제사장 47, 89, 215, 227
    에봇 47
    자색 의복 227
대접
    먹고 마시는 데 사용 115
    등잔으로 사용 70
대추야자나무
    장식요소 158-59, 439
    생명나무 159
    열매 수출 271
대추야자나무 문양
    창문난간 장식 285
    기둥머리 286
데이르 알라
    발람 기록 410
    아마 214
도단
    욕조관 482
    무덤 480-81
도르 61, 75
    다음은 돌 60
    도르에서 발견된 은 247

도벳
    어린이 희생 장소 470, 471, 472
    문헌 472
도시국가 281
돈 277
동굴 224
    무덤으로 사용된 동굴
동물
    사육 171
    부정한 동물 473-74
    희생제물 172
동물을 지배하는 여인 448, 450
동석병용기 196, 201, 213, 214
    운송용 나귀 261
    채광의 흔적 234
    등잔 빛 70
    아마 조각 213
    토기 195
    은 243
    섬유 흔적 214
동성애 105
도시 성문
    사법적 장소 318
    시장이 서는 장소 267
돌
    건축 재료 59-60
    돌 마감 61

무기 309

　　　문서 재료 403-04

　　　또한 건축을 보라

동전 276-77

동족혼 79

　　　또한 가족, 결혼을 보라

돼지 121, 171

　　　금기음식 178

두개골 천공 수술 128-129

두건 365

　　　또한 의복을 보라

두로

　　　에스겔의 애도 255-56

　　　뮤렉스 고둥 228

　　　해양 255-56

두로의 히람 65

　　　솔로몬의 함대 256-59

두르 샤루킨 287

　　　콜사바드를 보라

두 번째 계명

　　　예술품과 수공품 191

　　　신전의 그룹 192

드라빔 47

　　　제사 도구 426

드보라

　　　사사 96

　　　승리의 노래 385

등잔 70, 151

등잔대 70

디본(현대의 디반)

　　　모압 비석 189, 404

딤나(텔 바타쉬) 149

딥스 155

땅

　　　약속된 땅 326

　　　경제적 역할 268-69

ㄹ

라기스 43, 63, 165, 261

　　　알파벳 기록 419, 419 각주 81

　　　갑옷 미늘 314

　　　다듬은 돌 60

　　　공격 312-13

　　　낙타 176

　　　조각된 상아 유물 194

　　　성문 63

　　　물병 165-66

　　　문 318

　　　철 화살촉 309

　　　III층 복원도 43

　　　라멜레크 항아리 413, 414

　　　오스트라카 414

궁전 286
　　　토기 334
　　　토기 작업장 197
　　　저울 복원도 272
　　　우물의 흔적 185, 186
　　　백향목 흔적 169
　　　수탉 뼈 179
　　　국자 334
　　　인장 413
　　　산헤립의 원정 335-40
　　　포위 337-40, 416
　　　포위용 언덕 317, 324
　　　물매돌 313
　　　두개골 천공수술 129
　　　벽 315
라기스 벽부조 308, 353, 357
라기스 편지 416
라다나 46, 74, 402
라맛 라헬 24, 60, 71, 158, 285, 286, 347
　　　다듬은 돌 양식 60
　　　대추야자나무 문양 159
　　　대추야자나무 잎 문양 285, 286
라멜레크 335
　　　인장의 흔적 192, 413
　　　저장용 항아리 413
라삼 기둥 비문 336
레바논 64

레바논 나무 숲의 집 168
레쉡
　　　죽음의 사자 125
레위 제사장 426, 428, 434
레위 지파 426
로뎀나무 63, 65, 114
로마
　　　열쇠 71
린넨 219, 228, 231
　　　성경 자료 215-16
　　　의복 355
　　　히브리어 215
　　　이집트 271
　　　제사장 의복 216, 217 각주 91, 356
　　　생산 215
　　　사본을 감싸는 데 사용 217
　　　대제사장 의복 215

ㅁ

마구간 173
마깃두 287, 341
　　　또한 므깃도를 보라
마레샤 75
　　　기둥이 있는 집의 흔적 75
마르제아흐 111, 115, 155

시신에 대한 의식 475-497

　　축제 464-67, 475

마리

　　마리문서 322

　　조미료에 대한 기록 161

　　벽화 297

마법 369, 454

마소스 169

　　백향목 흔적 169

마술 128, 369, 492

　　접촉에 의한 마술 128

　　향의 사용 454

마쩨보트 166, 167, 423

마차(병거)

　　발라왓 성문에 묘사된 병거 65

　　라기스 벽부조에 묘사된 병거 264

　　말과 병거 172, 262-63

　　이집트에서 수입 271

　　전쟁용 174

　　또한 전쟁, 무기를 보라

마테 79

　　또한 지파를 보라

말 172

　　가나안인 172

　　병거 173

　　형상 173

　　이집트로부터 수입 271

　　말에 대한 부정적 견해 173

　　므깃도에서 발견된 마구간 261-64

　　우수함과 사치의 상징 173

망명 345, 464

매장 475, 476, 477

　　인간형상의 관 478

　　동굴무덤 476

　　매장지로 사용된 물 저장고 188

　　방부처리 476

　　나무에 달린 죄인을 위한 매장 476

　　비블로스에서 발견된 명문 475

　　보석(부장품) 369

　　유골함 476

　　부모의 매장 85

　　향수와 매장 373

　　본 매장과 재 매장 476-78

　　적절한 매장 475

　　석관 476, 478

　　매장에 있어 향의 사용 454

　　매장에 있어 몰약의 사용 455

　　또한 사후세계, 죽음, 스올(음부)을
　　보라

맥주 157

맥추절 463

맷돌 146-147

　　무기로 사용 147

머리 손질 376

머리빗
    상아 122-24
머리 장식 365
메디넷 하부 265
    수레 묘사 265
    이집트 벽부조에 나타난 해양 전쟁 252
메소포타미아
    문헌 403
    학교 417
    기록 398
메뚜기 89, 138
    곡물의 훼손 138
    히브리어 단어 138
메사 비문 189, 190
메일 360, 362
메주조트 70, 71
면화 211, 217-18
    의복 355
    또한 직물을 보라
명절 463
모세 426, 428
모세 식의 건물 양식 75
목욕
    목욕하는 모습의 형상 118
    정결례 117-18
목재 62, 63
    수출 271

무역 168-69
    건축 자재 59
    필기 도구 407-09
목축 90, 137
몰약 130, 131
    아라비아에서 수입 271
무교절 89, 463
    또한 유월절을 보라
무기 306-314
    철 308
    창끝 307
무덤
    벤치 무덤 475-76, 479, 484
    성경적 표현 477
    동굴 무덤 476-78
    도단 480-81
    가족 무덤 476, 477, 480, 489
    철기 시대 II기 481-83
    로쿨리 481
    구덩이 무덤 478
    바위를 뚫고 만든 무덤 479, 480, 481
    셉나 485-86
    형태 478-79
    성 에티앙 교회 묘지 484
    실완 마을의 묘지 484
무역 265-78
    히브리어 단어 285-86

　　　　또한 운송, 여행을 보라
무역상들 260
무자식
　　　저주 91
무화과 159, 160
　　　화석화된 무화과 160
　　　무화과나무 159
　　　돌무화과 160
문 70, 71
문설주 62, 70, 71
문지방
　　　상징적 의미 73
문헌
　　　자료로서 37-8
　　　E문헌 37-8
　　　J문헌 37
　　　JE 412
　　　P문헌 37, 117, 127
물
　　　은유적 상징 183
　　　물자원 182-90
　　　도시의 급수 시설 290-305
물물교환 268, 269, 270
물웅덩이 186, 187
뮤렉스 228, 229
므깃도 60, 67
　　　다듬은 돌 60, 283, 285

앗수르 영향 287
앗수르 통치지역 341
욕조 관 482
기둥머리 285
성문 60
대추야자나무 문양 158
길가메쉬 신화 402
문 320, 321
금 보석 242
마구간 261-63
상아 게임판 194
상아 조각판 353, 354
오르페우스 병 389
궁전 283, 285
기둥과 작은 돌들로 건축 67
구덩이 무덤 478
토기 작업장 197
대중을 위한 성소 447
왕실 도시 280
곡식 저장고 143
신전 60
성벽 316
급수 시설 290, 292-93
미리암
　　　승리의 노래 385
미쉬파하 77
미즈바 346

미크다쉬 435
    또한 신전을 보라
밀 145-46

ㅂ

바늘 224, 225
    재료 225
바다 포유동물 182
바닷길(비아 마리스) 248
바람
    팔레스타인 137
바벨론 갭 341
바벨론 역대기 342
바알(신)
    뜀뛰는 춤과 관련하여 395, 396
바알(주인)
    부계중심사회를 대표하는 호칭 80
바알 하닷 신상 422, 423
바이트 39, 77, 281, 434
    성전 68
    또한 가정, 신전을 보라
바트 278
발라왓 65, 171, 238, 267, 319
발라왓 성문 323, 329, 362
발람 기록 410

발 씻기 118
방부처리
    백향목 기름 168
    또한 매장을 보라
방적과 직물 짜기 218
    또한 베틀 추를 보라
방패 312
방향제 130
백향목 64
    무역 251
    레바논 63, 168
    레바논 나무로 지은 궁 281
    수입 271
    솔로몬 건축물 282, 439
    또한 목재를 보라
번제 473
베니게 23, 60, 67
    명칭의 뜻 228
    자색 염색 산업 228
베 216
베니게 사람들
    해양 발달 252
    수로 251, 252
    선박 255, 259
베니게 영향
    다듬은 돌 양식 60, 61, 67
    솔로몬의 건축 60

베니게 문자 398, 407, 459
베니게산 로뎀나무 63
    또한 목재를 보라
베니게 신전 133
베틀 74, 76
베틀로 옷감 짜기 218-224
    제사 장소 217
    삼손과 들릴라 이야기 223
베틀 채 219-220
베틀 추 195, 221
벧산
    다듬은 돌 60
    금 장신구 242
    왕실 도시 280
벧세메스 143
    물웅덩이 186
    금 장신구 242
    철 쟁기 144
    왕실 도시 280
    지하 물 저장고 188
    급수 시설 290, 293
벧 아웬 451
벧엘
    망명 345-46
    대가족 77
    성소 166
벽 315, 316

변기 120-123
병거 65, 89, 170, 172
병사의 동굴
    가죽 발견 232
보리 145
보물 동굴
    가죽 의복 231, 232
    구리 유물 234, 235
    또한 나할 미쉬마르를 보라
보석과 장신구 368
    이사야 목록 371
    베니게 눈 구슬 366
    종교적 목적 369
보좌의 주랑 281
보좌 실 282
보즈라 121
봉헌물 461
부계중심사회 80
부모 84, 85, 89
    자녀 교육의 의무 89-91
    공경 의무 84-5
    또한 가족, 가정을 보라
부역 326
부적 367, 369
부활 488, 489
    또한 사후세계, 매장, 죽음, 스올을 보라

북 394
    또한 음악을 보라
북왕국
    오므리 왕의 집 39, 77
    다듬은 돌 양식 사용 60
분
    연료 114
분향단 451-53
    아랏 신전 443
    다아낙 446
불덩이 125
불라에 120, 121, 407
불라에의 집 407
불을 피우던 구멍 74
    가마 201
불임 124-25
    성경의 예 124
    기도 124
브랜디 156
블랙 오벨리스크 352, 353, 359
블레셋 23, 42, 94, 146, 150
    이색 토기 204
    단색 토기 206
    해양의 252
    바벨론 통치 아래 501
    포도주 156
블레셋의 그림이 그려진 크레터 항아리 313
블레셋 사람의 땅의 길 248
    또한 바닷길을 보라
비
    히브리어 단어 137
비누
    시대착오 119
비르 아윱 184
비문 39
    암만 요새 404
    발람 410
    가나안 401
    청동 화살촉 327
    비블로스 무덤 475
    에그론에서 발견된 헌정비 406, 443
    데이르 알라 275, 403, 410
    에그론, 무화과 160
    엘-카드르에서 발견된 화살촉 405, 406
    게셀 달력 138
    텔 단에서 발견된 다윗의 집 403
    쿤틸렛 아즈루드 404, 459
    라기스 물병 116
    모압 비석 189, 190, 306, 404
    실로암 연못 302, 404
    텔 카실레에서 발견된 항아리 240
    기둥 333 각주 71, 334 각주 72
    원시-시나이 문자 400

힌놈의 골짜기 은 부적 242
비블로스에서 주걱 혹은 숟가락 용도의
　막대 407
텔 단 석비 306, 404
텔 긴롯 275
텔 시란 청동 병 189-90
섭나의 무덤 485
우리야후 비문 419
와디 엘 홀 400
비블로스 251
매장 명문 475
주걱 혹은 숟가락 용도의 막대 407
은과 목재 무역 244
비블로스의 배 251
빗장
또한 문을 보라
빵 54, 55, 56
제빵 112-14

ㅅ

사렙다
토기 공장 202
자색 염색 생산 229
사르곤 II세 287, 333
죽음 489-90

사마리아
다듬은 돌 양식 60
앗수르 영향 287-89
앗수르 통치 지역 341
기둥머리 285
물웅덩이 186-88
대추야자나무 문양 159
바빌론 시대 동안 503-04
상아 조각판 69, 436
오스트라카 150, 413, 414
오므리 궁전 283
파피루스 409
사마리아못 186
사마리아 못 186
사망 36
중간단계 489
또한 사후세계, 무덤, 스올을 보라
사메리나 사마리아를 보라
사본 410-11
또한 사해 사본을 보라
사사
드보라 96
사사기 시대 37
사울
신접 497-98
기브아의 궁전 280
사일로 142

사프란 163
사해 사본 232, 410
    가죽(양피지) 232
    또한 쿰란을 보라
사회생활 36
사후세계 477, 488
    사후세계와 조상 477
    사후세계에 대한 믿음 488-90
    사후세계와 죽음에서 부활 488-89
    또한 무덤, 죽음, 음부(스올)를 보라
산당 75, 133, 189
    파괴 424
    산당 건설 424
    재현 그림 422
    희생제사 423
    혼합주의적 예배 424
산아 조절 83
산적 260
산지 138
    테레빈나무 167
산파 84, 97
산헤립 42
    라기스와의 전쟁 335-40
    공물 목록 111
    수레 265
    궁전 정원 64
산헤립의 일대기 218

살라미스에서 발견된 왕좌 437
살만에셀 III세 351, 352, 353
삼나무 167
상비군 324, 325, 326
상아 283, 437
    머리빗 122
    공예품 194
    이집트에서 수입 271
    조각판 69, 436
상형문자 274, 275, 287, 398
샌들 364
샘 183
생명의 나무
    대추야자나무 159
생선 181-82
    청동 낚시바늘 180
    생선의 종류 181
서기관 418-20
    앗수르 부조에서 묘사 410
석관 476
    또한 매장을 보라
석류 135, 146, 159, 270
석회석 60, 61
    수출 271
    또한 건축을 보라
선형 측량 278
설사 117

설형문자 398, 411
성 36
성경
    신앙 문서 38
성경 고고학
    정의 41
성관계 105, 106
    결혼 99
    또한 동성애를 보라
성교 거절 83
성막
    휘장 224-25
    아마 섬유 215
    자색 휘장 227
성문 318, 319
    법적 조치가 행해지는 곳 318
성벽 322
성소
    아랏 443-44
성스러운 나무 158, 165, 448
세겔 274, 276
    또한 은, 저울추를 보라
세겜
    요새 신전 166, 279 각주 1
    곡식 저장고 68
    집 1727 76, 280 각주 2
    타원형 화로 74

세금 269, 326, 505
세아 278
    또한 측량을 보라
세제
    식물에서 추출 119
소가족 80
소금 162
    수출용 271
멍에 141
속량자 80
    수혼의 의무 101
속임수 95
    성경의 사례 102
손으로 치는 북 394
솔로몬
    다듬은 돌 양식 60
    건축 60
    궁전의 백향목 168-69
    무역선 256-59, 270
    금 242
    말과 병거 173, 262, 270, 332
    기브온에서의 희생제사 424
    국고성 270
솔로몬 성전 429, 435, 440
송아지
    바알의 상징 425
    여호와와 관련하여 192, 447, 451

쇼파르 392
수금 379, 381
    수금의 모습 묘사 387, 389
수넴 74, 101
수넴 여인 74, 95
수레 265, 267
수로 251-60
    성경적 언급 251
    에스겔서에서 선박의 묘사 255-56
    선박의 종류 251-256
    또한 무역, 운송, 여행을 보라
수명 104
    일반인들의 수명 78, 78 각주 23
    전형적인 왕의 수명 78
수염 312
수유 84
수장절 463
    달력 44
    또한 초막절을 보라
수혼 101
    결혼 101-02
    룻과 보아스 102
쉬크모나
    뮤렉스 고둥 발견 229
숲의 생성 169
쉐마 71
스올 484

신으로부터의 망명 490
    또한 사후세계, 매장, 죽음을 보라
시
    출애굽기 15장 37
    사사기 5장 37
시나이 반도 63
시드기야 344, 345
    라기스 오스트라카 416
시대착오
    비누 119
시돈
    뮤렉스 고둥 발견 229
시로
    철기시대 토기 207
시리아
    수로 251
시장 143, 181, 267
    성문의 위치 267
시체를 만지는 것 474
시편
    음악 380-82
    우가릿 문헌 379-80
시프루스나무 167, 168
식물 164
    벤 시라 지혜문서에서의 상징 164
    이사야서에서의 어휘 165
식초 162

식탁 110
식품 145, 151
신명기적 역사 424
 산당에 대한 태도 424, 430
신명기 학자 37, 90, 300
신바벨론 시대 340
신바벨론 전쟁 340
 초토화 정책 341
신발 364
신석기 시대 30
 가장 초기의 토기 196
 아마 213
 베틀로 옷감 짜기 213
신앗수르 제국 324, 333
신전 434-443
 아랏 443
 아인 다라 438-40, 442
 히브리어 단어 434
 솔로몬 제1성전을 보라
 또한 예루살렘을 보라
실로암 못 301, 302
실로암 터널에서 발견된 기록 404
실리시안 타우루스 64
심벌즈 394
십계명
 집, 가정의 의미 77
십일조 269

쓰라핌 134
 우상으로 간주되지 않음 192-93

ㅇ

아간의 죄 79
아낫 458
아라바 계곡 63
아라비아 사막 63
아랏
 제단 443, 453
 구리 야금술 234
 오스트라카 328, 413, 416
 백향목의 잔재 169
 성소 443
 지하 물저장고 188
 급수 시설 290
 우물 184
아르슬란 타쉬 70
아론
 제사장 가족이나 제사장을 보라
아르자
 텔 제메를 보라
아마 211
 방적 218
 라합의 이야기에서 등장 215

심지로 사용 70
또한 린넨을 보라
아마르나 문서 455
아바리스
원통형 인장 395
아벡
구덩이 무덤 478
아샴(보상 제사)
희생을 보라
아세라 450
상징으로 사용된 대추야자나무 162
쿤틸렛 아즈루드에서 발견된 비문 459-61
아세라 목상(하아쉐라) 424
또한 아세라를 보라
아쉬타르 457, 458
아스글론
다듬은 돌 60
복사뼈 445
시장 267-68
뼈로 만든 그물뜨기용 바늘 182
청동 유물들 235, 307, 308, 494
가나안 항아리 210, 401
바퀴 멈추개 174, 264, 330
멸망 340, 342
개 묘지 133, 178
그리스 토기 207

형상 368, 456
은뭉치 245, 246
가정용 형상 173
제단 451-453
상아 유물 122, 124, 194
보석 366-371
음료 목록 155-58
낙타의 흔적 176
은 송아지상 243-44
창끝 307
저울추 273-74
포도주 틀 153
토지사용법 230
아스칼론의 율리우스 230
아스돗
다듬은 돌 61
악기 연주자들이 묘사된 점토 제대 385
파괴 340
성문 316
뮤렉스 고둥 228
블레셋 이색 토기 204
포도주 틀 153
아스토렛 457
아이
물웅덩이 186
아이들 83, 84
어린이의 가사 53

이상적인 아들의 의무 90
　　　교육 89-91
　　　반항적인 아이 85-6
아인 다라 438
　　　신전 438-43
아주레 기법 448, 449
아카시아나무 63
아크로폴리스 279
아틀릿
　　　우물 184
아히엘의 집 120, 121, 123
　　　그림 120
　　　흔적 120
　　　변기 120, 121
악고 377
　　　거울 377
　　　뮤렉스 고둥 228
악기 355, 380, 381, 383
　　　히브리어 단어 386
　　　재료 386
　　　타악기 394-95
　　　현악기 386-90
　　　관악기 390-93
안식일(샤밧) 462
알라바스트롱 375
알레포 소나무 63, 66, 168, 169
　　　또한 목재를 보라

알칼리성을 태운 장소 119
알파벳 399
　　　변화 399
　　　읽고 쓰는 능력 411
　　　또한 알파벳 기록을 보라
알파벳 기록 417
암(민족) 82
　　　친척을 보라
암만의 요새 48
　　　비문 404
　　　석회석 유물 357, 366
암포라 210
　　　또한 토기를 보라
암포라 항아리 252
암 하아레쯔 270
앗수르 336
　　　군대 337
　　　앗수르에 대항한 전쟁 263
　　　앗수르 하인들 그림 64
　　　이스라엘 건축에 있어 앗수르의 영향 287-89
앗수르바니팔 109
앗수르바니팔 궁전의 벽부조 110
애도 350, 377, 487-88
　　　마르제아흐 495-497
　　　면도 377, 487
　　　옷을 찢음 350

야금술 233, 234, 236
야긴과 보아스 438, 442, 443
야누스 71
    여인 71
야브네 얌 오스트라콘 272-73, 413, 416
야생 나귀 175, 176
야생 조롱박 131
야훼
    가부장적 권위 40
야훼 자료 37
약혼 99
양 171, 172
    가축 171
    울 212-13
양문 44
양털을 깎는 축제 45, 172
어깨뼈에 줄을 그어 만든 소리 내는 악기 394
언약궤
    그룹 66
    춤 395-96
    수레로 운송 265
    또한 수레, 그룹을 보라
엉긴 우유 158
연주자
    건강 관리 128
연회

죽은자를 위한 연회 495-97
청동 용기에 새겨진 연회모습 465-66
종말론적 연회 463-64
에그론
    다듬은 돌 60
    병거 굴대와 바퀴 멈추개 264, 330
    무화과와 관련된 비문 160
    청동 제대를 장식했던 도구들 436
    블레셋 단색 토기 206
    신전 구조 평면도 441
    올리브 기름 생산 149
    은 유물 245, 246, 458
    신전 443
에바 146, 278
    또한 측량을 보라
에버스 파피루스 83
에봇 47, 216
    우림과 둠밈을 위한 상자 428
    제의용 도구 427
    금으로 만든 에봇 191, 240
에블라 322
에사르하돈 341
에쉬테모아 247
    은 저장고 247
에스겔
    선박에 대한 묘사 255
    두로에 대한 애곡 265-66

마른 뼈를 본 환상 488
에인 엘자르바
  베틀 추 223
에인 하제바 446
  제대 446
  형상 456
에훗 72, 73
  검 308
엔게디
  향과 향수 378-79
  은 247
엔 로겔 184
엘라 골짜기
  테레빈나무 167
엘레판틴 269
엘랏/아세라
  오크나무와 관련 165
  또한 아세라를 보라
여로보암 I세
  두 개의 성소구역을 정함 426
  텔 단의 성소구역 429
여리고 149, 158
  대추야자나무의 도시 158
  아마 214
여성의 의복 363
여인 93, 94
  불임 92

창조 이야기 94
이상적인 아내에 대한 묘사 96
형상 94
가사 57, 93-4
작명 84
족장사회 94
곡물 가공 146
방적과 직물 짜기 218
위치 94
일 96-7
경배 96
여행 248
  육로 여행 248
  또한 무역; 운송을 보라
여호야김 286, 343
  반란 343
역대사가 37
역청 271
열쇠 71, 72, 73
염색 226, 227, 228, 229, 230
  뮤렉스 고둥 228
  사프란 163
염소 95, 158, 172
  털 211
  젖 157, 172
영아 살해 83
예루살렘

네모나게 다듬은 돌 60
　　　기둥머리 285
　　　경배의 중심 424
　　　물웅덩이 186
　　　대추야자나무 문양 158
　　　샘문 304
　　　백향목 흔적 168
　　　복구 505-08
　　　바위를 뚫어 만든 무덤 483-86
　　　포위와 파괴 343-48
　　　샘 183
　　　신전 434-42
　　　히스기야 시대 284
　　　지형학적 지도 295
　　　위 못 299-301
　　　성벽 315
　　　급수 시설 294-305
　　　저울추 275
예술품과 수공품 191
　　　세습 195
　　　예술가 종류 193
　　　또한 각 공예를 보라
예언
　　　음악 382
예언자 153, 318, 342
　　　치료 126-27
　　　훌다 96

오경 136, 504
　　　자료 37
오메르 278
　　　또한 측량을 보라
오므리 왕조 332
　　　병거부대 332
오빌 240
　　　위치 257
오스트라카 150, 327, 328
오스트라콘 328, 415, 416
오크나무 63, 66, 165
　　　아바리스의 가나안 신전 165
　　　숲 169-70
　　　마므레 166
　　　성경에서의 언급 66
　　　성스러운 나무 165, 166
　　　제우스의 예언 유적지 166
　　　종류 165
　　　또한 테레빈나무, 목재를 보라
옥합 367
온역 125
올라 92
올리브 145
　　　수확 139
올리브기름
　　　향수의 기본 재료 373
　　　수출 271

등잔 유 70
　　기름 틀 149
　　생산 149-51
　　사용 151
올리브나무 148, 149
와디 무라바앗
　　겹쳐 쓴 파피루스 409
와디 에드 달리에
　　사마리아 파피루스 410
왕
　　군대 지도자 327
　　가부장적 사회에서의 왕 39
　　평균 연령 78
왕실용 신전
　　텔 단 287
왕의 대로 248, 249
왕의 도시 279
왕의 식탁 289, 414
요단 골짜기 137, 138
요리 55-6
　　끓이기 111
　　요리 장소 74
　　제의 법상 요리 111-112
　　굽기 111
　　도구 74
　　용기 112
요새 314, 315

요크네암
　　왕실 도시 280
욥
　　고통과 질병 125
용병 324, 325, 328
우가릿
　　알파벳 398 각주 38
　　죽음에 대한 제사 401-02
　　뮤렉스 고둥 228
　　구덩이 무덤 478
　　시편 380-81
우르에서 발견된 왕실의 무덤 241
우리야후의 비문 419
우림과 둠밈 47, 52
　　제사 도구 426
　　점치는 데 사용 434
우물 184, 185
　　성경적 만남의 장소 185
　　건축 184
　　회합의 장소 184
우상 191, 192
　　제의용 도구 426
　　은으로 만든 우상 192
우상숭배를 금지하는 것 193
우유 157
우자
　　백향목의 흔적 169

운송 261
    또한 무역, 여행을 보라
유르자 텔 제메를 보라
울 212-13
    의복 355-56
    염색 가격 227
    아마와 섞어 짜는 것 금지 211
    생산 172
울루부룬 유적지에서 발견된 난파선 167
    가나안 암포라 항아리 167
    상아 트럼펫 392
    조미료 161
    테레빈나무 송진 167
    나무 기록판 409
움 알 비야라
    물웅덩이 187
월삭 289, 462
월삭의 축제 140
위생 88, 474
    제의적 정결 117
위성류의 나무 63
    또한 목재를 보라
유골함 196, 476
    또한 매장을 보라
유대 망명
    공동체 501
    엘렐판틴 서고에서 발견된 증거 269

비농업 생활 269
유산(상속) 81
    간음 105
    슬로브핫의 딸들 92
    나봇의 포도원 92-3
    장자 상속권 91
    룻과 보아스 102
    과부 97
    여인 93
유월절 45, 88, 136
    보리 추수 136
    달력 44
    코리앤더 163
    무교병 115
유월절 양 111
    피 71
유향 130, 131, 177
    아라비아에서 수입 271
    향료 454
율법 103
율법조항
    제단에 대한 자세한 사항들 444
은 243, 245
    조각된 우상 192
    통화량으로서의 은 271
    수입 271
음료 155, 157

음식 107, 108, 109
  조약을 맺을 때 116
  재배와 음식 가공 145-63
  일상 음식 115-16
  음식 준비 111-12
음악 379, 380, 381
  여성 연주자들의 묘사 95
  예언 382
  환락 383-85
  전문용어 381-82
  전쟁 385
  여성 385
의복 349-367
  가나안인 358
  갈아입기 355
  옷감 355
  신발 364-65
  남성 356-63
  울과 베의 혼합 356
  중요성 349
  의복을 찢는 행위 350
  여성 363-64
  자료에 대한 정보 350, 353
  또한 보석, 직물을 보라
의사 125, 126
  진정한 의사로서의 여호와 132
의술 과정 128

두개골 천공 128
  수술 128-29
의술 행위
  이집트에서 117
  건강 관리 의사 125-28
  메소포타미아에서 117
  자연요법 130-32
의약 455
  정향 163
  커민 씨 162
  회향 163
  향 454
  몰약 455
  향수 372
  사프란 163
  채소 163
의자 110
이름 84
  개인적인 이름 84, 503
  신명이 들어 있는 이름 84
  또한 작명을 보라
이스라엘
  수출 271
  수입 상품 271
이스라엘 사회
  가부장적 사회 모습 40
  구조 39-40

이스라엘 왕국
    분열 283
    기념비적인 건축 280-287
    학교 418-419
    또한 왕을 보라
이쉬타르 96, 112
이싸론
    또한 측량을 보라
이자 277
이즈벳 짜르타 315, 418
    알파벳 기록 418
    낙타의 흔적 176
이즈르엘
    다듬은 돌 60
    무덤 2000 482
이질 116
이집트
    병거 330
    옷감 염색 226
    아마 213-14
    이집트에서 수입된 말과 병거 271
    보석 369-70
    학교 418
    해상 251-52
    여행 249-50
    기록 398-400
이집트산 무화과 160

이혼 103
인구조사
    귀환 때 502, 504 각주 15
인장 413
일 36
일부다처 79, 80, 100
일부일처제 80
일상생활 45
    악의 눈 구슬 366
읽고 쓰는 능력 89, 411, 412
    상류층 집단에서 413
잉크 150, 403, 404

ㅈ

자녀양육 36
자녀 희생
    또한 희생, 도벳을 보라
자물쇠
    이집트 자물쇠 71, 73
    또한 문을 보라
자색 96, 218, 227, 228
    부의 색 227
    또한 염색을 보라
자손 40
자수 224

성막 휘장 224
작명
　　아이 이름의 작명 84
장로회의 106
장막절 136
장자 78
　　희생 92
　　특별 대우 78, 92-3
장자 상속 91
장터 267
재산 91, 93, 98
잿물 119, 226
쟁기 53, 140, 143
저울
　　복원도 272
　　또한 저울추를 보라
저울추 272-75
　　사기 272
　　표준화 272-73, 276
전도서
　　경제 용어 277
전쟁 305-306
　　의복 312-13
　　음악 385
　　신앗수르 333-40
　　평야에서 서로 맞대고 싸우는 전쟁 327
　　종교 306

　　포위 전쟁 322-24
　　시기 327
　　또한 무기를 보라
전염병 116
전통 의술 126
점 434
　　복사뼈 사용 447
　　또한 우림과 둠밈을 보라
점토
　　기록 자료로 사용된 점토 407, 408
　　또한 토기를 보라
접대 107-09
　　아브라함과 사라 108
　　족욕 118-19
　　시편 23편 107-08
　　여행 260
정향 161, 163
제1성전 434-440
　　제단 453
　　성경적 묘사 435
　　백향목 63, 168
　　아인 다라 신전과의 비교 438
　　가구/비품 437, 439
　　금 239
　　두로의 히람 440
　　로뎀나무 65
　　재건축 431, 435

가구를 위한 나무 사용 168-69
제2성전
　건축과 재봉헌 348, 501-2, 506 각주 19
　백향목 63, 168
　돈에 대한 가장 초기의 성경적 자료 277
제5계명 84
제단 166, 423, 444, 445
　아랏의 성소 443, 453
　성경에서 444
　번제를 드리는 제단 444
　뿔 444
　향 444, 451-53
　솔로몬 성전 445, 453
　텔 단(Tel Dan) 432
　텔 세바(Tel Sheva) 445, 453
제레트 278
　또한 측량을 보라
제련 234
제방 310, 315, 317
제사
　기둥 423
　도구 423, 426, 432
　등잔 433
　목상 423
　봉헌물 461-62
　성관계 493-95

시신을 위한 제사 491-97
정의 421
제단 423, 431, 444-46
제대 446-55
　재료 446
　다아낙에서 발견된 제대 446-51
제사용 코너 447
주사위 432
형상 456-61
제사 음식 423
제사장
　아론의 가족 429
　치료 126-27
　레위지파 426, 428
　실로와 무스 가족 428 각주 6, 429
제사장 가족 426, 429
조미료 161
조상
　사후세계 477
　제사 491
조약/협정
　샌들 365
족외혼 79
　또한 가족, 결혼을 보라
족장 39, 42
족장국가 39
족장들의 이야기 37

족장사회 40, 93, 94
    여성 94
    또한 가족, 가정, 가부장, 여인을 보라
종교
    전쟁 306
종교적 관습 462
종교적 부정 473-74
    질병 127
    목욕 118-19
죄와 벌 105
주사위 433
    제의용 도구 433, 434
주상
    제사용 423
    형상 456-58
    또한 아세라를 보라
주석 235
    수입 271
주요 징계
    간음에 대한 105
    동성애에 대한 105
주홍색
    죄악과 관련 227
중기청동기 60, 166, 236
중앗수르의 법률 83
지붕 76
    제사 장소 444

지성소 434, 437, 442
    아랫 신전 443
    그룹 168
지참금 99
지파 79
지하 물 저장고 188-90
지형
    농사와 관련 137-38
지혜 233
지혜 문서
    교육에 대한 언급 417
직물 223, 224
    수출 271
직물 짜기 218, 219
진흙 벽돌 67, 316
    건물 재료 68
질병과 치유 116
    고고학 117
    벌 125
    욥 125
    기생충 120-25
집
    가구 74
    이스라엘 59-76
    기둥이 있는 집 57, 68-76, 280
    또한 바이트를 보라
짜라아트 127

ㅊ

창 307, 309

창기병 332

창녀 96, 97

창문 69

창문에 있는 여인 71

채광 234

채소 145, 146, 161

철 237
- 농기구 143
- 바퀴 멈추개 264
- 병거 331
- 수입 271
- 쟁기 끝 144
- 무기 307

철기 시대 30-31, 37
- 낙타 176
- 제대 446
- 대추야자나무 문양 158
- 숲의 파괴 170
- 성문 321
- 집을 꾸미는 가구 74
- 향 제단 451-53
- 철 144 각주 7
- 베니게 배 259
- 기둥이 있는 집 68-76, 279-80

토기 203-11

아인 다라 신전 438

급수 시설 290-305

우물 185

철기 I 시대 37
- 다듬은 돌 60
- 바퀴 멈추개 264
- 라다나에서 발견된 집 XIV 74
- 저장용 항아리 74

철기 II 시대
- 건축 60
- 청동 창끝 307
- 이데안 동굴에서 발견된 청동 조각상 449
- 포곽 성벽 74
- 제대 446-51
- 여인상 457, 458
- 블레셋 모자상 94
- 방어 시설 315
- 세겜에서 발견된 집 74, 76
- 암만 요새에서 발견된 석회석 두상 366
- 키티온 베니게 신전 282
- 올리브 기름 생산 148-49
- 지하 물 저장고 188
- 텔 단의 왕실 신전 287
- 포위용 무기 322, 324
- 텔 도르 부조 350

목재 무역 168
변기 120
무덤 481-83
청동
    뱀(느후스단) 134
    창끝 307
    또한 구리를 보라
첫 열매
    헌물 469
    양털 212
초기청동기 30
    대접 53
초막절 136, 152, 463
추방 338
축산 171
축융 225, 226
축융자의 밭 226
축제 462, 463
    농사 달력 136
출산 도구 97
춤 395, 396, 397
    이집트의 연회 398
    제의 396
측량 272
    용량 278
    선형 측량 278
    단위 278

치료 124, 126, 128
    기적 128
    기도 132
    종교 132-34
치유 제사 132, 133
치즈 95, 116
친족 40, 45, 52, 77, 79
    크기 326-67
    접대 107
    사회적 단위 79
칠칠절 463, 469

ㅋ

카르낙 361
    메르넵타 부조 361
카르카르 65, 173, 263, 323, 332
    발라왓 성문에 묘사 65
칼 307, 308
커민 161, 162
케이크 113
케이퍼 베리 161
코르 278, 328
    또한 측량을 보라
코리앤더 163
콜로신스 130

콜사바드 287
    사르곤 II세의 정원 304
콩 146
쿠르카르 61
    또한 건축을 보라
쿠토네트 357
쿤틸렛 아즈루드 216
    알파벳 기록 418
    성소 459-61
쿰란 123, 217, 405, 409, 410
    구리 두루마리(3Q15) 405
    섬유 조각 217
    또한 사해 사본을 보라
크눔호텝 353
    무덤 353
    방적 그림 222
크레터 항아리 25, 313
키르벳 라다나 315
    물웅덩이 186
    불을 피우던 구멍 74
키르벳 엘 콤 419
키스푸 496
키팀 328, 415
키프루스 70, 133, 203, 229, 256, 282, 409, 415, 449, 472, 503

ㅌ

타닛 472
타르수스 236, 258
타르테수스 257
타작 141
    타작 모습 그림 141
    타작용 기계 사용 140
타조 180
탬버린 394
테레빈나무 63, 66, 164-169
    성경적 사건 66
    성경적 언급 167
    송진 130, 271
    또한 오크나무, 목재를 보라
텔 게리사
    백향목 잔재 169
텔 단
    청동 대접 464
    다윗의 집 비문 403
    무화과를 묘사한 조각판 396-97
    왕실용 신전 287
    성스러운 구역 425-34, 427, 428, 430, 432, 433
    비문 306
    VI 층 48
텔 데이르 알라 48

철 작업장 237
텔 도르
　자색 염색 생산 228
　돌 부조 350
텔 말하타
　더블 피리를 불고 있는 형상 392, 393
텔 미크네 에그론을 보라
텔 베이트 미르심 74, 227
　물웅덩이 186
　도시평면도 50
　곡식 저장고 142
텔 바타쉬
　딤나를 보라
텔 세바 143
　제단 445
　백향목의 흔적 169
　도시 평면도 51
　성벽 315
　급수 시설 290
　우물 184
텔 세라
　다음은 돌 양식 60
　백향목의 흔적 169
텔 시란 189, 190
텔 아그랍
　병거 175
텔 아벡
　백향목의 흔적 169
텔 에스 사이디에
　직교 도시 51
　화장실 121
　포도주 용기 세트 156
텔 엔 나스베 50
　물웅덩이 186
　포로 생활 345
　철 보습 144
　인장의 최근 압인 179
텔 엘 마잘 48
텔 엘 아줄
　매장용 동굴 478
　금 유물 241
　말 재갈 331
　보석 369
텔 엘 예후디예
　유약을 입힌 타일 358
텔 엘 우메이리
　기둥이 있는 집 76, 280
텔 엘 파라
　그릇 53
　타작용 기계 140
텔 엘 헤시 119 각주 68
　곡식 저장고 142
텔 이라
　성문 320

텔 제메 341
    앗수르 건축 287, 289
    곡물 창고 142
    철 보습 144
    철 작업장 237
    낙타의 흔적 176
    타조의 흔적 180
텔 카실레 237
텔 케이산
    자색 염색 산업 228
텔 타이낫 440
    유적지 평면도 441
텔 하다르 143
텔 하로르
    청동 나귀 재갈 175
텔 헤스반 175
    닭의 흔적 180
토기 195-211
    앗수르 궁전 용기 287
    가나안 항아리 209, 210
    장식 199-201
    히브리어 단어 206, 208, 209
    라기스 334
    재료 196
    블레셋 이색 토기 204
    블레셋 단색 토기 206
    베니게 토기 202

정교한 베니게 토기 203
    생산 196-202, 197, 198, 199
    사마리아 토기 203
    그릇의 종류 206-210
    또한 피토이를 보라
토라 89
토양을 갈기 144
    성경에서의 은유적 표현에 사용 145
통행 271
통화 271, 276
투석 309, 311
투석기 309, 311
튜닉 357
트럼펫 392
팀나
    구리 산업 234

ㅍ

파피루스 83, 403, 407
    겹쳐 쓴 파피루스 409
    사마리아 파피루스 410
    필기 도구 410
팔레스타인 60, 62, 66
    동전 276
    교차로 248

항구 259
페르시아 시대 501, 503, 504
페르시아 제국 348, 503
페사흐 마쪼트 45
　야훼의 모습 191-92
　또한 유월절, 우상을 보라
페이난 유적지
　구리 제공자 234
포곽벽 74, 317
포도 145
　건포도 155
　수확 154
　재배 151
포도원 153
포도주
　일상 음료 155
　대추야자나무 159
　생산에 대한 묘사 154
　수출 271
　히브리어 단어 155
　향 454
　저장 156
포도주 축제
　달력 45
　음악 384
포위용 무기 322
풀룻 390

피
　복수 81
　피의 희생 81
피부병 127, 127 각주 78
　부정한 예식의 원인 473-74
피킴 동굴 196
피토이 48, 203
　토기의 입구가 한 번 말려 있는 모양 48
　쿤틸렛 아즈루드 459
　실로 207
　저장용 142
　포도주 이송용 263

ㅎ

하늘 황후
　제사 457-458
　경배 96
하마쪼트 463
하부 갈릴리 66
　테레빈나무 167
하솔 60, 143, 461
　네모나게 다듬은 돌 60
　앗스르 건축 287
　병 모양의 물 저장고 187
　대추야자나무 문양의 기둥머리 158

성문 320
평면도 266, 321
토기 작업장 197
왕실 도시 280
벽 316
급수 시설 290, 292
하수구 118
하타트 467, 468
또한 희생제사를 보라
하토르 여신의 머리 모양 481
하프 355, 388, 460
학교 417-20
또한 교육을 보라
할례 86, 87
계약의 상징 87
돌칼 87
마음의 할례 88
위생과 할례 88
이집트인들의 할례 86
함께 식사하는 모습 414
항아리
희생 470
항아리의 문 275
해안 평야 48, 63, 66
해양 민족 252, 255
둥근 방패 313
해자 318

해자 신전 165
학질버 245, 271
통화 271, 276
향 453-55
성분 455
예루살렘 성전 453, 452 각주 31
텔 단에서 발견된 부삽 432
향의 사용 453
향료 378
향수 151, 168, 372-74
매장 393
계피 162
백향목 168
커민기름 162
치료 373
분향 453
몰약 454
종교적 사용 373
향품 130
허리띠 356-58
또한 의복을 보라
헌물
곡물 445, 453, 468
장자 469
첫 열매 469
헤칼 281, 434
헬몬 산 65, 164

현무암 62
    맷돌 147
    하솔에서 발견된 사자 오토스타트 62
    모압 비석 190
    타작 썰매에 사용된 현무암 140
    또한 돌을 보라
혈통 81, 82
    가공의 혈통 82
    룻과 보아스 102
    의미 82
형상 66, 191, 192, 193
형상을 새기는 것을 반대하는 것 193
호루스 신의 길 248
    바닷길을 보라
호르밧 우자 217
    면 사용에 대한 증거 217
    오스트라콘 413, 416
호르밧 키트밋 446
호르밧 테만 459
호메르 195, 196
    또한 측량을 보라
호박금 241, 276
    초기 동전 276
혼합주의 424
화로 68, 74
화살촉에 이름을 새김 406
화장 476

    또한 무덤을 보라
화장품 373
    향 455
    몰약 455
활과 화살 309, 336
황소 142, 388, 425
    여호와와 관련하여 426, 447
    가나안 신 엘의 상징 425
    몰이용 막대 145
    밭 갈기 144
황소 유적지 425
회취법 244
회칠
    진흙벽돌 건물 위에 덧칠 68-69
회향 163
훌다 96, 477
    선지자 96
휴식 36
희생제사 468
    아샴 467, 468
    동물 431, 432
    하타트 467, 468
    산당 423, 433
    인간 92, 470-73
    날들 468
    올라 432 각주 12, 467-68, 473
    셀라밈 467-68

포도주 156
히스기야 300, 301
    산헤립과의 전쟁 336-37
    산당의 파괴 424
    예루살렘 급수 시설 299
    기도 64
    터널 301-05, 334, 404
히포스 252
힌 278
    또한 측량을 보라

힌놈의 골짜기 242, 369, 375, 405
    금과 은으로 된 유물들 243, 370
    향수 병 375
    제사장의 축복문 405
    무덤 486

L

l—사람 414, 415

고대 이스라엘 문화
Life in Biblical Israel

2014년 9월 15일 초판 발행
2024년 6월 15일 초판 3쇄 발행

편집자 | 더글라스 A. 나이트
지은이 | 필립 J. 킹, 로렌스 E. 스태거
옮긴이 | 임미영

편 집 | 전희정, 진규선
디자인 | 김복심
펴낸곳 | 사) 기독교문서선교회
등 록 | 제16-25호(1980. 1. 18)
주 소 | 서울시 서초구 방배로 68
전 화 | 02) 586-8761~3(본사) 031) 942-8761(영업부)
팩 스 | 02) 523-0131(본사) 031) 942-8763(영업부)
홈페이지 | www.clcbook.com
이메일 | clckor@gmail.com
온라인 | 기업은행 073-000308-04-020, 국민은행 043-01-0379-646
예금주: 사)기독교문서선교회

ISBN 978-89-341-1393-5 (93230)

* 낙장·파본은 교환해 드립니다.